《2017中国区域经济发展报告》

学术委员会

上海财经大学创新基地建设项目资助

2017 中国区域经济发展报告

——“一带一路”建设与中国城市群发展

2017 ZHONGGUO QUYU JINGJI FAZHAN BAOGAO

上海财经大学区域经济研究中心

张学良　胡 彬　主编

人民出版社

前　言

2003年以来，上海财经大学区域经济研究中心根据我国区域经济发展的重大命题，邀请国内相关学者共同参与进行专题研究，每年编写并出版《中国区域经济发展报告》，针对中国区域经济发展中的重大理论及现实问题进行专题研究，2003年的主题是“国内及国际区域合作”，2004年的主题是“东北老工业基地振兴”，2005年的主题是“长江三角洲区域规划及统筹发展”，2006年的主题是“长江经济带区域统筹发展及‘黄金水道’建设”，2007年的主题是“中部塌陷与中部崛起”，2008年的主题是“西部大开发区域政策效应评估”，2009年的主题是“长江三角洲与珠江三角洲区域经济发展比较”，2010年的主题是“长三角区域一体化研究”，2011年的主题是“从长三角到泛长三角：区域产业梯度转移的理论与实证研究”，2012年的主题是“同城化趋势下长三角城市群区域协调发展”，2013年的主题是“中国城市群的崛起与协调发展”，2014年的主题是“中国城市群资源环境承载力”，2015年的主题是“中国城市群可持续发展”，2016年的主题是“长江经济带与中国城市群发展”。2007年还以“区域发展总体战略与城市群规划”为专题撰写了《2007年中国区域经济发展报告特刊》。2003年至今这一系列报告已连续出版了14年共15本，在社会上形成了很好的口碑，成为上海财经大学的一大品牌。

从2013年开始，我们在听取了国内外区域经济研究专家学者的建议基础上，将研究方向进一步聚集，重点关注中国城市群，编写体例也更为成熟。《中国区域经济发展报告》2013年的主题确定为“中国城市群的崛起与协调发展”，初步提出了“城市群经济”的理论体系，形成了“总论”“专题报告”与“数据分析”三部分的编写体例。2014 年的主题确定为“城市群资源环境承载力”，继续进行深入研究。2015 年的主题为“中国城市群可持续发展”。2015 年中央城市工作会议提出创新、协调、绿色、开放与包容的发展理念，为城市可持续发展注入了新理念。2016 年的主题是“长江经济带与中国城市群发展”，将推动长江经济带发展的国家重大区域发展战略与中国城市群发展结合起来深化研究。继 2013 年中国国家主席习近平分别提出建设“新丝绸之路经济带”和“21 世纪海上丝绸之路”的合作倡议以来，2015 年 3 月 28 日，国家发展改革委、外交部、商务部联合发布了《推动共建丝绸之路经济带和 21 世纪海上丝绸之路的愿景与行动》。在此背景下，2017 年中国区域经济发展报告将以“‘一带一路’建设与中国城市群发展”为主题，对中国城市群发展进行连续研究。

本报告的研究思路和整体框架如下：第一部分为总论，包括第 1 章和第 2 章。第 1 章分析中国区域经济与城市群发展的新趋势；第 2 章结合本报告的主题，重点介绍了“一带一路”建设与城市群发展的关系。第二部分为专题研究，是本报告的主体部分，包括从第 3 章到第 8 章的内容。第 3 章对中国城市群可持续发展竞争力进行了分析；第 4—7 章根据第 3 章对中国城市群的划分，分别就成熟型城市群、发展型城市群与形成型城市群展开分析，同时，对“一带一路”沿线城市群进行对比分析；第 8 章围绕“一带一路”建设与城市群发展提升路径展开研究。第三部分为数据分析，包括第 9 章，重点整理了中国城市群的主要统计资料。需要说明的是，本研究报告参考了许多文献，在此表示感谢，没有一一列出，敬请读者谅解。

本研究报告是上海财经大学“双一流”引导项目，也是国家社科重大项目“新型城镇化背景下城市边界调整与城市综合承载力提升路径研究”的阶段性成果。报告的主题设计、框架确定由张学良负责，观点整合、课题组织由胡彬负责。各章撰写工作如下：第 1 章，胡晶、胡彬；第 2 章，姚婷婷、龙文、黄赜琳；第 3 章，计小青、赵景艳；第 4 章，邓涛涛、代良志；第 5 章，蔡祥雨、张祥建、汪维、彭娜、赵素君；第 6 章，王靖、沈丹宁；第 7 章，何骏、张幸；第 8 章，刘乃全、邓敏；第 9 章，曹希广、张学良。

目　录

第一部分　总　论

第二部分　专题研究

第三部分　数据分析

第一部分　总　论

1

中国区域经济与城市群发展的新趋势

1.1 中国区域经济发展的新趋势

近年来，随着国内外经济环境发生转变，区域经济发展动力正经历结构性转变，增长态势呈现出西高东低的发展走势。随着我国区域经济发展战略和区域经济政策逐步升级，对我国区域经济发展格局产生新的影响。东部地区依旧是我国区域经济增长的引擎，但增长动力已经开始向“创新驱动，转型升级”进行调整，区域内互动合作升级，产业梯度转移以及市场次第开放；内陆和西北地区经济发展较快，出口与投资均呈现加速增长态势；东北地区仍旧受地区塌陷困扰，增速较慢。区域差距扩大态势逐步减缓，但仍旧需要给予相应关注。

1.1.1 区域经济发展现状和主要问题

近年来，随着区域环境变化，各地区发展比较优势正在经历重组和调整，区域经济增长格局逐渐呈现分化态势：从 GDP 总量来看（见图 1-1、图 1-2），2016 年排在前五位的省份分别是广东省、江苏省、山东省、浙江省、河南省，其 GDP 总量分别为 80854 亿元、77388 亿元、68024 亿元、47251 亿元、40471 亿元；排在倒数五位的省份分别是甘肃、海南、宁夏、青海、西藏，其 GDP 总量分别为 7200 亿元、4053 亿元、3168 亿元、2572 亿元、1151 亿元。2017 年排在前五位的省份分别是广东省、江苏省、山东省、浙江省、河南省，其 GDP 总量分别为 89879 亿元、85900 亿元、72678 亿元、51768 亿元、44988 亿元，排在倒数五位的省份分别是甘肃、海南、宁夏、青海、西藏，其 GDP 总量分别是 7677 亿元、4462 亿元、3453 亿元、2642 亿元和 1310 亿元。

从 GDP 增长率来看（见图 1-3），2016 年增速超过 10%的省份依次为重庆、西藏、上海、贵州、北京、广东、安徽、福建、江西、湖北、浙江、江西，其增长率分别分别为 12.8%、12.18%、12.16%、12.13%、

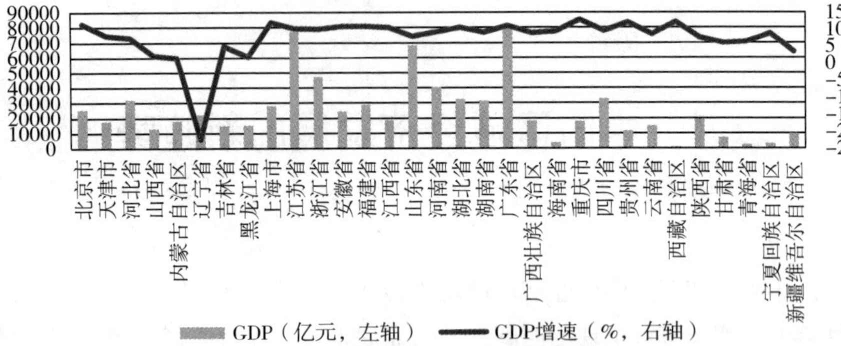

图 1-1　2016 年各省份 GDP 总量及增速情况

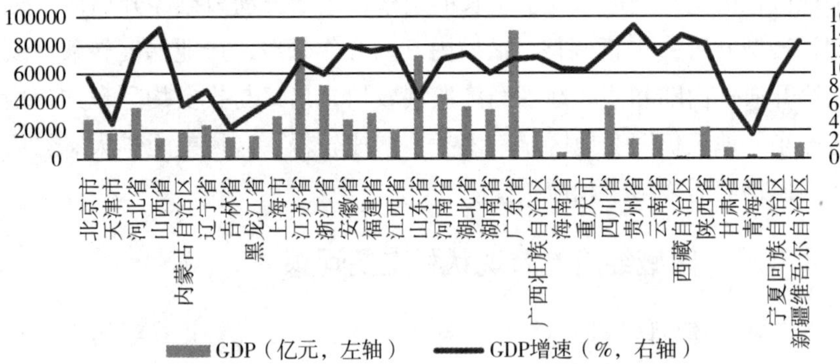

图 1-2　2017 年各省份 GDP 总量及增速情况

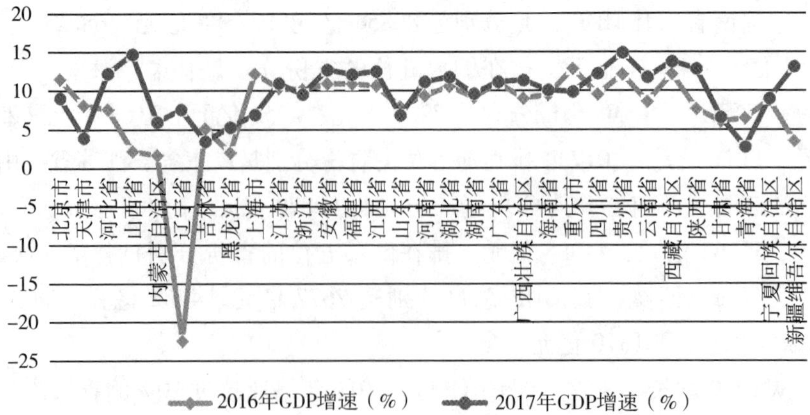

图 1-3　2016 年和 2017 年各省份 GDP 增速情况比较

11.53%、11.04%、11.53%、10.91%、10.89%、10.61%、10.54%、10.37%、10.17%；增速低于7%的省份依次为青海、甘肃、吉林、新疆、山西、黑龙江、内蒙古和辽宁，其增长率分别为6.4%、6%、5.0%、3.4%、2.2%、2%、1.6%、-22%。2017年增速超过10%的省份依次为贵州、山西、西藏、新疆、陕西、安徽、江西、四川、河北、福建、湖北、云南、广西、广东、河南、江苏、海南，其增长率分别为14.97%、14.73%、13.82%、13.16%、12.88%、12.74%、12.53%、12.28%、12.25%、12.10%、11.8%、11.78%、11.34%、11.16%、11.15%、10.99%、10.09%；增速低于7%的省份依次为上海、山东、甘肃、内蒙古、黑龙江、天津、吉林、青海，其增长率分别为6.93%、6.84%、6.61%、6%、5.28%、3.96%、3.46%、2.73%。

由此看出，近两年来区域经济增长格局继续保持"东部沿海地区增速放缓、西部和部分沿边地区增速加快、老工业基地持续衰落、中部地区稳中有升"的态势。这是因为，近年来受外贸形势急剧变化和经济结构调整的综合影响，各地区经济增长动能正经历转换和调整，原先增速较快地区出现增长回落，如上海、广东、江苏、浙江和天津等地，东部地区人口红利逐渐殆尽，资本边际报酬递减趋势开始阻碍区域经济增长，资本投入效率降低挤压全要素生产率增长空间；此外，外贸依存度较高的沿海地区受内需不足影响，去产能和去库存压力进一步降低企业生产动力。东北地区经济结构单一、人口和产业净流出导致部分区域出现增长塌陷，如辽宁在2016年出现负增长，吉林和黑龙江的GDP增长率连年徘徊在倒数几位。而西部省份GDP增长率在这几年出现下滑—增长不稳定的波动情况，如青海、甘肃、内蒙古、山西、新疆、山西等地，一方面，资源依赖型地区产业结构调整压力逐渐加大，挤压生产效率增长空间；另一方面，西部地区以转移支付和土地指标为主导的政策扶持，造成企业预算软约束，过度扶持进一步降低资源配置效率。此外，沿边地区受到"一带一路"政策利好影响，不断挖掘和培养竞争优势，出现经济增长新亮点，如贵州、江西、福建、云南和广西，2017年增长率均超过11%，贵州增长率甚至在2017年排名第一，达到14.97%。

总体而言，近年来，区域经济发展不平衡问题随着东部增速放缓，西部和沿边地区增速加快得到有效遏制，同时，不能忽略东北地区经济塌陷问题，正持续困扰该地区的宏观经济和社会稳定，如何通过挖掘东部地区新增长点，在动态发展中与中西部寻求区域分工合作，推动落后地区嵌入全国生产网络，培养竞争优势，是未来发展的重要命题。

1.1.2 区域经济增长新格局

随着区域经济发展进入新时代，我国区域发展战略和政策体系不断完善，逐渐形成了“四大板块”和“三大支撑带”的战略组合，区域经济发展呈现出新格局。“四大板块”战略主要是指“东部率先发展、中部崛起、东北振兴和西部大开发”，“三大支撑带”战略主要是指实施京津冀协同发展战略、推动长江经济带发展，以及“一带一路”建设。

京津冀协同发展的瓶颈主要集中在多方利益主体分散化下的行政区经济割据发展，“条块”和“块块”的行政管理体制导致各方利益主体非合作博弈，市场化合作机制无法催生有效的区域合作，导致京津冀区域协同发展陷入“囚徒困境”。近年来，随着京津冀合作发展诉求不断增强，这些问题在高层得到多方高度的认同，并得到有效推进。2014 年，国务院成立京津冀协同发展领导小组以及相应办公室。2015 年，出台顶层设计方案《京津冀协同发展规划纲要》，合作层面主要涉及交通、产业、生态三个主要方面。交通方面，北京七环高速公路全长约 940 公里，途经河北省 850 公里；地铁交通一体化逐步推进。在产业方面，在市场机制作用下，积极推动北京非核心功能外迁，包括传统制造业和传统服务业的向外部转移，并在多地建设产业合作对接园区，加快形成京津冀功能分工格局。生态方面，京津冀加强生态环境保护和联防联控，实现区域环保一体化。《京津冀协同发展规划纲要》，旨在解决跨区域公共品供给失灵以及区域协同发展机制失灵等问题，通过战略支撑和政策指导，加快完善区域发展中重大项目的成本分担和利益补偿机制，实现区域合作竞争，以此加快推进区域融合发展。

推动长江经济带发展对于加快东中西跨区域协调具有重要战略意义。2014 年 9 月 25 日国务院发布《关于依托黄金水道推动长江经济带发展的指导意见》和《长江经济带综合立体交通走廊规划（2014—2020）》，标志着长江经济带上升为国家战略。2016 年，出台顶层设计方案《长江经济带发展规划纲要》，该规划指出了空间布局上长江经济带的功能定位和各区域发展重点，提出“一轴、两翼、三极、多点”的格局。“一轴”是指依托长江黄金水道，发挥上海、重庆、武汉的核心作用；“两翼”是指通过长江主轴带动辐射周边地区，提升周边地区支撑力；“三极”是指以长江三角洲城市群、长江中游城市群、成渝城市群为主体，发挥辐射带动作用，打造长江经济带三大增长极；“多点”是指发挥其他地级市的支撑作用，不断完善城市体系、发展城市比较优势、优化城市功能、加强与中心城市的互动与联系，从而带动地区经济发展。2018 年，财政部印发《关于建立健全长江经济带生态补偿与保护长效机制的指导意见》，针对长江经济带生态环境保护，健全长江流域生态补偿与保护长效机制提出指导意见。长江流域地区积极响应出台政策。2014 年 12 月 1 日起，区域通关一体化改革从长三角流域扩展到整个长江经济带海关。2015 年 6 月 27 日，湖北省、上海市两地政府在武汉市签署合作框架协议，双方依托交通优势，推进长江经济带旅游。此外，各地体制机制创新合作不断，推动长江流域区域一体化发展。长江经济带战略旨在以长江沿岸地区为区域经济增长极，通过打造利益共同体，将沿岸碎片化发展地区融入区域合作网络，以此推动区域经济发展。

“一带一路”倡议实质是跨国区域合作，进一步拓展、深化和强化了我国区域经济发展战略，通过加强对外开放合作，积极与国内各个区域板块进行有效对接，同时实现“一带一路”对外开放合作战略的落地。2013 年“一带一路”倡议正式上升为国家战略。2014 年“一带一路”倡议开始落地，亚洲基础设施银行和丝路基金提出。2015 年 3 月 28 日，《推进共建丝绸之路经济带和 21 世纪海上丝绸之路的愿景与行动》（以下简称《愿景与行动》）发布，标志着“一带一路”建设进入全面推进阶段。《愿景与行动》提出后，各地发挥比较优势，实行更加主动的开放战略，积极对接，主动融入“一带一路”建设，同时国内沿边区域及相应省份积极构建内陆开放高地，推动国际通道建设等，各地开放环境明显改善，东中西互动合作提升，经济对外开放水平全面提升。

中国社会科学院工业经济研究所区域经济研究室陈耀研究员在其题为

《“一带一路”对区域经济发展双向效应》的演讲中指出，“一带一路”倡议有三个特点：一是从 FDI 向 ODI 转变，从过去的资本输入到走出去；二是出口结构变化，从过去以加工贸易为主导，出口结构以价值链低端的低附加值产品为主，向未来高铁、核电等高技术产品出口逐步转变；三是“一带一路”建设在未来将是以产能转移为主导（马胜春，2015）。由此看出，“一带一路”建设背景下我国对外开放合作层次将进一步提升，合作范围将从低交易成本的产品市场，深入到具有高交易成本的高端要素市场（资本、知识、技术），合作框架变得更复杂，合作组织与合作环境必须同步升级以应对复杂市场环境变化。

“三大支撑带”战略旨在弥补“四大板块”各自为政，割据发展的不利态势。随着区域分工需求逐渐从产业间分工和产业内分工向产品内分工转变，区域内和区域间分工合作对要素自由流动、产品市场开放、区域协同行动提出更高需求，“三大支撑带”通过意见指导和政策指向以点拉轴、以轴带面、以面促群推动各区域次第开放，形成包容互动与合作共赢的新局面。由此看出，“三大支撑带”的作用是对“四大板块”的重要补充，其战略重点已经从过去单一的以“转移支付与土地指标”为主导的无条件给予，推进区域平衡发展的战略目标，逐渐转向战略指导和政策支撑，从而推动各地发挥比较优势，重视区域竞争优势培养，以此加快区域融合的战略目标转变。两者差异在于，前者是忽略空间异质性下无条件的区域平衡，这一战略具有不可持续性，其结果是随着资源约束逐渐收紧，边际报酬递减趋势降低资源配置效率，空间不经济导致战略崩溃。后者则是在空间异质性前提下，依赖战略指导和对外开放，注重生产效率提升，力图进一步融入全国生产网络和全球生产网络，具有战略持续性。

可见，目前区域经济发展中的一系列瓶颈问题，如区域内产业同构、区域间分工定位趋同化、区域结构升级压力加大和区域发展塌陷与过去区域政策中政府过度扶持和不当经济干预有较大联系。因此，如何通过“三大支撑带”的桥梁和枢纽作用，加快过剩产能消化、产业梯度转移、完善区域重大项目建设成本分担和利益补偿机制等协调作用对未来区域经济发展具有重大意义。

表 1-1 “四大板块”和“三大支撑带”战略的比较

	四大板块	三大支撑带
政策目的	区域发展平衡	区域发展融合
政策内容	“转移支付和土地指标”的划拨	战略导向、意见指导和政策体系持续完善
政策重点	区域单点发展	区域协调发展
政策效果	资源配置效率降低，只重产出不重效率，空间异质性下的空间不经济	利用比较优势，培养竞争优势，空间异质性下的均衡发展
后续影响	资源约束收紧后，去库存和去产能压力，造成经济结构转型升级困境，有区域塌陷的可能性	在分工合作中寻找新的经济增长点，进一步融入全国生产网络和全球生产网络

资料来源：作者制作。

1.1.3 区域经济增长新态势

随着“三大支撑带”战略（以下简称“三大战略”）的不断推进，我国区域发展新格局初步形成，对区域经济带动作用不断凸显，东部地区进入创新引领阶段，东中西区域间合作互动升级，内陆地区开放程度提高，区域经济增长率呈现“西高东低”，创新能力呈现“东高西低”，区域开放互动合作水平全面提高。

（1）东部地区进入创新引领阶段

2016 年部分省份已经进入发达国家行列，人均 GDP 超过 1 万美元大关（见图 1-4、图 1-5），这些省份包括北京、天津、内蒙古、上海、江苏、浙江、福建、广东，人均 GDP 增长率超过 10%的省份有北京、上海、江苏、重庆和贵州。然而，已有研究指出，东部地区 TFP 增长率在经济下行压力下，出现缓步下降趋势。其中，技术进步的贡献出现下滑趋势（安晓明，2015），表明东部地区已经达到技术可行性边界。而且近年来，随着国际外部环境变化，出口贸易和投资增长乏力，东部经济增长有所放缓，区域转型升级压力不断加大。

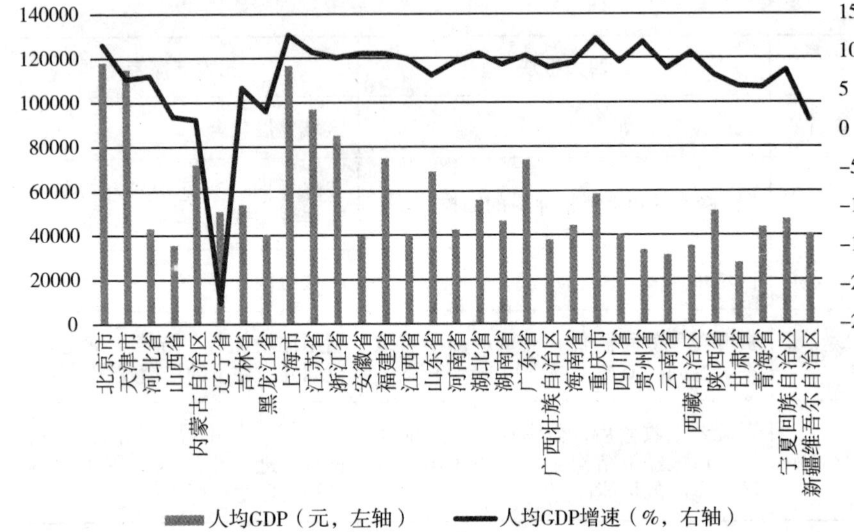

图 1-4　2016 年各省份人均 GDP 及其增速

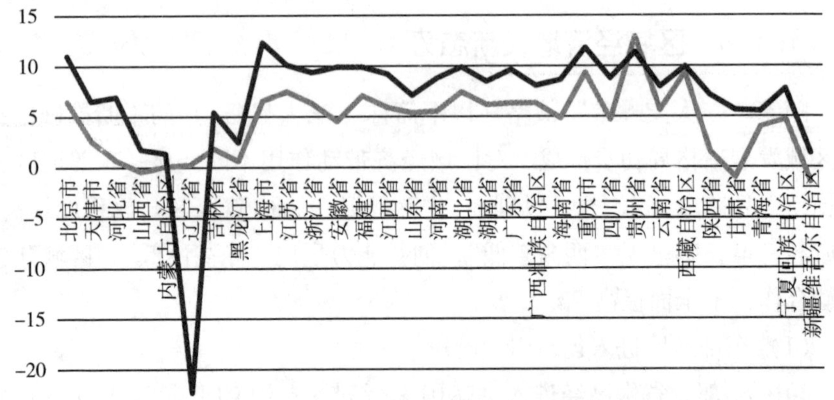

图 1-5　2015 年和 2016 年各省份人均 GDP 增速比较

在国家三大战略引领和各地区域专项政策的发力下，东部地区产业结构率先转型，各地政府相继发力推动自贸区建设，扩大对外开放水平，破解体制机制障碍，加快创新要素聚集、提升区域创新能力，培养区域经济新增长点。2013 年 9 月上海自由贸易试验区正式挂牌；2015 年 3 月 24 日，中共中央政治局会议审议通过了广东、天津、福建自由贸易试验区总体方案和进一步深化上海自由贸易试验区。四大自贸区侧重点各不相同：广东自贸区主打“港澳粤联动”，进一步推动港澳粤服务贸易自由化，加快辐射广东内陆腹地。天津自贸区主打京津冀协同发展，重点发展融资租赁业、高端制造业和生产性服务业，优化京津冀城市群功能分工，推动区域分工合作创新。福建自贸区主打台湾牌，加强与台湾深度合作，构建海上丝绸之路。扩容后的上海自贸区进一步加快体制机制创新，自贸区发展建设将以服务贸易和创新驱动功能为承载主体，发挥制度红利对科技创新的带动作用，加快构建开放型创新体系，突出强化企业创新主体地位和作用，着力完善促进创新的体制机制。

同时，各地政府针对发展现状出台相关政策意见、批复各类创新产业园。2016年2月1日，上海出台《上海推进“互联网+”行动实施意见》；2月26日，澳粤合作产业园首批12个项目正式动工，同时有4个项目签订土地出让合同，项目涉及高新科技、文化创意、休闲旅游、商务服务等多个领域；3月3日，国务院发布《关于深化泛珠三角区域的合作意见》；3月24日，长三角城市经济协调会召开，主题为“‘互联网+’长三角城市合作与发展”，讨论了长三角城市一体化建设新思路和新发展；4月1日，广东省印发《珠三角国家自主创新示范区建设实施方案（2016—2020）》；6月2日，上海批复成立上海市“互联网+生活性服务业”创新试验区；6月16日，首个国家知识产权服务业集聚发展试验区落地杭州高新区；8月29日，中关村国家自主创新示范区领导小组印发《中关村国家自主创新示范区京津冀协同创新共同体建设行动计划（2016—2018)》；9月4日，二十国集团领导人峰会在杭州通过了《二十国集团创新增长蓝图》，抓住创新、新工业革命、数字经济等新要素、新业态带来的新机遇，制定一系列行动方案；11月16日，第三届世界互联网大会在浙江义乌开幕，主题为“创新驱动，造福人类——携手共建网络空间命运共同体”。

从成果来看（见图1-6），2016年规模以上R&D科技活动项目数超过10000项的省份，主要集中在东部沿海地区及中部部分地区，包括江苏、浙江、广东、山东、安徽、福建、河南、天津、上海和湖北。江苏、浙江和广东三个省份科技活动数目均超过 50000 项，达到 59535、59088 和 50740 个，继续引领区域创新驱动发展。2016 年规模以上工业企业有效发明专利数超过 20000 项的省份主要集中在东部及中部部分地区，有广东、江苏、山东、安徽、浙江、上海、北京、四川、湖北、湖南、天津。广东和江苏的专利数均超过 10000 项，成为区域创新成果转化示范区域。

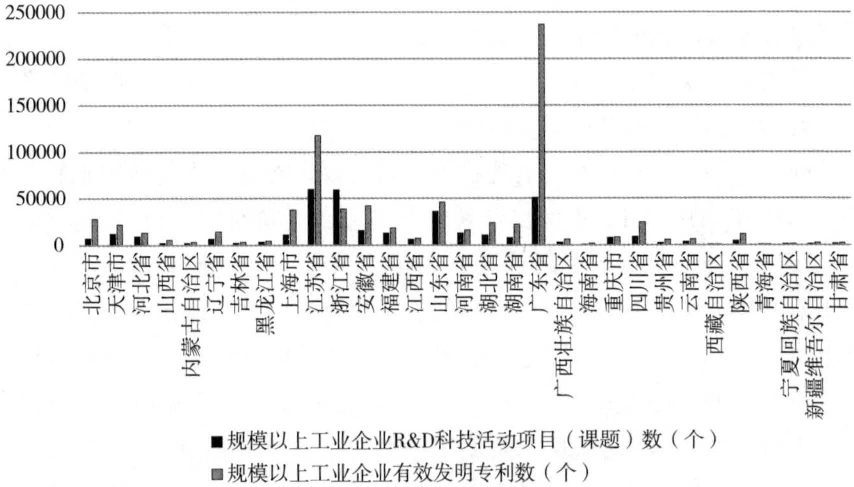

图 1-6　2016 年各省份科技创新情况

（2）东中西区域间合作互动升级

随着中部崛起和西部大开发战略深入推进，以及在"一带一路"建设、长江经济带和京津冀协同发展三大战略支撑下，东中西区域间经济联系合作互动加强，东部地区产业转移速度加快，内陆地区和沿边地区成为新的区域增长点，产业结构层次呈现梯度转移态势，区域产业结构优化升级。从图 1-7 和图 1-8 看，2016 年各地区服务业比重进一步提升，其中上海和北京服务业比重超过 60%，天津、山西、辽宁、黑龙江、浙江、广东、海南、西藏和甘肃等省份服务业比重超过 50%，增速较快的省份有天津、内蒙古、吉林、江西、湖南和四川。2016 年各地区制造业比重进一步下降，上海、天津、内蒙古、辽宁、黑龙江、江西、四川等省份制造业比重下降达到 5 个百分点以上。东部地区的上海和天津在区域协调中进一步加快产业转移，优化升级产业结构；中部地区江西和四川则是在国家战略支撑下，一方面积极壮大比较优势产业，另一方面积极去产能和调结构；东北老工业基地则是进一步受到地区塌陷的困扰，支柱产业份额进一步下滑。此外，2016 年贵州的第二产业份额进一步提高，沿边地区成为区域开放前沿，产业结构日趋多样化，经济增长出现亮点，通过建设国家级产业对接园区承接东部产业转移，对接东部新兴产业发展，通过产能西部转移等方式进一步优化产业结构层次。

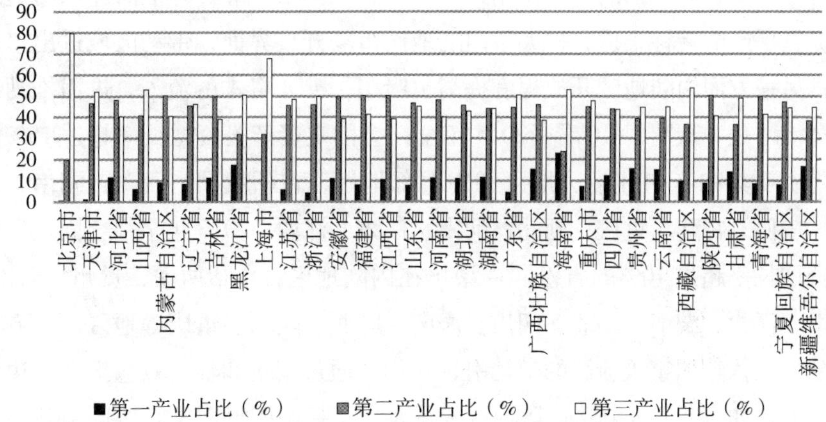

图 1-7　2015 年各省份三次产业占比情况

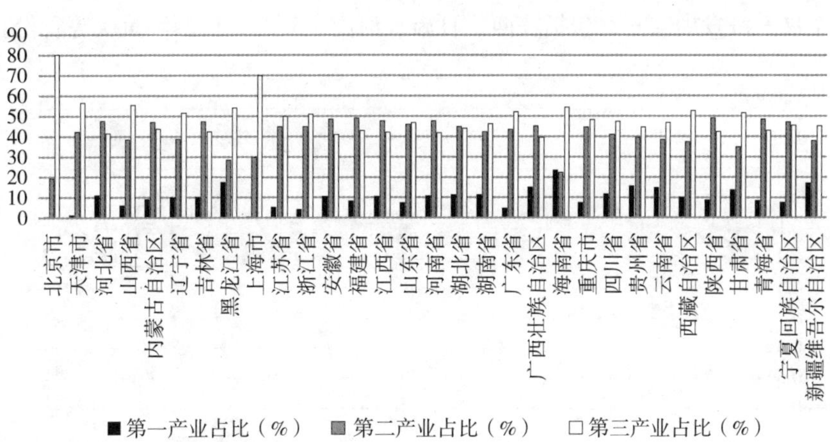

图 1-8　2016 年各省份三次产业占比情况

（3）内陆地区开放程度提高

随着国家区域经济战略升级，内陆地区的中西部板块积极融入“一带一路”和长江经济带合作框架，近年来，进出口外贸增长逐渐呈现“西高东低”态势，从图 1-9 看，2015 年进出口贸易增长率为正的省份主要集中在沿边地区和中西部地区的河南、湖北、广西、贵州、陕西和青海，2016 年进出口贸易增长率为正的省份只有山西，而下降较慢的省份主要有浙江、四川、陕西、广西、广东、河南、山东、江西、上海和吉林等。区域战略对内陆开放程度提高具有较强的带动作用，一方面，“一带一路”为中西部和沿边地区提供了产能转移渠道，扩大了内陆地区市场开放界面，带动区域进出口增长；另一方面内陆地区开放程度提高也吸引了 FDI 资本的流入，进而推动区域经济增长。从图 1-10 看，2015 年全社会固定资产投资增长率超过 15%的省份主要集中在内陆沿边地区和中西部地区，包括贵州、西藏、湖南、云南、广西、福建、重庆、湖北、河南、广东、江西；2016 年全社会固定资产投资增长率超过 10%的省份同样聚焦在内陆地区，包括西藏、贵州、云南、河南、江西、湖南、湖北、四川、海南、广西、陕西、重庆等地区。一方面内陆地区依赖国家级新区的带动引领作用，通过聚集和辐射效应推动周边地区发展，如贵州贵安新区、陕西西咸新区、云南滇中地区、湖南湘江新区、四川天府新区和重庆两江新区；另一方面有条件的地方政府正积极申报自贸区来拓展经济发展空间，包括陕西、甘肃、河南、湖北、广西和重庆等省份。

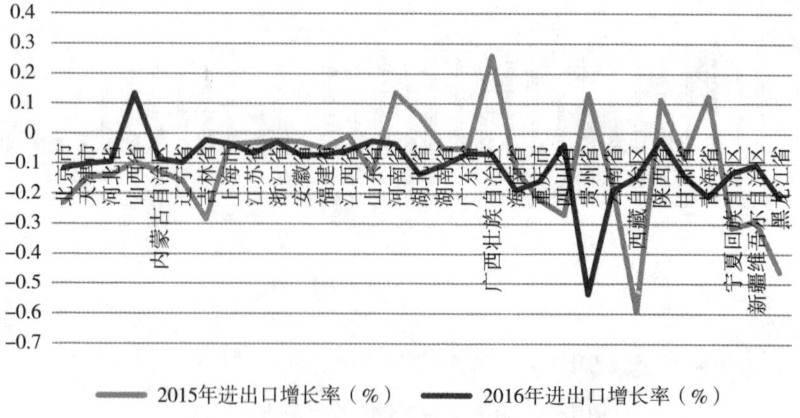

图 1-9　2015 年和 2016 年各省份进出口增长率比较

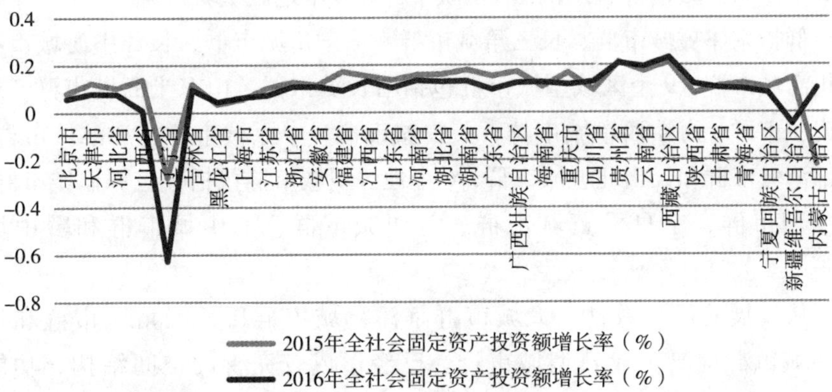

图 1-10 2015 年和 2016 年各省份固定资产投资额增长率比较

1.2 中国城市群发展的新趋势

随着 2014 年《国家新型城镇化规划（2014—2020）》明确提出把城市群作为城镇化主体形态，城市群发展作为我国城镇化的主体地位日益明确。长三角城市群、京津冀城市群和珠三角城市群从发展阶段、经济体量和发展态势层面都处于绝对领先优势，属于我国成熟型城市群，引领我国区域经济增长。我国致力于打造 20 个城市群，其中长江中游城市群依托长江经济带支撑，具有较大的发展潜力，其他城市群在增长动力、发展态势和内部协同方面仍旧属于准成熟型城市群。此外，城市群发展要求正逐步从规模扩张向质量提升转变，对城市群内部协同机制和规模结构优化提出更高要求。

1.2.1 中国城市群发展现状及主要问题

近年来，我国城市群发展轮廓逐渐成形，确定要建设 20 个城市群，包括 5 个国家级城市群、9 个区域型城市群和 6 个地区型城市群。5 个国家级城市群指京津冀城市群、长三角城市群、珠三角城市群、长江中游城市群和川渝城市群，9 个区域型城市群包括哈长城市群、山东半岛城市群、辽中南城市群、海峡西岸城市群、关中城市群、中原城市群、江淮城市群、北部湾城市群和天山北坡城市群，6 个地区型城市群包括呼包鄂榆城市群、晋中城市群、宁夏沿黄城市群、兰西城市群、滇中城市群和黔中城市群。

从发展阶段来看，三大城市群京津冀城市群、长三角城市群和珠三角城市群均属于成熟型城市群，已经形成较完善的空间结构、功能体系和产业梯度，城市群内部根据资源禀赋结构形成明确分工、资源共享和生态治理体系。川渝城市群和长江中游城市群以及多数区域型城市群（不包括北部湾城市群和天山北坡城市群）属于准成熟型城市群，随着区域一体化逐渐深入，城市群内部分工协作以及功能定位有待进一步完善。而北部湾城市群和天山北坡城市群及地区型城市群属于发展型城市群，这些城市群尚处于雏形阶段，组织形态随着城市群内部城市的动态进入和退出正在逐渐具有雏形，可以预见未来这些城市群将成为地区经济发展引擎和重要推动力。由此可见，我国城市群发展与区域经济发展基本处于同步阶段，均呈现出东高西低依次递减的趋势。

表 1-2、表 1-3 和表 1-4 给出了三大成熟型城市群以及部分发展较快的准成熟型城市群的 GDP 总量、GDP 增长率和 GDP 贡献率。从表 1-2、表 1-3、表 1-4 看，中国三大城市群长三角城市群、京津冀城市群和珠三角城市群继续发挥领跑作用。2014 年、2015 年和 2016 年三大城市群分别占全国 GDP 总量的 28.6%、29.2%和 29.9%。2016 年长三角城市群、京津冀城市群和珠三角城市群的 GDP 分别达到 9.9 万亿元、5.7 万亿元，6.5 万亿元，环比增长 10.78%、11.13%、9%，三个城市群对我国 GDP 增长贡献率达到 39.13%，是中国区域经济发展的增长极。

表 1-2　八大城市群 GDP 总量

（单位：亿元）

年份	全国	京津冀城市群	长三角城市群	珠三角城市群	长江中游城市群	川渝城市群	中原城市群	山东半岛城市群	哈长城市群
2014	643974	46343	82449	55784	32169	25346	16611	21620	14201
2015	689052.1	51639	89603	60504	35321	28669	17593	22760	14620
2016	743585.5	57387	99267	65947	38369	33226	20512	25596	15018

资料来源：作者制作。

表 1-3　八大城市群 GDP 增长率

（单位:%）

年份	全国	京津冀城市群	长三角城市群	珠三角城市群	长江中游城市群	川渝城市群	中原城市群	山东半岛城市群	哈长城市群
2015	7.00	11.43	8.68	8.46	9.80	13.11	5.91	5.27	2.95
2016	7.91	11.13	10.78	9.00	8.63	15.89	16.59	12.46	2.72

资料来源：作者制作。

表 1-4　八大城市群 GDP 贡献率

（单位:%）

年份	京津冀城市群	长三角城市群	珠三角城市群	长江中游城市群	川渝城市群	中原城市群	山东半岛城市群	哈长城市群
2015	12.24	16.12	10.61	7.18	7.79	2.16	2.49	0.90
2016	10.85	18.19	10.08	5.63	8.97	5.78	5.42	0.69

资料来源：作者制作。

随着区域经济战略升级和逐渐深入，分布于东中西不同地域的准成熟型城市群正在逐渐壮大，据统计这些城市群对我国 GDP 增长的贡献率之和已经达到 37.9%，与成熟型城市群影响力旗鼓相当，是未来发展的潜在动力。从表 1-2、表 1-3、表 1-4 看，2016 年长江中游城市群、川渝城市群、中原城市群、山东半岛城市群和哈长城市群的 GDP 分别达到 3.8 万亿元、3.3 万亿元、2.0 万亿元、2.5 万亿元和 1.5 万亿元，环比增长分别是 8.63%、15.89%、16.59%、12.46%和 2.72%，平均增长率为 11.2%，显著快于三大成熟型城市群的平均增长率10.3%。其中，中部地区体量较大的中原城市群和东部地区发展水平较高的山东半岛城市群呈现出加速发展态势，增长率分别从2015年的5.91%和5.27%上升到2016年的16.59%和12.47%。而依托直辖市重庆的川渝城市群近两年稳中有升，增长率从2015年的13.11%上升到2016年的15.89%，发展态势良好，是增长最快的城市群之一。而最新规划将武汉城市群、环长株潭城市群、环鄱阳湖城市群一并纳入到长江中游城市群，近两年增速有所减缓，从2015年的9.8%下降到2016年的8.63%，这可能是因为随着规划出台，各个城市正在加快空间结构调整和功能转型，随着优化调整逐渐成形，长江中游城市群将进入下一阶段的快速增长通道。

从表1-5看，上述8个城市群面积超过158万平方公里，约占全国16%；人口近6.8亿，约占全国49.6%；GDP总额达到35万亿元，约占全国47%。从国土面积、人口和经济总值来看，这8个城市群对我国未来区域和城市发展具有举足轻重的作用，不仅反映了新型城镇化发展的基本空间结构，也预示着未来城市化发展的基本形态。

表1-5 八大城市群人口与土地基本情况

	全国	京津冀城市群	长三角城市群	珠三角城市群	长江中游城市群	川渝城市群	中原城市群	山东半岛城市群	哈长城市群
人口（万）	139000	11000	9400	3000	12600	10000	15000	4000	3945
土地（万平方公里）	960	22	10	5.4	35.1	24.0	28.0	7.4	26.3

资料来源：作者制作。

进一步，表1-6和表1-7分别了给出了八大城市群的经济密度与人口密度比值（比较劳动生产率），以及经济密度与土地密度比值（比较土地生产率），这两个指标反映了八大城市群聚集经济效益，如果两个指标大于1，表示该城市群聚集经济效益较好，如果小于1，表示该城市群聚集经济效益较弱。从表1-6看，2016年经济密度与人口比值大于1的城市群主要是属于成熟型城市群的长三角城市群和珠三角城市群，以及属于准成熟型城市群的山东半岛城市群，其比值分别达到 1.97、4.11 和 1.30；而京津冀城市群的人口聚集效应显著低于其他两个成熟型城市群，其他准成熟型的城市群的人口聚集效应均低于 1，严格意义上来说，这些城市群还没有形成较强的聚集动力，甚至有人口外流的倾向。这可能是因为准成熟型城市群分工合作协作机制尚不完善、功能定位模糊，如长江中游城市群还在规划初期，板块之间功能还处于分异与重组中，区域内比较优势重构将决定未来城市群发展动向。而京津冀城市群较低的劳动生产率则是因为内部行政管理体制复杂交错的利益矛盾，无法形成有效的合作机制，未来的规划应该注重区域内协调和利益补偿机制的完善，从而带动城市群一体化发展。而中原城市群则是因为人口过多停滞在农业部门导致劳动生产率较低，未来城市群发展动力机制应该以过剩劳动力转移和产业发展双轮驱动为主导，从而带动城乡一体化和区域一体化。

表 1-6 八大城市城市群经济密度与人口密度比值

年 份	京津冀城市群	长三角城市群	珠三角城市群	长江中游城市群	川渝城市群	中原城市群	山东半岛城市群	哈长城市群
2014	0.91	1.89	4.01	0.55	0.55	0.24	1.17	0.78
2015	0.95	1.92	4.07	0.57	0.58	0.24	1.15	0.75
2016	0.98	1.97	4.11	0.57	0.62	0.26	1.20	0.71

资料来源：作者制作。

表 1-7 八大城市群经济密度与土地密度比值

年 份	京津冀城市群	长三角城市群	珠三角城市群	长江中游城市群	川渝城市群	中原城市群	山东半岛城市群	哈长城市群
2014	3.14	12.29	15.40	1.37	1.57	0.88	4.36	0.80
2015	3.27	12.48	15.61	1.40	1.66	0.88	4.29	0.77
2016	3.37	12.82	15.77	1.41	1.79	0.95	4.47	0.74

资料来源：作者制作。

从表 1-7 看，2016 年经济密度与土地密度比值大于 1 的城市群，主要有京津冀城市群、长三角城市群和珠三角城市群、长江中游城市群、川渝城市群和山东半岛城市群，分别达到 3.37、12.82、15.77、1.41、1.79 和

4.47。其中长三角城市群和珠三角城市群的比值超过 10，一方面两个城市群土地集约化利用效率较高，具有较高的土地生产效率；另外一方面两个城市群需要注意土地过度承载、过度开发和拥挤效应导致的空间不经济以及不可持续发展问题，土地资源的瓶颈约束将成为两个城市群未来空间调整、功能优化和产业升级的重要指向。值得提出的是随着长三角城市群扩容正式提上议程，长三角城市群从 16 个城市扩容至 26 个城市，城市群土地瓶颈约束有所缓解，但需避免城市群摊大饼无序发展，如何在区域协调中进行产业转移和功能重组优化是未来发展要解决的重要课题。而京津冀城市群、山东半岛城市群、长江中游城市群以及川渝城市群土地生产率虽然大于 1，但仍有较大的功能优化空间来进一步提升土地生产效率，在市场机制作用下，加快产业分工协作和协同发展是未来城市群提升能级的重要途径。而中原城市群和哈长城市群的土地生产效率较低，随着区域经济战略升级，应加快推动工业化进程，以及城市群内部二元经济结构转化，同时培养城市群竞争优势，从而提升城市群土地生产效率。

总体而言，上述 8 个城市群具有良好的发展态势，成熟型城市群稳中有升，准成熟型城市群加速发展，但由于经济发展阶段差异、资源禀赋结构差异以及城市群能级差异，面临不同的发展问题。随着区域经济战略深入推进，未来各个城市群应在动态发展中加快推动城市群规模结构、功能结构和产业结构的调整。对于东部城市群，要以建设世界级城市群为目标，加快形成国际竞争新优势，在更高层次参与国际竞争与合作，在国际化道路更上一层楼。对于西部城市群，应该加快引导东部劳动密集型产业向西部转移，加快产业集聚发展和人口集聚，培养城市群竞争优势。

1.2.2 中国城市群发展新格局

近年来，国家先后出台相关政策，明确了城市群发展在城市化进程中的主体地位。2010 年国家发布了《全国主体功能区规划——构建高效、协调和可持续的国土空间开发格局》，2014 年发布了《国家新型城镇化规划（2014—2020）》，其中国家新型城镇化规划以全国主体功能区规划提出的“两横三纵”为主体空间基本框架，对我国不同区域和城市城镇化进行了制度和战略安排，这两大基本战略部署基本预示了国家未来几年城市群发展新格局，是城市群发展总体规划纲要。在区域层面和省级层面，从2010年起相关政策开始逐渐增多，其中对国家城镇化发展布局具有重大影响的是国家在近几年颁布的三个规划，分别是《长江中游城市群发展规划》《长江三角洲城市群发展规划》和《京津冀协同发展规划纲要》。

2015年3月26日，国务院批复《长江中游城市群发展规划》，这是国家新型城镇化规划出台确立的首个跨区域城市群规划。规划明确指出了长江中游城市群的覆盖范围，是以武汉城市圈、环长株潭城市群和鄱阳湖城市群为主体的特大城市群，强化武汉、长沙、南昌的中心城市地位，依托沿江、沪昆和京广、京九、二七等重点轴线，形成多中心、网路化发展格局，促进省际毗邻城市合作发展，努力将长江中游城市群建设成为长江经济带重要支撑、全国经济新增长极和具有一定国际影响的城市群。长江中游城市群要有能力成为中国经济发展的第四极，在未来应促进要素市场一体化，包括土地、人口、资本在跨省域间的自由流动，提高各项要素的规模经济效应，并推动城市群内部大中小城市合理的产业分工协作体系。

2015年4月，中共中央政治局审议通过《京津冀协同发展规划纲要》。该规划纲要明确了三省市定位，北京市是“全国政治中心、文化中心、国际交往中心、科技创新中心”，天津市是“全国先进制造研发基地、北方国际航运核心区、金融创新运营示范区、改革开放先行区”，河北省是“全国现代商贸物流重要基地、产业转型升级试验区、新型城镇化与城乡统筹示范区、京津冀生态环境支撑区”。区域整体定位体现了三省市“一盘棋”的思想，突出了功能互补、错位发展、相辅相成；三省市定位服从和服务于区域整体定位，增强整体性，符合京津冀协同发展的战略需要。规划纲要指出，推动京津冀协同发展是一项重大的国家发展战略，核心在于疏解北京的非首都功能，并要求京津冀在交通一体化、生态环境保护和产业升级转移等领域率先有所突破。

2016年5月，国务院发布《长江三角洲城市群发展规划》，规划提出培育更高水平的增长极，到2030年，建设成具有全球影响力的世界级城市群。规划明确提出长三角城市群扩容发展，从过去两省一市的16个地级市扩容到三省一市的26个地级市，其中城市群以上海为中心，南京、合肥和杭州为副中心进行发展。可以看出规划思路正在逐渐转变，从过去经济水平相似的地区共同发展，逐渐扩展到发达地区与欠发达地区协同发展，意味着发达地区的发展已经进入集聚—扩散进程中扩散的阶段，扩容有利于涓滴效应和扩散效应更好的发挥，在承载产业转移、土地资源保护利用、周边地区人口迁移等方面进行良性合作。

同时，规划在区域一体化进程中起到推动作用，明确指出合作内容和合作深度要进一步加强，通过将城市群打造成改革新高地，复制推广自贸区、自主创新示范区等成熟的改革经验，在政府职能转变、体制机制创新等方面先行先试，推进金融、土地、产权交易等要素市场一体化建设，开展教育、医疗、社保等公共服务和社会事业合作。

从规划重点来看，我国城市群发展方向从过去注重数量规模向质量效益逐渐过渡，从区域产业同构、恶性竞争发展向形成合理分工体系的区域协调发展逐渐过渡，从浅层次的产品市场一体化向高层次的要素市场一体化逐渐过渡。上述三大规划为我国城市群未来发展奠定了基本方向，其余国家级规划正在陆续出台，可以预见未来城市群发展新格局正在逐渐成形。

1.2.3 中国城市群发展新挑战

(1) 城市群内部协同发展新挑战

城市群是产业分工协作一体化的重要载体，随着城市群呈现加速发展态势，城市群内部协同发展需求不断提升，这对我国城市群内部协同机制构建提出挑战。从现阶段城市群发展态势来看，以下几点对我国城市群协同发展构成约束：

一是跨省域城市协同与行政区划的矛盾。

我国的城市群可以分为省内城市群和省际城市群，顾名思义，省内城市群指的是城市群内部城市隶属于同一个省份，省际城市群指的是城市群内部城市分属于不同省份。如珠三角城市群、山东半岛城市群、中原城市群等属于省内城市群。省际城市群中典型的是长三角城市群、京津冀城市群和长江中游城市群，分别都横跨多个省份，包含城市超过 10 个以上，尤其是长三角城市群扩容后高达 26 个城市。省际城市群不在同一个行政单元，在项目、政策和规划层面统筹协调具有较高难度。因为城市群现行的税收、投资等政策都以行政区划为基础，资金、技术、政策、资源等经济要素的流动性不畅，而且不同区域制度不一致也会阻碍制度对接和制度一体化形成。然而，城市群内部发展空间越广阔，越有利于城市之间取长补短、优势互补和分工协作，例如长三角城市群扩容后内部有发达城市与欠发达城市之间的资源互补（土地）、产业转移对接和环境治理等合作，从而提升分工效率。因此，如何降低统筹协调的交易成本将对城市群内部协同发展具有重要意义。目前，只有《京津冀协同发展规划纲要》将京津冀协同发展提升到国家战略目标，在国务院层面成立了专门领导小组和办公室，对于推动重大事项具有较大作用。而长三角城市群内部统筹则主要通过浙江、江苏、安徽和上海的主要领导每年举办的"碰头会"，共同商议城市协同发展的重大议题；此外，还成立了多个城市协作委员会，每年讨论相关议题。但需要指出的是政府层面的统筹协调不能破坏市场机制运行，以及行政干预市场自发形成的合作诉求，在恰当的时机政府应该加快推进市场层面的社会组织、协作平台和协同机制有效形成，从而加快推动城市群协同发展。

二是城市群合作内容丰富多样化与地方保护的矛盾。

随着，城市群发展动力逐步以创新驱动和转型升级为主导，城市之间合作领域逐渐宽泛，从产业转移、基础设施共建、公共服务提升、资源要素共享方面均存在合作诉求。然而，地方政府作为发展型政府具有自身利益机制，激烈的同质化竞争导致市场分割和市场开放动力较弱，一些地方画地为牢，以行政空间单位为资源配置空间，导致市场规模较小、功能单一以及空间结构失衡等问题日趋严重。这些问题正在阻碍区域性产品市场和要素市场一体化形成。而城市群内部缺乏有效的协作机制，在短期内无法促成市场合作。一方面，随着合作内容牵涉到要素市场开放和资源共享等深层次层面，项目的成本分担与利益补偿机制协调将变得愈加复杂，同时较长的收益回报周期也会抑制协同发展动力；另一方面，随着合作参与方增加，利益协调难度也会加大，导致集体行动的失败。

政府应该大力推动民间组织、市场主体、高校科研机构协同创新，重点搭建面向各个创新主体的创新型合作平台，通过市场交易效率和成果转化效率的提升诱致市场主体的协同创新效率，进而在此基础上推动跨主体、跨区域、跨市场的项目协同效率，从而形成良性循环互动效率。同时，由于我国地方政府实行的是一级政府一级财政，政府缺乏跨区域公共服务供给的动力，为此，既要加快长效机制生成，推动跨区域公共品供给制度建设，同时加强区域内部合作创新组织的生成，例如在重大基础设施互联互治和生态环境联防共治领域，可以设立专项基金、开发银行模式等。

三是开放包容的空间协作载体与狭隘局限的行政考核制度矛盾。

随着城市群逐渐成为新型城镇化发展的主体形态，城市群内部应该生成以新型地域生产空间载体为对象的制度架构与行政管理体系。然而，现阶段我国地方政府治理体系以 GDP 为主要考核指标，导致政府之间竞争白热化，低效率纳什均衡使城市之间陷入囚徒困境的发展模式。一方面，地方政府往往以自身行政单元 GDP 最大化为价值取向，有时候甚至忽略经济效益，追求规模最大化导致粗放式经济增长模式的无序蔓延；另一方面，地方政府在追求自身利益最大化的同时，往往忽略区域之间的分工协作，导致城市个体单元效率与城市群整体效率失衡。在城市群发展初始阶段，各个城市根据比较优势进行生产力布局，进而培养城市竞争优势，然而行政考核制度往往忽略对公共服务有效供给的考核，导致城市多样性发展滞后以及城市功能优化重组受阻，进而阻碍城市产业升级。当城市发展对粗放式经济增长模式形成路径依赖，将无法内生出城市转型升级需求，进而将城市锁定在封闭的发展空间内，这将不利于城市群内形成新型地域生产空间载体，进而降低城市群整体资源配置效率。在既有的利益分配格局下，现行行政管理体制架构将会进一步加剧城市个体单元效率与城市群整体效率的矛盾，应该加快生成以产业链为单元的空间治理结构，从而提高城市群管理效率

（2）城市群规模体系协调发展新挑战

随着城市群加速发展，城市群内的大中小城市应该形成合理的功能分工，各司其职，组成一条功能完整的产业链空间单元，进而获取分工效率和交易效率。这要求城市群内的城市规模结构体系要与城市群内部功能结构相适应。然而，据统计，2001—2010 年，中国大城市数量增加 67 座，

城市数量比重和人口比重分别为10.65%和14.64%；中等城市数量有一定程度增加，但是人口比重却减少了5.96个百分点；小城市数量和人口比重均在迅速下降，分别下降15.46个百分点和8.68个百分点。从人口增速来看，400万以上的特大城市人口增长最快，增速达到126.6%；其次是200万—400万的大城市，人口增长了81.69%；中等城市人口增长16.84%；小城市人口则下降了21.81%。由此看出，大城市的人口规模在现阶段处于急剧扩张阶段，而中小城市人口规模处于相对萎缩之中。这是因为传统观念扭曲、资源配置的偏向、市场作用的极化作用、进城农民的意愿以及政策调控失效所导致（魏后凯，2014）。由此看出，现阶段我国相关体制扭曲和制度安排在客观上扭曲了城市资源配置效率，导致大城市过大，功能负载过多，聚集不经济，而小城镇过小且呈现萎缩态势，无法承担大城市的产业转移和功能外迁，这在一定程度上降低了城市群功能分工效率。

一是城市规模结构失衡与城市功能分工的矛盾。

失衡的规模结构不利于城市功能分工。城市群应该形成以发展知识密集型、技术密集型和高附加值产业的大城市为增长极，同时以发展劳动密集型、低技能和低附加值产业的中小城市为腹地发展的分工结构体系。然而，由于政府政策偏向，导致资源配置倾向于向大城市集聚，过高的聚集规模效应驱动农民工进城意愿偏向于特大城市和大城市，致使小城镇人口的流入率降低甚至是负增长，将不利于小城镇劳动密集型和低技能产业的可持续发展。较少的就业岗位支撑导致小城镇政府税收和财政收入的降低，进而导致小城镇公共服务和基础设施建设的落后，进一步降低农民工进入小城镇务工的意愿，形成自增强负反馈效应。而大城市人口规模的持续扩张虽然带来了巨大的聚集效应，但是由于发展空间的客观限制，以及城市治理能力的滞后，通过拥挤效应如交通拥挤、环境污染和过度竞争等大城市病降低大城市生产效率和资源配置效率。传统观念下的政策扭曲和补贴会进一步强化大城市的聚集效应，从而降低大城市低附加值功能外迁的动力，进一步降低大城市的城市生产效率，形成自我强化的负反馈效应，由此导致大城市变成兼顾多种功能的城镇化载体，而小城镇进一步萎缩，整个城市群无法获取较高的分工效率。

二是城市规模结构失衡与产业结构升级矛盾。

失衡的规模结构不利于大城市获取知识溢出（技术外部性），小城镇无法获取规模经济（金融外部性），阻碍产业转型升级。随着产业结构升级优化，大城市通过将一些低附加值的产业“外包”给周边中小城镇，并通过专注于高端价值链，在大城市获取知识溢出的技术外部性，即超额经济租，并通过利润分成反哺中小城镇的劳动密集型产业，进一步壮大劳动密集型产业的发展规模和发展质量；而中小城镇通过提高规模经济和技术水平、提升生产效率、降低生产成本，来支撑大城市进一步提高生产性服务业水平和低附加值产业剥离，从而形成自增强的正反馈效应。然而失衡的规模结构导致大城市的高端服务业无法与低端生产制造环节进行成功剥离，降低高端服务业聚集效应。这是因为在政策倾向和要素价格补贴下，大城市聚集效应较大且生产成本过低，导致制造业环节过度聚集在大城市中，尤其是制度安排下的一些产业区、主体功能区一般都设立在大城市中。高端服务业的知识溢出效应因无法达成有效规模，进而阻碍产业结构升级，从而无法进一步反哺中小城镇的劳动密集型产业；而中小城镇因缺乏大城市的技术和利润分成，而失去规模扩张的驱动力，阻碍中小城镇产业结构升级，从而形成自增强的负反馈机制。

三是城市规模结构失衡与环境资源承载力的矛盾。

城市规模结构失衡导致部分城市环境资源出现过载。据研究，中国各个区域由于资源禀赋结构和发展阶段不同，呈现出不同的区域发展潜力和资源承载力。其中，高发展潜力—高资源环境承载区的地区有江苏、浙江、广东、山东与河北；高发展潜力—低资源环境承载区有北京、上海和天津；中发展潜力—中资源环境承载区有重庆、陕西、福建、湖南、湖北、广西、江西、安徽和辽宁；低发展潜力—高资源环境承载区有黑龙江、内蒙古、山西、河南和四川；低发展潜力—低资源环境承载区有西藏、青海、甘肃、贵州、宁夏、新疆、云南、海南和吉林（张燕等，2009）。由此看出，随着聚集经济效应不断增强，城市规模扩张呈现加速发展态势，然而扩张速率受到城市环境资源承载力的瓶颈约束，典型的如北京、上海和天津三个特大城市，如果城市规模和功能结构不进行优化重组，不利于大城市聚集经济的有效发挥；而中西部城市面临的发展困境则是城市规模扩张的驱动力并不是依赖产业和人口流入等市场自发的扩张秩序，而是依赖西部大开发等政策优势给予的低土地价格、扭曲资源价格和环境成本向社会转移等方式，以此加快城镇化发展进程，即虚假城市化，这一方面加剧了资源低效率使用，另一方面加剧了中西部城镇化对资源的过度依赖，随着资源逐渐枯竭，城镇化将面临停滞甚至倒退，即资源诅咒。这意味着，城市功能结构失衡下的规模扩张将影响城市资源配置效率，过低的资源配置效率将加快城镇化进程中面临的资源禀赋结构约束，对城镇未来可持续发展形成较大约束。随着新型城镇化发展从规模扩张向质量效益提升转变，以及城镇化发展进程从东部向中西部推进，应该形成分工明确、功能互补、等级有序的规模结构体系和布局合理、集约高效、适度均衡的空间格局，大中小城市和小城镇协调发展。此外，应该提高小城镇发展特色，大幅减少资源环境的代价，实现低消耗、低排放、高效率和可承载的可持续城镇化发展。

1.3 “一带一路”建设对中国区域空间开发格局的影响

“一带一路”倡议的提出为中国扩大开放和促进区域经济协调发展提供了新机遇。一方面，它强调提高面向西北的中亚、西亚乃至欧洲的对外开放水平，为中西部地区开拓了新的市场空间；另一方面，也有利于带动产业、技术、资金等资源流向中西部地区，转移当前东部地区生产成本上升和日益增大的结构转型压力，促进制造业向中西部转移，加强东、中、西部之间的经济联动性。

1.3.1 中华人民共和国成立以来中国区域空间开发格局的演变

中华人民共和国成立以来中国区域空间开发格局经历了三个阶段。第一个阶段是改革时期的区域均衡发展（1953—1978 年）、效率优先的区域非均衡发展时期（1979—1998 年）、区域协调发展时期（1999 年至今）。

第一个阶段，改革时期的区域均衡发展（1953—1978 年）。中华人民共和国成立初期，资本极度缺乏，人力资本极度低下，工业的地理布局 70%位于沿海地区，只有 30%的工业位于内陆省份。在这种情况下，中国实行了区域均衡发展政策，着重发展工业，这主要包括在苏联援助下实施的“一五”计划（1953—1957 年）和 20 世纪 60 年代中期开始实施的“三线建设”。由于当时紧张的台海局势以及计划经济所体现的均衡发展理念，“一五”计划实施的重大工业项目主要分布在资源富集以及工业基础较好的东北和中西部地区，这就开始改变中国现代工业布局和基础设施布局，为中西部地区的工业化奠定了基础。20 世纪 60 年代，在中苏交恶以及美国在中国东南沿海的军事威胁的背景之下，中国实施“三线建设”，涉及中西部 13 个省区。由于“三线建设”初期的很多项目是从一线和二线地区搬迁的项目，并且大部分项目的选址远离城市，其结果是工业项目地理分布的分散化。因此，地区分割严重，人口密度和经济密度并没有出现明显的集聚现象。特别是，中国于 1958 年实行了户籍制度，既限制了城乡之间的人口自由流动，也限制了各地区人口和劳动力的自由流动。

第二个阶段，效率优先的区域非均衡发展时期（1979—1998 年）。20 世纪 70 年代后期，中国面临的国际环境有所改善，由于第一阶段的均衡战略并未取得实质性的经济发展成果，中国开始实施东部率先发展、效率优先的非均衡发展战略。以邓小平为核心的党的第二代中央领导集体提出了改革开放的战略，先后设立 4 个经济特区、开放 14 个沿海港口城市、建立 4 大沿海经济开放区（长江三角洲、珠江三角洲、闽南三角区、环渤海开放区）以及设立上海浦东新区和天津滨海新区，逐步建立全方位的对外开放格局。东部沿海地区充分发挥了劳动力比较优势，经济快速增长。不仅如此，随着中国的对外开放不断深入，效率优先的社会主义市场经济体制的建立也逐步放松了国内区域要素流动的限制，从而降低了区域间的经济分割，提高了资源的区域配置效率。从人口密度和经济密度来看，珠江三角洲、长江三角洲以及京津冀地区成为中国的地区性经济增长极、对外贸易活跃地以及人口集聚区。

第三个阶段，区域协调发展时期（1999 年至今）。从 1990 年之后，尽管全国各地区仍然保持着高增长，但是地区发展差距迅速拉大。国内市场一体化水平较低，这使得制造业集中于东部沿海地区，无法向中部地区转移，推动了地区差距不断扩大。1995 年 9 月，中央召开十四届五中全会，首次将地区之间的协调发展作为国民经济和社会发展的指导方针，并提出今后要更加重视内地的发展，实施有利于缩小两级差距的政策。从国家层面上说，在“九五”时期，中国开始考虑“两个大局”的实现问题，这也是邓小平“两个大局”思想的延续。20 世纪末，中国基本达到小康水平，为全面建设小康社会，中国正式实施区域协调发展战略，并在“十五”期间形成了区域发展总体战略。它的形成经历了三个阶段，分别是 1999 年年底提出的西部大开发、2002 年提出的振兴东北等老工业基地以及 2004 年提出的中部崛起。至此，加上改革开放以来的东部率先发展战略，中央基本上完成了对中国四大板块的区域政策布局，形成了区域发展总体战略。2005—2011 年，四大板块政策继续深化、细化和实化，实现重点地区区域政策指导的全覆盖、区域空间的指导意见从陆地拓展到海空以及区域经济政策的指导由国内拓展到与国外合作联动。与此同时，中央在区域战略和政策制定上还突出了三个重点：着力建设综合改革试验区、经济区等重要功能区；突出解决贫困地区、资源枯竭型城市、边疆地区以及少数民族聚集区等瓶颈地区发展问题；推进区域合作，建立泛长三角等区域合作示范区。

1.3.2 “一带一路”建设影响中国区域空间开发格局的路径

区域空间开发模式主要有三种：增长极模式、点轴模式和网络布局模式。这三种模式之间存在时间上的相关性，一定区域内，首先产生的是增长极，接着增长极与增长极之间相互联系产生轴带，当越来越多的增长极之间发生作用时，又会形成网络。这也是区域空间开发格局的演变规律，即从点到线，再扩展到面的发展。“一带一路”建设影响中国区域空间开发格局的路径也遵从这样的规律。

知识链接

“一带一路”倡议

2013 年，习近平主席在哈萨克斯坦及印度尼西亚访问期间，分别提出“丝绸之路经济带”与“21 世纪海上丝绸之路”两大构想，引起国际社会的广泛关注。2013 年 11 月 12 日，中共十八届三中全会通过的《中共中央关于全面深化改革若干重大问题的决定》，提出要“推进丝绸之路经济带、海上丝绸之路建设，形成全方位开放新格局”。2015 年 3 月 28 日，经国务院授权，国家发展改革委、外交部、商务部联合发布了《推动共建丝绸之路经济带和 21 世纪海上丝绸之路的愿景与行动》，明确提出“一带一路”的建设“旨在促进经济要素有序自由流动、资源高效配置和市场深度融合，推动沿线各国实现经济政策协调，开展更大范围、更高水平、更深层次的区域合作，共同打造开放、包容、均衡、普惠的区域经济合作架构”。“一带一路”倡议一旦成功实施，将在欧亚大陆形成一个内部经济联系密切、涉及 65 国和 44 亿人的巨型经济体。“一带”是丝绸之路经济带，它内联中国中西部大部分省份，外通中亚、西亚和欧洲地区，是中国陆路向外联通的最重要通道，也是中国东部向中西部产业转移的延展区域。“一路”是 21 世纪海上丝绸之路，它把中国沿海地区与东南亚、南亚、西亚、北非、欧洲串联起来，将太平洋西岸经济带、印度洋沿岸经济带和地中海沿岸经济带联通在一起，已与中国建立自贸试验区的东盟各国、市场潜力巨大的南亚国家都在这条“路”上。（张可云，蔡之兵，2015；许德友，2015）

（1）增长极模式

增长极模式是选择发展条件较好、产业综合优势比较突出、区位条件明显、投资环境较为优越、发展潜力巨大，并有望在短期内迅速崛起的点状区域，如城市、资源富集区、工业区、经济特区等。在对某一区域进行开发时，有计划地在物质技术基础和经济实力较强、生产要素较为集中的中心城市等经济活动相对集中的地区形成启动经济发展的增长极，并通过增长极自身的迅速成长及产生的乘数效应，辐射周边地区，最终带动整个区域经济的全面均衡协调发展。

中西部地区整体开放水平低，但依然有少数地区具有发展的有利条件（交通枢纽、经济增速较快等），因此借助于"一带一路"，这些地区有望成为中国区域发展的新一代增长极。

（2）点轴模式

点轴模式是增长极模式的演进结果。从区域经济发展的空间过程看，经济要素一般都先集中于少数增长极上。随着经济的进一步发展，增长极逐渐增多，增长极与增长极之间为适应经济要素联系的需要，特别是交通等基础设施的建成，在沿交通线布局产业成为可能，从而形成经济轴线。经济轴线的发达程度主要是由它在区域经济中的影响力决定的。城市内部的发展轴线、区域内部的短距轴线，都可以成为产业聚集的主要空间区域。

"一带一路"建设重要的举措就是通过交通基础设施的建设实现地区间的互联互通，因此，借助于"一带一路"建设，新生的增长极可以更加快速地形成轴线，发挥更大范围的经济辐射作用。

（3）网络布局模式

网络布局模式是指一定区域内增长极与增长极之间的经济联系，以及经济轴线与轴线之间按照一定的经济技术规律经纬交织而发展成的点、线、面统一体，主要包括商品、资本、技术、信息、劳动力等生产要素的流动网及交通网、通讯网等。这一模式主要适用于经济比较发达的地区。例如，长三角地区是我国最先形成网络布局模式的区域之一。长三角发展的初期，上海首先成为经济中心，之后又形成了苏州、无锡、南京、杭州、宁波等增长极；改革开放之后迅速形成了苏锡常和杭嘉湖两个发展轴线，生产力的聚集十分明显；进入21世纪，在长江以北形成了扬州—泰州—扬州轴线，在杭州湾形成了杭州—绍兴—宁波轴线，各条轴线的相互融合与渗透，特别是跨江和跨海大桥的修建，长三角逐渐完成了区域空间的织网过程，一个网络型的区域空间就此形成。

与东部地区的网络布局相比，西部地区主要还是以"点轴模式"为主，经济要素流动主要借助于重要的交通干线，地区与地区之间联系不够紧密。"一带一路"建设，从区域空间上看属于广域的粗线条，各个区域之间若想实现网络经济布局，则需要形成强大的增长极，借助增长极之间的经济互动创建网络布局。

1.3.3 “一带一路”背景下中国区域空间开发的新格局

纵观中国区域空间开发格局的演变历程，可以发现，新中国成立以后，中国的区域开发格局从“沿海—内陆”到“东—中—西”再到“四大板块”，都是呈现一种纵向的分布，导致资源的聚集也呈现纵向的分布。长期的纵向空间开发格局不但使得中国区域发展差距越来越大，而且在制度、文化与心理层面上形成一种思维定式，认为：“东—中—西”的国土开发空间格局是历史演变的必然结果，无法从根本上打破这种格局。

从更长的历史尺度上看，中国国土开发空间格局并不是一直都是“沿海—内陆”“东—中—西”的东西走向，这种格局的形成与对外开放空间格局之间存在很大的关联。因此，打破这种格局的方法就需要从中国对外开放空间格局出发。“一带一路”建设恰恰就是改变以往的对外开放空间格局，从而在横向上打通中国的“东—中—西”的空间开发格局，在一定程度上优化相对落后区域的生产力布局，促使区域要素配置发生积极变化，进而推动产业布局模式的高级化。从这个意义上讲，“一带一路”是区域协调发展的一种必然趋势。

表 1-8 “一带一路”大事记

时 间	事 件
2013 年 9 月	习近平访问哈萨克斯坦时首次提出要建设“丝绸之路经带”
2013 年 10 月	习近平访问印度尼西亚时首次提出要建设“21 世纪海上丝绸之路”
2013 年 12 月	习近平在中央经济工作会议上提出“一带一路”倡议
2014 年 2 月	习近平与普京就俄罗斯跨欧亚铁路与“一带一路”的对接达成了共识
2014 年 3 月	李克强在《政府工作报告》中提出抓紧规划建设“一带一路”
2014 年 11 月	习近平总书记在 2014 年中国 APEC 峰会上宣布，中国将出资 400 亿美元成立丝路基金，为“一带一路”沿线国家基础设施建设、资源开发、产业合作等有关项目提供投融资支持
2015 年 2 月	推进“一带一路”建设工作会议在京召开
2015 年 3 月	习近平总书记在亚洲博鳌论坛就“亚洲新未来：迈向命运共同体”做主旨演讲，进一步阐述“一带一路”建设
2015 年 3 月	《推动共建丝绸之路经济带和 21 世纪海上丝绸之路的愿景与行动》发布
2015 年 6 月	《亚洲基础设施投资银行协定》签署仪式于 6 月 29 日在京举行
2015 年 7 月	乌法峰会通过《金砖国家经济伙伴战略》

续表

时 间	事 件
2015 年 7 月	国务院批复兰州建设向西开放战略平台的城市规划
2015 年 8 月	全国四大自贸试验区中的首条中欧、中亚（厦蓉欧）班列，将打造成“一带一路”的示范项目
2015 年 9 月	中国接受世界贸易组织《贸易便利化协定》议定书
2015 年 9 月	联合国海陆丝路城市联盟成立，泉州为创始成员
2015 年 10 月	中国申请加入欧洲复兴开发银行
2015 年 10 月	中共十八届五中全会提出，推进“一带一路”建设，打造陆海内外联动、东西双向开放的全面开放新格局
2015 年 11 月	“一带一路”首次写入澳门特区行政长官施政报告
2015 年 11 月	国际货币基金组织批准人民币加入特别提款权货币篮子
2015 年 12 月	中国建筑签中巴经济走廊最大交通基础设施项目
2016 年 1 月	亚洲基础设施投资银行在北京宣告开业
2016 年 3 月	“一带一路”写入“十三五”规划
2016 年 4 月	中国中小企业协会“一带一路”工作委员会成立授牌
2016 年 4 月	由中国国务院新闻办公室发起，“一带一路”沿线国家媒体和文化机构 4 月 18 日在北京成立“一带一路”媒体传播联盟
2016 年 6 月	习近平在塔什干乌兹别克斯坦最高会议立法院发表题为《携手共创丝绸之路新辉煌》的重要演讲
2016 年 8 月	习近平总书记出席推进“一带一路”建设工作座谈会
2016 年 9 月	习近平在杭州出席 2016 年二十国集团工商峰会开幕式，并发表题为《中国发展新起点全球增长新蓝图》的主旨演讲
2016 年 10 月	对孟加拉进行国事访问之际，倡议“一带一路”为中孟两国合作共赢提供新机遇
2016 年 11 月	中俄建欧亚经济联盟，战略对接共拓“一带一路”
2017 年 2 月	习近平会见法国总理：支持两国企业在“一带一路”框架内开展合作
2017 年 3 月	新西兰与中方签“一带一路”合作协议，系首个西方发达签署国
2017 年 3 月	习近平同马达加斯加总统会谈，欢迎马方参与“一带一路”建设
2017 年 4 月	习近平同缅甸总统会谈，见证《中缅原油管道运输协议》签署
2017 年 4 月	张高丽访问斯洛文尼亚：愿开展“一带一路”框架下务实合作
2017 年 5 月	“一带一路”国际合作高峰论坛于北京召开，习近平发表了题为《携手推进“一带一路”建设》的主旨演讲
2017 年 7 月	国土资源部推进“一带一路”建设行动方案出炉
2017 年 9 月	第四届“一带一路”媒体合作论坛 19 日在敦煌举行
2017 年 10 月	首届“一带一路”广告联席会议举行
2017 年 11 月	意大利举行“一带一路”学术论坛，多国代表出席

续表

时　间	事　件
2018 年 3 月	共建"一带一路"国家国际发展合作署应运而生
2018 年 5 月	中巴新合建"一带一路"农业产业园
2018 年 7 月	"一带一路"法治合作国际论坛在京开幕
2018 年 7 月	中国与"一带一路"沿线国家扩大农业国际合作
2018 年 7 月	塞内加尔加入"一带一路"
2018 年 7 月	习近平同南非总统拉马福萨举行会谈，就中南合作提五点建议
2018 年 8 月	中白两国专家探讨深化"一带一路"合作
2018 年 8 月	"一带一路"医疗合作拓展全球 3 年内将落 100 个康复助医项目
2018 年 8 月	"一带一路"知识产权国际合作深化，我国与沿线近 40 国建立合作关系
2018 年 8 月	中国与乌拉圭签署共建"一带一路"谅解备忘录
2018 年 9 月	中法将重点围绕"一带一路"倡议共同开拓第三方市场
2018 年 9 月	习近平会见蒙古国总统巴特图勒嘎：继续大力推动"一带一路"同"发展之路"对接

资料来源："一带一路"数据库，国家战略资讯平台（http：//www.ydylcn.com/）。

知识延伸

孙中山与他的"北—中—南"构想

1919 年 5 月 21 日，孙中山因广州护法军政府完全被滇桂系军阀把持，愤而出走，途经汕头、台北，取道日本，最终于 6 月 26 日回到上海，开始了在法租界 1 年零 5 个月的蛰居生活。这段赋闲岁月，孙中山撰写出了《建国方略——物质建设》这部架构中国现代化发展方向的纲领性巨作。1919 年 2 月始，孙中山的《建国方略——物质建设》就以《中国的国际发展，帮助战后工业再调整所设计的计划》为题，在其挚友，乔治·布朗森雷出版的《远东评论》上，陆续连载至 1920 年 11 月。在这部洋洋 10 余万言的建设计划中，孙中山为中国未来的工业发展设想了一个包罗万象的宏伟大纲：10 万英里的铁路和 100 万英里的公路，疏浚现有运河和开挖新的运河，一个规模庞大的治水和水土保持工程，开辟全新的北方、东方、南方三大商用港口，从这些港口出发的铁路将远抵西藏、新疆、蒙古和满洲。发展新的钢铁冶炼、矿业与企业，在中北部造林以及移民于东三省，屯垦新疆与西藏。

（1）“一带一路”对内陆省份影响

“一带一路”倡议中的“一带”即丝绸之路经济带内联中国中西部大部分省份，外通中亚、西亚和欧洲地区，是中国陆路向外联通的最重要通道，也是中国东部向中西部产业转移的延展区域。部分内陆省份对外开放度较低，但经济实力较强，经济增速较快，交通较为发达，这样的省份具备形成增长极的条件，通过对接“一带一路”建设，这些地区从内陆成为开放前沿，从而弥补了对外开放劣势，很容易成为新的增长极。因此，要在这些地区通过集中建设区域性中心城市，吸引产业和人口向中心城市聚集，逐步构建比较合理的城镇体系，从而形成新的增长极。而借助“一带一路”的交通基础设施建设，这些增长极能快速地进行连接，形成“点轴”和“网络布局模式”。

基础设施互联互通是降低贸易成本、增强国际联系的基本条件，也是“一带一路”建设的优先和重点领域。有些地区虽然远离“一带一路”陆路联通的主干通道，但通过开展“点—点”的网络布局，受“一带一路”带来的发展机遇的影响，还将发挥出其特殊功能。例如，河南省地处中部，是连接东部和西部的交通枢纽，借助“一带一路”建设，河南省可以直接为“一带一路”战略服务，疏通东西部的交通屏障，直接打造“点—点”的航空、铁路交通枢纽。以丝绸之路经济带启动中西部地区的开放，既能以产业梯度转移维系传统优势，又能从封闭的不发达经济逐步转向开放经济，从而创造新的比较优势。通过这样的方式，“丝绸之路经济带”就能在原有的历史定义上进行扩充，形成新的定义，容纳更多的地区，形成更大的范围。

图1-11　“丝绸之路经济带”在国内的延伸

（2）“一带一路”对沿边地区的影响

“一带一路”倡议的实施，使得一些重要的沿边区域及其后方基地被推到了前沿地位，比如以新疆为主的西北区域是打造丝绸之路经济带的核心区；西南地区把北部湾经济区、西江经济带、云南的次区域以及西藏等作为一个重要的区域，在“一带一路”中给予了明确表达。未来，上述地区要重点面向中俄蒙、西亚、中亚和中南半岛等大区域，充分发挥中国在制造业产能方面和现代服务业的优势，结合与“一带一路”沿线地区的互动关系，开展国际合作。调整产业布局，在制造业和现代服业领域实现突破，建设具有竞争力的外向型经济体系。例如，未来新疆不仅仅只是发挥过去的开放前沿、桥头堡等功能，更要通过产能、服务在新疆本地的再包装、再提升和再组合，有效地推向“一带一路”的沿线国家，建设在西部具有竞争力的外向型经济体系。

总体来看，新疆的资源比较优势尚未转化为竞争优势，目前仅在石油石化行业具有较强的产业竞争力。“一带一路”建设将新疆定位为丝绸之路经济带上的重要节点、核心地区。未来，新疆需更加重视生态环境保护和生态文明建设，突破交通物流瓶颈，补齐人才短板，加快承接东部地区产业转移，进一步加强自身产业发展及结构调整，形成区域性的工业加工体系，不断提升产业竞争力。

西藏是全国经济规模最小的省份，具有竞争力优势的行业主要为资源型行业。近 20 年西藏工业增加值快速增长，占全国的比例逐年提高。西藏对接“一带一路”具有地理、产业和国家政策等方面的优势。“一带一路”建设为西藏的发展带来了难得的历史机遇，西藏应巩固现有优势产业，促进产业转型升级，并大力发展战略性新兴产业和生态工业，实现社会经济的跨越式发展。

内蒙古具有竞争优势的产业主要为资源密集型产业，煤炭、有色金属等重化工业是内蒙古工业竞争力的重要支撑。“一带一路”将内蒙古定位为发挥联通俄蒙的区位优势。未来，内蒙古将充分发挥区位、资源禀赋优势，与俄蒙的文化认同、经济结构互补等优势，遵循“8337”发展思路，巩固和提升内蒙古产业优势地位，夯实经济发展基础，推进基础设施互联互通，在中蒙俄经济走廊建设中发挥更大作用。

黑龙江能源资源丰富，在石油和天然气开采业、石油加工业、炼焦和核燃料加工业、煤炭开采和洗选业等资源依赖型产业及食品加工制造业上具有较强竞争力。国际贸易竞争优势在新世纪呈现先增强后减弱的趋势，2013 年有回升势头，且出口以机电、纺织服装类产品为主，进口以原油为主。俄罗斯是黑龙江最重要的贸易伙伴。在“一带一路”倡议下，黑龙江借助区位优势、资源禀赋优势及十大重点产业基础优势与“一带一路”进行有效对接。同时，黑龙江放眼国内国际，紧跟时代步伐，主动作为，积极融入国家“一带一路”建设规划，提出建设“中蒙俄经济走廊”黑龙江陆海丝绸之路经济带，积极谋划开通哈欧国际货运班列，全面促进“互联网+”发展，大力配合启动东北区域海关通关一体化改革，强化对“一带一路”建设的支撑作用。新形势下，黑龙江要发挥沿边开放的龙头作用，积极参与，打造“一带一路”建设向北纵深发展的新高地。

吉林省是东北亚丝绸之路的源头和起点，并且多个城市沿边近海，对中蒙俄经济走廊的构成和发展将起到有效的支撑作用，必然成为“一带一路”建设的重要支点。《推动共建丝绸之路经济带和 21 世纪海上丝绸之路的愿景与行动》中，东北三省定位为中国向北开放的重要窗口。而吉林省由于与俄罗斯、朝鲜接壤的地理位置，更被看作是东北融入“一带一路”、缩短与欧美货运距离的重要关节点。

辽宁具有竞争优势的产业主要分布在原材料开采和金属制造工业部门，特别是重型装备制造等工业部门。通过近 10 年的数据研究发现，辽宁的产业优势正在逐步减弱，产业竞争力依然不强，产业结构不够合理。辽宁应该把“一带一路”建设与“振兴东北老工业基地”战略有机结合，依托辽宁雄厚的工业基础和出海通道的优势：一要抓住产业布局，积极培育新的经济增长点；二要消化淘汰过剩产能，提升总体产业竞争力；三要积极引导企业“走出去”，提升贸易竞争力。对此，辽宁应该通过多种方式推动并参与到“一带一路”建设的大局中来，实现与其良好对接。

（3）“一带一路”对东部沿海地区的影响

由于“一带一路”建设，中国的对外开放格局发生转变，这些变化迫使东部沿海地区改变传统的对外开放路径。

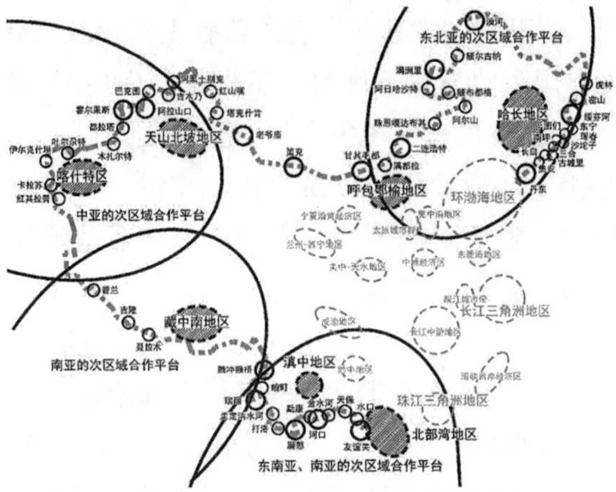

图 1-12 “一带一路”对沿边地区的影响

资料来源：郭锐、王亚飞、陈东，2016。

第一，“一带一路”建设，改变了中国参与国际分工的地位。中国自改革开放以后，利用劳动力成本的优势，在国际分工中扮演着“低端制造者”的角色并且长期处于全球价值链的低端位置，基于要素禀赋理论发展中国的劳动密集型产业出口，是中国相当长时间内开放型发展的基础。而“一带一路”建设，标志着中国将改变传统的对外开放模式，从以成本优势为主导的出口导向型模式转变为以竞争优势为主导的开放型模式。“一带一路”建设扩大了中国产品的市场规模，有助于消化国内过剩产能，扩大产品规模和市场规模，保证中国参与国际竞争从成本优势到竞争优势的平稳过渡。而东部沿海地区资本技术要素较内陆地区更为密集，因此，东部地区应通过产业升级和转型形成知识密集型要素禀赋，在新的对外开放格局中取得优势。

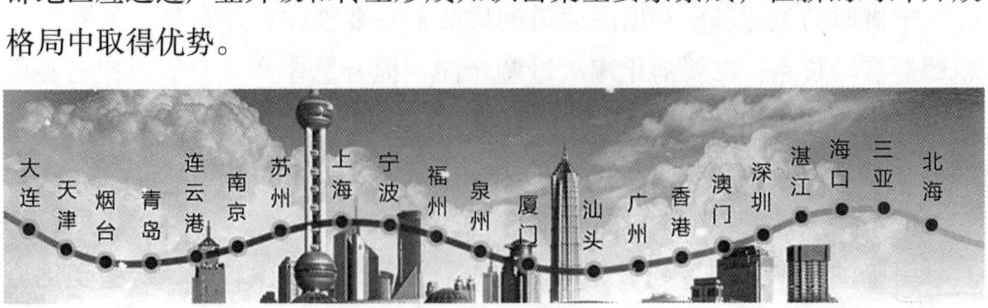

图 1-13 “21 世纪海上丝绸之路”在国内的延伸

第二，“一带一路”建设，增加了新的贸易伙伴。“一带一路”建设之前，中国主要的贸易伙伴是欧美国家，随着经济危机的爆发和贸易保护主义的抬头，欧美国家开始孤立中国，制定新的贸易规则并建立诸如 TPP 和 TTIP 的贸易协定。而“一带一路”建设为中国的对外开放带来新的机会，与欧美国家相比，“一带一路”沿线国家不仅在空间距离上与中国更近，其产业结构与中国目前产业转型升级的契合性、互补性更强，“一带一路”建设为这些地区带来巨大的发展机遇，这些地区也更依赖中国市场，中国在同这些地区进行经济往来时的主导性相对更强。更关键的是，中国与东盟等新兴经济体的经济合作内容更广，范围更大，不仅有传统的进出口贸易，还有相互间双向的直接投资，这些地区也是中国企业“走出去”的重要目的地。

因此，主要贸易伙伴的改变，也使得中国参与国际分工的角色迫切需要进行转变，东部沿海地区的劳动力成本优势日渐衰退，而新的贸易伙伴国劳动力成本优势巨大，这也为东部沿海的企业“走出去”创造了条件，东部沿海的企业应借此机会“走出去”，并努力打造总部经济，在全球价值链中向高附加值两端转移。

第三，“一带一路”建设，改变了中国经济发展的驱动力。“一带一路”建设之前，中国与欧美等发达经济体进行经贸往来，主要依靠的是劳动力、土地等要素价格优势，因此中国在劳动密集型产品、资源密集型产品或低附加值类产品领域具备一定的竞争优势。随着“一带一路”建设，经济发展水平较低的“一带一路”沿线国家会对中国的低附加值、低技术含量的劳动密集型产业形成巨大冲击，这会倒逼中国增长的动力更快更迫切地从“要素驱动”转向“创新驱动”。

东部沿海部分地区在改革开放以后，依靠着劳动力成本优势在经济全球化中获得了大量的财富积累，但随着“一带一路”建设的推进，这些地区将受到很大的冲击，从而迫使其地区经济发展从传统的要素驱动向创新驱动转型。

第四，“一带一路”建设，提升了中国在全球经济中的话语权。“一带一路”是中国利用和施展规则影响力的最好平台，更是中国经济外交的有机组成部分，与“一带一路”沿线经济体倡导贸易畅通、道路联通、货币流通、政策沟通和民心相通以及命运共同体目标，实现从外交服务于经济到经济外交的转变。中国如何在自己打造的圈子里带好头，形成一种新型区域机制，使得各参与方从中获益，赢得国际支持者，考验着中国对国际性组织的管理、组织、运营能力（许德友，2015）。

而东部地区最早实施自由贸易试验园区政策，在经贸往来方面，最早对接新的国际标准，形成了一批可复制、可推广的制度经验，因此，“一带一路”的实施更加强调东部地区率先转型的“领头羊”角色。

（4）“一带一路”对整个区域协调发展的影响

对外开放是促进地区经济发展的重要动力，也是导致中国区域经济不平衡的重要因素。从经济体量和经济增速来看，中西部省份整体上不比开放水平较高的东部沿海省份差。未来要缩小地区差距，关键是要加速提升欠发达地区的对外开放水平。“一带一路”倡议的提出为中国扩大开放和促进区域经济协调发展提供了新机遇，一方面，它强调提高面向西北的中亚、西亚乃至欧洲的对外开放水平，为中西部地区开拓了新的市场空间；另一方面也有利于带动产业、技术、资金等资源流向中西部地区，转移当前东部地区生产成本上升和日益增大的结构转型压力，促进制造业向中西部转移，加强东、中、西部之间的经济联动性。

日本经济学家赤松曾提出雁阵模型理论，即随着不同地区要素禀赋的变化，产业也会在不同区域间进行重新配置，形成有先后梯度次序的“雁阵”。东部沿海地区因为政策优势和临海优势成为开放型经济的先发地区，当前很多产业在沿海不具备优势的情形下已经向中西部地区转移，从而维持原有的成本优势和规模优势保持原有的竞争力，同时也带动中西部的经济发展。

1.3.4 自贸试验区布局与“一带一路”建设的战略互动关系

前期的上海、广东、天津和福建 4 个自贸试验区在对接“一带一路”建设上先行先试，在国际贸易、对外投资、国际物流和金融开放等方面积累了丰富的经验。新设的 7 个自贸试验区在此基础上对“一带一路”进行了深层次的对接。陕西自贸试验区定位是“一带一路”经济合作和人文交流重要支点，重庆自贸试验区定位是“一带一路”和长江经济带互联互通重要枢纽，河南自贸试验区定位是服务于“一带一路”建设的现代综合交通枢纽。其他自贸试验区虽然没有在战略定位中对自贸试验区有明确的规定，但都在总体方案中对“一带一路”做出了对接。

（1）自贸试验区与“一带一路”建设的内在联系

从总体上看，“一带一路”建设与自贸试验区建设是一体两翼、互为辅助的关系，共同构成中国对外开放新格局。“一带一路”倡导“政策沟通、设施联通、贸易畅通、资金融通、民心相通”，侧重依托交通基础设施建设，率先实现沿线国家或经济体的互联互通。自贸试验区提倡“投资自由化、贸易市场化、金融国际化、行政法治化”，营造市场化、国际化的营商环境，提高对外开放水平，侧重通过制度创新来破除贸易与投资壁垒、降低贸易门槛、提升贸易便利从而加快区域经济一体化。“一带一路”建设和自贸试验区共同提升中国对外开放水平：“一带一路”为中国提供了一个包容、开放的对外发展平台，能够把快速发展的经济同“一带一路”沿线国家的利益结合起来，形成共商、共建、共享的良好合作关系，实现互利共赢。而加快自贸试验区建设，是全面深化改革、构建开放型经济新体制的必然选择，也是中国积极运筹对外关系、实现对外战略目标的重要手段。加强彼此间的有机对接和战略联动，将为中国新一轮对外开放提供有力支撑。

自贸试验区是“一带一路”建设的重要支点。（1）“一带一路”是对外开放的大战略，而自贸试验区则是这个大战略的前期准备。中国推动“一带一路”建设的目的不是为了“引进来”，而是为了“走出去”，通过构建综合、完善的交通通道，深化与“一带一路”沿线国家的经贸合作，努力打造“一带一路”沿线自由贸易区，实现中国经济的转型升级和再平衡。国内的自贸试验区在投资自由化、贸易便利化、金融国际化、行政管理简化等具体方面先行先试，为国内经济转型升级、参与国际贸易谈判积累经验，为未来“一带一路”沿线自由贸易区建设提供借鉴，是中国主导国际经贸合作、制定贸易新规则的试验田。所以，未来随着“一带一路”建设的推进，国内更多的双边、多边自贸试验区有望落地。（2）除了对外开放，“一带一路”建设和自由贸易试验区建设又共同构成了国内区域协调发展的重要支撑。“一带一路”在国内部分的延伸形成了目前中国区域协调发展一个重要的经济轴带，这条经济轴带将带动内陆地区的经济发展；而自贸易试验区则是这条轴带上的经济增长点，通过自贸试验区的建设，有望创造更多的内陆增长极，形成点轴发展的模式；随着自贸试验区数量增长，点轴的发展模式就进化为网络布局模式，形成范围更广的经济“辐射场”从而覆盖整个国土空间板块。

“一带一路”建设为自贸试验区提供发展空间。（1）“一带一路”建设有利于化解中国当前所面临的区域经济合作压力，为自贸试验区的建设开拓国际市场。TPP 和 TTIP 谈判参与国都是中国重要的出口市场和外资来源地，这两个协定为中国深入开展国际区域经济合作设置了障碍。美国新任总统上台后，贸易保护主义进一步抬头，在此背景下，中国提出“一带一路”建设可谓是对 TPP、TTIP 以及贸易保护主义的有力回应。“一带一路”横跨亚非欧三大陆，覆盖西欧的发达国家，东欧、东南亚、中亚、西亚、南亚、非洲的广大发展中国家。这将有利于中国推进与相关国家商建自贸试验区，提升影响力，稀释 TPP 和 TTIP 以及贸易保护主义的不良影响。（2）“一带一路”有利于构建中国与沿线经济体商建自贸试验区的良好环境。“一带一路”致力于亚非欧大陆及附近海洋的互联互通，铺设全方位、多层次、复合型的互联互通网络。这势必会推动沿线各经济体的交流，推进贸易投资自由化。它所倡导的“五通”建设将为中国深入开展与“一带一路”沿线经济体的区域经济合作提供政策支持、基础设施保障、贸易和投资便利化、资金支撑、民意基础。中国与沿线经济体推进经济发展的共同诉求将会助力双边自贸试验区建设。

（2）自贸试验区与“一带一路”建设互动的现状

①各自贸试验区对接“一带一路”的方案

前期的上海、广东、天津和福建 4 个自贸试验区在对接“一带一路”建设上先行先试，在国际贸易、对外投资、国际物流和金融开放等方面积累了丰富的经验。2017 年 3 月出台的《全面深化中国（上海）自由贸易试验区改革开放方案》把上海自贸试验区定位成服务“一带一路”建设、推动市场主体走出去的桥头堡。

新设的7个自贸试验区在此基础上对“一带一路”进行了深层次的对接。陕西自贸试验区定位是“一带一路”经济合作和人文交流重要支点，重庆自贸试验区定位是“一带一路”和长江经济带互联互通重要枢纽，河南自贸试验区定位是服务于“一带一路”建设的现代综合交通枢纽。其他自贸试验区虽然没有在战略定位中对自贸试验区有明确的规定，但都在总体方案中对“一带一路”做出了对接。天津、广东和福建提出要贯彻“一带一路”倡议，构建开放型经济新体制；辽宁和湖北提出要推进自贸试验区与“一带一路”沿线国家的国际产能和装备制造合作；浙江提出要探索与“一带一路”沿线国家开展贸易供应链安全与便利合作；四川提出要探索与“一带一路”沿线国家的金融合作。

表1-9 各自贸试验区对接“一带一路”建设的方案

文 件	方 案
《全面深化中国（上海）自由贸易试验区改革开放方案》	创新合作发展模式，成为服务国家“一带一路”建设、推动市场主体走出去的桥头堡。坚持“引进来”和“走出去”有机结合，创新经贸投资合作、产业核心技术研发、国际化融资模式，探索搭建“一带一路”开放合作新平台，建设服务“一带一路”的市场要素资源配置功能枢纽，发挥自贸试验区在服务“一带一路”战略中的辐射带动作用
《中国（广东）自由贸易试验区总体方案》	战略定位依托港澳、服务内地、面向世界，将自贸试验区建设成为粤港澳深度合作示范区、21世纪海上丝绸之路重要枢纽和全国新一轮改革开放先行地
《中国（福建）自由贸易试验区总体方案》	充分发挥对外开放前沿优势，建设21世纪海上丝绸之路核心区，打造面向海上丝绸之路沿线国家和地区开放合作新高地。推进通关机制创新，支持自贸试验区与海上丝绸之路沿线国家和地区开展海关、检验检疫、认证认可、标准计量等方面的合作与交流，探索实施与海上丝绸之路沿线国家和地区开展贸易供应链安全与便利合作
《中国（天津）自由贸易试验区总体方案》	依托亚欧大陆桥连接功能，完善多式联运体系，增强对沿线国家及地区转口贸易服务功能，发挥中蒙俄经济走廊重要节点作用和海上合作战略支点作用，推动“一带一路”建设
《中国（四川）自由贸易试验区总体方案》	支持自贸试验区与“一带一路”沿线国家开展贸易供应链安全与便利合作。支持符合条件的“一带一路”沿线国家的金融机构在自贸试验区以人民币进行新设、增资等直接投资活动。依托双流航空枢纽、成都国际铁路港、川南临港口岸，构建与“一带一路”沿线相关国家空、铁、公、水联运的综合物流服务体系

续表

文 件	方 案
《中国（重庆）自由贸易试验区总体方案》	探索建立“一带一路”政策支持体系。以中欧国际铁路联运通道为重点，探索与“一带一路”沿线国家开展贸易供应链安全与便利化合作。支持自贸试验区内企业以多种方式在“一带一路”沿线国家建立区域性运营总部。建设中德、中韩等国际经贸、产业、人文合作平台。加强自贸试验区与“一带一路”沿线国家的高校联合培养和交流合作，加快培养适合多双边贸易投资的各方面人才
《中国（湖北）自由贸易试验区总体方案》	加强国际产能和装备制造合作，融入“一带一路”建设。创新通关监管服务模式。探索与“一带一路”沿线国家开展贸易供应链安全与便利合作
《中国（陕西）自由贸易试验区总体方案》	建设“一带一路”交通、商贸、快递物流中心。系统推进与“一带一路”沿线国家产能合作机制建设。发挥金融对“一带一路”经济合作的推动作用，组建面向“一带一路”沿线国家的现代农业合作联盟和全球农业智库联盟，开展面向“一带一路”沿线国家的援外农业技术培训。支持建设“一带一路”现代农业国际合作中心。创建与“一带一路”沿线国家人文交流新模式
《中国（浙江）自由贸易试验区总体方案》	创新通关监管服务模式。支持自贸试验区与“一带一路”沿线国家开展海关、检验检疫、认证认可、标准计量等方面的合作与交流，探索与“一带一路”沿线国家开展贸易供应链安全与便利合作
《中国（河南）自由贸易试验区总体方案》	依托陆桥通道，加密至丝绸之路经济带沿线国家的中欧班列（郑州），打造互联互通的“信息丝绸之路”，推动国际交通物流通道建设。完善国内陆空集疏网络。开展多式联运先行示范。扩大航空服务对外开放，推进内陆口岸经济创新发展促进国际医疗旅游产业融合发展。培育“一带一路”合作交流新优势。建立健全与“一带一路”沿线国家的合作机制，重点在农业、矿业、装备制造、物流、工程承包、科技教育等领域开展国际合作
《中国（辽宁）自由贸易试验区总体方案》	推进与东北亚全方位经济合作，充分利用自贸试验区国际化贸易规则，提升优势产品在“一带一路”沿线国家及日、韩、朝等国的市场占有率。引导优势企业开展境外工程承包，投资建设境外园区。推动日、韩、俄等国先进制造业、战略性新兴产业、现代服务业等产业在自贸试验区内集聚发展。探索与东北亚各国在文化、教育、体育、卫生、娱乐等专业服务领域开展投资合作。构建连接亚欧的海陆空大通道，建设现代物流体系和国际航运中心

②自贸试验区与“一带一路”建设互动的成效

目前，自贸试验区与“一带一路”建设互动的成效如下：

第一，对外贸易方面，自贸试验区与“一带一路”沿线国家贸易额占比过半。2016 年，中国与“一带一路”沿线国家贸易总额为 9535.9 亿美元，占中国与全球贸易额的比重为25.7%，较2015年的25.4%上升0.3个百分点。11个自贸试验区所在省市与“一带一路”沿线国家贸易额为5419.8亿美元，占中国与“一带一路”沿线国家贸易总额的56.8%。自贸试验区所在省市与“一带一路”沿线国家贸易规模大，广东、浙江、上海与“一带一路”沿线国家贸易额分别位列第一、第三和第五。自贸试验区成立以后实行贸易便利化措施，对外贸易增速超过全国，同时“一带一路”货运量指数呈上升趋势。

第二，交通基础设施建设方面，自贸试验区与“一带一路”沿线国家联通建设加强。自贸试验区所在地一般位于“一带一路”国内延伸部分的节点上，而“一带一路”建设主要通过节点城市加强与“一带一路”沿线国家陆路连通能力。中欧班列是中国和“一带一路”沿线国家联通的重要陆上工具。多个自贸试验区已经开通中欧班列，重庆、浙江、广东、郑州等省市的中欧班列运输能力强，载货量高，备受“一带一路”沿线国家关注。中欧（厦门）国际货运班列实现常态化运行，开始承揽台湾地区货源，是实现“海上丝绸之路”与“陆上丝绸之路”对接的唯一班列。截至2016年年底，中欧班列运行路线达39条，开行近3000列，覆盖欧洲9个国家、14个城市，成为国家促进互联互通、提升经贸合作水平的重要平台。

第三，对外投资方面，自贸试验区对“一带一路”沿线国家投资规模大、增速快。自贸试验区是对“一带一路”沿线国家投资的主体，2016年上海、广东和福建三个自贸试验区占中国对“一带一路”沿线国家投资的68%。上海对“一带一路”沿线国家直接投资36.8亿美元，新签对外承包工程合同额89.15亿美元，同比增长66.5%。广东对“一带一路”沿线国家直接投资超过40亿美元，同比增长65.3%，45%的新增“走出去”企业选择在“一带一路”沿线国家进行投资。福建对“海上丝绸之路”沿线国家直接投资22.3亿美元，增长61.6%。天津已启动“一带一路”项目库建设，入库项目85个，总投资271亿美元。

（3）自贸试验区与“一带一路”建设互动的外部性

自贸试验区和“一带一路”建设共同构成了我国对外开放的新格局，而这样的战略互动，则会形成合力，促进我国的对内开放与一体化。其主要机理如图1-14所示。

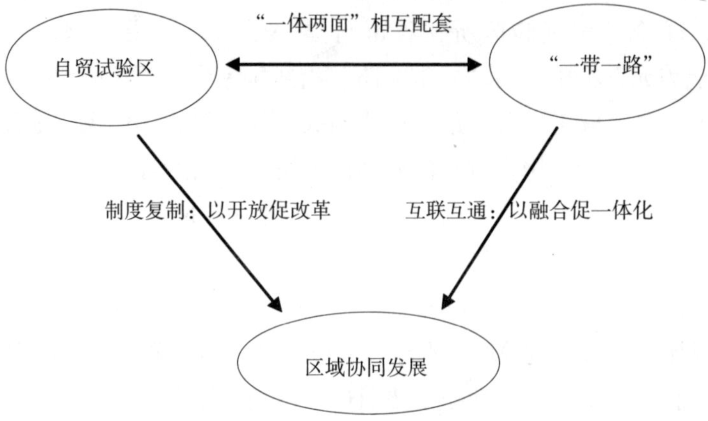

图 1-14 "一带一路"与自贸试验区的战略互动外部性

①以开放促改革

改革和开放两者相辅相成，改革决定发展的总体方向，并提升开放水平；而开放加快发展的速度，又为改革提供新的动能。纵观中国经济近 40 年来的飞速发展，改革开放在其中扮演了决定性的作用。改革开放即对内改革与对外开放相结合，深化改革开放，就必须以开放倒逼改革，即以对外开放倒逼对内改革。

自贸试验区是以国内制度兼容国际规范为突破口的体制改革路径，建立能使国际政策国内化的制度。对那些既适应经济全球化、自由化的新趋势、新要求，又与我国国内改革和发展取向相一致的国际规则与政策，及时吸纳与采用，所以自贸试验区是开放倒逼改革的战略选择。自由贸易试验区建设的核心任务是制度创新，通过制度复制进行由点及面的对内改革。而在倒逼改革的路径选择上，自贸试验区通过推进负面清单试验，倒逼外资管理体制改革；通过推进竞争中立试验，倒逼政府职能改革；通过推进政策协调试验，倒逼政策体系改革；通过推进要素流动试验，倒逼开放模式改革。因此，自贸试验区的发展不是依赖于政策红利，而是探索出一条由制度创新驱动的发展道路。政策红利是我国改革开放以来经济发展的推动力之一。政策红利驱动下的发展动力源自资源重新配置，通过政策激励将资源集中于我国具有比较优势的领域，通过规模效应刺激经济迅速发展。然而由于我国低端生产要素禀赋较为丰裕，政策红利驱动不仅无法破除全球价值链下的“低端锁定”困境，反而会使得情况恶化。制度创新不仅能像政策红利驱动一样提升资源配置能力，更重要的是，它能提升要素培育能力，有利于消除前一发展阶段上为激励高级要素流入而形成的政策引致性扭曲，使我国形成成熟的高级要素成长机制。

有了制度的创新，还需要制度的可复制可推广。“形成可复制可推广的改革经验，发挥示范带动、服务全国的积极作用”是自贸试验区的基本任务之一，这也意味着自贸试验区中所进行的是一般性“试验”，其成功经验可在全国范围内推广，这与经济特区长期以来所呈现出的“政策洼地”特征截然不同。自贸试验区被定义为“推进改革和提高开放型经济水平的‘试验田’”，其核心功能并非通过迅速发展来发挥“先富带动后富”的作用，而是总结在“试验”过程中所出现的相关问题，并提出解决方案，为全国提供可复制可推广的发展经验以及新的发展模式，以降低乃至避免其他地区发展误入歧途的风险。

知识延伸

近代“以开放倒逼改革”的思想

“以开放倒逼改革”，即以开放的外部压力促进内部改革。近代的这种经济思想认为，改革没有自身内部的动力，需要通过对外开放形成一种外部推动力、倒逼压力，使官僚体制和旧习得以清正，使政权得以巩固。魏源的对外开放思想与其改革思想密切相连，他认为“天下无数百年不弊之法，无穷极不变之法，无不除弊而能兴利之法，无不易简而能变通之法”，治理当世必须依据形势变化采取新措施。而当时的官僚集团昏庸自私，毫无理想，“除富贵而外，不知国计民生为何事，除私党而外，不知人才为何物，所陈诸上者，无非肤琐不急之谈，纷饰润色之事……”只能寄希望于对外开放，通过引进西方技术提升国家军事力量，通过改革来保证政权的稳固。同样深刻认识封建旧习实质的还有严复，他指出封建势力之所以反对变法的原因是由于既得利益者的阻挠，“国家承平既久，则无论为中为外，举凡一局一令，皆有缘法收利之家。曰法久弊丛，则其中之收利益愈益众，一朝而云国家欲变某法，则必有某与某者所收之利，与之偕亡。尔乃构造百端，出死力以与言变者为难矣。是故其法弥敝，则其变弥不可缓；而亦其变之弥不可缓，则其欲变弥难”，“此变法之所以难，而维新之所以多流血也”。（赵玉蓉，2015）

②以融合促一体化

《推动共建丝绸之路经济带和21世纪海上丝绸之路的愿景与行动》中提到“抓住交通基础设施的关键通道、关键节点和重点工程，优先打通缺失路段，畅通瓶颈路段，配套完善道路安全防护设施和交通管理设施设备，提升道路通达水平。推进建立统一的全程运输协调机制，促进国际通关、换装、多式联运有机衔接，逐步形成兼容规范的运输规则，实现国际运输便利化。推动口岸基础设施建设，畅通陆水联运通道，推进港口合作建设，增加海上航线和班次，加强海上物流信息化合作。拓展建立民航全面合作的平台和机制，加快提升航空基础设施水平。”从中可以看出，“一带一路”建设的核心任务是以交通基础设施建设为基础的“互联互通”（政策沟通、设施联通、贸易畅通、资金融通、民心相通）。根据“一带一路”走向，陆上依托国际大通道，以沿线中心城市为支撑，以重点经贸产业园区为合作平台，共同打造新亚欧大陆桥、中蒙俄、中国—中亚—西亚、中国—中南半岛等国际经济合作走廊；海上以重点港口为节点，共同建设通畅安全高效的运输大通道。进一步推动中巴、孟中印缅两个经济走廊的建设。

从国内来看，“一带一路”建设将会横贯东西，加速东部经济带的产业转移和中西部经济带的发展，为国内的区域经济融合发展奠定一个稳固的基础。对于国内的内陆经济区域而言，“一带一路”的最大作用就是使得原本处于对外开放边沿地区的内陆区域经济带成为了对外开放的前沿地带，这一经济格局的变化必将导致国家的经济中心不再局限于东部沿海地区，开始逐渐地西移，帮助中西部地区充分地利用国内国际的两个市场，使中国的各大经济带融合成一个整体，为国内经济的调整和发展提供新的契机。（李安睿，2016）

参考文献

［1］安晓明:《中国区域经济发展的新特点与未来政策走向》,《区域经济评论》2015 年第 5 期。

［2］马胜春:《"一带一路"战略与中国区域经济发展——2015 中国区域经济学会年会观点综述》,《中国工业经济》2015 年第 11 期。

［3］魏后凯:《中国城镇化进程中两极化倾向与规模格局重构》,《中国工业经济》2014 年第 3 期。

［4］张燕、徐建华、曾刚、胡青:《中国区域发展潜力与资源环境承载力的空间关系分析》,《资源科学》2009 年第 8 期。

2

“一带一路”建设与城市群发展的关系*

* 本章是国家社科基金项目“‘一带一路’沿线地区经济周期协同性及其传导机制研究”（16BJL098）的阶段性研究成果。

伴随着新型工业化和城镇化建设而迅速崛起的城市，在中国经济发展中发挥着越来越重要的集聚和辐射作用，正逐步成为区域和国家发展的引擎，在对外开放和国际贸易中的作用也日益显著。“一带一路”倡议作为新时期三大国家战略之一，涉及国内、国外资源的重新分配，对国内以及国外城市的发展格局都影响深远。从经济发展规律看，“一带一路”建设将对未来城市的产业格局、城市定位、企业对外投资格局、基础设施建设以及城市联结度的提升产生深刻影响，进而影响城市竞争力，最终提升国家综合实力。“一带一路”的本质是构建全方位、多层次、复合型的互联互通网络。而城市作为中国对外开放格局中的政策沟通、设施联通、贸易畅通、资金融通和民心相通的物理载体，势必成为“一带一路”建设的主要空间平台（何春等，2017）。而城市群是城市发展到成熟阶段的最高空间组织形式，在促进要素自由流动、资源高效配置、基础设施对接、产业关联配套等方面的规模效应、集聚效应和协同效应更为突出，由此决定其成为“一带一路”建设中核心支撑体系。当然，“一带一路”建设也为中国城市群的发展注入新的活力，带来新的机遇。由此可见，“一带一路”建设与城市群发展的融合对接有利于二者互相促进，为中国经济打开新的增长空间。

“一带一路”是一个不断壮大的开放型国际区域合作体。根据《推动共建丝绸之路经济带和21世纪海上丝绸之路的愿景与行动》（以下简称《愿景与行动》），“一带一路”主要涉及新疆、陕西、甘肃、宁夏、青海、内蒙古、黑龙江、吉林、辽宁、广西、云南、西藏、上海、福建、广东、浙江、海南、重庆18个省份，并对各省份在“一带一路”建设中的定位及对外合作重点方向予以明确。例如，新疆定位为丝绸之路经济带核心区，主要是深化与中亚、南亚、西亚等国家交流合作；云南则是建设成为面向南亚、东南亚的辐射中心；福建定位为21世纪海上丝绸之路核心区；东北三省则是建设向北开放的重要窗口。此外，《愿景与行动》还重点提及了多个节点城市，如福州、厦门、汕头、潮州等沿海城市，强调沿海城市港口建设，强化上海、广州等国际枢纽机场功能；内陆地区则圈定了乌鲁木齐、西安、兰州、银川、西宁等省会城市，内陆节点城市建设方面则强调支持郑州、西安等内陆城市建设航空港、国际陆港，加强内陆口岸与沿海、沿边口岸通关合作，开展跨境贸易电子商务服务试点。《愿景与行动》还着重指出，内陆地区要利用内陆纵深广阔、人力资源丰富、产业基础较好优势，依托长江中游城市群、成渝城市群、中原城市群、呼包鄂榆城市群、哈长城市群等重点区域，推动区域互动合作和产业集聚发展，打造重庆西部开发开放重要支撑和成都、郑州、武汉、长沙、南昌、合肥等内陆开放型经济高地。通过充分发挥国内各地区比较优势，加强东中西互动合作，全面提升开放型经济水平，由此推进“一带一路”建设，并最终促进城市与城市群经济社会的繁荣发展。

为了弄清“一带一路”建设及城市群发展的关系，本章接下来将从以下四个方面展开分析：一是“一带一路”建设及城市群产业的分工与合作；二是“一带一路”建设与城市群发展的贸易合作关系；三是“一带一路”建设与城市群发展的金融支持；四是“一带一路”建设及城市群发展与中国自由贸易试验区的战略选择。为了便于研究，依据《愿景与行动》，本章对“一带一路”沿线城市群做如下界定：“一带一路”沿线城市群包括 2 个核心城市群（西部城市群、海峡西岸城市群）及 10 个主要城市群（西北城市群、西南城市群、东北城市群、中原城市群、长三角城市群、珠三角城市群、环渤海城市群、长江中游城市群、山东半岛城市群、呼包鄂榆城市群）。并根据中央及各省级政府最新发布的相关文件，对西北城市群、西南城市群加以细分，界定了各个城市群的空间范围，如表 2-1 所示。

表 2-1 城市群空间范围界定

城市群	空间范围	界定依据
京津冀	北京市；天津市；石家庄、承德、张家口、秦皇岛、唐山、廊坊、保定、沧州	《京津冀协同发展规划纲要》
太　原	太原、阳泉、晋中、忻州、吕梁	《太原都市区规划（2016—2030）》
呼包鄂榆	呼和浩特、包头、鄂尔多斯、榆林	《呼包鄂榆城市群发展规划》

续表

城市群	空间范围	界定依据
辽中南	沈阳、大连、鞍山、抚顺、本溪、丹东、营口、辽阳、盘锦、铁岭	《中华人民共和国国民经济和社会发展第十三个五年规划纲要（2016—2020）》
哈长	长春、吉林、四平、辽源、松原、延边州；黑龙江省的哈尔滨、齐齐哈尔、大庆、牡丹江、绥化	《国务院关于哈长城市群发展规划的批复》
长三角	上海、南京、无锡、常州、苏州、南通、盐城、扬州、镇江、泰州、杭州、宁波、嘉兴、湖州、绍兴、金华、舟山、台州、合肥、滁州、马鞍山、芜湖、宣城、池州、安庆	《长三角城市群发展规划》
海峡西岸	福州、厦门、莆田、三明、泉州、漳州、南平、龙岩、宁德、温州、衢州、丽水、汕头、梅州、潮州、揭阳	《海峡西岸城市群发展规划》
环鄱阳湖	南昌、景德镇、萍乡、九江、新余、鹰潭、吉安、宜春、抚州、上饶	《环鄱阳湖生态城市群规划（2015—2030）》
山东半岛	济南、青岛、淄博、东营、烟台、潍坊、威海、日照	《山东半岛城市群发展规划（2016—2030）》
中原	郑州、开封、洛阳、平顶山、新乡、焦作、许昌、漯河、济源	《中原城市群发展规划》
武汉	武汉、黄石、宜昌、襄阳、鄂州、荆门、孝感、荆州、黄冈、咸宁、仙桃、潜江、天门	《武汉都市圈总体规划纲要》
环长株潭	长沙、株洲、湘潭、衡阳、岳阳、常德、益阳、娄底	《长株潭城市群区域规划（2008—2020）》
珠三角	广州、深圳、珠海、佛山、惠州、东莞、中山、江门、肇庆	《珠江三角洲地区改革发展规划纲要（2008—2020）》
北部湾	南宁、北海、防城港、钦州、玉林、崇左、阳江、湛江、茂名、海口，以及澄迈县、临高县、儋州市、东方市、昌江县等县级行政区	《北部湾城市群发展规划》
成渝	重庆、成都、自贡、泸州、德阳、绵阳、遂宁、内江、乐山、南充、眉山、宜宾、广安、达州、雅安、资阳	《成渝城市群发展规划》
黔中	贵阳、遵义、安顺、毕节、黔东南州、黔南州	《黔中城市群发展规划》

续表

城市群	空间范围	界定依据
滇　中	昆明、曲靖、玉溪、楚雄州、红河州	《滇中城市群规划（2016—2049）》
关中—天水	西安、铜川、宝鸡、咸阳、渭南、商洛、杨凌示范区、天水	《关中—天水经济区发展规划》、《关中平原城市群发展规划》
兰州—西宁	兰州、白银、定西、临夏州、西宁、海东	《兰州—西宁城市群发展规划》
宁夏沿黄	银川、石嘴山、吴忠、中卫	《沿黄经济区城市带发展规划》
天山北坡	乌鲁木齐、克拉玛依、石河子、吐鲁番、哈密、昌吉州、伊犁州直属县（市）、塔城、博州	《天山北坡城市群发展规划》

2.1 “一带一路”建设与城市群产业链的分工和合作

区域分工与合作是现代经济社会发展的普遍现象，是提高资源配置效率、促进区域间协调发展的重要途径（张祥、杜德斌，2013）。城市群是区域经济的核心载体，“一带一路”沿线城市群之间实现产业链的分工与合作，可以充分发挥各城市群在资源、要素、区位等方面的优势，形成各自的优势产业，通过城市群之间的优势互补，规避产业同构和恶性竞争，达到互利共赢的效果。在这一过程中，城市群之间生产要素能流加大，空间联系更加紧密，城市群之间实现良性互动，并形成发展合力和整体竞争优势，经济社会整体发展效益不断提升。“一带一路”沿线城市群之间必须实现产业链的有序分工与合作，才能确保“一带一路”建设的顺利推进。本节首先采用区位基尼系数、灰色关联分析法、产业专业化指数和经济联系强度模型测度并分析各城市群间的专业化分工强度、产业结构相似程度及不同城市群的产业相对发展水平，在此基础上进一步探讨“一带一路”沿线城市群之间分工与合作的前景。

中国各地区的资源禀赋和比较优势差异造成了中国各城市群产业分工与合作具有地域性，呈现出由西向东分工与合作逐步深化的局面。因此，为了更加符合中国产业分工合作的空间连续性现实，本章在研究“一带一路”建设与城市群产业链的分工与合作时，研究范围不仅限于“一带一路”沿线的十几个城市群，而是将这十几个城市群置于中国整个城市群发展格局中，进而探索“一带一路”建设与城市群发展的关系。

2.1.1 研究方法

2.1.1.1 区位基尼系数

用区位基尼系数来测算产业集聚程度，从整体上反映各城市群间的专业化分工水平。其取值范围为［0，1］，距离0越近，表示产业分布越均衡，距离1越近，表示产业分布越集聚。区位基尼系数的数学表达式如下（袁丰、陈江龙、、吴威等，2009）：

$$G_k = \frac{1}{2N^2 u} \sum_i \sum_j \left| \frac{x_{ki} - x_{kj}}{X_k} \right| \tag{2-1}$$

其中，x_{ki}或x_{kj}为产业k在i或j城市群的产值；X_k为产业k在所选全部城市群的产值总量；u为产业k在各城市群比重的均值，经计算确定：$u=1/N$；N为所选城市群的数量。

2.1.1.2 灰色关联分析法

区位基尼系数虽然能从整体上反映各城市群间的专业化分工水平，但不能具体判断各个城市群的专业化分工状况。使用灰色关联分析法测度、分析“一带一路”沿线城市群专业化分工水平，可以判断各城市群的产业结构相对于参照系（21个城市群整体）的相似程度。

灰色关联分析法的具体步骤如下（邓聚龙，1985）：

第一步，确定比较序列和参考序列。其中，参考序列为大区域（21个城市群加总）的产业结构，记为$x_0(k)$，比较序列为各城市群的产业结构，记为$x_i(k)$，求出参考序列与比较序列的绝对差Δ：

$$\Delta_i = |x_0(k) - x_i(k)| \tag{2-2}$$

第二步，求出两级最小差，$\min_i \min_k \Delta_i$ 为两级最小差，$\min_k \Delta_i$ 为一级最小差，则两级最小差为：

$$\min_i \min_k \Delta_i = \min\{\min \Delta_i(1), \quad \min \Delta_i(2), \quad \cdots, \quad \min \Delta_i(n)\} \tag{2-3}$$

第三步，同样求出两级最大差：

$$\max_i \max_k \Delta_i = \max\{\max \Delta_i(1), \quad \max \Delta_i(2), \quad \cdots, \quad \max \Delta_i(n)\} \tag{2-4}$$

第四步，计算灰色关联系数：

$$\xi_i(k) = \frac{\min_i \min_k |x_0(k) - x_i(k)| + \sigma \max_i \max_k |x_0(k) - x_i(k)|}{|x_0(k) - x_i(k)| + \sigma \max_i \max_k |x_0(k) - x_i(k)|} \tag{2-5}$$

上式中：σ 为分辨系数，$\sigma \in [0, \ 1]$，依照经验一般取 $\sigma = 0.5$。依上式得到 2013 年和 2016 年各个城市群的产业结构关联系数矩阵。

第五步，计算灰色关联度 r_i：

$$r_i = \frac{1}{N} \sum_{k=1}^{n} \xi_i(k) \tag{2-6}$$

上式中：N 为所选产业种类数。

2.1.1.3 产业专业化指数

区位基尼系数和灰色关联分析法仅从整体上反映各城市群间的专业化分工水平，不能具体反映各产业的区域专业化生产状况。产业专业化指数，又称“专门化率”或区位熵（Location Quotient），其通过衡量各区域产业结构的专业化和集中程度来反映产业的相对发展水平和优势行业的空间分布，进而描绘区域分工的基本格局。产业专业化指数的数学表达式如下（踪家峰、曹敏，2006）：

$$LQ_{ik} = \frac{L_{ik}/L_i}{L_k/L} \tag{2-7}$$

上式中：L_{ik}为 i 城市群 k 产业的产值，L_i为 i 城市群各产业总产值，L_k 为大区域 k 产业产值，G 为大区域各产业总产值。若 $LQ_{ik}>1$，说明 k 产业为 i 城市群的优势产业，LQ_{ik}值越大，说明 i 城市群 k 产业的专业化程度越高。反之，则越低。

2.1.1.4 经济联系强度模型

各城市群分工与合作的空间联系变化实际上是分工与合作带来的城市

群之间空间联系强度和特征发生变化的结果，可通过经济联系强度衡量。经济联系强度模型能反映城市群之间交互辐射能力和接受辐射的程度（苗长虹和王海江，2006），数学表达式如下：

$$R_{ij}=\frac{\sqrt{P_iY_i}\times\sqrt{P_jY_j}}{d_{ij}^2} \tag{2-8}$$

上式中：R_{ij}为城市群 i、j 之间的经济联系强度；P_i和 P_j为 i、j 两个城市群人口总数；Y_i和 Y_j为 i、j 两个城市群生产总值，d_{ij}代表 i、j 两个城市群的距离，本章取各城市群中心城市的直线距离。

2.1.2 指标说明和数据来源

这里采用的基础数据主要来源于2013—2016年《中国统计年鉴》，各省、自治区、直辖市统计年鉴，《中国城市统计年鉴》以及各省份经济发展统计公报，部分数据来源于各市县统计年鉴和经济社会发展统计公报。根据《国民经济行业分类》（GB/T 4754—2017），选取各省份统计年鉴均有独立统计且各城市群共同拥有的行业，并对所选行业进行编号，并将行业编号写在各行业名称后面的括号内。其中，第一产业包含农业（01）、林业（02）、畜牧业（03）、渔业（04）和农林牧渔服务业（05）；第二产业包含采矿业（B）、农副食品加工业（13）、食品制造业（14）、酒、饮料和精制茶制造业（15）、纺织业（17）、纺织服装、服饰业（18）、木材加工及木竹藤棕草制品业（20）、造纸和纸制品业（22）、印刷和记录媒介复制业（23）、石油加工、炼焦和核燃料加工业（25）、化学原料和化学制品制造业（26）、医药制造业（27）、橡胶和塑胶制品业（29）、非金属矿物制品业（30）、黑色金属冶炼和压延加工业（31）、有色金属冶炼和压延加工业（32）、金属制品业（33）、通用设备制造业（34）、专用设备制造业（35）、汽车制造业（36）、铁路、船舶、航空航天和其他运输设备制造业（37）、电气机械和器材制造业（38）、仪器仪表制造业（40）等制造业、电力、热力生产和供应业（44）、燃气生产和供应业（45）、水的生产和供应业（46）、建筑业（E）；第三产业选取批发和零售业（F）、交通运输、仓储和邮政业（G）、住宿和餐饮业（H）、金融业（J）、房地产业（K）等。为了保证数据的可比性，在工业部分（除建筑业以外的第二产业）选择规模以上工业企业的数据。同时，结合数据的可获得性，本章统一用规模以上工业各行业的主营业务收入代替规模以上工业各行业的产值；第一产业的指标选取农业、林业、畜牧业、渔业和农林牧渔服务业的产值；第三产业选取金融业的增加值数据。

2.1.3 结果分析

2.1.3.1 全国城市群间的产业分工格局

运用式（2-1）计算区位基尼系数 G_k，以此来反映各产业在全国 21 个城市群间的分工格局。由于 2013 年和 2016 年各行业的区位基尼系数均在 0.35—0.80 之间，故按照 $0.35 \leqslant G_i < 0.50$、$0.50 \leqslant G_i < 0.65$、$0.65 \leqslant G_i \leqslant 0.8$ 的划分标准，将城市群产业集聚程度分为为低、中、高三种状态，结果见表 2-2。

表 2-2 2013 年和 2016 年各城市群的行业基尼系数

行业编号	2013 年		2016 年		2016 年与 2013 年相对变化
	基尼系数	集聚程度	基尼系数	集聚程度	
01	0.354	低	0.313	低	-0.041
02	0.362	低	0.355	低	-0.007
03	0.361	低	0.354	低	-0.007
04	0.675	高	0.629	中	-0.046
05	0.370	低	0.382	低	0.012
B	0.424	低	0.588	中	0.164
13	0.541	中	0.512	中	-0.029
14	0.495	低	0.514	中	0.019
15	0.482	低	0.481	低	-0.001
17	0.718	高	0.710	高	-0.008
18	0.731	高	0.723	高	-0.009
20	0.653	高	0.593	中	-0.059
22	0.641	中	0.633	中	-0.008
23	0.627	中	0.634	中	0.007
25	0.511	中	0.508	中	-0.003

续表

行业编号	2013 年		2016 年		2016 年与 2013 年相对变化
	基尼系数	集聚程度	基尼系数	集聚程度	
26	0.638	中	0.621	中	-0.016
27	0.568	中	0.573	中	0.005
29	0.640	中	0.660	高	0.02
30	0.526	中	0.520	中	-0.006
31	0.565	中	0.554	中	-0.011
32	0.437	低	0.498	低	0.061
33	0.668	高	0.660	高	-0.008
34	0.681	高	0.703	高	0.021
35	0.640	中	0.654	高	0.014
36	0.616	中	0.620	中	0.004
37	0.654	高	0.631	中	-0.022
38	0.723	高	0.717	高	-0.007
40	0.793	高	0.772	高	-0.021
44	0.451	低	0.442	低	-0.01
45	0.560	中	0.552	中	-0.008
46	0.590	中	0.558	中	-0.032
E	0.364	低	0.346	低	-0.018
F	0.459	低	0.597	中	0.138
G	0.780	高	0.353	低	-0.427
H	0.398	低	0.367	低	-0.031
J	0.545	中	0.520	中	-0.025
K	0.503	中	0.437	低	-0.065

由表 2-2 可知，2013 年，产业集聚程度处于高、中、低状态的行业分别为 10 个、15 个、12 个。相应地，2016 年分别为 8 个、18 个、11 个。其中，在 2016 年，处于高集聚程度状态的产业有纺织业，纺织服装、服饰业，橡胶和塑胶制品业，金属制品业，通用设备制造业，专用设备制造业，电气机械和器材制造业和仪器仪表制造业。第二产业中，除了上述处于高集聚程度状态的行业外，造纸和纸制品业，印刷和记录媒介复制业，

化学原料和化学制品制造业，汽车制造业，铁路、船舶、航空航天和其他运输设备制造业等制造业集聚程度也较高，其区位基尼系数均在 0.6 以上。这些产业均属于第二产业中的制造业，这说明中国制造业的空间分工态势较好，产生了规模经济效应。建筑业的区位基尼系数为 0.346，在 37 个行业中排在倒数第二位，仅比农业的区位基尼系数略高，这说明建筑业在全国各城市群之间分布比较分散。电力、热力生产和供应业，燃气生产和供应业，水的生产和供应业属于基础设施领域的行业，三者处于低集聚程度状态或中集聚程度状态，说明中国基础设施建设实现了较好的地区间平衡。第一产业中，与农业、林业、牧业相比，渔业的发展更加容易受到自然条件、尤其是水资源的限制。中国地缘辽阔，水资源分布状态极不平衡，因而渔业的分布状态比较集中，其区位基尼系数较大（0.629）、集聚程度也较高。第三产业中的传统服务业，如批发和零售业，交通运输、仓储和邮政业，住宿和餐饮业和房地产业等的区位基尼系数均较低，而金融业的区位基尼系数相对较高，在 0.5 以上。传统服务业的功能定位是为人们提供吃、穿、住、行等方面的生活服务，而金融业的主要职责在于为企业提供投融资渠道，由于中国人口流动往往滞后于资本流动，因而金融业的集聚程度高于传统服务业。

由表 2-2 可知，从 2013 年到 2016 年，第一产业中，农业、林业、牧业和渔业的区位基尼系数均有所下降，其中农业的区位基尼系数下降幅度较大（11.51%），农林牧渔服务业的基尼系数略有上升。第一产业的区位基尼系数下降意味着中国农业规模化经营状况有待改善。第二产业的采矿业，食品制造业，印刷和记录媒介复制业，医药制造业，橡胶和塑胶制品业，通用设备制造业，专用设备制造业和汽车制造业 8 个行业的区位基尼系数有所提升，其中采矿业的变化幅度最大，说明这些行业的空间分工强度有所提升。近年来，中国开始实行供给侧结构性改革，不少规模较小、对环境污染较大的采矿业企业被关停或减产，使得采矿业的区位基尼系数明显增大、集聚程度显著提高。除以上 9 个行业外，其余 18 个制造业行业的区位基尼系数均有不同程度下降，说明这些行业的空间集聚程度和空间分工水平有所下降。第三产业中，除交通运输、仓储和邮政业外，其余 4 个行业的区位基尼系数均有不同程度的下降，批发和零售业的下降尤其明显。

2.1.3.2 各城市群产业结构相似性分析

接下来运用灰色关联分析法(2-2)式至(2-6)式计算各城市群相对于21个城市群整个大区域的产业结构灰色关联度，对各个城市群的产业结构相似性展开分析，计算结果见表2-3。

表2-3 各城市群的产业结构灰色关联度

城市群	2013年	2016年	2013年与2016年相对变化
京津冀	0.920	0.940	0.020
太　原	0.865	0.901	0.036
呼包鄂榆	0.891	0.929	0.038
辽中南	0.931	0.935	0.004
哈　长	0.886	0.928	0.042
长三角	0.933	0.957	0.024
海峡西岸	0.903	0.946	0.043
环鄱阳湖	0.925	0.946	0.021
山东半岛	0.936	0.949	0.013
中　原	0.921	0.955	0.034
武　汉	0.934	0.956	0.021
环长株潭	0.926	0.953	0.027
珠三角	0.921	0.947	0.026
北部湾	0.917	0.930	0.012
成　渝	0.926	0.954	0.028
黔　中	0.875	0.912	0.037
滇　中	0.871	0.912	0.041
关中—天水	0.902	0.946	0.044
兰州—西宁	0.865	0.909	0.044
宁夏沿黄	0.877	0.917	0.039
天山北坡	0.859	0.916	0.057

由表 2-3 可知，2016 年，各城市群的产业结构灰色关联度均在 0.9 以上，这说明各城市群之间产业结构非常相似，各城市群之间的分工强度较低，存在比较严重的产业同构现象。其中，长三角、中原、武汉、环长株潭、成渝 5 个城市群的产业结构灰色关联度在 0.95 以上，京津冀、太原、呼包鄂榆、辽中南、哈长、海峡西岸、环鄱阳湖、山东半岛、珠三角、北部湾、黔中、滇中、关中—天水、兰州—西宁、宁夏沿黄、天山北坡 16 个城市群的产业结构灰色关联度在 0.90—0.95 之间。长三角城市群的产业结构灰色关联度最高（0.957），其次为武汉城市群、中原城市群、成渝城市群、环长株潭城市群。这些城市群的产业结构灰色关联度非常接近。产业结构灰色关联度最低的城市群为太原城市群（0.901），其次是兰州—西宁城市群（0.909）、黔中城市群（0.912）、滇中城市群（0.912）、天山北坡城市群（0.916）、宁夏沿黄城市群（0.917）。2013—2016 年，各城市群的产业结构灰色关联度均有所上升，这说明各城市群的产业结构相似性不断增强。2013 年，太原城市群、呼包鄂榆城市群、哈长城市群、海峡西岸城市群、黔中城市群、滇中城市群、关中—天水城市群、兰州—西宁城市群、宁夏沿黄城市群、天山北坡城市群产业结构灰色关联度较低表现最为明显。2013 年，以上城市群的产业结构灰色关联度均在 0.9 以下，上升幅度均为 0.036—0.057。除太原城市群外，这些城市群均属于“一带一路”沿线城市群，它们的发展如何避免出现产业结构不断同化、恶性竞争不断加剧，直接关系到“一带一路”建设能否可持续推进。

2.1.3.3 “一带一路”沿线城市群的优势产业

下面采用区位熵的计算公式（2-7）计算各城市群的产业专业化指数，并对“一带一路”沿线各城市群进行优势产业分析，结果归纳在表 2-4 中。

由表 2-4 可知，第一产业中，农业产业专业化指数大于 1 的城市群有 15 个，其中有 11 个属于“一带一路”沿线城市群，其中哈长、北部湾、滇中、兰州—西宁、天山北坡城市群的农业产业专业化指数更是在 2 以上；林业产业专业化指数大于 1 的城市群有 13 个，其中位于“一带一路”沿线的城市群有 8 个，且有 4 个排在在全国排名前 5 位，它们分别是滇中城市群

表 2-4 2016 年各城市群的产业专业化指数

行业编号	京津冀	太原	呼包鄂榆	辽中南	哈长	长三角	海峡西岸	环鄱阳湖	山东半岛	中原	武汉	环长株潭	珠三角	北部湾	成渝	黔中	滇中	关中—天水	兰州—西宁	宁夏沿黄	天山北坡
1	0.654	1.309	1.119	1.259	2.054	0.545	0.908	0.835	0.634	1.17	1.173	1.57	0.614	2.479	1.399	1.659	2.622	1.656	2.185	1.383	3.543
2	0.42	1.754	0.998	1.246	2.094	0.541	2.056	2.396	0.258	0.397	1.045	1.984	0.789	4.415	1.077	2.193	5.703	0.894	0.764	0.573	1.054
3	0.702	0.964	1.784	2.001	2.915	0.43	0.652	0.853	0.651	1.252	1.291	1.594	0.449	2.342	1.715	1.314	2.889	1.066	1.333	1.095	2.006
4	0.268	0.069	0.133	2.212	0.44	1.149	3.216	1.352	1.036	0.167	2.111	0.976	1.197	3.402	0.454	0.308	0.649	0.109	0.042	0.384	0.186
5	0.751	1.49	0.429	1.676	1.28	0.662	0.878	0.783	0.85	1.126	1.998	2.032	0.506	2.414	0.546	1.58	2.023	1.497	3.286	1.238	1.616
B	3.221	4.759	3.537	0.47	0.86	0.148	0.227	0.475	0.527	0.821	0.316	0.474	0.152	0.27	0.716	7.708	0.784	2.45	0.769	1.204	1.675
13	0.547	0.197	1.288	1.014	1.855	0.621	1.338	1.111	1.599	1.562	1.748	1.41	0.59	1.018	1.001	0.293	0.882	0.819	0.556	0.515	0.814
14	1.345	0.226	1.478	0.389	1.078	0.575	1.838	0.876	0.952	2.101	1.278	1.317	0.944	0.615	0.954	0.369	0.776	1.023	0.397	1.758	0.819
15	0.489	0.748	0.861	0.401	1.169	0.562	1.529	0.628	0.681	1.352	2.287	1.124	0.677	0.839	2.922	2.663	1.358	1.542	0.686	0.496	0.688
17	0.494	0.051	0.485	0.111	0.195	1.48	1.891	1.013	1.882	0.993	1.344	0.463	0.746	0.185	0.482	0.025	0.051	0.318	0.124	1.652	0.589
18	0.414	0.109	0.19	0.288	0.182	1.515	2.471	2.062	1.013	0.896	0.968	0.41	1.985	0.255	0.261	0.127	0.059	0.122	0.157	0.051	0.164
20	0.229	0.061	0.838	0.228	2.099	1.173	2.24	1.079	1.524	1.025	0.761	1.537	0.717	1.739	0.6	0.716	0.38	0.198	0.009	0.166	0.109
22	0.539	0.051	0.335	0.276	0.359	1.045	2.033	0.876	1.422	1.127	0.883	1.313	1.673	0.977	0.912	0.389	0.408	0.52	0.094	0.312	0.304
23	0.759	0.047	0.139	0.106	0.355	1.032	1.187	1.454	1.177	1.05	1.097	1.576	1.799	0.253	1.234	0.27	0.666	0.702	0.184	0.406	0.059
25	1.025	2.022	0.859	3.482	0.932	0.583	0.743	0.549	1.997	0.489	0.602	0.513	0.734	1.321	0.428	0.111	0.326	2.151	1.82	3.939	3.314
26	0.501	0.359	0.883	0.638	0.617	1.389	0.566	0.991	1.689	0.764	1.125	0.975	0.815	0.391	0.705	0.627	0.699	0.654	0.559	1.348	0.825
27	0.839	0.379	0.573	0.571	2.249	1.011	0.313	1.522	1.318	1.23	1.02	1.103	0.646	0.64	1.163	0.713	0.835	1.001	0.462	0.473	0.142
29	0.643	0.093	0.29	0.605	0.405	1.107	1.525	0.802	1.588	1.012	0.895	0.575	1.848	0.168	0.82	0.334	0.36	0.68	0.26	0.246	0.404
30	0.476	0.205	0.632	0.52	0.843	0.698	1.539	1.657	1.088	2.367	1.269	1.426	0.958	0.922	1.198	1.004	0.694	1.001	0.635	0.53	0.719

续表

行业编号	京津冀	太原	呼包鄂榆	辽中南	哈长	长三角	海峡西岸	环鄱阳湖	山东半岛	中原	武汉	环长株潭	珠三角	北部湾	成渝	黔中	滇中	关中—天水	兰州—西宁	宁夏沿黄	天山北坡
31	2.349	2.038	1.234	1.494	0.288	1.019	0.801	0.736	0.678	0.896	0.698	0.703	0.442	1.687	0.8	0.52	0.885	0.722	1.571	0.974	0.549
32	0.295	0.803	1.478	0.425	0.11	0.782	0.851	4.11	1.075	1.525	0.619	1.565	0.713	0.873	0.491	0.431	2.18	1.415	6.351	1.436	1.807
33	1.247	0.109	0.605	0.571	0.333	1.197	0.889	0.721	1.185	0.866	0.901	0.893	1.769	0.316	0.774	0.604	0.283	0.28	0.209	0.263	0.183
34	0.692	0.156	0.269	1.005	0.409	1.603	0.682	0.586	1.412	1.096	0.631	1.005	0.909	0.172	1.029	0.129	0.086	0.454	0.119	0.289	0.028
35	0.823	0.292	0.29	0.66	0.594	1.231	0.682	0.51	1.386	1.644	0.717	2.15	0.854	0.375	0.85	0.169	0.22	0.715	0.338	0.382	0.105
36	1.212	0.129	0.099	1.351	2.506	1.146	0.434	0.607	0.707	0.588	1.833	0.625	0.963	1.331	1.708	0.155	0.226	0.621	0.014	0.007	0.027
37	1.189	0.373	0.831	1.935	0.691	1.273	0.562	0.258	0.905	0.838	0.811	1.341	0.759	0.451	1.884	0.46	0.175	0.773	0.073	0.007	0.005
38	0.587	0.097	0.041	0.418	0.216	1.774	0.757	1.436	0.701	0.734	0.608	0.736	2.054	0.489	0.611	0.169	0.142	0.539	0.23	0.317	0.656
40	0.535	0.109	0.059	0.552	0.176	2.32	0.727	0.561	0.739	0.743	0.474	0.723	1.214	0.112	0.468	0.072	0.429	0.424	0.052	0.007	0.015
44	1.346	1.826	1.718	1.209	1.05	0.906	1.063	0.551	0.524	0.72	0.701	0.716	1.397	1.021	0.842	1.176	1.874	1.148	1.801	2.907	1.72
45	1.13	1.353	3.574	0.456	0.566	0.925	1.103	0.68	0.401	0.7	0.598	0.594	1.636	0.308	2.111	0.279	0.441	1.354	0.548	3.781	1.675
46	0.932	0.662	0.981	1.125	0.713	0.956	0.712	1.056	0.581	0.632	0.808	1.279	2.363	0.701	1.317	0.649	1.192	0.671	0.487	1.124	0.728
E	0.755	1.469	1.256	1.529	1.102	0.809	1.482	1.116	0.624	0.703	1.057	1.167	0.601	1.841	1.447	1.008	2.926	1.905	2.063	2.311	2.065
F	0.971	1.152	1.16	1.523	1.195	1.089	0.895	0.581	0.984	0.608	0.795	0.956	1.309	1.092	0.827	0.513	1.55	1.044	0.851	0.513	0.765
G	1.193	2.147	1.525	1.424	1.112	0.806	1.455	0.776	0.628	0.836	0.88	1.104	1.062	1.452	1.127	1.465	0.748	1.064	0.945	1.54	1.57
H	0.674	1.798	1.889	1.084	1.562	0.816	0.753	0.859	0.689	0.995	1.053	1.125	1.077	1.684	1.343	1.234	2.26	1.309	1.39	0.854	0.92
J	1.371	1.706	0.811	1.281	0.807	1.129	0.984	0.63	0.475	0.596	0.963	0.635	1.242	1.195	1.301	0.626	1.524	0.998	1.189	1.302	0.972
K	1.05	1.486	0.559	1.094	0.852	1.13	1.008	0.67	0.59	0.752	0.807	0.661	1.902	1.394	1.095	0.341	0.639	0.95	0.752	0.708	0.762

(5.703)、北部湾城市群(4.415)、黔中城市群(2.193)和海峡西岸城市群(2.056);牧业产业专业化指数最大的城市群为哈长城市群(2.915),其次是滇中、北部湾、天山北坡、辽中南、呼包鄂榆、成渝城市群,它们均属于“一带一路”沿线城市群;渔业方面,北部湾城市群的产业专业化指数(3.402)最高,其次是海峡西岸城市群和辽中南城市群;农林牧渔业服务业产业专业化指数大于1的城市群有13个,其中有9个是“一带一路”沿线城市群,且兰州—西宁、北部湾和滇中城市群分列全国21个城市群中的第一、二、四位,三者的农林牧渔业服务业专业化指数均在2以上。

在采矿业方面,黔中(7.708)、太原(4.759)、呼包鄂榆(3.537)、京津冀(3.221)和关中—天水(2.450)城市群的产业专业化指数最高,其次是天山北坡城市群(1.675)和宁夏沿黄城市群(1.204),采矿业是以上5个城市群的优势产业。上述5个城市群中有3个属于“一带一路”沿线城市群。根据《全国资源型城市群可持续发展规划(2013—2020年)》,黔中城市群境内的安顺、毕节、黔南州以及贵阳下辖的清镇市、开阳县、修文县,呼包鄂榆城市群的包头、鄂尔多斯、榆林,关中—天水城市群的铜川、宝鸡、咸阳、渭南以及商洛下辖的洛南县均属于资源型城市。“一带一路”沿线城市群分布范围较广、地质结构差异较大,导致矿产资源种类齐全、储量丰富,采矿业的发展前景较好。

在轻工业方面,“一带一路”沿线城市群中,海峡西岸城市群的优势最为明显,农副食品加工业,食品制造业,酒、饮料和精制茶制造业,纺织业,纺织服装、服饰业,木材加工及木竹藤棕草制品业,造纸和纸制品业,印刷和记录媒介复制业的产业专业化指数均大于1。其次是长三角、哈长和宁夏沿黄城市群。其中,长三角城市群在纺织业,纺织服装、服饰业,印刷和记录媒介复制业等方面竞争优势比较明显;哈长城市群的农副食品加工业和木竹藤棕草制品业的产业专业化指数较大。宁夏沿黄城市群的食品制造业和纺织业具有竞争优势。此外,呼包鄂榆城市群的食品制造业,北部湾城市群的木材加工及木竹藤棕草制品业,成渝城市群的酒、饮料和精制茶制造业也有一定竞争优势。可以看出,轻工业在海峡西岸城市群形成了一定的专业化集聚和多样化集聚,而长三角、哈长、宁夏沿黄、呼包鄂榆、北部湾和成渝城市群依托于各自的资源禀赋或区位优势，在某些产业上形成了一定的专业化集聚。总体上看，“一带一路”沿线城市群在轻工业方面的优势产业差异较大，分工格局比较合理。

在重化工业方面，“一带一路”沿线城市群中，兰州—西宁和滇中城市群的有色金属冶炼和压延加工业，以及宁夏沿黄和天山北坡城市群的石油加工、炼焦和核燃料加工业竞争优势比较明显，其产业专业化指数均大于2。其次是北部湾和兰州—西宁城市群的黑色金属冶炼和压延加工业，其产业专业化指数均在1.5以上。上述产业均属于典型的原材料加工业，原材料运输成本是企业选址的重要组成部分之一。兰州—西宁、滇中、宁夏沿黄和天山北坡城市群依托于自身丰富的矿产资源在上述产业方面形成了一定的竞争优势。

在机械装备制造业方面，长三角在汽车制造业，铁路、船舶、航空航天和其他运输设备制造业，电气机械和器材制造业，仪器仪表制造业具有竞争优势，其产业专业化指数均大于1.5。辽中南城市群和成渝城市群的铁路、船舶、航空航天和其他运输设备制造业的竞争优势较大；哈长城市群和成渝城市群的汽车制造业的竞争优势较大。

在电力、热力、燃气及水的生产和供应业方面，呼包鄂榆城市群的燃气生产和供应业，宁夏沿黄城市群的电力、热力生产和供应业以及燃气生产和供应业，均具有一定的竞争优势，其产业专业化指数均在1.5以上。在建筑业方面，太原、呼包鄂榆、辽中南、哈长、海峡西岸、环鄱阳湖、武汉、环长株潭、珠三角、北部湾、成渝、黔中、滇中、关中—天水、兰州—西宁、宁夏沿黄和天山北坡城市群的产业专业化指数均大于1。

在第三产业方面，呼包鄂榆、辽中南和北部湾城市群的交通运输、仓储和邮政业，批发和零售业，住宿和餐饮业，金融业和房地产业的产业专业化指数均在1以上，这些城市群在第三产业方面有一定的竞争优势。长三角城市群和成渝城市群的金融业具有一定的优势，其产业结构专业化指数大于1。

2.1.3.4 “一带一路”沿线城市群的产业分工与合作前景

运用经济联系强度模型（2-8）式可以计算2013年和2016年各城市群之间的经济联系强度，并在此基础上分析“一带一路”沿线城市群的经济联系状况。在此仅罗列与每个城市群空间经济联系强度最大的 5 个城市群及相应的经济联系强度。此外，为了研究方便，我们按照城市群经济联系强度的平均值进行了排序，结果归纳在表 2-5 和表 2-6 中。

表 2-5 2013 年各城市群的经济联系强度

城市群	第一位	第二位	第三位	第四位	第五位	平均值
长三角	海峡西岸 1691.68	山东半岛 975.32	武汉 968.22	京津冀 832.28	环鄱阳湖 766.21	413.783
京津冀	山东半岛 2077.13	长三角 832.28	辽中南 544.86	中原 528.22	呼包鄂榆 511.80	321.027
山东半岛	京津冀 2077.13	长三角 975.32	中原 849.06	武汉 263.26	太原 219.71	280.355
武　汉	环鄱阳湖 1088.96	环长株潭 1071.09	长三角 968.22	中原 439.14	成渝 352.75	275.980
环长株潭	武汉 1071.09	环鄱阳湖 747.98	珠三角 494.62	长三角 477.37	成渝 404.59	215.532
海峡西岸	长三角 1691.68	珠三角 546.43	环鄱阳湖 518.17	武汉 333.40	环长株潭 304.60	213.967
成　渝	黔中 717.55	环长株潭 404.59	长三角 379.74	武汉 352.75	珠三角 346.60	209.220
环鄱阳湖	武汉 1088.96	长三角 766.21	环长株潭 747.98	海峡西岸 518.17	珠三角 265.07	205.548
中　原	山东半岛 849.06	长三角 548.35	京津冀 528.22	武汉 439.14	关中—天水 258.27	193.114
珠三角	海峡西岸 546.43	北部湾 508.77	长三角 496.68	环长株潭 494.62	成渝 346.60	179.774
辽中南	京津冀 544.86	哈长 392.16	长三角 275.74	山东半岛 181.15	中原 63.04	90.440
关中—天水	成渝 329.24	中原 258.27	长三角 159.13	京津冀 152.06	武汉 144.14	87.679
北部湾	珠三角 508.77	成渝 237.19	黔中 148.65	长三角 121.07	环长株潭 115.13	80.062
黔　中	成渝 717.55	北部湾 148.65	珠三角 122.26	滇中 95.06	环长株潭 87.46	76.556
太　原	京津冀 418.70	山东半岛 219.71	中原 216.80	长三角 106.35	呼包鄂榆 103.84	71.450

续表

城市群	第一位	第二位	第三位	第四位	第五位	平均值
呼包鄂榆	京津冀 511.80	山东半岛 111.69	太原 103.84	长三角 84.03	中原 71.27	59.918
哈　长	辽中南 392.16	京津冀 219.69	长三角 162.24	山东半岛 80.10	中原 36.25	56.943
宁夏沿黄	京津冀 116.04	关中—天水 90.49	兰州—西宁 87.02	成渝 81.85	长三角 68.18	41.417
滇　中	成渝 203.90	黔中 95.06	北部湾 83.55	珠三角 62.77	长三角 45.74	34.637
兰州—西宁	宁夏沿黄 87.02	成渝 75.29	关中—天水 52.69	京津冀 37.44	长三角 33.27	22.849
天山北坡	长三角 10.66	京津冀 10.48	成渝 9.68	山东半岛 4.96	珠三角 4.41	4.129

表 2-6　2016 年各城市群的经济联系强度

城市群	第一位	第二位	第三位	第四位	第五位	平均值
长三角	海峡西岸 2198.16	武汉 1258.3	山东半岛 1232.86	京津冀 1054.91	环鄱阳湖 995.89	528.174
京津冀	山东半岛 2589.56	长三角 1054.91	中原 668.39	呼包鄂榆 607.99	辽中南 528.76	391.818
武　汉	环鄱阳湖 1431.33	环长株潭 1413.97	长三角 1258.3	中原 569.74	成渝 466.38	360.088
山东半岛	京津冀 2589.56	长三角 1232.86	中原 1071.45	武汉 336.52	太原 255.97	348.547
环长株潭	武汉 1413.97	环鄱阳湖 987.56	珠三角 658.28	长三角 623.18	成渝 537.31	283.666
海峡西岸	长三角 2198.16	珠三角 723.87	环鄱阳湖 680.97	武汉 438.09	环长株潭 402.04	278.760
成　渝	黔中 1037.57	环长株潭 537.31	长三角 496.48	武汉 466.38	珠三角 461.99	278.005
环鄱阳湖	武汉 1431.33	长三角 995.89	环长株潭 987.56	海峡西岸 680.97	珠三角 351.25	268.974
中　原	山东半岛 1071.45	长三角 703.53	京津冀 668.39	武汉 569.74	关中—天水 329.42	244.893

续表

城市群	第一位	第二位	第三位	第四位	第五位	平均值
珠三角	海峡西岸 723.87	北部湾 674.05	环长株潭 658.28	长三角 650.75	成渝 461.99	237.320
关中—天水	成渝 427.93	中原 329.42	长三角 203.31	京津冀 191.61	武汉 186.23	111.694
黔　中	成渝 1037.57	北部湾 213.65	珠三角 177.17	滇中 133.47	环长株潭 126.27	109.788
北部湾	珠三角 674.05	成渝 313.57	黔中 213.65	长三角 157.33	环长株潭 151.97	105.790
辽中南	京津冀 528.76	哈长 342.1	长三角 271.31	山东半岛 175.33	中原 61.92	86.235
太　原	京津冀 489.13	中原 256.36	山东半岛 255.97	长三角 125.97	呼包鄂榆 115.27	83.360
呼包鄂榆	京津冀 607.99	山东半岛 132.32	太原 115.27	长三角 101.21	中原 85.7	70.598
哈　长	辽中南 342.1	京津冀 246.88	长三角 184.85	山东半岛 89.76	中原 41.23	59.382
宁夏沿黄	京津冀 148.06	关中—天水 116.38	兰州—西宁 111.36	成渝 107.73	长三角 88.21	52.781
滇　中	成渝 263.33	黔中 133.47	北部湾 107.25	珠三角 81.24	长三角 58.07	44.845
兰州—西宁	宁夏沿黄 111.36	成渝 97.36	关中—天水 66.58	京津冀 46.94	长三角 42.29	28.949
天山北坡	长三角 12.53	京津冀 12.15	成渝 11.58	山东半岛 5.73	珠三角 5.28	4.794

由表 2-5 和表 2-6 可知，从经济发展强度变化来看，2013—2016 年，各城市群之间的经济发展强度均有所提升，说明随着中国经济不断发展，各城市群间的空间经济联系不断增强。从各城市群的经济联系强度平均值排名变化来看，2013—2016 年，除了山东半岛城市群和武汉城市群对调了位次外，经济联系强度平均值排名前十的城市群没有发生变化。近年来，中国的经济和人口空间格局没有发生明显改变，中西部与东部地区之间的经济发展差距依然较大。

从经济联系强度平均值大小来看，“一带一路”沿线长三角城市群与其余城市群的经济联系最强，其次是海峡西岸和成渝城市群，与其余城市群经济联系最弱的是天山北坡城市群。长三角城市群是中国第一大经济中心，正在建设国际经济、金融、贸易、航运和科创中心，未来有望建成自由贸易港和国际大都会。海峡西岸城市群是 21 世纪海上丝绸之路的核心区，作为海上丝绸之路的重要发祥地和中国最早对外开放的区域，海峡西岸城市群应主动融入中国—东盟的国家合作框架，对接中国—东盟自贸区建设。成渝城市群是中国西部地区最大的城市群，西部地区的城市群几乎均与其经济联系较强。成渝城市群位于丝绸之路经济带和长江经济带的结合部位，首先应该积极融入长江经济带建设，从而带动西部地区其余城市群发展。天山北坡城市群是丝绸之路经济带核心区经济基础较好的区域。然而，天山北坡城市群位于中国西北边陲，与中国其他主要城市群相距较远，经济联系强度也较弱。天山北坡城市群应该利用自身独特的地理区位、能源优势和国家相关政策，重点发展边境贸易和能源管道建设，成为中国向西开放的桥头堡和重要能源集散地。关中—天水、兰州西宁、宁夏沿黄城市群均位于黄河沿岸，与京津冀、中原和成渝城市群地理上邻近、经济联系较强，应该积极寻求与这些城市群之间的产业分工与合作。滇中、黔中和北部湾城市群位于中国西南地区，与成渝城市群和珠三角城市群之间的经济联系较强，应重点依托这两个城市群进行产业分工与合作。辽中南城市群和哈长城市群是中国东北老工业基地经济发展的核心载体，其工业基础较好，应不断加大产业转型升级力度，积极寻求与京津冀、山东半岛城市群之间的经济互动。

2.2 “一带一路”建设与城市群发展的贸易合作关系

当前，中国正处于制度改革、结构转型和要素升级的关键时期，国际贸易作为推动中国经济发展的一支重要力量，如何在“新常态”背景下保持其平稳增长、结构优化、效益提升、塑造新优势已成为中国实现稳定增长和结构调整亟待解决的现实问题。“一带一路”倡议的提出兼顾国际与国内两方面的战略需求，不仅为全球经济复苏与国际合作打开了新的增长空间，更重要的是推动了中国的新型开放战略，为消化国内产能和产业结构升级疏通了通道。简而言之，贸易和“一带一路”建设密不可分：一方面，“贸易畅通”作为“一带一路”建设的重点内容之一，直接影响着“一带一路”能否顺利推进以及其区域影响力和吸引力；另一方面，“一带一路”倡议为中国贸易的发展与转型升级提供了新机遇。因此，以“一带一路”倡议为契机，实现“一带一路”建设与沿线城市群贸易发展的协同推进就成为题中之义。

2.2.1 “一带一路”与城市群贸易合作的理论基础

“一带一路”倡议是充分依靠中国与参与国既有的双多边机制及行之有效的区域合作平台，共同打造的政治互信、经济融合、文化包容的利益共同体、命运共同体和责任共同体。从“一带一路”国家级顶层合作倡议的基本内涵和共建原则可知，“一带一路”虽然未像其他国际区域经济一体化组织一样成立共同的经济协调组织机构，但是根据张幼文（2001）对区域经济一体化的定义——在世界生产力发展的客观推动和各国谋求国民经济持续发展主观努力的综合作用下，特定区域内的国家或地区通过达成经济合作的某种承诺或者组建的经济合作组织，谋求区域内商品流通和要素的自由化以及生产分工的最优化，直至形成各国经济政策和区域经济体制某种程度的统一，“一带一路”为中国和参与国提供了新型国际区域经济合作平台，而任何形式的区域经济一体化都对成员国和集团外国家发挥一定的区域经济一体化效应（Viner，1950）。因此，“一带一路”倡议有利于再生产过程中各个阶段上国际经济障碍的消除，将为沿线国家和地区带来贸易效应、经济增长效应与社会福利效应，其中，贸易效应在区域经济一体化效应中占据主导作用。

2.2.1.1 贸易创造效应

贸易创造效应（Trade Creation Effect）指成员国相互取消关税和非关税

壁垒后，某成员国国内成本高的产品被其他成员国成本低的产品所替代，从成员国进口产品，创造了过去不发生的那部分新的贸易，从而促使贸易规模的扩大，提高成员国整体福利水平。具体过程如图 2-1 所示，设 A、B、C 分别代表三个国家。纵轴 P 表示价格；横轴 Q 表示数量；S 和 D 分别表示 A 国国内的价格曲线和需求曲线。P_T表示 A 国的价格；P_c表示 A 国进口 C 国产品的价格；P_B表示 A 国进口 B 国产品的价格。A 国与 B 国组成关税同盟前，A 国从 C 国进口商品的价格是 P_c，加上关税 P_cP_T，因而 A 国的国内价格是 P_T。A 国在 P_T价格条件下，国内生产供应量为 S_0，国内需求量为 D_0，供需缺口为 S_0D_0。A 国通过向 C 国进口 S_0D_0数量的商品来达到国内的供求平衡。如果 A 国和 B 国取消关税，实行自由贸易并实施共同的对外关税。虽然 C 国的成本和价格比 B 国低，而共同对外关税使从 C 国进口的加上共同对外关税后的实际价格比从 B 国进口的价格高，此时，A 国则会从 B 国进口商品，而不会从 C 国进口。A、B 两国组成关税同盟后，由于 A 国从 B 国进口的价格 P_B比同盟前的进口价格 P_T要低，导致国内价格下降至 P_B水平。在 P_B价格水平上，A 国进口 S_1D_1量的商品来满足国内需求。把 A 国参加关税同盟前的进口量与参加关税同盟后的进口量相比，可以看到 A 国增加进口量 S_1S_0和 D_0D_1。这部分增加的进口量就是贸易创造效应，其中 S_1S_0为生产效应，D_0D_1为消费效应。

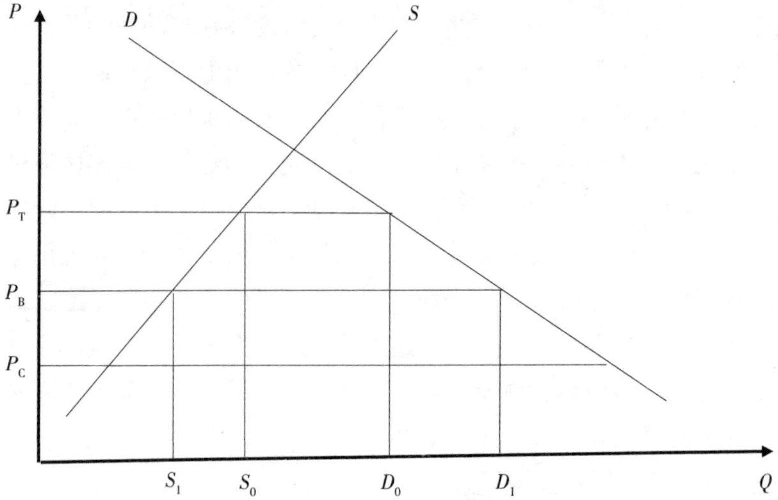

图 2-1　贸易创造效应和贸易转移效应

通常，贸易创造效应被视为一种正效应。因为，A 国国内商品生产的成本高于 A 国从 B 国进口商品生产的成本。取消关税和非关税壁垒后，A 国放弃了一部分高成本商品的国内生产，转向由成本较低的贸易伙伴国 B 国生产。从世界范围来看，这种生产转换提高了资源配置效率。

2.2.1.2　贸易转移效应

贸易转移效应（Trade Diversion Effect）是指由于关税同盟对内取消关税，对外实行统一的保护关税，成员国把原来从同盟外非成员国低成本生产的产品进口转为同盟内成员国高成本生产的产品进口，从而使贸易方向发生了转变。贸易转移效应的发生过程仍用图 2-1 来解释。A 国和 B 国组成关税同盟后，由于 A 国进口 B 国产品的价格 P_B 低于 A 国进口 C 国产品的价格 P_c 加上关税，A 国转向从 B 国进口，而放弃从 C 国进口。贸易转移效应为 S_0D_0。

贸易转移效应通常被视为一种负效应。A 国从 C 国进口的商品生产成本低于 A 国从 B 国进口的商品生产成本，贸易转移导致低成本的商品生产不得不放弃，而高成本的商品生产得以扩大。从世界范围来看，这种生产转移降低了资源配置效率。

2.2.1.3　贸易扩大效应

贸易扩大效应（Trade Expansion Effect）是从需求方面形成的概念。是指贸易集团成立后，成员国之间的贸易格局由于关税的降低或进入门槛发生了变化，朝着有利于推动成员国之间贸易方向发展，从而扩大了成员国之间的贸易规模，参与贸易的商品及服务种类增加，加速成员国之间进行国际分工，促进国际资源有效配置的互动。

2.2.1.4　贸易条件效应

贸易条件效应（Terms of Trade Effect）是建立关税同盟后，同盟内国家向同盟外国家进出口商品的贸易条件发生变化。关税同盟的贸易转移效应具有大国效应，即同盟内国家减少从同盟外国家的进口导致外部世界的供应价格下降。但小国进口量的减少并不会对国际市场的供求关系产生显著影响，因而不能影响该商品的国际价格，故小国并不存在贸易条件效应。

综上所述，“一带一路”倡议的提出会对沿线国家与地区及非成员国带来明显的贸易效应，为将“贸易畅通”作为共建“一带一路”的重点内容提供了理论支撑。但从现实情况来看，在全球经济发展存在变数、区域主义日渐兴起、关税壁垒和非关税壁垒存在、制度距离明显、空间距离横亘的国际经济环境下，中国与沿线国家的外贸存在各类风险与阻碍。从国内不同城市来看，贸易能力也差异明显。因此，分析“一带一路”沿线城市群与参与国的贸易关系对于“一带一路”的建设至关重要。

2.2.2 “一带一路”与中国沿线城市群出口贸易的总体解读

自 2015 年 3 月 28 日国家发展改革委、外交部、商务部联合发布《推动共建丝绸之路经济带和 21 世纪海上丝绸之路的愿景与行动》（以下简称《愿景与行动》）并明确提出“贸易畅通”是合作重点之一以来，中国与沿线国家的经贸合作规模持续扩大，沿线国家在中国对外贸易中的地位不断提升。根据联合国贸易商品统计数据（UN Comtrade），2007 年中国与“一带一路”沿线国家贸易总额约为 4725 亿美元，2017 年这一数值增加到 11187 亿美元，同比增长 136.7%。说明“一带一路”倡议提出以来，中国与沿线国家在经贸合作领域成效显著，为参与国的经济协同发展注入了活力。

2.2.2.1 “一带一路”与沿线城市群出口贸易取得的成效

“一带一路”沿线国家产业结构不同，经济互补性强，贸易潜力巨大。自《愿景与行动》提出以后，通过削减壁垒、搭建平台、完善促进进出口政策等多项措施，中国与“一带一路”沿线国家的贸易往来不断扩大。中国与“一带一路”沿线国家的出口贸易发展取得的突出成效具体表现在以下几个方面：

（1）多措并举，贸易壁垒不断消除

中国商务部、税务总局、海关总署、质检总局等相关部门相继出台了一系列推进“一带一路”经贸合作的举措，中国与沿线国家之间形成了更加畅通、高效、共赢的贸易发展格局。这些措施主要集中在两方面：一是降低国家间的贸易成本，二是扩大市场需求。比如充分利用出口信贷、出口信用保险等政策，推动大型成套设备、机电产品和高科技产品出口，满足“一带一路”沿线国家产业转型升级需要。支持企业在“一带一路”沿线交通枢纽建立仓储物流基地和分拨中心，完善区域营销网络，进一步优化市场布局。截至2017年年底，中国已经与24个国家签订了自由贸易协定，超过半数是“一带一路”沿线国家。中国签署的106个税收协定也覆盖了大部分“一带一路”沿线国家。大大简化了通关、检验检疫、税收等程序，进一步消除了贸易壁垒，提升贸易便利化。此外，国际贸易的“单一窗口”已实现覆盖全国，全国通关的一体化减轻了企业负担，打造了更为开放便利的营商环境。

（2）贸易投资合作继续深化

在图2-2中，柱状图是中国与“一带一路”沿线国家的进出口金额，折线图是中国与沿线国家的进出口总额在中国与全球贸易总额中的占比，其中横坐标为年份，左纵坐标为贸易额（单位为亿美元），右纵坐标为贸易份额（单位为百分比）。从图2-2可以看出，虽然中国与“一带一路”沿线国家的贸易往来有所波动，甚至在2015—2016年出现连续两年负增长，但占中国与全球贸易总额的比重较为稳定，并在2017年出现大幅度上扬，出口表现得尤为强劲。说明中国与“一带一路”沿线国家通过在贸易便利化、商签自贸协定、振兴相互投资、建设经贸合作区及国际产能合作等方面的举措成效明显。

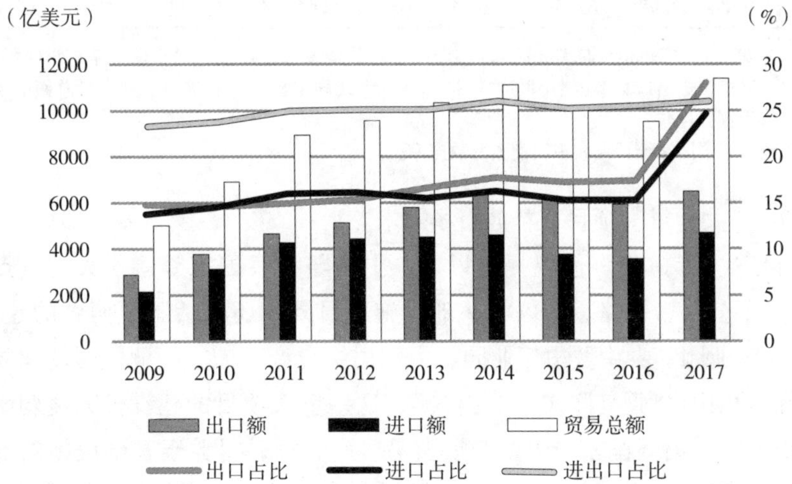

图2-2　中国与“一带一路”沿线国家贸易及其在中国与全球贸易中的占比

同时，表 2-7 列出了丝绸之路经济带和 21 世纪丝绸之路圈定的 18 个省份与“一带一路”沿线国家进出口贸易的具体数值，从表 2-7 可知，在与“一带一路”沿线国家的进出口贸易中，国内“一带一路”沿线地区是中坚力量，在全国总量中的占比始终保持在 62.5%以上，2010 年之后呈直线上升趋势，随着全球经济回暖及“一带一路”倡议的大力推进，2014 年这一份额高达 65.1%。2017 年，中国企业对沿线国家的直接投资额及对外新签承包工程合同金额分别达到 144 亿美元和 1443 亿美元。与此同时，中国对“一带一路”沿线国家的并购投资同比增长了 32.5%。除了对外直接投资及对外承包工程之外，中国与沿线国家的对外劳务合作和对外设计咨询都有了大幅度的增长。

表 2-7 “一带一路”涵盖范围 18 个省份与沿线国家贸易情况

	2009 年	2010 年	2011 年	2012 年	2013 年	2014 年	2015 年	2016 年
出口额	1776.92	2307.02	2839.81	3147.56	3669.57	4147.87	3922.74	3645.85
进口额	1382.86	2030.23	2791.16	2933.58	3023.33	3183.10	2569.84	2428.40
进出口总额	3168.10	4346.95	5643.68	6092.05	6692.90	7330.97	6492.58	6074.25
出口占比	62.62	62.09	61.84	62.21	63.98	64.61	63.40	62.10
进口占比	63.49	63.18	63.69	64.19	64.08	65.76	66.11	66.22
进出口占比	62.97	62.58	62.74	63.13	64.03	65.11	64.44	63.69

注：（1）第 2—4 行单位为亿美元；（2）第 5—7 行分别表示各省份与“一带一路”沿线国家出口、进口、进出口总额占全国与“一带一路”沿线国家出口、总进口、进出口总额的比重，单位为百分比。

资料来源：中国国家统计局和中国商务部数据库。

（3）共建重大项目，释放市场需求

自“一带一路”倡议提出以来，中国与沿线国家筹建了大批重点项目，除了公路、铁路、港口等基础设施项目外，还包括工业园区的建立，如中白工业园、泰中罗勇工业园、中印尼综合产业园。工业园区的建立能便捷推动中国企业集群式“走出去”，这些重大项目的建设极大地刺激了“一带一路”沿线国家与中国开展贸易。一方面，得益于基础设施的不断完善，中国与沿线国家的贸易更加便利，降低了运输成本，提高了跨国贸易的物流效率，促进双边贸易的增长。另一方面，中国与沿线国家的合作项目还拉动了相关上下游企业的产品出口。例如，从2012年第1季度到2017年第3季度，中国与“一带一路”沿线国家贸易中通用设备制造业和专用设备制造业出口额分别增加了36.38%、34.45%，金属制品出口占比也略有上升。

表2-8 中国与“一带一路”沿线国家的重大工程项目

合作国家	项目名称	合作国家	项目名称
阿富汗	迈巴公路、帕尔万水利灌溉工程	塔吉克斯坦	沙赫里斯坦隧道
巴基斯坦	瓜达尔港	乌兹别克斯坦	合资工业园区
哈萨克斯坦	中亚天然气管道、苏克石油天然气公司	巴基斯坦	喀喇昆仑公路改扩建
斯里兰卡	汉班托特港	泰　国	泛亚铁路泰国段
伊　朗	德黑兰地铁	斯里兰卡	科伦坡南港码头
孟加拉	内燃动车组、中孟友谊七桥	沙特阿拉伯	延布炼厂
柬埔寨	62号公路修复	缅　甸	中缅铁路、中缅天然气管道
柬埔寨	水津水电站	白俄罗斯	白俄罗斯中白工业园
老　挝	南康3水电站	马来西亚	马来西亚马中关丹产业园
阿联酋	中国公司石油仓储	蒙　古	中蒙铁路
土耳其	安卡拉—伊斯坦布尔高铁、Kumport码头		

资料来源：作者根据新闻材料整理。

（4）贸易平台建设取得突破

在政府的大力扶持和引导下，多渠道、多元化的贸易平台为中国与“一带一路”沿线国家的贸易创造了良好的环境，推进了贸易畅通。比如，中国相继举办了中国—东盟博览会、中国—南亚博览会、中国—亚欧博览会、中国—阿拉伯博览会，推动中国与“一带一路”沿线国家展开全方位的经贸合作。与此同时，自贸区建设也取得重大突破。目前，中国已经有16个自贸协定生效实施，涉及24个国家和地区，涵盖了8000余种零关税的进口产品。中国与“一带一路”沿线区域全面经济伙伴关系的建立进一步提升了贸易便利化及自由化水平。此外，《自由贸易试验区外商投资投资准入特别管理措施（负面清单）》在五年内缩至百余项，为企业创造了更加开放、透明和稳定的贸易环境。

2.2.2.2 “一带一路”沿线城市群对外贸易存在的问题

(1)“一带一路”倡议对沿线城市群的贸易创造效应有限

“一带一路”倡议提出后，中国各部门积极努力削减壁垒、搭建平台、完善贸易政策。这些举措在推行初期对中国与“一带一路”沿线国家的经贸合作起到了明显的拉动作用，但是这种贸易创造效应时效性却十分短暂。图 2-3 刻画了“一带一路”沿线 18 个省份贸易份额的变化趋势，横坐标是年份，纵坐标是贸易份额（单位为百分比）。从图 2-3 可以看出，2009—2016 年间，在中国与“一带一路”沿线国家及地区的进出口贸易中，丝绸之路经济带和 21 世纪丝绸之路圈定的 18 个省份占比始终保持在 62.5%以上，随着全球经济回暖及“一带一路”倡议的大力推进，2014 年这一份额高达 65.1%，说明“一带一路”倡议的推进确实为中国实现西向开放和区域协调发展提供了重要的历史机遇。但 2015 年之后下降趋势明显，说明“一带一路”沿线省份的对外贸易波动性较强，“一带一路”倡议对中国贸易增长的拉动作用持续性还有待观察。

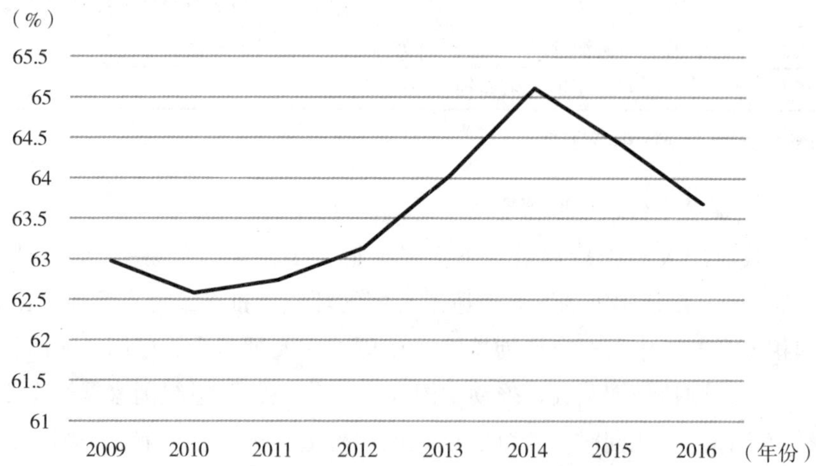

图 2-3 “一带一路”沿线 18 个省份占全国贸易份额变化趋势

图 2-4 描绘了 2012—2016 年间“一带一路”沿线城市群的对外贸易总额变化，横坐标为城市群，纵坐标为贸易总额（单位为亿美元）。由图

2-4 可知，2012—2014 年间，“一带一路”沿线城市群的对外贸易都有不同程度的增加，但 2014 年以后，长三角城市群、珠三角城市群、环渤海城市群对外贸易均出现了不同幅度的下降，西部城市群和海峡西岸城市群两个核心城市群的进出口总额也与“一带一路”倡议推进前基本持平。这也证明“一带一路”倡议提出之初确实拉动了中国沿线城市群的对外贸易，但是这一新兴国际合作平台的贸易扩大效应相对有限和短暂。

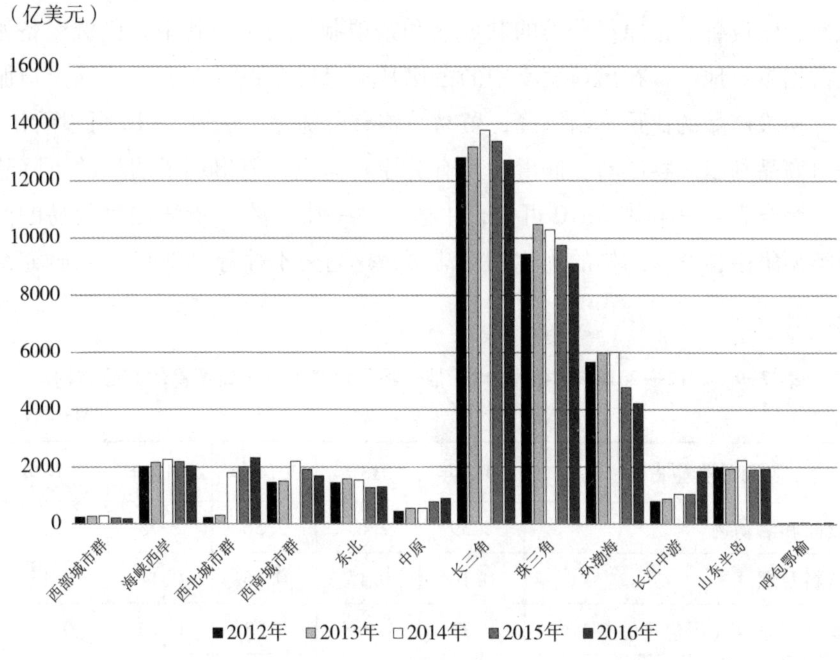

图 2-4 “一带一路”沿线城市群的对外贸易总额

（2）贸易结构优化相对滞缓，行业间竞争差距大

首先，服务贸易竞争力需要进一步提升。“一带一路”倡议提高了中国的对外开放水平，也为中国的服务贸易带来新的契机。中国商务部数据显示，2016 年，中国与“一带一路”沿线国家的服务贸易总额达到 1222 亿美元，同比增长超过两位数，能有效带动中国服务业发展，对于加速中国经济转型、提高资源利用效率、改善环境质量和增加就业都具有重要作用。但是，服务贸易在我国对外贸易中的比重始终处于较低水平，2015 年

占中国对外贸易比重仅为 15.4%。较低的服务贸易占比意味着中国服务贸易的核心竞争力有待提高，而且不利于中国在国际贸易及全球价值链中地位的提升。

其次，商品贸易结构有所优化，但优化速度十分缓慢。根据中国海关总署统计资料，2016 年中国与“一带一路”沿线国家高新产品贸易额达到 1570.91 亿美元，高新技术产品贸易比重不断提高。从中国与“一带一路”沿线国家贸易的商品类型来看，表 2-9 显示在中国出口产品中，主要以机械及运输设备、按原料分类的制成品和杂项制品为主。其中，机械设备始终占据主导地位，在出口贸易中的占比基本保持在 40%左右，中国出口服装等初级产品的比重不断下降，贸易结构有所优化。从表 2-10 可以看出，进口商品则以矿物燃料、润滑油及有关原料为主，但出现了明显的下降趋势。综合表 2-9 和表 2-10 可知，中国与“一带一路”沿线国家贸易的商品类型集中，贸易结构的优化相对滞缓，这与公丕萍等（2015）的研究结论一致。

表 2-9　2012—2016 年中国与“一带一路”沿线国家出口贸易的商品结构

（单位:%）

商品类型占比	2012 年	2013 年	2014 年	2015 年	2016 年
食品和活动物	2.59	2.64	2.56	2.75	3.04
饮料及烟草	0.16	0.15	0.15	0.14	0.15
非食用原料（不包括燃料）	0.78	0.69	0.73	0.70	0.71
矿物燃料、润滑油及有关原料	1.57	2.10	2.10	1.68	2.01
动植物油、脂和蜡	0.02	0.02	0.02	0.01	0.06
未另列明的化学品和有关产品	8.03	7.74	8.20	8.23	8.36
主要按原料分类的制成品	23.24	23.93	24.36	24.15	23.31
机械及运输设备	41.24	38.87	38.10	39.67	41.54
杂项制品	22.25	23.81	23.77	22.60	20.68
其他商品和交易	0.12	0.06	0.03	0.07	0.14

资料来源：国际贸易中心数据库。下表同。

表 2-10 2012—2016 年中国与“一带一路”沿线国家进口贸易的商品结构

（单位:%）

商品类型占比	2012 年	2013 年	2014 年	2015 年	2016 年
食品和活动物	1.96	1.99	2.28	3.22	3.15
饮料及烟草	0.03	0.04	0.06	0.09	0.10
非食用原料（不包括燃料）	12.11	12.15	10.46	10.00	10.41
矿物燃料、润滑油及有关原料	42.30	42.19	41.17	33.64	30.90
动植物油、脂和蜡	1.92	1.57	1.42	1.68	1.63
未另列明的化学品和有关产品	10.63	11.24	11.44	12.36	11.69
主要按原料分类的制成品	6.39	6.81	9.14	8.09	7.64
机械及运输设备	22.15	21.32	20.96	26.21	28.60
杂项制品	2.48	2.63	2.94	3.91	4.70
其他商品和交易	0.03	0.05	0.13	0.80	1.17

最后，贸易方式和贸易主体过于单一。就贸易方式来说，中国与“一带一路”沿线国家货物进出口方式主要以一般贸易为主，其次是进料加工贸易和边境小额贸易。保税区仓储转口、对外承包工程出口、租赁贸易等贸易方式占比极小。以 2014 年为例，这两种贸易方式分别占到了出口总额的 64%和 18%。国际产能合作作为提高中国企业“走出去”能力和水平的重要方式，表现却不尽如人意。2017 年，中国产能合作投资额为 1200.8 亿美元，同比下降了 29.4%。其中，流向制造业的投资额为 191.2 亿美元，较上年下降 38.4%；流向装备制造业 108.4 亿美元，占到了对外投资的 56.7%，同比下降 39.3%。根据各类主体出口额在总出口中的比重，中国与“一带一路”沿线国家发生贸易往来的主体主要是私营企业、外商独资企业和国有企业。私营企业在对外贸易中抵御风险的能力较弱，需要加强政府引导和推动、加大政策支持力度、强化服务保障和风险防控。

（3）贸易能力差异明显，地域发展失衡

中国各省份贸易能力差异明显，东部沿海地区及边境省区的对外贸易往来较为密切，西部地区尤其是西北地区对外贸易发展缓慢。图 2-5 描绘了“一带一路”沿线省份与沿线国家的进出口总额的变化特征，其中横坐标为地区，纵坐标为贸易总额（单位为亿美元）。从图 2-5 可以看出，“一带一路”沿线各省份的贸易发展也存在明显的地域失衡问题。广东省、浙江省、上海市、福建省、辽宁省等东部沿海地区进出口总额远远高于青海省、甘肃省、陕西省等西部省份。21 世纪海上丝绸之路沿线省份的贸易发展要快于丝绸之路经济带沿线省份，进一步说明了“一带一路”重点建设西北地区城市群的紧迫性和必要性。

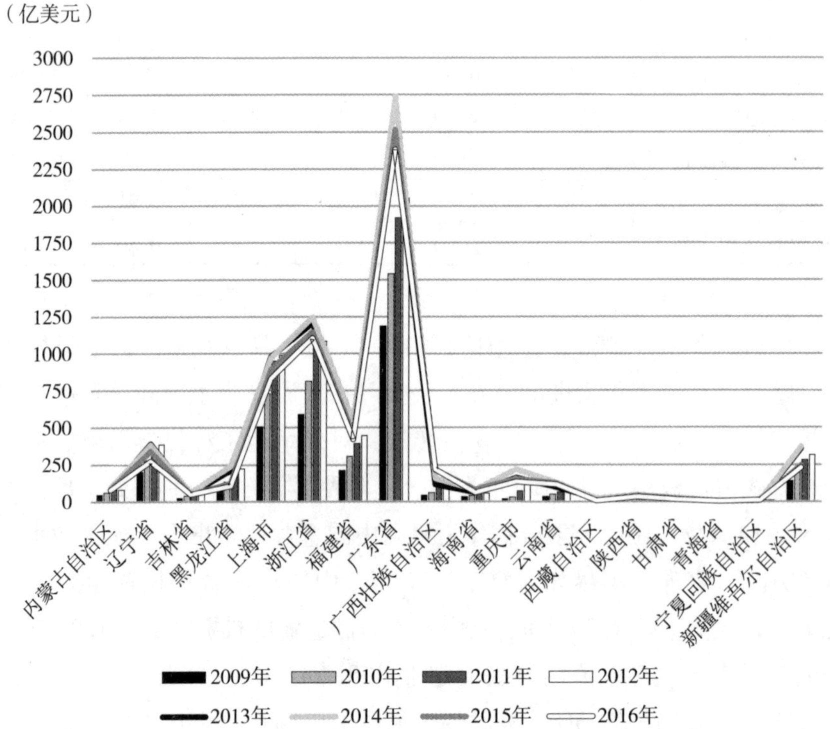

图 2-5 “一带一路”沿线省份与沿线国家的进出口总额

此外，“一带一路”沿线国家与中国贸易往来也存在突出的区域性差异。在“一带一路”沿线国家中，表 2-11 列出了 2016 年与中国贸易金额前十名的国家，从表中可以看出，与中国贸易往来最密切的是东盟国家，主要包括越南、马来西亚、泰国、新加坡、印度尼西亚和菲律宾，其次是印度及俄罗斯，沙特阿拉伯和阿拉伯联合酋长国两个西亚国家也是中国重要的贸易伙伴。但中国与地理距离较远、经济发展水平较高的中东欧国家的贸易总额较小，甚至不及与新加坡、马来西亚、印度尼西亚等单一国家的贸易额。除此之外，与中国贸易往来较为密切的各国商品贸易结构也存在着明显差异。在“一带一路”沿线国家中，表 2-12 列出了 2016 年与中国各类商品贸易额最多的国家，从表中可以看出，中国进出口商品的空间连续性较差，除了食品和活动物、主要按原料分类的制成品两类商品的进出口方向一致外，其他商品的进出口国并不一致。如马来西亚是中国机械及运输设备的主要进口国，但最大的出口国是约旦。初步说明，中国与南亚国家贸易结构相似性较高，但与俄罗斯、新加坡等国则以贸易互补性为主。

表 2-11 2016 年与中国贸易金额前十名的“一带一路”沿线国家

贸易方向	国家名称
出　口	越南、印度、新加坡、马来西亚、俄罗斯、泰国、印度尼西亚、阿联酋、菲律宾、沙特阿拉伯
进　口	马来西亚、菲律宾、泰国、俄罗斯、沙特阿拉伯、新加坡、印度、伊朗、印度尼西亚、哈萨克斯坦
进出口	越南、马来西亚、泰国、新加坡、印度、俄罗斯、印度尼西亚、菲律宾、沙特阿拉伯、阿联酋

表 2-12 2016 年与中国各类商品贸易额最多的“一带一路”沿线国家

各种商品贸易额最多的国家		
商品种类	进　口	出　口
食品和活动物	泰　国	泰　国
饮料及烟草	新加坡	印度尼西亚
非食用原料（不包括燃料）	俄罗斯	泰　国
矿物燃料、润滑油及有关原料	俄罗斯	新加坡
动植物油、脂和蜡	印度尼西亚	也　门
未另列明的化学品和有关产品	沙特阿拉伯	印　度
主要按原料分类的制成品	印　度	印　度
机械及运输设备	马来西亚	约　旦
杂项制品	泰　国	俄罗斯
其他商品和交易	新加坡	缅　甸

综上所述，“一带一路”倡议在全面提升中国对外开放水平的同时，为中国尤其是沿线城市群与“一带一路”沿线国家的贸易往来提供了新的机遇，中国与沿线国家的贸易取得了显著的成效。但是，中国与“一带一路”沿线国家贸易中存在的问题也引起了更深刻的思考，为中国与沿线国家的贸易发展转型指明了道路，有利于有针对性地完善贸易条件，进一步释放“一带一路”建设所带来的积极的贸易效应，更好地实现“一带一路”建设与沿线城市群对外贸易协同推进。

2.2.3 “一带一路”建设与沿线城市群对外贸易协同推进的重点

2.2.3.1 从规模扩张向提高质量效益转变，向全球价值链高端攀升

随着中国劳动力、原材料成本的不断上升以及全球贸易保护主义的抬头，中国一直以来依靠价格优势畅销海外的对外贸易模式受到严峻挑战。以低端要素加入全球价值链的出口导向方式难以为继。据中国商务部统计资料，2015 年起中国出口已连续两年负增长，2016 年同比下降 6.1%。而且，随着世界经济的发展和人均收入水平的提高，消费需求的升级和对环境重视程度的提高，使得我国在对外贸易中面临的技术性贸易壁垒也会更多。因此，必须从“以量取胜”转向“以质取胜”，优化中国的出口结构，实现对外贸易转型升级，这对于加快中国产业结构升级也至关重要。

一直以来，贸易被视为经济周期协同的最主要因素。简而言之，贸易的发展有利于促进“一带一路”沿线国家的协同发展，促进“一带一路”倡议的顺利推进。但通过对 1996 年以来中国与“一带一路”沿线国家的面板数据进行测算发现，贸易对经济周期协同性的影响程度已经从 0.548 下降至 0.005（黄赜琳等，2018）。一个可能的解释是中国与“一带一路”沿线国家以替代弹性较大的消费品为主的进出口贸易结构降低了国家间的经济周期协同性。这也从经济周期协同性的角度进一步论证了提高出口产品质量的重要性。张杰等（2014）的研究发现，私营和外资企业对提高中国出口产品质量有重要的正向贡献。因此，中国要加快消除对私营企业进入相关行业的隐形限制政策。与此同时，应全面推进市场化改革，提高资源配置效率，弱化国有企业特殊垄断地位，营造公平的市场环境。

随着经济全球化的不断深入，必然面临全球自由贸易对一国贸易投资政策改革的挑战，加快贸易结构优化、提升贸易效益、走向全球价值链高端是中国对外贸易的必然选择。

2.2.3.2 加强国际产能合作，实现地区平衡

当前，中国经济面临双重难题：一是工业体系低端化发展与产能过剩的困境，二是过剩产能未能惠及欠发达地区。在“一带一路”建设下，重塑我国经济地理的落脚点就在于跨区域产能合作，推进中国和沿线国家的产能合作既是调整对外开放格局的迫切需要，也是加强中国与世界各国互利合作的有效途径（邱斌等，2016）。

国际产能合作是一种国家间产业互通有无、调剂余缺、优势互补的合作方式，是国际产业转移与对外直接投资相结合的新模式，逐步成为中国参与共建“一带一路”的重要实现形式（吴福象和段巍，2017）。国际产能合作相较于跨国直接投资，能够促进优势互补，实现自由优化配置和产业结构升级，适应全球经济发展新趋势。这种国际经济合作的新方式可以把中国经济与欧美技术、亚非拉市场需求紧密联系起来，促进中国与全球产业链对接和分工合作，充分利用资源和市场。但是，目前中国参与“一带一路”国际产能合作存在诸多劣势：中国对外产能和装备合作的质量与技术服务水平与发达国家存在较大差距，缺乏完善的国际合作体制机制及政策支持体系，参与国际项目经验不足。因此，在现阶段需要国家给予政策、平台、资金、技术等全方位战略性支持。

2.2.3.3 完善政治和经济制度，提高制度质量

制度在长期经济发展中发挥着重要作用，不仅是影响国际贸易和对外投资的重要因素，而且还是导致国家发展差距的深层原因（Angkinand，2011；黄新飞等，2014）。中国与“一带一路”沿线国家在政治制度、经济制度及制度实施方面存在巨大差异，这也显著抑制了中国与“一带一路”沿线国家的双边贸易及经济协同发展（许家云等，2017；黄赜琳等，2018）。为此，在政治制度方面，我国需要进一步完善法律法规，确保政治和社会安定，提高政府效率和社会监管的质量；在经济制度方面则要提高经济运行的自由度，将政府对经济的干预程度控制在合理范围内。同

时，还要加快完善产权保护制度，全方位提高中国的制度质量，为中国与沿线国家顺利开展经贸合作提供制度保障。

2.3 “一带一路”建设与城市群发展的金融支持

现代经济体系的运行，日益依赖金融业的支持，共建“一带一路”必须建立相应的金融支撑机制。“一带一路”建设必须依托城市群的发展而不断推进，城市群内城市之间互联互通需要安全有序的金融支撑体系拓宽其投融资管道、提高其投融资效率，而作为区域经济的核心载体，城市群的经济基础雄厚、投融资环境较好，“一带一路”沿线城市群的健康可持续发展可以为“一带一路”建设提供更加安全有序的金融支撑，提高“一带一路”建设中投融资机构的投融资能力。

2.3.1 城市群的金融发展规模

在中国以银行系统为主导的金融体制下，金融发展规模的扩大意味着风险共担机制的建立和间接融资管道所带来的资本投入的增加，这一资金融通效应在具有更大发展潜力与融资需求的企业和行业中更加突出，能够在很大程度上帮助高风险、高回报、高科技含量的项目解决资金短缺的问题（湛勇、李珊，2016）。金融发展规模的扩大能够为城市群增加资金来源，为“一带一路”建设提供资金保障。金融发展规模（W）可以用金融机构年末存贷款余额占地区生产总值的比重来表示：

$$W = \frac{Fund + Load}{GDP} \tag{2-9}$$

其中，$Fund$ 为金融机构年末存款余额，$Load$ 为金融机构贷款余额，GDP 为地区生产总值。根据（2-9）式计算 2013—2016 年各城市群的金融发展规模，并按 2016 年各城市群的金融发展规模由大到小进行排序，计算结果归纳在表 2-13 中。

表 2-13 2013—2016 年各城市群金融发展规模

城市群	2013 年	2014 年	2015 年	2016 年	年均增速（%）
兰州—西宁	4.604	5.033	5.777	6.077	9.7
太　原	4.408	4.616	5.012	5.155	5.4
京津冀	4.055	4.184	4.659	4.734	5.3
宁夏沿黄	3.290	3.581	4.026	4.143	8.0
辽中南	2.356	2.624	2.947	4.047	19.8
滇　中	3.469	3.538	3.759	3.831	3.4
珠三角	3.231	3.241	3.651	3.819	5.7
长三角	3.392	3.420	3.574	3.799	3.8
黔　中	2.895	3.060	3.315	3.577	7.3
关中—天水	3.096	3.106	3.474	3.528	4.4
天山北坡	2.708	2.735	3.035	3.370	7.6
成　渝	3.033	3.123	3.236	3.295	2.8
北部湾	2.440	2.439	2.579	2.732	3.8
环鄱阳湖	2.244	2.330	2.527	2.656	5.8
海峡西岸	2.478	2.487	2.600	2.616	1.8
中　原	2.123	2.230	2.442	2.577	6.7
山东半岛	2.278	2.300	2.409	2.494	3.1
哈　长	1.850	2.031	2.317	2.469	10.1
武　汉	2.072	2.031	2.269	2.350	4.3
环长株潭	1.807	1.817	1.988	2.077	4.7
呼包鄂榆	1.553	1.769	1.964	2.073	10.1

由表 2-13 可知，2016 年，金融发展规模排名前十的城市群中有 7 个位于“一带一路”沿线。“一带一路”沿线金融发展规模最大的城市群为兰州—西宁城市群（6.077），其次是宁夏沿黄和辽中南城市群，这些城市

群的金融发展规模均在4以上。此外，滇中、长三角、黔中、关中—天水、天山北坡和成渝城市群的金融发展规模也较大，均大于3。相对而言，呼包鄂榆和哈长城市群的金融发展规模较小，均在2.5以下。从金融发展规模的变化来看，2013—2016年，“一带一路”沿线城市群的金融发展规模均有所扩大，且金融发展规模年均增速包揽了全国21个城市群中的前七位。其中，年均增速最大的城市群为辽中南城市群（19.8%）、呼包鄂榆城市群（10.1%）和哈长城市群（10.1%），其次是兰州—西宁、宁夏沿黄、天山北坡和黔中城市群，其金融发展规模年均增速均在7%以上。以上事实说明，近年来，“一带一路”沿线城市群的金融发展规模明显扩大、金融发展速度较快，为“一带一路”建设提供了有力的金融支持。然而，作为21世纪海上丝绸之路的核心城市群，海峡西岸城市群的金融发展规模年均增速仅为1.8%，金融发展规模也较小，必须引起足够重视。此外，鉴于各城市群之间的金融发展规模差距较大，尤其是呼包鄂榆、哈长、海峡西岸和北部湾城市群的金融发展规模仍然较小，需要在“一带一路”建设过程中加强沿线城市群之间的金融合作，加快金融资产在各城市群之间的自由流动。

2.3.2 城市群的金融发展效率

金融发展效率的提高意味着更多的居民储蓄通过利率的杠杆作用转化为贷款，社会融资和交易成本进一步降低。“一带一路”沿线城市群作为“一带一路”建设的主要经济载体，科技创新能力是其核心竞争力，金融发展效率的提高能够推动“一带一路”沿线城市群科技创新效率的提高和专业化分工体系的形成，从而激励科技创新主体提高研发密度，挑战难度更大的创新项目（湛勇、李珊，2016）。金融发展效率（E）可以用金融机构年末贷款余额（$Load$）与金融机构年末存款余额（$Fund$）之比来表示：

$$E = \frac{Load}{Fund} \tag{2-10}$$

运用（2-10）式计算出2013—2016年各城市群的金融发展效率，并按2016年的城市群金融发展效率由大到小进行排序，计算结果归纳在表2-14中。

表 2-14 2013—2016 年各城市群金融发展效率

城市群	2013 年	2014 年	2015 年	2016 年	年均增速（%）
兰州—西宁	0.809	0.875	0.927	1.004	7.4
滇　中	0.813	0.856	0.891	0.917	4.1
呼包鄂榆	0.752	0.933	0.958	0.896	6.0
北部湾	0.827	0.820	0.809	0.861	1.3
哈　长	0.703	0.760	0.802	0.822	5.3
海峡西岸	0.799	0.839	0.815	0.817	0.7
宁夏沿黄	0.635	0.758	0.780	0.817	8.8
山东半岛	0.783	0.803	0.794	0.794	0.4
辽中南	0.767	0.800	0.773	0.770	0.1
黔　中	0.669	0.813	0.779	0.764	4.5
环鄱阳湖	0.679	0.722	0.739	0.748	3.3
太　原	0.633	0.688	0.723	0.747	5.7
中　原	0.689	0.720	0.715	0.737	2.3
武　汉	0.703	0.673	0.731	0.727	1.1
天山北坡	0.634	0.712	0.695	0.718	4.2
成　渝	0.693	0.713	0.705	0.710	0.8
长三角	0.748	0.763	0.749	0.704	-2.0
关中—天水	0.642	0.668	0.678	0.698	2.9
环长株潭	0.734	0.723	0.701	0.692	-1.9
珠三角	0.652	0.686	0.605	0.630	-1.1
京津冀	0.593	0.610	0.550	0.557	-2.1

由表 2-14 可知，2016 年，金融发展效率最高的前十个城市群中，有 9 个属于“一带一路”沿线城市群，不在“一带一路”沿线城市群行列的山东半岛城市群仅排第 9 位。“一带一路”沿线城市群中，金融发展效率最高的是兰州—西宁城市群（1.004），其次是滇中、呼包鄂榆、北部湾和哈长城市群。关中—天水、长三角、成渝和天山北坡城市群的金融发展效率较低，这些城市群的金融发展效率均在 0.75 以下。从金融发展效率的变化来看，2013—2016 年，“一带一路”沿线城市群除了长三角城市群有小

幅下降外，其余十几个城市群的金融发展效率均有所提升，其中，宁夏沿黄城市群的年均增速最大（8.8%），其次是兰州—西宁、呼包鄂榆和哈长城市群，金融发展效率年均增速分别为7.4%、6.0%和5.3%。然而，从全国21个城市群的发展阶段和金融发展效率来看，金融发展效率较低的往往是发展较为成熟的城市群，相反，金融发展效率较高的城市群却是一些经济发展水平较低、发展不是很成熟的城市群。例如，作为中国的四大增长极，京津冀、珠三角、长三角和成渝城市群的金融发展效率均较低，排在全国21个城市群中的最后6位。反而是兰州—西宁、滇中、北部湾、哈长、宁夏沿黄和黔中城市群的金融发展效率较高，排名也很靠前。考虑到长三角、京津冀、珠三角和成渝城市群经济体量较大，因而其金融发展规模的绝对规模（年末存贷款余额）较大，然而其金融发展效率却比较低，这反映出长三角、京津冀、珠三角和成渝城市群的资金没有得到充分利用。因此，必须加大金融体制改革力度，使这些闲置资金运转起来，以缓解“一带一路”沿线城市群的资金短缺问题。

2.3.3 城市群的政府财政状况

政府的基本职能是进行社会管理，政府必须要提供各种公共物品和公共服务，保证整个社会有序、稳定地运转（李翀，2012）。在财政赤字常态化的情况下，政府债务的增加从长期来看将不利于经济社会发展。本章采用人均财政收入和财政赤字率两个指标来衡量中国各城市群的政府财力和地方政府债务风险，进而分析“一带一路”沿线城市群地方政府的资金需求状况。财政赤字率（D）和人均财政收入（PI）的数学表达式为：

$$D = \frac{Pay - Income}{GDP} \times 100\% \tag{2-11}$$

$$PI = \frac{Income}{People} \tag{2-12}$$

其中，*Pay* 表示地方政府一般预算内财政支出，*Icome* 表示地方政府一般预算内财政收入，*People* 表示常住人口数。根据（2-11）式和（2-12）式计算全国21个城市群地方政府的人均财政收入和财政赤字率，结果归纳在表2-15中，在此基础上重点分析“一带一路”沿线城市群地方政府的资金需求状况。

表 2-15 2013—2016 年各城市群财政统计特征

城市群	财政赤字率（%）				人均财政收入（万元）			
	2013 年	2014 年	2015 年	2016 年	2013 年	2014 年	2015 年	2016 年
京津冀	4.1	3.9	5.4	6.3	0.823	0.901	1.016	1.070
太　原	8.0	7.9	11.6	11.1	0.408	0.398	0.364	0.362
呼包鄂榆	3.8	3.6	4.1	4.5	0.984	1.017	1.095	1.076
辽中南	3.5	3.6	5.4	6.5	0.849	0.812	0.545	0.565
哈　长	6.6	7.6	9.8	10.9	0.314	0.332	0.316	0.318
长三角	1.7	1.6	2.4	1.9	0.888	0.971	1.113	1.251
海峡西岸	4.3	4.4	6.2	5.6	0.382	0.420	0.456	0.539
环鄱阳湖	8.8	8.4	9.4	9.6	0.360	0.417	0.469	0.472
山东半岛	2.0	1.6	1.9	2.0	0.639	0.713	0.791	0.836
中　原	4.6	4.4	5.3	5.8	0.375	0.422	0.459	0.480
武　汉	5.9	5.5	6.0	7.0	0.389	0.457	0.533	0.544
环长株潭	6.2	6.1	5.8	7.8	0.315	0.367	0.474	0.417
珠三角	1.2	1.2	3.4	3.5	0.805	0.919	1.075	1.149
北部湾	8.2	8.2	10.6	10.7	0.226	0.249	0.267	0.270
成　渝	9.9	9.8	9.9	9.8	0.356	0.401	0.445	0.458
黔　中	16.2	14.4	14.8	14.9	0.284	0.321	0.353	0.359
滇　中	9.5	9.7	9.6	9.9	0.375	0.395	0.417	0.440
关中—天水	10.1	9.6	10.5	11.0	0.274	0.308	0.337	0.324
兰州—西宁	19.9	19.3	21.2	22.2	0.187	0.227	0.265	0.272
宁夏沿黄	1.0	1.0	1.1	1.2	0.434	0.450	0.460	0.459
天山北坡	8.2	7.9	9.0	10.5	0.567	0.640	0.676	0.710

由表 2-15 可以看出，2013—2016 年间，“一带一路”沿线城市群中，除成渝和黔中城市群外，其余城市群的财政赤字率均有所上升。其中上升幅度最大的为哈长城市群（4.3%），其次是辽中南城市群（3.0%）、北部湾城市群（2.5%）、兰州—西宁城市群（2.3%）和天山北坡城市群（2.3%）。这说明除成渝和黔中城市群外，“一带一路”沿线其余城市群的

财政收支失衡状况均有所恶化。2016 年，“一带一路”沿线城市群财政赤字率最低的为宁夏沿黄城市群和长三角城市群，其财政赤字率分别 1.2%和 1.9%，是“一带一路”沿线仅有的两个财政赤字率低于警戒线 3%的城市群。财政赤字率最高的城市群为兰州—西宁城市群（22.2%），其次是黔中城市群、关中—天水城市群、哈长城市群、北部湾城市群和天山北坡城市群，其财政赤字率均在 10%以上。可以看出，“一带一路”沿线城市群的政府财政收支状况较差，地方政府债务风险是阻碍“一带一路”沿线城市群发展的重要瓶颈之一。

从地方政府财力来看，2016 年，“一带一路”沿线城市群中，人均财政收入最高的为长三角城市群（1.251 万元/人）、呼包鄂榆城市群（1.076 万元/人）和天山北坡城市群（0.710 万元/人），其余城市群的人均财政收入均在 0.6 万元/人以下，尤其是人均财政收入最低的北部湾城市群（0.270 万元/人），仅约为长三角城市群的 1/5。2013—2016 年，除辽中南城市群外，“一带一路”沿线其余 12 个城市群的人均财政收入均有所提升，这与中国近年来的经济发展状况相吻合。其中，人均财政收入增幅最大的城市群为长三角城市群（0.363 万元/人），其次是海峡西岸城市群（0.157 万元/人）、天山北坡城市群（0.143 万元/人）和成渝城市群（0.102 万元/人）。可以看出，“一带一路”沿线 13 个城市群之间的地方政府财力存在较大差距，基本与 2013—2016 年间各城市群的财政赤字状况相吻合：地方政府财力较差的城市群，往往财政赤字率较高，面临的地方政府债务风险较大，抵御金融风险的能力也较弱。

2.3.4 深化金融体制改革，加大金融支持力度

总体来说，2013—2016 年，“一带一路”沿线各城市群的金融发展和地方政府财政状况均有所改善，但各城市群的金融发展状况和地方政府财政状况均存在明显差异。在金融发展规模方面，“一带一路”沿线城市群表现较好，但呼包鄂榆、哈长、海峡西岸和北部湾城市群的金融发展规模偏小；在金融发展效率方面，“一带一路”沿线城市群表现欠佳，尤其是长三角城市群和成渝城市群的金融发展效率明显偏低，需引起高度重视；在地方政府财政状况方面，除宁夏沿黄和长三角城市群外，“一带一路”

沿线其余11个城市群的财政赤字率均在3%的警戒线以上，说明“一带一路”沿线城市群的财政状况堪忧。虽然近年来“一带一路”沿线大部分城市群的人均财政收入有所增长，但各个城市群之间的政府财力差距较大，且有不断扩大的趋势，具体表现为，东部沿海发达地区城市群的政府财力大于中西部和东北地区的城市群。以上客观事实表明，为了提高“一带一路”沿线城市群的金融支持力度，亟须深化金融体制改革，促使各项资金在各城市群之间自由流动，进而降低各城市群的财政赤字率和地方政府债务风险。

现阶段，中国各个地方纷纷筹划专门的产业发展基金用于“一带一路”建设。例如，中国工商银行广东省分行已向广东省委有关部门提出《广东省丝路基金设立方案》；福建海峡银行与福建省投资开发集团等合作成立了“远洋渔业发展基金”；福建平安银行则与泉州市政府合作成立了市场化运营的“泉州市城市发展基金”；福建建设银行发起设立了“海丝产业基金”。此外，还有许多其他各省市设立了各类型的与“一带一路”建设相关的发展基金。但是，可以看出，这些基金大部分具有区域属性，难以对“一带一路”沿线欠发达地区的城市群提供有效的金融支持。如何进一步深化金融体制改革，进而形成统筹全局的金融支持体系，促进资金流向资金相对匮乏的“一带一路”沿线欠发达地区，成为“一带一路”沿线城市群之间能否实现互联互通、共同发展的关键所在。

2.3.4.1 加快金融创新和改革，提高金融服务实体经济发展的能力

实体经济是经济增长的重要支撑，促进实体经济快速增长是提高经济发展水平与质量的重要途径。实体经济是虚拟经济发展的物质基础，虚拟经济是市场经济高度发达的产物，只有实体经济不断扩张产生了巨大的货币需求，才能促进虚拟经济健康发展。目前，“一带一路”沿线城市群亟须加快金融创新和改革，提高金融服务实体经济发展的能力。各级党委、政府要积极引导“一带一路”沿线城市群加大金融体制改革与开放力度、建设共享平台促进资金融通，助力“一带一路”沿线企业“走出去”，服务“一带一路”沿线国家建设。国家要加快设立跨城市群的金融机构和合作基金，促进多层次资本市场健康发展，不断提高金融机构的管理水平与

创新能力。加强金融业的党建工作，充分发挥政治核心和组织引领作用，为扎实推进“一带一路”建设中的金融改革提供政治保障。

2.3.4.2 出台相关金融政策，加大对欠发达地区的金融支持力度

“一带一路”沿线城市群大部分处于中国中西部欠发达地区，资金短缺问题比较严重。应积极改善长期以来形成的二元金融结构中的“薄弱单元”，特别是要提高边远地区、中小微企业的金融服务水平，积极为脱贫攻坚、夯实边远地区基础建设提供种类繁多、具有可操作性的“脱贫易贷”金融服务；积极落实国家开发银行、中国进出口银行和中国农业发展银行的金融改革方案，争取更多的政策性、市场性金融资源支持“一带一路”沿线欠发达城市群落实重点建设项目、补强薄弱环节；深入推进商业性金融机构改革，促进中小金融机构和新兴金融业态在“一带一路”沿线各城市群健康发展。

2.3.4.3 引导金融机构研发和运用新技术，提升金融机构的服务能力

上述分析结果表明，“一带一路”沿线各城市群的金融发展状况存在较大差距。因此，要进一步增强与“一带一路”相关的货币政策的前瞻性、科学性。与此同时，实施货币政策时要讲究灵活性、差别性以及与其他政策的配套性、可操作性。在保持货币供应稳定的基础上，既要适度加大对“一带一路”沿线欠发达城市群发展的支持力度，更要为“一带一路”沿线城市群的就业创业提供有效的金融支持。要加大国家证监部门推动“一带一路”沿线城市群资本市场发展的力度，通过资本市场的强力支持，推进各投资银行与“一带一路”沿线企业开展“一对一”“一对多”的结对子工作，积极帮助“一带一路”沿线企业上市，并服务好现有上市公司。多渠道引导金融机构、资本市场服务“一带一路”沿线城市群建设，合力把城市群的巨大潜力转变为发展能力与实力。

2.3.4.4 加强金融人才队伍建设，缓解金融人才短缺问题

人才是一个国家或地区的核心竞争力。除长三角、珠三角城市群外，“一带一路”沿线大部分城市群人才培养乏力、人才流失问题较为严重。促进“一带一路”沿线欠发达城市群的金融发展关键在人才，而欠发达地

区最缺乏的就是精通国内外金融工作的各层次人才。加快培养中高级金融管理人才是全面深化金融改革的一项重要任务。现阶段，“一带一路”沿线中西部城市群迫切需要通过深化金融人才发展体制机制改革，逐步完善党管金融干部的具体政策措施，明确爱护金融人才、聚集金融人才的发展环境和服务目标，形成灵活多样的金融人才培养方案与使用模式，为有志于从事“一带一路”金融事业的人才提供更多、更好的发展机遇和更大的发展空间。

2.4 “一带一路”建设与城市群发展和中国自由贸易试验区的战略对接

2015年12月，《国务院关于加快实施自贸区战略的若干意见》中提出“要以周边为基础加快实施自贸区战略，进一步优化自贸区建设布局，加快建设高水平自贸区”。2016年3月，《中华人民共和国国民经济和社会发展第十三个五年规划纲要》再次把积极同“一带一路”沿线国家和地区商建自贸区，将强化区域和双边自由体制建设纳入到国家发展规划中。总之，“一带一路”建设与自由贸易试验区作为构建全方位对外开放格局的重要内容，如何实现两者的互动融合意义重大。

2.4.1 “一带一路”与中国自由贸易试验区战略对接的基础、现状与挑战

2.4.1.1 “一带一路”与自由贸易试验区战略对接的基础

中国自由贸易试验区与“一带一路”倡议同为改革开放战略的重要组成，均以市场开放、贸易便利、投资自由为目标，具有相近的背景和功能价值（李猛，2017）。因此，“一带一路”与中国自由贸易试验区对接具有现实基础。地缘与制度是两大战略构成的核心要素，对接主要在经贸合作、制度借鉴、人文交流、交通基础设施几个方面。

（1）经贸合作

中国自由贸易试验区相对区外地区具有明显的制度优势，成为国内贸易最便利、投资自由度最高、市场准入最宽松、监管模式最先进的特色经济区域，为中国与“一带一路”沿线各国进行经贸合作提供了具有国际竞争力的平台，“一带一路”倡议也为中国自贸区内企业提供了广阔的市场空间，带来了潜在的贸易对象与合作机遇。自贸区与“一带一路”的对接能够共同推动国际区域经济一体化，尤其是亚太地区的经济发展。

（2）制度引鉴

近年来，美国及西方国家致力于拟定更高标准的国际经贸规则，其实质是展开新一轮的贸易保护主义，将中国在内的发展中国家拒之门外。而且，“一带一路”沿线各国经济、政治、文化差异明显，中国要实现和沿线国家的贸易畅通、设施联通、金融融通面临着巨大的阻力。“政策相通”就成为“一带一路”倡议顺利推进的必要前提。自贸区已初见成效的制度创新为中国与“一带一路”沿线各国谈判提供了借鉴和规范经验。因此，“一带一路”建设要发挥自贸区制度创新“试验田”的作用，将先进、可复制、可推广的中国自贸区制度创新引入“一带一路”建设。

（3）交通基础设施建设

中国自由贸易试验区的一个重要使命就是服务于“一带一路”建设。上海、广东、天津、福建、辽宁、浙江、河南、湖北、重庆、四川、陕西自贸试验区不论在区位选择上，还是在功能定位上都有着鲜明的“一带一路”特色，两大战略相互叠加和嵌套，这些自贸区地缘优势的发挥能够将交通与贸易结合，有利于推动“一带一路”地理格局的完善。

2.4.1.2 “一带一路”倡议背景下自贸区的推进情况

（1）自贸区覆盖区域逐渐增多，合作领域不断拓宽

截至 2018 年 3 月，中国已与马尔代夫、澳大利亚、瑞士、哥斯达黎加、新加坡、智利、东盟、格鲁吉亚、韩国、冰岛、秘鲁、新西兰、巴基斯坦 22 国签署并实施了自贸协定，其中，超过半数为“一带一路”沿线国家。目前，中国正积极开展与摩尔多瓦、以色列等国的谈判。与此同时，合作领域不断拓宽，逐步构筑高标准的自贸区网络，中国—东盟自贸协定（“10+1”）升级版于 2016 年 11 月签署《升级协定书》；与巴基斯

坦、新加坡与新西兰正在升级谈判，进一步扩大合作开放领域；《区域全面经济合作伙伴关系》（RCEP）继续就货物、服务、投资和部分规则领域展开深入磋商，谈判取得积极进展，各方表示积极推动 RCEP 年内完成。

“一带一路”倡议背景下自贸区建设的积极推进，不仅加深了中国与沿线国家的合作程度，拓宽了货物、服务、投资、原产地规则、海关程序等领域的合作，而且极大地促进了中国与沿线国家的贸易与经济增长。例如，2017 年，中国与巴基斯坦的贸易额达到 155.97 亿美元，是 2006 年的将近 3 倍。

（2）自贸区通过“引进来”与“走出去”为“一带一路”建设提供支撑

中国自由贸易试验区是以贸易自由化为原则，国境内关外设立以优惠税收政策和特殊海关监管为手段的特殊经济区域。其目的是打造升级版的符合国际惯例的园区，实现中国对外贸易的进一步升级，同时它还担负着实现“一带一路”倡议的重任。自由贸易试验区通过破除贸易壁垒、降低贸易门槛、提升贸易便利进而加快实现区域经济一体化。自由贸易试验区设立以来，政府效率的提高、管理体制的简化、贸易便利化及金融开放创新吸引了大批外资企业的进驻。以上海自由贸易区为例，截至 2016 年 4 月，上海自贸试验区累计新设企业 3.5 万家，其中新设外资企业超过 5500 家，新设外资企业的平均注册资本约为内资企业的 2 倍。2017 年，福建自贸试验区新增外资企业 840 户，合同外资达到 66.39 亿美元，分别占到了全省同期的 41.16%和 44.62%。中国推进“一带一路”倡议的一个重要目的是“走出去”，而自由贸易试验区正逐步推动中国境外投资与贸易，成为中国企业“走出去”的桥头堡，由此可见，中国自由贸易区能够为“一带一路”建设提供有力的支撑。

（3）自贸区在营商环境和经贸规则方面为“一带一路”扫除障碍

中国自由贸易试验区在优化国际营商环境及引领国际贸易规则方面成效显著，能够加速推进“一带一路”，有利于自由贸易试验区与“一带一路”倡议的互动融合。具体来说，自由贸易试验区设立以来，大力度进行了以简政放权为核心的商事制度改革，营造了更加公平和有序的市场竞争环境，简化的工商制度降低了企业的运营成本，极大地推动了投资贸易便利化，激发了企业的积极性。同时，自由贸易试验区使中国更好地参与区域经济一体化，提升在全球经贸规则指定中的主动权与话语权，制定新的“游戏规则”，实现自由贸易试验区与“一带一路”的全面对接。

2.4.1.3 “一带一路”倡议背景下自由贸易试验区战略推进面临的挑战

“一带一路”倡议背景下推动自贸区建设仍然存在诸多障碍。在国内方面，国家还未正式出台“一带一路”建设发展规划，但沿线地区为了抢抓战略机遇，已经出现了“自贸区热潮”，部分地区甚至出现同质化竞争的局面，造成地方产业重构和资源浪费。在国际方面，“一带一路”沿线国家和地区经济和社会发展参差不齐、时空范围广、区域跨度大的特点，合作主体的复杂性影响中国与其进行合作的深度与广度。一是沿线国家多为发展中国家，经济发展相对落后，法律法规有待健全，对外开放程度不高，对与中国签订自由贸易协定持谨慎态度，因此中国在“一带一路”沿线国家和地区推动自由贸易区建设存在不确定性。二是“一带一路”沿线国家地缘政治敏感，同时也是重要的商品输出地及能源供应地，长期以来是大国博弈的重点区域。不仅“一带一路”沿线周边国家存在利益分歧，中国倡议的自由贸易区同世界重要经济体之间、同区域内其他贸易组织间也存在错综复杂的利益分歧和竞争（张国军等，2016）。面对不同的利益诉求，中国在自贸区战略推进方面面临严峻的国际竞争，要拿出一个令各方都满意的合作方案较为困难。

2.4.2 中国自由贸易试验区战略与城市群发展对接的机制、基础与挑战

自由贸易试验区的核心是制度创新，以扩大开放——深化改革——促进发展为主线，与改革开放初期依靠政策优惠进行招商引资的开发区有着本质的区别（赵晓雷，2017）。自贸区不仅进行着构建开放型经济新体制的经济试验，还肩负着全面深化改革和探索管理模式创新的制度试验（王晓玲，2017）。自贸区是为了形成可复制、可推广的制度创新，发挥引领作用，因此，自贸区的对外开放与深化改革会扩散到城市及其所在区域，为城市及其所在区域发展注入动力和活力。根据城市经济理论，自贸区对

城市群发展的推动作用主要有以下五个方面：

2.4.2.1 “一带一路”、自贸区与城市群互动互促，助力区域协同发展

中国自由贸易试验区均位于中国最具活力的城市群内。上海、广东、天津自贸区所在的长三角、珠三角及京津冀城市群是中国经济要素高度集聚、最具影响力的三大城市群。其他自贸区所在城市群也在“一带一路”中具有重要的战略地位。具体来说，上海自贸区经济转型将促进长三角城市群及长江经济带的发展；天津自贸区的开放型经济新格局有利于提高京津冀协同发展水平；福建自贸区和广东自贸区分别对于推进海峡两岸经济合作和粤港澳深度合作有重要意义，同时也是21世纪海上丝绸之路的重要节点；辽宁自贸区有利于融入中蒙俄经济走廊，进一步扩大东北区域合作；河南自贸区将成为“一带一路”倡议的现代综合交通枢纽；湖北自贸区则成为“一带一路”建设国际产能合作的重要节点；重庆自贸区是“一带一路”倡议和长江经济带互联互通的重要枢纽；四川自贸区是推进与泛欧泛亚城市互联互通的重要枢纽；陕西自贸区将建设成为“一带一路”经济合作及人文交流的重要支点。总的来说，“一带一路”倡议、中国自贸区战略与城市群在地理空间上的重合，会产生政策叠加及空间嵌套效应，相互带动和促进，促进区域协调发展。

2.4.2.2 自贸区改革试点经验的复制效应

自由贸易试验区是为了形成可复制、可推广的制度改革经验，对城市群的发展会带来复制效应。主要体现在以下几个方面：一是自贸区以市场在资源配置中起决定作用和发挥政府作用为主线，以简政放权、放管结合、优化服务为逻辑，构建权责明确、高效透明、公平公正的准入与监管体系，有利于城市划清政府和市场的界限；二是自贸区遵循投资、贸易便利化及金融开放创新的要求，主动对接国际贸易投资高标准、培育功能与政策创新，先行先试的国际投资、贸易、金融、航运等方面的开放措施及监管创新，加快中心城市形成一套适应国际与国内要素有序、自由流动的管理制度和监管模式；三是自贸区正逐步完善的法律保障和优化法律环境，推进国际化、市场化、法制化的营商环境建设，能够吸引经济要素向

所在城市的集聚。总之，自贸区在扩大开放和深化改革进程中探索与积累的新经验对中国城市的制度创新起到了标杆与示范作用，成果惠及全国，对城市发展产生复制效应。广东、天津、福建自贸试验区以上海自贸区试点经验，结合自身特点分别在促进中国内地与港澳经济深度合作、京津冀协同发展、深化两岸经济合作等方面形成各具特色、各有侧重的试点格局，对城市群协同发展和经济转型发展发挥了显著的示范引领作用。

2.4.2.3 自贸区对城市发展的溢出效应

中国自由贸易试验区是在综合考虑各地区的资源禀赋、产业发展基础、经济开放度、功能定位之后而划定，不同于开放初期依靠政策优惠进行招商引资的开发区，不再是简单的“政策洼地”，而是具有比较优势的“改革高地”。自贸区会吸引企业入驻，促进全球生产要素向自贸区集中，形成集聚经济和规模经济，并在贸易和金融服务集聚过程中给本土企业带来技术和知识溢出效应，促进城市和区域经济增长。自贸区内集聚的产业类别越多，溢出效应越明显。此外，自贸区内的制造业和商贸业的发展，还会带动对运输物流业及金融服务业的市场需求，对城市发展产生溢出效应。

2.4.2.4 自贸区对城市发展的拉动效应

自贸区对城市发展的拉动作用主要表现在三个方面：一是扩大开放促进了贸易活动。自贸区通过从“多边开放”和“双边开放”转向“单边开放”，从“正面清单”管理转向“负面清单”管理，从制造业产品国际分工转向全球价值链高端，扩大开放的相关制度安排加速了资源的自由流动，贸易和投资的领域不断扩大，自贸区贸易品种增多，贸易总额增加。二是自贸区制度创新激发了市场活力。转变政府职能是自贸区的首要任务，自贸区围绕简政放权、放管结合、优化服务所进行的行政审批、商事登记、政府管理方式转变，以及优化基本公共服务等措施，释放自贸区的制度创新红利，强化了市场配置资源的功能，极大地激发了市场主体的活力。三是制度性交易成本的降低对市场主体的吸引力增强。自贸区不断减少对市场的干预，精简贸易流程，如企业登记制度改革、“证照分离”改革、企业准入“单一窗口”、快速过关，显著降低了企业准入门槛和交易成本，吸引了市场主体向自贸区流动，园区内入驻企业和注册资本不断攀升。

2.4.2.5 对城市功能的强化和完善

自由贸易试验区有利于城市核心功能和辅助功能的完善。依据城市经济理论，城市核心功能由城市主导产业决定和体现，城市辅助功能则由城市配套产业决定和体现。由于自贸区对城市发展的拉动效应和溢出效应，以及制度红利在城市中的复制和推广，自贸区所在城市的综合竞争力不断提升。以上海自贸区为例，上海自贸区在金融开放领域不断创新，吸引了金融企业的集聚。同时，上海自贸区的国际中转集拼成本更低，物流绩效更高，助力上海国际航运中心的功能得到进一步加强。显然，上海自贸区的建设对于上海核心功能——国际经济中心、国际金融中心、国际贸易中心和国际航运中心具有显著的促进作用。城市主导产业和配套产业之间的互促互进关系，会催生物流、仓储和咨询等生产性配套产业的发展，完善城市辅助功能。

2.4.3 “一带一路”建设与城市群发展和中国自由贸易试验区战略对接的重点

2.4.3.1 制度设计与国际接轨，吸引高端资源要素

要实现中国自由贸易试验区与“一带一路”倡议的对接，一方面要加快中国制度设计与国际接轨，建立符合国际标准的新型金融制度，比如税收制度、离岸税制、外汇管理制度、会计制度，服务深度开放；另一方面要缩小与国际新型贸易协定的差距，引领自贸区未来的发展。通过这两方面的努力，吸纳更多高端资源集聚，如全球科技资源、人才和资本等，推动一些新兴行业的发展。同时，推动中国企业“走出去”获得高级要素，了解前沿的专业知识及经营管理经验、目的国的文化和法律，为本土企业价值链升级提供各种要素支撑，也有助于推动国内企业的创新活动。

2.4.3.2 以自由贸易港为契机，促进“港产联动、港城一体化”

自由贸易港作为全球开放水平最高的特殊经济功能区，对促进开放型经济发展具有重要意义。自由贸易港作为自由贸易区的升级版，并非仅局

限于贸易便利的自由化，而是围绕投资、金融、要素流动开展的一系列制度创新，赋予了自由贸易试验区更大的改革自主权。以自由贸易港为契机，促进“港产联动、港城一体化”，发挥自由贸易港作为要素叠加区域对城市经济发展的带动作用，实现其对资源的内外双向匹配。不仅能进一步提高沿海地区的对外开放水平，而且还能带动四川、湖北、河南等内陆省份的积极性。

2.4.3.3 既要锁定战略支点国家进行重点开拓，又要统筹协调

从前文分析可知，“一带一路”沿线国家发展差距明显，制度差异巨大。因此，要实现“一带一路”倡议与中国自由贸易试验区的融合发展必须要综合考虑沿线国家的实际情况，锁定战略支点，进行重点开拓。中国可以选择合作程度较深、战略地位突出、辐射能力和参与意愿强烈的国家作为支点，例如，分别以以色列、印度、俄罗斯、新加坡作为西亚、南亚、独联体和东盟地区的战略支点。其中，《区域全面经济伙伴关系协定》（RECP）作为规模最大、成员国最多、影响最广的谈判，中国要积极推进。此外，“一带一路”倡议和中国自贸区战略涉及多方利益分歧，统筹协调好各方利益关系是顺利推进的前提条件。一方面，实现内部自贸区和外部自贸区的协同联动发展；另一方面，要加强国内自贸区与“一带一路”沿线国家在海关检验检疫、认证认可、标准计量、金融监管多方面的合作。

2.4.3.4 因地制宜，采取不同的谈判策略

在推进“一带一路”沿线自贸区谈判过程中，要根据各国经济发展情况及中国贸易发展的需要，因地制宜。优先与经济发展基础较好、谈判条件相对完备的国家展开自贸区建设谈判。对于那些条件还不完备的国家，先开展基础设施建设、自由贸易、人文交流等方面的合作，加强双方的往来互动。此外，和沿线国家的谈判，还需考虑中国经济发展与对外贸易的需要。西亚以及俄罗斯作为中国最主要的能源进口地，谈判可在货物贸易、服务贸易和投资等方面适当让利，以缓解中国的能源问题。对于和中国贸易结构相似的国家和地区，主要推动在服务和投资领域的谈判，而对于中亚、北非等与中国贸易互补性较强的国家，谈判重点则在推进双边自由贸易。

参考文献

［1］Angkinand，A.P.，“Will Institutional Reform Enhance Bilateral Trade Flows? Analyses from Different Reform Aspects”，*Journal of Economic Policy Reform*，2011，14（3），pp.243-258.

［2］Viner，J.，*The Customs Union Issue*，New York：Carnegie Endowment for International Peace，1950.

［3］邓聚龙：《灰色系统理论的关联空间》，《模糊数学》1985 年第 2 期。

［4］公丕萍、宋周莺、刘卫东：《中国与“一带一路”沿线国家贸易的商品格局》，《地理科学进展》2015 年第 5 期。

［5］何春、谭啸、汤凯：《“一带一路”节点城市新型城镇化水平测度及其优化》，《经济问题探索》2017 年第 6 期。

［6］黄新飞、舒元、徐裕敏：《制度距离与跨国收入差距》，《经济研究》2013 年第 9 期。

［7］黄赜琳、姚婷婷：《中国与“一带一路”沿线国家经济周期协同性：特征事实及传导机制》，工作论文，2018 年。

［8］李翀：《财政赤字观和中国政府债务的分析》，《学术研究》2012 年第 1 期。

［9］李猛：《中国自贸区服务与“一带一路”的内在关系及战略对接》，《经济学家》2017 年第 5 期。

［10］苗长虹、王海江：《河南省城市的经济联系方向与强度——兼论中原城市群的形成与对外联系》，《地理研究》2006 年第 2 期。

［11］邱斌、周勤、刘修岩、陈健：《“‘一带一路’背景下的国际产能合作：理论创新与政策研究”学术研讨会综述》，《经济研究》2016 年第 5 期。

［12］王晓玲：《自由贸易试验区视角下城市、区域发展动力机制研究》，《东北财经大学学报》2015 年第 6 期。

［13］吴福象、段巍：《国际产能合作与重塑中国经济地理》，《中国社

会科学》2017 年第 2 期。

[14] 许家云、周绍杰、胡鞍钢:《制度距离、相邻效应与双边贸易——基于“一带一路”国家空间面板模型的实证分析》,《财经研究》2017 年第 1 期。

[15] 袁丰、陈江龙、吴威等:《江苏省沿江开发区空间分工、制造业集聚与转移》,《长江流域资源与环境》2009 年第 5 期。

[16] 湛勇、李珊:《金融发展、科技创新与智慧城市建设——基于信息化发展视角的分析》,《财经研究》2016 年第 2 期。

[17] 张国军、庄芮、刘金兰:《“一带一路”背景下中国推进自贸区战略的机遇与策略?》,《国际经济合作》2016 年第 10 期。

[18] 张杰、郑文平、翟福昕:《中国出口产品质量得到提升了么?》,《经济研究》2014 年第 10 期。

[19] 张祥、杜德斌:《省际工业分工合作及其空间联系研究》,《经济地理》2013 年第 5 期。

[20] 张幼文:《世界经济一体化的历程》,上海社会科学院出版社 2001 年版。

[21] 赵晓雷:《自贸区实践指南——图解工作手册》,东北财经大学出版社 2017 年版。

[22] 踪家峰、曹敏:《地区专业化与产业地理集中的实证分析》,《厦门大学学报(哲学社会科学版)》2006 年第 5 期。

第二部分　专题研究

3

中国城市群可持续发展竞争力分析

国家战略或政策的制定与实施对该国经济的后续发展至关重要，纵观世界发达国家或地区无不是在正确的战略或政策指导下实现了经济腾飞以及国力的富强。进入21世纪以来，经济全球化以及区域一体化的浪潮加快了世界各国和地区在国际市场上分工与合作的趋势，由此也为我国经济的快速发展创造了机遇。但国际金融危机的爆发以及随后而来的信息技术革命促使原有的世界格局发生了新的变化：一方面发达经济体结构调整压力不断加大，另一方面新兴经济体的地位和作用在不断提升。与此同时，我国作为世界上最大的发展中国家，在国际市场萎靡的背景下也面临着经济增长速度下台阶的困境。为促进全球经济复苏，也为了寻找经济增长新动力，我国适时提出了惠及亚欧大陆的“新丝绸之路经济带”和“21世纪海上丝绸之路”（以下简称“一带一路”）倡议。

“一带一路”倡议是我国在后金融危机时代，积极将自身的产能优势、技术与资金优势、经验与模式优势转化为市场与合作优势，由此实现与周边国家更加深入的合作与发展，以此共同探索经济发展的新动力以及新模式。“一带一路”倡议的实施必然要以地区经济为载体，当前随着经济全球化和区域一体化的深入发展，由地域上相近但规模与功能不尽相同的城市聚合而成的城市群逐渐成为我国经济集聚发展的重要载体。不同城市群因地理区位、城市的发展程度以及所面临的外在环境不同，因而也面临着诸多困难与挑战，为了更好地支撑“一带一路”建设，有必要对我国现有城市群可持续发展的竞争力格局与发展模式进行具体的分析，从而更好地指导城市群的可持续发展。

3.1 城市群可持续发展竞争力

3.1.1 城市群可持续发展竞争力的内涵

竞争是世界各国在国际交往中必不可少的一环，而竞争的本质在于各国能否实现资源的最优配置，并由此创造更高的生产效率，赢得在国际市场的发展空间。经济全球化和区域一体化的推动促使产业分工以及城市专业化和多样化的生产成为现实，但信息技术革命的发展以及便利的交通运输条件，又加快了资本、技术和人才等生产要素的流动速度。城市群作为不同城市规模的聚合，能够在更大的空间范围内进行资源配置，因而在聚合要素优势，提高整体生产效率方面的作用显得更为突出，由此不仅解决了行政体系条块分割导致的产业趋同与市场壁垒，而且也为"一带一路"配置国内外资源提供了强有力的支撑。然而城市群在推动城市规模扩张的同时，也面临着城市内部交通拥堵、资源消耗以及环境污染等问题。城市群作为当今世界各国寻求经济增长的主体形态，促进经济可持续增长的同时也应该保障社会与生态的平衡发展，只有在经济、社会与生态平衡发展的基础上，城市群经济才能实现可持续发展，才能真正发挥集聚经济的效应。

城市群的可持续发展依赖于区域内各个城市的可持续发展能力，但与城市可持续发展相比，将城市群作为可持续发展的载体又具有特定的优势。空间集聚已从"产业集聚"演化为"城市集聚"，即城市群经济。"城市群经济"是经济活动空间组织及运行的一种形式，是基于社会分工深化、市场深度扩张、要素高度空间集聚而演化出来的一种区域经济形态，是集聚经济在区域尺度上的体现。"城市群经济"作为中国区域总体发展战略的载体，引领着经济发展方式转变，对经济发展具有重要的意义。第一，以中心城市为核心、以产业分工形成的专业化城市与多样性城市为基础，能够有效发挥各个城市的比较优势，提高资源利用效率；第二“城市群经济“能够推动生产的专业化，同时促进劳动力、资本和信息的充分流动，这有利于技术的创新、知识的溢出以及信息的共享，从而提高生产的集约化程度和经济环境效率；第三，城市集聚为建设资源节约型和环境友好型社会提供了优势，为生态保护的联动和社会公共服务的共享提供了条件。通过城市群内各个城市之间建立相对完整的产业体系、相应的合作机制，来共同推动地区的可持续发展。与单个城市相比，城市群的发展具有一定的特殊性和复杂性，主要表现在群内各城市之间的要素流动更加频繁和复杂、相互影响作用更加明显、环境污染往往形成叠加效应。城市群涉及多个单体城市，对未来城市的发展至关重要，其可持续发展越来越受到重视。

由此可知，城市群可持续发展是一项复杂的系统任务，通过对比一般竞争力和可持续发展竞争力分析城市可持续发展和城市群可持续发展的联系与区别，本书认为城市群可持续竞争力应该具有这样的内涵：在全球化和信息化背景下，通过城市群各个城市之间的协同发展来实现经济、社会和生态三个子系统的统筹，妥善平衡和处理好“城与城”“城与自然”“人与城”“人与自然”“人与人”之间的关系，从而维护和拓展由一定资源环境条件构成的城市群地理空间，同时提高地理空间转化为经济空间和人文空间的能力，最终实现城市群空间价值的最大化。

3.1.2 城市群可持续发展竞争力指标体系设计

指标体系的构建与选择是一个系统动态的过程，需要随着时间的推移以及研究的深入对相关指标进行调整，从而实现对所研究的经济现象和问题进行系统合理的表述。本书在现有研究的基础上，结合当前发生的新情况、新问题，对城市群可持续发展竞争力的指标体系进行了相应的调整与更新，并从经济、社会和生态三个角度构建了整个指标体系框架，分别对应经济可持续发展、社会稳定发展以及人与自然和谐发展，因此在综合前人研究和结合研究领域发生新情况的基础上有了进一步的完善。

3.1.2.1 城市群经济可持续发展竞争力

经济可持续发展是社会和生态可持续发展的基础，也是城市群提升竞争力的前提和关键。正是由于城市内部经济发展到了一定程度，产生了和其他城市联动发展的需求，才推动了城市群的形成。由此可知，经济发展是城市群得以存在和发展的关键，没有经济起支柱性的作用，城市群其他方面的发展都无从谈起。在城市群经济可持续发展方面，我们重点关注以下几个方面：

（1）经济规模。城市的经济规模发展到了一定程度，才产生了和外面周边城市进行联动的需求，才产生了对城市群可持续发展研究的必要。我们主要采用 GDP 总量、规模以上工业总产值、工业用电量和社会消费品零售总额来度量经济规模。为简化起见，本书在后面章节的计算与表述过程中皆用“工业总产值”代指“规模以上工业总产值”。

（2）产出效率。经济学的本质在于在有限的选择中优化求解，即对稀缺资源进行合理的优化配置以实现效用最大化。而如何实现效用最大化的问题，不能全部靠无限制的要素投入，技术的进步和要素配置效率的提升也起到了关键性的作用，提高单位产出效率是核心。我们采用的是人均 GDP 和地均 GDP 来度量产出效率。

（3）收入水平。衡量城市群中城市人口的幸福程度的重要指标就是收入水平，城市群可持续发展的宗旨之一就是让城市群的居民的可支配收入能够增加，能够得到更多的商品与服务，能够享受发展带来的红利，这也折射出城市群生产力水平的高低。这里用在岗职工平均工资、城镇居民人均可支配收入和农村居民人均纯收入来衡量收入水平。

（4）增长潜力。在索罗古典增长模型中，技术、劳动力、资本和土地是决定一个地区和国家在一定时期里所能生产的产品和服务的市场价值总和的关键因素。城市群的可持续发展不仅要看当前的发展水平，更要关注未来的发展潜力。因此我们采用 GDP 增长率、就业人数、全社会固定资产投资总额、每万人在校大学生数、政府科技支出作为这些因素的代理变量。为简化起见，本书在后面章节的计算与表述过程中皆用“固定资产投资总额”代指“全社会固定资产投资总额”。

（5）产业结构。产业是城市群可持续发展的承载介质，由于不同产业的资源消耗和产出效率对城市环境的压力是不一样的，因此能否优化产业结构直接影响着城市群的未来。这里采用非农产业比重和第三产业与第二产业产值比来衡量产业结构。

（6）金融财政。金融和财政对城市群的发展至关重要。我们采用地方财政一般预算收入和金融机构人民币贷款额来反映城市群的金融和财政状况。

（7）对外开放。城市群对外开放主要包括内向和外向两个方面，即一方面城市群外面的经济体对城市群进行投资，包括直接和间接的投资方式；另一方面城市群和外面的经济体进行合作。这两方面都有利于各种要素的高效流通，提升城市群自身可持续发展水平。这里我们采用货物进出口总额和外商直接投资实际使用额来表示对外开放水平。

（8）基础设施。基础设施的建设是城市群能够持续正常运营的根本保障，城市群不仅需要人力、资本、商品等必备要素实现顺畅流通，而且还需要不断完善和提升基础设施水平来满足城市群日益增长的各方面需求。目前大流通概念中的物流、资金流、信息流、人才流以及商品流对城市群的基础设施要求越来越高，基础设施的作用日益凸显。我们采用公路网密度、人均城市道路面积、每万人拥有公共汽车数、邮电业务总量、移动电话用户数、互联网宽带接入用户数来衡量基础设施水平。

3.1.2.2　城市群社会可持续发展竞争力

城市群可持续发展更加注重人的发展，根据马斯洛的需求层次理论，人的需求从低到高分别为生理需求、安全需求、社交需求、尊重需求和自我实现需求。

经济发展以及由此带来的财富增加是满足社会人基本需求的必要条件，而社会可持续发展则是为需求实现提供了相应的保障，尤其是高层次需求的实现，更加需要一个和谐稳定的社会环境。城市群的可持续发展是践行以人为本的社会主义核心价值观的一种途径，霍桑实验曾经得出过学界普遍接受的一个重要结论：人是社会人，而非完完全全的经济人。良好的社会环境为城市群可持续发展提供了必不可少的保障。具体来说，城市群社会可持续发展应包含以下几个方面：

（1）社会稳定。改革开放以来，我国经济飞速发展，一跃成为全球第二大经济体，而这个过程中，以往的收入分配机制随着经济的高速发展显得越来越不适应，城乡差别以及二次收入分配不合理这些社会问题日益凸显，严重影响到城市群社会可持续发展。虽然我国在城乡社会保障方面做出了很多重要改革，但是农村劳动力到城市就业和享受的公共服务仍然有差别。由于数据的缺失，无法衡量城市内部的二元结构。这里只采用城乡居民收入差距和城镇登记失业率来反映社会稳定度。

（2）人口结构。合理的人口结构能为整个城市群的可持续发展提供源源不断的劳动力，并由此为城市群的经济发展带来极强的活力。人口结构中一定比例的农村人口和城市人口流动也是至关重要的，它有利于生产效率的提升。我们在此考虑人口城镇化率和人口老龄化率两个方面。

（3）社会保障。社会保障能让低收入者和贫困人口有最基本的社会生活条件，是城市群安定发展和经济平稳运行的基石，也是能够反映社会公平的重要窗口，对整个城市群社会可持续发展的意义不言而喻。这里我们采用城镇职工基本养老保险、城镇基本医疗保险和失业保险参保比例来度量社会保障水平。

（4）居民住房。住房是居民最基本的生活需求，随着经济的发展，房价不断攀高、城市人口的上升对居民住房需求的满足产生了不小的压力。提升住房条件是维护社会稳定的重要方法，对城市群可持续发展具有重要意义。这里我们采用农村人均住房面积和城镇人均住房建筑面积来表示居民住房水平。

（5）教育文化。教育文化对城市群中居民整体素质的提升，以及熟练工人的培养、高端人才的培育、人力资本的提升，对社会可持续发展的软环境的建设不可替代。这里我们采用普通中学师生比、中学生每百人拥有教师数、生均财政教育支出、每百人拥有公共图书馆藏书量和影剧院、剧场个数来衡量教育文化水平。

（6）医疗卫生。医疗卫生体系的健全与否对城市群中的伤病患者、重大疾病的防御以及居民平均寿命的延长等方面至关重要。这里我们采用每万人拥有医生数和每万人拥有卫生机构床位数来进行度量。

3.1.2.3　城市群生态可持续发展竞争力

资源环境构成了支撑城市群可持续发展的地理空间，但由于粗放型的经济发展模式以及环保理念的薄弱，导致我国城市群的生态环境问题日益凸显，雾霾天气、PM 2.5 超标更是引起了极大关注，这严重威胁到了城市群未来的经济社会发展，实现并保证生态环境的可持续发展是城市群目前面临的最重要的任务。改革开放以来，由于一段时期的粗放式发展经济路径和唯 GDP 论的错误思想在一些地区盛行，生态环境保护在一定程度上遭到忽视，不论是东部沿海地区，还是内陆省份都出现了一些人为的生态环境破坏。经济转型过程中，在城市群可持续发展的要求下，生态环境建设将是必须要研究的一项课题。根据城市发展以及生态可持续发展的特征，我们主要从以下两个方面进行研究：城市群自然条件禀赋和人类行为活动对环境的影响。具体包含以下几个方面：

（1）资源禀赋。现代经济理论中，一个地区和国家的当代发展蓝图都需要根据它本身所具备的资源禀赋来进行定位，较好的资源禀赋和合理的发展方式是城市群可持续发展的不竭动力。我们采用人均生活用电量、人均生活用水量、人均煤气用量和人均液化石油气用量来度量资源禀赋。

（2）绿化状况。绿化状况是一个城市生态环境的参考指标，随着城镇化的推进，绿化用地的保留比例和建设用地的扩张情况都是城市群生态可持续发展的掣肘，这里用人均绿地面积和建成区绿化覆盖率来度量绿化状况。

（3）环境污染。环境污染是一个地区和经济体发展过程中必须要正面面对的问题，一个环境污染严重的城市群是不可能持续发展下去的，国际上公认的成熟可持续发展城市群环境都比较良好，“三废”都得到了良好的控制。我们用单位 GDP 工业废水排放量、单位 GDP 工业二氧化硫排放量和单位 GDP 工业烟（粉）尘排放量来反映污染状况。

（4）污染治理。环境污染治理是城市群生态可持续发展面临的挑战，污染治理一定是从系统整体的角度出发，统筹规划、协调推进，城市与农村、工业与农业都得兼顾。我们选取一般工业固体废弃物综合利用率、污水厂集中处理率和生活垃圾无害化处理率来度量污染治理水平。

表 3-1　城市群可持续发展竞争力评价指标体系

目标层	一级指标	二级指标	序号	三级指标
城市群可持续发展竞争力	经济可持续	经济规模	1	GDP（亿元）
			2	规模以上工业总产值（亿元）
			3	工业用电量（万千瓦时）
			4	社会消费品零售总额（亿元）
		产出效率	5	人均 GDP（元）
			6	地均 GDP（万元/平方公里）
		收入水平	7	在岗职工平均工资（元）
			8	城镇居民人均可支配收入（元）
			9	农村居民人均纯收入（元）
		增长潜力	10	GDP 增长率（%）
			11	就业人数（人）
			12	全社会固定资产投资总额（亿元）
			13	政府科技支出（万元）
			14	每万人在校大学生数（人）
		产业结构	15	非农产业比重（%）
			16	第三产业与第二产业产值比
		金融财政	17	地方财政一般预算收入（元）
			18	金融机构人民币贷款额（元）
		对外开放	19	货物进出口总额（万美元）
			20	外商直接投资实际使用额（万美元）
		基础设施	21	公路网密度（公里/万人）
			22	人均城市道路面积（平方米）
			23	每万人拥有公共汽车（辆）
			24	邮电业务总量（万元）
			25	移动电话用户数（万户）
			26	互联网宽带接入用户数（万户）

续表

目标层	一级指标	二级指标	序号	三级指标
城市群可持续发展竞争力	社会可持续	社会稳定	27	城镇登记失业率（%）
			28	城乡居民收入差距（元）
		人口结构	29	人口城镇化率（%）
			30	人口老龄化率（%）
		社会保障	31	城镇职工基本养老保险参保比例（%）
			32	城镇基本医疗保险参保比例（%）
			33	失业保险参保比例（%）
		居民住房	34	农村人均住房面积（平方米）
			35	城镇人均住房建筑面积（平方米）
		教育文化	36	普通中学师生比（%） 中学生每百人拥有教师数（人）
			37	生均财政教育支出（元）
			38	每百人拥有公共图书馆藏书量（册）
			39	影剧院、剧场个数（个）
		医疗卫生	40	每万人拥有医生数（人）
			41	每万人拥有卫生机构床位数（张）
	生态可持续	资源禀赋	42	人均生活用电量（千瓦时）
			43	人均生活用水量（吨）
			44	人均煤气用量（立方米）
			45	人均液化石油气用量（吨）
		绿化状况	46	人均绿地面积（平方米）
			47	建成区绿化覆盖率（%）
		环境污染	48	单位 GDP 工业废水排放量（万吨/元）
			49	单位 GDP 工业二氧化硫排放量（万吨/元）
			50	单位 GDP 工业烟（粉）尘排放量（吨/元）
		污染治理	51	一般工业固体废物综合利用率（%）
			52	污水厂集中处理率（%）
			53	生活垃圾无害化处理率（%）

3.1.3 数据来源和指标说明

本书指标体系数据统计口径是以全市为单位，数据来源于 2016 年《中国城市统计年鉴》和第六次人口普查的数据。各项指标简要说明如下：

（1）对于指标总量，城市群的数据是城市群范围内各个城市数据的叠加。

（2）对于人均 GDP、地均 GDP、在岗职工平均工资、非农业比重、第三产业与第二产业产值比、公路网密度、人均城市道路面积、每万人拥有公共汽车、城镇职工基本养老保险参保比例、城镇基本医疗保险参保比例、失业保险参保比例、普通中学师生比（中学生每百人拥有教师数）、生均财政教育支出、每百人公共图书馆藏书量、每万人拥有医生数、每万人拥有卫生机构床位数、人均生活用电量、人均生活用水量、人均煤气用量、人均液化石油气用量、人均绿地面积、建成区绿化覆盖率、单位 GDP 工业废水排放量、单位 GDP 工业二氧化硫排放量和单位 GDP 工业烟（粉）尘排放量这些指标，采取的是总量比值的计算方法，其中人口采用的是常住人口，各个指标的来源就是分别对应的加总分子和加总分母相除。另外，人均城市道路面积、每万人拥有公共汽车、人均生活用电量、人均生活用水量、人均煤气用量、人均液化石油气用量、人均绿地面积、建成区绿化覆盖率的统计口径为市辖区，由于市区常住人口的数据在年鉴中统计不完全，因此市区常住人口在这里采用的是第六次全国人口普查的相应数据。

（3）对于城镇居民人均可支配收入、农村居民人均纯收入、每万人在校大学生数、城镇登记失业率、农村人均住房面积、城镇人均住房建筑面积和生活垃圾无害化处理率这些指标，城市群的指标数据是以常住人口作为权重对各个城市相应的数据进行加权平均。

（4）对于一般工业固体废弃物综合利用率和污水厂集中处理率这些指标，城市群的数据是以工业总产值作为权重对各个城市相应的数据进行加权平均。

（5）对于 GDP 增长率指标，城市群的指标数据是以各地 GDP 作为权重对各个城市相应的数据进行加权平均。

（6）对于城乡居民收入差距指标，城市群的指标数据是通过城市群的农村居民人均纯收入与城市群的城镇居民人均可支配收入相比得到。

（7）对于人口城镇化率指标，由于城镇人口数据在年鉴中统计不完全，在这里城镇人口和常住人口采用的都是第六次全国人口普查的相应数据，此指标是基于第六次全国人口普查数据求得。所以人口城镇化率指标是以城市群总的常住人口为权重，用城市群总的城镇人口作为分子除以得到。

（8）对于人口老龄化率指标，由于分年龄段人口在年鉴中没有统计，此指标也是基于第六次全国人口普查数据求得，所以人口老龄化率指标是以城市群总的常住人口为权重，用城市群65岁以上人口数量作为分子除以得到。

（9）由于一些指标定义的特殊性，对城镇登记失业率和人口老龄化率指标采用取负值法，对单位GDP工业废水排放量、单位GDP工业二氧化硫排放量、单位GDP工业烟（粉）尘排放量采用取倒数法。这些指标逆向代表城市群可持续发展竞争力，本书采取了负值法和倒数法处理。

（10）由于各个指标的度量单位不一样，采取主成分分析的时候对数据都进行无量纲标准化处理。

3.2 中国城市群可持续发展竞争力评价分析结果

3.2.1 中国城市群划分及其发展阶段

现有文献对中国城市群的可持续发展水平进行测度和评价时，多是以十大主要城市群或某些特定城市群为研究对象（张辽、杨成林，2014；曾鹏、毕超，2015），指标体系不健全。而本书则基本延续《2016中国区域经济发展报告》的划分，以中国21个城市群作为评价对象。中国主要城市群及其空间范围如表3-2所示：

表 3-2 中国主要城市群及其空间范围

序号	城市群名称	空间范围
1	京津冀城市群	包括两个直辖市北京、天津以及河北省的石家庄、秦皇岛、唐山、廊坊、保定、沧州、张家口、承德共 10 个城市
2	长三角城市群	包括一个直辖市上海以及江苏省的南京、无锡、徐州、常州、苏州、南通、连云港、淮安、盐城、扬州、镇江、泰州、宿迁和浙江省的杭州、宁波、温州、嘉兴、湖州、绍兴、金华、衢州、舟山、台州、丽水共 25 个城市
3	珠三角城市群	包括广东省的深圳、广州、珠海、佛山、江门、肇庆、惠州、东莞、中山共 9 个城市
4	辽中南城市群	包括辽宁省的沈阳、大连、鞍山、抚顺、本溪、辽阳、丹东、营口、盘锦、铁岭共 10 个城市
5	山东半岛城市群	包括山东省的济南、青岛、烟台、淄博、威海、潍坊、东营、日照共 8 个城市
6	哈长城市群	包括黑龙江省的哈尔滨、大庆、齐齐哈尔、牡丹江及吉林省的长春、吉林、松原、延边朝鲜族自治州共 8 个城市
7	江淮城市群	包括安徽省的合肥、芜湖、马鞍山、铜陵、安庆、滁州、池州、六安、宣城共 9 个城市
8	海峡西岸城市群	包括福建省的福州、厦门、莆田、三明、泉州、漳州、南平、龙岩、宁德共 9 个城市
9	中原城市群	包括河南省的郑州、济源、开封、洛阳、平顶山、新乡、焦作、许昌、漯河共 9 个城市
10	武汉城市群	包括湖北省的武汉、黄石、鄂州、黄冈、孝感、咸宁、仙桃、天门、潜江共 8 个城市
11	环长株潭城市群	包括湖南省的长沙、株洲、湘潭、岳阳、衡阳、常德、益阳、娄底共 8 个城市
12	环鄱阳湖城市群	包括江西省的南昌、景德镇、鹰潭、九江、新余、抚州、宜春、上饶、吉安共 9 个城市
13	成渝城市群	包括一个直辖市重庆以及四川省的成都、德阳、绵阳、眉山、资阳、遂宁、乐山、雅安、自贡、泸州、内江、南充、宜宾、达州、广安共 16 个城市
14	关中—天水城市群	包括山西省的西安、铜川、宝鸡、咸阳、商洛、渭南和甘肃省的天水共 7 个城市
15	太原城市群	包括山西省的太原、晋中、阳泉、吕梁、祁州共 5 个城市
16	北部湾城市群	包括广西的南宁、北海、钦州、防城港共 4 个城市
17	兰州—西宁城市群	包括甘肃省的兰州、白银、定西、临夏回族自治州和青海省的西宁共 5 个市州

续表

序号	城市群名称	空间范围
18	滇中城市群	包括云南省的昆明、曲靖、玉溪和楚雄共4个市州
19	黔中城市群	包括贵阳省的贵阳、遵义、安顺、毕节、黔东南州、黔南州共6个市州
20	呼包鄂榆城市群	包括内蒙古的呼和浩特、包头、鄂尔多斯和山西省的榆林共4个城市
21	宁夏沿黄城市群	包括宁夏的银川、石嘴山、吴忠、中卫共4个城市
22	天山北坡城市群	包括新疆的乌鲁木齐、克拉玛依、石河子、昌吉回族自治州、伊犁哈萨克自治州、博尔塔拉蒙古自治州、塔城地区、吐鲁番地区、哈密地区共9个市州地区
23	藏中南城市群	包括西藏的拉萨、日喀则地区、那曲地区、山南地区、林芝地区

资料来源：《2016年中国区域经济发展报告——长江经济带建设与中国城市群发展》，人民出版社2017年版。由于天山北坡城市群和藏中南城市群数据缺失较多，因此本书评价对象仅包括其他21个城市群。

3.2.2 中国城市群可持续发展竞争力格局

本书从经济、社会和生态三个方面构造了城市群可持续发展竞争力评价指标体系。由于三级指标数量太多，每个方面都涵盖了5个以上的指标，所以在以整个指标体系对我们选取的21个城市群样本做2017年城市群可持续发展分析的过程中，我们首先对每个指标做主成分分析，得到每个城市群的经济、社会和生态的因子得分，然后根据每个城市群的因子得分取其平均值计算出城市群可持续发展的综合得分，最后对各个城市群的可持续发展竞争力做出总体评析。各城市群各方面指标的排名情况如表3-3所示。

表3-3 2015年中国城市群可持续发展竞争力因子分析结果

城市群	经济可持续发展		社会可持续发展		生态可持续发展		可持续发展竞争力	
	因子得分	排名	因子得分	排名	因子得分	排名	因子得分	排名
珠三角城市群	0.9222	2	1.8963	1	1.8707	1	1.5631	1
长三角城市群	2.6265	1	1.4575	2	0.4827	2	1.5222	2

续表

城市群	经济可持续发展		社会可持续发展		生态可持续发展		可持续发展竞争力	
	因子得分	排名	因子得分	排名	因子得分	排名	因子得分	排名
京津冀城市群	0.8832	3	0.5450	3	0.1911	5	0.5398	3
山东半岛城市群	0.3038	5	0.3176	4	0.0657	8	0.2290	4
海峡西岸城市群	0.0169	6	0.2635	5	0.2444	4	0.1749	5
辽中南城市群	-0.0979	8	0.2247	6	-0.2413	15	-0.0382	7
环长株潭城市群	-0.1032	9	-0.1674	10	0.1465	6	-0.0414	8
武汉城市群	-0.2485	12	-0.1123	9	0.0455	9	-0.1051	9
中原城市群	-0.0738	7	-0.2583	12	-0.2189	14	-0.1837	10
江淮城市群	-0.1526	10	-0.5612	20	0.1420	7	-0.1906	11
宁夏沿黄城市群	-0.5434	19	-0.0755	8	0.0146	10	-0.2015	12
北部湾城市群	-0.5076	17	-0.4572	17	0.2905	3	-0.2247	13
环鄱阳湖城市群	-0.2352	11	-0.3007	15	-0.3029	17	-0.2796	14
关中—天水城市群	-0.3338	14	-0.2632	13	-0.2577	16	-0.2849	15
呼包鄂榆城市群	-0.4358	15	-0.0437	7	-0.4181	18	-0.2992	16
哈长城市群	-0.2758	13	-0.4872	18	-0.1563	11	-0.3064	17
太原城市群	-0.5697	20	-0.1971	11	-0.4746	19	-0.4138	18
滇中城市群	-0.5240	18	-0.2635	14	-0.4919	20	-0.4265	19
兰州—西宁城市群	-0.6866	21	-0.5196	19	-0.1735	13	-0.4599	20
黔中城市群	-0.4568	16	-0.6533	21	-0.5950	21	-0.5684	21

资料来源：根据《中国城市统计年鉴（2016）》、第六次全国人口普查数据以及相关网站数据，作者计算得到。

3.2.2.1 城市群经济可持续发展分析

经济发展水平是一个国家或城市发展的基石，因而在衡量城市群可持续发展能力时，也成为了人们最为关注的特征。图 3-1 给出了 2015 年中国城市群经济可持续发展竞争力的得分排名情况，从总体上来看，经济可持续竞争力得分依然呈现出自东向西的递减趋势，其中位于东部地区的长三角、珠三角和京津冀城市群依然是我国经济可持续发展能力最强的城市群，这三个城市群凭借着优越的地理区位以及优惠的政策支持，不仅成为我国经济增长的引擎，更是中西部地区城市群寻求经济转型发展的标杆与动力。中部地区城市群也具有较强的经济可持续发展竞争力，中原、环长株潭、江淮、环鄱阳湖等城市群得分处于中等水平，存在一定的发展空间与潜力。西部地区城市群经济可持续发展竞争力较弱，黔中、滇中、宁夏沿黄和兰州—西宁城市群靠后，经济可持续发展竞争力亟待提高。由图3-1也可以看出，西部地区的成渝城市群排名仅次于长三角、珠三角和京津冀城市群，而东部地区的北部湾城市群和中部地区的太原城市群排名靠后，由此也可说明经济可持续发展竞争力自东向西的递减趋势并不适用于具体的单个城市群。

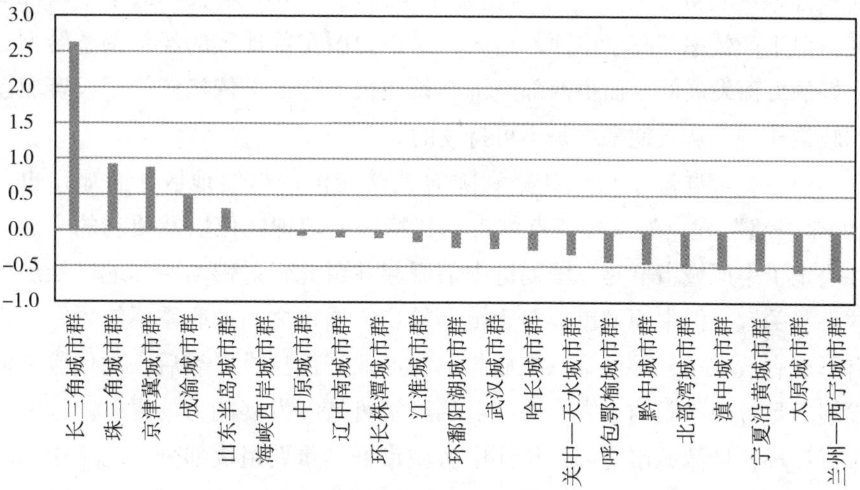

图3-1 中国城市群经济可持续发展竞争力得分

长三角、珠三角、京津冀、成渝、山东半岛、海峡西岸城市群作为中国城市群经济可持续发展竞争力的第一梯队，其生产总值和工业总产值分别占我国这21个城市群总量的65.44%和69.57%，而在这些城市群中长三角城市群的经济可持续发展竞争力得分最高，其在经济规模、收入水平、增长潜力、金融财政、对外开放以及基础设施等指标测算中均居首位，2015年的生产总值和工业总产值分别达到了140098.01亿元和245063.36亿元，占所有城市群的24.42%和27.90%，是我国经济体量最大的城市群，遥遥领先于排名第二和第三的珠三角与京津冀城市群。排名第二的珠三角城市群的产出效率最高，其人均GDP和地均GDP是这21个城市群人均 GDP 和地均 GDP 均值的 2.88 倍和 4.51 倍，同时还拥有最高的城镇居民人均可支配收入以及非农业比重，这些指标说明了珠三角城市群具有良好的产业结构以及较高的产出效率。京津冀城市群的第三产业与第二产业比值最高，说明其第三产业最为发达。从经济可持续发展竞争力最强的三个城市群来看，东部地区的产出效率以及经济结构都在向着更有效率的方向转变。与此同时，中西部地区城市群的 GDP 增长率已经超过东部地区，呈现出较强的增长潜力。较高的经济增速虽然有助于地区快速发展，但能否实现可持续发展则依赖于地区内部的经济结构和生产效率。当前东部地区正处于经济转型与调整时期，虽然 GDP 增长率低于中西部地区，但生产效率却高于中西部地区，这也说明东部地区的经济调整转型是向好的方面发展的。而中西部经济增长在很大程度上依然依赖于投资驱动和政策扶持，从长期来看是不可持续的。

中原城市群位于京广铁路和陇海铁路交汇的枢纽地区，而郑州也是“一带一路”建设的重要节点城市，其特殊的地理区位以及便利的交通条件决定了中原城市群是我国促进中部崛起并由此辐射带动西部地区发展的核心与关键。但中原城市群包含范围较广，城市之间的联系不够紧密，没有形成有效互动，并且第三产业与第二产业产值比排名靠后，现代服务业发展不足等因素制约了中原城市群的经济可持续发展能力的提升。武汉城市群和环长株潭城市群都是长江中游城市群的重要组成部分，也是中部崛起和长江经济带发展的重要战略平台，区位条件和产业基础较好，同时具有较为完善的城际交通网络，经济规模和产出效率在中西部地区处于较高水平。江淮城市群和环鄱阳湖城市群经济起步较晚，依靠长三角城市群的辐射和长江水道的优势，尤其是接受长三角地区产业转移，得到了较快发展。哈长城市群建设方向与目标为“中国面向东北亚合作的前卫城市群”，作为我国老工业基地，哈长城市群具备一定的经济基础和要素资源，但目前其经济活力下降，面临着巨大的经济转型压力。

作为西部地区的主要增长极，成渝城市群依托长江经济带，通过重庆和成都两个核心城市的带动，经济发展能力不断增强，不仅形成了一定的产业集群，而且经济总量也由 2014 年的排名第五上升为 2015 年的排名第四，说明成渝城市群的发展规模在不断地扩大。呼包鄂榆城市群作为一个跨省区的资源型城市群，矿产资源丰富，其人均 GDP、居民收入和非农产业比重都较高，其中人均 GDP 达到了 137187.23 亿元，仅次于珠江三角洲城市群。关中—天水城市群是我国西北地区综合经济实力最强的地区，战略目标之一是打造以装备制造业和高技术产业为重点的全国先进制造业重要基地，作为中国新亚欧大陆桥中段重要的节点城市群，处于承东启西、连接南北的战略要地，也是丝绸之路经济带上重要的城市群，虽然核心城市西安具有一定的辐射带动作用，但城市群产业结构状况及分工情况不甚合理，以致城市群整体的经济可持续发展水平不高。而对于西部地区大部分城市群，如黔中、滇中、北部湾、宁夏沿黄和兰州—西宁城市群，由于其地理位置和经济基础的原因，要素集聚水平较低，需要加强科技创新投入和人力资源投入，并进一步完善交通基础设施以支撑城市群的经济发展。

相比 2014 年经济可持续竞争力的排名情况，2015 年名次变动较大的城市群有环鄱阳湖城市群、滇中城市群、武汉城市群、环长株潭城市群以及哈长城市群。哈长城市群由 2014 年的第 10 名降为 2015 年的第 19 名，哈长城市群以原有的东北老工业基地为发展基础，非农产业比重相较于其他城市群略显偏低，而且工业总产值和地均 GDP 排名都比较靠后，说明哈长城市群的工业发展落后于其他地区。经济的发展离不开科学技术的投入，而哈长城市群的政府科技支出总量偏少在一定程度上也影响了其经济可持续发展的质量与规模。武汉城市群与环长株潭城市群分别从 2014 年排名第 6、7 名降至 2015 年的第 13、14 名，变化幅度较大，武汉城市群虽然政府科技支出、地方财政一般预算收入和地均 GDP 排名靠前，但城镇居民可支配收入和非农产业比重较低影响了当地居民消费以及产业结构的优化，也影响了经济可持续发展竞争力。环长株潭城市群人均 GDP 与地均 GDP 数值都比较低，说明产出效率不高，而且该城市群每万人在校大学生数也比较少，影响了人力资本的增强，进而也影响了经济的可持续发展能力。滇中城市群和环鄱阳湖城市群的经济可持续竞争力排名都有所上升，分别从 2014 年的第 16、13 名上升到 2015 年的第 9、11 名。滇中城市群人均 GDP、城镇居民可支配收入以及每万人在校大学生数、人均城市道路面积等指标都有所提升，这说明滇中城市群产出效率、收入水平、增长潜力以及基础设施等方面的能力得到了提升。而环鄱阳湖地区因政府科技支出与公路网密度的增加则提升了其经济可持续发展的竞争力。

3.2.2.2 城市群社会可持续发展分析

城市群能否实现可持续发展离不开良好的社会环境，图 3-2 给出了我国城市群社会可持续发展竞争力的得分排名情况。从图 3-2 可以看出，城市群社会可持续发展竞争力得分依然是自东向西逐渐递减，与经济可持续发展竞争力呈现出不同情况的是，社会可持续发展竞争力的第一梯队全部位于东部地区，如珠三角、长三角、京津冀、山东半岛、海峡西岸、辽中南等城市群。众所周知，人口的大量聚集推升了经济发达地区的房价和物价等生活成本，并产生了交通拥堵和雾霾等城市病，这些现象增加了居民的压力和负担，同时也降低了生活质量和幸福感。但总的来说，城市群的经济发展与社会建设呈现出相互促进的关系，经济发达的城市群往往拥有更加完善的教育设施、医疗卫生条件和社会保障能力，这些便利性在一定程度上补偿了由物价上升、住房紧张、交通拥堵和社会分化等带来的居民幸福感的下降。通过指标对比发现，经济发达的东部城市群在普通中学师生比、生均财政教育支出、每百人拥有公共图书馆藏书量、影剧院、剧场个数、每万人拥有医生数和卫生机构床位数以及社会保险参保比重等指标上比中西部城市群具有更好的表现。

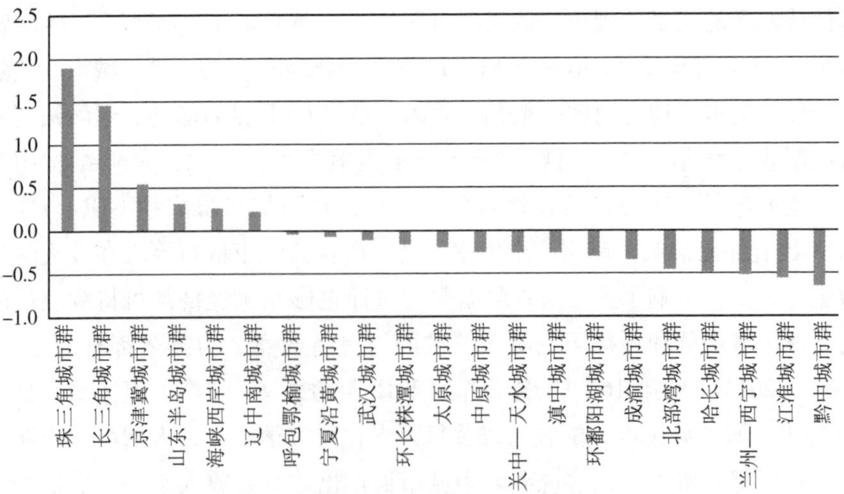

图 3-2 中国城市群社会可持续发展竞争力得分

由图 3-2 可知，珠三角城市群的社会可持续发展竞争力得分最高，通过分析社会可持续发展竞争力指标发现，在这 21 个城市群中，珠三角城市群拥有最优的人口结构：最低的人口老龄化率 5.07%和最高的人口城镇化率 82.72%，和较低的城镇登记失业率，这表明珠三角城市群拥有较强的市场活力与潜力，而且珠三角城市群的社会保障、教育文化以及医疗保障指标也大多位居前列。长三角、京津冀、山东半岛、海峡西岸、辽中南等同样位于第一梯队的城市群的社会可持续发展能力也比较高，这些地区普遍拥有较低的失业率和较高的城镇化率，社会保障、教育文化以及医疗卫生等方面的基础设施也都比较完善。长三角城市群虽然很多指标仅次于珠三角，但其农村和城镇人均住房面积最高，海峡西岸城市群拥有最低的城镇登记失业率，山东半岛城市群的每百人拥有公共图书馆藏书量、京津冀城市群的每万人拥有医生数以及辽中南城市群的每万人拥有卫生机构床位数等指标都位居第 2 位，仅次于珠三角城市群。不可否认良好的社会环境与经济发展能力之间存在着相互促进的关系，但并不意味着经济发展能力越好，其社会基础建设就越好，城市群的经济与社会可持续发展竞争力之间并不存在同步发展的关系，较为突出的就是成渝城市群和江淮城市群。成渝城市群的经济可持续发展竞争力排名第 4 位，但其社会可持续发展竞争力排名第 16 位，同样江淮城市群经济可持续发展竞争力排名第 10 位，但社会可持续发展竞争力排名为倒数第二。通过分析社会可持续发展指标发现，成渝城市群的人口老龄化率最高，达到了 11.48%，城镇登记失业率也偏高，为 3.60%，与此同时，代表经济发展程度的人口城镇化率却相对较低。人口结构的不合理以及较高的失业率都增加了成渝城市群的社会负担，也削弱了成渝城市群社会可持续发展的潜力。虽然江淮城市群的人口结构要好于成渝城市群，但其从 2014 年的倒数第五变成 2015 年的倒数第二，说明其整体社会可持续发展竞争力继续降低，通过指标分析发现其教育文化、社会保障以及医疗卫生等指标排名均靠后，亟待改进。

与此形成鲜明对比的是呼包鄂榆、武汉及宁夏沿黄等城市群，其社会可持续发展竞争力优于经济可持续发展竞争力。呼包鄂榆城市群的人口城镇化率和医疗卫生等指标比较高，宁夏沿黄城市群的普通中学师生比、每百人拥有公共图书馆藏书量及社会保障等指标排名靠前，而武汉城市群的社会保障、教育文化以及医疗卫生都处于中上游水平。对于中西部地区的其他城市群来说，经济发展的落后限制了城市群的社会发展，例如兰州—西宁和黔中城市群的人口城镇化率仅为 48.69%和 35.88%；黔中城市群的城镇职工基本养老保险参保比例和城镇基本医疗保险参保比例仅为 9.65%和 8.90%，与珠三角城市群这两项指标分别相差 7 倍和 6 倍；滇中城市群的生均财政教育支出排名倒数第三。这表明中西部城市群还需要找准机遇和方向，发挥自身优势，在经济建设的基础上增强社会可持续发展竞争力。

与 2014 年相比，社会可持续发展竞争力排名变动明显的有环长株潭、环鄱阳湖、哈长、江淮以及山东半岛和宁夏沿黄城市群。环长株潭、环鄱阳湖、哈长和江淮城市群分别从 2014 年的第 6、12、14、17 名降至 2015 年的第 10、15、18、20 名，山东半岛和宁夏沿黄城市群的社会可持续发展竞争力排名则由 2014 年的第 7、11 名上升至第 4、8 名。江淮、环鄱阳湖和哈长城市群的每万人拥有医生数和每万人拥有卫生机构床位数排名靠后，都位于倒数前四位；江淮和环鄱阳湖城市群的城镇职工基本养老保险参保比例仅为 12.95%和 15.85%，远低于珠三角城市群的 67.15%，同时环鄱阳湖城市群的人口城镇化率仅为 44.43%，仅高于黔中城市群。哈长城市群的普通中学师生比和农村人均住房面积最低；环长株潭城市群的生均财政教育支出倒数第四，影响了其社会可持续发展竞争力。宁夏沿黄城市群的人口老龄化较低，排名仅次于珠三角城市群，而且其社会保障能力和每百人拥有公共图书馆藏书量排名都比较靠前，因而相对于经济发展能力而言，社会可持续发展竞争力得到了较快提升。

3.2.2.3 城市群生态可持续发展分析

城市群的可持续发展不仅体现在经济和社会可持续发展方面，而且更体现在生态环境质量方面，如果没有良好的生态环境，经济和社会的发展必然是不可持续的。图 3-3 显示了我国城市群生态可持续发展竞争力的得分情况，从图 3-3 可以看出除了珠三角和黔中城市群的得分较高或较低外，其他城市群得分基本上都位于-0.5—0.5 之间。其中珠三角、长三角、北部湾、海峡西岸、京津冀、环长株潭、江淮城市群构成了生态

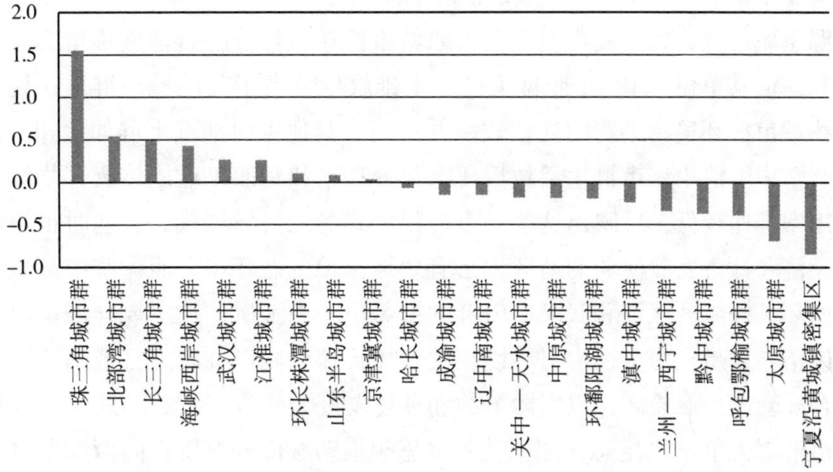

图 3-3　中国城市群生态可持续发展竞争力得分

可持续发展竞争力的第一梯队，北部湾城市群虽然经济和社会可持续发展竞争力得分不高，但因其人均资源禀赋较为丰富，工业废弃物综合利用水平也比较高，因而在生态可持续发展方面表现突出。东部地区的山东半岛、辽中南城市群以及大部分中部城市群构成了第二梯队，尽管山东半岛城市群经济与社会可持续发展方面相对较好，但其工业废弃物排放量较高，且一般工业固体废物综合利用效率的排名也较其他城市群靠后，导致其生态可持续发展能力还有待于进一步提高。由此可知，与经济和社会发展相比，城市群生态可持续发展的“东高西低”局面有所缓解。

分析生态可持续发展指标可以发现：珠三角城市群在多项指标中占据首位，如人均生活用电量、人均生活用水量、人均液化石油气用量、人均绿地面积、单位 GDP 工业二氧化硫和烟（粉）尘排放量，而长三角在生活垃圾无害化处理率、建成区绿化覆盖率指标中排名第一，一般工业固体废物综合利用率以及单位 GDP 工业二氧化硫和烟（粉）尘排放量也分别仅次于北部湾和珠三角城市群，这表明珠三角和长三角城市群在环境生产效率和环境治理方面具有明显的优势，而单位 GDP 工业二氧化硫与烟（粉）尘排放量较少也与一些学者通过研究得到的经济活动空间集聚有利于减少单位 GDP 工业污染排放强度结论一致（陆铭、冯皓，2014）。一些资源型城市群，如宁夏沿黄以及太原城市群在人均液化石油气用量方面比较高，但其单位 GDP 工业烟（粉）尘排放量也高于其他城市群，这说明这些城市群环境污染物的处理效率并不高。其他中西部城市群如兰州—西宁、黔中、滇中城市群生活垃圾无害化处理率和一般工业固体废弃物综合利用率都比较低，反映出这些城市群粗放式的经济发展模式，同时也说明了经济和社会发展薄弱的地区无法有效地保护生态环境。而一些中部城市群如环长株潭、江淮和武汉城市群的排名位于中上游，这主要与城市群的建设指导思想较为重视生态环境相关。环长株潭城市群着力打造两型社会综合配套改革试验区，以资源节约和环境友好为建设宗旨，而武汉和江淮城市群都力争以“生态优先”为指导思想推动城市群发展，因而这些城市群在建设过程中不断强化生态环境的保护，重视城市绿化和对污染的控制，取得了较好的效果。

相较于 2014 年生态可持续发展排名，变动较大的有宁夏沿黄、兰州—西宁、环鄱阳湖和滇中城市群。宁夏沿黄和兰州—西宁城市群分别从 2014 年的第 19、21 名上升到 2015 年的第 10、13 名；环鄱阳湖和滇中城市群分别从 2014 年的第 11、12 名下降至 2015 年的第 17、20 名。宁夏沿黄和兰州—西宁城市群的生活垃圾无害化处理率、污水厂集中处理率以及一般工业固体废弃物综合利用率较高，这有效减少了工业生产和城镇生活过程中对环境的破坏，排名也较为靠前，因而生态可持续发展竞争力得到了一定的提升。而环鄱阳湖与滇中城市群的单位 GDP 工业污染物排放量都比较大，但污染物处理效率却比较低，导致其生态可持续发展竞争力呈现大幅度下降。

3.2.2.4 城市群可持续发展竞争力综合分析

综合城市群经济、社会和生态可持续发展得分，可以得到城市群可持续发展竞争力综合排名。由图 3-4 可以看出，我国城市群可持续发展竞争力综合得分在总体上呈现出自东向西的梯度递减趋势，东部地区六个城市群排名居于前六位，中部地区城市群位于中等水平，西部地区城市群的平均得分最低。在得分的分布方面，呈现出两端陡峭、中间平缓的特征，大部分城市群的得分分布在-0.5—0.5 的区间内。珠三角和长三角城市群是

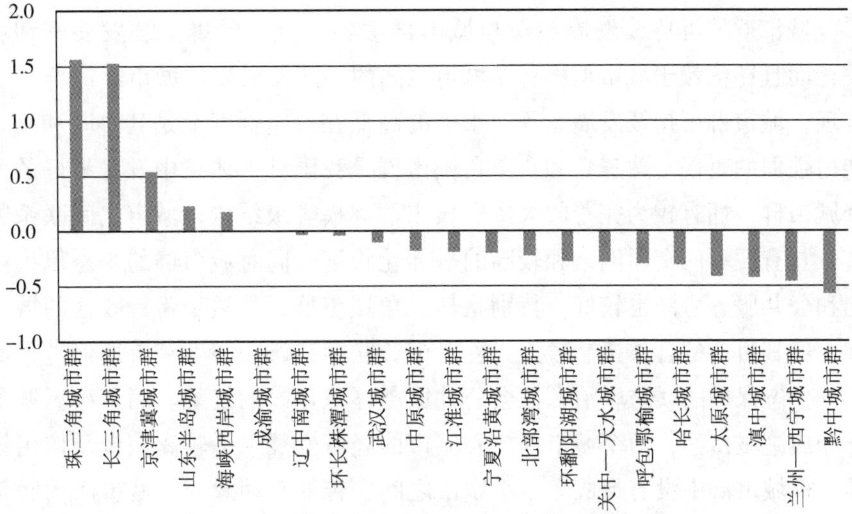

图 3-4　中国城市群可持续发展竞争力综合得分

我国可持续发展竞争力最强的两个城市群，无论是经济、社会还是生态可持续发展，其优势都十分明显。京津冀城市群、山东半岛城市群和海峡西岸城市群的综合得分为正值，具有较强的可持续发展竞争力，但与长三角城市群和珠三角城市群相比依然存在一定的差距。成渝城市群、辽中南城市群、武汉城市群、环长株潭城市群、中原城市群、江淮城市群、宁夏沿黄城市群、北部湾城市群、环鄱阳湖城市群都属于第三梯队，其综合得分为负，整体可持续发展竞争力低于城市群平均水平，但仍存在一定的提升和改善空间。关中—天水城市群、、呼包鄂榆城市群、哈长城市群、太原城市群、滇中城市群、兰州—西宁城市群和黔中城市群则属于第四梯队，其经济、社会和生态可持续发展竞争力都较弱，可持续发展能力较低。总体上看，我国城市群可持续发展竞争力水平与其所处的发展阶段相吻合，珠三角、长三角和京津冀三大成熟型城市群的可持续发展竞争力综合得分在前三位，而发展型城市群的可持续发展竞争力也较强，具有一定的发展潜力，可持续发展竞争力排名最低的城市群基本上都是形成型城市群。然而两者也并不是绝对的同步，比如北部湾城市群，作为形成型阶段的城市群，虽然其经济规模较小，社会基础设施建设还不够完善，但其具有较好的生态环境，因而在一定程度上提升了可持续发展水平。

城市群的可持续发展不仅与城市群中各个城市的可持续发展密切相关，而且还依赖于城市群内各个城市之间的协同发展和“城市经济群”的实现，城市群可持续发展竞争力水平的高低在一定程度上是其协同和整合能力强弱的表现。珠三角和长三角城市群是我国城市体系中发育最好的两个城市群，拥有较为完善的大中小城市群规模等级结构，城市之间联系紧密，具有便利的交通网络和较高的一体化程度，同时城市群的生态保护协同和公共服务协同也较好。特别是长三角城市群，虽然是跨行政区的城市群，但其目前的合作机制较为完善，市长联席会议等制度有效地促进了城市群生态保护的联防联治和社会公共服务体系建设的统筹。而京津冀城市群和成渝城市群，两个城市群核心城市的经济发展水平较高，带动作用较强，但城市群中没有形成大中小城市之间完善的互动效应，城市间的联系不够紧密，产业同构现象严重，没有形成有效的产业分工。这一方面是由于城市群的城市整体分布较为分散，城市密度不高；另一方面是由于双核城市如北京和天津、重庆和成都的不断竞争，占据了过多的资源，挤压了中小城市的发展空间，形成了一定的“虹吸”效应。相比较而言，可持续发展综合竞争力水平最低的西部地区城市群总体上仍处于城市群发展的形成阶段，对劳动力、资本和技术等生产要素的吸引能力不足，基础设施相对落后，核心城市的带动作用有限，不能保证要素在城市群范围内的充分流动，“城市群经济”效应得不到充足实现，限制了城市群可持续发展能力的提升。

城市的空间本质特征是集聚，城市群是城市空间集聚的高级阶段。城市群的出现，是一个国家在现代化进程中空间结构由增长极模式到点轴模式，再向网络模式发展的必然结果。当前我国区域经济发展正逐渐由过去传统的“带状经济”、省域经济和行政经济向城市群经济转变（张学良，2013），城市群不仅仅是西部大开发、中部崛起和振兴东北老工业基地等战略实施的主要平台，在新时期，城市群也是“一带一路”倡议实施的主要载体，城市群可持续发展水平直接关系到国家区域发展战略是否可以有效实施。

3.3 中国城市群经济、社会、生态发展协调度和发展模式分析

城市群可持续发展要求实现经济快速发展、社会稳定发展、人与自然和谐发展的有机统筹，图 3-5、图 3-6、图 3-7 显示了城市群经济、社会和生态可持续发展得分两两之间的散点图，从图中可以发现，除了个别城市群以外，大多数城市群在经济、社会和生态三个子系统发展方面较为协调，彼此之间存在明显的正向相关关系，经济发展在一定程度上可以推动社会环境的改善和生态效率的提高，而社会发展水平和资源环境承载力的提高也会为经济的可持续发展提供相应的支撑。

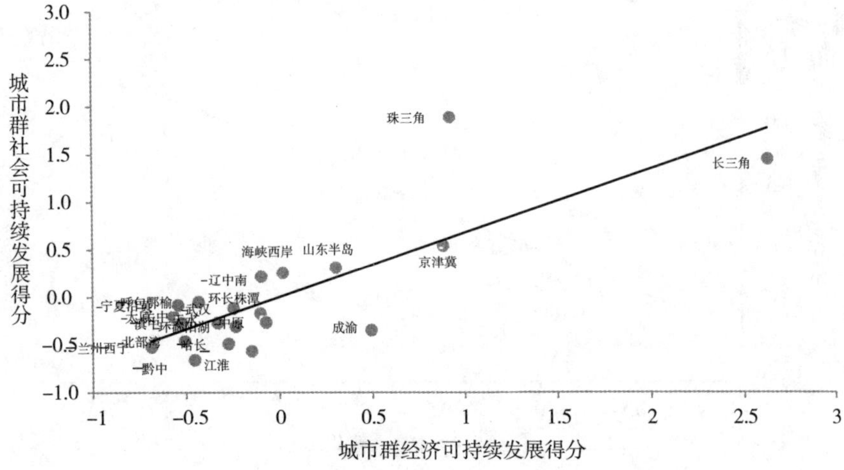

图 3-5　城市群经济与社会可持续发展得分相关关系

从经济、社会和生态的两两散点图上可以看出，我国城市群的经济、社会和生态子系统之间处于相对协调的状态，而且彼此之间存在相互促进的作用。但对于单个城市群而言，相应的发展模式却呈现出不同的特点：

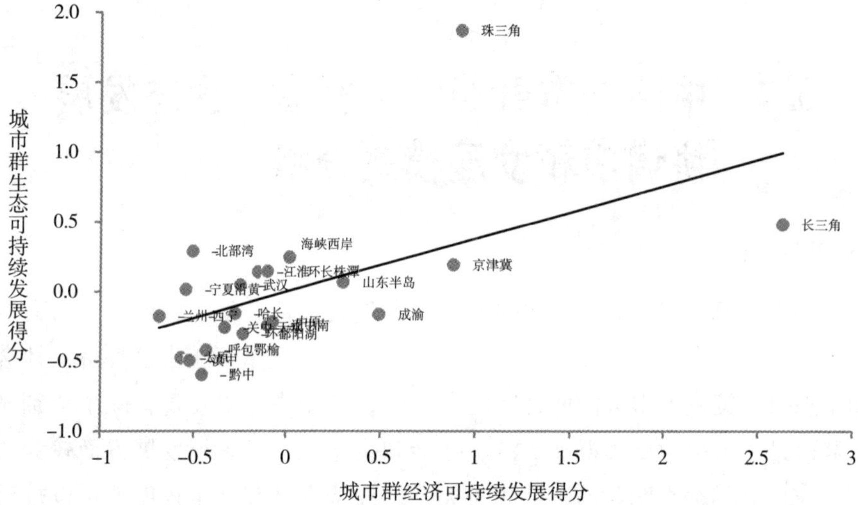

图 3-6 城市群经济与生态可持续发展得分相关关系

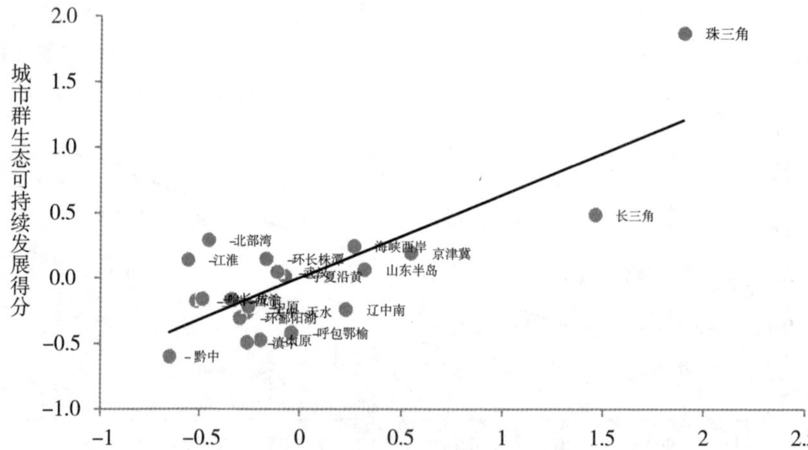

图 3-7 城市群社会与生态可持续发展得分相关关系

例如一些城市群在经济、社会和生态三方面发展较为均衡，而这种均衡又可分为高水平协调型与低水平协调型均衡，而另一些城市群却在某一方面存在明显的优势或者不足。为更清晰地了解单个城市群的发展模式与状态，本章下一节内容在对城市群可持续发展竞争力进行整体分析的基础上，将每个城市群经济、社会和生态可持续因子得分排名进行作图（由外向里排名递减），以便直观地对其发展模式进行分析。

3.3.1 高水平协调型城市群

高水平协调型城市群是指经济、社会和生态可持续发展能力均较强的城市群。由图 3-8 可以看出，珠三角、长三角、京津冀、山东半岛、海峡西岸以及环长株潭城市群属于高水平协调发展型城市群，这些城市群发展

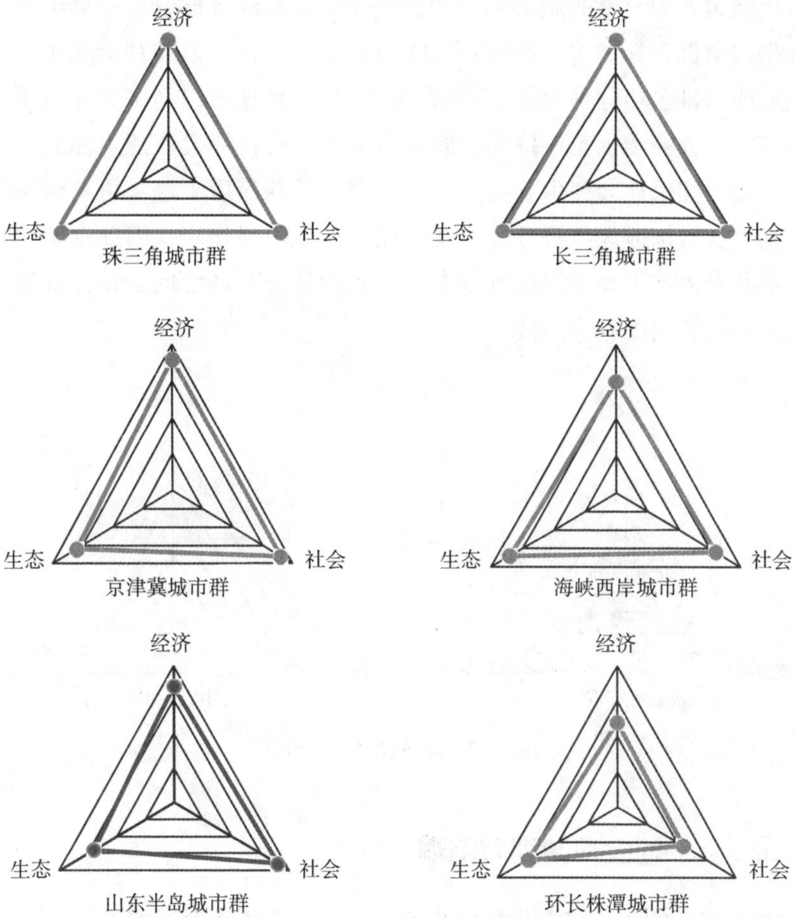

图 3-8 高水平协调型城市群

较为均衡，经济、社会和生态可持续能力都比较强，具有较高的协调度和可持续发展竞争力。其中，珠三角、长三角城市群各方面可持续发展能力得分较高，因而占据了各项排名的前列。京津冀、山东半岛、海峡西岸和环长株潭城市群各方面得分与排名虽不及珠三角、长三角城市群，但相对而言也较为均衡，各方面的排名差距较小。

3.3.2 经济优先型城市群

经济优先型城市群是指相对于社会和生态可持续发展能力，经济可持续发展能力尤为突出的城市群。如图 3-9，成渝经济群就属于典型的经济优先型城市群，其经济可持续发展能力排名第 4 位，但其社会和生态可持续发展能力排名却分别为第 16 位和第 12 位，呈现出以经济为先的不均衡发展模式。社会和生态可持续发展能力是经济可持续发展能力能否长期保持的关键，如果社会和生态可持续发展能力长期滞后于经济可持续发展能力，则也会对该地区经济可持续发展能力产生阻碍作用，因此这类城市群应重视并着力解决经济发展所带来的一系列社会和环境问题，保证城市可持续发展的协调性和全面性。

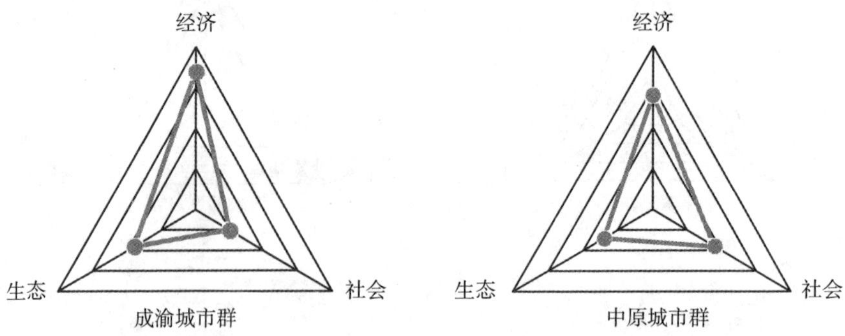

图 3-9 经济优先型城市群

3.3.3 社会和谐型城市群

社会和谐型城市群是指相对于经济和生态可持续发展能力，其社会可持续发展能力更加突出的城市群。如图 3-10 所示，武汉、辽中南、宁夏沿

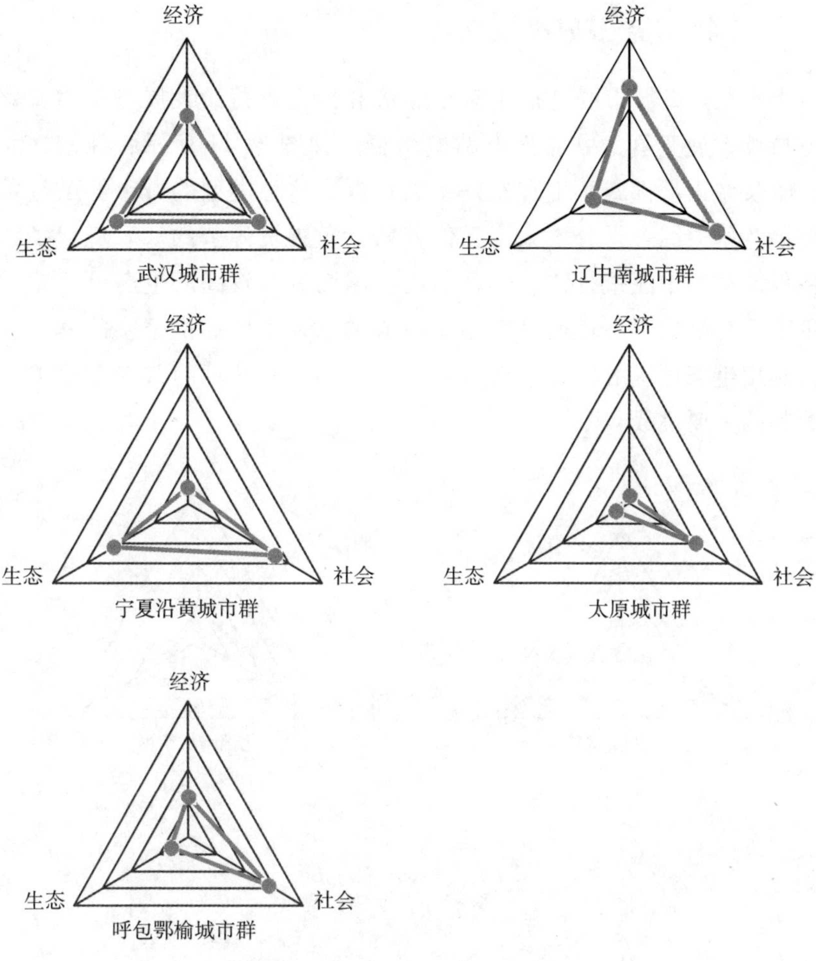

图 3-10　社会和谐型城市群

黄、太原、呼包鄂榆城市群属于社会和谐型城市群，这些城市群在社会可持续发展方面较为完善，更加注重城市生活的基础设施建设以及居民幸福感的提升。这类型的城市群虽然社会可持续发展竞争力较为突出，但经济和生态发展能力却大多较为薄弱：太原和呼包鄂榆城市群都属于资源型城市群，面临经济转型的压力；宁夏沿黄城市群的生态环境都比较脆弱，因而这类城市整体可持续发展水平较低。和谐稳定的社会环境能够对城市群发展起到一定的支撑作用，未来这类城市需要以此为依托来促进经济增长和生态保护。

3.3.4 生态友好型城市群

生态友好型城市群是指相对于经济和社会可持续发展竞争力，其生态可持续发展竞争力更加突出的城市群。如图 3-11 所示，江淮、北部湾、哈长城市群都属于生态友好型城市群，这种类型的城市群虽然可持续发展竞争力综合得分不太高，但其较为重视资源节约和环境保护，在经济发展过程中注重打造生态经济区，因而具有较高的生态可持续发展竞争力。良好的生态环境可以为城市群的未来发展提供坚实的基础，但如何利用生态环境的优势来促进经济增长和社会环境的改善是此类城市群面临的重要挑战。

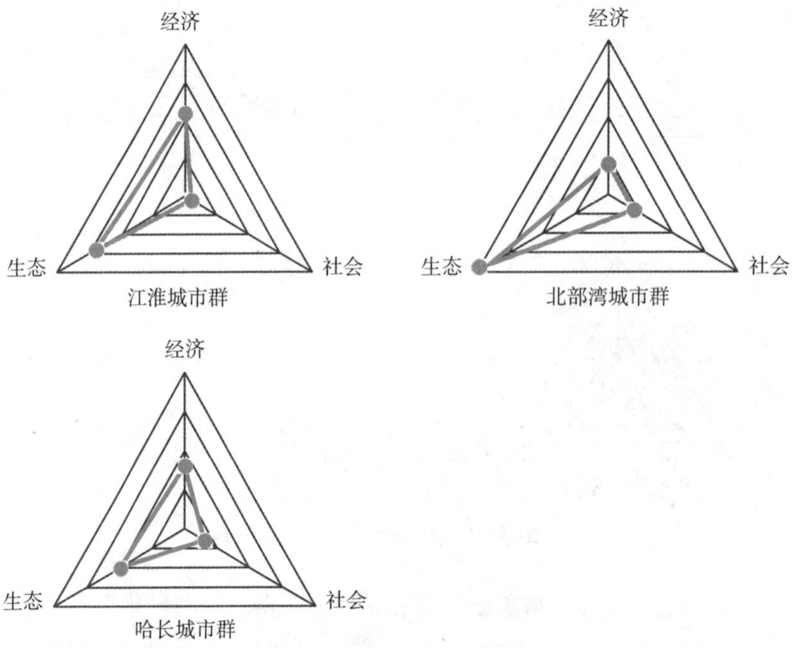

图 3-11 生态友好型城市群

3.3.5 生态缺失型城市群

与生态友好型城市群的发展模式相反，一些城市群往往以粗放型的方式来推动经济社会发展从而忽略了对生态环境的保护，造成生态可持续发展能力的下降。如图 3-12 所示，环鄱阳湖城市群属于此类城市群。环鄱阳湖城市群的经济和社会可持续发展能力都好于生态可持续发展能力。生态环境是城市群发展的基础，因此这类城市群应注重生态环境的保护，从而形成经济、社会与环境的良性互动，实现三者的协调发展。

图 3-12 生态缺失型城市群

3.3.6 低水平协调型城市群

与高水平协调型城市群相反，低水平协调型城市群是指经济、社会和生态方面可持续发展能力均较差的城市群。如图 3-13 所示，兰州—西宁城市群、关中—天水城市群和黔中城市群都是低水平协调型城市群，经济、社会和生态三个子系统都处于低水平的均衡状态，可持续发展竞争力都不强，发展缺乏明显的突破点。相比较而言，关中—天水城市群的综合得分要高于黔中城市群和兰州—西宁城市群，但因其环境基础较差，又处于西部内陆地区，因而生态与经济发展不平衡带动社会可持续发展能力依然较弱，但其处于“一带一路”倡议的规划路线中，未来若能把握“一带一路”建设所带来的机遇，必然会促使可持续竞争能力的增加。黔中城市群和兰州—西宁城市群发展基础较为薄弱，可持续竞争力也远不及其他城市群，未来应立足本地优势并借助“一带一路”建设所带来的机遇来尽快提升自身的发展能力，从而实现可持续发展竞争力水平的提升。

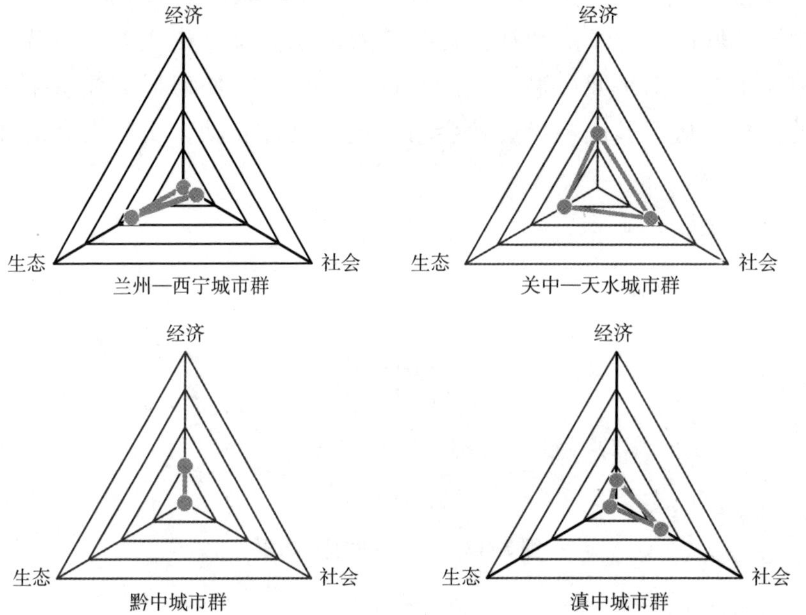

图 3-13　低水平协调型城市群

3.4　总　　结

区域一体化和我国城镇化的快速发展，促使城市群逐渐成为引领我国经济发展与参与国际竞争的主要单元，但因其是在不同城市聚合的基础上形成并发展的，因而也面临着协调内部城市发展与提升整体可持续发展竞争力的重要挑战。可持续发展的竞争力强调的是在竞争格局中实现并保持长期的发展优势，是各城市之间经济、社会和生态环境等目标的兼容，是在生态良好和社会公平的基础上可持续经济效率的提升，并最终实现国民生活质量和社会福利的提升。从以上对我国现有城市群的经济、社会和生态可持续发展竞争力的分析来看，各城市群之间的发展差距较大，如珠三角、长三角与兰州—西宁、黔中城市群，分别属于高水平与低水平协调型城市群。同时城市群内部也存在发展偏向性的问题，如成渝城市群侧重经济可持续发展却忽视了社会与生态可持续的发展。一个城市群能够实现并保持较强的可持续发展竞争力离不开经济、社会与生态三方面的协调发展，各城市群应根据自身的发展优势，采取相应措施，尽快实现平衡发展，进而提升城市群的可持续发展竞争力。

参考文献

[1] 张学良：《2016 中国区域经济发展报告——长江经济带建设与中国城市群发展》，人民出版社 2017 年版。

[2] 杨晓兰、倪鹏飞：《城市可持续竞争力的起源与发展评述》，《经济学动态》2017 年第 9 期。

[3] 胡锡琴、李刚磊、瞿伟：《基于因子分析法的城市群综合竞争力研究——以四川省四大城市群为例》，《国土资源科技管理》2016 年第 5 期。

[4] 方创琳、周成虎、王振波：《长江经济带城市群可持续发展战略与分级梯度发展重点》，《地理科学进展》2015 年第 11 期。

[5] 孙亚南：《长三角城市群综合竞争力评价及发展定位研究》，《南京社会科学》2015 年第 4 期。

[6] 刘荣增、范琳琳：《长江中游城市群城市竞争力研究》，《工业技术经济》2015 年第 2 期。

[7] 曾鹏、毕超：《中国十大城市群可持续发展能力比较研究》，《华东经济管理》2015 年第 5 期。

[8] 张辽、杨成林：《城市群可持续发展水平演化及其影响因素研究——来自中国十大城市群的证据》，《统计与信息论坛》2014 年第 1 期。

[9] 张学良：《中国区域经济转变与城市群经济发展》，《学术月刊》2013 年第 7 期。

［10］陆铭、冯皓：《集聚与减排：城市规模差距影响工业污染强度的经验研究》，《世界经济》2014 年第 7 期。

［11］叶裕民、陈丙欣：《中国城市群的发育现状及动态特征》，《城市问题》2014 年第 4 期。

4

中国成熟型城市群

长三角城市群、珠三角城市群和京津冀城市群形成较早、发展较为成熟，是我国经济发展格局中最具活力和潜力的核心地区，也是当前我国最具国际竞争力和重要影响力的城市群。随着“一带一路”倡议的提出和落实，我国三大成熟型城市群将进一步释放经济发展潜力和社会影响力。本章首先分析我国三大成熟型城市群的空间结构特征、产业结构与分工；其次探讨“一带一路”倡议下的城市群建设，然后利用引力模型计算了三大成熟型城市群各城市间相互作用强度值；最后对三大成熟型城市群在经济、社会、生态可持续发展方面做了对比分析。

4.1 长三角城市群

4.1.1 长三角城市群发展总体特征

4.1.1.1 长三角城市群空间范围

长三角地区（简称为长三角）是一个具有多重意义的概念。在自然地理概念上，长三角是指长江和钱塘江在入海处冲积成的三角洲，是长江中下游平原的一部分。传统意义上的长江三角洲北起通扬运河，南抵杭州湾，西至南京，东到海滨。范围包括上海市、江苏省南部、浙江省北部以及邻近海域。在文化地理概念上，长三角的范围和江南文化亚区的范围大体相当。其核心区是环太湖区域，即上海、苏南和浙北。在经济地理概念上，长三角经济区的地域范围比较模糊，已经超出了地理上的长江三角洲。

一般是把上海视为长三角经济区的中心，南京、杭州视为长三角经济区的两个副中心。1992 年，由上海、无锡、宁波、苏州、扬州、舟山、杭

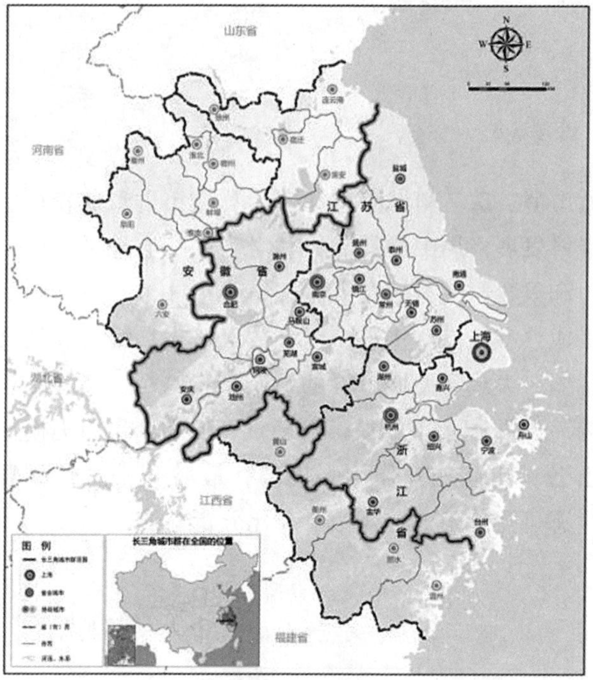

图 4-1　长三角城市群城市空间分布

州、绍兴、南京、嘉兴、南通、常州、湖州、镇江等 14 个城市经协委（办）发起、组织，成立了长江三角洲十四城市协作办（委）主任联席会。1997 年，上述提到的 14 个城市的市政府和新成立的泰州市一共 15 个城市通过平等协商，组成了新的经济协调组织——长江三角洲城市经济协调会。2003 年 8 月在长江三角洲城市经济协调会第四次会议上，台州被接纳为正式会员。

随着长三角地区"同城化"进程的加快，高速公路、高速铁路建设的提速，长三角地区内部空间和时间距离正在不断缩短，长三角城市群的范围也进一步扩容。2010 年 5 月 24 日，国务院批准实施的《长江三角洲地区区域规划》的范围包括上海市、江苏省和浙江省，区域面积 21.07 万平方公里。规划以上海市和江苏省的南京、苏州、无锡、常州、镇江、扬州、泰州、南通，浙江省的杭州、宁波、湖州、嘉兴、绍兴、舟山、台州 16 个城市为核心区，统筹两省一市发展。

2016年5月，国务院正式批复《长江三角洲城市群发展规划》，要求上海市、江苏省、浙江省、安徽省政府及相关部门联手打造“具有全球影响力的世界级城市群”。批复的长江三角洲城市群范围包括上海市、江苏省9市、浙江省8市和安徽省8市。按照最新的国家级发展规划，长三角城市群在上海市、江苏省、浙江省、安徽省范围内，但并不包括这三省一市的全境范围。长三角城市群由以上海为核心、联系紧密的多个城市组成，主要分布于国家“两横三纵”城市化格局的优化开发和重点开发区域。

本章所研究的长三角城市群的空间范围是指广义长三角地区，即包括上海，江苏省的南京、无锡、常州、苏州、南通、盐城、扬州、镇江、泰州，浙江省的杭州、宁波、嘉兴、湖州、绍兴、金华、舟山、台州，安徽省的合肥、芜湖、马鞍山、铜陵、安庆、滁州、池州、宣城，共26市。作为中国最发达最成熟的城市群，长三角城市群土地面积为21.17万平方公里，约占全国国土面积的2.2%。2015年年末，长三角城市群人口总数为1.51亿人，约占全国总人口的10.98%，GDP达到12.67亿元，约占当年全国GDP的18.5%。长三角城市群是中国经济最具活力、开放程度最高、创新能力最强、吸纳外来人口最多的区域之一，是“一带一路”与长江经济带的重要交汇地带，在国家现代化建设大局和全方位开放格局中具有举足轻重的战略地位。

4.1.1.2 长三角城市群城镇体系分析

表4-1 长三角城市群各城市规模等级结构

级序	人口级别（人）	城市数量（个）	规模占比（%）	城市名称
1	>1000万	2	23.03%	上海、苏州
2	500万—1000万	9	43.32%	南京、无锡、南通、盐城、杭州、宁波、金华、台州、合肥
3	200万—500万	12	30.88%	常州、扬州、镇江、泰州、嘉兴、湖州、绍兴、芜湖、马鞍山、安庆、滁州、宣城
4	200万以下	3	2.77%	池州、铜陵、舟山

资料来源：根据《中国城市统计年鉴（2016）》整理得到。

作为一个城市系统，合理的城市规模分布是城市群功能分工和协同发展的基础，而长三角城市群则是中国规模等级结构最为完善的城市群。本节利用 2015 年长三角各城市常住人口数据，得到的长三角城市群的城市规模等级分布如表 4-1 所示。可以看出，长三角城市群城镇体系完备，大中小城市齐全，城市数量呈葫芦状分布。人口在 1000 万以上城市有 2 个，占长三角人口规模的 23.03%，上海作为长三角的核心城市人口规模达到了 2415.27 万，占到了长三角城市群的 16.00%，无论是聚集力，还是人口规模，上海都占有绝对优势，对城市群区域经济和社会发展具有较强的带动作用。人口在 500 万—1000 万和 200 万—500 万的城市分别有 9 个和 12 个，规模占比分别为 43.32%和 30.88%。总的来说，长三角城市群城市分布较为密集，大中城市数量人口规模占比较高，核心城市优势突出，整体规模结构较为合理，这样既可以充分发挥核心城市的带动作用，又保证了有充分多的中小城市能够作为发展腹地接受大城市的辐射，有利于城市群的协同发展。

4.1.1.3 长三角城市群产业结构与分工

（1）长三角城市群三次产业结构对比分析

表 4-2 中的数据反映了长三角地区各城市三次产业的生产总值及其及增长率情况。首先，从城市对比角度，上海第二产业和第三产业产值均为长三角地区的最高水平，也是长三角唯一一个第三产业产值达到 10000 亿元以上的城市，是苏州的两倍多。南京、无锡、杭州和宁波也表现较好，相对而言，舟山、马鞍山、铜陵、安庆、滁州、池州和宣城的各产业产值较低，仅达三位数。其次，从各产业生产总值增长率来看，长三角城市群第一产业增长率明显较低，上海、无锡、嘉兴和安庆等地甚至出现了负增长；相反，各城市第三产业增长表现强劲，共有 16 个城市达到两位数的增长速度，芜湖、马鞍山和铜陵三市增长率更是超过 20%。另外，第二产业产值虽然与第三产业不相上下，但增长疲乏，仅铜陵的增速达到两位数，上海、台州、芜湖、马鞍山和安庆还出现了负增长情况。可见，2015 年第三产业是长三角各城市经济增长的重要来源。

表4-2 2015年长三角城市群产业发展概况

城市	第一产业		第二产业		第三产业	
	生产总值（亿元）	增长率（%）	生产总值（亿元）	增长率（%）	生产总值（亿元）	增长率（%）
上海	110.54	-11.04%	7991.77	-2.15%	17023.65	11.44%
南京	232.33	8.44%	3916.50	8.09%	5571.95	11.82%
无锡	138.00	-12.08%	4197.80	0.27%	4183.32	8.32%
常州	146.59	6.05%	2515.82	4.46%	2610.74	10.84%
苏州	216.11	6.11%	7044.63	2.20%	7243.33	8.69%
南通	354.76	4.42%	2977.67	5.88%	2815.97	12.60%
盐城	516.45	5.52%	1923.43	7.91%	1772.62	13.35%
扬州	241.81	6.33%	2012.04	6.69%	1762.99	11.24%
镇江	132.74	9.42%	1727.07	5.88%	1642.66	9.51%
泰州	219.06	4.65%	1811.13	6.69%	1658.08	13.23%
杭州	288.44	5.14%	3908.53	1.64%	5853.24	15.08%
宁波	284.93	3.43%	4097.85	2.96%	3620.83	7.96%
嘉兴	138.95	-4.06%	1850.72	2.04%	1528.14	9.62%
湖州	122.35	1.71%	1026.71	2.76%	935.21	11.79%
绍兴	198.74	2.39%	2253.08	1.78%	2014.15	8.39%
金华	141.20	1.88%	1549.09	2.69%	1712.06	9.65%
舟山	111.03	10.02%	449.60	5.72%	532.22	8.83%
台州	229.58	6.39%	1567.61	-0.71%	1756.31	10.27%
合肥	263.20	4.33%	2977.30	4.02%	2419.77	17.12%
芜湖	119.92	1.61%	1405.34	-4.79%	931.82	30.23%
马鞍山	79.46	3.13%	773.58	-6.92%	512.26	20.28%
铜陵	47.22	274.47%	562.91	10.28%	301.47	55.99%
安庆	185.97	-12.42%	713.82	-12.39%	517.79	0.12%
滁州	221.58	3.49%	694.89	6.72%	389.23	11.48%
池州	70.60	2.94%	251.34	3.10%	222.85	8.82%
宣城	121.34	2.90%	473.29	0.35%	376.83	14.87%

资料来源：根据《中国城市统计年鉴（2016）》计算得到。

图 4-2 为长三角城市群及全国三次产业结构对比图。整体来看，2015 年全国第一产业占国内生产总值的比重为 7.74%，第二产业的比重为 45.53%，第三产业的比重为 46.72%，可见，第三产业已经成为我国的主导产业，全国的产业结构转变为“三、二、一”的结构模式已经与发达国家相同。长三角城市群中盐城、舟山、安庆、滁州、池州和宣城第一产业的比重高于全国第一产业的比重，其余城市第一产业的比重都低于全国比重，其中，上海、苏州和无锡这三座城市的第一产业比重最低，均在 2% 以下。从第二产业的比重来看，除上海、南京、杭州、舟山和台州第二产业比重低于全国第二产业的比重之外，其余城市第二产业的比重均高于全国水平，其中，上海市比重最低，为 31.81%；嘉兴最高，达 61.75%，可见，长三角城市群中过半数城市仍属于工业型城市。从第三产业的比重来看，长三角城市群中有 16 个城市第三产业占比低于全国平均水平；此外，除了上海、南京、杭州和金华第三产业的比重略高于 50%以外，其余城市第三产业的比重都在 50%以下，主要分布在 30%—50%之间，远远低于发达国家 70%左右的水平。结合表 4-2 中的数据可以看出，长三角城市群第三产业的整体发展水平还不是很高，但增长速度较快，具有很大的增长潜力和发展空间。

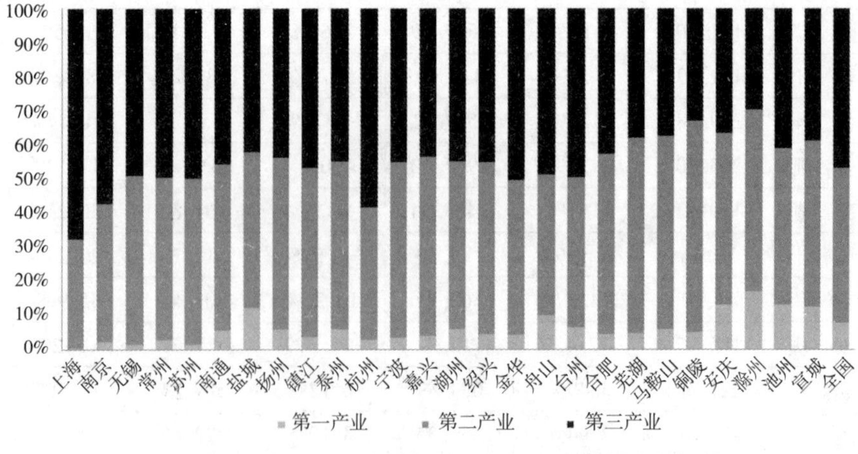

图 4-2 2015 年长三角城市群各城市及全国产业结构对比图

（2）长三角城市群产业同构及产业协同发展

在测算方法方面，本书将采用区位熵来判断一个产业是否是某地区的专业化部门。区位熵又称专业化率，是指某地区某工业产业在该地区其上一级产业中所占比重的比值，在衡量某一区域要素的空间分布情况、反映某一产业部门的专业化程度以及某一区域在高层次区域中的地位和作用等方面，是一个很有价值的指标。区位熵大于1，可以认为该产业是该地区的专业化部门；区位熵越大，专业化水平越高；如果区位熵小于或等于1，则认为该产业是自给性部门。

区位熵的计算公式如公式（4.1）所示：

$$LQ_{ij} = (G_{ij}/G_i)/(G_j/G)$$
$$(i=1, 2, 3, \cdots\cdots, n; j=1, 2, 3, \cdots\cdots, m) \tag{4.1}$$

其中，Lq_{ij} 为 i 城市 j 部门的区位熵；G_{ij} 为 i 城市 j 部门从业人员数量；G_i 为 i 城市从业人员总数；G_j 为全国（或上级区域）j 部门从业人员数量；G 为全国（或上级区域）从业人员总数。

在产业细分方面，本节将采用16个部门的从业人员数据来计算区位熵的大小。根据国家统计局《三次产业划分规定》，我们对其所列的全部20个产业门类逐一筛选，剔除第一产业和第三产业中的国际组织，剔除第二产业中的采掘业和第三产业中的居民服务和其他服务业，最终选取以下16个指标进行重点测算：第二产业中的制造业，电力燃气及水的生产和供应业、建筑业；第三产业中的交通运输、仓储及邮政业，信息传输、计算机服务和软件业，批发和零售业，住宿餐饮业，金融业，房地产业，租赁和商业服务业，科学研究、技术服务和地质勘查业，水利、环境和公共设施管理业，教育，卫生、社会保障和社会福利业，文化、体育与娱乐业、公共管理和社会组织。

根据2015年《中国城市统计年鉴》中关于长三角城市群16个主要部门的从业人员数据，以全国为参照，计算得出各城市主要部门的区位熵如表4-3所示。

表4-3数据显示，从城市层面来看，上海有9个部门的区位熵大于1，南京有8个部门的区位熵大于1，这说明上海和南京分别作为长三角城市群的超大城市及特大城市，具有较强的对外辐射功能。杭州、马鞍山和铜

表 4-3 2015 年长三角城市群各城市主要部门区位熵

城市	制造业	电力、燃气及水的生产和供应业	建筑业	批发和零售业	交通运输、仓储及邮政业	住宿餐饮业	信息传输、计算机服务和软件业	金融业	房地产	租赁和商业服务业	科学研究、技术服务和地质勘查业	水利、环境和公共设施管理业	教育	卫生、社会保障和社会福利业	文化、体育和娱乐业	公共管理和社会组织
上海	0.96	0.35	0.31	2.01	1.9	1.49	1.89	1.41	1.62	3.02	1.54	0.86	0.52	0.67	1.02	0.52
南京	0.83	0.42	1.26	1.3	1.47	0.97	3.32	0.59	1.03	1.39	1.64	0.63	0.75	0.65	1.36	0.51
无锡	1.9	0.6	0.49	0.69	0.58	0.84	1.1	0.82	0.72	0.45	0.57	0.63	0.6	0.78	0.63	0.53
常州	1.59	0.58	0.71	0.47	0.61	1.04	0.45	0.99	0.58	0.97	0.76	1.13	0.84	0.98	1.17	0.67
苏州	2.32	0.26	0.32	0.56	0.48	0.55	0.67	0.61	0.76	0.56	0.35	0.48	0.36	0.46	0.34	0.37
南通	0.75	0.29	3.59	0.29	0.29	0.12	0.22	0.55	0.22	0.53	0.39	0.35	0.4	0.41	0.23	0.31
盐城	0.96	0.63	2.06	0.48	0.67	0.43	0.37	0.92	0.48	0.59	0.37	0.82	0.9	0.91	0.64	0.79
扬州	0.9	0.38	2.86	0.25	0.49	0.38	0.46	0.46	0.36	0.57	0.52	0.51	0.68	0.59	0.38	0.48
镇江	1.66	0.93	0.58	0.53	0.57	0.46	0.41	1.04	0.86	0.66	0.82	1.18	0.83	0.93	0.64	0.8
泰州	0.92	0.37	2.97	0.36	0.53	0.17	0.29	0.54	0.32	0.43	0.26	0.44	0.51	0.58	0.33	0.46
杭州	0.79	0.35	1.71	1.02	0.81	0.97	1.94	1.1	1.43	1.23	1.3	0.69	0.67	0.85	0.91	0.56
宁波	1.45	0.47	1.11	0.62	0.84	0.41	0.39	1.33	0.6	1.26	0.51	0.65	0.58	0.81	0.72	0.67
嘉兴	1.91	0.74	0.42	0.48	0.49	0.45	0.29	0.85	0.85	1.01	0.49	0.86	0.73	0.86	0.72	0.64
湖州	1.25	0.75	1.63	0.6	0.36	0.66	0.4	1.13	0.58	0.43	0.38	0.79	0.69	0.88	0.77	0.77

续表

城 市	制造业	电力、燃气及水的生产和供应业	建筑业	批发和零售业	交通运输、仓储及邮政业	住宿餐饮业	信息传输、计算机服务和软件业	金融业	房地产	租赁和商务服务业	科学研究、技术服务和地质勘查业	水利、环境和公共设施管理业	教育	卫生、社会保障和社会福利业	文化、体育和娱乐业	公共管理和社会组织
绍 兴	0.83	0.47	3.37	0.29	0.26	0.22	0.17	0.54	0.22	0.26	0.26	0.5	0.45	0.53	0.55	0.37
金 华	0.54	0.53	3.02	0.29	0.54	0.35	0.39	1.04	0.27	0.63	0.24	1.09	0.71	0.94	0.63	0.87
舟 山	0.77	0.54	0.97	2.4	1.72	4.7	1.17	0.64	0.82	1.18	0.45	0.82	0.36	0.54	1.37	0.68
台 州	1.01	0.51	2.29	0.37	0.34	0.28	0.27	1.4	0.44	0.39	0.38	0.63	0.68	0.83	0.47	0.78
合 肥	0.82	1.01	1.99	0.87	1.06	0.75	1.11	0.7	0.93	0.53	1.13	0.46	0.77	0.76	0.84	0.59
芜 湖	1.31	0.56	0.88	0.8	1.36	0.63	0.41	0.95	0.69	0.31	0.7	0.72	1.09	1.1	0.44	0.83
马鞍山	1.09	1.13	0.98	0.48	0.73	0.12	0.67	1.56	0.54	0.7	0.92	1.01	1.19	1.13	0.63	1.34
铜 陵	1.24	0.71	1.2	0.41	0.8	0.34	0.33	0.84	1.01	0.53	0.53	1.02	1.03	1.06	0.66	1.07
安 庆	0.94	1.47	0.73	0.66	0.69	0.57	0.87	1.03	0.96	0.33	0.63	1.14	1.75	1.4	0.92	1.51
滁 州	1.07	0.71	0.48	0.59	0.87	0.28	0.79	1.15	0.55	0.25	0.84	1.64	1.88	1.52	0.3	1.55
池 州	0.66	0.77	0.89	0.57	0.88	0.92	0.7	1.69	0.7	0.59	0.9	2.55	1.4	1.4	2.66	1.83
宣 城	1.03	0.89	0.42	0.71	0.61	0.26	0.87	1.37	0.74	0.27	0.58	1.39	1.54	1.71	0.93	1.97

资料来源：根据《中国城市统计年鉴（2016）》整理得到。

陵有 7 个部门的区位熵大于 1，舟山、安庆、滁州和宣城各有 6 个部门的区位熵大于 1，说明这几个城市对周边城市也具有较强的辐射效应。苏州作为 I 型大城市之一，依然仅有制造部门区位熵大于 1，而其他 15 个部门的地区专业化效应均不明显。从产业层面上看，有 13 个城市制造业和建筑业的区位熵大于 1，可见长三角区域总体的制造业和建筑业发展水平较高。其中，在制造业方面，苏州的区位熵达到 2 以上，反映出苏州的制造业在该地区的专业化水平明显，具有外向功能，并具有向周边乡镇进行扩散的能力；在建筑业方面，南通、绍兴和金华区位熵在 3 以上，表明长三角城市群的建筑业辐射功能也较强，但建筑业相较 2013 年有 18 个城市区位熵大于 1 这一情况，其外向功能已经明显减弱，这与长三角地区经济转型与结构优化有关。对电力、燃气及水的生产和供应业，仅合肥、马鞍山和安庆这 3 个城市的区位熵大于 1，说明该产业在长三角地区专业化效应不明显。同时，对于住宿餐饮业，仅上海、常州和舟山这 3 个城市的区位熵大于 1，该产业在长三角地区专业化效应同样不明显。此外，上海和南京虽然在多数产业中具备较高的专业化程度，但优势并不突出，例如上海，除批发零售业和租赁商业服务业区位熵值较高之外，其他专业化部门区位熵仅略大于 1，需进一步提高。

4.1.1.4 长三角城市群空间经济联系分析

(1) 城市间相互作用强度

引力模型主要用来测度城市间相互的作用强度，即城市间相互吸引、相互联系的强度，衡量城市间相互作用强度的指标引力模型的计算公式如下：

$$E = \frac{\sqrt{P_1V_1 \times P_2V_2}}{R^2} \tag{4.2}$$

其中，E 为城市间联系强度，P_1 和 P_2 为两城市人口数，这里用该城市当年年末总人口来表示，V_1 和 V_2 分别为两城市地区生产总值，R 为两城市之间的距离，并通过查百度地图中两城市之间最短路程获得。通过计算，长三角城市群各城市间相互作用强度值见表 4-4。

表 4-4 2015 年长三角城市群各城市间相互作用强度

城市	上海	南京	无锡	常州	苏州	南通	盐城	盐城	镇江	泰州	杭州	宁波	嘉兴	湖州	绍兴	金华	舟山	合肥	台州	芜湖	马鞍山	铜陵	安庆	滁州	池州
南 京	173.1																								
无 锡	783.7	203.6																							
常 州	270.9	253.2	935.6																						
苏 州	1895.4	290.1	4014.4	539.4																					
南 通	817	118.2	288.1	137.5	649.1																				
盐 城	119.9	87.9	75.4	61.4	92.2	119																			
扬 州	119.5	381.9	96.9	154.2	109.1	103.1	91																		
镇 江	93.7	359.4	118.3	234.3	113.9	72.3	45.5	1201.7																	
泰 州	161.2	218.8	168	211.6	169.7	188.7	183.9	828.1	223.4																
杭 州	545.6	141.9	135.4	81.4	334.7	104.3	30.9	68.5	35.6	38.2															
宁 波	253.2	41.5	56.8	29.5	121.7	46.1	17.5	23.9	13.6	19.7	258.6														
嘉 兴	722.9	33.5	139.4	60.5	483	81	20.1	23.6	20.2	29.2	416.8	109.5													
湖 州	212.3	39.6	104.9	71.5	255.5	48.9	13.8	18	19.4	19.8	275.4	27.6	132.4												

续表

城市	上海	南京	无锡	常州	苏州	南通	盐城	盐城	镇江	泰州	杭州	宁波	嘉兴	湖州	绍兴	金华	舟山	合肥	台州	芜湖	马鞍山	铜陵	安庆	滁州	池州
绍兴	250.7	36.5	57.6	28	135	42.6	14.5	18.2	12.9	17.4	1180	239.6	171	87.5											
金华	72.2	17.1	20.5	11.3	40.7	18	7.7	8.8	6.2	8.1	129.9	46.4	25	25.2	72.8										
舟山	23.8	1.8	5.8	3.1	11.6	4.9	2.1	1.1	1.5	2.2	17.4	102.3	8.5	2	13.7	4									
台州	64.7	14.4	18.3	10.6	35.2	15.8	7.6	7.9	5.3	7.8	53.8	101.2	20.6	14.7	37.1	41.4	6.7								
合肥	56.9	197.8	33.6	29.9	44.1	26.1	21.6	60.8	30.5	28.1	31.5	13.3	13.3	26.8	14.8	9	1.6	6.2							
芜湖	52.8	257.4	44	42	42	20.1	14.1	34.6	31.3	20.6	34.5	11.2	14.1	24.7	12.2	6.5	1.3	4.7	46.5						
马鞍山	31.5	329	24.8	26.3	29.6	13.7	10.3	23.9	30.3	16.6	17.6	6.1	7.4	9.6	6.5	3.3	0.7	2.6	25.8	332.8					
铜陵	9.3	9.6	5.8	5.1	6.4	3.3	2.4	2.3	3.7	3.1	7.3	2.6	3	2.5	2.7	2.1	0.3	1.1	19.3	21.3	8.1				
安庆	22	28.1	11.9	9.8	14.2	7.9	5.9	8.6	7.1	6.7	15.3	6.4	6.1	8.4	6.1	6.7	0.8	3.4	53.8	34.9	10	20.5			
滁州	37.7	528.1	24.7	28.7	30.6	20.9	14.9	57.8	38.3	30.4	18.1	6.9	8.2	10.5	7	3.7	0.8	3.1	43.9	50.2	44.2	3.9	8.9		
池州	8.6	7.4	5	4.3	5.7	3.1	2.3	2	3.1	2.7	6.3	2.4	2.6	2.1	2.4	2.4	0.3	1.1	15.4	11.6	5.1	28.8	3.4	3.7	
宣城	32.9	28.6	16.6	12.2	22.2	8.8	5.7	8.2	9.9	7.4	32.2	8.4	12.5	20.3	10.2	4.8	0.9	3.3	14.7	135.6	30.2	14.1	12.4	11.2	7.6

资料来源：根据《中国城市统计年鉴（2016）》整理得到。

单从上海市来看，作为长三角城市群的首位城市，上海和各个城市之间的相互作用强度较高，其中，苏州和上海之间的作用强度为 1895.4 亿元·万人/平方公里，是上海和所有城市之间作用强度最高的，南通和上海之间的作用强度为 817.0 亿元·万人/平方公里，居第二位，无锡和上海之间的作用强度为 783.7 亿元·万人/平方公里，居第三位。从整个长三角城市群来看，无锡和苏州之间的相互作用强度最高，为 4014.4 亿元·万人/平方公里，居长三角城市群首位，且相较 2014 年有了较大幅度的提升，上海和苏州之间的相互作用强度居第二位，盐城和镇江的相互作用强度居第三位。另外，杭州和绍兴之间的相互作用强度也都达到 1000 亿元·万人/平方公里以上。

（2）城市流

城市流是指城市间人流、物流、信息流、资金流和技术流等空间流在城市群内所发生的频繁、双向或多向的流动现象，它是城市间相互作用的一种基本形式。城市流强度是城市流的量化指标，指在城市间的联系中，城市外向功能（聚集与辐射）所产生的聚射能量。城市群中各城市城市流强度的大小，影响着城市群整体功能的发挥。城市流强度的计算公式为：

$$F = NE \tag{4.3}$$

其中 F 为城市流强度，揭示了城市对外联系的强弱；N 为城市流功能效益，即各城市间单位外向功能量所产生的实际影响；E 为城市外向功能量，反映了城市外向功能的大小。

根据指标选取的可获性及代表性，一般选取城市从业人员为城市功能量指标。利用区位熵可以判断一个产业是否构成地区专业化部门，区位熵大于 1，可以认为该产业是地区的专业化部门；区位熵越大，专业化水平越高；如果区位熵小于或等于 1，则认为该产业是自给性部门。借助区位熵原理，可以准确测算城市的对外功能量。区位熵的计算公式如公式（4.1）所示。若 $LQ_{ij}<1$，则 i 城市 j 部门不存在外向功能，即 $E_{ij}=0$；若 $LQ_{ij}>1$，则 i 城市 j 部门存在着外向功能，因为 i 城市的总从业人员中分配给 j 部门的比例超过了全国（或上级区域）的分配比例，即 j 部门在 i 城市中相对于全国（或上级区域）是专业化部门，除满足自身需求外，能够为城市外界区域提供服务。因此 i 城市 j 部门的外向功能 E_{ij} 为

$$E_{ij} = G_{ij} - G_i \cdot (G_j/G) \tag{4.4}$$

i 城市 m 个部门总的外向功能量 E_i 为

$$E_i = \sum_{j=1}^{m} E_{ij} \tag{4.5}$$

N_i 表示 i 城市的城市功能效益，一般采用人均从业人员的 GDP 来表示，即

$$N_i = GDP_i/G_i \tag{4.6}$$

i 城市城市流强度 F_i 为

$$F_i = N_i \cdot E_i = (\frac{GDP_i}{G_i})E_i = GDP_i(\frac{E_i}{G_i}) = GDP_iK_i \tag{4.7}$$

（4.7）式中，K_i 为 i 城市外向功能量占总功能量的比例，反映了 i 城市总功能量的外向程度，称之为城市流倾向度。

根据表 4-3 中测算出的 25 个地级市的 16 个部门的区位熵结果，利用（4.4）式至（4.7）式可以分别计算出 25 个城市 16 个部门的外向功能量 E_{ij}（见表 4-5）、城市的外向功能量 E_i 、城市流强度 F_i 、城市流倾向度 K_i（见表 4-6）。

根据表 4-6 的计算结果，上海在城市群 25 个城市中具有最高的外向功能量，高达 128.18，且在批发和零售业、交通运输、仓储及邮政业、住宿餐饮业、信息传输、计算机服务和软件业、金融业、房地产业、租赁和商业服务业以及科学研究、技术服务和地质勘探业这 8 个第三产业部门中，上海的外向功能量均是长三角城市群中最高的，其中，租赁与商业服务业的外向功能量达到排名第二的杭州近 40 倍。可见，作为长三角地区的核心城市，上海在第三产业中表现出巨大的优势，并通过该产业各部门的传导和辐射，为长三角城市群区域的经济增长和社会发展发挥重要作用。苏州外向功能量为 119.93，仅次于上海，但其外向功能量全部来自于制造业，其他部门没有为其带来任何的外向功能量；南通、绍兴和杭州也具有较高的外向功能量，分别居城市群中第三、四、五位，但南通和绍兴的外向功能量全部来自于建筑业，杭州外向功能量中的约 70%也来自于建筑业，说明这 3 个城市的对外服务能力主要体现在建筑业部门，产业结构比较单一。此外，南京、无锡、扬州、泰州和金华的外向功能量也都在 30 以上，分别

表 4-5 2015 年长三角城市群各城市主要部门外向功能量

城市	制造业	电力、燃气及水的生产和供应业	建筑业	批发和零售业	交通运输、仓储及邮政业	住宿餐饮业	信息传输、计算机服务和软件业	金融业	房地产	租赁和商业服务业	科学研究、技术服务和地质勘查业	水利、环境和公共设施管理业	教育	卫生、社会保障和社会福利业	文化、体育和娱乐业	公共管理和社会组织
上 海	0	0	0	47.35	29.76	8	13.12	9.87	10.97	42.45	8.97	0	0	0	0.14	0
南 京	0	0	8.95	4.23	4.63	0	10.19	0	0.16	2.47	3.16	0	0	0	0.67	0
无 锡	31.71	0	0	0	0	0	0.25	0	0	0	0	0	0	0	0	0
常 州	12.40	0	0	0	0	0.07	0	0	0	0	0	0.14	0	0	0.11	0
苏 州	119.93	0	0	0	0	0	0	0	0	0	0	0	0	0	0	0
南 通	0	0	89.14	0	0	0	0	0	0	0	0	0	0	0	0	0
盐 城	0	0	15.24	0	0	0	0	0	0	0	0	0	0	0	0	0
扬 州	0	0	32.81	0	0	0	0	0	0	0	0	0	0	0	0	0
镇 江	9.99	0	0	0	0	0	0	0.08	0	0	0	0.13	0	0	0	0
泰 州	0	0	34.70	0	0	0	0	0	0	0	0	0	0	0	0	0
杭 州	0	0	33.49	0.38	0	0	5.63	1	3.04	1.96	1.98	0	0	0	0	0
宁 波	22.66	0	3.14	0	0	0	0	1.84	0	1.29	0	0	0	0	0	0
嘉 兴	22.03	0	0	0	0	0	0	0	0	0.04	0	0	0	0	0	0
湖 州	3.71	0	5.15	0	0	0	0	0.23	0	0	0	0	0	0	0	0

续表

城市	制造业	电力、燃气及水的生产和供应业	建筑业	批发和零售业	交通运输、仓储及邮政业	住宿餐饮业	信息传输、计算机服务和软件业	金融业	房地产	租赁和商业服务业	科学研究、技术服务和地质勘查业	水利、环境和公共设施管理业	教育	卫生、社会保障和社会福利业	文化、体育和娱乐业	公共管理和社会组织
绍兴	0	0	53.86	0	0	0	0	0	0	0	0	0	0	0	0	0
金华	0	0	31.29	0	0	0	0	0.12	0	0	0	0.13	0	0	0	0
舟山	0	0	0	4.10	1.49	3.76	0.16	0	0	0.24	0	0	0	0	0.15	0
台州	0.27	0	21.34	0	0	0	0	1.36	0	0	0	0	0	0	0	0
合肥	0	0.04	23.34	0	0.44	0	0.33	0	0	0	0.43	0	0	0	0	0
芜湖	4.09	0	0	0	0.74	0	0	0	0	0	0	0	0.37	0.21	0	0
马鞍山	0.58	0.05	0	0	0	0	0	0.39	0	0	0	0	0.36	0.12	0	0.60
铜陵	1.20	0	0.56	0	0	0	0	0	0.01	0	0	0	0.04	0.04	0	0.10
安庆	0	0.28	0	0	0	0	0	0.03	0	0	0	0.07	2.21	0.59	0	1.38
滁州	0.50	0	0	0	0	0	0	0.11	0	0	0	0.22	1.89	0.55	0	1.08
池州	0	0	0	0	0	0	0	0.24	0	0	0	0.24	0.39	0.19	0.15	0.74
宣城	0.13	0	0	0	0	0	0	0.20	0	0	0	0.09	0.80	0.52	0	1.32

资料来源：根据《中国城市统计年鉴（2016）》计算得到。

表 4-6 2015 年长三角城市群各城市城市流倾向度与强度

城 市	GDP（亿元）	年末单位从业人员总数（万人）	从业人员人均地区生产总值（万元）	城市的外向功能量（E_i）	城市流强度（F_i）	城市流倾向度（K_i）
上 海	25123.45	722.88	34.75	128.18	4454.83	0.18
南 京	9720.77	213.10	45.62	31.99	1459.27	0.15
无 锡	8518.26	118.79	71.71	31.96	2291.81	0.27
常 州	5273.15	69.89	75.45	12.72	959.67	0.18
苏 州	14504.07	303.93	47.72	119.93	5723.27	0.39
南 通	6148.40	209.82	29.30	89.14	2612.06	0.42
盐 城	4212.50	89.22	47.22	15.24	719.56	0.17
扬 州	4016.84	108.42	37.05	32.81	1215.52	0.30
镇 江	3502.48	50.50	69.36	10.20	707.43	0.20
泰 州	3687.90	107.17	34.41	34.70	1194.07	0.32
杭 州	10050.21	288.56	34.83	45.52	1585.41	0.16
宁 波	8003.61	166.83	47.97	27.64	1326.00	0.17
嘉 兴	3517.81	80.91	43.48	22.03	957.81	0.27
湖 州	2084.27	50.06	41.64	9.09	378.48	0.18
绍 兴	4465.97	138.63	32.22	53.86	1735.16	0.39
金 华	3402.34	94.43	36.03	31.54	1136.42	0.33
舟 山	1092.85	46.60	23.45	9.66	226.54	0.21
台 州	3553.85	101.11	35.15	22.97	807.36	0.23
合 肥	5660.27	143.87	39.34	24.58	967.07	0.17
芜 湖	2457.32	44.47	55.26	5.41	298.97	0.12
马鞍山	1365.30	23.14	59.01	2.10	123.92	0.09
铜 陵	911.60	17.26	52.81	1.95	102.98	0.11
安 庆	1417.43	33.44	42.39	4.56	193.28	0.14
滁 州	1305.70	23.75	54.98	4.35	239.16	0.18
池 州	544.74	10.72	50.83	1.95	99.13	0.18
宣 城	971.46	16.04	60.55	3.06	185.30	0.19

资料来源：根据《中国城市统计年鉴（2016）》计算得到。

为 31.99、31.96、32.81、34.70 和 31.54。但扬州、泰州和金华的外向功能量几乎都来自于建筑业，无锡来自于制造业。南京市不仅表现出较大的外向功能量，在各优势部门之间的分配也比较均匀。总体来看，长三角城市群的外向功能主要体现在建筑业和制造业，第三产业对外辐射功能较弱，优势不足。

以城市流强度为标准，可以将长三角城市群中的城市划分为五个层次，如表 4-7 所示。第一个层次是城市流强度在 4000 以上的城市，代表性城市主要是苏州和上海，城市流强度分别居于第一和第二位，分别为 5723.27 和 4454.83，说明上海和苏州与其他城市之间有着频繁的经济交流，能够带动周边城市的发展；第二个层次城市流强度在 2000—3000 之间，代表性城市为南通和无锡，城市流强度分别为 2612.06 和 2291.81；第三个层次城市流强度在 1000—2000 之间，处于这个级别的城市主要是南京、扬州、泰州、杭州、宁波、绍兴和金华，这些城市也具有较大的外向功能，在一定程度上可以带动周边城市的发展；第四个层次城市流强度在 500—1000 之间，典型的城市是常州、盐城、镇江、嘉兴、台州和合肥；第五个层次的城市流强度在 500 以下，主要城市包括湖州、舟山、芜湖、马鞍山、铜陵、安庆、滁州、池州、宣城。

表 4-7　2015 年长三角城市群城市流层次

层次	城市
1	苏州、上海
2	南通、无锡
3	南京、扬州、泰州、杭州、宁波、绍兴、金华
4	常州、盐城、镇江、嘉兴、台州、合肥
5	湖州、舟山、芜湖、马鞍山、铜陵、安庆、滁州、池州、宣城

资料来源：根据《中国城市统计年鉴（2016）》整理得到。

4.1.2 “一带一路”建设与长三角城市群发展

4.1.2.1 相关政策文件梳理

2014 年 12 月 2 日，长江三角洲地区三省一市主要领导座谈会在上海召开，上海、江苏、浙江和安徽等四省（市）的省（市）委书记及省（市）长出席。会议强调，要积极参与“一带一路”和长江经济带建设，提升开放型经济水平。建设丝绸之路经济带和21世纪海上丝绸之路是新时期国家对外全面开放的重要抓手，推动长江经济带发展是中国由东向西梯度开放战略的重要载体。要积极参与“一带一路”建设。加强统筹协调，将三省一市的援疆、援藏、援滇、西部大开放等重要任务与丝绸之路经济带建设紧密结合，加快建设连云港国家东中西区域合作示范区，提升连云港陆桥通道桥头堡功能，打通向西开放的国际大通道，进一步拓展中亚、中东、南亚市场。把联动实施江苏沿海开发、浙江海洋经济和舟山群岛新区、安徽皖江示范区、上海“四个中心”建设等国家战略与21世纪海上丝绸之路建设结合起来。

2016年6月，国家发改委发布了《长江三角洲城市群发展规划》（以下简称《规划》），其中提到“长三角城市群处于东亚地理中心和西太平洋的东亚航线要冲，是‘一带一路’与长江经济带的重要交汇地带，在国家现代化建设大局和全方位开放格局中具有举足轻重的战略地位”。同时，《规划》中对“一带一路”建设对长江经济带战略的积极影响作出肯定——“一带一路”建设和推动长江经济带发展战略的实施，为长三角城市群充分发挥区位优势和开放优势，更高层次更高水平参与国际合作和竞争带来了新空间。此外，《规划》对“一带一路”建设背景下长三角城市群的发展提出了具体指导，例如研究将上海金融市场交易系统功能拓展至“一带一路”沿线国家（地区），推动人民币跨境结算，促进相关交易以人民币计价；高效整合宁波、舟山、台州的海港资源和平台，打造全球一流的现代化综合枢纽港、国际航运服务基地和国际贸易物流中心，形成长江经济带龙头龙眼和“一带一路”建设的战略支点等。

2018年1月4日上海市发布的《上海市城市总体规划（2017—2035年）》提出，主动服务“一带一路”建设、长江经济带发展战略，主动融入长三角区域协同发展，推动上海与周边城市协同发展，构建上海大都市圈，打造具有全球影响力的世界级城市群。上海市人民政府2018年政府工作报告会议上也提到“加快建设服务国家‘一带一路’建设、推动市场主体走出去的桥头堡，搭建投资贸易和金融服务新平台”和“积极促进长江经济带发展，大力推动长三角一体化发展”。

4.1.2.2 发展潜力分析

在航运和港口的发展方面，汪传旭（2017）提出上海在“一带一路”建设背景下的长三角航运发展中，应着力发展核心航运功能，发挥上海自贸试验区航运优秀成果的辐射效应。宁波应积极推进港口联盟、甬新欧大陆桥、跨境物流和空港的建设，打造对内辐射中西部地区，对外辐射东亚及环太平洋地区的“一带一路”海陆联运枢纽（戴东升，2014）。郭政、董平（2016）通过对长三角区域的港口区位熵的计算比较，发现上海港、连云港港和宁波舟山港的外向功能量与长三角港口群的总外向功能量相当，可通过对这三个港口的协同规划、交通网络建设和物流供需对接等措施进一步释放长三角港口群的发展潜力。

从产业结构升级的角度，杨继瑞、罗志高（2017）认为，“一带一路”建设将推动我国产业实现梯度转移，并提出提升产业主体意识，提高产业效率，优化发展环境的建议。在城市规划方面，彭震伟（2016）提出“一带一路”建设在城市要素的集聚和城市体系和城市功能的改善方面将发挥积极作用，因此应加强从全球经济视角进行城市发展规划，重视现代服务业的作用，同时统筹城市间的基础设施建设和生态建设。在商贸物流领域，王波（2017）将长三角城市群定位为“一带一路”建设下商贸活动的物流调控者，并提出长三角应重视对“一带一路”沿线国家和地区的商品进口，引入国外优质商品，建设良好的商业网络。

4.1.3 长三角城市群经济可持续发展分析

长三角城市群是中国经济发展的引擎，不论是在经济规模、产出效率、收入水平还是增长潜力等方面，长三角都是中国最发达的地区。但同时，城市群内也存在不均衡现象。沿沪宁、沪杭轴线周边城市具有更高的经济发展水平，而江苏沿海和安徽东部却成为经济凹陷地区。本节将从经济规模、产出效率、收入水平、增长潜力、产业结构、金融财政、对外开放和基础设施八个方面来分析长三角城市群经济可持续发展情况，具体细分为 16 项，如表 4-8 和表 4-9 所示。

表 4-8 2015 年长三角城市群经济可持续发展情况(1)

城市	经济规模		产出效率		收入水平		增长潜力	
	GDP（亿元）	规模以上工业总产值（亿元）	人均 GDP（元）	地均 GDP（万元/平方公里）	城镇居民人均可支配收入（元）	农村居民人均纯收入（元）	GDP 增长率（%）	固定资产投资总额（亿元）
上海	25123.45	31232.62	103796	39620.64	52962	23205	6.90	6349.39
南京	9720.77	12905.13	118171	14757.51	46104	19483	9.30	5425.98
无锡	8518.26	14549.87	130938	18409.90	45129	24155	7.10	4888.55
常州	5273.15	11101.64	112221	12061.18	42710	21912	9.20	3398.97
苏州	14504.07	30249.25	136702	16754.15	50390	25580	7.50	5965.44
南通	6148.40	13515.33	84236	5828.42	36291	17267	9.60	4376.03
盐城	4212.50	8253.62	58299	2488.04	28200	15748	10.50	3372.89
扬州	4016.84	9194.19	89647	6094.43	32946	16619	10.30	2856.82
镇江	3502.48	8403.82	110351	9121.04	38666	19214	9.60	2541.07
泰州	3687.90	11063.14	79479	6372.73	34092	16410	10.20	2693.75
杭州	10050.21	12415.68	112230	6055.80	48316	25719	10.15	5556.32
宁波	8003.61	13869.46	102374	8153.64	47852	26469	8.00	4506.58
嘉兴	3517.81	7569.31	70894	8985.46	45499	26838	7.00	2513.82

续表

城市	经济规模		产出效率		收入水平		增长潜力	
	GDP（亿元）	规模以上工业总产值（亿元）	人均 GDP（元）	地均 GDP（万元/平方公里）	城镇居民人均可支配收入（元）	农村居民人均纯收入（元）	GDP 增长率（%）	固定资产投资总额（亿元）
湖　州	2084. 27	4413. 10	90003	3581. 21	42238	24410	8. 32	1402. 64
绍　兴	4465. 97	9746. 38	62480	5394. 33	46747	25648	7. 13	2582. 84
金　华	3402. 34	4720. 84	95113	3109. 43	43193	20297	7. 76	1836. 16
舟　山	1092. 85	1633. 37	58917	7510. 97	44845	25903	9. 22	1134. 76
台　州	3553. 85	3852. 24	73102	3776. 28	43266	21225	6. 44	1996. 03
合　肥	5660. 27	9345. 59	67592	4945. 63	31989	15733	10. 50	5851. 90
芜　湖	2457. 32	5829. 01	60802	4077. 87	29766	15964	10. 26	2709. 19
马鞍山	1365. 30	2540. 75	57387	3371. 95	35262	16331	7. 87	1859. 84
铜　陵	911. 60	2269. 01	31101	7590. 34	31748	11169	9. 40	1062. 93
安　庆	1417. 43	2723. 17	32634	966. 04	23966	9985	7. 40	1385. 58
滁　州	1305. 70	2528. 75	18771	1106. 22	24168	10070	9. 90	1457. 60
池　州	544. 74	740. 43	38014	648. 58	24279	11511	8. 50	600. 54
宣　城	971. 46	1796. 38	37610	788. 97	28602	12309	8. 20	1283. 36

资料来源：根据《中国城市统计年鉴（2016）》整理得到。

表 4-9 2015 年长三角城市群经济可持续发展情况(2)

城市	产业结构		金融财政		对外开放		基础设施	
	非农产业比重(%)	第三产业与第二产业产值比	地方财政一般预算收入(亿元)	金融机构人民币贷款额(亿元)	货物进出口总额(亿美元)	外商直接投资实际使用额(万美元)	公路网密度	每万人拥有公共汽车(辆)
上海	99.57	2.13	55194.96	53387.21	45173.30	1845923	2.47	12.02
南京	97.61	1.42	10200.30	18217.80	5327.00	333459	13.72	12.85
无锡	98.39	1.00	8300.00	9332.27	6846.70	320219	11.76	12.24
常州	97.22	1.04	4662.80	5354.58	13192.00	172065	19.16	9.81
苏州	98.51	1.03	15607.60	19200.10	30535.00	600023	11.96	14.67
南通	94.23	0.95	6256.40	5997.24	31580.00	231559	25.01	7.81
盐城	87.74	0.92	4775.00	3045.50	8120.00	79519	27.01	4.28
扬州	93.98	0.88	3367.50	3095.77	1033.80	84841	23.49	7.51
镇江	96.21	0.95	3028.50	2982.60	1006.40	130516	23.09	13.07
泰州	94.07	0.92	3165.60	3228.08	1023.00	106550	20.55	5.55
杭州	97.13	1.50	12338.82	22395.29	6656.60	711253	17.98	16.05
宁波	96.44	0.88	10064.07	14966.92	19364.00	423375	14.29	20.36
嘉兴	96.05	0.83	3503.45	4718.35	3108.50	268427	17.64	12.88

续表

城市	产业结构		金融财政		对外开放		基础设施	
	非农产业比重(%)	第三产业与第二产业产值比	地方财政一般预算收入(亿元)	金融机构人民币贷款额(亿元)	货物进出口总额(亿美元)	外商直接投资实际使用额(万美元)	公路网密度	每万人拥有公共汽车(辆)
湖　州	94.13	0.91	1913.12	2509.83	1026.00	94188	25.99	6.94
绍　兴	95.55	0.89	3628.94	5947.21	2990.20	94152	20.05	9.04
金　华	95.85	1.11	3096.89	6041.62	4906.00	27431	22.79	4.94
舟　山	89.84	1.18	1127.22	1458.38	7263.40	7792	16.71	9.43
台　州	93.53	1.12	2980.17	5429.60	2116.60	11635	20.63	5.13
合　肥	95.35	0.81	5715.44	9636.57	2033.13	250678	24.21	18.66
芜　湖	95.11	0.66	2634.68	2491.57	681.89	230062	29.82	9.56
马鞍山	94.18	0.66	2100.02	1184.20	295.52	194002	30.98	9.11
铜　陵	94.82	0.54	668.09	766.72	458.11	22324	10.03	10.96
安　庆	86.89	0.73	1065.71	1428.35	244.46	18253	43.60	6.31
滁　州	83.03	0.56	1437.30	1202.34	204.62	105886	41.41	9.55
池　州	87.05	0.89	957.79	478.45	51.98	34703	59.31	8.34
宣　城	87.51	0.80	1315.57	900.31	185.16	79606	44.82	2.82

资料来源：根据《中国城市统计年鉴（2016）》整理得到。

首先，在经济规模和产出效率方面，主要包括GDP、规模以上工业总产值、人均GDP和地均GDP四个指标。从经济规模来看，2015年，上海的GDP和规模以上工业总产值分别为25123.45亿元和31232.62亿元，在长三角城市群25个城市中最高；苏州的GDP和规模以上工业总产值分别为14504.07亿元和30249.25亿元，仅次于上海；杭州的GDP为10050.21亿元，居于该项指标的第三位，无锡和南京的GDP分别居于第四位和第五位，分别为9720.77亿元和8518.26亿元；无锡的规模以上工业总产值居于长三角城市群的第三位，为14549.87亿元，宁波和南通分别居于第四位和第五位。从产出效率来看，上海的地均GDP在长三角城市群中最高，为39620.64万元/平方公里，是排在第二位的无锡的两倍，其次是苏州和南京；苏州的人均GDP最高，为136702元，无锡居于第二位，为130938元，南京和杭州分别居于第三和第四位，分别为118171元和112230元，此外，常州、镇江、上海和宁波的人均GDP也达到了100000元以上。

其次，在收入水平和增长潜力方面，主要包括城镇居民人均可支配收入、农村居民人均纯收入、GDP增长率、固定资产投资总额四个指标。从收入水平来看，2013年，上海的城镇居民人均可支配收入为52962元，是长三角城市群中最高的，苏州为50390元，仅次于上海；嘉兴的农村居民人均纯收入（26838元）是长三角城市群中最高的，宁波、舟山分别居第二位和第三位。从增长潜力方面来看，扬州和合肥具有最高的GDP增长率，同比增长10.50%，扬州、泰州、杭州和芜湖的GDP较上年同期增长也超过10%，而长三角城市群GDP增长率的平均值为8.70%，除杭州和舟山外，浙江省各城市的增长率均低于长三角城市群平均水平，而江苏省除苏州和无锡外，其他城市的GDP增长率均高于长三角城市群平均水平，台州这一指标是长三角城市群中最低的。此外，上海和苏州的固定资产投资总额分别居于第一位和第二位。

再次，在产业结构和金融财政方面，主要包括非农产业比重、第三产业与第二产业产值比、地方财政一般预算收入和金融机构人民币贷款额四个指标。从产业结构来看，长三角各城市的非农产业比重均在80%以上，其中，上海（99.57%）最高，苏州（98.51%）次之；第三产业与第二产业产值比上海位居第一位，其第三产业产值几乎是第二产业的两倍，南京、无锡、苏州、杭州、金华、舟山和台州的第三产业与第二产业产值比在 100%以上，反映出这些城市第三产业的相对发达，不过，大多数长三角城市的第三产业与第二产业产值比未超过 1，说明第二产业在该地区仍然占主导地位。从金融财政来看，上海占绝对优势，其地方财政一般预算收入是排名第二的苏州的三倍多，金融机构人民币贷款额指标也远远超过排名第二的杭州。

最后，在对外开放和基础设施方面，主要包括货物进出口总额、外商直接投资实际使用额、公路网密度和每万人拥有公共汽车数四个指标。其中，上海的货物进出口总额和外商直接投资实际使用额均居首位，分别为 45173 万美元和 1845923 万美元，南通的货物进出口总额居第二位，杭州的外商直接投资实际使用额位于第二位。从公路网密度来看，池州的公路网密度是长三角城市群中最高的，宣城次之。宁波每万人拥有的公共汽车数量是最多的，为 20.36 辆；合肥居第二位，为 18.66 辆；杭州和苏州分别居于第三位和第四位。

4.1.4 长三角城市群社会可持续发展分析

长三角城市群较高的经济发展水平为长三角城市群的社会发展提供了良好的基础，从而使得长三角城市群的社会可持续发展成为可能，表 4-10 和表 4-11 显示了包括社会稳定、社会保障、居民住房、教育文化以及医疗卫生五个方面的长三角城市群的社会可持续发展情况。

首先，社会稳定主要包括城镇登记失业率和城乡居民收入差距两个指标。在整个长三角城市群中，安庆拥有最高的城镇登记失业率（4.15%），上海次之（4.04%），其他城市的城镇登记失业率基本在 2%—3%上下浮动。同时，上海市的城乡居民收入差距也是最高的，为 24498.92 元，南京、苏州、杭州、宁波、绍兴、金华、台州和马鞍山的城乡居民收入差距也达到了 20000 元以上，而盐城的城乡居民收入差距最低，为 10882.75 元。总体来看，长三角城市群的城镇登记失业率较低，但城乡居民收入差距较大。

表 4-10 2015 年长三角城市群社会可持续发展情况（1）

城市	社会稳定		社会保障			居民住房	
	城镇登记失业率（%）	城乡居民收入差距（元）	城镇职工基本养老保险参保比例（%）	城镇基本医疗保险参保比例（%）	失业保险参保比例（%）	农村人均住房面积（平方米）	城镇人均住房建筑面积（平方米）
上海	4.04	24498.92	58.44	59.89	26.57	58.70	33.46
南京	2.17	22220.00	36.52	47.43	30.975	8.70	33.46
无锡	2.14	18596.12	47.37	47.43	30.90	66.84	38.76
常州	2.16	18147.68	22.13	40.12	23.16	54.88	42.33
苏州	2.14	21381.70	48.36	50.92	33.55	72.52	43.86
南通	2.17	16468.05	20.13	25.08	13.81	54.59	40.90
盐城	2.16	10882.75	15.52	17.66	10.06	45.96	37.94
扬州	2.28	14070.31	23.71	27.07	14.25	47.63	38.35
镇江	2.14	16886.19	28.23	27.83	16.16	49.98	41.21
泰州	2.18	15281.30	24.94	25.39	13.76	54.78	41.21
杭州	1.87	20590.87	64.35	56.56	39.51	68.99	32.54
宁波	2.18	21334.23	52.57	49.85	32.93	57.72	34.27
嘉兴	2.96	18716.31	37.78	43.73	25.23	70.17	40.29
湖州	3.10	17347.76	45.72	38.07	22.12	66.54	37.23
绍兴	2.92	21044.36	44.40	39.24	24.78	60.76	41.00
金华	2.76	21851.35	31.73	25.65	14.25	61.15	52.33
舟山	2.73	17243.73	47.54	33.40	18.64	48.31	33.86
台州	2.77	21121.12	29.76	23.32	16.46	54.39	45.49
合肥	3.28	17908.31	19.48	21.04	15.96	34.30	31.52
芜湖	3.54	15455.02	15.24	19.45	11.17	36.46	32.44
马鞍山	2.83	21925.08	27.51	21.78	11.24	35.67	31.01
铜陵	3.19	16126.67	33.83	39.66	22.07	44.10	28.56
安庆	4.15	15084.35	8.10	8.62	4.76	34.79	34.58
滁州	3.55	13542.08	8.20	10.15	5.65	33.32	28.56
池州	3.23	14546.02	7.76	9.65	5.08	42.14	39.07
宣城	3.30	12608.84	11.87	12.29	5.41	38.22	38.56

资料来源：根据《中国城市统计年鉴（2016）》整理得到。

表 4-11　2015 年长三角城市群社会可持续发展情况（2）

城　市	教育文化			医疗卫生	
	中学生每百人拥有教师数（人）	每百人拥有公共图书馆藏书量（册）	影剧院、剧场个数（个）	每万人拥有医生数（人）	每万人拥有卫生机构床位数（张）
上　海	11.34	524.49	81	35.05	83.59
南　京	10.44	250.12	63	34.14	64.26
无　锡	11.32	107.85	46	34.59	69.97
常　州	12.2	84.66	7	32.38	59.6
苏　州	11.15	261.72	23	39.28	85.3
南　通	10.64	61.33	35	21.9	45.7
盐　城	10.54	39.29	10	21.46	43.04
扬　州	11.63	69.63	6	21.31	38.74
镇　江	10.16	110.55	4	28.19	45.61
泰　州	9.56	50.61	28	20.04	39.96
杭　州	12.14	274.34	78	48.14	81.52
宁　波	12.62	118.04	90	37.4	54.04
嘉　兴	12.37	213.86	31	28.15	63.37
湖　州	12.71	74.31	5	27.95	50.26
绍　兴	14.11	86.21	35	29.14	52.26
金　华	13.69	65.65	26	30.86	53.07
舟　山	10.84	169.55	9	34.18	56.49
台　州	13.29	63.4	47	26.32	39.7
合　肥	13.2	68.41	49	24.7	58.68
芜　湖	13.11	48.55	9	19.64	46.74
马鞍山	13.4	51.43	4	19.09	34.99
铜　陵	11.43	101.56	7	30.05	70.42
安　庆	12.73	29.59	25	14.07	30.03
滁　州	14.18	19.87	15	13.66	33.91
池　州	14.9	27.82	7	17.69	37.72
宣　城	12.11	28.99	14	18.02	37.72

资料来源：根据《中国城市统计年鉴（2016）》整理得到。

其次，社会保障由城镇职工基本养老保险参保比例、城镇基本医疗保险参保比例以及失业保险参保比例三个指标来衡量。杭州的城镇职工基本养老保险参保比例和失业保险参保比例最高，分别为64.35%和39.91%，上海的城镇基本医疗保险参保比例最高，为59.89%。总的来说，各个城市的社会保障程度不一。

再次，在居民住房和医疗卫生方面，主要包括农村人均住房面积、城镇人均住房建筑面积、每万人拥有医生数、每万人拥有卫生机构床位数四个指标。从居民住房来看，农村人均住房面积普遍高于城镇人均住房面积，其中，苏州的农村人均住房面积最高，为72.52平方米，合肥的城镇人均住房面积最高，达45.49平方米。从医疗卫生方面来看，杭州每万人拥有医生数（48.14人）最高，上海每万人拥有卫生机构床位数最多，为83.59张。

最后，在教育文化方面，主要包括中学生每百人拥有教师数、每百人拥有公共图书馆藏书量以及影剧院、剧场以及公共图书馆个数三个指标。池州的中学生每百人拥有教师数最高，上海在每百人拥有公共图书馆藏书量这项指标上排名第一，苏州、杭州和宁波的总体教育水平也较高，其中宁波的影院、剧场及公共图书馆个数最多，达90个。

4.1.5　长三角城市群生态可持续发展分析

经济和社会的可持续发展是城市群可持续发展的基础和动力，而生态环境也是城市群发展的重要支撑，经济发展虽然使得长三角城市群的生态环境面临着一定的挑战和压力，但目前来说其环境效率还具有一定优势，资源环境承载力整体较高。表4-12和表4-13显示了包括资源禀赋、绿化状况、环境污染和污染治理四个方面的长三角城市群的生态可持续发展情况。

首先，资源禀赋和绿化状况分别包括人均用电量、人均用水量、人均煤气用量、人均液化石油气用量四个指标和人均绿地面积、建成区绿化覆盖率两个指标。从资源禀赋方面来看，常州的人均用电量、南京的人均用水量、绍兴的人均煤气用量和安庆的人均液化石油气用量分别居于长三角城市群相应指标的首位，分别为7230.34千瓦时/人、152.08吨/人和731.44立方米/人和19.93吨/人；从绿化状况来看，舟山的人均绿地面积最高，为118.10平方米/人，湖州拥有最高的建成区绿化覆盖率，为

48.28%，但实际上这一指标在各城市之间相差不大。

表 4-12　2015 年长三角城市群生态可持续发展情况（1）

城　市	资源禀赋				绿化状况	
	人均用电量（千瓦时）	人均用水量（吨）	人均煤气用量（立方米）	人均液化石油气用量（吨）	人均绿地面积（平方米）	建成区绿化覆盖率（%）
上　海	5819.43	126.05	464.24	0.05	52.72	
南　京	6012.40	152.08	224.62	0.06	107.95	44.49
无　锡	4295.76	65.26	312.35	0.18	28.76	43.04
常　州	7230.34	62.83	445.06	0.24	22.90	43.13
苏　州	5349.86	70.58	716.21	0.45	20.85	42.40
南　通	1958.67	38.56	181.05	0.07	12.19	42.71
盐　城	1374.54	15.03	143.02	0.08	8.92	41.20
扬　州	2529.82	42.49	209.44	0.10	15.97	43.71
镇　江	3471.87	54.45	550.48	0.06	25.80	42.62
泰　州	1725.45	20.13	443.45	0.05	8.72	41.30
杭　州	6204.74	74.03	190.26	0.11	36.61	40.44
宁　波	4411.01	70.32	691.86	0.12	15.16	38.30
嘉　兴	2305.61	19.43	245.72	0.41	10.82	43.98
湖　州	2813.28	30.57	583.65	0.01	15.67	48.28
绍　兴	5094.95	76.55731.44	0.05	15.05	42.63	
金　华	956.12	15.18	394.96	0.05	5.58	40.23
舟　山	3028.24	41.29	58.38	0.35	118.10	38.65
台　州	1577.25	25.06	150.48	0.10	9.55	42.24
合　肥	1805.25	55.93	147.62	0.13	22.16	45.23
芜　湖	2643.64	50.24	252.33	0.20	17.59	38.48
马鞍山	5538.33	64.77	308.08		25.22	44.09
铜　陵	4298.29	41.18	355.19	0.10	34.22	45.72
安　庆	811.64	21.48	91.1019.93	7.99	43.13	
滁　州	578.54	15.33	387.31	0.10	10.39	41.69
池　州	1174.68	19.93	94.57	0.05	13.58	42.35
宣　城	802.09	14.32	400.06	0.02	14.29	41.46

资料来源：根据《中国城市统计年鉴（2016）》整理得到。

表 4-13 2015 年长三角城市群生态可持续发展情况（2）

城 市	环境污染			污染治理		
	单位 GDP 工业废水排放量（万吨/亿元）	单位 GDP 工业二氧化硫排放量（吨/亿元）	单位 GDP 工业烟（粉）尘排放量（吨/亿元）	一般工业固体废物综合利用率（%）	城镇生活污水处理率（%）	生活垃圾无害化处理率（%）
上 海	1.87	4.18	4.43	96.15	91.00	100.00
南 京	2.39	10.39	8.65	90.50	64.49	100.00
无 锡	2.58	8.93	9.73	94.40	89.40	100.00
常 州	2.46	6.53	18.58	98.32	90.39	100.00
苏 州	4.17	10.34	5.20	98.11	82.55	100.00
南 通	2.52	8.96	5.15	98.87	91.58	100.00
盐 城	3.84	9.81	8.64	95.56	81.75	100.00
扬 州	2.21	10.56	3.46	97.50	85.45	100.00
镇 江	2.59	13.23	6.92	95.18	81.40	94.68
泰 州	1.88	9.27	3.76	98.51	64.43	95.32
杭 州	3.36	6.35	4.89	88.60	94.28	100.00
宁 波	2.01	12.74	3.51	94.80	79.44	100.00
嘉 兴	6.24	19.31	5.96	94.37	90.19	99.78
湖 州	4.13	19.30	13.84	97.87	92.50	100.00
绍 兴	5.84	13.43	7.30	96.90	90.57	100.00
金 华	2.24	11.62	11.66	94.95	88.52	97.54
舟 山	2.01	11.33	2.79	99.60	64.80	97.20
台 州	1.76	8.97	4.58	97.58	90.95	100.00
合 肥	0.94	7.21	15.02	91.65	92.12	100.00
芜 湖	2.01	15.49	16.08	86.44	90.79	97.48
马鞍山	5.64	35.68	55.60	86.51	92.10	98.59
铜 陵	5.86	30.51	25.38	90.58	92.07	100.00
安 庆	3.15	10.40	17.62	96.80	88.18	90.16
滁 州	4.49	14.18	27.01	96.36	88.55	95.30
池 州	2.61	31.84	25.61	93.97	93.58	92.92
宣 城	3.77	19.76	39.89	90.46	96.34	100.00

资料来源：根据《中国城市统计年鉴（2016）》整理得到。

其次，从环境污染和污染治理方面来看，主要包括单位 GDP 工业废水排放量、单位 GDP 工业二氧化硫排放量、单位 GDP 工业烟（粉）尘排放量、一般工业固体废物综合利用率、城镇生活污水处理率以及生活垃圾无害化处理率六个方面的指标。在环境污染方面，嘉兴是单位 GDP 工业“三废”排放量最高的城市，综合而言，上海的“三废”排放量最低，可见，上海的环境效率较高。在污染治理方面，几乎所有城市的一般工业固体废物综合利用率都在 90%以上，只有杭州、芜湖和马鞍山没有达到 90%，其中舟山的利用率最高，为 99.60%；宣城的城市生活用水的处理率为 96.34%，居于长三角城市群的首位，其他城市大都在 90%—80%之间波动，南京的城市生活用水处理率最低，仅 64.49%，可见，长三角城市群的城镇生活污水处理率总体并不是很高；生活垃圾无害化处理率有 16 个长三角城市达到了 100%的水平，只有镇江和池州在 95%以下。总体而言，长三角城市群的污染治理情况较好，但是还有进一步改善的空间。

4.2 珠三角城市群

4.2.1 珠三角城市群发展总体特征

4.2.1.1 珠三角城市群空间范围

珠江三角洲，简称珠三角，是组成珠江的西江、北江和东江入海时冲击沉淀而成的一个三角洲。1994 年 10 月 8 日，广东省委在七届三次全会上提出建设珠江三角洲经济区，首次正式提出“珠三角”概念。珠三角最初由广州、深圳、佛山、南海、顺德等城市组成，后来，珠三角范围调整扩大为珠江沿岸广州、深圳、珠海、佛山、东莞、肇庆、江门、中山、惠州 9 个城市，这也就是通常所指的“珠三角”或“小珠三角”。20 世纪 90 年代后期，在“珠三角”的基础上出现了“大珠三角”的概念，即包括华南地区的香港、澳门和广东的珠三角地区。2003 年 7 月，国内正式提出“泛珠三角”概念，包括珠江流域地域相邻、经贸关系密切的福建、江西、广西、海南、湖南、四川、云南、贵州和广东9省区，以及香港、澳门2个特别行政区，简称“9+2”。至此，“珠三角”实际上涵括了“小珠三角”“大珠三角”“泛珠三角”三个不同层面既相互区分又紧密关联的概念。

本节所研究的珠三角城市群为“小珠三角”，范围包括广州、深圳、珠海、佛山、江门、肇庆、惠州、东莞、中山9个城市。珠三角城市群土地面积5.49万平方公里，约占全国土地面积（960万平方公里）的0.57%。2015年年末常住人口达5874.28万人，占全国总人口的4.27%；GDP达到62267.78亿元，占当年全国GDP的9.08%。

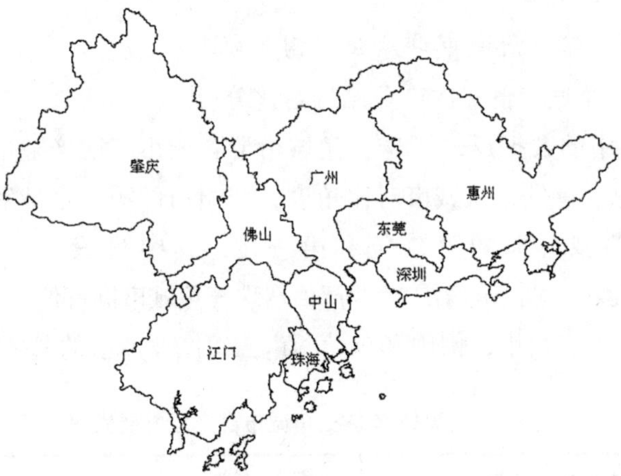

图4-3 珠三角城市群城市空间分布

4.2.1.2 珠三角城市群城市规模等级分析

表4-14 珠三角城市群城市规模等级结构

级序	人口级别（人）	城市数量（个）	人口规模占比（%）	城市名称
1	>1000万	2	42.35	广州、深圳
2	500万—1000万	2	26.70	佛山、东莞
3	200万—500万	4	28.16	江门、肇庆、惠州、中山
4	200万以下	1	2.78	珠 海

资料来源：根据《中国城市统计年鉴（2016）》整理得到。

如表 4-14 所示，珠三角城市群城市规模等级结构也较为完善，大中小城市俱全。具体来看，2015 年，珠三角城市群中人口在 1000 万以上的城市有 2 个，人口总数占珠三角城市群的 22. 22%，其中广州常住人口为 1350. 11 万人，深圳为 1137. 87 万人；佛山和东莞两市的人口总数达到了 500 万以上，占珠三角城市群的 42. 35%；人口在 200 万—500 万的城市有 4 个，人口在 200 万以下的城市仅有珠海。总体来看，珠三角城市群的规模等级分布较为明显，首位城市的地位突出，深圳和广州作为核心城市，人口占了城市群总人口的 40%以上，带动了整个城市群的发展，对周边小城镇发挥着辐射作用。

4. 2. 1. 3　珠三角城市群产业结构与分工

（1）珠三角城市群三次产业结构对比分析

表 4-15 中的数据反映了珠三角城市群各城市三次产业的生产总值及其增长率情况。首先，从城市对比角度，广州市的第二产业和第三产业分别居于珠三角城市群的第二位和第一位，其中第三产业产值达到了 12147. 19 亿元；深圳市的第二产业产值居珠三角城市群首位，且第三产业产值很高，仅次于广州市；佛山和东莞两市三次产业产值的总体表现也较好。

表 4-15　2015 年珠三角城市群产业发展概况

城　市	第一产业		第二产业		第三产业	
	生产总值（亿元）	增长率（%）	生产总值（亿元）	增长率（%）	生产总值（亿元）	增长率（%）
广　州	226. 26	3. 38%	5726. 97	2. 42%	12147. 19	11. 46%
深　圳	700. 11	45. 84%	7207. 68	5. 81%	10288. 18	12. 03%
珠　海	45. 17	2. 93%	1007. 24	7. 31%	973. 01	10. 01%
佛　山	136. 07	1. 58%	4839. 17	5. 16%	3027. 88	11. 90%
江　门	174. 50	3. 82%	1084. 62	6. 17%	980. 91	9. 83%
肇　庆	288. 21	5. 98%	990. 32	7. 33%	691. 47	6. 35%
惠　州	151. 66	7. 55%	1726. 07	1. 71%	1262. 29	8. 60%
东　莞	21. 34	3. 65%	2922. 30	4. 58%	3332. 06	8. 66%
中　山	66. 52	-0. 57%	1632. 64	4. 60%	1310. 87	9. 67%

资料来源：根据《中国城市统计年鉴（2016）》计算得到。

其次，从三次产业生产总值增长率来看，深圳市第一产业的增长率远高于其他城市，为45.84%，相反，中山市为负增长；珠三角城市群各城市第二产业的增长率都为个位数，第三产业的增长率大都在10%上下波动，广州、深圳、珠海和佛山的第三产业还出现了两位数的增长，分别为11.46%、12.03%、10.01%和11.90%。

图4-4显示的是珠三角城市群及全国的三次产业结构对比图，从2015年全国的产业发展情况来看，第一产业占国内生产总值的比重为7.74%，第二产业的比重为45.53%，第三产业的比重为46.72%，可见我国的产业结构表现为"三、二、一"的结构模式。就第一产业而言，2015年珠三角城市群中除江门和肇庆市第一产业的比重高于全国第一产业的比重，其余城市第一产业的比重都低于全国水平，其中，深圳第一产业比重最低，仅为0.04%。从第二产业的比重来看，除广州和深圳两市的第二产业比重低于全国第二产业的比重之外，其余城市第二产业的比重均高于全国水平，其中，佛山第二产业比重为60.46%，居珠三角首位，惠州次之，为54.97%。就第三产业而言，珠三角城市群的9个城市中有4个城市的第三产业比重高于全国平均水平，由高到低分别是广州（67.11%）、深圳（58.78%）、东莞（53.10%）和珠海（48.04%）。

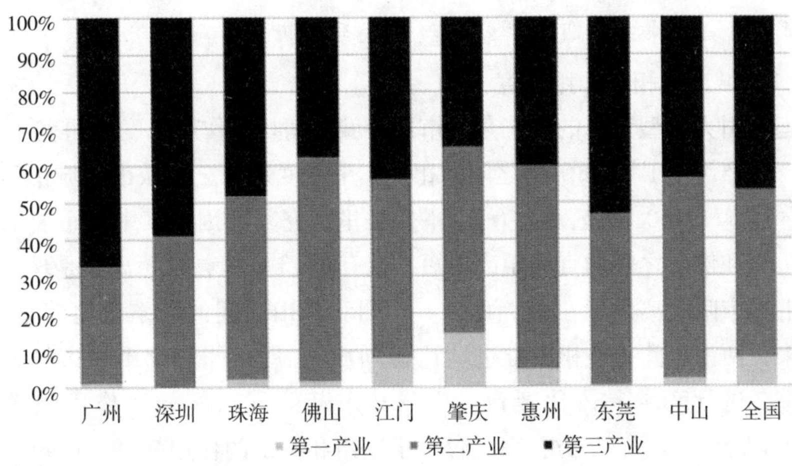

图4-4　2015年珠三角城市群各城市及全国产业结构对比图

总体来看，广州和深圳第二产业和第三产业的生产总值均位居珠三角城市群前两位，产值规模大，所占比例高。可见，广州和深圳作为珠三角城市群的中心城市，在发挥服务功能方面尤其突出，从而带动整个珠三角城市群的经济增长和产业发展，重要作用显而易见。

（2）珠三角城市群产业同构及产业协同发展

表 4-16 反映的是珠三角城市群各城市 16 个主要部门的区位熵。从城市层面来看，广州有 9 个部门的区位熵大于 1，深圳有 6 个部门的区位熵大于 1，可见，广州和深圳作为珠三角城市群的核心城市，对外具有较强的辐射效应；同时，珠海和肇庆均有 4 个部门的区位熵大于 1，说明这两所城市外向功能也较强，能在一定程度上带动周边城市产业的发展。从部门层面来看，除广州外，珠三角其余 8 个城市的制造业区位熵均大于 1，其中，佛山、惠州、东莞和中山的区位熵更是达到了 2，反映出珠三角城市群的制造业专业化水平较高，具有很强的外向功能；对于电力、燃气及水的生产和供应业和建筑业，珠三角城市群中没有一个城市的区位熵大于 1，说明珠三角城市群在这两个部门上并不存在明显的专业化优势；此外，对批发和零售业，金融业，科学研究、技术服务和地质勘查业，水利、环境和公共设施管理业，文化、体育和娱乐业，教育，公共管理和社会组织，也仅有一个城市的区位熵大于 1。

4.2.1.4 珠三角城市群空间经济联系分析

（1）城市间相互作用强度

运用引力模型计算的珠三角城市群各城市间相互作用强度值如表 4-17 所示，2015 年，广州和佛山之间的相互作用强度是珠三角城市群城市间最高的，高达 19760.51 亿元 · 万人/平方公里，究其原因，其中很重要的一点是广州和佛山之间的直线距离很短，仅有 25.3 公里，该距离也是珠三角城市群城市间距离的最小值，此外，广州和佛山之间的联系也比较紧密，近年来，两市之间正在积极推进“广佛同城”，即广州和佛山两市打破行政壁垒，进行区域一体化建设。广州和东莞的城市间相互作用强度为 3231.98 亿元 · 万人/平方公里，仅次于广州和佛山的作用强度，广州和深圳（1405.17）以及广州和江门（792.96）之间的相互作用强度分别居于第三位和第四位。从城市层面来看，广州和其他所有珠三角城市群城市之

表 4-16 2015 年珠三角城市群各城市主要部门区位熵

城市	制造业	电力、燃气及水的生产和供应业	建筑业	批发和零售业	交通运输、仓储及邮政业	住宿餐饮业	信息传输、计算机服务和软件业	金融业	房地产	租赁和商业服务业	科学研究、技术服务和地质勘查业	水利、环境和公共设施管理业	教育	卫生、社会保障和社会福利业	文化、体育和娱乐业	公共管理和社会组织
广州	0.89	0.47	0.47	1.28	2.01	1.40	1.52	0.78	2.40	2.12	2.32	1.19	0.81	0.84	1.53	0.63
深圳	1.80	0.21	0.41	0.89	1.22	1.01	1.42	0.64	1.71	2.14	0.81	0.20	0.23	0.28	0.61	0.36
珠海	1.79	0.43	0.50	0.66	0.73	1.42	1.41	0.76	1.62	0.88	0.63	0.82	0.44	0.46	0.47	0.54
佛山	2.33	0.42	0.20	0.52	0.52	0.50	0.35	0.49	0.79	0.43	0.39	0.50	0.53	0.60	0.39	0.42
江门	1.73	0.71	0.48	0.66	0.60	0.84	0.55	1.04	0.68	0.34	0.34	0.70	0.78	1.02	0.49	0.95
肇庆	1.62	0.87	0.27	0.68	0.52	0.62	0.47	0.76	0.72	0.31	0.31	0.79	1.29	1.34	0.50	1.20
惠州	2.25	0.56	0.10	0.43	0.51	0.40	0.43	0.99	0.70	0.29	0.24	0.58	0.59	0.64	0.51	0.75
东莞	2.68	0.22	0.13	0.39	0.29	0.55	0.18	0.42	0.42	0.61	0.26	0.09	0.17	0.44	0.34	0.29
中山	2.40	0.49	0.19	0.60	0.41	0.71	0.37	0.54	0.92	0.49	0.20	0.25	0.40	0.50	0.36	0.33

资料来源：根据《中国城市统计年鉴（2016）》计算得到。

表 4-17 2015 年珠三角城市群各城市间相互作用强度

城市	广州	深圳	珠海	佛山	江门	肇庆	惠州	东莞
深圳	1405.17							
珠海	184.96	105.09						
佛山	19760.51	513.38	88.51					
江门	792.96	195.64	102.09	578.99				
肇庆	464.09	77.25	17.68	317.34	95.04			
惠州	349.34	769.20	19.91	130.35	35.77	19.92		
东莞	3231.98	2177.23	83.26	902.97	157.44	82.68	403.69	
中山	701.93	331.10	311.59	349.63	594.10	48.66	50.64	292.17

资料来源：根据《中国城市统计年鉴（2016）》计算得到。

间的作用强度都在 100 以上，深圳和珠三角城市群城市的作用强度也大都在 100 以上，可见，作为珠三角城市群的龙头城市，广州和深圳与其他城市之间的相互作用紧密，对周边城市的带动作用很强。

（2）城市流

根据相关数据，利用（4.4）式、（4.5）式和（4.7）式可以分别计算出珠三角城市群 9 个城市各部门的外向功能量 E_{ij} 、各城市的外向功能量 E_i 、城市流强度 F_i 和城市流倾向度 K_i ，具体如表 4-18 和表 4-19 所示。深圳在 9 个城市中具有最高的外向功能量，高达 142.62，其中制造业贡献了外向功能量的比例约为 77.42%，交通运输、仓储及邮政业，住宿餐饮业，信息传输、计算机服务和软件业，房地产，租赁和商业服务业 5 个产业提供了其余部分的外向功能。东莞的外向功能量为 116.72，仅次于深圳，但其全部外向功能量都来自于制造业，产业结构较为单一。同样的，佛山的外向功能量（67.73）虽居于珠三角城市群的第三位，但也全部来自于制造业，其他部门并未贡献任何外向功能。尽管广州的外向功能量不到深圳的一半，但在批发和零售业、住宿餐饮业、房地产业等 9 个部门之间分布比较均匀。

表 4-18 2015 年珠三角城市群各城市主要部门外向功能量

城市	制造业	电力、燃气及水的生产和供应业	建筑业	批发和零售业	交通运输、仓储及邮政业	住宿餐饮业	信息传输、计算机服务和软件业	金融业	房地产	租赁和商业服务业	科学研究、技术服务和地质勘查业	水利、环境和公共设施管理业	教育	卫生、社会保障和社会福利业	文化、体育和娱乐业	公共管理和社会组织	总计
广州	0	0	0	5.78	14.98	2.90	3.46	0	11.08	10.51	9.82	0.88	0	0	1.49	0	60.90
深圳	110.40	0	0	0	4.64	0.07	3.99	0	8.07	15.45	0	0	0	0	0	0	142.62
珠海	17.47	0	0	0	0	0.70	0.62	0	1.14	0	0	0	0	0	0	0	19.93
佛山	67.73	0	0	0	0	0	0	0	0	0	0	0	0	0	0	0	67.73
江门	12.74	0	0	0	0	0	0	0.07	0	0	0	0	0	0.05	0	0	12.86
肇庆	7.85	0	0	0	0	0	0	0	0	0	0	0	1.15	0.66	0	0.71	10.37
惠州	34.49	0	0	0	0	0	0	0	0	0	0	0	0	0	0	0	34.49
东莞	116.72	0	0	0	0	0	0	0	0	0	0	0	0	0	0	0	116.72
中山	34.82	0	0	0	0	0	0	0	0	0	0	0	0	0	0	0	34.82

资料来源：根据《中国城市统计年鉴（2016）》计算得到。

整体来看，除广州外，其他 8 个珠三角城市的外向功能量几乎都来自于制造业，说明整体上珠三角城市群的制造业在国内具有较强的竞争优势，对其他地区有辐射作用。

表 4-19　2015 年珠三角城市群各城市城市流倾向度与强度

城 市	GDP（亿元）	年末单位从业人员总数（万人）	从业人员人均地区生产总值（万元）	城市的外向功能量（E_i）	城市流强度（F_i）	城市流倾向度（K_i）
广 州	18100. 41	317. 78	56. 96	60. 90	3468. 86	0. 19
深 圳	17502. 86	457. 41	38. 27	142. 62	5458. 07	0. 31
珠 海	2025. 41	73. 29	27. 64	19. 93	550. 87	0. 27
佛 山	8003. 12	169. 43	47. 23	67. 73	3198. 89	0. 40
江 门	2240. 02	58. 09	38. 56	12. 86	495. 88	0. 22
肇 庆	1970. 01	42. 46	46. 39	10. 37	481. 06	0. 24
惠 州	3140. 03	91. 65	34. 26	34. 49	1181. 63	0. 38
东 莞	6275. 70	230. 99	27. 17	116. 72	3171. 28	0. 51
中 山	3010. 03	82. 90	36. 31	34. 82	1264. 31	0. 42

资料来源：根据《中国城市统计年鉴（2016）》计算得到。

就城市流强度而言，深圳居首位，达到了 5458. 07，广州次之，为 3468. 86，再次是佛山和东莞，城市流强度分别为 3198. 89 和 3171. 28，同时，惠州和中山的城市流强度也达到了 1000 以上，其他城市均不到 1000。根据城市流强度，可将珠三角城市群城市划分为四个层次，第一个层次是城市流强度在 5000 以上的城市，代表性城市是深圳，是该区域的中心城市，带动区域经济和社会发展；第二个层次的城市流强度在 3000—4000 之间，代表性城市为广州、东莞和佛山，这些城市也具有较大的外向功能量，在较大程度上可以带动周边城市的发展；第三个层次的城市流强度在 1000—2000 之间，典型城市是惠州和中山；第四个层次的城市流强度在 1000 以下，主要城市为珠海、江门和肇庆。

4.2.2 “一带一路”建设与珠三角城市群发展

4.2.2.1 相关政策文件梳理

2015 年 4 月 30 日广东省政府召开《珠江三角洲全域规划》专家审查会。副省长许瑞生表示，广东自贸试验区要在“21 世纪海上丝绸之路”战略中充分发挥作用，活化保护好历史海上丝绸之路的文化和历史记忆。

2015 年 6 月 3 日，广东省政府召开新闻发布会，通报《广东省参与建设“一带一路”的实施方案》（下称《实施方案》）。根据《实施方案》，广东省打造成为“一带一路”的战略枢纽、经贸合作中心和重要引擎，此定位已得到国家认可。完成与国家“一带一路”建设规划衔接并印发实施方案的省份，涉及重要基础设施互联互通、提升对外贸易合作水平、产业投资、海洋领域合作、能源合作、金融业务合作、旅游合作、人文交流和健全外事交流机制等 9 项内容。

2016 年 3 月 3 日《国务院关于深化泛珠三角区域合作的指导意见》（以下简称《指导意见》）明确了“一带一路”建设重要区域，立足泛珠三角区域连接南亚、东南亚和沟通太平洋、印度洋的区位优势，充分发挥建设福建 21 世纪海上丝绸之路核心区以及相关省区作为“一带一路”门户、枢纽、辐射中心和海上合作战略支点功能，发挥港澳独特作用，共同推动“一带一路”建设，打造我国高水平参与国际合作的重要区域。此外，《指导意见》还指出泛珠三角区域应积极融入“一带一路”建设，发挥区位优势，完善联通内外的综合交通运输网络，加强与“一带一路”沿线国家经贸往来和文化交流。推动深化澜沧江—湄公河合作、大湄公河次区域经济合作和泛北部湾经济合作，积极参与中国—东盟自贸区升级建设，打造中国—中南半岛、孟中印缅经济走廊。鼓励区域内有条件的企业共同参与境外经济贸易合作区和农业合作区开发建设，推进国际产能和装备制造合作。加强协同配合，支持加快建设福建 21 世纪海上丝绸之路核心区，完善广东 21 世纪海上丝绸之路建设重要引擎功能，把云南建成我国面向南亚、东南亚的辐射中心，增强广西有机衔接“一带一路”的重要门户作用，进一步提升海南以及内陆省份在“一带一路”建设中的支撑作用。充分发挥香港、澳门独特优势，积极参与和助力“一带一路”建设。

2017 年 1 月 20 日《广东省深化泛珠三角区域合作实施意见》（以下简称《实施意见》）中指出，充分发挥广东作为“一带一路”的战略枢纽、经贸合作中心和重要引擎的功能和经济特区、中国（广东）自由贸易试验区的带动作用，着力抓好深化改革各项试点工作，在完善社会主义市场经济体制、推进经济建设、对外开放、社会管理、生态文明建设等方面积极开展先行先试，携手泛珠三角各方共同拓展参与“一带一路”建设的广度和深度，为泛珠三角区域和全国深化改革、扩大开放积累经验。《实施意见》还在共同培育对外开放新优势的部分中提出，积极参与中国—中南半岛、孟中印缅经济走廊建设。完善联通内外的综合交通运输网络，建设连接东盟和泛珠三角省区的陆路国际大通道。联合提升中亚班列、中欧班列国际运输功能，加快推进粤蓉欧、粤黔欧等互联互通班列建设，完善广东（石龙）铁路国际物流基地、广州（大田）铁路集装箱中心站的国际物流枢纽功能。探索推进粤港澳—桂—越南—东盟物流通道建设。加强“一带一路”沿线技术性贸易的交流合作。依托伊朗格什姆自贸区、沙特吉赞中国产业园、马六甲临海工业园、埃塞俄比亚华坚工业园等境外产业园区，共同推进国际产能合作。鼓励有条件的企业与泛珠三角合作各方企业联手“走出去”，“抱团出海”，共同参与境外产业合作。共同推进与欧盟合作，联手开展招商引资、技术引进、产业并购等，带动提升区域开放水平。

4.2.2.2 发展潜力分析

在航运和港口的发展方面，车国彩（2017）支持珠三角在“一带一路”建设中抓住港口建设的机遇，同时提到广州港口自然条件暂时不能满足大型化船舶的通航要求，制约广州港口远洋运输的发展，“一带一路”为其向内陆腹地辐射提供了良好的政策支持，应继续加强广州港口建设，巩固华南地区综合性主枢纽港的地位。珠三角的主要港口广州港、深圳港和珠海港，有着丰富的基础设施建设和运营经验，在港航产业“走出去”的过程中优势多于劣势，面临的机遇大于威胁，可以有效对接具有大型港口建设需求的东南亚及南亚国家（杨素梅，2017）。

在国际贸易领域，田弘（2016）认为广东在“一带一路”建设中起引领作用，广东应通过打造“泛珠三角”经济合作区，深化粤港澳贸易自由化，建设喀什特区广东分区等继续发挥模范作用。于立新、裘莹（2017）

提出在“一带一路”的六大经济走廊规划中，珠三角经济区是中国—中南半岛经济走廊的桥头堡，并阐述了人民币国际化在跨境结算和电子商务贸易上推动珠三角经济区与东盟国际贸易的积极作用，提升珠三角地区贯通东盟到欧洲之间客货海铁联运的枢纽能力。

在物流上，甘永龙（2017）提出珠三角物流产业随着“一带一路”建设也已经在进行着产业的升级，向着以现代信息技术为基础，产品运输、存储、配送等环节高效整合转变，同时珠三角应该通过信息化建设、基础物流设施建设等手段着力解决企业之间协作不足、产业重复建设等问题。

4.2.3 珠三角城市群经济可持续发展分析

珠三角城市群是我国乃至亚太地区最具活力的经济区之一，经济可持续发展能力处于国内领先位置，且日渐成为全球经济的重要组成部分，但从城市群内部看，珠三角仍然存在经济发展不协调的现象。和长三角城市群一样，本节将从经济规模、产出效率、收入水平、增长潜力、产业结构、金融财政、对外开放、基础设施八个方面分析 2015 年珠三角城市群的经济可持续发展情况。

首先，在经济规模方面，2015 年，广州的 GDP 水平最高，达 18100.41 亿元，深圳的 GDP 略小于广州，居珠三角城市群的第二位，佛山和东莞分别居珠三角城市群的第三位和第四位；深圳的规模以上工业总产值为 25542.44 亿元，是珠三角城市群中最高的，佛山和广州分别居第二位和第三位，江门最低，仅为深圳的六分之一。在产出效率方面，深圳的人均 GDP 和地均 GDP 均居珠三角城市群首位，广州人均 GDP 排第二，东莞地均 GDP 居第二。

其次，从收入水平方面来看，2015 年，广州的城镇居民人均可支配收入是最高的，为 46734.6 元，深圳的城镇居民人均可支配收入（44633.3 元）仅次于广州，东莞（39793.4 元）第三；中山的农村居民人均纯收入为珠三角地区最高，东莞的农村居民人均纯收入为 24224.9 元，排名第二，佛山次之。从增长潜力方面来看，珠海的 GDP 增长率最高，同比增长 10.00%，惠州的 GDP 增长率为 9.00%，居第二位；广州和深圳的全社会固定资产投资总额分别居第一位和第二位。

表 4-20　2015 年珠三角城市群经济可持续发展情况(1)

城市	经济规模		产出效率		收入水平		增长潜力	
	GDP（亿元）	规模以上工业总产值（亿元）	人均 GDP（元）	地均 GDP（万元/平方公里）	城镇居民人均可支配收入（元）	农村居民人均纯收入（元）	GDP 增长率（%）	全社会固定资产投资总额（亿元）
广 州	18100. 41	18684. 22	136188	25133. 46	46734. 6	19323. 1	8. 40	5405. 95
深 圳	17502. 86	25542. 44	157985	127904. 08	44633. 3		8. 90	3298. 31
珠 海	2025. 41	3966. 02	124706	22898. 52	38322. 0	20510. 2	10. 00	781. 02
佛 山	8003. 12	19544. 95	108299	51461. 16	39756. 9	22063. 2	8. 50	3035. 52
江 门	2240. 02	3998. 76	49608	4207. 01	27116. 7	13817. 0	8. 40	1307. 87
肇 庆	1970. 01	4034. 37	48670	2709. 27	23746. 3	13982. 4	8. 20	1330. 03
惠 州	3140. 03	7044. 73	66231	6209. 00	30056. 9	15829. 6	9. 00	1863. 93
东 莞	6275. 70	12744. 42	75616	51806. 58	39793. 4	24224. 9	8. 00	1446. 52
中 山	3010. 03	6345. 28	94030	35567. 70	37254. 0	24405. 1	8. 42	1055. 41

资料来源：根据《中国城市统计年鉴（2016）》计算得到。

表 4-21 2015 年珠三角城市群经济可持续发展情况(2)

城市	产业结构		金融财政		对外开放		基础设施	
	非农产业比重(%)	第三产业与第二产业产值比(%)	地方财政一般预算收入(亿元)	金融机构人民币贷款额(亿元)	货物进出口总额(万美元)	外商直接投资实际使用额(万美元)	公路网密度	每万人拥有公共汽车(辆)
广州	98.75	212.10	1349.47	27296.16	13386215.55	541634	6.90	10.32
深圳	99.96	142.74	2726.85	32449.04	44245494.13	649733	1.44	13.29
珠海	97.77	96.60	269.96	2860.33	4763780.04	217789	8.85	11.55
佛山	98.29	62.57	557.55	7950.53	6571166.83	237728	7.06	8.97
江门	92.21	90.44	199.01	2218.01	1983062.66	87941	28.34	4.99
肇庆	85.37	69.82	143.36	1281.52	820789.20	139447	6.26	5.94
惠州	95.17	73.13	340.02	2464.35	5435639.70	110499	8.13	7.28
东莞	99.67	114.02	517.97	5980.90	16754279.78	531982	38.63	3.20
中山	97.79	80.29	287.47	2784.93	3560100.28	45682	34.80	2.04

资料来源:根据《中国城市统计年鉴(2016)》计算得到。

再次，在产业结构方面，除了肇庆的非农产业比重为 85.37%之外，珠三角城市群其他城市的非农产业比重均在 90%以上，其中，深圳的非农产业比重最高，达 99.96%，东莞（99.67%）居第二位；第三产业与第二产业产值比广州（212.10%）最高，其第三产业产值几乎是第二产业的两倍，深圳（142.74%）次之，东莞（114.02%）第三，反映出这些城市第三产业的相对发达，但珠三角其他城市的第二产业产值均高于第三产业，可见，对于珠三角城市群来说，第二产业仍是其支柱产业，在经济发展中承担着举足轻重的作用。此外，深圳的地方财政一般预算收入和金融机构人民币贷款额均是珠三角城市群中最高的，广州次之。

最后，对外开放方面，2015 年深圳的货物进出口总额最大，高达 44245494.13 万美元，是排名第二位的东莞的近三倍；同时，深圳的外商直接投资实际使用额也是最高的，广州和东莞分别排名第二和第三。在基础设施方面，东莞的公路网密度是珠三角城市群中最高的，中山次之，江门第三；深圳每万人拥有公共汽车数最多，珠海和广州居第二位和第三位。

4.2.4 珠三角城市群社会可持续发展分析

珠三角城市群作为我国最为发达的城市群之一，其经济发展水平已经达到较高水平，为珠三角地区的发展提供了良好的经济基础，而城市群的社会可持续发展能力对于一个城市的未来发展同样重要。表 4-22 和表 4-23 显示了 2015 年包括社会稳定、社会保障、居民住房、教育文化以及医疗卫生五个方面的珠三角城市群的社会可持续发展情况。

首先，从社会稳定方面来看，肇庆拥有最高的城镇登记失业率（2.41%）和最低的城乡居民收入差距（12390.68 元），不过总体而言，各城市之间城镇登记失业率的数值相差不大，基本分布在 2.00%到 2.50%之间；但城乡居民收入差距这一指标存在较大区别，其中，深圳城乡居民收入差距为 45099.53 元，广州、珠海和佛山分别排名第二、第三和第四。可见，珠三角城市群总体的城镇登记失业率较低，城乡收入差距较大。

其次，从社会保障方面来看，珠三角城市群的城镇职工基本养老保险参保比例相差较大，其中，深圳的参保比例达到了 84.25%，是珠三角城市群中最高的，深圳次之，为 83.87%，而肇庆的城镇职工基本养老保险参保比例只有 55.63%；同时，深圳的城镇基本医疗保险参保比例和失业保险参保比例都居于珠三角城市群的首位。

再次，对于居民住房，除了江门、惠州和东莞之外，珠三角城市群的农村人均住房面积均大于城镇人均住房建筑面积，具体来看，东莞的农村人均住房面积和城镇人均住房建筑面积均是珠三角城市群最高的，分别为 49.29 平方米和 59.57 平方米。在医疗卫生方面，深圳每万人拥有医生数最多，为 81.71 人；东莞每万人拥有卫生机构床位数最多，为 136.99 个。

最后，在教育文化方面，东莞中学生每百人拥有教师数是最多的，为 17.43 人，深圳每百人拥有公共图书馆藏书量是最高的，佛山拥有最多的影院、剧场以及公共图书馆（55 个），而江门只有 1 个。

表 4-22 2015 年珠三角城市群社会可持续发展情况（1）

城市	社会稳定		社会保障			居民住房	
	城镇登记失业率（%）	城乡居民收入差距（元）	城镇职工基本养老保险参保比例（%）	城镇基本医疗保险参保比例（%）	失业保险参保比例（%）	农村人均住房面积（平方米）	城镇人均住房建筑面积（平方米）
广州	2.17	23393.62	84.25	77.97	35.11	44.39	23.15
深圳	2.37	45099.53	83.87	106.62	85.66	0.00	28.15
珠海	2.30	21649.35	74.27	96.85	54.83	37.83	29.89
佛山	2.28	20740.35	66.70	65.24	29.92	49.00	39.58
江门	2.34	17258.88	76.83	85.63	16.53	28.91	31.52
肇庆	2.41	12390.68	55.63	101.77	10.60	28.52	21.52
惠州	2.27	19151.62	67.53	90.00	26.79	34.89	36.01
东莞	2.19	19573.80	82.27	72.92	49.93	49.29	59.57
中山	2.27	12672.47	74.35	79.33	44.18	41.65	35.29

资料来源：根据《中国城市统计年鉴（2016）》计算得到。

表 4-23 2015 年珠三角城市群社会可持续发展情况（2）

城市	教育文化			医疗卫生	
	中学生每百人拥有教师数（人）	每百人拥有公共图书馆藏书量（册）	影剧院、剧场个数（个）	每万人拥有医生数（人）	每万人拥有卫生机构床位数（个）
广州	13.48	252.87	53	49.75	87.96
深圳	14.04	924.57		81.71	88.75
珠海	14.91	292.57	22	48.39	70.95
佛山	14.57	107.76	55	39.66	80.38
江门	12.84	66.02	1	22.81	36.88
肇庆	13.2	49.88	16	10.4	31.62
惠州	15.15	49.49	5	29.29	53.03
东莞	17.43	520.32	13	81.48	136.99
中山	14.57	107.33	25	42.12	83.56

资料来源：根据《中国城市统计年鉴（2016）》计算得到。

4.2.5 珠三角城市群生态可持续发展分析

经济和社会的可持续发展是城市群可持续发展的基础和动力，而生态环境也是城市群发展的重要支撑，珠三角城市群的生态可持续发展能力较高，环境效率具有一定优势。表 4-24 和表 4-25 显示了 2015 年珠三角城市群包括社会稳定、人口结构、社会保障、居民住房、教育文化以及医疗卫生六个方面的社会可持续发展情况。

首先，在资源禀赋方面，东莞的人均用电量为 8078.94 千瓦时/人，居珠三角城市群首位；珠海的人均用水量最高，为 209.07 吨；深圳的人均煤气用量为 1067.27 立方米，是珠三角城市群中最高的；中山的人均液化石油气用量最高。在绿化状况方面，广州具有最高的人均绿地面积，为 104.47 平方米，东莞次之；珠海的建成区绿化覆盖率最高，为 57.94%。

其次，在环境污染方面，肇庆的单位 GDP 工业烟（粉）尘排放量最高，江门的单位 GDP 工业废水排放量和单位 GDP 工业二氧化硫排放量均居珠三角城市群首位，分别高达 6.27 万吨/亿元和 20.35 吨/亿元，反映出这两个城市环境效率的低下；相反，深圳的单位 GDP 工业“三废”排放量在珠三角城市群中几乎都是最低的，反映出深圳具有较高的环境效率。在污染治理方面，深圳的一般工业固体废物综合利用率最高，达 99.86%，肇庆最低，仅为 75.00%；珠三角城市群的城镇生活污水处理率整体要优于长三角城市群，其中，广州的城镇生活污水处理率最高，为 96.63%；此外，对于生活垃圾无害化处理率，除广州和东莞外，珠三角城市群其他城市均达到了 100%的水平。总体来看，珠三角城市群的污染治理有进一步改善的空间。

表 4-24　2015 年珠三角城市群生态可持续发展情况（1）

城市	资源禀赋				绿化状况	
	人均用电量（千瓦时）	人均用水量（吨）	人均煤气用量（立方米）	人均液化石油气用量（吨）	人均绿地面积（平方米）	建成区绿化覆盖率（%）
广州	5772.29	164.09	287.14	0.15	104.47	41.60
深圳	7167.29	149.14	562.16	0.07	85.99	45.10
珠海	8896.06	209.07	236.06			57.94
佛山		182.64				
江门	2673.29	58.05	470.40	0.07	26.57	43.71
肇庆		32.00			24.07	35.94
惠州	3914.60	61.70	129.89	0.10	17.58	42.85
东莞	8078.94	188.32	381.03	0.07	100.25	44.85
中山	7649.16	48.79	206.40	0.18	13.26	32.14

资料来源：根据《中国城市统计年鉴（2016）》计算得到。

表 4-25　2015 年珠三角城市群社会可持续发展情况（2）

城市	环境污染			污染治理		
	单位 GDP 工业废水排放量（万吨/亿元）	单位 GDP 工业二氧化硫排放量（吨/亿元）	单位 GDP 工业烟（粉）尘排放量（吨/亿元）	一般工业固体废物综合利用率（%）	城镇生活污水处理率（%）	生活垃圾无害化处理率（%）
广州	1.03	2.64	0.51	95.15	92.09	95.24
深圳	1.09	0.24	0.06	99.86	96.63	100.00
珠海	2.93	10.84	5.16	94.38		100.00
佛山	2.04	8.38	3.66	84.70	96.49	100.00
江门	6.27	20.35	5.82	85.08	90.30	100.00
肇庆	4.11	15.71	15.51	75.00		
惠州	2.74	9.13	5.00	95.50	96.02	100.00
东莞	3.26	13.54	2.30	88.65	95.00	74.87
中山	2.48	8.12	4.08	92.59	96.00	100.00

资料来源：根据《中国城市统计年鉴（2016）》计算得到。

4.3　京津冀城市群

4.3.1　京津冀城市群发展总体特征

4.3.1.1　京津冀城市群空间范围

京津冀城市群是我国国家层面的三大城市群之一，地处环渤海地区的中心区域，是中国的政治、文化中心，也是中国北方经济的重要核心区。本报告中京津冀城市群的范围，包括北京、天津两个直辖市和河北省的石家庄、秦皇岛、唐山、廊坊、保定、沧州、张家口、承德 8 个城市。土地面积 18.25 万平方公里，占全国国土面积的 1.91%。2015 年年底京津冀城市群人口为9026.09万人，占全国总人口的6.57%；GDP达63863.99亿元，占当年全国GDP的9.32%。

图4-5 京津冀城市群城市空间分布

4.3.1.2 京津冀城市群城镇体系分析

从表4-26中可以看出，京津冀城市群城市规模等级并不完善。具体来看，整个城市群常住人口达到1000万以上的城市有4个，分别为北京、天津、保定和石家庄，人口总数占城市群的65.48%；规模在500万—1000万的城市有2个，即唐山和沧州，没有200万人口以下的小城市。总

表4-26 京津冀城市群城市规模等级结构

级序	人口级别（人）	城市数量（个）	人口规模占比（%）	城市名称
1	>1000万	4	65.84	北京、天津、石家庄、保定
2	500万—1000万	2	16.89	唐山、沧州
3	200万—500万	4	17.27	秦皇岛、张家口、承德、廊坊
4	200万以下	0	0	/

资料来源：根据《中国城市统计年鉴（2016）》计算得到。

体来看，北京的城市首位地位不突出，可能不利于发挥中心城市的辐射效应，难以带动整个城市群的发展。若要实现京津冀“以首都为核心的世界级城市群”的定位和“一核、双城、三轴、四区、多节点”的发展格局，还需要进一步努力。

4.3.1.3 京津冀城市群产业结构与分工

（1）京津冀城市群产业结构对比分析

表 4-26 反映的是 2015 年京津冀城市群三次产业的总产值和增长率情况。从生产总值方面来看，北京的第三产业产值居城市群首位，高达 18331.12 亿元，是排在第二位的天津的 2 倍，是居末位的承德的 37 倍；天津的第二产业产值是最高的，北京次之，秦皇岛的最低，仅为 445.03 亿元；此外，除唐山外，其他京津冀城市第一产业产值都在 500 亿元以下。从增长率方面来看，各城市的第一产业增长率都比较低，北京和保定还出现了负增长情况；除石家庄、沧州和廊坊之外，京津冀城市群第二产业产值增长率均为负值；相反，其第三产业表现出了较为强劲的增长势头，其中，廊坊达到了 26.00%的增长率。

表 4-27 2015 年京津冀城市群产业发展概况

城 市	第一产业		第二产业		第三产业	
	生产总值（亿元）	增长率（%）	生产总值（亿元）	增长率（%）	生产总值（亿元）	增长率（%）
北 京	140.39	-11.7	4543.08	-0.05	18331.12	10.25
天 津	208.38	3.41	7703.49	-0.8	8624.67	11.21
石家庄	494.55	1.45	2452.62	1.45	2493.97	10.10
唐 山	568.81	1.81	3364.62	-6.41	2169.64	4.74
秦皇岛	177.69	1.73	445.03	-0.93	627.72	8.95
保 定	353.44	-16.91	1500.77	-3.99	1146.13	9.50
张家口	243.67	1.68	545.55	-5.2	574.32	7.57
承 德	235.60	4.37	636.43	-5.16	486.70	9.18
沧 州	319.44	0.54	1646.37	1.11	1354.82	14.10
廊 坊	206.07	0.26	1102.35	5.42	1165.19	26.00

资料来源：根据《中国城市统计年鉴（2016）》计算得到。

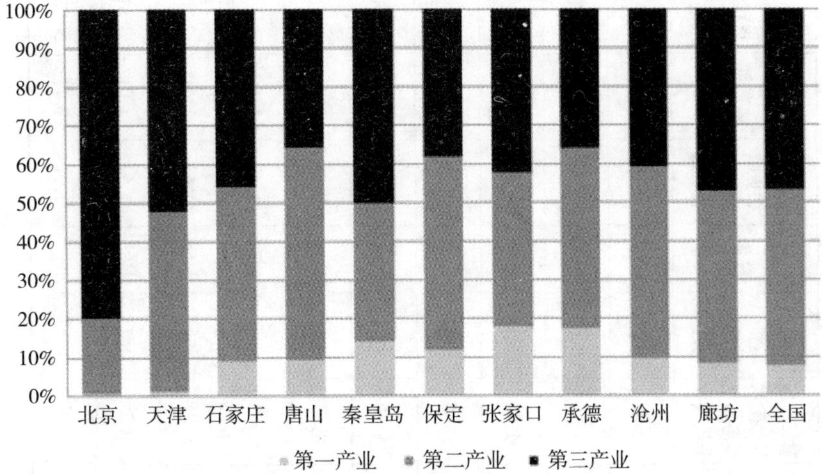

图 4-6　2015 年京津冀城市群各城市及全国产业结构对比图

从图 4-6 中可以看到，就第一产业而言，2015 年京津冀城市群中除北京和天津第一产业的比重低于全国第一产业的比重，其余城市第一产业的比重都高于全国的比重，这与长三角和珠三角城市群的情况相反，可见，相对来说，第一产业对京津冀城市群还是比较重要的；从第二产业的比重来看，北京、石家庄、秦皇岛、张家口和廊坊的第二产业比重低于全国第二产业的比重，其余城市第二产业的比重均高于全国水平，其中，唐山第二产业比重为 55. 13%，居京津冀城市群首位，保定次之；就第三产业而言，京津冀城市群的 10 个城市中仅有 4 个城市的第三产业比重高于全国平均水平，其中，北京这一比例高达 79. 65%，居城市群首位。总体来看，京津冀城市群的第一产业比重占比过高，而第二产业和第三产业比重过低，需进一步提高。

（2）京津冀城市群产业同构及产业协同发展

表 4-28 表示的是京津冀城市群各城市 16 个主要部门的区位熵，数据显示，从城市层面来看，石家庄有 11 个部门的区位熵大于 1，这表明石家庄具有较强的对外辐射作用，北京有 9 个部门的区位熵大于 1，且全部集中在第三产业，秦皇岛、张家口和廊坊各有 9 个部门的区位熵大于 1，反映出这些城市对外也具有较大的辐射效应，天津作为京津冀城市群的中心

表 4-28　2015 年京津冀城市群各城市主要部门区位熵

城市	制造业	电力、燃气及水的生产和供应业	建筑业	交通运输、仓储及邮政业	信息传输、计算机服务和软件业	批发和零售业	住宿餐饮业	金融业	房地产	租赁和商业服务业	科学研究、技术服务和地质勘查业	水利、环境和公共设施管理业	教育	卫生、社会保障和社会福利业	文化、体育和娱乐业	公共管理和社会组织
北　京	0.40	0.58	0.36	1.69	4.32	1.54	1.71	1.84	2.23	3.56	3.35	0.90	0.67	0.78	2.71	0.72
天　津	1.33	0.87	0.65	1.16	0.76	0.98	0.82	1.30	1.07	1.00	1.75	1.00	0.70	0.76	0.90	0.70
石家庄	0.80	1.26	0.52	1.63	1.03	0.90	0.54	1.63	0.67	1.12	1.68	1.39	1.41	1.23	1.82	1.31
唐　山	1.01	1.75	0.52	1.43	0.47	0.85	0.29	1.52	0.85	0.68	0.46	1.49	1.30	1.24	0.89	1.50
秦皇岛	0.79	1.96	0.48	2.08	0.89	0.48	0.61	1.66	1.00	0.57	0.76	1.48	1.32	1.42	1.79	1.68
保　定	0.75	1.10	1.77	0.46	0.43	0.50	0.31	1.13	0.46	0.28	1.93	0.56	1.33	0.99	0.48	1.26
张家口	0.50	2.20	0.39	0.99	0.79	0.73	0.80	1.44	1.15	0.61	1.02	2.24	1.77	1.57	1.16	2.52
承　德	0.55	1.45	0.70	0.82	0.74	0.56	0.91	2.55	0.45	0.52	0.91	1.64	1.68	1.63	1.44	2.10
沧　州	0.56	1.68	0.77	0.85	0.47	0.61	0.33	1.69	0.53	2.01	0.35	1.27	1.92	1.50	1.03	1.91
廊　坊	1.06	1.42	0.62	0.47	1.58	0.43	0.40	1.02	1.38	0.75	1.17	0.88	1.39	1.01	0.49	1.73

资料来源：根据《中国城市统计年鉴（2016）》计算得到。

城市之一，有 7 个部门的区位熵大于 1。从部门层面来看，相比较长三角城市群和珠三角城市群来说，京津冀城市群在各部门之间专业化分布较为均匀，第三产业部门的专业化优势明显，但制造业部门仅天津、唐山和廊坊三个城市的区位熵大于 1，可见京津冀城市群制造业的外向功能并不强。

4.3.1.4 京津冀城市群空间经济联系分析

（1）城市间相互作用强度

运用引力模型计算的京津冀城市群各城市间相互作用强度值如表 4-29 所示。2015 年，北京和廊坊之间的相互作用强度是京津冀城市群城市间最高的，为 2411.77 亿元·万人/平方公里，这也源于北京和廊坊之间的直线距离很短，仅有 55.7 公里；北京和天津的城市间相互作用强度为 1879.90 亿元·万人/平方公里，仅次于北京和廊坊之间的相互作用强度，除此之外，其余城市间相互作用强度均在 1000 亿元·万人/平方公里以下。从城市层面来看，除了和秦皇岛之间的作用强度为 52.60 亿元·万人/平方公里之外，北京和其他京津冀城市群城市之间的作用强度基本都在 100 以上，天津和大多数京津冀城市群城市之间的相互作用强度也较高，其中，和廊坊之间的相互作用强度达到了 937.81 亿元·万人/平方公里，和沧州之间的相互作用强度也达到了 665.62 亿元·万人/平方公里，可见，作为京津冀城市群的核心城市，北京和天津与其他城市之间都表现出较强的相互作用强度，对周边城市发挥着较强的带动作用。

表 4-29 2015 年京津冀城市群各城市间相互作用强度

（单位：亿元·万人/平方公里）

城市	北京	天津	石家庄	唐山	秦皇岛	保定	张家口	承德	沧州
天　津	1879.90								
石家庄	198.79	122.53							
唐　山	569.22	644.11	29.48						
秦皇岛	52.60	41.43	4.66	58.78					

续表

城市	北京	天津	石家庄	唐山	秦皇岛	保定	张家口	承德	沧州
保　定	562.84	323.93	246.13	48.77	6.11				
张家口	155.77	37.51	10.77	12.79	2.08	19.73			
承　德	112.27	38.13	6.85	45.92	9.01	9.90	4.04		
沧　州	284.28	665.62	77.60	74.28	6.95	135.45	7.82	6.70	
廊　坊	2411.77	937.81	32.47	82.14	6.99	90.18	13.82	10.03	72.49

资料来源：根据《中国城市统计年鉴（2016）》计算得到。

（2）城市流

表4-30和表4-31反映了京津冀各城市各部门的外向功能量 E_{ij} 、各城市的外向功能量 E_i 、城市流强度 F_i 、城市流倾向度 K_i 的相关情况。由表中数据可知，北京的城市外向功能量高达271.66，排在京津冀城市群的首位，是居第二位的天津的7倍，且其外向功能量主要来自于第三产业部门，在这些部门之间的分布也比较均匀，可见北京第三产业的外向功能很强，在整个城市群中占据着重要的位置，可充分发挥其对周边城市的带动作用。值得注意的是，北京在交通运输、仓储及邮政业，信息传输、计算机服务和软件业，批发和零售业，住宿餐饮业，金融业，房地产业，租赁和商业服务业，科学研究、技术服务和地质勘查业，文化、体育和娱乐业这9个部门的外向功能量均居京津冀城市群的首位，这也反映了北京作为京津冀城市群的核心城市存在一定的“虹吸效应”。此外，虽然其他城市的外向功能量都比较小，但从其来源分布上可以看出京津冀城市群第三产业较为发达。

根据城市流强度，可将京津冀城市群城市划分为三个层次：高城市流强度城市，代表城市是北京和天津，城市流强度高达8235.82和2263.52，是该区域的中心城市，带动区域经济和社会发展；中等城市流强度城市，典型城市是石家庄（891.73）、唐山（874.67）、沧州（851.69）、保定（621.29），是该区域的次中心城市，也是区域发展的重点城市；低城市流强度城市有秦皇岛、张家口、承德、廊坊。

表 4-30 2015 年京津冀城市群各城市主要部门外向功能量

城市	制造业	电力、燃气及水的生产和供应业	建筑业	交通运输、仓储及邮政业	信息传输、计算机服务和软件业	批发和零售业	住宿餐饮业	金融业	房地产	租赁和商业服务业	科学研究、技术服务和地质勘查业	水利、环境和公共设施管理业	教育	卫生、社会保障和社会福利业	文化、体育和娱乐业	公共管理和社会组织
北京	0	0	0	24.57	52.26	26.88	12.34	21.58	23.29	57.60	41.61	0	0	0	11.54	0
天津	27.67	0	0	2.08	0	0	0	2.81	0.47	0.0027	4.85	0.0030	0	0	0	0
石家庄	0	0.48	0	2.93	0.06	0	0	2.12	0	0.34	1.58	0.58	3.82	1.05	0.72	2.60
唐山	0.18	1.08	0	1.55	0	0	0	1.33	0	0	0	0.56	2.14	0.85	0	3.28
秦皇岛	0	0.59	0	1.64	0	0	0	0.73	0.0028	0	0	0.24	0.98	0.62	0.23	1.89
保定	0	0.19	12.61	0	0	0	0	0.45	0	0	2.16	0	3.02	0	0	2.17
张家口	0	0.79	0	0	0	0	0	0.52	0.13	0	0.02	0.65	2.49	0.92	0.05	4.54
承德	0	0.25	0	0	0	0	0	1.52	0	0	0	0.28	1.85	0.84	0.11	2.73
沧州	0	0.63	0	0	0	0	0	1.14	0	1.48	0	0.20	4.24	1.13	0.01	3.83
廊坊	0.83	0.35	0	0	0.53	0	0	0.03	0.41	0	0.18	0	1.62	0.01	0	2.77

资料来源：根据《中国城市统计年鉴（2016）》计算得到。

表 4-31　2015 年京津冀城市群各城市城市流倾向与强度

城市	GDP（亿元）	年末单位从业人员总数（万人）	从业人员人均 GDP（万元）	城市的外向功能量（E_i）	城市流强度（F_i）	城市流倾向度（K_i）
北　京	23014.59	759.14	30.32	271.66	8235.82	0.36
天　津	16538.19	276.77	59.75	37.88	2263.52	0.14
石家庄	5440.60	99.45	54.71	16.30	891.73	0.16
唐　山	6103.06	76.54	79.73	10.97	874.67	0.14
秦皇岛	1250.44	32.66	38.28	6.91	264.53	0.21
保　定	3000.34	99.48	30.16	20.60	621.29	0.21
张家口	1363.54	34.98	38.98	10.11	394.11	0.29
承　德	1358.73	29.07	46.73	7.58	354.25	0.26
沧　州	3320.63	49.40	67.22	12.67	851.69	0.26
廊　坊	2473.86	44.28	55.86	6.73	375.96	0.15

资料来源：根据《中国城市统计年鉴（2016）》计算得到。

4.3.2 "一带一路"建设与京津冀城市群发展

4.3.2.1 相关政策文件梳理

2014 年 9 月，河北省政府印发《关于加强与中东欧国家全面合作的实施意见》，将中东欧国家作为河北省对外开放的重要战略区域之一，并根据中东欧各国产业基础和特色，梳理出不同合作重点的七块"国别版图"。河北省商务厅还围绕用好河北省扶持企业"走出去"产业引导股权投资基金，重点支持河北省企业开展"一带一路"沿线国际产能合作。

2015 年 9 月 13 日，商务部和北京市人民政府印发了《北京市服务业扩大开放综合试点实施方案》，该政策服从和服务于京津冀协同发展和"一带一路"建设等国家战略，北京市在为期 3 年的试点期内，通过放宽市场准入、改革监管模式、优化市场环境，形成在全国可复制、可推广的经验，使其服务业扩大开放综合试点成为国家全方位主动开放的重要实践。2016 年 7 月 26 日，北京市科学技术委员印发《北京市国际科技合作基地管理办法》，其中提到合作基地的建立有助于海外高水平科技成果在北京落地，落实"一带一路"倡议，推动京津冀协同发展，将北京建设为全国科技创新中心。2016年11月18日，北京市教育委员会和北京市财政局制定了《北京市外国留学生“一带一路”奖学金项目管理办法（试行）》，向“一带一路”沿线国家来京进行本科及以上全日制学历学习的留学生提供的资助，该政策的出台可以吸引更多“一带一路”沿线国家优秀青年来北京学习，更好地服务于北京建设国际交往中心的需要。

2017年11月18日，天津市出台《天津市“一带一路”科技创新合作专项管理办法（试行）》，推动国际科技合作对共建“一带一路”的引领作用，充分利用“一带一路”科技创新资源，鼓励和支持天津市各类科技创新主体国际化发展，促进科技型企业能力和规模升级，增强全球范围内配置创新资源能力，为天津市构建全方位、多层次、宽领域的开放型经济新体系、全面建成全球一流的创新型城市提供有力支撑。同年，《天津市“一带一路”科技创新合作行动计划（2017—2020年）》开始实施，天津市将坚持引进来和走出去并重，全面发挥科技合作对共建“一带一路”的支撑引领作用，通过深化科技人文交流、共建联合实验室（研究中心）、支持科技园区合作发展、实施国际技术转移四项重点任务，到2020年，健全与“一带一路”沿线重点国家、区域和城市的国际科技合作新机制，形成国际科技创新合作新局面。

4.3.2.2 发展潜力分析

港口建设与实施“一带一路”倡议有紧密的联系，因此，众多学者对京津冀城市群的航运港发展积极建言献策。于明言（2015）认为作为新亚欧大陆桥东端的起点，天津应做强自身的港口优势，建立与中日韩与中亚、欧洲大市场的联系，提升自身的航运、金融和物流等服务水平，打造国际航运中心和物流中心。刘敬严和赵莉琴（2015）通过分析“一带一路”倡议下天津建设港口城市的优势和不足，提出天津在物流设施、运输服务和战略合作等方面有待加强建设，应该将其自身打造为海铁联运核心枢纽，并且继续加快内陆无水港的建设。李志伟（2016）通过对京津冀港口群区域经济带动效应及港口群辐射能力进行定量评估，分析“一带一路”倡议下京津冀港口群的发展路径，最后提出重塑港口群内部分工，建立港口长效合作机制，创新完善港口群功能，加强海陆双向通道建设，提高京津冀港口群辐射能力，优化贸易发展环境等建议。

城市是构成城市群的核心组成部分，学术界因而也从各个城市规划的层面对京津冀城市群发展潜力展开了丰富的研究。在北京市的规划上，韩晶等（2015）从北京融入“一带一路”建设的合作定位、城市发展定位、产业定位和文化定位的角度进行分析，提出打造北京“一带一路”总指挥部，确定北京投融资中心地位，依托北京文化中心优势促进文化交流等建议。在天津市的定位上，齐岳和张颖（2017）认为，“一带一路”建设可以通过强化京津冀协同发展、加快天津自贸区建设、推动滨海新区发展和开发海洋经济等作用，为天津的经济增长带来机遇。李文增等（2015）则提出天津应以“一带一路”建设为契机，积极争取国家将“一带一路”建设的相关功能疏解给天津。对于京津冀地区的其他城市，张英杰等（2014）认为秦皇岛应通过将海港向内陆地区拓展，抓住“一带一路”建设的契机，将自身建设为绿色港口、生态港口和智慧港口。张幸（2015）提出唐山市应提升跨境业务水准，完善海港信息化水平和打造民航枢纽，积极融入“一带一路”建设。

此外，一些学者也从产业发展的视角，对京津冀城市群的发展潜力进行了剖析和畅想。例如，在文化产业方面，刘薇（2017）提出北京作为全国文化中心，应依托首都文化资源优势，从政策机制、信息咨询和人才培养等方面加快发展与“一带一路”国家的对外文化贸易。在制造业上，郭坤（2016）认为京津冀城市群应该充分利用“一带一路”建设带来的新资本、新技术和新人才，克服京津冀制造业的核心竞争力不强和产能过剩的问题，将政策优势传化为产业发展机遇。马伦伦（2015）分别阐述了北京市、天津市和河北省在“一带一路”建设背景下的优势产业，认为北京市的电子产品迎合了“一带一路”沿线国家的产品需求，天津市的港口枢纽特征有助于其发展跨境电商业务，河北省的钢铁、水泥等原材料可以向“一带一路”沿线地区输出。

4.3.3 京津冀城市群经济可持续发展分析

京津冀城市群是全国重要的经济发展区域，也是中国内地城市最密集、工业基础最雄厚的区域之一，2015 年，京津冀三地 GDP 总量达到 63863.98 亿元，但是京津冀城市群内部也存在着经济发展不平衡的现象。

表 4-32　2015 年京津冀城市群经济可持续发展情况(1)

城市	经济规模		产出效率		收入水平		增长潜力	
	GDP(亿元)	规模以上工业总产值(亿元)	人均 GDP(元)	地均 GDP(万元/平方公里)	城镇居民人均可支配收入(元)	农村居民人均可支配收入(元)	GDP 增长率(%)	全社会固定资产投资总额(亿元)
北　京	23014.59	17449.63	106497.00	14427.65	16411.00	20537.94	6.90	7990.90
天　津	16538.19	28242.13	107960.00	14648.73	11917.00	17741.98	9.30	13065.18
石家庄	5440.60	9410.47	51043.00	4377.90	13056.00	10691.52	7.50	5689.85
唐　山	6103.06	9326.32	78398.00	5129.22	13472.00	13074.88	5.60	4543.88
秦皇岛	1250.44	1409.16	40746.00	1707.29	7802.00	10087.84	5.50	874.33
保　定	3000.34	4120.24	29067.00	1518.63	22185.00	9556.96	7.00	2673.69
张家口	1363.54	1346.33	30840.00	406.09	36797.00	7372.96	5.80	1554.23
承　德	1358.73	1695.80	38505.00	377.37	39493.00	7146.72	5.54	1511.97
沧　州	3320.63	5789.18	44819.00	2478.13	14035.00	9486.40	7.70	3103.26
廊　坊	2473.86	3693.30	54460.00	3784.58	6382.00	12303.20	8.80	2133.81

资料来源：根据《中国城市统计年鉴(2016)》计算得到。

表 4-33　2015 年京津冀城市群经济可持续发展情况（2）

城 市	产业结构		金融财政		对外开放		基础设施	
	非农产业比重（%）	第三产业与第二产业产值比（%）	地方财政一般预算收入（亿元）	金融机构人民币贷款额（亿元）	货物进出口总额（万美元）	外商直接投资实际使用额（万美元）	公路网密度	每万人拥有公共汽车（辆）
北　京	99. 39	403. 5	4723. 86	48853. 17	45902551. 67	1299635	1. 39	17. 31
天　津	98. 73	111. 96	2667. 11	24500. 91	13749691. 53	2113444	1. 38	11. 31
石家庄	90. 92	101. 69	375. 05	5124. 1	1497865. 18	114013	1. 4	10. 73
唐　山	90. 68	64. 48	334. 98	4779. 44	1355535. 92	124376	1. 33	9. 07
秦皇岛	85. 79	141. 05	114. 36	1500. 41	468074. 71	86122	1. 19	5. 8
保　定	88. 22	76. 37	212. 86	2590. 9	588092. 33	41592	0. 98	11. 75
张家口	82. 13	105. 27	133. 43	1679. 77	41509. 58	33262	0. 58	21. 01
承　德	82. 66	76. 47	97. 26	1495. 95	27371. 67	15959	0. 53	12. 12
沧　州	90. 38	82. 29	210. 91	2132. 44	274968. 6	47296	1. 13	33. 33
廊　坊	91. 66	105. 7	303. 38	3325. 4	631825. 37	75593	1. 65	6. 54

资料来源：根据《中国城市统计年鉴（2016）》计算得到。

本节依然从经济规模、产出效率、收入水平、增长潜力、产业结构、金融财政、对外开放、基础设施八个方面分析2015年京津冀城市群的社会可持续发展情况。

首先，从经济规模方面来看，2015年，北京的GDP为23014.59亿元，是京津冀城市群10个城市中最高的，天津居第二位，秦皇岛最低，仅有1250.44亿元，不及天津的十分之一；此外，天津的规模以上工业总产值最高，是排名末位的张家口的20倍左右，其次是北京，石家庄居第三位。从产出效率方面来看，天津的人均GDP和地均GDP最高，北京第二。其次，从收入水平方面来看，2015年，北京的城镇居民人均可支配收入（16411.00元）和农村居民人均纯收入（20537.94元）均是京津冀城市群中最高的，天津次之。从增长潜力方面来看，天津具有最高的GDP增长率，比上年同期增长9.3%，其他城市的增长率都高于5%。此外，天津的全社会固定资产投资总额也是京津冀城市群最高的，比排在第二位的北京多5000亿元，是排名末位的秦皇岛的约15倍。

再次，在产业结构方面，京津冀城市群的非农产业比重均在80%以上，其中，北京的非农产业比重最高，达99.39%，天津以98.73%的比例居第二位，石家庄、唐山、沧州和廊坊也在90%以上。第三产业与第二产业产值比，北京是403.50%，居全国所有城市的首位，反映出北京第三产业的发达，北京已经成为典型的服务主导型城市，而唐山第三产业产值仅为第二产业的一半左右，是京津冀城市群中最低的，可见唐山依旧是工业主导型城市，第三产业有待进一步发展。此外，北京的地方财政一般预算收入和金融机构人民币贷款额是京津冀城市群中最高的，天津次之。

最后，在对外开放和基础设施方面，北京拥有京津冀城市群最高的货物进出口总额，为45902551.67万美元，是排在第二位的天津的3倍多；天津的外商直接投资实际使用额居第一位，为2113444.00万美元。廊坊的公路网密度是京津冀城市群中最高的（1.65），承德最低，为0.53。此外，沧州每万人拥有公共汽车数最多，为33.33辆。

4.3.4 京津冀城市群社会可持续发展分析

作为全国三大城市群之一，京津冀城市群的社会发展程度相对较低，内部城市体系结构性失衡问题较为突出。表 4-34 和表 4-35 显示了 2015 年京津冀城市群包括社会稳定、社会保障、居民住房、教育文化以及医疗卫生几个方面的社会可持续发展情况。

首先，从社会稳定方面来看，2015 年，在整个京津冀城市群中，北京拥有最低的城镇登记失业率（1.39%）和最高的城乡居民收入差距（32290 元），保定的城镇登记失业率是京津冀城市群中最高的，为 4.18%，而保定的城乡收入差距（13105 元）最低。总体来看，京津冀城市群总体的城镇登记失业率较高，城乡收入存在比较大的差距。

其次，在社会保障方面，京津冀城市群的社会保障参保比例参差不齐，其中，北京社会保障的三项指标都是最高的，而保定和沧州的三项指标都处在倒数第一或倒数第二的水平，可见其社会保障的落后。

再次，在居民住房方面，除了保定、张家口和沧州之外，京津冀城市群的农村人均住房面积均大于城镇人均住房建筑面积，具体来看，北京的农村人均住房面积是最高的，为 47.63 平方米，廊坊的城镇人均住房建筑面积是京津冀城市群最高的，为 35.70 平方米。在医疗卫生方面，北京每万人拥有医生数和每万人拥有卫生机构床位数都是京津冀城市群中最多的。

表 4-34　2015 年京津冀城市群社会可持续发展情况（1）

城市	社会稳定		社会保障			居民住房	
	城镇登记失业率（%）	城乡居民收入差距（元）	城镇职工基本养老保险参保比例（%）	城镇基本医疗保险参保比例（%）	失业保险参保比例（%）	农村人均住房面积（平方米）	城镇人均住房建筑面积（平方米）
北　京	1.39	32290	65.62	58.77	49.86	47.63	29.99
天　津	3.50	15619	36.54	33.74	19.09	29.60	23.77
石家庄	3.66	16726	18.89	13.23	8.41	39.49	30.50
唐　山	4.15	17337	27.71	19.90	10.40	36.55	26.11
秦皇岛	3.32	17376	25.33	20.01	10.68	32.54	30.40
保　定	4.18	13105	7.61	10.13	4.24	25.48	34.27

续表

城市	社会稳定		社会保障			居民住房	
	城镇登记失业率（%）	城乡居民收入差距（元）	城镇职工基本养老保险参保比例（%）	城镇基本医疗保险参保比例（%）	失业保险参保比例（%）	农村人均住房面积（平方米）	城镇人均住房建筑面积（平方米）
张家口	3.23	15500	19.18	14.65	8.72	22.05	27.34
承　德	3.14	14962	16.86	12.31	6.27	28.52	26.42
沧　州	3.55	15961	11.99	8.59	4.89	31.46	33.76
廊　坊	1.87	18766	18.93	13.45	6.08	37.34	35.70

资料来源：根据《中国城市统计年鉴（2016）》计算得到。

表 4-35　2015 年京津冀城市群社会可持续发展情况（2）

城市	教育文化			医疗卫生	
	中学生每百人拥有教师数（人）	每百人拥有公共图书馆藏书量（册）	影剧院、剧场个数（个）	每万人拥有医生数（人）	每万人拥有卫生机构床位数（张）
北　京	8.33	441.79	251	71.7	77.79
天　津	10.93	165.25	27	34.93	60.86
石家庄	13.78	34.44	20	28.75	45.43
唐　山	12.01	31.7	23	24.24	49.85
秦皇岛	11.18	198.29	16	28.23	51.45
保　定	14.72	18.3	34	20.17	37.68
张家口	12.58	31.06	3	15.91	42.2
承　德	14.18	23.9	29	21.36	45.02
沧　州	13.89	18	5	22.74	41.91
廊　坊	13.91	49.28	6	20.46	39.19

资料来源：根据《中国城市统计年鉴（2016）》计算得到。

最后，在教育文化方面，北京每百人拥有公共图书馆藏书量和影剧院、剧场个数均居京津冀城市群的首位，且后两个指标都远远高于其他京津冀城市。此外，保定中学生每百人拥有教师数最多，为 14.72 人。

4.3.5 京津冀城市群生态可持续发展分析

生态环境建设关系一个地区乃至一个国家的发展大局。当前，随着经济全球化进程的不断加快，生态环境问题越来越突出，京津冀城市群面临的挑战尤为艰巨。表 4-36 和表 4-37 显示了包括资源禀赋、绿化状况、环境污染以及污染治理四个方面的京津冀城市群的生态可持续发展情况。

表 4-36 2015 年京津冀城市群生态可持续发展情况（1）

城市	资源禀赋				绿化状况	
	人均用电量（千瓦时）	人均用水量（吨）	人均煤气用量（立方米）	人均液化石油气用量（吨）	人均绿地面积（平方米）	建成区绿化覆盖率（%）
北　京	1382.98	59.74	954.98	458.89	64.79	60.41
天　津	993.97	45.43	383.12	54.93	32.21	32.65
石家庄	701.13	20.97	91.53	90.34	29.70	44.42
唐　山	326.34	19.49	160.48	31.75	30.96	41.17
秦皇岛	972.55	70.75	531.93	90.98	129.92	40.17
保　定	692.05	32.32	147.31	23.94	55.03	38.41
张家口	621.13	26.03	66.66	36.63	39.64	44.08
承　德	594.10	29.55	111.61	86.00	78.76	42.89
沧　州	1044.45	29.07	153.68	66.82	41.02	36.72
廊　坊	940.60	28.28	300.89	34.58	58.27	45.53

资料来源：根据《中国城市统计年鉴（2016）》计算得到。

表 4-37 2015 年京津冀城市群生态可持续发展情况（2）

城市	环境污染			污染治理		
	单位 GDP 工业废水排放量（万吨/亿元）	单位 GDP 工业二氧化硫排放量（吨/亿元）	单位 GDP 工业烟（粉）尘排放量（吨/亿元）	一般工业固体废物综合利用率（%）	城镇生活污水处理率（%）	生活垃圾无害化处理率（%）
北 京	0.39	0.96	0.56	83.33	87.90	99.80
天 津	1.15	9.35	4.46	98.58	99.00	99.00
石家庄	4.04	20.89	16.01	98.00	95.42	95.41
唐 山	1.95	35.18	76.50	72.50	95.00	100.00
秦皇岛	5.81	37.34	49.35	68.55	96.17	100.00
保 定	3.64	16.61	10.56	93.00	81.76	99.99
张家口	3.35	45.37	26.18	57.16	94.42	95.00
承 德	1.01	40.77	37.47	24.00	91.56	89.02
沧 州	2.69	9.85	15.32	100.00	100.00	100.00
廊 坊	1.84	15.52	19.49	97.00	92.01	58.95

资料来源：根据《中国城市统计年鉴（2016）》计算得到。

从资源禀赋方面来看，2015 年北京的人均用电量、人均煤气化用量和人均液化石油气用量均居京津冀城市群的首位，分别为 1382.98 千瓦时、59.74 立方米和 954.98 吨；秦皇岛的人均用水量为 70.75 吨，是京津冀城市群中最高的。从绿化状况来看，秦皇岛具有最高的人均绿地面积，为 129.92 平方米；北京具有最高的建成区绿化覆盖率，为 60.41%。

在环境污染方面，秦皇岛、张家口和唐山分别是单位 GDP 工业废水排放量、单位 GDP 工业二氧化硫排放量和单位 GDP 工业烟（粉）尘排放量最高的城市，而北京的单位 GDP 工业“三废”排放量在京津冀城市群中是最低的，环境优势明显。在污染治理方面，沧州的一般工业固体废物综合利用率、城镇生活污水处理率和生活垃圾无害化处理率均达到 100%，为京津翼城市群城市中最高的，唐山和秦皇岛的生活垃圾无害化处理率也都达到了 100%。总体来看，京津冀城市群的污染治理水平较低，需进一步提高其污染治理的水平。

4.4 三大城市群核心城市对比分析

4.4.1 三大城市群核心城市对比分析

4.4.1.1 三大城市群核心城市基本状况

表 4-38 2015 年三大城市群核心城市基本状况

	长三角城市群	京津冀城市群		珠三角城市群	
	上 海	北 京	天 津	广 州	深 圳
土地面积（平方公里）	6340.00	16411.00	11917.00	7434.00	1997.00
常住人口（万人）	2415.27	2170.50	1546.95	1350.11	1137.87
GDP（亿元）	25123.45	23014.59	16538.19	18100.41	17502.86
人均 GDP（元）	103796.00	106497.00	107960.00	136188.00	157985.00
GDP 值增长率（上年=100）	6.90	6.90	9.30	8.40	8.90
地方财政一般预算收入（亿元）	55194.96	4723.86	2667.11	1349.47	2726.85
货物进出口总额（万美元）	47215699.54	45902551.67	13749691.53	13386215.55	44245494.13
外商直接投资（万美元）	1845923.00	1299635.00	2113444.00	541634.00	649733.00
经济密度（万元/平方公里）	39626.89	14023.88	13877.81	24348.14	87645.77

资料来源：根据《中国城市统计年鉴（2016)》计算得到。

从表 4-38 可以看出，作为长三角城市群首位城市的上海，在常住人口、GDP 和地方财政一般预算收入三个方面位于五大中心城市的首位。珠三角的两个中心城市和京津冀的天津等城市的 GDP 增速都明显快于上海和北京。

北京和天津的土地面积都在 10000 平方公里以上，是上海的 2—3 倍，深圳的 5—10 倍，另外，两城市常住人口分别居五大中心城市的第二位和第三位，人口密度相对较小，人均 GDP 处在五个城市的第四位和第三位，经济密度较低。不过，天津的增长率较高，达到 9.3%，其外商直接投资额也是最高的，为 2113444.00 万美元，但经济密度在五大中心城市中最低。作为核心城市，北京的各项指标均不突出，外商直接投资额在五大中心城市中是最低的。

广州和深圳的土地面积相对较小，GDP 较低，地方财政一般预算收入也较少，但人均 GDP 高于其他两个城市群的核心城市，增长实力较为强劲。两城市的一些指标也存在一定的差异。例如，广州的进出口总额是五大城市中最低的，仅为深圳的 1/5。作为珠三角区域的中心城市，广州和深圳的外商直接投资额居五大中心城市的末尾，可见两市近年来在吸引外资方面存在较大不足。

4.4.1.2 核心城市对外辐射功能和城市间相互作用强度

由表 4-39 至表 4-41 可知，三大城市群核心城市与其他城市间的相互作用强度普遍较高。在长三角城市群中，上海位于东部海岸带和长江入海口的交汇点，海陆交通十分方便，拥有优越的地理位置、广阔的经济腹地、强劲的经济实力，是长三角地区经济规模最大的城市，因此，上海的城市辐射功能很强。对于京津冀城市群而言，北京和天津位于城市群圈层结构的核心位置，两个城市的服务业与工业在整个城市群中占优势地位，经济规模优势突出，并且北京和天津是北方重要的交通枢纽，与城市群其他城市之间的交通联系便利，这些因素共同决定了它们与其他城市之间的相互作用强度非常强。同样，就地理位置而言，广州和深圳接近珠三角城市群的中心位置，同时两个城市的交通便利，深圳是世界第四大集装箱港口。中国大陆第四大航空港，广州为国家交通枢纽，海陆空交通便利；就经济实力而言，广州为中国第三大城市，人均 GDP 达到中等发达国家和地区水平，优越的地理位置、便利的海陆空交通条件、强大的经济实力等，决定了中心城市广州和深圳与其他城市之间的相互作用强度较高。

表 4-39 2015 年上海与长三角城市群其他城市间的相互作用强度

	南京	无锡	常州	苏州	南通	盐城	扬州	镇江	泰州	杭州	宁波	嘉兴	湖州
上海	173.10	783.70	270.90	1895.40	817.00	119.90	119.50	93.70	161.20	545.60	253.20	722.90	212.30
	绍兴	金华	舟山	台州	合肥	芜湖	马鞍山	铜陵	安庆	滁州	池州	宣城	
上海	250.70	72.20	23.80	64.70	56.90	52.80	31.50	9.30	22.00	37.70	8.60	32.90	

资料来源：根据《中国城市统计年鉴（2016）》计算得到。

表 4-40　2015 年深圳、广州与珠三角城市群其他城市间的相互作用强度

	深圳	珠海	佛山	江门	肇庆	惠州	东莞	中山
广州	1405.17	184.96	19760.51	792.96	464.09	349.34	3231.98	701.93
深圳		105.09	513.38	195.64	77.25	769.2	2177.23	331.1

资料来源：根据《中国城市统计年鉴（2016）》计算得到。

表 4-41　2015 年北京、天津与京津冀城市群其他城市间的相互作用强度

	天津	石家庄	唐山	秦皇岛	保定	张家口	承德	沧州	廊坊
北京	1879.9	198.79	569.22	52.6	562.84	155.77	112.27	284.28	2411.77
天津		122.53	644.11	41.43	323.93	37.51	38.13	665.62	937.81

资料来源：根据《中国城市统计年鉴（2016）》计算得到。

如表 4-42 和表 4-43 所示，北京的外向功能量、城市流强度和城市流倾向度都是最高的，分别高达 271.66、8235.82 和 0.36，说明北京的对外辐射作用很强，对京津冀城市群的带动作用突出。而京津冀另一核心城市天津的各项指标都比较小，特别是它的年末单位从业人口、外向功能量、城市流强度和城市流倾向度均处在五大城市的末位，可见天津对周边城市的带动及辐射作用不足，有待提高。上海的年末单位从业人员总数仅次于北京，居第二位。对于珠三角的两个中心城市，深圳的外向功能明显高于广东，其中，深圳的城市外向功能量是广东的 2 倍多，城市流强度和城市流倾向度两个指标也是广东的 1.5 倍左右，可见深圳对珠三角城市群周边欠发达城市的辐射效应很强。

表 4-42　2015 年三大城市群核心城市城市流倾向度与强度

城市	年末单位从业人员总数（万人）	从业人员人均 GDP（万元）	城市的外向功能量（E_i）	城市流强度（F_i）	城市流倾向度（K_i）
上　海	722.88	34.75	128.18	4454.83	0.18
广　州	317.78	56.96	60.9	3468.86	0.19
深　圳	457.41	38.27	142.62	5458.07	0.31
北　京	759.14	30.32	271.66	8235.82	0.36
天　津	276.77	59.75	37.88	2263.52	0.14

资料来源：根据《中国城市统计年鉴（2016）》计算得到。

表 4-43 2015 年三大城市群核心城市主要部门外向功能量

城市	制造业	电力、燃气及水的生产和供应业	建筑业	批发和零售业	交通运输、仓储及邮政业	住宿餐饮业	信息传输、计算机服务和软件业	金融业	房地产	租赁和商业服务业	科学研究、技术服务和地质勘查业	水利、环境和公共设施管理业	教育	卫生、社会保障和社会福利业	文化、体育和娱乐业	公共管理和社会组织
上海	0	0	0	47.35	29.76	8	13.12	9.87	10.97	42.45	8.97	0	0	0	0.14	0
广州	0	0	0	5.78	14.98	2.9	3.46	0	11.08	10.51	9.82	0.88	0	0	1.49	0
深圳	110.4	0	0	0	4.64	0.07	3.99	0	8.07	15.45	0	0	0	0	0	0
北京	0	0	0	26.88	24.57	12.34	52.26	21.58	23.29	57.6	41.61	0	0	0	11.54	0
天津	27.67	0	0	0	2.08	0	0	2.81	0.47	0.0027	4.85	0.003	0	0	0	0

资料来源：根据《中国城市统计年鉴（2016）》计算得到。

4.4.2 三大城市群经济可持续发展对比分析

表 4-44 2015 年三大城市群经济可持续发展对比

城市群	GDP（亿元）	人均 GDP（元）	城镇居民人均可支配收入（元）	GDP 增长率（%）	第三产业与第二产业产值比（%）	地方财政一般预算收入（亿元）	货物进出口总额（亿美元）
长三角城市群	135512.55	78187.08	38431.77	6.87	115.22	169105.94	195423.37
珠三角城市群	62267.59	95703.67	36379.34	8.01	125.34	6391.66	9752.05
京津冀城市群	63863.98	58233.50	18155.00	5.23	126.88	9173.20	6453.75

资料来源：根据《中国城市统计年鉴（2016）》计算得到。

为了对三大成熟型城市群的经济可持续发展各项指标的进行对比分析，本节整理了三大城市群 GDP、人均 GDP、城镇居民人均可支配收入和 GDP 增长率等 7 项指标的数据，具体如表 4-44 所示。由表中数据可知，在经济规模方面，长三角城市群的 GDP 是最高的，高达 135512.55 亿元；从产出效率方面来看，珠三角城市群的人均 GDP 为 95703.67 元，居于三大成熟型城市群的首位，是长三角城市群的约 1.22 倍，京津冀城市群的约 1.64 倍；从收入水平方面来看，长三角城市群的城镇居民人均可支配收入是三大城市群中最高的，珠三角城市群略低于长三角城市群；从增长潜力方面来看，珠三角城市群的增长势头最强，长三角次之，京津冀最低；从产业结构方面来看，三大城市群第三产业与第二产业产值比均大于 100%，其中京津冀城市群最高，达 126.88%，珠三角城市群和长三角城市群分别居第二和第三；在金融财政和对外开放方面，长三角城市群优势明显，远远领先于珠三角城市群和京津冀城市群。

4.4.3 三大城市群社会可持续发展对比分析

为了对三大成熟型城市群的社会可持续发展各项指标进行对比分析，本节整理了三大城市群城镇登记失业率、城镇职工基本养老保险参保比例和每万人拥有医生数4项指标的数据，具体如表4-45所示。从社会稳定方面来看，三大城市群的城镇登记失业率均比较低；从社会保障方面来看，珠三角城市群的城镇职工基本养老保险参保比例为73.97%，是三大城市群中最高的，高出排在末位的京津冀城市群的三倍左右；从居民住房方面来看，长三角城市群的城镇人均住房建筑面积最大，京津冀城市群最小；从医疗卫生方面来看，珠三角城市群每万人拥有医生数也是三大城市群中最高的，长三角城市群最低。

表4-45 2015年三大城市群社会可持续发展对比

城市群	城镇登记失业率（%）	城镇职工基本养老保险参保比例（%）	城镇人均住房建筑面积（平方米）	每万人拥有医生数（人）
长三角城市群	2.77	31.20	37.42	27.21
珠三角城市群	2.29	73.97	33.85	45.07
京津冀城市群	3.20	24.87	29.83	28.85

资料来源：根据《中国城市统计年鉴（2016）》计算得到。

4.4.4 三大城市群生态可持续发展对比分析

为了对三大成熟型城市群的生态可持续发展各项指标的进行对比分析，本节整理了三大城市群人均用电量、建成区绿化覆盖率、单位GDP工业废水排放量和城镇生活污水处理率4项指标的数据，具体如表4-46所示。从资源禀赋方面来看，珠三角城市群的人均用电量为6307.38千瓦时，远远高于其他两个城市群；从绿化状况来看，珠三角城市群的建成区绿化覆盖率是最高的，京津冀城市群次之，长三角城市群最低，但三者之间差别不是特别明显；从环境污染方面来看，长三角城市群的单位GDP工业废水排放量最高，京津冀城市群最低；从环境治理方面来看，珠三角城市群的城镇生活污水处理率是三大城市群中最高的，为94.42%，略高于京津冀城市群，长三角城市群最低。

表 4-46　2015 年三大城市群生态可持续发展对比

城市群	人均用电量（千瓦时）	建成区绿化覆盖率（%）	单位 GDP 工业废水排放量（万吨/亿元）	城镇生活污水处理率（%）
长三角城市群	3223.53	42.46	3.18	86.44
珠三角城市群	6307.38	43.02	2.88	94.42
京津冀城市群	826.93	42.65	2.59	93.32

资料来源：根据《中国城市统计年鉴（2016）》计算得到。

参考文献

[1] Asheim, B. T. and A. Isaksen, "Location, Agglomeration and Innovation: Towards Regional Innovation Systems in Norway?", *European Planning Studies*, 1997, 5, pp. 299-330.

[2] Dan O'Donoghue, Bill Gleave, "A Note on Methods for Measuring Industrial Agglomeration", *Regional Studies*, 2004, 38 (4), pp.419-427.

[3] Miller, P., R.Botham, R.Martin and B.Moore, "Business Clusters in the UK: a First Assessment", London: Department of Trade and Industry, 2001.

[4]《长江三角洲城市群发展规划》，国家发展改革委，2016 年 6 月。

[5]《长江三角洲地区区域规划》，国家发展改革委，2010 年 6 月。

[6] 邓玉春：《珠三角与环珠三角城市群空间经济联系优化研究》，《城市问题》2009 年第 7 期。

[7] 张京祥：《城镇群体空间组合》，东南大学出版社 2000 年版。

[8] 李俊峰、焦华富：《江淮城市群空间联系及整合模式》，《地理研究》2010 年第 3 期。

[9] 李仙德、宁越敏：《城市群研究评述与展望》，《地理科学》2012 年第 3 期。

[10] 赵勇、白永秀：《区域一体化视角的城市群内涵及其形成机理》，《重庆社会科学》2008 年第 9 期。

[11] 宁越敏、姚瑶：《长三角制造业发展层次和空间差异研究》，参见《2009 年长江三角洲区域经济社会协调发展学术研讨会论文集》。

[12] 薛东前、姚士谋、张红：《关中城市群的功能联系与结构优化》，《经济地理》2000 年第 6 期。

[13] 王伟凯、黄志基、贺灿飞：《中国城市群经济空间评价——基于新经济地理的视角》，《城市发展研究》2012 年第 7 期。

[14] 王红霞：《要素流动、空间集聚与城市互动发展的定量研究——以长三角地区为例》，《上海经济研究》2011 年第 12 期。

[15] 汪传旭：《"一带一路"国家战略下长三角航运中心布局研究》，《科学发展》2017 年第 4 期。

[16] 戴东生：《"一带一路"海陆联运枢纽发展研究——以宁波为例》，《城市观察》2014 年第 6 期。

[17] 杨继瑞、罗志高：《"一带一路"建设与长江经济带战略协同的思考与对策》，《经济纵横》2017 年第 12 期。

[18] 彭震伟：《"一带一路"战略对中国城市发展的影响及城市规划应对》，《规划师》2016 年第 2 期。

[19] 郭政、董平：《"一带一路"战略下长三角港口群发展策略研究》，《港口经济》2016 年第 11 期。

[20] 吕康娟：《上海全球城市网络节点枢纽功能、主要战略通道和平台经济体系建设》，《科学发展》2017 年第 89 期。

[21] 王波：《长三角商贸流通业在"一带一路"中的战略定位》，《唯实》2017 年第 2 期。

[22] 魏长春：《"一带一路"背景下福建港口腹地拓展策略》，《福建交通科技》2015 年第 4 期。

[23] 田弘：《"一带一路"开放态势下广东全面开放战略新思路研究》，《教育教学论坛》2016 年第 22 期。

[24] 甘永龙：《"一带一路"战略背景下的珠三角物流产业发展对策研究》，《商业现代化》2017 年第 23 期。

[25] 车国彩:《“一带一路”战略下广州港港口物流发展分析》,《物流商论》2017 年第 11 期。

[26] 杨素梅:《“一带一路”战略下珠三角港航产业的发展战略选择》,《港口经济》2017 年第 5 期。

[27] 于立新、裘莹:《珠三角在“一带一路”战略核心区的跨境贸易融资分析》,《中国经贸导刊》2017 年第 13 期。

[28] 齐岳、张颖:《“一带一路”建设对天津市经济发展的影响》,《经济与管理》2017 年第 3 期。

[29] 张幸:《“一带一路”与唐山经济发展升级版战略研究》,《合作经济与科技》2015 年第 10 期。

[30] 张英杰、于颖、马辉:《“一带一路”战略推动秦皇岛港口转型升级研究》,《经济纵横》2017 年第 12 期。

[31] 刘薇:《“一带一路”战略下北京文化贸易发展新思路》,《中华文化论坛》2017 年第 3 期。

[32] 王育蕃:《河北港口集团抢抓“一带一路”发展机遇》,《港口纵横》2015 年第 7 期。

[33] http://news.163.com/14/1203/07/ACHAVA8H00014AED.html.

[34] http://www.360doc.com/content/16/0612/10/4723480_567073548.shtml.

[35] http://www.sohu.com/a/154947073_329740.

[36] http://www.shanghai.gov.cn/nw2/nw2314/nw2315/nw38613/u21aw1279999.html.

[37] http://news.sina.com.cn/o/2015-05-01/053931783355.shtml.

[38] http://www.xinhuanet.com/gangao/2015-06/08/c_127890604.htm.

[39] http://www.gov.cn/zhengce/content/2016-03/15/content_5053647.htm.

[40] http://zwgk.gd.gov.cn/006939748/201702/t20170213_692564.html.

[41] http://www.gd.gov.cn/tzgd/ydyl/201709/t20170920_258608.htm.

[42] http://www.gd.gov.cn/tzgd/ydyl/201711/t20171108_261189.htm.

[43] http://www.fdi.gov.cn/1800000121_21_70120_0_7.html.

[44] http：//finance.ifeng.com/a/20150108/13414010_ 0. shtml.

[45] http：//www. tstc. gov. cn/zhengwugongkai/zcfg/zcjd/201711/t20171106_ 133985. html.

[46] http：//www. tj. gov. cn/xw/ztzl/dzcy/scdt/201612/t20161221 _ 3577897. html.

5

中国发展型城市群

根据中国城市群要素集聚能力、整合发展能力、基础设施水平、经济发展水平等指标，可以判断城市群目前所处的发展阶段。辽中南城市群、山东半岛城市群、哈长城市群、江淮城市群、海峡西岸城市群、中原城市群、武汉城市群、成渝城市群以及关中—天水城市群被定义为中国的发展型城市群（张学良，2014）。这些城市群的主要特征是“已达到一定的规模，具有一两个特大城市，中心城市的发展程度在我国属于较高水平，起到一定的带动作用，城市等级结构比较合理，城市间也具有良好的交通基础设施联系，城市体系处于不断完善的过程之中，城市群经济效应得到了一定程度的实现，虽然与成熟型城市群相比仍存在较大差距，但已具备发展为成熟型城市群的潜力”（张学良，2014）。这些城市群是中国最具发展潜力的区域，其未来的发展将影响中国地区经济发展格局，中国经济新增长极等关键问题。此外，由于这些城市群所处的特殊地理位置，其发展还将影响中国“一带一路”倡议的实施。因此，提升这些城市群的可持续发展能力，并让其更好地服务于“一带一路”建设，对中国经济的发展具有重要的意义。

5.1 辽中南城市群

辽中南城市群位于中国辽宁省，是以沈阳和大连为中心，以哈大铁路沿线的鞍山、旅顺、本溪、盘锦、铁岭、丹东、辽阳、营口为主体构成的城市密集地区，包括2个副省级城市、8个地级市和12个县级市。与京津冀城市群和山东半岛城市群共同构成环渤海经济圈。其中，沈阳是东北地区最大的中心城市，也是东北和内蒙古东部的经济、交通以及文化和信息中心，全国重要的工业基地；而大连是东北亚地区重要的国际航运中心、东北地区最大的港口城市和对外贸易口岸。《全国主体功能区规划》中辽中南城市群属国家优化开发区域，规划中对辽中南城市群的定位为东北地区对外开发的重要门户和陆海交通走廊，全国先进装备制造业和新型原材料基地，重要的科技创新与技术研发基地，辐射带动东北地区发展的龙头。

5.1.1 城市群城市体系分析

表 5-1 辽中南城市群内部规模等级结构（地级市）

级序	人口级别（人）	城市数量（个）	城市名称
1	>1000 万	0	
2	500 万—1000 万	2	沈阳、大连
3	200 万—500 万	5	鞍山、抚顺、丹东、营口、铁岭
4	200 万以下	3	本溪、辽阳、盘锦

资料来源：《中国城市统计年鉴（2016）》和《中国区域经济统计年鉴（2016）》。

从表 5-1 中可以看出，辽中南城市群的城市等级结构为金字塔结构。沈阳和大连作为该地区发展的双核，常住人口分别为 730 万和 594 万，分别占到了当年辽中南城市群总人口的 23%和 19%。但其他城市人口与其相差较大，而且城市群内城市人口规模总体较小，200 万人口以下城市有 3 个。苏飞和张平宇（2010）认为，辽中南城市群中矿业城市居多，并且大多数矿业城市处于成熟期和衰退期，面临着严峻的经济转型任务，有些矿业城市甚至出现了人口下降趋势，因此，如何不断提高城市经济实力和城市化水平，加快经济转型步伐，提升城市群的集聚水平，对于促进辽中南城市群和发展具有重要的意义。

5.1.2 城市群经济可持续发展分析

从 GDP 指标来看，辽中南城市群属于比较明显的双核驱动型城市群，大连和沈阳是辽中南城市群经济发展的中心，其中大连的 GDP 2015 年达到 7731.64 亿元，占整个城市群 GDP 的 30.6%，沈阳 2015 年 GDP 达到

7272.31亿元，占整个城市群GDP的28.8%。两个城市的GDP之和占整个城市群GDP超过50%。在工业总产值方面，沈阳作为中国最重要的重工业基地之一，其工业总产值较高，达到9239.34亿元，是辽中南城市群中工业总产值最高的城市。

从经济发展外向度来看，大连是辽中南城市群对外联系的窗口，其外商直接投资实际使用额达到270302万美元，货物进出口总额达到7364035.32万美元，分别占到辽中南城市群的54%和63%。在科学技术支出方面，沈阳占据绝对优势，达到234542万元，显示出相对较强的竞争潜力。

辽中南城市群的一个突出特色就是第二产业比重较高，第三产业相对比重较低，除了大连、鞍山、丹东、铁岭第三产业与第二产业产值相当，其余城市第三产业产值皆低于第二产业产值。能否实现产业结构的优化，促进产业升级转型是辽中南城市群面临的现实问题。

表5-2　2015年辽中南城市群主要经济指标

城市	GDP（亿元）	工业总产值（亿元）	外商直接投资实际使用额（万美元）	货物进出口总额（万美元）	科学技术支出（万元）	年末金融机构人民币各项存款余额（万元）	第三产业产值与第二产业产值比
沈阳市	7272.31	9239.34	106116.00	1533170.90	234542.00	138678978.00	0.99
大连市	7731.64	6998.41	270302.00	7364035.32	182829.00	133387085.00	1.17
鞍山市	2337.00	2391.49	9575.00	522169.63	23040.00	30834096.00	1.00
抚顺市	1216.48	860.23	2606.00	114918.00	15075.00	15062810.00	0.88
本溪市	1164.69	1795.86	9887.00	477539.93	12273.00	11428895.00	0.83
丹东市	984.90	428.49	25077.00	547428.05	14620.00	16538427.00	1.06
营口市	1513.75	2223.15	5096.00	715887.78	8490.00	23130817.00	0.93
辽阳市	1028.58	1399.37	36477.00	98371.52	9107.00	16290031.00	0.68
盘锦市	1256.54	2602.29	23246.00	139807.27	11933.00	14665557.00	0.69
铁岭市	740.90	453.58	16617.00	91406.89	10511.00	11148287.00	1.27

资料来源：《中国城市统计年鉴（2016）》和《中国区域经济统计年鉴（2016）》。

5.1.3 城市群社会可持续发展分析

在医疗卫生方面，沈阳具有绝对领先优势，同时在影院、剧场方面也具有较高的水平，凸显出社会可持续发展方面的优势。但沈阳的城乡居民收入差距较大，成为制约社会可持续发展的一个因素。大连在可持续发展方面也表现比较突出，每万人拥有卫生机构床位数 70.03 张，生均财政教育支出 13855.69 元，每百人拥有公共图书馆藏书量 272.20 册，城镇人均住房建筑面积 27.85 平方米，城乡居民收入差距 12646.21 元，很多方面都优于沈阳。

表 5-3 2015 年辽中南城市群社会可持续发展状况

城市	每万人拥有卫生机构床位数（张）	生均财政教育支出（元）	影剧院、剧场个数（个）	每百人拥有公共图书馆藏书（册）	城镇人均住房建筑面积（平方米）	城乡居民收入差距（元）
沈阳市	80.72	12362.72	49	153.41	26.83	14753.07
大连市	70.03	13855.69	6	272.20	27.85	12646.21
鞍山市	58.77	10188.18	11	78.86	26.42	12579.55
抚顺市	57.08	9427.48	9	48.20	25.09	11505.92
本溪市	70.46	18104.04	5	89.94	23.97	12883.56
丹东市	62.47	12647.14	12	63.41	26.01	9012.23
营口市	49.79	9714.29	11	58.85	32.54	13054.25
辽阳市	70.03	11044.71	9	52.81	28.76	12362.40
盘锦市	63.44	12013.15	3	50.60	31.93	15842.86
铁岭市	38.14	13260.45	7	22.60	30.91	8794.07

资料来源：《中国城市统计年鉴（2016）》和《中国区域经济统计年鉴（2016）》。

5.1.4 城市群生态可持续发展分析

辽中南城市群幅员辽阔，土地资源丰富，为城市群的发展提供了土地资源支持。在辽中南城市群中，大连的人均绿地面积最大，达到 63.89 公顷/万人。但辽中南城市群的资源及能源承载力面临挑战。沈阳的人均煤气用量为 102.63 立方米，人均用电量为 847.25 千瓦时，人均用水量为 41.77 吨，而另一核心城市大连的人均煤气用量为 90.23 立方米，人均用电量为 1014.46 千瓦时，人均用水量为 39.59 吨。作为城市群的发展载体，资源和环境对城市群的可持续发展具有重要的影响。资源承载力应当成为辽中南城市群提高整个城市群可持续发展水平的重要关注点。

表 5-4 2015 年辽中南城市群资源承载力概况

城市	土地承载力			资源及能源承载力		
	土地面积（平方公里）	市辖区人口密度（人/平方公里）	人均绿地面积（公顷/万人）	人均煤气用量（立方米）	人均用电量（千瓦时）	人均用水量（吨）
沈阳市	12980	1526.94	57.62	102.63	847.25	41.77
大连市	12574	1188.16	63.89	90.23	1014.46	39.59
鞍山市	9255	1893.94	45.62	136.69	602.45	25.69
抚顺市	11272	995.76	38.13	139.00	545.47	18.52
本溪市	8411	612.65	60.58	79.44	572.23	20.09
丹东市	15290	828.91	27.55	75.19	644.25	20.62
营口市	5242	1324.79	46.52	21.90	722.86	22.59
辽阳市	4736	783.08	52.92	88.67	540.82	24.47
盘锦市	4065	2589.64	46.31	40.36	526.93	32.87
铁岭市	12985	667.68	50.05	106.97	732.20	30.06

资料来源：《中国城市统计年鉴（2016）》和《中国区域经济统计年鉴（2016）》。

在城市的环境承载力方面，主要考察环境污染和污染治理两个方面。在环境污染方面，大连的工业废水排放量较高，单位 GDP 工业废水排放量达到 4.47 万吨/亿元，仅次于辽阳和本溪的 5.98 万吨/亿元和 4.6 万吨/亿元。在单位 GDP 工业二氧化硫与工业烟（粉）尘排放量方面，沈阳和大连都相对较低。在工业二氧化硫排放量方面，鞍山市、铁岭市、本溪市表现较差，单位 GDP 工业二氧化硫排放量分别为 48.88、49.59、45.12 吨/亿元，表明当地的产业结构以资源开发和重工业为主，暗示其粗放的生产模式所带来的对环境的巨大伤害。在工业烟（粉）尘排放量方面，本溪市单位 GDP 工业烟（粉）尘排放量最高，达到 143.05 吨/亿元，在全国的城市中都处于较高水平。从环境治理来看，对整个辽中南城市群而言，做的最好的是生活垃圾无害化处理率，其次是污水处理厂集中处理率，做的最差的是一般工业固体废物的综合利用率。今后要提高整个城市群的环境治理水平，则应该在固体废物综合利用率方面多做些努力。

表 5-5　2015 年辽中南城市群环境承载力概况

城市	环境污染			污染治理		
	单位 GDP 工业废水排放量（万吨/亿元）	单位 GDP 工业二氧化硫排放量（吨/亿元）	单位 GDP 工业烟（粉）尘排放量（吨/亿元）	一般工业固体废物综合利用率（%）	污水处理厂集中处理率（%）	生活垃圾无害化处理率（%）
沈阳市	1.10	13.45	11.67	92.02	95.00	100.00
大连市	4.47	12.39	7.00	78.45	95.00	100.00
鞍山市	2.40	48.88	39.04	23.45	86.49	100.00
抚顺市	1.47	38.38	58.72	60.14	85.00	100.00
本溪市	4.60	45.12	143.05	16.10	95.12	100.00
丹东市	3.68	33.22	29.26	90.21	57.62	100.00
营口市	2.01	30.42	58.87	90.49	98.20	77.78
辽阳市	5.98	42.39	40.06	11.47	100.00	100.00
盘锦市	3.21	39.89	12.20	95.73	100.00	100.00
铁岭市	1.88	49.59	53.23	65.08	100.00	100.00

资料来源：《中国城市统计年鉴（2016）》和《中国区域经济统计年鉴（2016）》。

5.2　山东半岛城市群

山东半岛城市群位于中国东部沿海地区，2011 年 1 月 4 日，国务院批复《山东半岛蓝色经济区发展规划》，提出山东半岛蓝色经济区发展规划是以临港、涉海、海洋产业发达为特征，以科学开放海洋资源与保护生态环境为导向，以区域优势产业为特色，以经济、文化、社会、生态协调发展为前提，形成具有较强综合竞争力的经济功能区。2015 年 6 月，中韩自贸协定正式签署，标志着中韩自贸区建设正式完成制度设计，即将进入实施阶段。山东半岛城市群与韩国隔海相望，中韩自贸区建设为山东半岛城市群发展注入了新的活力。根据国家对山东半岛城市群的规划，全球范围内，山东半岛城市群是以东北亚区域国际性城市青岛为龙头，带动山东半岛城市群外向型城市功能整体发展的城市密集区域，是全球城市体系和全球产品生产服务供应链中的重要一环；在全国范围内，山东半岛城市群是黄河流域的经济中心和龙头带动区域，与京津冀城市群、辽中南城市群共同构筑引领中国经济发展的重要增长极；在环黄海范围内，山东半岛城市群是环黄海地区区域经济合作的先进制造业生产服务中心之一（张学良，2013），作为中国最具潜力的第四增长极，山东半岛城市群具有较高的城市群可持续发展水平。

5.2.1　城市群城市体系分析

表 5-6　山东半岛城市群内部规模等级结构（地级市）

级序	人口级别（人）	城市数量（个）	城市名称
1	>1000 万	0	
2	500 万—1000 万	4	青岛、烟台、济南、潍坊
3	200 万—500 万	3	威海、淄博、日照
4	200 万以下	1	东营

资料来源：《中国城市统计年鉴（2016）》和《中国区域经济统计年鉴（2016）》。

从表 5-6 中可以看出，山东半岛城市群中没有人口超过 1000 万的特大型城市，整个城市群的城市人口结构呈现葫芦式分布。其中，青岛、烟台、济南和潍坊市的人口规模分别为 781.86 万人、653.34 万人、623.67 万人和 890.92 万人，均超过 500 万人，分别占到山东半岛城市群人口总量的 19%、16%、15%和 22%。作为山东半岛城市群的核心城市，青岛和其他城市之间并没有形成显著的规模差距，首位城市的地位不十分突出，不利于中心城市的辐射和集聚效应发挥，较难带动整个城市群的发展。

5.2.2 城市群经济可持续发展分析

山东半岛城市群在中国区域经济发展中处于相对优势的地位，属于中国第四增长极。山东半岛城市群呈现出“一核两翼”的发展结构。核心城市青岛在 GDP、工业总产值、外商直接投资使用额、货物进出口总额、科学技术支出和年末金融机构人民币各项贷款余额等方面都处于绝对的领先优势。2015 年青岛外商直接投资使用额为 669062 万美元，占整个山东半岛城市群的 48.85%；货物进出口总额达到 7791246 万美元，占整个山东半岛城市群的 34.58%。济南和烟台紧随其后。山东半岛城市群的产业结构表现比较好，表现出以制造业为主导的产业格局。

表 5-7 2015 年山东半岛城市群主要经济指标

城市	GDP（亿元）	工业总产值（亿元）	外商直接投资实际使用额（万美元）	货物进出口总额（万美元）	科学技术支出（万元）	年末金融机构人民币各项存款余额（万元）	第三产业产值与第二产业产值比
济南市	6100.23	5340.75	157851.00	1023568.42	114769.00	135529851.00	1.51
青岛市	9300.07	16811.83	669062.00	8336633.22	285793.00	125330268.00	1.22
淄博市	4130.24	11135.58	58790.00	963903.08	99933.00	37712979.00	0.79
东营市	3450.64	13189.05	22194.00	1406827.44	26737.00	35684911.00	0.49
烟台市	6446.08	15297.56	191638.00	5276465.32	186406.00	66721881.00	0.81
潍坊市	5170.50	12757.59	100116.00	1729125.35	138059.00	60707312.00	0.89
威海市	3001.57	6932.56	112018.00	1835016.83	122039.00	26609691.00	0.96
日照市	1670.80	2539.88	57849.00	3535206.17	22793.00	18338313.00	0.88

资料来源：《中国城市统计年鉴（2016）》和《中国区域经济统计年鉴（2016）》。

5.2.3 城市群社会可持续发展分析

在医疗卫生方面，济南具有绝对领先优势，每万人拥有卫生机构床位数为 72.23 张，同时在每百人拥有公共图书馆藏书量方面也具有较高的水平，凸显出社会可持续发展方面的优势。而青岛在教育支出方面表现出领先优势，生均财政教育支出为 16946.02 元。山东半岛城市群城镇人均住房建筑面积基本在 30 平方米以上，具有一定的优势。但城乡收入差距较大，其中济南最为严重，达到 22624 元，这降低了山东半岛城市群社会可持续发展的潜力。

表 5-8 2015 年山东半岛城市群社会可持续发展状况

城市	每万人拥有卫生机构床位数（张）	生均财政教育支出（元）	影剧院、剧场个数（个）	每百人拥有公共图书馆藏书（册）	城镇人均住房建筑面积（平方米）	城乡居民收入差距（元）
济南市	72.23	7122.48	30	190.98	30.70	22624.00
青岛市	57.55	16946.02	43	77.12	29.68	19690.96
淄博市	62.01	13672.13	8	57.76	37.13	17126.57
东营市	63.04	17767.90	20	112.79	38.05	21192.83
烟台市	56.91	15182.20	26	107.58	30.50	18184.04
潍坊市	49.98	12875.44	38	302.65	30.91	15264.13
威海市	61.77	22292.63	15	133.48	29.99	16018.60
日照市	40.06	10598.59	12	25.10	37.84	13923.86

资料来源：《中国城市统计年鉴（2016）》和《中国区域经济统计年鉴（2016）》。

5.2.4 城市群生态可持续发展分析

山东半岛城市群的人均绿地面积，东营和青岛处于领先地位，分别达到 89.57 公顷/万人和 82.41 公顷/万人，而济南市的水平较低，只有 39.16 公顷/万人。在资源及能源承载力方面，济南和青岛的人均用电量水平最高，分别达到 998.86 千瓦时和 957.97 千瓦时。资源的使用量与当地的产业结构具有非常密切的关系，也和城市的地位紧密相连。

表 5-9　2015 年山东半岛城市群资源承载力概况

城市	土地承载力			资源及能源承载力		
	土地面积（平方公里）	人口密度（人/平方公里）	人均绿地面积（公顷）	人均煤气用量（立方米）	人均用电量（千瓦时）	人均用水量（吨）
济南市	8177	1105.06	39.16	150.38	998.86	39.33
青岛市	11282	1132.71	82.41	214.07	957.97	42.44
淄博市	5965	956.84	63.37	348.65	701.70	22.12
东营市	8243	249.64	89.57	344.76	479.53	31.12
烟台市	13852	675.68	72.04	144.83	835.56	30.43
潍坊市	16143	708.87	56.42	157.00	759.67	21.10
威海市	5786	506.52	71.12	81.34	679.75	18.70
日照市	5359	655.90	32.95	85.06	603.53	19.11

资料来源：《中国城市统计年鉴（2016）》和《中国区域经济统计年鉴（2016）》。

在城市的环境承载力方面，主要考察环境污染和污染治理两个方面。在环境污染方面，潍坊、淄博和青岛的工业废水排放量较高，分别达到 27402 万吨、15556 万吨和 10566 万吨。在工业二氧化硫方面，排放量最高的三座城市分别是淄博、潍坊和济南，其中淄博和潍坊单位 GDP 工业二氧化硫排放量分别为 38.34 吨/亿元、20.62 吨/亿元，表明当地的产业结构以粗放型重工业为主，造成了严重的环境污染。在工业烟（粉）尘排放方面，日照的单位 GDP 工业烟（粉）尘排放量最高，达到 61.83 吨/亿元，远远高于其他城市。在污染治理治理方面，除了烟台的三项指标皆较低以外，其余城市都达到了 90%以上。

表 5-10 2015 年山东半岛城市群环境承载力概况

城市	环境污染			污染治理		
	单位 GDP 工业废水排放量（万吨/亿元）	单位 GDP 工业二氧化硫排放量（吨/亿元）	单位 GDP 工业烟（粉）尘排放量（吨/亿元）	一般工业固体废物综合利用率（%）	污水处理厂集中处理率（%）	生活垃圾无害化处理率（%）
济南市	1.22	11.53	15.23	99.38	95.85	100.00
青岛市	1.14	6.88	3.09	93.76	95.86	100.00
淄博市	3.77	38.34	21.87	95.75	96.14	100.00
东营市	2.27	13.87	1.49	96.69	95.88	100.00
烟台市	1.51	10.48	4.70	78.26	76.06	81.29
潍坊市	5.30	20.62	10.71	95.40	96.15	100.00
威海市	0.87	8.22	4.18	94.77	96.01	100.00
日照市	4.03	25.21	61.83	99.05	97.58	100.00

资料来源：《中国城市统计年鉴（2016）》和《中国区域经济统计年鉴（2016）》。

5.3 哈长城市群

哈长城市群包括了长春市、吉林市、松原市、延边朝鲜族自治州、哈尔滨市、齐齐哈尔市、大庆市和牡丹江市。根据《国家主体功能区域规划》，哈长城市群定位为我国面向东北亚地区和俄罗斯对外开放的重要门户，全国重要的能源、装备制造基地，区域性的原材料、石化、生物、高新技术产业和农产品加工基地，带动东北地区发展的重要增长极。在“一带一路”倡议中，哈长城市群作为中国与俄罗斯远东地区联系的窗口地区，将进一步发挥地缘优势，为哈长城市群的发展注入新活力。

5.3.1 城市群城市体系分析

表 5-11 哈长城市群内部规模等级结构（地级市）

级序	人口级别（人）	城市数量（个）	城市名称
1	>1000 万	0	
2	500 万—1000 万	3	哈尔滨、长春、齐齐哈尔
3	200 万—500 万	4	大庆、牡丹江、吉林、松原
4	200 万以下	0	

资料来源：《中国城市统计年鉴（2016）》和《中国区域经济统计年鉴（2016）》。

哈长城市群没有人口超过 1000 万人的城市，但是哈尔滨 2015 年人口为 974. 33 万人，接近 1000 万人口，占到了当年哈长城市群总人口的 27. 69%。排在第二位的是长春，人口为 754. 19 万人，占到了当年哈长城市群总人口的 21. 43%。而核心城市哈尔滨周边城市大庆、松原等人口为 500 万以下，人口分布总体较为合理。李秀伟和修春亮（2008）的研究指出，哈尔滨和长春与辽东南城市群中的大连和沈阳是东北三省区域经济极化的高“极化点”，人口集聚程度较高，其将带动地区经济的发展。

5.3.2 城市群经济可持续发展分析

哈长城市群最大的特征之一是双核结构，哈尔滨和长春是该城市群的核心。哈尔滨和长春 2015 年的 GDP 分别为 5751. 21 亿元和 5530. 03 亿元，两个城市的总和占整个城市群的 54. 04%。在工业总产值方面，长春的工业总产值为 8596. 39 亿元，远远高于除长春以外的其他城市，这主要得益于它拥有汽车产业集群。

在外商投资方面，哈尔滨和长春的实际利用外资额比较高，分别为 299426 万美元和 520520 万美元。在货物进出口方面，长春的货物进出口总额为 2184563. 36 万美元，排第一位；牡丹江的货物进出口总额为 1302745. 33 万美元，处于第二位。牡丹江由于与俄罗斯接壤，其特殊的地理位置为其作为中国通往俄罗斯及远东地区的窗口提供了便利条件。

在科学技术支出方面，哈长城市群总体支出为 259415 万元，其中哈尔滨为 90855 万元，占整个哈长城市群的 35.02%。和其他发展型城市群相比，哈长城市群科学技术支出的水平相对较低，暗示整个城市群的创新和发展动力不足。

哈长城市群的一个突出特色就是第二产业比重较高，经济升级转型一直是制约城市群发展的重要因素之一，未来需要转变发展模式和要素利用方式，提升经济发展质量。

表 5-12 2015 年哈长城市群主要经济指标

城市	GDP（亿元）	工业总产值（亿元）	外商直接投资实际使用额（万美元）	货物进出口总额（万美元）	科学技术支出（万元）	年末金融机构人民币各项贷款余额（万元）	第二产业比重（%）
长春市	5530.03	8596.39	520520	2184563.36	89975	98486300	0.87
吉林市	2394.19	3100.99	104830	117910.79	34798	24688234	0.97
松原市	1637.30	2082.34	35108	9640.7	2099	9355695	0.87
延边朝鲜族自治州	/	0.00	/	285378.63	/	/	/
哈尔滨市	5751.21	3826.01	299426	516160.51	90855	96885883	1.72
齐齐哈尔市	1270.33	1039.40	47282	88231.13	21961	15901134	1.44
大庆市	2983.46	3051.75	73456	360894.95	5049	22096019	0.44
牡丹江市	1310.70	991.43	46271	1302745.33	14678	14089388	1.31

资料来源：《中国城市统计年鉴（2016）》和《中国区域经济统计年鉴（2016）》。

5.3.3 城市群社会可持续发展分析

在医疗卫生方面，哈尔滨和牡丹江每万人拥有卫生机构床位数较多，分别达到 75.88 张和 60.74 张。而哈尔滨和长春的财政教育支出水平较低，生均分别为 9444.31 元和 8301.91 元，不利于其长期的社会可持续发展。从每百人拥有公共图书馆藏书量来看，长春也有一定的提升空间。哈长城市群的城镇人均住房建筑面积超过 30 平方米，总体城乡收入差距水平较小。

表 5-13　2015 年哈长城市群社会可持续发展状况

城　市	每万人拥有卫生机构床位数（张）	生均财政教育支出（元）	影剧院、剧场个数（个）	每百人拥有公共图书馆藏书量（册）	城镇人均住房建筑面积（平方米）	城乡居民收入差距（元）
长春市	60.74	8301.91	35	61.44	30.70	16133.74
吉林市	57.36	12128.22	4	53.73	30.50	15805.49
松原市	30.39	11169.78	1	27.81	29.38	16725.60
延边朝鲜族自治州	/	/	/	/	33.05	17634.60
哈尔滨市	75.88	9444.31	80	85.86	38.96	13964.26
齐齐哈尔市	46.78	11983.37	17	32.55	26.32	9170.80
大庆市	58.13	11179.49	21	92.57	29.07	16709.44
牡丹江市	64.38	14366.10	9	41.15	30.50	7210.39

资料来源：《中国城市统计年鉴（2016）》和《中国区域经济统计年鉴（2016）》。

5.3.4　城市群生态可持续发展分析

哈长城市群幅员辽阔，人口密度较低，但是人均绿地面积处于较低的水平。大庆的人均绿地面积最高，达到 174.88 公顷/万人。哈长城市群拥有丰富的矿产资源和石油资源，具有较强的资源可持续发展能力。哈长城市群整体人均用电量、人均煤气用量以及人均用水量都处于较高水平，反映其能源利用效率较低，如何提高能源使用效率和升级产业结构是哈长城市群发展的关键。

表 5-14　2015 年哈长城市群资源承载力概况

城 市	土地承载力			资源及能源承载力		
	土地面积（平方公里）	人口密度（人/平方公里）	人均绿地面积（公顷/万人）	人均煤气用量（立方米）	人均用电量（千瓦时）	人均用水量（吨）
长春市	20604	910.42	46.48	180.68	570.65	28.89
吉林市	27205	482.25	51.33	190.12	807.21	35.45
松原市	21090	456.00	40.03	148.38	541.42	39.62

续表

城 市	土地承载力			资源及能源承载力		
	土地面积（平方公里）	人口密度（人/平方公里）	人均绿地面积（公顷/万人）	人均煤气用量（立方米）	人均用电量（千瓦时）	人均用水量（吨）
延边朝鲜族自治州	/	/	/	/		/
哈尔滨市	53068	538.34	30.10	119.57	847.10	29.96
齐齐哈尔市	42469	313.86	46.76	167.14	489.33	18.96
大庆市	21522	266.30	174.88	272.24	568.83	34.78
牡丹江市	38405	372.88	61.79	29.16	10489.27	20.09

资料来源：《中国城市统计年鉴（2016）》和《中国区域经济统计年鉴（2016）》。

在环境污染方面，吉林和齐齐哈尔的工业废水排放量较高，单位 GDP 工业废水排放量分别达到 3.54 万吨/亿元和 4.07 万吨/亿元。在工业二氧化硫排放量方面，吉林表现较差，单位 GDP 工业二氧化硫排放量高达 26.39 吨/亿元，表明低端产业和粗放的生产模式对环境带来巨大的伤害。在工业烟（粉）尘排放量方面，齐齐哈尔的单位 GDP 工业烟（粉）尘排放量最高，达到 45.71 吨/亿元。在污染治理方面，哈长城市群整体的一般工业固体废物综合利用率、污水处理厂集中处理率、生活垃圾无害化处理率都处于较低水平，表明污染治理水平较低，还有很大的提升空间。

表 5-15　2015 年哈长城市群环境承载力概况

城 市	环境污染			污染治理		
	单位 GDP 工业废水排放量（万吨/亿元）	单位 GDP 工业二氧化硫排放量（吨/亿元）	单位 GDP 工业烟（粉）尘排放量（吨/亿元）	一般工业固体废物综合利用率（%）	污水处理厂集中处理率（%）	生活垃圾无害化处理率（%）
长春市	0.68	9.47	14.61	96.50	90.00	100.00
吉林市	3.54	26.39	37.27	57.90	91.84	72.86
松原市	1.30	18.39	17.48	99.39	95.90	95.75
延边朝鲜族自治州	/	/	/	/	/	/

续表

城 市	环境污染			污染治理		
	单位 GDP 工业废水排放量（万吨/亿元）	单位 GDP 工业二氧化硫排放量（吨/亿元）	单位 GDP 工业烟（粉）尘排放量（吨/亿元）	一般工业固体废物综合利用率（%）	污水处理厂集中处理率（%）	生活垃圾无害化处理率（%）
哈尔滨市	0.84	8.58	11.73	99.80	90.14	91.63
齐齐哈尔市	4.07	25.87	45.71	95.30	65.00	58.00
大庆市	1.24	11.45	6.63	95.85	95.61	90.50
牡丹江市	0.85	16.44	23.13	99.32	65.52	95.98

资料来源：《中国城市统计年鉴（2016）》和《中国区域经济统计年鉴（2016）》。

5.4 江淮城市群

江淮城市群以合肥为中心，包括芜湖、马鞍山、铜陵、安庆、滁州、六安、池州、宣城，共九市。江淮城市群紧邻长三角城市群，为承接长三角城市群的产业转移创造了得天独厚的条件。在《全国主体功能区规划》中将江淮城市群定位为承接产业转移的示范区，全国重要的科研教育基地，能源原材料、先进制造业和科技创新基地，区域性的高新技术产业基地。规划将构建“一轴双核两翼”空间开发格局。进一步提升合肥中心城市地位，完善综合服务功能，建设全国重要的科研教育基地、科技创新基地、先进制造业基地和综合交通枢纽。培育形成沿江发展带，壮大主要节点城市规模，推进芜湖、马鞍山一体化，建设皖江城市带承接产业转移示范区。加强农业基础设施建设，调整优化农业结构，发展农产品加工业，不断提高农业效益。加强大别山水土保持和水源涵养功能，保护巢湖生态环境，构建以大别山、巢湖及沿江丘陵为主体的生态格局。

5.4.1 城市群城市体系分析

表 5-16 江淮城市群内部规模等级结构（地级市）

级序	人口级别（人）	城市数量（个）	城市名称
1	>1000 万	0	
2	500 万—1000 万	3	合肥、安庆、六安
3	200 万—500 万	4	芜湖、马鞍山、滁州、宣城
4	200 万以下	2	铜陵、池州

资料来源：《中国城市统计年鉴（2016）》和《中国区域经济统计年鉴（2016）》。

江淮城市群的城市整体规模较小，城镇空间结构体系呈“扁平化”分布的特征。核心城市合肥极化效应不显著。2015 年，合肥的年末总人口为 715.26 万人，只占到江淮城市群总人口的 19.69%，核心城市地位不够突出。同时，铜陵市和池州市的人口规模都在 200 万以下。

5.4.2 城市群经济可持续发展分析

江淮城市群属于明显的单结构城市群，合肥是江淮城市群的核心首位城市。合肥 2015 年的 GDP 为 5660.27 亿元，占整个城市群的 36.17%以上；工业总产值达到 9345.59 亿元，占到当年江淮城市群工业总产值的 31.88%。而其他城市的地区生产总值和工业总产值的水平相对较低，远远落后于核心城市合肥市，难以形成综合协同能力。

由于受到长三角地区产业辐射的影响，江淮城市群近年来的发展速度较快。在经济外向度方面，江淮城市群实际使用外资为 974234.00 万美元，货物进出口总额为 4260851.28 万美元，较上年有较大增长。

江淮城市群科学技术支出为 1136773.00 万元，其中合肥的支出水平最高，达到 372666 万元，表明合肥在江淮城市群中表现出较强的创新能力和发展潜力。较高的科技支出能够提升城市的创新能力和发展能力，为整个城市群的可持续发展注入活力。

从产业结构来看，江淮城市群处于工业化阶段，相对于第三产业，第二产业比重较高，所有城市的第二产业产值都不同程度地超过了第三产业产值。如何在第二产业发展的同时，积极实现产业结构的升级转型，发展现代服务业，是江淮城市群提升经济可持续发展能力的重要战略。

表 5-17　2015 年江淮城市群主要经济指标

城 市	GDP（亿元）	工业总产值（亿元）	外商直接投资使用额（万美元）	货物进出口总额（万美元）	科学技术支出（万元）	年末金融机构人民币各项贷款余额（万元）	第三产业产值与第二产业产值比
合肥市	5660. 27	9345. 59	250678	1946330	372666	109679060	0. 81
芜湖市	2457. 32	5829. 01	230062	581354. 54	357319	25486808	0. 66
马鞍山市	1365. 30	2540. 75	194002	387886. 77	66451	16097100	0. 66
铜陵市	911. 60	2269. 01	22324	623098. 45	77820	8099467	0. 54
安庆市	1417. 43	2723. 17	18253	193055. 82	71738	25328437	0. 73
滁州市	1305. 70	2528. 75	105886	198533. 15	62250	16662359	0. 56
六安市	1016. 49	1542. 10	38720	85668. 48	32549	19595657	0. 78
池州市	544. 74	740. 43	34703	43889. 26	19072	7482701	0. 89
宣城市	971. 46	1796. 38	79606	201034. 81	76908	12089904	0. 80

资料来源：《中国城市统计年鉴（2016）》和《中国区域经济统计年鉴（2016）》。

5. 4. 3　城市群社会可持续发展分析

作为整个城市群的核心城市，合肥在医疗、娱乐方面都具有较突出的表现。合肥每万人拥有卫生机构床位数为 58. 68 张，影院、剧场个数 49 个，每百人拥有公共图书馆藏书量为 668. 41 册，但是在教育支出方面投入较低，生均财政教育支出只有 8990. 73 元，在整个城市群中处于最低水平。在其他城市中，铜陵和芜湖的人均医疗条件和教育支出都有不俗的表现，在部分指标方面甚至超过合肥。

江淮城市群城镇人均住房建筑面积基本都在 30 平方米以上。从城乡居民收入差距来看，除了马鞍城乡居民收入差距达到 21925. 08 元以外，整个城市群的城乡居民收入差距水平处于相对较低的水平。

表 5-18 2015 年江淮城市群社会可持续发展状况

城市	每万人拥有卫生机构床位数（张）	生均财政教育支出（元）	影剧院、剧场个数（个）	每百人拥有公共图书馆藏书量（册）	城镇人均住房建筑面积（平方米）	城乡居民收入差距（元）
合肥市	58.68	8990.73	49	68.41	31.52	17908.31
芜湖市	46.74	11637.06	9	48.55	32.44	15455.02
马鞍山市	34.99	10152.17	4	51.43	31.01	21925.08
铜陵市	70.42	14744.81	7	101.56	28.56	16126.67
安庆市	30.03	9661.49	25	29.59	34.58	15084.35
滁州市	33.91	9094.64	15	19.87	28.56	13542.08
六安市	27.00	9076.65	13	9.80	31.21	13983.45
池州市	37.72	9950.89	7	27.82	39.07	14546.02
宣城市	37.72	14537.85	14	28.99	38.56	12608.84

资料来源：《中国城市统计年鉴（2016）》和《中国区域经济统计年鉴（2016）》。

5.4.4 城市群生态可持续发展分析

从土地面积上来看，江淮城市群规模较小，而人口密度较大，不仅对土地承载能力提出了严峻的挑战，而且限制了经济发展的规模经济效应发挥。由于江淮城市群承载着长三角产业转移的重任，引进了许多制造业，这些制造业主要是传统的高能耗、高污染、低效率的产业，给资源和环境带来巨大的压力。如何在发展经济的同时，避免环境污染，提高资源利用效率，是江淮城市群面临的重要挑战。在人均用电量和人均用水量方面，合肥市都排在前列，分别达到 1019.54 千瓦时和 85.08 吨，远高于城市群平均水平。

表 5-19　2015 年江淮城市群资源承载力概况

城 市	土地承载力			资源及能源承载力		
	土地面积（平方公里）	人口密度（人/平方公里）	人均绿地面积（公顷/万人）	人均煤气用量（立方米）	人均用电量（千瓦时）	人均用水量（吨）
合肥市	11445	2227.15	69.98	193.47	1019.54	85.08
芜湖市	5988	979.21	45.40	204.53	564.99	44.14
马鞍山市	4049	1118.69	72.48	282.11	481.53	51.36
铜陵市	1201	1267.61	121.18	422.61	579.22	65.30
安庆市	15318	913.58	51.00	87.18	610.91	36.83
滁州市	13516	384.07	78.95	294.08	545.24	29.92
六安市	18011	531.32	15.85	31.44	348.05	10.76
池州市	8272	284.26	22.69	45.82	431.91	18.67
宣城市	12453	331.93	43.72	46.16	433.08	17.58

资料来源：《中国城市统计年鉴（2016）》和《中国区域经济统计年鉴（2016）》。

在环境污染方面，江淮城市群的环境污染水平较高，污染最严重的是马鞍山，单位 GDP 工业废水排放量、工业二氧化硫排放量、工业烟（粉）尘排放量分别达到 5.64 万吨/亿元、35.68 吨/亿元、55.60 吨/亿元，对整个城市群的生态环境带来巨大的压力，为经济发展增添了无法挽回的成本。而在污染治理方面，整体治理效率相对较低，各种污染物没有得到完全有效的治理。

表 5-20　2015 年江淮城市群环境承载力概况

城 市	环境污染			污染治理		
	单位 GDP 工业废水排放量（万吨/亿元）	单位 GDP 工业二氧化硫排放量（吨/亿元）	单位 GDP 工业烟（粉）尘排放量（吨/亿元）	一般工业固体废物综合利用率（%）	污水处理厂集中处理率（%）	生活垃圾无害化处理率（%）
合肥市	0.94	7.21	15.02	91.65	92.12	100.00
芜湖市	2.01	15.49	16.08	86.44	90.79	97.48
马鞍山市	5.64	35.68	55.60	86.51	92.10	98.59
铜陵市	5.86	30.51	25.38	90.58	92.07	100.00

续表

城 市	环境污染			污染治理		
	单位GDP工业废水排放量（万吨/亿元）	单位GDP工业二氧化硫排放量（吨/亿元）	单位GDP工业烟（粉）尘排放量（吨/亿元）	一般工业固体废物综合利用率（%）	污水处理厂集中处理率（%）	生活垃圾无害化处理率（%）
安庆市	3.15	10.40	17.62	96.80	88.18	90.16
滁州市	4.49	14.18	27.01	96.36	88.55	95.30
六安市	2.40	14.06	32.87	75.84	91.90	92.19
池州市	2.61	31.84	25.61	93.97	93.58	92.92
宣城市	3.77	19.76	39.89	90.46	96.34	100.00

资料来源：《中国城市统计年鉴（2016）》和《中国区域经济统计年鉴（2016）》。

5.5 海峡西岸城市群

海峡西岸城市群包括厦门、福州、莆田、三明、泉州、漳州、南平、龙岩和宁德9个城市。海峡西岸城市群临近长三角、台湾地区，发挥着承南启北、贯通东西的桥梁纽带作用，是加强两岸交流合作，推动两岸关系和平发展的重要前沿平台和纽带。《全国主体功能区规划》中对海峡西岸城市群的定位为：两岸人民交流合作先行先试区域，服务周边地区发展新的对外开放综合通道，东部沿海地区先进制造业的重要基地，我国重要的自然和文化旅游中心。随着“一带一路”倡议的实施，以及福建自贸区的建立，海峡西岸城市群获得了发展新活力。

5.5.1 城市群城市体系分析

海峡西岸城市群人口规模最大的城市为泉州，2015年人口总量达到了719.34万人，占整个海峡西岸城市群总人口的19.40%；而排在第二位的福州市人口为 676.65 万人，占海峡西岸城市群总人口的 18.25%，与泉州并没显著差别。城市首位度偏低，表明了海峡西岸城市群弱核驱动的模式。城市群核心城市之一厦门 2015 年总人口仅为 207.29 万人。不完善的城市群内部规模等级体系阻碍了海峡西岸城市群的进一步发展。

表 5-21　海峡两岸城市群内部规模等级结构（地级市）

级序	人口级别（人）	城市数量（个）	城市名称
1	>1000 万	0	
2	500 万—1000 万	2	泉州、福州
3	200 万—500 万	7	莆田、三明、漳州、南平、龙岩、宁德、厦门
4	200 万以下	0	

资料来源：《中国城市统计年鉴（2016）》和《中国区域经济统计年鉴（2016）》。

5.5.2　城市群经济可持续发展分析

海峡西岸城市群与台湾隔海相望，具有良好的招商引资和外向型经济发展条件，也是对台合作的窗口。海峡西岸城市群属于多核驱动模式。

从 GDP 来看，整个海峡西岸城市群为 25922.74 亿元，其中前三名为泉州、福州和厦门，分别为 6137.71 亿元、5618.08 亿元和 3466.03 亿元，呈现三足鼎立的局面。工业总产值也呈现类似的地区分布特征，前三位的泉州、福州和厦门的工业总产值分别为 11398.12 亿元、7845.00 亿元和 5028.68 亿元。中心城市的带动力较弱，经济规模较小，缺乏强大的经济腹地支撑，制约了海峡西岸城市群的发展。

在接受外商投资和货物进出口方面，厦门都具有最好的表现，充分展现了城市群的对外经济贸易窗口作用。2015 年厦门的外商直接投资使用额为 209373 万美元，占整个城市群的 27.60%，货物进出口总额为 8996940.92 万美元，占整个城市群的 49.79%。福建自贸区的设立为整个海峡西岸城市群的外向化发展提供了新的机遇。

从产业结构来看，海峡西岸城市群总体呈现出“二、三、一”的发展特征。除了福州和厦门以外，其他城市的第三产业产值都远低于第二产业。提高第三产业的比重将为海峡两岸城市群的发展注入很大的活力。

表 5-22　2015 年海峡西岸城市群主要经济指标

城 市	GDP（亿元）	工业总产值（亿元）	外商直接投资使用额（万美元）	货物进出口总额（万美元）	科学技术支出（万元）	年末金融机构人民币各项贷款余额（万元）	第三产业产值与第二产业产值比
福州市	5618.08	7845.00	167852	3354982.86	100554	108756176	1.12
厦门市	3466.03	5028.68	209373	8996940.92	185764	88762527	1.28
莆田市	1655.16	2613.42	37749	510583.67	27503	16081951	0.62
三明市	1713.05	3274.08	15636	178492.05	44556	13337535	0.67
泉州市	6137.71	11398.12	158036	3116333.27	123785	63525571	0.62
漳州市	2767.38	4536.94	108500	1042070.86	44655	23113647	0.78
南平市	1339.51	1722.24	14531	178668.6	19266	14107781	0.82
龙岩市	1738.45	1856.91	26000	344067.06	57886	15628488	0.68
宁德市	1487.36	2976.10	21006	348417.68	13531	12060427	0.62

资料来源：《中国城市统计年鉴（2016）》和《中国区域经济统计年鉴（2016）》。

5.5.3　城市群社会可持续发展分析

从人均来看，厦门在医疗卫生和教育方面的条件比较领先，每万人拥有卫生机构床位数 63.37 张，生均财政教育支出 17338.92 元，每百人拥有公共图书馆藏书量 257.66 册，高于省会城市福州，表现出相对较好的社会服务能力。福州在文化娱乐方面具有优势，影剧院、剧场个数为 36，占整个海峡西岸城市群的 27.48%。

海峡西岸城市群的城镇人均住房建筑面积较高，尤其是泉州达到 46.00 平方米。海峡西岸城市群的城乡居民收入差距一般，各个城市相差不大，厦门的城乡居民收入差距较高，达到 26352.00 元。

表 5-23　2015 年海峡西岸城市群社会可持续发展状况

城 市	每万人拥有卫生机构床位数（张）	生均财政教育支出（元）	影剧院、剧场个数（个）	每百人拥有公共图书馆藏书量（册）	城镇人均住房建筑面积（平方米）	城乡居民收入差距（元）
福州市	45.62	11652.05	36	123.21	37.74	19548.55
厦门市	63.37	17338.92	5	257.66	33.46	26615.52
莆田市	38.25	12378.91	4	27.46	42.33	15789.33
三明市	44.17	14186.71	20	175.92	36.01	15343.92
泉州市	45.92	9885.12	34	101.13	46.92	22335.14
漳州市	37.73	8516.16	10	90.46	40.19	14980.32
南平市	49.89	11065.64	8	65.32	38.45	14429.87
龙岩市	50.71	14726.08	8	58.49	43.45	15860.03
宁德市	34.82	12461.02	6	36.99	43.96	14051.12

资料来源：《中国城市统计年鉴（2016）》和《中国区域经济统计年鉴（2016）》。

5.5.4　城市群生态可持续发展分析

海峡西岸城市群的土地面积狭小，特别是作为核心城市之一的厦门，全市土地面积仅有 1573 平方公里，人口密度达到 1241.91 人/平方公里，较紧张的土地限制了城市发展的规模效应，加剧了城市群的土地承载压力。但是海峡西岸城市群的每万人拥有绿地面积较大，其中厦门最好，高达 95.10 公顷，符合其旅游城市的特征。

海峡西岸城市群资源较为缺乏。一次能源的自给率比较低，电煤基本都是外省调入，资源承载力成为影响整个城市群发展的瓶颈，如何优化产业结构、提高管理效率和技术效能，提高能源和资源的使用效率是推动海峡西岸城市群转型升级的关键。

表 5-24 2015 年海峡西岸城市群资源承载力概况

城 市	土地承载力			资源及能源承载力		
	土地面积（平方公里）	人口密度（人/平方公里）	人均绿地面积（公顷/万人）	人均煤气用量（立方米）	工业用电量（万千瓦时）	人均用水量（吨）
福州市	13066	1119.82	53.86	98.85	1958.52	69.38
厦门市	1573	1241.91	95.10	130.09	2347.13	74.41
莆田市	4131	1008.73	10.38	32.34	815.94	16.71
三明市	22965	243.27	54.42	111.51	1119.78	52.59
泉州市	11015	1263.16	83.13	103.29	1750.60	49.66
漳州市	12554	1471.32	44.94	55.81	2056.69	44.66
南平市	26280	142.41	24.85	41.28	855.29	24.17
龙岩市	19063	208.12	40.59	10.77	1448.53	30.29
宁德市	13452	312.30	23.28	7.46	1016.25	25.80

资料来源：《中国城市统计年鉴（2016）》和《中国区域经济统计年鉴（2016）》。

优质的环境是非常重要的资源。海峡西岸城市群是著名的旅游地区，但也面临着一定的环境污染，其中，厦门的单位 GDP 工业二氧化硫和工业烟（粉）尘排放量最低。海峡西岸城市群同样也面临着一定污染治理压力，如果不能很好地处理污染问题，将成为可持续发展道路上的最大障碍。

表 5-25 2015 年海峡西岸城市群环境承载力概况

城 市	环境污染			污染治理		
	单位 GDP 工业废水排放量（万吨/亿元）	单位 GDP 工业二氧化硫排放量（吨/亿元）	单位 GDP 工业烟（粉）尘排放量（吨/亿元）	一般工业固体废物综合利用率（%）	污水处理厂集中处理率（%）	生活垃圾无害化处理率（%）
福州市	0.79	9.86	16.18	95.35	88.20	97.81
厦门市	6.17	4.91	0.70	93.10	93.62	100.00
莆田市	1.60	6.70	2.97	87.73	85.00	98.50
三明市	5.83	21.93	36.58	92.50	85.19	98.51
泉州市	3.13	15.43	10.68	97.99	86.51	98.59

续表

城市	环境污染			污染治理		
	单位 GDP 工业废水排放量（万吨/亿元）	单位 GDP 工业二氧化硫排放量（吨/亿元）	单位 GDP 工业烟（粉）尘排放量（吨/亿元）	一般工业固体废物综合利用率（%）	污水处理厂集中处理率（%）	生活垃圾无害化处理率（%）
漳州市	7.66	12.84	7.48	96.45	88.06	98.88
南平市	4.64	14.95	12.76	50.11	86.53	97.82
龙岩市	2.19	16.09	17.20	99.32	88.67	99.48
宁德市	1.03	11.89	5.70	81.90	84.31	95.50

资料来源：《中国城市统计年鉴（2016）》和《中国区域经济统计年鉴（2016）》。

5.6 中原城市群

中原城市群以郑州为核心，包括开封、洛阳、平顶山、新乡、焦作、许昌、漯河和济源，共9市，总面积56809平方公里。中原城市群是中原文明的发源地，人口密度较大。《全国主体功能区域规划》中对中原城市群的定位为：全国重要的高新技术产业、先进制造业和现代服务员基地，能源原材料基地、综合交通枢纽和物流中心，区域性的科技创新中心，中部地区人口和经济密集区。《中原城市群总体发展规划纲要》中提出了中原城市群发展的框架结构，明确提出中原城市群9市通过在空间、功能、产业、体制、机制等方面的有机结合，努力形成作为一个城市群体发挥作用的集合城市。将重点发展郑汴洛城市工业走廊，加快发展新—郑—漯（京广）产业发展带，发展壮大新—焦—济（南太行）产业发展带，积极培育洛—平—漯产业发展带（张学良，2013）。此外，作为“一带一路”的重点发展区域，中原城市群将着力打造“中欧班列”品牌，建设沟通境内外、连接东中西的运输通道；建设航空港、国际陆港，开展跨境贸易电子商务服务试点；优化海关特殊监管区域布局，创新加工贸易模式，深化与沿线国家的产业合作。

5.6.1 城市群城市体系分析

表 5-26 中原城市群内部规模等级结构（地级市）

级序	人口级别（人）	城市数量（个）	城市名称
1	>1000 万	0	
2	500 万—1000 万	6	郑州、开封、洛阳、平顶山、新乡、许昌
3	200 万—500 万	2	焦作、漯河
4	200 万以下	1	济源

资料来源：《中国城市统计年鉴（2016）》和《中国区域经济统计年鉴（2016）》。

从表 5-26 中可以看出，中原城市群的城市规模等级分布趋向于“扁平化”。大部分城市都集中在 200 万—500 万人口和 500 万—1000 万人口的等级，缺乏人口超过 1000 万的超大型城市。中原城市群的核心城市郑州 2015 年人口为 802.27 万，占到了城市群总人口的 18%。这种扁平化的分布在一定程度上削弱了核心城市的领导能力，影响了中原城市群整体的发展。

5.6.2 城市群经济可持续发展分析

中原城市群是典型的单核心城市群，郑州是中原城市群的核心首位城市，具有较强的经济要素整合能力。2015 年郑州的 GDP 为 7311.52 亿元，占中原城市群的 34.56%；工业总产值为 13653.33 亿元，占中原城市群的 31.25%。其他城市的经济实力相对较弱。

在对外联络方面，郑州也是当之无愧的核心城市。2015 年郑州实际利用外资额为 382661.00 万美元，占中原城市群的 35.86%；货物进出口总额为 4574194.36 万美元，占中原城市群的 83.01%。随着自贸区的建立，郑州将打造成内陆开放高地和交通枢纽，通过发挥“东联西进，贯通全球”的优势，建设欧亚大宗商品商贸物流中心、丝绸之路文化交流中心以及能源储运交易中心，打造“一带一路”核心战略腹地。

从产业结构来看，中原城市群第三产业与第二产业相比比重很低，有多个城市二者比值低于 0.5，因此中原城市群面临着产业升级转型的压力，需要采取措施来调整经济结构，聚焦产业发展重点，形成突破口。

表 5-27　2015 年中原城市群主要经济指标

城　市	GDP（亿元）	工业总产值（亿元）	外商直接投资使用额（万美元）	货物进出口总额（万美元）	科学技术支出（万元）	年末金融机构人民币各项贷款余额（万元）	第三产业产值与第二产业产值比
郑州市	7311.52	13653.33	382661.00	4574194.36	178600.00	166964909.00	0.99
开封市	1605.84	2723.31	60956.00	53487.16	25394.00	14521799.00	1.01
洛阳市	3469.03	6750.03	255371.00	192047.88	88889.00	41829778.00	0.91
平顶山市	1705.78	2527.33	40633.00	50942.70	21980.00	20104793.00	0.73
新乡市	1975.03	4089.50	95072.00	120554.76	31776.00	21123408.00	0.78
焦作市	1926.08	5280.84	78735.00	241996.55	33380.00	14439640.00	0.55
许昌市	2171.16	5575.85	68090.00	229343.80	27905.00	17330953.00	0.56
漯河市	992.85	2780.52	85574.00	47563.64	8975.00	8461121.00	0.42
济源市	494.27	309.41	/	155870.11	/	/	0.43

资料来源：《中国城市统计年鉴（2016）》和《中国区域经济统计年鉴（2016）》。

5.6.3　城市群社会可持续发展分析

中原城市群由于人口基数大，卫生资源比较丰富。郑州每万人拥有卫生机构床位最高，达到 90.73 张；在文化娱乐方面的资源也比较领先，影剧院、剧场个数为 14 个，每百人拥有公共图书馆藏书量为 78.47 册。

虽然中原城市群人口稠密，但城镇居民居住面积比较大，城镇人均住房建筑面积平均将近 40 平方米，其中许昌的居住条件最好，人均住房建筑面积将近 50 平方米。中原城市群的城乡居民收入差距比较低，洛阳的城乡居民收入差距最大，达 16064.00 元。

表 5-28　2015 年中原城市群社会可持续发展状况

城市	每万人拥有卫生机构床位数（张）	生均财政教育支出（元/人）	影剧院、剧场个数（个）	每百人拥有公共图书馆藏书量（册）	城镇人均住房建筑面积（平方米）	城乡居民收入差距（元）
郑州市	90.73	6626.81	14	78.47	37.43	12732.06
开封市	41.82	4942.02	9	39.00	36.11	11248.37
洛阳市	50.65	7711.57	6	30.43	36.72	16224.64
平顶山市	47.14	6486.78	8	25.37	38.76	14080.41
新乡市	46.68	6276.98	10	21.05	36.41	12500.77
焦作市	44.50	6945.46	12	32.54	42.33	10797.91
许昌市	34.00	8334.78	6	22.43	49.98	10817.10
漯河市	46.80	8010.65	1	17.76	46.21	11410.98
济源市	/	/	/	/	43.86	11339.27

资料来源：《中国城市统计年鉴（2016）》和《中国区域经济统计年鉴（2016）》。

5.6.4　城市群生态可持续发展分析

中原城市群属于人口稠密地区，总体人口密度大。许昌的市辖区内人口密度最大，郑州次之，远高于其他城市。最近几年郑州人口急剧增长，对交通、环境、资源带来了很大的压力，也制约了城市的进一步发展。

中原地区曾是国家重点建设的老工业基地，对能源的消耗比较大，郑州和洛阳都是用电规模比较大的地区。如何提高能源利用效率，优化产业结构，成为促进中原城市群可持续发展的重要问题。

表 5-29　2015 年中原城市群资源承载力概况

城市	土地承载力			资源及能源承载力		
	土地面积（平方公里）	人口密度（人/平方公里）	人均绿地面积（公顷/万人）	人均煤气用量（立方米）	工业用电量（万千瓦时）	人均用水量（吨）
郑州市	7446	3405.94	30.15	189.49	2468384.00	30.79
开封市	6444	1539.82	43.47	142.04	415642.00	33.20
洛阳市	15236	2286.69	36.37	119.01	1287196.00	37.02

续表

城 市	土地承载力			资源及能源承载力		
	土地面积（平方公里）	人口密度（人/平方公里）	人均绿地面积（公顷/万人）	人均煤气用量（立方米）	工业用电量（万千瓦时）	人均用水量（吨）
平顶山市	7904	2483.07	25.25	90.25	634675.00	32.88
新乡市	8552	2436.19	38.97	134.07	356841.00	29.41
焦作市	4071	1695.50	39.58	202.25	1378564.00	26.77
许昌市	4996	4329.90	78.76	147.89	180605.00	39.84
漯河市	2160	1209.68	17.93	66.55	214787.00	13.15
济源市	/	/	/	/	/	/

资料来源：《中国城市统计年鉴（2016）》和《中国区域经济统计年鉴（2016）》。

中原城市群面临着严重的污染问题。平顶山的污染排放量最高，这与当地煤炭资源型产业直接相关。作为中国最重要的重工业基地之一，中原城市群产业结构对环境承载能力提出了严峻的挑战。在污染治理方面，中原城市群的一般工业固体废物综合利用率和生活垃圾无害化处理率都较低，在污染治理方面仍然有很大的提升空间。发展经济而忽视环境，必定会受到环境的惩罚，中原地区挥之不去的雾霾，就是这种发展模式的反映。

表 5-30 2014 年中原城市群环境承载力概况

城 市	环境污染			污染治理		
	工业废水排放量（万吨）	工业二氧化硫排放量（吨）	工业烟（粉）尘排放量（吨）	一般工业固体废物综合利用率（%）	污水处理厂集中处理率（%）	生活垃圾无害化处理率（%）
郑州市	19394.00	106498.00	71794.00	77.36	96.04	100.00
开封市	7166.00	41152.00	26561.00	99.28	94.11	100.00
洛阳市	7233.62	119073.00	43053.00	61.96	93.75	92.35
平顶山市	5252.00	113094.00	100599.00	99.96	94.91	92.87

续表

城 市	环境污染			污染治理		
	工业废水排放量（万吨）	工业二氧化硫排放量（吨）	工业烟（粉）尘排放量（吨）	一般工业固体废物综合利用率（%）	污水处理厂集中处理率（%）	生活垃圾无害化处理率（%）
新乡市	15155.00	49020.00	22380.00	99.97	90.00	100.00
焦作市	13928.00	38881.00	23292.00	59.01	90.24	97.50
许昌市	7039.00	34469.00	18337.00	99.20	97.00	96.54
漯河市	1676.00	11565.00	3979.00	99.88	97.50	95.00
济源市	0.00	0.00	0.00	/	/	/

资料来源：《中国城市统计年鉴（2016）》和《中国区域经济统计年鉴（2016）》。

5.7 武汉城市群

武汉城市群以武汉为核心，包括黄石、鄂州、孝感、黄冈、咸宁、仙桃、潜江和天门，共9市。在《全国主体功能区规划》中，武汉城市群作为长江中游城市群的重要组成部分，其定位为：全国重要的综合交通枢纽、科技教育以及汽车、钢铁基地，区域性的信息产业、新材料、科技创新基地和物流中心。此外，武汉城市群是全国两个“资源节约型和环境友好型社会建设综合改革配套实验区”之一，武汉城市群要围绕“两型”社会建设，以转变经济发展方式为核心，以改革开放为动力，以推进基础设施、产业布局、区域市场、城乡建设、环境保护与生态建设“五个一体化”为抓手，率先在优化结构、节能减排、自主创新等重要领域和关键环节实现新突破，率先在推动科学发展、和谐发展上取得新进展，为构建促进中部地区崛起的重要战略支点提供有力支撑。

5.7.1 城市群城市体系分析

表 5-31 武汉城市群内部规模等级结构（地级市）

级序	人口级别（人）	城市数量（个）	城市名称
1	>1000 万	0	
2	500 万—1000 万	3	武汉、孝感、黄冈
3	200 万—500 万	2	黄石、咸宁
4	200 万以下	1	鄂州

资料来源：《中国城市统计年鉴（2016）》和《中国区域经济统计年鉴（2016）》。

武汉城市群中缺乏人口超过 1000 万的超大型城市。城市内部规模等级结构呈“倒金字塔”形，没有形成梯级分布的城市群内部等级体系。虽然武汉在城市群中的经济核心地位突出，但是在人口规模上并未表现出明显的优势，城市群的首位度较弱。

5.7.2 城市群经济可持续发展分析

武汉城市群是长江经济带的核心地区，具有连接上游和下游的承上启下地位，在中国经济发展和东西部联动方面具有十分关键的作用。武汉城市群是典型的单核城市群，武汉是该城市群的核心。2015 年武汉市的 GDP 为 10905. 60 亿元，占武汉城市群的 63. 92%，工业总产值为 11947. 87 亿元，占武汉城市群的 55. 84%，处于绝对的优势地位。

在外商投资方面，2015 年武汉城市群实际利用外资 822778. 00 万美元，货物进出口总额为 3010771. 35 万美元，其中武汉市分别为 734303. 00 万美元和 2327452. 23 万美元，分别占整个城市群的 89. 24%和 77. 30%。在城市创新方面，武汉也走在前列。2015 年武汉的科技支出为 681890. 00 万元，占整个城市群的 76. 56%。武汉的聚集效应非常明显，在整个城市群中发挥了中流砥柱的作用。但也应该看到，武汉城市群其他城市的经济体量较小，对外开放程度也低，无法与核心城市形成有效的联动。

从产业结构来看，武汉城市群属于典型的“二、三、一”产业结构。第二产业占据主导地位，而第三产业的比重相对较低，整个武汉城市群仍然处于工业化中期起步阶段。

表 5-32 2015 年武汉城市群主要经济指标

城市	地区生产总值（亿元）	工业总产值（亿元）	外商直接投资使用额（万美元）	货物进出口总额（万美元）	科学技术支出（万元）	年末金融机构人民币各项贷款余额（万元）	第三产业产值与第二产业产值比
武汉市	10905.60	12579.27	734303.00	2327452.23	681890.00	193931600.00	1.12
黄石市	1228.10	1997.04	12693.00	305233.55	24380.00	13418074.00	0.65
鄂州市	730.01	1369.81	24450.00	52663.26	8081.00	5097800.00	0.53
孝感市	1457.20	2671.40	34501.00	109648.25	77996.00	18566048.00	0.70
黄冈市	1589.24	1852.92	10357.00	57316.69	68115.00	23238700.00	0.96
咸宁市	1030.07	1734.86	6474.00	35932.74	30200.00	10354400.00	0.70
仙桃市	597.61	0.00		71075.82			
潜江市	557.57	0.00		44298.00			
天门市	440.10	0.00		7150.81			

资料来源：《中国城市统计年鉴（2016）》和《中国区域经济统计年鉴（2016）》。

5.7.3 城市群社会可持续发展分析

在武汉城市群中，医疗资源、文化资源、娱乐资源都集中在核心城市武汉。武汉市每万人拥有卫生机构床位数 86.55 张，影剧院、剧场个数 123 个，每百人拥有公共图书馆藏书量 174.30 册，在整个城市群中处于领先地位。而在教育支出方面，黄冈在人均方面具有突出优势，生均财政教育支出 13118.16 元，但从总量上看，武汉则居于前列。

武汉城市群的居住条件还是相当不错的，天门最高，城镇人均住房建筑面积达到 52.22 平方米。武汉城市群的城乡收入差距整体不大，其中武汉最大，为 17279.08 元。

表 5-33　2015 年武汉城市群社会可持续发展状况

城 市	每万人拥有卫生机构床位数（张）	生均财政教育支出（元）	影剧院、剧场个数（个）	每百人拥有公共图书馆藏书量（册）	城镇人均住房建筑面积（平方米）	城乡居民收入差距（元）
武汉市	86.55	9094.32	123	174.30	35.50	17279.08
黄石市	49.38	8490.10	6	48.92	31.72	12966.38
鄂州市	48.11	10164.87	2	37.17	37.54	10774.68
孝感市	34.42	10454.33	9	18.84	40.70	10903.96
黄冈市	39.89	13118.16	28	27.71	37.84	11580.66
咸宁市	38.58	8343.49	2	30.90	46.82	10202.01
仙桃市	/	/	/	/	37.64	8787.00
潜江市	/	/	/	/	38.15	9261.70
天门市	/	/	/	/	52.22	7579.04

资料来源：《中国城市统计年鉴（2016）》和《中国区域经济统计年鉴（2016）》。

5.7.4　城市群生态可持续发展分析

在武汉城市群中，土地面积最大的是黄冈，全市土地面积为 17457 平方公里，第二大是咸宁，为 10027 平方公里。核心城市武汉的土地面积为 8494 平方公里，排名第四。武汉的人口密度较高，给土地和资源带来一定的压力。

武汉的人均煤气消耗量最高，达到 302.62 立方米；人均用电量

1265.01千瓦时，在整个城市群中居于首位；武汉人均用水量为103.08吨，也最高。可见武汉在资源消耗方面面临巨大的压力。

表5-34 2015年武汉城市群资源承载力概况

城 市	土地承载力			资源及能源承载力		
	土地面积（平方公里）	人口密度（人/平方公里）	人均绿地面积（公顷/万人）	人均煤气用量（立方米）	人均用电量（千瓦时）	人均用水量（吨）
武汉市	8494	2968.93	38.45	302.62	1265.01	103.08
黄石市	4583	3586.50	33.67	263.81	628.24	62.39
鄂州市	1596	690.09	17.04	36.74	486.38	26.81
孝感市	8910	950.98	20.19	50.93	586.07	23.18
黄冈市	17457	966.85	31.74	72.72	731.40	63.90
咸宁市	10027	405.85	64.09	165.54	513.13	26.63
仙桃市	/	/	/	/	/	/
潜江市	/	/	/	/	/	/
天门市	/	/	/	/	/	/

资料来源：《中国城市统计年鉴（2016）》和《中国区域经济统计年鉴（2016）》。

重工业为主的产业结构和密集的人口给环境带来巨大的压力。2015年黄石的单位GDP工业废水排放量最高，达到4.33万吨/亿元。鄂州的单位GDP工业二氧化硫排放量最高，为53.12吨/亿元，同时鄂州单位GDP工业烟（粉）尘排放量也最高，达到62.18吨/亿元。较高的污染排放量是工业化的结果，武汉城市群面临着转变产业结构和生产方式的巨大压力。

在污染治理方面，虽然采取了一定的措施来治理污染，但治理效率比较低，一般工业工业固体废弃物综合利用率和污水处理厂集中处理率较低。

表 5-35 2015 年武汉城市群环境承载力概况

城市	环境污染			污染治理		
	单位 GDP 工业废水排放量（万吨/亿元）	单位 GDP 工业二氧化硫排放量（吨/亿元）	单位 GDP 工业烟（粉）尘排放量（吨/亿元）	一般工业固体废物综合利用率（%）	污水处理厂集中处理率（%）	生活垃圾无害化处理率（%）
武汉市	1.42	6.88	1.91	97.96	95.00	100.00
黄石市	4.33	51.34	35.60	92.03	91.70	100.00
鄂州市	2.38	53.12	62.18	98.16	82.05	100.00
孝感市	2.86	21.44	11.03	66.35	85.00	100.00
黄冈市	2.90	16.26	16.19	90.35	65.29	67.66
咸宁市	1.99	24.38	15.12	0.49	91.00	100.00
仙桃市	/	/	/	/	/	/
潜江市	/	/	/	/	/	/
天门市	/	/	/	/	/	/

资料来源：《中国城市统计年鉴（2016）》和《中国区域经济统计年鉴（2016）》。

5.8 环长株潭城市群

环长株潭城市群同武汉城市群一样，也是国家资源节约型和环境友好型的“两型”社会建设示范区。同时，其也是长江中游城市群的重要组成部分。其以长沙为核心，包括了株洲、湘潭、衡阳、岳阳、益阳、常德和娄底，共8市。《全国主体功能区规划》中对环长株潭城市群的定位是：全国资源节约型和环境友好型社会建设的示范区，全国重要的综合交通枢纽以及交通运输设备、工程机械、节能环保装备制造、文化旅游的商贸物流基地，区域性的有色金属和生物医药、新材料、新能源、电子信息等战略新兴产业基地。

5.8.1 城市群城市体系分析

表 5-36 环长株潭城市群内部规模等级结构（地级市）

级序	人口级别（人）	城市数量（个）	城市名称
1	>1000 万	0	
2	500 万—1000 万	4	长沙、衡阳、岳阳、常德
3	200 万—500 万	4	株洲、湘潭、益阳、娄底
4	200 万以下	0	

资料来源：《中国城市统计年鉴（2016）》和《中国区域经济统计年鉴（2016）》。

环长株潭城市群在城市群规模等级结构上呈现出较为明显的“扁平化”趋势。没有人口超过 1000 万的大城市，人口最多的衡阳 2014 年人口为 790.2 万人，而排在第二位的长沙 2014 年人口为 675.89 万人，人口规模相差不大，城市群首位度较弱，核心城市聚集效应较弱，城市规模等级体系不够完整。

5.8.2 城市群经济可持续发展分析

环长株潭城市群也是长江经济带的一个关键节点，是国家中部崛起战略的重要支点，具有得天独厚的地理位置和发展机遇。环长株潭城市群也是单核城市群，长沙市处于核心地位。2015 年环长株潭城市群 GDP 为 23391.28 亿元，其中长沙为 8510.13 亿元，占 36.38%；环长株潭城市群 2015 年的工业总产值为 30110.19 亿元，其中长沙为 10545.92 亿元，占 35.02%。从对外经济交往方面来看，2015 年环长株潭城市群外商直接投资使用额为 897408.00 万美元，货物进出口总额为 2143040.94 万美元，其中长沙分别为 440574.00 万美元和 1058500.71 万美元，分别占整个城市群的 49.09%和 49.39%。可见，长沙在环长株潭城市群中具有聚集效应和引领作用。由于环长株潭城市群处于几大发展区域的边缘和交叉地带，如果不在区域经济发展中，充分利用各种有利的条件提升经济发展质量和能级，将面临被边缘化的风险。

2015 年环长株潭城市群的科学技术支出为 456384.00 万元，年末金融机构人民币各项贷款余额为 273402354.00 万元，这些因素都能够为整个城市群的发展提供要素支撑。而长沙在这些方面具有绝对优势，充分发挥了资源整合能力。

从产业结构来看，环长株潭城市群的第二产业比较发达，所有城市第三产业产值都低于第二产业。株洲最为明显，主要是由于它是亚洲最大的有色金属冶炼基地、硬质合金研制基地、电动汽车研制基地，此外湘潭也是全国重要的工业城市。

表 5-37　2015 年环长株潭城市群主要经济指标

城 市	GDP（亿元）	工业总产值（亿元）	外商直接投资使用额（万美元）	货物进出口总额（万美元）	科学技术支出（万元）	年末金融机构人民币各项贷款余额（万元）	第三产业产值与第二产业产值比
长沙市	8510.13	10545.92	440574.00	1058500.71	241731.00	140288068.00	0.88
株洲市	2335.11	3305.75	94175.00	274597.31	76422.00	21565892.00	0.61
湘潭市	1703.10	3053.65	92000.00	281941.79	26433.00	17711256.00	0.67
衡阳市	2601.57	2050.97	103603.00	194059.48	21044.00	27599952.00	0.90
岳阳市	2886.28	4922.14	36307.00	68932.61	36602.00	17334702.00	0.78
益阳市	1354.41	2034.95	74116.00	51911.05	19574.00	13605691.00	0.93
常德市	2709.02	2533.16	22132.00	60144.70	23461.00	22474965.00	0.90
娄底市	1291.66	1663.64	34501.00	152953.29	11117.00	12821828.00	0.70

资料来源：《中国城市统计年鉴（2016）》和《中国区域经济统计年鉴（2016）》。

5.8.3　城市群社会可持续发展分析

在社会发展方面，长沙在医疗和图书馆方面都具有领先优势。长沙每万人拥有卫生机构床位数 88.08 张，每百人拥有公共图书馆藏书量 117.19 册，远高于其他城市。从居住条件来看，环长株潭城市群所有城市的城镇人均住房建筑面积都在 40 平方米以上，株洲和湘潭处于领先地位。城乡居民收入差距水平也相对较低，最低的是益阳市，城乡居民收入差距只有 8886.99 元。

表 5-38 2015 年环长株潭城市群社会可持续发展状况

城 市	每万人拥有卫生机构床位数（张）	生均财政教育支出（元/人）	影剧院、剧场个数（个）	每百人拥有公共图书馆藏书量（册）	城镇人均住房建筑面积（平方米）	城乡居民收入差距（元）
长沙市	88.08	9771.06	16	117.19	42.23	14027.89
株洲市	57.71	10601.47	16	37.23	50.59	15947.90
湘潭市	54.00	7354.43	10	47.01	50.49	12258.37
衡阳市	47.12	6373.78	5	24.57	44.06	10525.21
岳阳市	34.53	8678.01	28	22.86	44.68	11375.63
益阳市	48.27	9308.74	6	25.77	45.49	8886.99
常德市	40.22	10464.20	29	23.50	48.76	11248.37
娄底市	43.05	7004.95	4	21.11	49.27	11737.21

资料来源：《中国城市统计年鉴（2016）》和《中国区域经济统计年鉴（2016）》。

5.8.4 城市群生态可持续发展分析

环长株潭城市群的土地面积较大，大部分城市都超过 10000 平方公里。市辖区人口密度适中，长沙最高，为 1671.03 人/平方公里，而岳阳、益阳、常德低于 1000 人/平方公里，其余城市均在 1500 人/平方公里以下。较多的土地资源为经济社会发展提供了强大的支撑。

环长株潭城市群中湘潭的人均煤气用量最高，达到 1813.72 立方米；长沙的人均用电量和人均用水量皆最高，分别为 1624.21 千瓦时和 118.33 吨。

表 5-39 2015 年环长株潭城市群资源承载力概况

城 市	土地承载力			资源及能源承载力		
	土地面积（平方公里）	人口密度（人/平方公里）	人均绿地面积（公顷/万人）	人均煤气用量（立方米）	人均用电量（千瓦时）	人均用水量（吨）
长沙市	11816	1671.03	35.50	299.16	1624.21	118.33
株洲市	11262	1112.40	46.34	236.29	803.75	83.62
湘潭市	5008	1322.19	36.22	1813.72	938.92	48.83

续表

城 市	土地承载力			资源及能源承载力		
	土地面积（平方公里）	人口密度（人/平方公里）	人均绿地面积（公顷/万人）	人均煤气用量（立方米）	人均用电量（千瓦时）	人均用水量（吨）
衡阳市	15303	1434.72	53.05	229.41	960.24	53.60
岳阳市	14858	771.41	42.03	155.43	785.65	47.71
益阳市	12320	734.74	27.93	50.90	405.03	19.07
常德市	18177	561.75	25.89	111.64	574.81	30.58
娄底市	8117	1144.86	44.56	60.43	879.49	63.99

资料来源：《中国城市统计年鉴（2016）》和《中国区域经济统计年鉴（2016）》。

在环境污染方面，环长株潭城市群面临严重的污染问题。其中常德的单位 GDP 工业废水排放量、工业二氧化硫排放量以及工业烟（粉）尘排放量都最高，分别为 4.17 万吨/亿元、34.17 吨/亿元、24.71 吨/亿元。整个城市群在污染治理方面还有很大的提升空间，尤其是污水处理方面。

表 5-40　2015 年环长株潭城市群环境承载力概况

城 市	环境污染			污染治理		
	单位 GDP 工业废水排放量（万吨/亿元）	单位 GDP 工业二氧化硫排放量（吨/亿元）	单位 GDP 工业烟（粉）尘排放量（吨/亿元）	一般工业固体废物综合利用率（%）	污水处理厂集中处理率（%）	生活垃圾无害化处理率（%）
长沙市	2.18	6.83	4.99	86.20	99.80	100.00
株洲市	2.33	21.41	2.60	90.52	95.23	100.00
湘潭市	1.99	14.62	21.98	96.10	89.82	100.00
衡阳市	2.11	25.37	13.81	86.49	73.00	100.00
岳阳市	8.40	31.81	14.74	85.54	75.64	100.00
益阳市	3.62	12.30	6.51	95.26	92.54	100.00

续表

城 市	环境污染			污染治理		
	单位GDP工业废水排放量（万吨/亿元）	单位GDP工业二氧化硫排放量（吨/亿元）	单位GDP工业烟（粉）尘排放量（吨/亿元）	一般工业固体废物综合利用率（%）	污水处理厂集中处理率（%）	生活垃圾无害化处理率（%）
常德市	4.17	34.17	24.71	85.00	92.00	93.00
娄底市	0.21	3.75	2.99	96.00	61.00	99.20

资料来源：《中国城市统计年鉴（2016）》和《中国区域经济统计年鉴（2016）》。

5.9 成渝城市群

成渝城市群以成都和重庆为核心，包括自贡、泸州、德阳、绵阳、遂宁、内江、乐山、南充、眉山、宜宾、广安、达州、雅安和资阳，共16市。成渝城市群位于全国“两横三纵”城镇化战略格局中沿长江通道横轴和包昆通道纵轴的交汇处。《全国主体功能区规划》中对该区域的功能定位为：全国统筹城乡发展的示范区，全国重要的高新技术产业、先进制造业和现代服务业基地，科技教育、商贸物流、金融中心和综合交通枢纽，西南地区科技创新基地，西部地区重要的人口和经济密集区。在2011年国务院正式批复的《成渝经济区区域规划》中，成渝城市群的定位为：西部地区重要的经济中心、全国重要的现代化产业基地、辐射西部的现代服务业高地、深化内陆开放的试验区、统筹城乡发展的示范区、长江上游生态安全的保障区。而在国家2013年提出的“一带一路”中长期发展规划中，成渝城市群位于丝绸之路经济带和长江经济带的交汇点，是西部地区发展基础最好、发展潜力最大的区域。《推动共建丝绸之路经济带和21世纪海上丝绸之路的愿景和行动》《依托黄金水道推动长江经济带发展的指导意见》等文件都提出，要“依托成渝城市群等重点区域，把重庆打造成西部开发开放重要支撑，建设成都等内陆开放型经济高地”“把成渝城市群打造成为现代产业基地、西部地区重要经济中心和长江上游开放高地”。

5.9.1 城市群城市体系分析

表 5-41 成渝城市群内部规模等级结构（地市级）

级序	人口级别（人）	城市数量（个）	城市名称
1	>1000 万	2	重庆、成都
2	500 万—1000 万	6	泸州、绵阳、南充、宜宾、达州、资阳
3	200 万—500 万	7	自贡、德阳、遂宁、内江、乐山、眉山、广安
4	200 万以下	1	雅安

资料来源：《中国城市统计年鉴（2016）》和《中国区域经济统计年鉴（2016）》。

成渝城市群的城市群内部等级规模基本呈金字塔形分布。直辖市重庆2015 年人口达到了 3373.52 万人，而排在第二位的成都人口为 1219.39 万人，城市群首位度较高。此外，又有泸州、绵阳、南充、宜宾、达州和资阳等一系列人口规模在 500 万—1000 万之间的城市，以及自贡、德阳、遂宁、内江、乐山、眉山和广安人口规模在 200 万—500 万间的城市对核心城市形成支撑，城市群的城市规模等级体系较为合理。

5.9.2 城市群经济可持续发展分析

成渝城市群是西部发展最好的地区，具有较高的发展水平，在西部地区发挥着资源聚集和产业基地的作用。重庆和成都作为成渝城市群的核心城市，具有较高的聚集作用，形成了典型的双核结构。

2015 年成渝城市群的 GDP 为 43927.83 亿元，工业总产值为 56453.38 亿元。重庆市的 GDP 和工业总产值分别为 15717.27 亿元和 21400.01 亿元，占成渝城市群的 35.78%和 37.91%。成都的 GDP 和工业总产值分别为10801.16 亿元和 11235.93 亿元，占成渝城市群的 24.59%和 19.90%。重庆在电子信息、汽车、装备制造、综合化工、新材料、能源和消费品制造等方面形成了产业优势。成都在电子工业、信息技术等方面已经形成了产业集群和生产基地。

表 5-42 2015 年成渝城市群主要经济指标

城市	GDP（亿元）	工业总产值（亿元）	外商直接投资使用额（万美元）	货物进出口总额（万美元）	科学技术支出（万元）	年末金融机构人民币各项贷款余额（万元）	第三产业产值与第二产业产值比
重庆市	15717.27	21400.01	1076505.00	7350061.12	456689.00	280943699.00	1.06
成都市	10801.16	11235.93	752000.00	5415164.07	390170.00	294749203.00	1.21
自贡市	1143.11	1703.54	2234.00	108454.13	34485.00	13216646.00	0.53
泸州市	1353.41	1803.64	7040.00	24239.78	35197.00	18347276.00	0.47
德阳市	1605.06	3161.34	20251.00	362891.57	26227.00	20662963.00	0.55
绵阳市	1700.33	2439.49	23221.00	300652.88	46651.00	28829061.00	0.68
遂宁市	915.81	1178.45	7261.00	59454.55	8382.00	11871230.00	0.51
内江市	1189.12	1648.49	7109.00	38839.93	16721.00	12021951.00	0.40
乐山市	1301.23	1565.98	11558.00	119812.18	18482.00	17276116.00	0.51
南充市	1516.20	2179.92	7238.00	71957.50	17761.00	25614296.00	0.59
眉山市	1029.86	1371.54	14052.00	30818.14	7504.00	14320822.00	0.51
宜宾市	1525.90	1955.99	5501.00	86938.57	31253.00	19112501.00	0.47
广安市	1005.61	1441.72	5484.00	106201.78	9731.00	14253268.00	0.62
达州市	1350.76	988.11	8050.00	33631.17	16078.00	20864187.00	0.61
雅安市	502.58	499.00	2000.00	7369.09	24489.00	10089505.00	0.53
资阳市	1270.38	1880.24	12583.00	58133.10	15862.00	13778513.00	0.45

资料来源：《中国城市统计年鉴（2016）》和《中国区域经济统计年鉴（2016）》。

在对外经济交往方面，成渝城市群也有突出的表现。2015 年成渝城市群实际利用外资 1962087.00 万美元，货物进出口总额为 14174619.56 万美元。重庆和成都都有十分突出的表现。重庆市 2015 年实际利用外资

1076505.00 万美元，占成渝城市群的 54.87%；货物进出口总额为 7350061.12 万美元，占成渝城市群的 51.85%。成都市 2015 年实际利用外资 752000.00 万美元，占成渝城市群的 38.33%；货物进出口总额为 5415164.07 万美元，占成渝城市群的 38.20%。进一步说明成渝城市群的双核结构。

成渝城市群 2015 年的科学技术支出为 1155682.00 万元，年末金融机构人民币各项贷款余额为 815951237.00 万元，这两项指标重庆和成都远高于其他城市。

从产业结构来看，重庆和成都的第三产业相对比较发达，其产值已经超过了第二产业，产业结构相对完善。在两个核心城市的强力带动下，成渝城市群是中国“第四极”的有力竞争者。

5.9.3 城市群社会可持续发展分析

四川地区素有“天府之国”的美誉，具有较高的宜居指数。重庆和成都在医疗、文化、娱乐等方面的指标都有较好的表现，具有良好的发展氛围和环境。重庆每万人拥有卫生机构床位数 48.75 张，而成都高达 87.81 张；重庆拥有影剧院、剧场个数 12 个，而成都有 9 个。在图书方面，成都每百人拥有公共图书馆藏书量 179.97 册，拥有较好的图书资源。

成渝城市群的城乡收入差距较小。除了重庆和成都外，其他城市的城乡收入差距都在 15000 元以内。

表 5-43　2015 年成渝城市群社会可持续发展状况

城市	每万人拥有卫生机构床位数（张）	生均财政教育支出（元）	影剧院、剧场个数（个）	每百人拥有公共图书馆藏书量（册）	城镇人均住房建筑面积（平方米）	城乡居民收入差距（元）
重庆市	48.75	11530.56	12	38.67	28.97	17053.00
成都市	87.81	9632.90	9	179.97	33.46	17152.83
自贡市	50.80	7444.73	5	15.52	31.93	12653.28

续表

城 市	每万人拥有卫生机构床位数（张）	生均财政教育支出（元）	影剧院、剧场个数（个）	每百人拥有公共图书馆藏书量（册）	城镇人均住房建筑面积（平方米）	城乡居民收入差距（元）
泸州市	44.40	8413.15	8	26.49	34.48	14509.66
德阳市	49.23	8548.11	11	43.97	36.31	14753.07
绵阳市	58.87	7892.04	17	35.44	37.23	13981.43
遂宁市	43.85	9274.64	15	14.90	37.13	12363.41
内江市	48.15	8367.86	9	13.49	36.62	12655.30
乐山市	50.18	9975.28	1	20.98	35.90	14063.24
南充市	41.82	8667.80	3	23.78	34.27	11671.56
眉山市	43.92	13613.45	6	10.70	40.09	12693.68
宜宾市	46.07	9388.71	10	23.07	34.58	14051.12
广安市	30.23	8626.95	9	40.19	42.13	13855.18
达州市	33.68	8272.22	13	14.19	34.58	11023.14
雅安市	74.78	7260.53	2	47.41	36.52	14302.61
资阳市	42.80	7531.35	7	25.00	37.54	14252.11

资料来源：《中国城市统计年鉴（2016）》和《中国区域经济统计年鉴（2016）》。

5.9.4 城市群生态可持续发展分析

成渝城市群土地资源十分丰富。重庆的土地面积为82374平方公里，市辖区内人口密度只有617.01人/平方公里，而成都最高为2154.32人/公里。但是总体来说成渝城市群市辖区人口密度较低，充足的土地储备资源能够为经济社会的发展提供了有力的支撑。

在资源和能源方面，在人均生活用气量、用电量和用水量方面，成都的水平较高，分别达到394.57立方米、1039.07千瓦时和95.15吨。

表 5-44　2015 年成渝城市群资源承载力概况

城 市	土地承载力			资源及能源承载力		
	土地面积（平方公里）	人口密度（人/平方公里）	人均绿地面积（公顷/万人）	人均煤气用量（立方米）	人均用电量（千瓦时）	人均用水量（吨）
重庆市	82374	617.01	28.91	175.30	574.66	28.73
成都市	12133	2154.32	36.01	394.57	1039.07	95.15
自贡市	4381	1053.00	27.73	102.29	367.26	17.75
泸州市	12236	703.23	32.73	564.39	526.53	28.50
德阳市	5910	1064.81	38.09	693.28	688.88	36.42
绵阳市	20248	815.29	35.64	403.21	750.95	43.70
遂宁市	5325	811.10	41.40	85.70	307.25	13.99
内江市	5385	898.66	18.64	76.33	358.97	16.32
乐山市	12723	462.89	28.10	249.66	763.63	25.12
南充市	12477	768.01	22.72	89.97	425.03	22.21
眉山市	7146	661.65	18.44	68.15	517.06	20.41
宜宾市	13271	692.10	27.81	90.02	668.06	25.28
广安市	6341	827.90	14.01	54.28	161.02	9.07
达州市	16588	574.35	13.49	59.13	272.54	25.19
雅安市	15046	368.83	14.52	88.53	641.35	19.34
资阳市	7960	673.61	15.44	49.56	310.24	11.17

资料来源：《中国城市统计年鉴（2016）》和《中国区域经济统计年鉴（2016）》。

尽管重庆对成渝城市群经济发展的贡献比较大，但对环境也带来了很大的不利影响。2015 年重庆的单位 GDP 工业废水排放量、工业二氧化硫排放量、工业烟（粉）尘排放量分别为 3.29 万吨/亿元、39.51 吨/亿元、18.18 吨/亿元，表明其经济发展是以牺牲环境为代价的。重庆是老工业基地，以汽车装备制造、能源、冶金等传统产业作为支柱产业，极大制约了其可持续发展能力的提升。而成都的第三产业比较发达，并且逐步形成了高科技产业集群，对环境的污染成都好于重庆。在污染治理方面，很多城市的污染治理率不到 90%，还有很大的提升空间。

表 5-45　2015 年成渝城市群环境承载力概况

城 市	环境污染			污染治理		
	单位 GDP 工业废水排放量（万吨/亿元）	单位 GDP 工业二氧化硫排放量（吨/亿元）	单位 GDP 工业烟（粉）尘排放量（吨/亿元）	一般工业固体废物综合利用率（%）	污水处理厂集中处理率（%）	生活垃圾无害化处理率（%）
重庆市	3.29	39.51	18.18	84.45	93.67	98.85
成都市	10.02	32.56	18.03	96.06	92.48	100.00
自贡市	1.25	13.10	5.30	95.02	88.96	84.90
泸州市	2.33	18.74	4.55	97.15	58.91	89.80
德阳市	3.18	10.92	10.83	94.80	100.00	100.00
绵阳市	7.52	34.97	14.77	99.66	86.97	94.01
遂宁市	1.83	8.36	3.17	100.00	99.11	95.22
内江市	2.01	54.19	24.22	91.72	88.30	97.65
乐山市	3.36	29.94	23.43	95.36	80.22	74.47
南充市	2.54	6.89	4.19	92.96	85.19	94.78
眉山市	4.20	13.21	11.16	100.00	59.13	100.00
宜宾市	22.00	83.61	14.33	96.44	80.97	98.70
广安市	0.99	30.62	10.89	83.84	100.00	100.00
达州市	4.11	91.06	92.17	98.70	65.00	92.00
雅安市	0.64	4.15	9.17	79.81	82.56	99.00
资阳市	0.02	0.15	0.16	99.18	83.18	91.07
合 计	69.30	472.00	264.55	1505.15	1344.65	1510.45

资料来源：《中国城市统计年鉴（2016）》和《中国区域经济统计年鉴（2016）》。

5.10　关中—天水城市群

关中—天水城市群以西安为中心，包括铜川、宝鸡、咸阳、渭南、天水和商洛，共 7 市。关中—天水城市群位于亚欧大陆桥中心，处于承东启西、连接南北的战略要地。《全国主体功能区规划》中对该区域的功能定位是：西部地区重要的经济中心，全国重要的先进制造业和高新技术产业基地，科技教育、商贸中心和综合交通枢纽，西北地区重要的科技创新基地，全国重要的历史文化基地。在国家发改委发布的《关中—天水经济区发展规划》中对关中—天水城市群的定位为：全国内陆型经济开放战略高地、统筹科技资源改革示范基地、全国先进制造业重要基地、全国现代农业高新技术产业基地、彰显华夏文明的历史文化基地。

5. 10. 1 城市群城市体系分析

从表 5-46 中可以看出，关中—天水城市群总体呈扁平化分布，缺乏人口超过 1000 万的超大型城市。西安人口达到 815. 47 万人，咸阳市人口为 527. 14 万人，渭南人口接近 556 万人。而其他城市的人口都在 500 万人以下，铜川人口甚至不到 100 万。西安作为该城市群的核心，其辐射能力有限。关中—天水城市群属于比较典型的“弱核牵引”发展模式。

表 5-46 关中—天水城市群内部等级规模结构（地级市）

级序	人口级别（人）	城市数量（个）	城市名称
1	>1000 万	0	
2	500 万—1000 万	3	西安、咸阳、渭南
3	200 万—500 万	3	宝鸡、天水、商洛
4	200 万以下	1	铜川

资料来源：《中国城市统计年鉴（2016）》和《中国区域经济统计年鉴（2016）》。

5. 10. 2 城市群经济可持续发展分析

关中—天水城市群也是单核城市群，西安是整个城市群的核心，具有较强的集聚效应。2015 年关中—天水城市群的地区生产总值达到 12713. 96 亿元，工业总产值为 14431. 15 亿元，其中西安的相应指标分别为 5801. 20 亿元和 4924. 57 亿元，分别占整个城市群的 45. 63%和 34. 12%。

关中—天水城市群2015年的利用外资额为416165.00万美元，西安为400833.00万美元，占整个城市群的96.31%；整个城市群货物进出口总额为2157994.19万美元，西安为1924431.38，占整个城市群的89.18%。在对外经济交往方面，西安是名副其实的核心城市。但这也说明其他城市比较难以对西安形成支撑效应，西安则显得势单力薄。“一带一路”和自贸区建设将为西安提供一个发展新机遇，能够极大提升西安作为整个城市群核心城市的辐射带动能力和开放程度。

关中—天水城市群2015年的科学技术支出为337992.00万元，年末金融机构人民币各项贷款余额为262633129.00万元，其中西安的相关指标分别为254413.00万元和177963839.00万元，分别占整个城市群的75.27%和67.76%。说明西安在科技要素和金融资源方面也是整个城市群的核心，将支撑整个城市群的资源要素配置。但西安本身资源要素配置能力比较有限，产业发展和转型升级滞后，严重影响到西安及整个城市群的发展。

从产业结构来看，西安的第三产业比较发达，在产值上远远超过第二产业。而其他城市第二产业比重较高，这样的产业结构对资源和环境的可持续发展提出了很大的挑战。

表5-47 2015年关中—天水城市群主要经济指标

城市	地区生产总值（亿元）	工业总产值（亿元）	外商直接投资使用额（万美元）	货物进出口总额（万美元）	科学技术支出（万元）	年末金融机构人民币各项贷款余额（万元）	第三产业产值与第二产业产值比
西安市	5801.20	4924.57	400833.00	1924431.38	254413.00	177963839.00	1.62
铜川市	324.54	565.23	/	1736.61	7002.00	4517828.00	0.57
宝鸡市	1787.63	2599.43	560.00	94951.80	20000.00	20920999.00	0.42
咸阳市	2155.91	3237.67	13443.00	64752.12	11712.00	22517837.00	0.47
渭南市	1469.08	1978.94	1179.00	26038.45	26117.00	18373666.00	0.70
天水市	553.77	331.94	/	39401.68	10415.00	10323960.00	1.46
商洛市	621.83	793.37	150.00	6682.15	8333.00	8015000.00	0.64

资料来源：《中国城市统计年鉴（2016）》和《中国区域经济统计年鉴（2016）》。

5.10.3 城市群社会可持续发展分析

作为关中—天水城市群的核心城市，西安在医疗卫生、文化娱乐、图书馆等方面都有比较突出的表现，每万人拥有卫生机构床位数 82.36 张，有影剧院、剧场 62 个，每百人拥有公共图书馆藏书量 93.03 册。但在教育财政支出方面，铜川处于领先地位。

除了天水外，其他城市城镇人均住房建筑面积都在 30—40 平方米。关中—天水城市群的城乡居民收入差距较大，多个城市都超过 20000 元，这是制约关中—天水城市群可持续协调发展的障碍。

表 5-48 2015 年关中—天水城市群社会可持续发展状况

城 市	每万人拥有卫生机构床位数（张）	生均财政教育支出（元/人）	影剧院、剧场个数（个）	每百人拥有公共图书馆藏书量（册）	城镇人均住房建筑面积（平方米）	城乡居民收入差距（元）
西安市	82.36	6961.87	62	93.03	34.07	20371.70
铜川市	62.95	23823.57	8	97.77	35.09	16518.55
宝鸡市	56.54	13434.04	39	97.32	31.62	20334.33
咸阳市	53.91	9137.89	12	39.16	36.72	20149.50
渭南市	51.19	12241.93	11	23.29	38.56	16764.99
天水市	34.19	8004.00	7	17.68	26.52	12631.06
商洛市	31.72	16248.52	8	22.01	39.78	16194.34

资料来源：《中国城市统计年鉴（2016）》和《中国区域经济统计年鉴（2016）》。

5.10.4 城市群生态可持续发展分析

关中—天水城市群土地资源丰富，人口密度较低，除了西安和咸阳之外，其他城市的市辖区人口密度都在 1000 人/平方公里以下。这说明该城市群具有较充足的土地资源和较高的土地承载力，也说明了城市化发展水平较低，城市集聚度不足。

在人均用气量、用电量和用水量方面，西安具有最高的水平，分别达到 321.55 立方米、1260.30 千瓦时和 48.33 吨。关中—天水城市群能源和资源比较丰富，拥有煤炭、石油、金、铁、铜、镁等矿产资源。

表 5-49 2015 年关中—天水城市群资源承载力概况

城市	土地承载力			资源及能源承载力		
	土地面积（平方公里）	市辖区人口密度（人/平方公里）	人均绿地面积（公顷/万人）	人均煤气用量（立方米）	人均用电量（千瓦时）	人均用水量（吨）
西安市	10097	1602.99	30.29	321.55	1260.30	48.33
铜川市	3937	307.56	23.76	156.61	413.77	10.10
宝鸡市	18117	391.72	29.33	147.79	442.39	22.74
咸阳市	10189	1742.42	27.88	207.85	376.40	40.28
渭南市	13134	767.41	20.07	58.78	394.69	14.97
天水市	14277	223.63	11.72	13.34	459.00	14.64
商洛市	19292	209.58	9.77	45.48	301.82	10.11

资料来源：《中国城市统计年鉴（2016）》和《中国区域经济统计年鉴（2016）》。

关中—天水城市群也面临着严重的污染问题。从单位 GDP 污染物的排放量来看，西安表现较好，这与其第三产业较为发达有关。但是渭南和天水的各个指标都较高，天水的单位 GDP 二氧化硫排放量达到 191.12 吨/亿元，渭南的单位 GDP 工业烟（粉）尘排放量为 63.84 吨/亿元，这给当地的环境治理带来了很大的压力。关中—天水城市群在污染治理方面，还有很大的提升空间。

表 5-50 2015 年关中—天水城市群环境承载力概况

城市	环境污染			污染治理		
	单位 GDP 工业废水排放量（万吨/亿元）	单位 GDP 工业二氧化硫排放量（吨/亿元）	单位 GDP 工业烟（粉）尘排放量（吨/亿元）	一般工业固体废物综合利用率（%）	污水处理厂集中处理率（%）	生活垃圾无害化处理率（%）
西安市	1.15	11.40	4.00	92.40	92.71	93.48
铜川市	2.91	21.64	9.20	90.82	91.82	98.09
宝鸡市	0.18	7.83	25.14	98.47	89.08	90.59

续表

城市	环境污染			污染治理		
	单位 GDP 工业废水排放量（万吨/亿元）	单位 GDP 工业二氧化硫排放量（吨/亿元）	单位 GDP 工业烟（粉）尘排放量（吨/亿元）	一般工业固体废物综合利用率（%）	污水处理厂集中处理率（%）	生活垃圾无害化处理率（%）
咸阳市	3.71	21.58	19.97	37.37	92.40	99.18
渭南市	10.20	95.23	63.84	95.33	92.15	96.75
天水市	7.02	191.12	18.24	99.99	95.72	90.81
商洛市	0.04	0.53	0.55	84.47	89.80	70.27

资料来源：《中国城市统计年鉴（2016）》和《中国区域经济统计年鉴（2016）》。

5.11 “一带一路”沿线城市群

5.11.1 “一带一路”沿线城市群简介

2015 年 3 月，国家发展改革委、外交部、商务部联合发布《推动共建丝绸之路经济带和 21 世纪海上丝绸之路的愿景与行动》（以下简称《愿景与行动》），对中国各省份在“一带一路”建设中的定位予以明确。重点涉及 18 个省份。西北地区包括新疆、陕西、甘肃、宁夏、青海、内蒙古 6 省区；东北地区包括黑龙江、吉林、辽宁 3 省；西南地区包括广西、云南、西藏 3 省区；内陆地区则圈定了重庆；沿海地区包括上海、福建、广东、浙江、海南 5 省市。

此外，《愿景与行动》还重点提及了多个节点城市，例如西安、兰州、西宁、成都、武汉、长沙、南昌、合肥等。而沿海的节点城市更是重点。规划强调，加强上海、天津、宁波—舟山、广州、深圳、湛江、汕头、青岛、烟台、大连、福州、厦门、泉州、海口、三亚等沿海城市港口建设，并且深入强化上海、广州等国际枢纽机场功能。内陆节点城市建设方面则强调，支持郑州、西安等内陆城市建设航空港、国际陆港，加强内陆口岸与沿海、沿边口岸通关合作，开展跨境贸易电子商务服务试点。

依据《愿景与行动》涉及的省份和节点城市，“一带一路”沿线城市群主要包括12个，分别为西部城市群、海峡西岸城市群、西北城市群、西南城市群、东北城市群、中原城市群、珠三角城市群、环渤海城市群、长江中游城市群、山东半岛城市群、呼包鄂榆城市群，这些城市群中涉及很多发展型城市群。

5.11.2　发展型城市群与“一带一路”沿线城市群关系

所有发展型城市群都在“一带一路”沿线城市群中有涉及，但是其联系紧密程度不一，有的发展型城市群与“一带一路”沿线城市群完全一致，如海峡西岸城市群、中原城市群、山东半岛城市群，为与“一带一路”联系最紧密的发展型城市群；有的发展型城市群中大多数城市也处在“一带一路”沿线城市群中，如成渝城市群、哈长城市群、辽中南城市群、关中—天水城市群，为与“一带一路”联系较紧密的发展型城市群；有的城市群中只有个别城市处于“一带一路”沿线的城市群中，如环长株潭城市群、武汉城市群、江淮城市群，为与“一带一路”有联系的城市群。

表5-51　发展型城市群与“一带一路”沿线城市群的关系

“一带一路”沿线城市群	涉及城市	涉及的发展型城市群
1. 西部城市群	西部城市群成为核心城市群，包括乌鲁木齐、喀什、伊宁等中国最西部的城市	/
2. 海峡西岸城市群	以福州、泉州、厦门、温州、汕头5大中心城市为核心，包含福建省的福州、厦门、泉州、莆田、漳州、三明、南平、宁德、龙岩，浙江省的温州、丽水、衢州，江西省的上饶、鹰潭、抚州、赣州，广东省的汕头、潮州、揭阳、梅州，共计20个地级市所组成的国家级城市群	海峡西岸城市群
3. 西北城市群	以西安—兰州—银川—西宁为中心的多个城市	关中—天水城市群

续表

“一带一路”沿线城市群	涉及城市	涉及的发展型城市群
4. 西南城市群	以成都、重庆、贵阳、昆明、南宁为中心的多个城市	成渝城市群
5. 东北城市群	以沈阳、长春、哈尔滨为中心覆盖整个东北和内蒙古东部城市的城市群	辽中南城市群、哈长城市群
6. 中原城市群	以郑州为中心的 9 个城市	中原城市群
7. 长三角城市群	包括上海市以及江苏省、浙江省的部分城市，共 25 个城市	/
8. 珠三角城市群	广州、深圳、珠海、佛山、东莞、中山、江门、肇庆、惠州等 9 个城市	/
9. 环渤海城市群	北京、天津、唐山、秦皇岛、石家庄等	/
10. 长江中游城市群	重庆、成都、郑州、武汉、长沙、南昌、合肥等	成渝城市群、中原城市群、武汉城市群、环长株潭城市群、江淮城市群
11. 山东半岛城市群	济南市、青岛市、淄博市、东营市、烟台市、潍坊市、威海市、日照市等	山东半岛城市群
12. 呼包鄂榆城市群	呼和浩特市、包头市、鄂尔多斯市、榆林市等	/

5.11.3 与“一带一路”联系最为紧密的发展型城市群

5.11.3.1 海峡西岸城市群

海峡西岸城市群地处东南沿海，与台湾岛隔海相望，这里是历史上海上丝绸之路的起点，战略位置十分重要。海峡西岸城市群与东盟各国很早就建立起了紧密的贸易伙伴关系，随着 2010 年中国—东盟自贸区的建立，双方的贸易合作更加密切。海峡西岸城市群中的多数城市少煤、无油、无天然气，常规能源短缺，粮食供需矛盾历来也非常突出，当前其能源自给率和粮食自给率都在 50% 以下。海上丝绸之路沿线国家，比如中东国家，拥有丰富的能源，如石油、天然气等，东南亚国家是世界上重要的大米以及其他粮食生产基地。因此海峡西岸城市群要加强与东盟国家的粮食安全合作，扩大从东盟国家进口粮食和资源。同时，鼓励企业直接到国外建立粮食、能源生产基地，积极利用国外能源资源。从海峡西岸城市群中还走出去了大量的海外侨胞，多数分布在 21 世纪海上丝绸之路沿线国家，海峡西岸城市群可以充分发挥华侨华人作为中国—东盟友好使者的作用，鼓励他们传播我国的发展模式、先进经验和华侨历史，介绍我国的投资环境、投资政策和投资项目，促进东盟国家对我国的了解与认同。

5.11.3.2 中原城市群

郑州是位于“中国之中”的一座城市，其铁路、高速公路、高铁、航空都很发达，独特的区位优势加上四通八达的交通运输使之成为“一带一路”建设重要节点城市。近年来，郑州通过建设大枢纽、大口岸，带动大物流，培育大产业，塑造大都市，辐射带动中原城市群，使大枢纽成为其共有的资源。中原城市群所有城市都是“丝绸之路经济带物流联动发展合作联盟成员城市”，这使得这里的大批企业能从中受益。即使在市场整体低迷的情况下，一些制造业企业也可以通过公铁联运，搭乘郑欧班列将其生产的产品销往海内外，有效地降低企业资金周转的成本，在出口量以及销量方面在同业中保持优势。以此作为优势，中原城市群还可以吸引更多的国际制造企业来这里直接投资。

此外，中原城市群要充分挖掘各个城市的比较优势，实现错位发展，从而融入到“一带一路”建设之中。例如开封可以发挥其历史文化旅游城市和市民休闲文化之都的优势，发起建立“一带一路”城市旅游联盟，建设国际文化旅游城市，吸引国际客流。而作为中原城市群副中心的洛阳，要充分发挥其全国重要的装备制造业、原材料基地和科研基地的作用，进一步打造国际制造业基地。

5.11.3.3 山东半岛城市群

山东半岛城市群具备得天独厚的区位优势，其北邻京津冀，南接长三角，东与日韩隔海相望，西引黄河流域，这决定了山东半岛城市群在全国的功能定位：一是深化对外开放，推进与“一带一路”沿线地区的互联互通，建设成为亚欧大陆桥东方桥头堡、黄河流域龙头城市群、我国北方重要的门户；二是强化与京津冀和长三角城市群多通道联系，积极承接北京非首都功能，建设成为京津冀和长三角重点联动区。

然而与国内外发达城市群相比，山东半岛城市群在整体发展水平、作用发挥等方面，还有差距，存在核心城市竞争力不够强、城市间协作机制不够健全、快速交通体系不够完善等问题。为了更好地发挥其对外功能，山东半岛城市群需要结合城市群内部特征，有效促进整个城市群的发展。青岛是山东半岛城市群的核心，GDP、工业生产总值、实际使用外商直接投资等各项指标都远远地高于其他城市，意味着其具备很好的经济基础，能够在对外开放中发挥更大的作用。因此要强化青岛在海上合作战略中的支点作用，深化与日韩合作，积极参与建设中国—东盟自由贸易区升级版，甚至与西欧一些国家开展合作，通过与其他城市加强合作，进一步带动城市群中其他城市的发展，最终实现整个城市群的发展。

5.11.4 与“一带一路”联系较为紧密的发展型城市群

5.11.4.1 成渝城市群

成渝城市群处在长江经济带和“一带一路”的“Y”字形大通道的连接点上，在陆上丝绸之路中发挥战略节点的作用，同时在海上丝绸之路中发挥产业腹地的作用，它也是我国对中亚、西亚、东南亚等国家和地区开放的门户，向南可以开展和滇中的区域合作，通过孟中印缅经济走廊直抵孟加拉湾，到达印度洋，开辟海上通道；通过参与泛珠区域合作，可以推进与东盟国家和地区合作；通过开展与陕西、甘肃、新疆等地的合作，依托中欧班列，增强与中亚、欧洲等地经济联系。成渝城市群的定位应该是“一带一路”中新欧亚大陆桥的战略基地和对外开放高地。由于成渝城市群在全国城市群的发展中起到承东启西、连接南北的作用，它通过中原城市群与京津冀城市群、长三角城市群这两个发达城市群连接在一起，同时和珠三角城市群、滇中城市群、珠三角城市群直接相连。因此可以通过成渝城市群打造从欧洲经中亚、中国新疆、兰州到南亚、东南亚的丝绸之路，把南北丝绸之路和昆印缅大通道及长江大通道结合成为一个整体，使其成为四大通道的现代化立体交通枢纽和物流转运中心，成为“一带一路”建设中面向国内外市场的现代服务业中心和先进制造业高地。由此可见，一方面“一带一路”建设为成渝城市群发展带来难得的历史机遇，另一方面成渝城市群在推进中国城市群之间的深度融合发展、合作交流方面对深入推进“一带一路”建设有着重大意义。

5.11.4.2 哈长城市群

哈长城市群南依辽中南城市群，北临俄罗斯远东地区，东靠朝鲜半岛，西接内蒙古自治区，与京津冀、环渤海经济区相呼应，是我国东北地区对外开放合作的重要桥头堡，是沟通东北亚、中亚和欧洲货物流通的重要通道和交通枢纽，是我国面向东北亚地区和俄罗斯对外开放的重要门户。哈长城市群是我国面向东北亚开放、全面推进实施“一带一路”倡议的重要支撑板块。“十三五”及更长一段时期内，哈长城市群作为我国东北地区经济发展和对俄及东北亚开发开放的重要核心区，需要顺应全球化和区域一体化发展总体趋势，发挥好地处东北亚核心区位条件，超前谋划应对东北亚各国开发开放战略，积极对接“一带一路”战略，构建对外开放新走廊，发挥沿边开放门户作用，增强内陆开放高地建设，建设成为我国对俄乃至东北亚贸易的桥头堡和枢纽站，并与国内纵深腹地尤其是京津冀、环渤海地区紧密协作，优势互补，在我国全方位对外开放格局和“一带一路”战略实施中发挥重要的支撑作用。为此，需要立足面向东北亚开放的独特战略区位，依托融入东北亚区域和与东北亚其他国家合作的基础，积极对接融入国家“一带一路”建设，统筹“走出去”和“引进来”，以东北亚其他各国为支点，积极参与国际分工合作，加快对外跨境运输体系建设，完善配套服务设施和服务业态，构建外向型现代产业体系，繁荣外向型经济，将哈长城市群打造成为我国北方对外开放合作的重要门户。

5.11.4.3 辽中南城市群

辽中南城市群早期是国家重工业基地，雄厚的工业基础使其成为我国形成较早的城市群，其中有密集的交通轴线，哈大、沈大铁路贯通城市群内多数城市，高铁开通后，沈阳—大连的运行时间只需 2 小时，大大拉近了城市群内各城市的空间距离。沈大、沈丹、丹大及京哈高速公路建立起密集的公路网方便辽中南城市群连通内外。良好的工业基础和便捷的交通运输使其有条件参与中蒙俄经济走廊建设。辽中南地区应该以沿海港口地区为支点，加快“辽满欧”“辽蒙欧”“辽海欧”国际通道建设，提高承南启北、互联互通的综合交通运输能力；加快开辟建设以大连港为起点、经白令海峡到欧洲北极东北的海上大通道；加快建设以锦州港为起点，经阜新、朝阳、赤峰、锡林郭勒盟等地至珠恩嘎达布其口岸通道；加快建设以丹东港为起点，经沈阳、四平、长春等地至阿尔山口岸通道；推动蒙古国乔巴山至上述两大口岸铁路规划建设；加强海陆通道物流基地建设，建设面向蒙俄、东北亚及欧洲、连接南北的现代物流基地；积极开展境外承包工程，加快推进企业参与境外投资合作，鼓励辽宁优势产业走出去；加快推动产业园区合作建设，利用各市开发区、工业园区，规划设立“中俄产业园”“中蒙产业园”，积极吸引境外企业投资。

5.11.4.4 关中—天水城市群

关中—天水城市群位于我国西北地区，多条国家主要干线铁路、高速公路、省级公路贯穿其中，是新疆、西藏等西部地区与东部联系的必经之地，地处亚欧大陆咽喉地带，战略地位十分重要。关中—天水经济区文化底蕴深厚，是华夏文明重要的发祥地。十三朝古都历史积淀在这里，最初统一中原大地的秦朝、源远流长的汉朝、鼎盛繁荣的唐朝，都起源、成熟于陕西、甘肃这片土地上。西安是著名的丝绸之路源头，是十三个王朝古都所在地，拥有大量珍贵的历史文化遗产和丰富的人文自然资源。通过“一带一路”建设积极发展旅游业，吸引来自中亚、欧洲的游客，向其再现西安国际化大都市形象，重现古都风采，有利于中华灿烂文化的传播，并推动这些城市第三产业的发展，对推动这些地区经济转型和发展有重要意义，同时也会提高中国在在中亚与欧盟国家中的影响力。加强关中—天水城市群的经济、文化建设于国内和国外都有重要意义，将其建设成为“一带一路”西部开发示范区，能够辐射、带动沿边少数民族地区的发展。同时能够促进我国西北地区与中亚各国及欧盟成员国之间的经济、文化交流，在促进中亚区域的和平与稳定方面也有重要作用。

5.11.5 与“一带一路”有联系的发展型城市群

5.11.5.1 环长株潭城市群

环长株潭城市群是湖南省的经济核心，是实施中部崛起战略的重要载体，更是长江中游城市群的重要组成部分。在“一带一路”倡议和实施长江经济带发展战略的机遇中，环长株潭城市群可以岳阳为纽带，向东融入长江三角洲经济圈，利用大湘南板块向南持续发力，主动融入珠江三角洲经济圈，对接“21世纪海上丝绸之路”。“一带一路”辐射区域覆盖了绝大部分湖南传统的出口市场，东盟国家是湖南省中小企业走向海外的首选目的地，俄罗斯、中亚五国长期与湖南省经贸合作融洽。“一带一路”贯穿亚欧非大陆，一端连接活跃的东亚经济圈，一端连接发达的欧洲经济圈，中间广大腹地国家具备很大的消费潜力，因此可以利用“一带一路”为极具特色的湘品开辟广袤新市场。

5.11.5.2 武汉城市群

湖北是古代丝绸之路的重要源头之一，至今境内还有一些与丝绸之路相关的历史记载。此外武汉城市群区位交通优势明显，湖北素有“九省通衢”之称，“支撑中部、服务全国”的大交通枢纽功能为融入对接“一带一路”夯实了基础。无论是航空、铁路、公路，还是航运都十分发达，和京津冀城市群、珠三角城市群、成渝城市群、关西城市群、环鄱阳城市群、海峡西岸城市群都有很好的通达性，通过航运班轮的开通，打通了中部地区通往东盟的“海上丝绸之路”。武汉城市群可以抓住实施长江经济带发展战略的机遇，以开放为先导，以产业升级为主线，充分利用长江黄金水道的优势，利用海陆双向开放的区位交通和资源优势，东向联动长三角地区，对接海上丝绸之路，西向连接成渝经济区，实现与“渝新欧”的对接，在空间上形成大开放格局，把湖北打造成为长江经济带与“一带一路”联动的重要枢纽。

5.11.5.3 江淮城市群

合肥是“合新欧”货运班列开行线路上的重要城市。“合新欧”货运班列连接丝绸之路经济带沿线的地区和国家，能够促进安徽与这些地区的交流，将当地的汽车、家电科技转化为市场竞争力传播出去。江淮城市群应该抓住新一轮产业转型升级的机遇，以加快“一带一路”建设、对接上海自贸区为重点，深度参与国际产业分工合作，加快培育战略性新兴产业，立足创新型试点省、合芜蚌自主创新试验区，加快皖江城市带承接产业转移示范区及创新改革试验区建设，以创新驱动和改革示范推动产业结构向高级化演进。

参考文献

[1] 张学良、李培鑫：《城市群经济机理与中国城市群竞争格局》，《经济改革》2014 年第 9 期。

[2] 黄继炜：《发挥福建优势，融入“一带一路”建设》，《福建论坛（人文社会科学版）》2015 年第 5 期。

[3] 郭久辉：《中原城市群“结伴”融入“一带一路”》，《中国国门时报》2015 年 12 月 9 日，第 005 版。

[4] 廖元和：《“一带一路”战略背景下的新亚欧大陆桥建设》，《经济体制改革》2016 年第 5 期。

[5]《哈长城市群发展规划》研究课题组：《哈长城市群的范围界定与战略定位》，《中国发展观察》2016 年第 6 期。

[6] 郑嘉禹、张瑶：《“一带一路”战略下区域经济一体化研究——以关中—天水经济区为例》，《西安石油大学学报（社会科学版）》2017 年第 2 期。

[7] 徐旸：《加快关中—天水经济区的经济文化建设》，《学术纵横》2016 年第 5 期。

[8] 聂智：《抓住“一带一路”战略带来的新机遇》，《湖南日报》2015 年 11 月 18 日，第 014 版。

[9] 童中贤、刘晓、黄勇忠：《环长株潭城市群融入长江中游城市群发展研究》，《企业经济》2015 年第 9 期。

[11] 王成新、王格芳、刘瑞超、王明苹、李新华、姚士谋：《高速公路对城市群结构演变的影响研究——以山东半岛城市群为例》，《地理科学》2011 年第 31 卷第 1 期。

[12] 王浪、张河清：《关中—天水城市群旅游空间结构分析与优化研究》，《西北大学学报（自然科学版）》2010 年第 40 卷第 5 期。

[13] 何天祥：《环长株潭城市群技术进步及空间溢出效应研究》，《经济地理》2014 年第 34 卷第 5 期。

[14] 陈群元、宋玉祥：《基于城市流视角的环长株潭城市群空间联系

分析》，《经济地理》2011 年第 31 卷第 11 期。

［15］韩玉刚、焦化富、李俊峰：《基于城市能级提升的安徽江淮城市群空间结构优化研究》，《经济地理》2010 年第 30 卷第 7 期。

［16］董铭山、刘晓辉：《基于分工网络的哈长城市群区域经济发展研究》，《经济师》2015 年第 5 期。

［17］杨洋、王晨、章立玲、何春阳：《基于国家规划的新型城镇化状态定量评估指标体系构建及应用——以山东半岛城市群为例》，《经济地理》2015 年第 35 卷第 7 期。

［18］杨莎莎、罗艳：《基于灰色关联综合评价的海峡西岸城市群城市竞争力差异研究》，《区域经济》2011 年第 8 期。

［19］万庆、曾菊新：《基于空间相互作用视角的城市群产业结构优化——以武汉城市群为例》，《经济地理》2013 年第 33 卷第 7 期。

［20］李俊峰、焦华富：《江淮城市群空间联系及整合模式》，《地理研究》2010 年第 29 卷第 3 期。

［21］苏飞、张平宇：《辽中南城市群城市规模分布演变特征》，《地理科学》2010 年第 30 卷第 3 期。

［22］关伟、周忻桐：《辽中南城市群空间相互作用的时空演变》，《经济地理》2014 年第 34 卷第 9 期。

［23］周沂、沈昊婧、贺灿飞：《武汉城市群经济整合及其影响因素》，《经济地理》2013 年第 33 卷第 2 期。

［24］杜立柱、张毅：《新常态下哈长城市群发展战略研究》，《城市发展研究》2016 年第 23 卷第 6 期。

［25］周亮、白永平、刘扬：《新经济版图成型背景下关中—天水城市群定位及发展对策》，《经济地理》2010 年第 30 卷第 11 期。

［26］魏洪斌、吴克宁：《长江经济带成渝城市群城镇化协调发展研究》，《中国发展》2015 年第 15 卷第 1 期。

［27］王发曾、吕金嵘：《中原城市群城市竞争力的评价与时空演变》，《地理研究》2011 年第 30 卷第 1 期。

［28］史雅娟、朱永彬、冯德显、王发曾、熊文：《中原城市群多中心网络式空间发展模式研究》，《地理科学》2012 年第 32 卷第 12 期。

［29］张学良：《2015 中国区域经济发展报告——中国城市群可持续发展研究》，人民出版社 2016 年版。

［30］张学良：《2014 中国区域经济发展报告——中国城市群资源环境承载力》，人民出版社 2015 年版。

［31］张学良：《2013 中国区域经济发展报告——中国城市群崛起与协调发展》，人民出版社 2014 年版。

6

中国形成型城市群

根据本书第三章对城市群的划分，本章所指的形成型城市群主要包括：北部湾城市群、兰州—西宁城市群、滇中城市群、黔中城市群、太原城市群、宁夏沿黄城市群、天山北坡城市群、环鄱阳湖城市群和呼包鄂榆城市群。

表 6-1　形成型城市群的城市结构体系

形成型城市群	城　市	核心城市
滇中城市群	昆明、曲靖、玉溪、楚雄	昆　明
北部湾城市群	南宁、北海、防城港、钦州	南　宁
环鄱阳湖城市群	南昌、九江、新余、吉安、宜春、景德镇、鹰潭、上饶、抚州	南　昌
太原城市群	太原、忻州、吕梁、阳泉、晋中	太　原
宁夏沿黄城市群	银川、吴忠、石嘴山、中卫	银　川
兰州—西宁城市群	兰州、白银、西宁、定西、临夏	兰州、西宁
黔中城市群	贵阳、遵义、安顺、毕节地区、黔东南、黔南	贵　阳
天山北坡城市群	乌鲁木齐、昌吉、克拉玛依、伊犁、石河子、塔城、吐鲁番、哈密、博尔塔拉	乌鲁木齐
呼包鄂榆城市群	呼和浩特、包头、鄂尔多斯、榆林	呼和浩特

以下结合“一带一路”的背景，分别从各形成型城市群的经济发展、社会发展、生态发展等方面进行研究，对各形成型城市群城市的发展状况以及与“一带一路”的联系进行综合评价。需要说明的是，由于相关政策及规划、城市空间结构体系等内容在以往的报告中做了详细论述，因此不作为今年本章论述的重点。

6.1 “一带一路”建设与滇中城市群发展

6.1.1 城市群基本情况

滇中城市群位于云南省东北角，包括昆明市、曲靖市、玉溪市以及楚雄彝族自治州行政辖区范围，共包括 7 个地级市和县级市，总面积 9.6 万平方公里，根据《滇中城市群规划》，将形成“一核三极两环两轴”的空间结构。

图 6-1　滇中城市群城市空间分布

滇中城市群是云南省发展基础最坚实、经济最发达、设施最先进、继续开发前景最好的地区，同时也是我国面向东南亚、南亚的对外开放前沿。2015 年，滇中城市群的年底总人口为 1781. 90 万人，占全国的 1. 3%。地区生产总值达到 7626 亿元，占全国 GDP 的 1. 11%。

昆明是滇中城市群的核心城市，在经济、社会以及生态可发展等方面都居于城市群首位，说明昆明市在促进经济发展的同时，较好地实现了社会与生态环境的协调发展；就经济发展而言，曲靖位于城市群第二位，但其工业二氧化硫排放量和工业烟（粉）尘排放量高于昆明，而城镇化率、城镇居民人均可支配收入落后于玉溪，每万人拥有卫生机构床位数和医生数均落后于楚雄，表明曲靖与实现城市可持续发展相去甚远；玉溪的经济、社会和生态可持续发展均处于较低水平的发展状况。

目前，随着“一带一路”建设的推进，滇中城市群对东南亚和南亚区位开放的优势进一步凸显，云南省迎来了快速发展的重大战略机遇。

6.1.2 城市群经济可持续发展分析

近几年滇中城市群经济发展较快，是云南省发展基础最牢、发展水平最高、继续开发前景最好的地区。如表6-2和表6-3所示，昆明在城市群的经济发展中居于核心地位，无论是GDP，还是地方财政一般收入、货物进出口总额、金融机构人民币贷款、外商直接投资实际使用额、全社会固定资产投资，昆明都遥遥领先，2015年昆明的GDP占整个城市群的52.03%。曲靖、玉溪和楚雄虽然与昆明的差距较大，但各项指标都保持了逐年上升的趋势。

滇中城市群综合来说，各市之间有着较大的经济水平差距，特别是主导产业趋同，国际与国内竞争力都不显著。

表6-2 2009—2015年滇中城市群GDP发展状况

（单位：亿元）

城市	2009年	2010年	2011年	2012年	2013年	2014年	2015年
昆明市	1837	2120	2510	3011	3415	3713	3968
曲靖市	871	1006	1210	1400	1584	1649	1650
玉溪市	644	736	877	1000	1103	1185	1245
楚雄彝族自治州	344	405	483	570	633	701.78	763

资料来源：历年《中国城市统计年鉴》《中国区域经济统计年鉴》。

表 6-3　2015 年滇中城市群主要经济指标

城 市	地方财政一般预算收入（亿元）	货物进出口总额（万美元）	金融机构人民币贷款（亿元）	经济密度（万元/平方公里）	规模以上工业总产值（亿元）	外商直接投资实际使用额（万美元）
昆明市	502.2161	1236400	11976.486	1961.46	2980.64	194400
曲靖市	118.0929	56000	1262.57	633.40	1519.15	14000
玉溪市	124.8167	189602	846.2349	860.35	1564.56	2600
楚雄彝族自治州	68.19	43222	584.84	260.77	577.78	3444

资料来源：《中国城市统计年鉴（2016）》和《中国区域经济统计年鉴（2016）》。

滇中城市群四个城市具体的产业发展有三个显著的特点：一是经济发展水平差距大。2015 年仅昆明一市，GDP 就占到了云南省经济总量的 29.14%，较去年有所增加；而曲靖、玉溪、楚雄相加也只占到了云南省经济总量的 21.26%，较去年有所下降。二是产业结构差距大。昆明作为云南省的经济龙头，第一产业所占比重较小，第三产业比重在 2011 年已经超过第二产业，并呈现出持续增长的态势，成为经济发展的主要动力来源。而第一产业和第二产业呈现出逐年下降的趋势。具体而言，昆明近年来三次产业的比例由 2011 年的 5.33：46.27：48.4 调整为 2015 年的 4.74：39.98：55.28，产业结构的现代化趋势更加显著。玉溪的第一产业占据 10.17%的比重，而曲靖和楚雄的第一产业分别占据了 19.21%和 20.03%，其中楚雄的第一产业 GDP 占的份额最大，但第三产业正在迅猛发展，在 2015 年已经超过了第二产业。三是主导产业基本相同。四个城市地理位置、资源禀赋相似，造成了滇中四个城市主导产业基本相同。工业行业中的烟草制品业、金属冶炼及压延加工业、化学原料及化学制品制造业是滇中四个城市共同的支柱产业，在 GDP 中占到了较高的比重。

这三个显著的特征使得滇中城市群之间的产业协调发展具有一定的难度。目前，在国家深化改革与“一带一路”等战略的推动下，“内联外拓”是云南现有的重大发展机遇。地理上，滇中城市群位于云南省中心，更是人力、资金、物流和信息等的汇集地。作为我国面向东南亚与南亚的辐射中心，对于区域协作和对外开放的意义重大。应充分利用其门户地位，发展现代化第三产业，构建外向型现代产业体系，积极融入到国际分工中。把滇中城市群建设成“一带一路”的内陆战略支点。

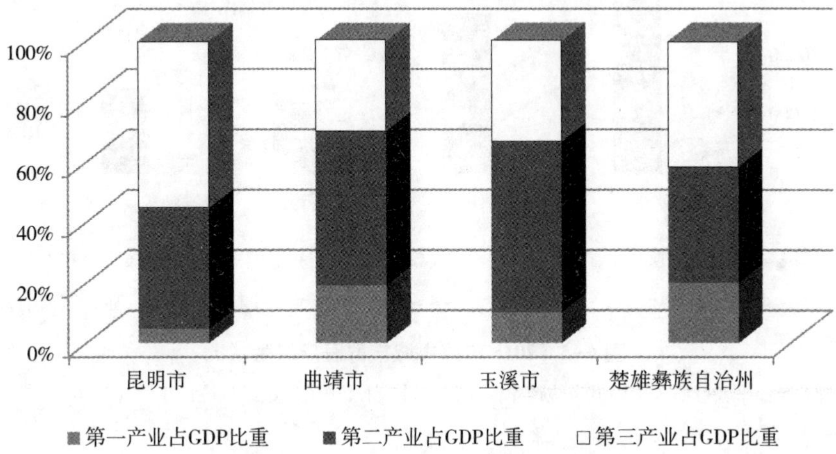

图 6-2 2015 年滇中城市群产业结构

资料来源：作者根据《中国城市统计年鉴（2016）》和《中国区域经济统计年鉴（2016）》制作。

6.1.3 城市群社会可持续发展分析

从医疗程度的衡量中，各地区差别适中，在每万人拥有卫生机构床位数和医生数上，昆明市呈现出数量上的领先，其他城市较为均衡。值得注意的是，楚雄虽然在 GDP、人均 GDP、地方财政一般预算收入、货物进出口总额、金融机构人民币贷款和规模以上工业总产值等经济指标中均落后于其他三市，但其医疗水平却与玉溪基本持平；相反曲靖虽然经济发展水平较高，但医疗水平却有待提高。参见图 6-3。

在教育程度的衡量中，昆明又显现出领先优势，无论是普通高等学校在校生数还是教育财政支出都远远高于其他三市，玉溪和楚雄的普通高等学校在校生数和教育财政支出水平都很低，而曲靖虽然教育财政支出不低，相当于昆明水平的 93.66%，但其普通高等学校在校生数却较低，仅为昆明水平的 5.93%，教育支出作用程度不明显。参见图 6-4。

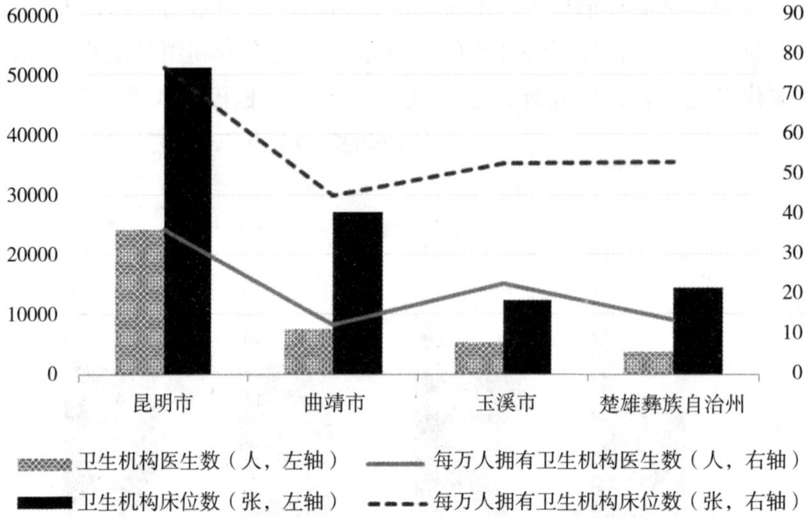

图 6-3　2015 年滇中城市群医疗卫生状况

资料来源：作者根据《中国城市统计年鉴（2016）》和《中国区域经济统计年鉴（2016）》制作。

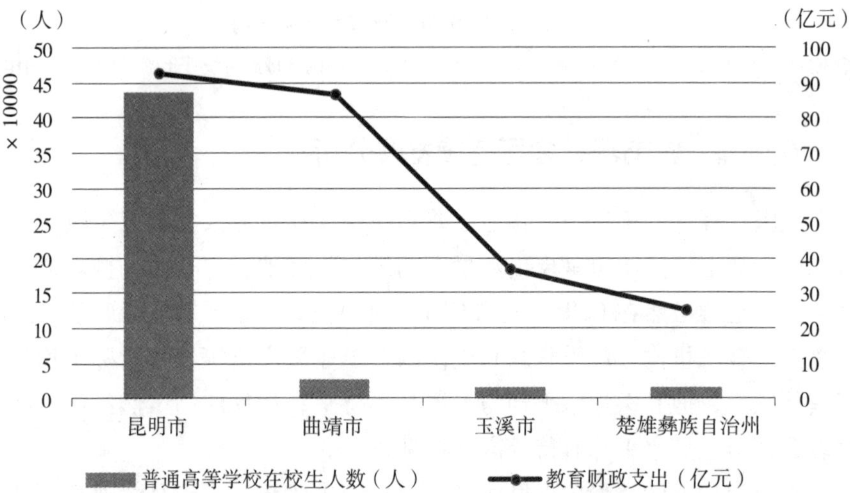

图 6-4　2015 年滇中城市群教育文化状况

资料来源：作者根据《中国城市统计年鉴（2016）》和《中国区域经济统计年鉴（2016）》制作。

为了满足对“一带一路”的人才支撑，滇中城市群应在城市功能的基础上，完善人才公共服务体系。鼓励举办各类学术论坛与国际会议，吸引国际科技组织与智库落户城市群。同时不断开展新的引才渠道，加强与国内外一流大学、人才与培训机构的合作交流。

文化是一个城市的品牌和灵魂，图书馆的个数方面差别并不大，昆明的公共图书馆个数为17，居首位，曲靖、玉溪和楚雄水平较均衡，分别为11、10、11。可见各城市在文化上都比较重视，如何充分利用图书馆资源向公众传达更多的信息应成为重点。

在“一带一路”建设中实施“文化+”，滇中城市群应展示独特的多民族融合边地文化，传承历史。保持特色风貌，建设国际知名的生态及文化旅游地，成为一个文化融合、和谐共生、生态宜人的山水城市群。

从城市群的数据看，昆明的城镇居民家庭人均可支配收入最高，而曲靖、玉溪和楚雄则较为平均，虽然曲靖和楚雄在人均GDP水平上远远落后于昆明和玉溪，但四个城市的居民人均可支配收入差别并不大。城镇登记失业率方面，昆明为城市群内最低，其他三个城市失业率水平都在3.3%左右，总体看各个城市失业率水平相当。参见图6-5。

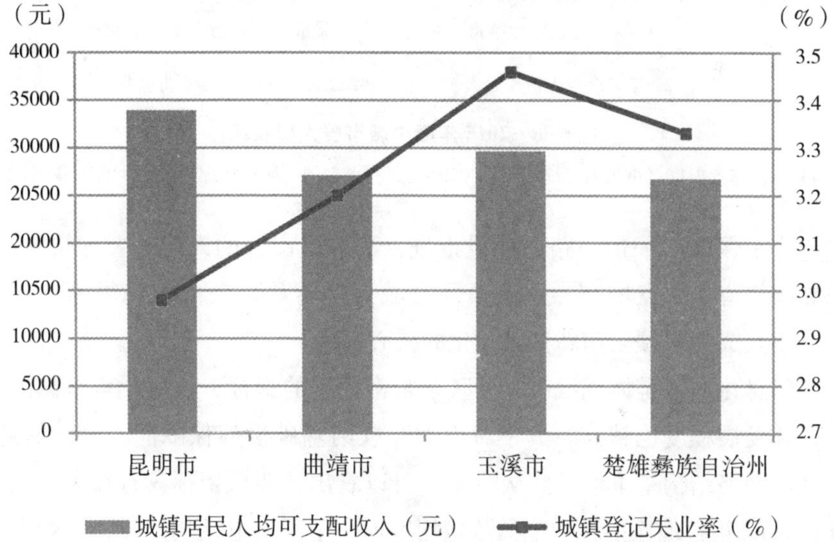

图6-5 2015年滇中城市群城镇居民收入和就业状况

资料来源：作者根据《中国城市统计年鉴（2016）》和《中国区域经济统计年鉴（2016）》制作。

从人口分布上进行分析，总人口增长平稳，但各地区人口增长差异较大；城镇化快速推进，但整体水平不高，地区差异显著；缺少中间规模城市，呈现高首位特征。滇中城市群的人口密度较低，城市规模较小，核心城市昆明的常住人口和人口密度居首位；曲靖的人口分布情况仅次于昆明；而楚雄虽然常住人口多于玉溪，但由于其土地面积较大导致人口密度低于玉溪。参见图 6-6。

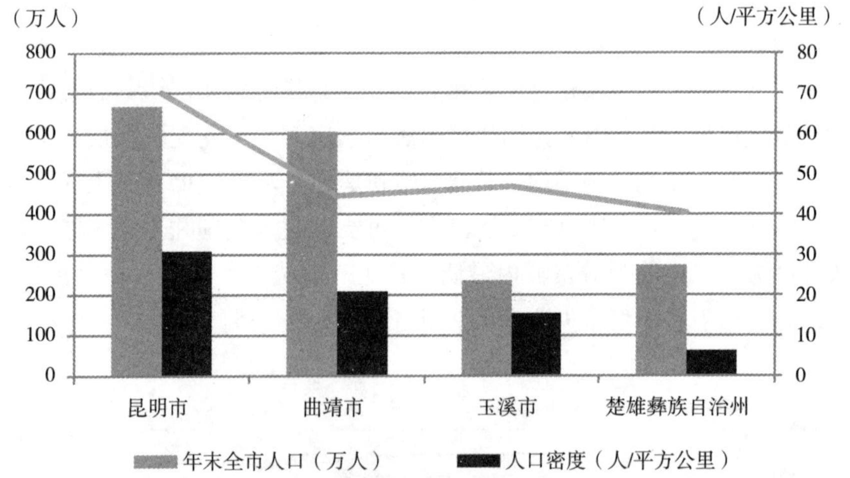

图 6-6　2015 年滇中城市群人口状况

资料来源：作者根据《中国城市统计年鉴（2016）》和《中国区域经济统计年鉴（2016）》制作。

为了保证“一带一路”建设推进，滇中城市群的人口需要加快聚集，引导向核心、重点城市、重点镇及县城有序转移，人口布局得到逐步优化，使其成为引领云南新型城镇化的核心区域。

信息化水平是体现城市内外联系紧密程度的指标，信息化水平高的地区，其发展程度也越高。滇中城市群互联网基础设施保障能力持续提升，互联网网络结构基本形成。从图 6-7 可以看出，四项指标具有较大的相关性，2015 年各地区的移动电话数量均远远高于固定电话用户数，数量上的差异较为显著。同时，电信业务总量和人均量也都高于邮政量。各城市间比较得出，昆明作为核心城市信息化水平也居于首位，但曲靖的信息化水平和昆明相差不大，玉溪和楚雄的信息化水平最低。

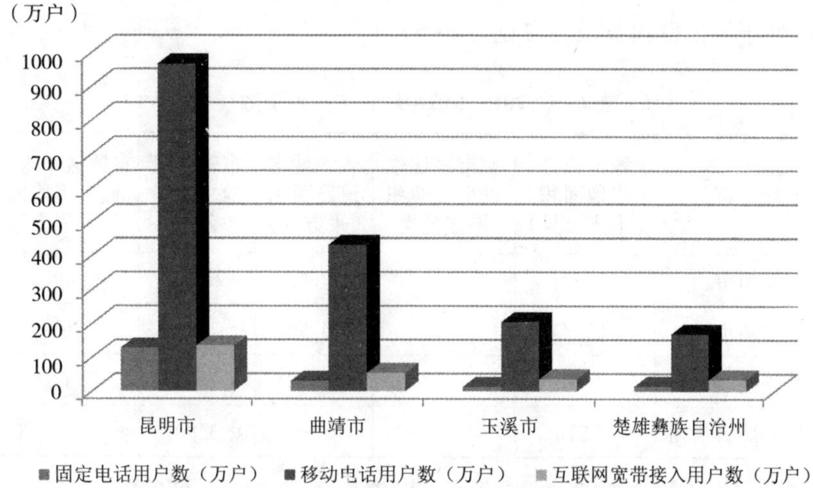

图 6-7　2015 年滇中城市群电话和互联网用户数

资料来源：作者根据《中国城市统计年鉴（2016）》和《中国区域经济统计年鉴（2016）》制作。

在“一带一路”建设的带动下，滇中城市群应主动融入国家信息发展战略，发挥对外开发开放战略支点的作用。构建具有对内外的纽带和桥梁作用、拥有现代化设施和服务水平与衔接国内地区及东南亚、南亚国家的区域性国际综合枢纽。

表 6-4　2015 年滇中城市群邮政和电信业务状况

城　市	邮政业务总量（万元）	人均邮政业务量（元）	电信业务总量（万元）	人均电信业务量（元）
昆明市	200937	300. 94	978000	1464. 73
曲靖市	20668	34. 18	713732	1180. 31
玉溪市	7430	31. 46	339300	1436. 49
楚雄彝族自治州	8700	31. 83	188900	691. 18

资料来源：《中国城市统计年鉴（2016）》和《中国区域经济统计年鉴（2016）》。

6. 1. 4　城市群生态可持续发展分析

在城市用地面积方面，昆明在市辖区绿地总面积、年末实有城市道路面积、城市建设用地面积、城市居住建设用地面积、人均城市道路面积方面均处于城市群内首位。参见表 6-5。

表 6-5　2015 年滇中城市群土地资源状况

城　市	城市建设用地面积（平方公里）	城市居住建设用地面积（平方公里）	人均城市道路面积（平方米）	市辖区绿地总面积（公顷）	市辖区年末实有城市道路面积（万平方米）
昆明市	1593	210	17.55	21428	4902
曲靖市	1287	21	14.96	7183	1095
玉溪市	540	6	15.22	2843	667
楚雄彝族自治州	753	—	—	3280	—

资料来源：《中国城市统计年鉴（2016）》和《中国区域经济统计年鉴（2016）》。

较其他城市，昆明较大的人口规模和产业规模也反映在其城市资源使用量上。昆明市辖区城市居民生活用电以及工业用电都远远高于其他三个城市，而曲靖市居民生活用水相较最高。参见表 6-6。

表 6-6　2015 年滇中城市群水电资源状况

城　市	城乡居民生活用电量（万千瓦时）	居民生活用水量（万吨）	工业用电量（万千瓦时）
昆明市	243205	14239	624841
曲靖市	42778	21400	172798
玉溪市	30855	9800	309000
楚雄彝族自治州	—	9600	225500

资料来源：《中国城市统计年鉴（2016）》和《中国区域经济统计年鉴（2016）》。

滇中城市群拥有云南最优势的土地资源，但土地使用矛盾依然突出。生态环境是实现滇中可持续发展的重要支撑，但环境污染加剧，环境保护压力大。由表 6-7 可知，昆明在城市规模、人口规模和产业规模方面领先于其他城市，但其工业废水排放量在滇中城市群中并不排在前位，而玉溪的废水排放量远高于其他三个城市；其他三个城市虽然经济规模远不如昆明，但工业污染：烟（粉）尘排放量很突出，其中曲靖的工业二氧化硫和烟（粉）尘的排放量显著高于其他城市。

在“一带一路”建设推动下，在能源方面，需要做到保障水平的提高，有序推进电源开发，电力网架不断完善。尊重自然的山水相间格局，坚持绿色发展理念，合理布局城镇各类空间并保护自然。

表 6-7　2015 年滇中城市群工业环境状况

城　市	工业废水排放量（万吨）	工业二氧化硫排放量（吨）	工业烟（粉）尘排放量（吨）
昆明市	3917	74017	24533
曲靖市	1800	171413	41457
玉溪市	5352	32385	37818
楚雄彝族自治州	4000	/	/

资料来源：《中国城市统计年鉴（2016）》和《中国区域经济统计年鉴（2016）》。

6.2　“一带一路”建设与北部湾城市群发展

6.2.1　城市群基本情况

北部湾城市群，即广西南北钦防地区，地处我国沿海西南端，与海南岛相对，包括北海、钦州、防城港和南宁四市，还包括玉林、崇左两个市物流中心（“4+2”）。总体功能定位为：立足北部湾、服务“三南”（西南、华南和中南）、沟通东中西、面向东南亚，充分发挥连接多区域的重要通道、交流桥梁和合作平台作用，以开放合作促开发建设，努力建成中国—东盟开放合作的物流基地、商贸基地、加工制造基地和信息交流中心，成为带动、支撑西部大开发的战略高地和开放度高、辐射力强、经济繁荣、社会和谐、生态良好的重要国际区域经济合作区。“一带一路”建设的推进有利于发挥其独特区位优势，协调东中西部地区的发展，推进海上生态文明建设，维护国家安全。

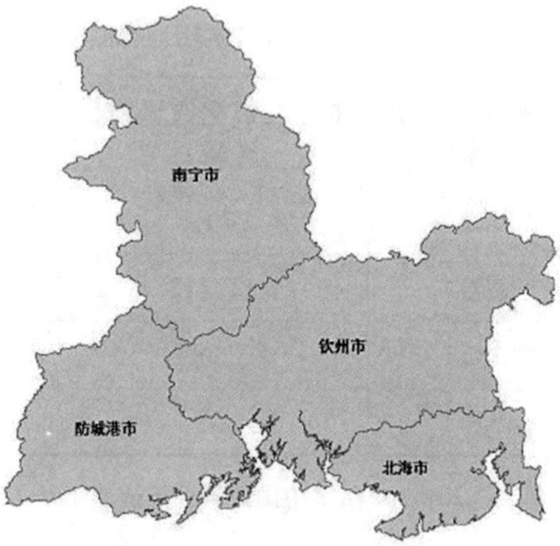

图 6-8　北部湾城市群城市空间分布

2015 年，北部湾城市群年末总人口 1411.9 万人（不含玉林、崇左），区域土地面积 4.4 万平方公里，海岸线长 1500 多公里，沿海港口开发潜力达年吞吐能力 2 亿吨以上，GDP 合计 5867.32 多亿元，约占广西全区的 34.92%；人均 GDP 约为 3.9 万元/人。

南宁是北部湾城市群的核心城市，在经济、社会以及生态可持续发展方面，都居于首位。说明在经济增长的同时，南宁的社会发展与生态环境也较好地实现了协调发展；北海和钦州的经济发展水平相当，但社会发展水平和生态环境相差较大，在每万人拥有卫生机构床位数、医生数和教育财政支出等方面，钦州远远优于北海；而除了工业烟（粉）尘排放量相当外，在工业废水、工业二氧化硫排放量等方面，北海要优于钦州。这些说明二者的经济与社会发展和生态发展不协调；防城港市的经济、社会和生态发展均处于城市群的最低水平。

6.2.2 城市群经济可持续发展分析

2015 年，北部湾城市群 4 个城市的 GDP 达 5448.21 亿元，比上年增长 7.69%，面积不到广西全区的 1/5，人口不到其 1/3，GDP 却占其 1/3 强。南宁的 GDP、财政收入、规模以上工业总产值、金融机构人民币贷款、外商直接投资实际使用额、全社会固定资产投资等主要经济指标均高于北海、防城港和钦州；其他三市与南宁差距较大，水平较为均衡，年度水平变化不大，但仍有上升趋势。

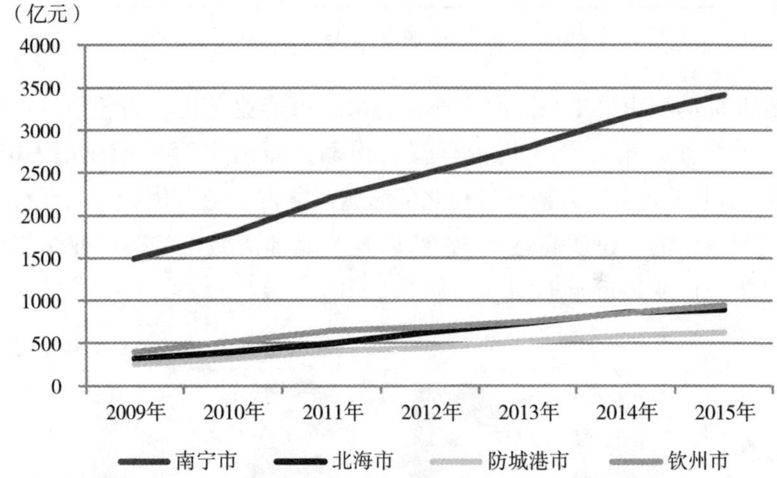

图 6-9 2009—2015 年北部湾城市群 GDP 发展状况

资料来源：作者根据《中国城市统计年鉴（2016）》和《中国区域经济统计年鉴（2016）》制作。

从图 6-9 可以看出，2009—2015 年四市 GDP 都呈现出上升的态势，南宁的 GDP 处于第一位，防城港排名最后，而北海和钦州水平相当。2011 年后北海的 GDP 增速最快，在 2012 年超过了南宁，防城港则处于增速最慢的位置。

作为北部湾城市群的核心，南宁的目标是建设成区域性国际城市和特大型城市，赋予推进国内外合作、要素集聚、金融商贸服务、创业创新等核心功能，构建成“一带一路”的内陆开放型经济高地和门户枢纽。

表 6-8　2015 年北部湾城市群主要经济指标

城 市	地方财政一般预算收入（亿元）	货物进出口总额（万美元）	金融机构人民币贷款（亿元）	经济密度（万元/平方公里）	规模以上工业总产值（亿元）	外商直接投资实际使用额（万美元）	全社会固定资产投资（万元）
南宁市	297.05	595522	8228.66	1533.66	3237.06	31014	3366.89
北海市	47.61	379000	484.13	2673.31	1844.87	18611	920.37
防城港市	52.05	860100	425.34	995.07	1300.90	2860	526.15
钦州市	50.34	582700	547.13	776.54	1358.47	32350	810.10

资料来源：《中国城市统计年鉴（2016）》和《中国区域经济统计年鉴（2016）》。

在北部湾城市群中，除南宁外，其余三市产业结构较为相似，都是以第二产业为主，第一产业仍占有较大份额，而南宁第三产业占 GDP 的 49.68%。由于南宁的经济总量在北部湾城市群占有绝对优势，从经济规模的角度，南宁的首位度高达 4.3，所以整个北部湾城市群的产业结构第二产业和第三产业趋近于 1∶1。参见图 6-10。

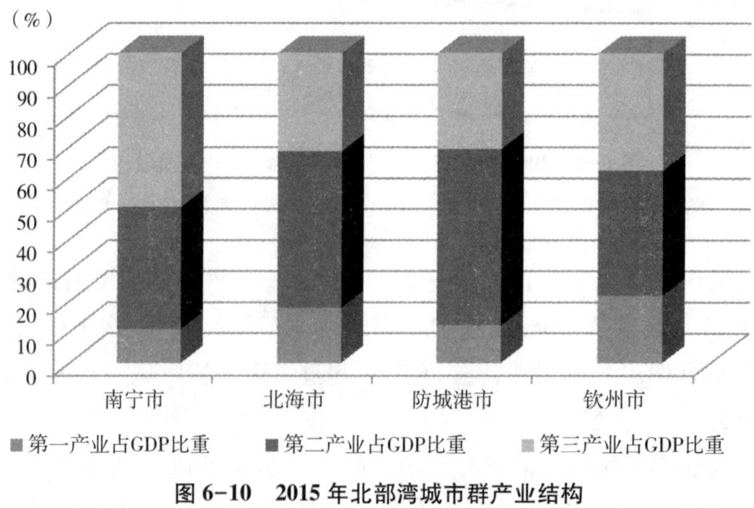

图 6-10　2015 年北部湾城市群产业结构

资料来源：作者根据《中国城市统计年鉴（2016）》和《中国区域经济统计年鉴（2016）》制作。

在"一带一路"倡议下，北部湾城市群拥有良好的发展前景。北部湾海洋产业齐全、资源丰富且海域广阔，临港产业布局的发展将被其竞合发展所带动，同时又促进城市群一体化融合。另外，在这些城市中，南宁作为北部湾城市群的核心，将承担起改变城市群一盘散沙现状的重任，成为带动周边经济发展的引擎。

6.2.3 城市群社会可持续发展分析

从卫生机构床位数和医生数的总量水平来看，南宁水平较高，其他三市总量水平不高且相互之间有明显差距；但从每万人拥有卫生机构床位数和医生数来看，四市差别有所减少。四市的每万人拥有卫生机构医生数接近，虽然防城港的卫生机构医生数处于最低水平，但从均值来看却与北海和钦州相当；从每万人拥有卫生机构床位数来看，南宁仍居首位，而钦州的卫生机构床位数和每万人拥有卫生机构床位数都是最低的。参见图 6-11。

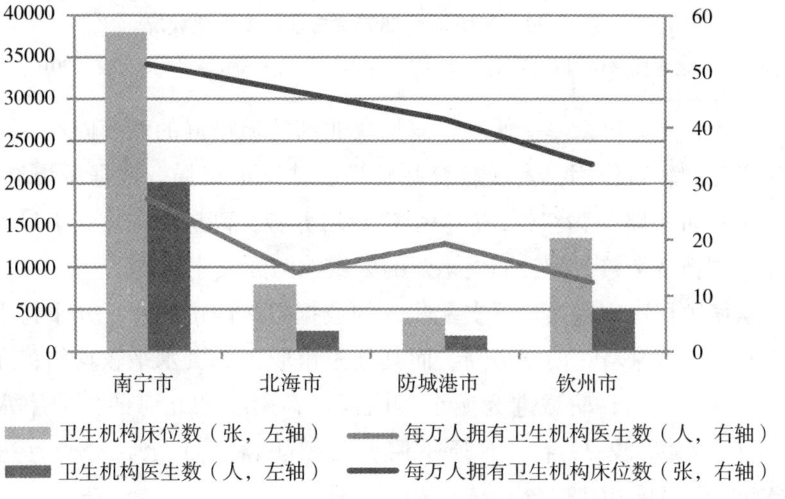

图 6-11 2015 年北部湾城市群医疗卫生状况

资料来源：作者根据《中国城市统计年鉴（2016）》和《中国区域经济统计年鉴（2016）》制作。

在未来的建设中，北部湾城市群应加快实现医疗服务的同城化，建立协同处理突发公共卫生事件和重大传染病联防联控工作机制。

在教育程度的衡量中，南宁的教育财政支出远远高于其他三市，而钦州、北海和防城港分别位列其后，仅南宁市的教育支出就高于其他三市教育投资的总和。从文化角度看，南宁的公共图书馆个数居首位，防城港、北海和钦州水平较均衡。可见南宁在文化方面比较重视，其他三市文化重视程度还有待提高。参见图 6-12。

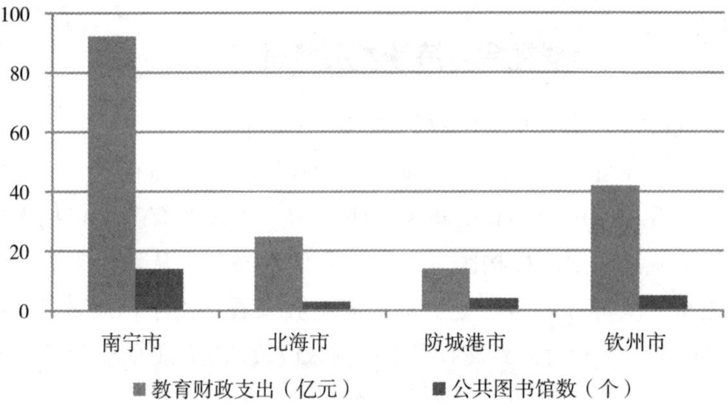

图 6-12　2015 年北部湾城市群教育文化状况

资料来源：作者根据《中国城市统计年鉴（2016）》和《中国区域经济统计年鉴（2016）》制作。

为了让更多群众享受便利，需加快北部湾城市群的教育同城化，发挥优质资源的辐射作用，发展教育基础设施共享的格局。根据城市群规划，将以“一带一路”为纽带，加快引进及培养各类高层次人才，引导人才与产业及创新链衔接，建设面向东盟的区域性国际人才高地。

从城镇居民家庭人均可支配收入的数据看，四市的水平几乎持平；从职工平均工资来看，南宁最高，而其他三市职工工资水平较均衡；在城镇登记失业率方面，防城港为城市群内最低，南宁和北海的失业率水平在3%左右，钦州较 2014 年有所下降，整整下降了 1 个百分点，达到了2. 68%。参见图 6-13。

只有加快改革并创新行政管理制度，同时建立考核机制，才能推动发展优势产业；对于科学的考核机制，应同时把项目投资、产业发展和财政与城乡居民收入等都纳入评价指标，才能提升北部湾城市群在“一带一路”建设中的地位。

从城市群内部看，防城港和北海的城镇化率最高，都达到了 55%，超过了南宁，位于第一，其余两市的城镇化率相当，均为 38%左右。从人口

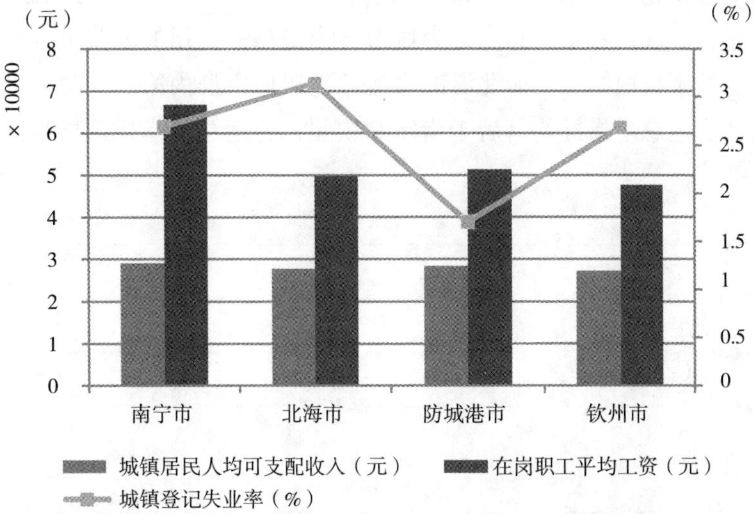

图 6-13　2015 年北部湾城市群城镇居民就业和收入状况

资料来源：作者根据《中国城市统计年鉴（2016）》和《中国区域经济统计年鉴（2016）》制作。

分布上进行分析，北海的人口密度超过核心城市南宁，位居第一，钦州的人口密度居第二，南宁和防城港次之。参见图 6-14。

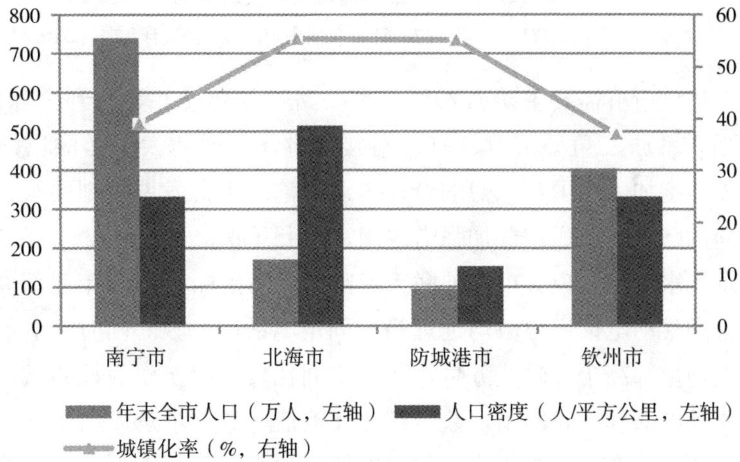

图 6-14　2015 年北部湾城市群人口状况和城镇化水平

资料来源：作者根据《中国城市统计年鉴（2016）》和《中国区域经济统计年鉴（2016）》制作。

从交通设施水平来看，城市群内各市差别较大，南宁作为核心城市，其公路里程、客运和货运总量都为城市群内最高；钦州的公路里程和货运总量均为城市群内第二，而北海的客运总量居城市群内第二；防城港市公路里程和货运总量指标均落后于南宁和钦州，客运总量指标位居最末。参见图 6-15。

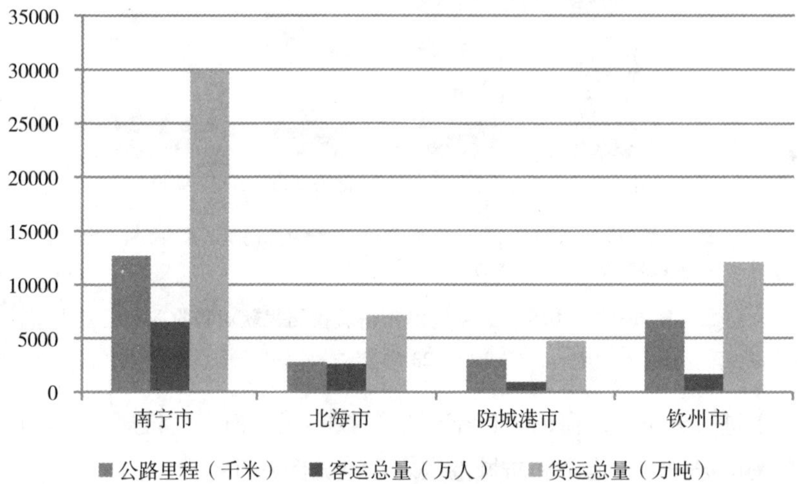

图 6-15　2015 年北部湾城市群交通状况

资料来源：作者根据《中国城市统计年鉴（2016）》和《中国区域经济统计年鉴（2016）》制作。

北部湾城市群需要主动加入“一带一路”的建设并参与到全球体系：对内加强联系珠三角城市群，打造对接粤港澳、通达太平洋的出海新通道；对外深度加入中国与东盟的合作，北部湾城市群发展规划要求，建设南、北向的陆路开放通道并加强沿线国家海上开放。

信息化水平是体现城市内外联系紧密程度的指标。2015 年北部湾城市群各城市的移动电话用户数均远远高于固定电话用户数。同时，电信业务总量和人均量都高于邮政业务量。各城市间比较，南宁作为核心城市，其固话、移动电话和互联网用户数、邮政和电信业务总量及人均量都居于城市群内首位。其余三市中钦州和北海的信息化水平不相上下，防城港在人均邮政和人均电信业务量上略高。参见图 6-16、图 6-17。

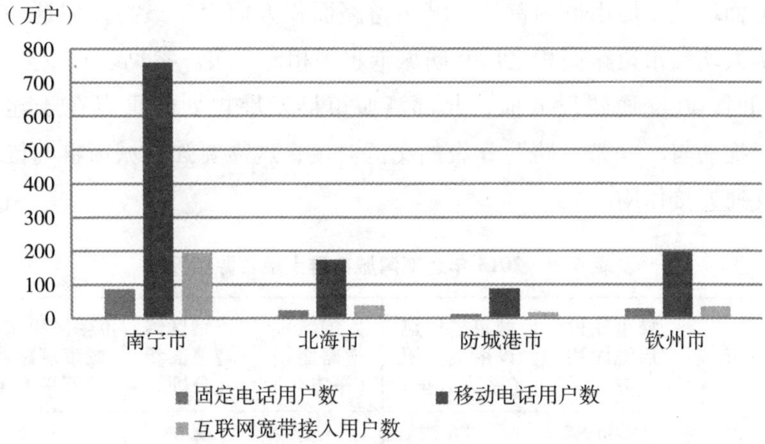

图 6-16 2015 年北部湾城市群电话和互联网用户数

资料来源：作者根据《中国城市统计年鉴（2016）》和《中国区域经济统计年鉴（2016）》制作。

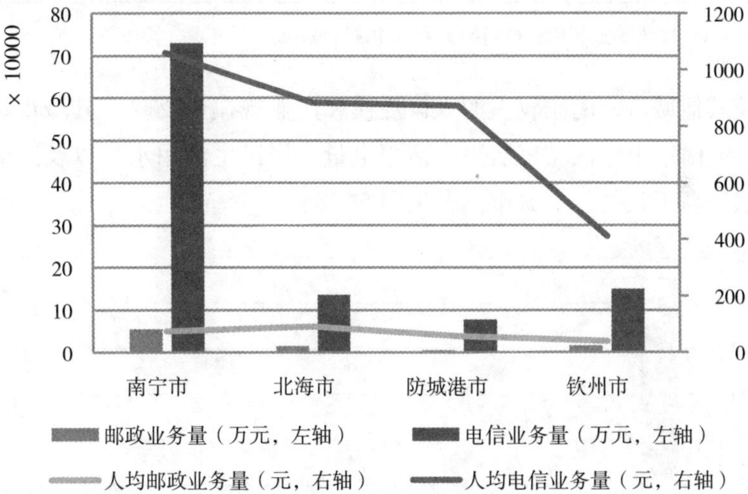

图 6-17 2015 年北部湾城市群邮政和电信业务状况

资料来源：作者根据《中国城市统计年鉴（2016）》和《中国区域经济统计年鉴（2016）》制作。

6.2.4 城市群生态可持续发展分析

在城市用地面积方面，除了人均城市道路面积，南宁在市辖区绿地总面积、年末实有城市道路面积、城市建设用地面积和城市居住建设用地面积等方面均处于城市群内首位；城市道路面积方面南宁最高，但这一数据细化为人均城市道路面积之后和防城港水平相差不多。参见表 6-9。

同时，在交通建设方面，北部湾城市群发展规划的重点在于建设港口，以推动与“一带一路”建设的交汇对接，这需要强化城市群与国内国外的交通连接作用。

表 6-9　2015 年北部湾城市群土地资源状况

城　市	城市建设用地面积（平方公里）	城市居住建设用地面积（平方公里）	人均城市道路面积（平方米）	市辖区绿地总面积（公顷）	市辖区年末实有城市道路面积（万平方米）
南宁市	285	86	14.13	39068	4105
北海市	71	25.60	14.01	2490	909
防城港市	36	5.18	11.70	1042	664
钦州市	86	28.86	8.07	3002	1192

资料来源：《中国城市统计年鉴（2016）》和《中国区域经济统计年鉴（2016）》。

较其他城市，南宁较大的人口规模和产业规模也反映在其城市资源使用量上。南宁市辖区城市居民生活用电量、居民生活用水量以及工业用电量都远远高于其他三个城市。参见图 6-18。

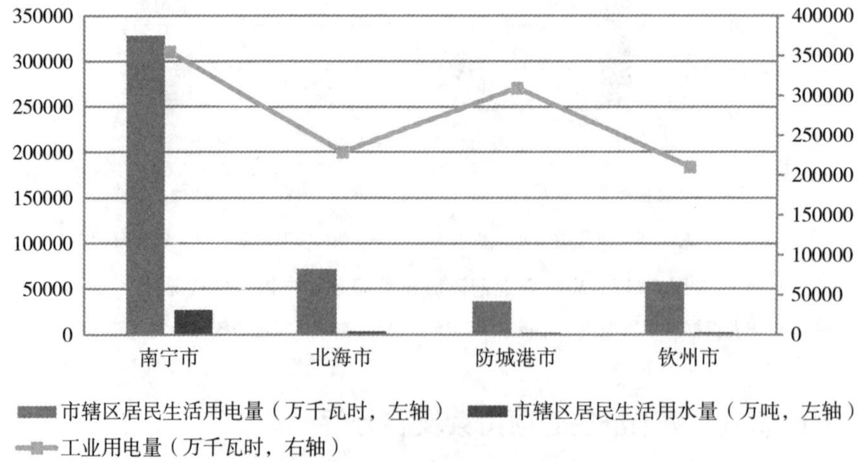

图 6-18　2015 年北部湾城市群水电资源状况

资料来源：作者根据《中国城市统计年鉴（2016）》和《中国区域经济统计年鉴（2016）》制作。

由图 6-19 可知，南宁不仅在城市规模、人口规模和产业规模方面领先于其他城市，在工业排放方面，其工业废水排放量、工业二氧化硫的排放量也在北部湾城市群居首位。而防城港的工业烟（粉）尘排放量几近南宁的 2 倍，北海和钦州相对于这两个城市，工业烟（粉）尘排放量都较低。其他三市虽然经济规模远不如南宁，但是工业二氧化硫的排放量也很高。尤其是防城港，虽然城市规模最小，但是其工业二氧化硫、工业烟（粉）尘排放量却非常高。

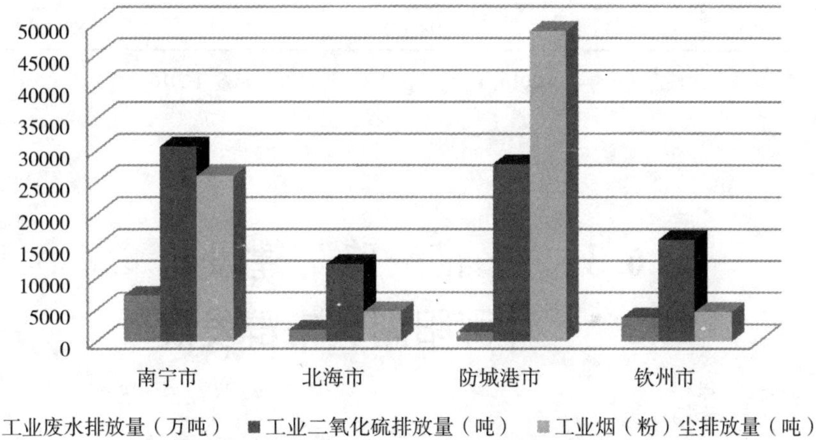

图 6-19 2015 年北部湾城市群工业环境状况

资料来源：作者根据《中国城市统计年鉴（2016）》和《中国区域经济统计年鉴（2016）》制作。

在融入“一带一路”建设过程中，为了建设并保护海湾，应推进生态保护同城化，加强防治空气和水环境污染，加强水源的保护和利用、海洋综合治理，建立健全长效的环境联防联治，以及联合查处跨界环境违法。

在资源环境利用状况方面，北部湾城市群的指标非常接近，用水、用气普及率四个城市的数据显示都在 90%以上，防城港甚至已经全面普及用水；只有南宁在用水普及方面略低、钦州用气普及率略低。四个城市在生活垃圾无害化处理方面表现差异比较大，南宁和北海水平最高，钦州略低。而建成区绿化覆盖率城市之间差距不大。参见表 6-10。

据规划，北部湾城市群将提升保障水源的能力，重点放在南渡江引水工程，各区域一起推进蓄水、提水、调水的重大建设工程，同时大力开发可再生能源来优化能源结构。

表 6-10 2015 年北部湾城市群居民生活环境状况

（单位:%）

城 市	建成区绿化覆盖率	用水普及率	用气普及率	生活垃圾无害化处理率
南宁市	43.01	96.47	98.64	98.17
北海市	40.55	99.70	99.61	100.00
防城港市	31.13	100.00	99.61	94.44
钦州市	36.24	98.00	96.71	89.00

资料来源:《中国城市统计年鉴（2016)》和《中国区域经济统计年鉴（2016)》。

6.3 “一带一路”建设与环鄱阳湖城市群发展

6.3.1 城市群基本情况

环鄱阳湖城市群是组成长江中游城市群的三个城市群之一，位于全国“两横三纵”城镇化战略格局中沿长江通道横轴和京哈京广通道纵轴的交汇处，包括江西省 9 个地市，总面积 12.4 万平方公里。

环鄱阳湖城市群的核心城市南昌，在 GDP、货物进出口总额、外商直接投资使用额、固定资产投资等经济指标以及工业污染处理方面在城市群中处于领先位置，但在公路里程、公共图书馆数量、财政科学技术支出、客运总量、货运总量、用水普及率、用气普及率等方面落后于其他城市，说明南昌在经济、社会和生态发展方面存在不协调的问题；九江和上饶的 GDP 分别居环鄱阳湖城市群第二、三位，但每万人拥有卫生机构床位数和医生数、在岗职工平均工资、城市化率、人均邮政业务收入、电信业务收

图 6-20 环鄱阳湖城市群城市空间分布

入、城镇生活污水处理率、建成区绿化覆盖率等在城市群中均处于较低水平，说明九江和上饶的可持续发展水平较差；鹰潭的 GDP 居环鄱阳湖城市群末位，但每万人拥有卫生机构床位数和医生数、人均邮政业务收入处于中游水平，说明鹰潭的经济发展与社会发展之间存在较大的差异。

环鄱阳湖城市群将成为内陆联动“一带一路”的开放高地，联动中西部和长珠闽地区，建成联动陆桥、通江达海的开放地。应进一步提升上饶、九江、南昌、景德镇等城市在区域与国际上的门户枢纽作用，发挥其余城市的内引外联作用，构建多形式的对外开放平台。

6.3.2 城市群经济可持续发展分析

环鄱阳湖城市群 2009—2015 年 GDP 年平均增长率高达 13.84%。而核心城市南昌的 GDP 在环鄱阳湖城市群中所占的比重高居首位。2009 年南昌的 GDP 占环鄱阳湖城市群 GDP 的 28.64%，到 2015 年仍占到环鄱阳湖城市群 GDP 的 28.1%。从表 6-11 中可以看出相对于南昌而言，其他八个城市的 GDP 相差不大，但是随着经济的发展，八个城市的 GDP 差距有所增大。

表 6-11　2009—2015 年环鄱阳湖城市群 GDP 发展状况

（单位：亿元）

城　市	2009 年	2010 年	2011 年	2012 年	2013 年	2014 年	2015 年
南昌市	1837.5	2200.1	2688.9	3000.5	3336	3667.96	4000.014
景德镇市	364	461.5	564.7	628.3	680.3	738.21	772.0557
九江市	831.4	1032.1	1256.4	1420.1	1601.7	1779.96	1902.678
新余市	484.2	631.2	779.2	830.3	845.1	900.27	946.7964
鹰潭市	256.8	344.9	427.6	482.2	553.5	606.98	639.2614
吉安市	584.1	720.5	879.1	1006.3	1123.9	1242.11	1328.52
宜春市	700.2	870	1078	1247.6	1387.1	1522.99	1621.02
抚州市	502.9	630	742.5	825	940.6	1036.77	1105.138
上饶市	728.5	901	1110.6	1265.4	1401.3	1550.24	1650.806

资料来源：历年《中国城市统计年鉴》和《中国区域经济统计年鉴》。

表 6-12　2015 年环鄱阳湖城市群主要经济指标

城 市	地方财政一般预算收入（亿元）	货物进出口总额（万美元）	金融机构人民币贷款（亿元）	经济密度（万元/平方公里）	规模以上工业总产值（亿元）	外商直接投资实际使用额（万美元）	全社会固定资产投资（亿元）
南昌市	389.34	1146400	7376.05	5403.96	5485.2	270607	4000.07
景德镇市	90.59	80200	499.08	1467.51	1097.62	17621	690.88
九江市	247.20	599500	1451.90	961.05	4875.11	163019	2119.92
新余市	98.80	348786	664.59	2979.22	1494.09	36562	822.59
鹰潭市	83.01	367483	451.71	1795.68	2091.75	24011	531.56
吉安市	161.72	490035	1055.36	523.59	3014.35	88322	1486.95
宜春市	215.04	261700	1318.60	868.30	3634.89	65440	1588.14
抚州市	126.82	169313	805.58	587.87	1570.57	39162	1099.67
上饶市	222.37	432000	1474.29	724.32	2855.49	94111	1560.23

资料来源：《中国城市统计年鉴（2016）》和《中国区域经济统计年鉴（2016）》。

从图 6-21 可知，从三次产业占 GDP 的比重角度看，环鄱阳湖城市群以第二、三产业为主，尤其是以第二产业为主，比重均超过 50%。第二产业是三大产业中的支柱产业。

立足区域的生态、资源与环境优势，环鄱阳湖城市群需要对接“生态优先、绿色发展”的国家重大战略，推动低碳循环发展，形成资源节约型和生态保护型产业结构。

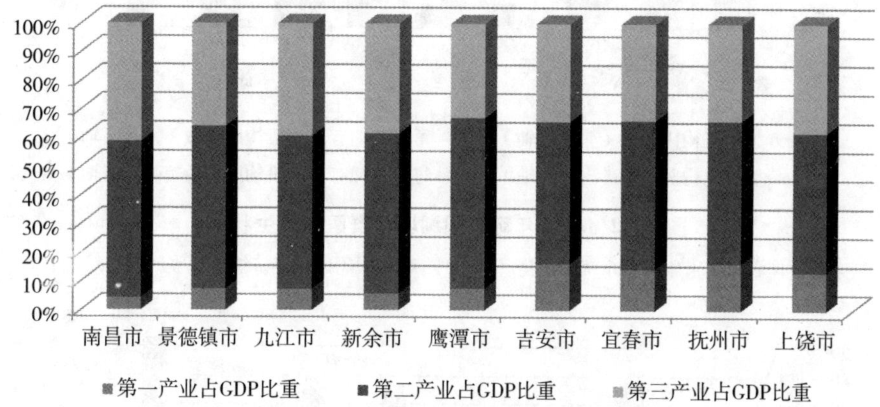

图 6-21　2015 年环鄱阳湖城市群产业结构

资料来源：作者根据《中国城市统计年鉴（2016）》和《中国区域经济统计年鉴（2016）》制作。

6.3.3　城市群社会可持续发展分析

卫生机构床位数和医生数、每万人拥有卫生机构床位数和医生数是地区社会发展在医疗方面的具体体现。从卫生机构床位数和医生数分布可知，相对于环鄱阳湖城市群的其他城市，南昌、九江、吉安、宜春和上饶的医疗卫生条件较好。参见图 6-22。

公共图书馆的个数及教育财政支出在一定程度上可以反映地区对教育的投入力度和重视程度。从图 6-23 可知，从各市的教育财政支出看，南昌、九江、吉安、宜春、抚州和上饶的教育财政支出较高。除了南昌外，其他城市的每万人在校大学生数都是比较低的，因而环鄱阳湖城市群除了要加大对教育文化投入，还要采取相应措施提高在校大学生数，从而更好地为地区经济的发展奠定基础。参见图 6-23。

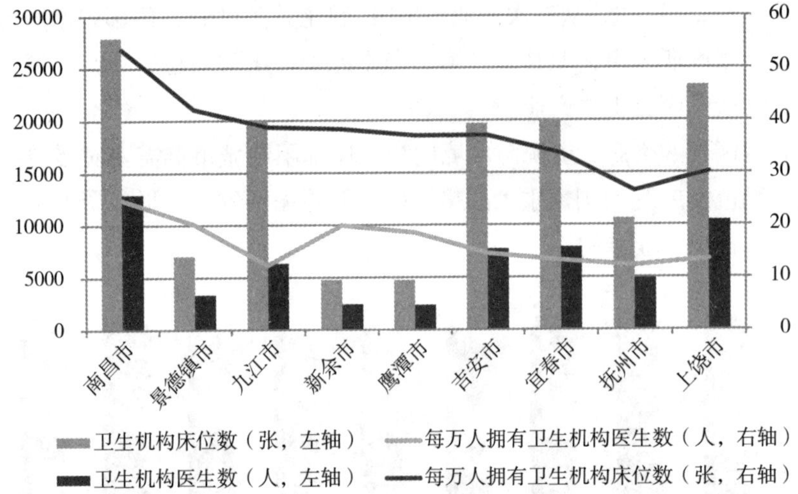

图 6-22　2015 年环鄱阳湖城市群医疗卫生状况

资料来源：作者根据《中国城市统计年鉴（2016）》和《中国区域经济统计年鉴（2016）》制作。

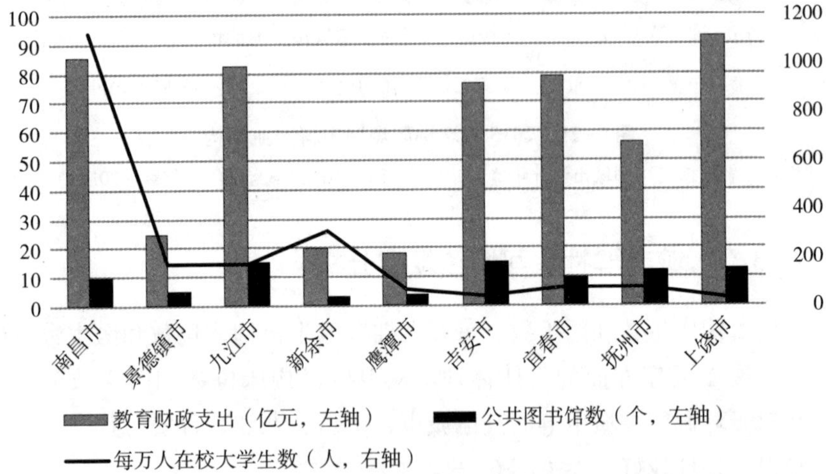

图 6-23　2015 年环鄱阳湖城市群教育文化状况

资料来源：作者根据《中国城市统计年鉴（2016）》和《中国区域经济统计年鉴（2016）》制作。

环鄱阳湖城市群 9 个城市中，城镇居民人均可支配收入和在岗职工平均工资水平略有差别，其中南昌的在岗职工平均工资最高，与其他城市的差距较大。因此各地要针对实际情况合理调整工资水平，以缩小贫富差距。参见图 6-24。

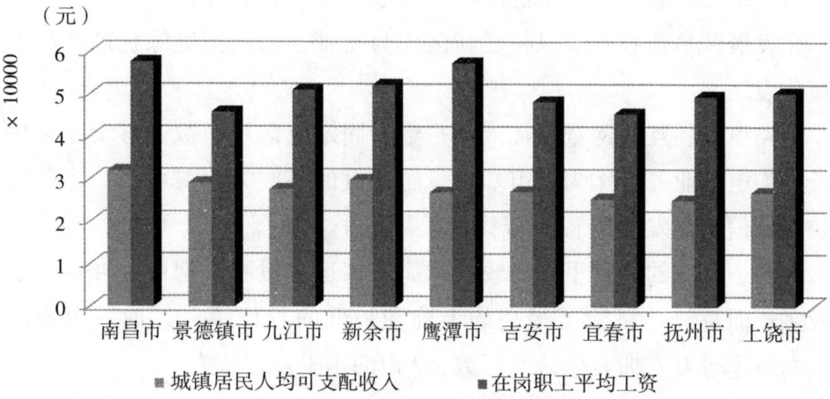

图 6-24　2015 年环鄱阳湖城市群城镇居民收入状况

资料来源：作者根据《中国城市统计年鉴（2016）》和《中国区域经济统计年鉴（2016）》制作。

从图 6-25 可知，南昌的城镇率最高，达到了 71.56%，且南昌的人口密度最大，达到了 702 人/平方公里。其他城市人口密度较小，但是城镇化水平较 2014 年有了大幅上升。

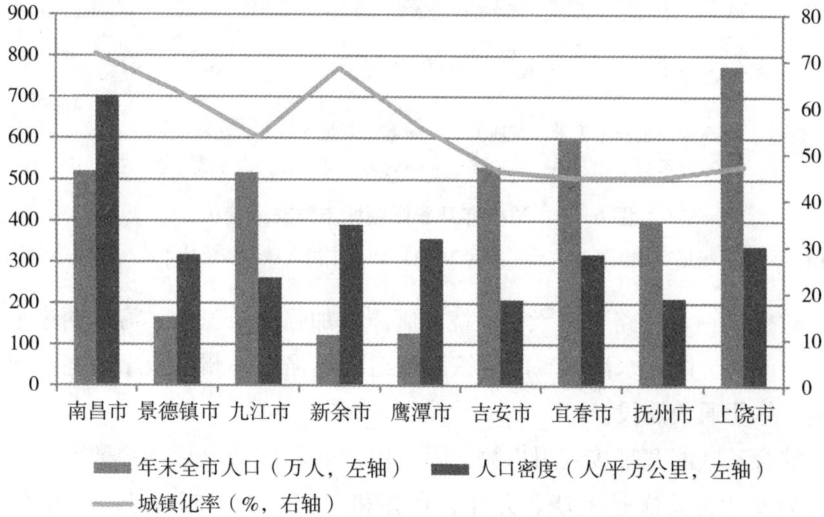

图 6-25　2015 年环鄱阳湖城市群人口状况和城镇化水平

资料来源：作者根据《中国城市统计年鉴（2016）》和《中国区域经济统计年鉴（2016）》制作。

为了引导环鄱阳湖城市群的绿色崛起，南昌、九江都市区组成的昌九一体化发展区是核心。应以赣江新区作为纽带，加快推进绿色产业集群和城镇化发展。

公路里程、互联网宽带接入用户数、固定电话用户数、移动电话用户数及人均电信业务量作为城市基础设施建设的不同方面，可在一定程度上反映区域信息化发展进程和城镇化发展水平。从图 6-26 可知，吉安、上饶、九江、宜春的公路里程比较长；而从客运总量看，南昌、九江、上饶比较多；而货运总量除了最高的上饶和最低的景德镇，其他城市相差不大。而对于每万人拥有公共汽车数，9 市的水平差别较大。

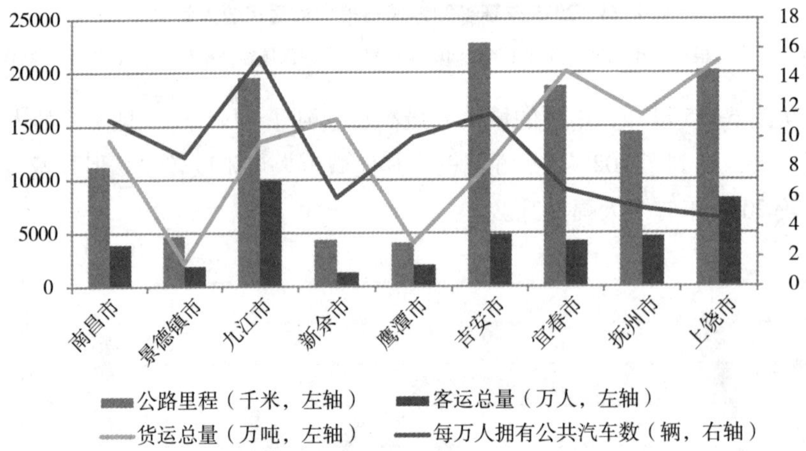

图 6-26　2015 年环鄱阳湖城市群交通状况

资料来源：作者根据《中国城市统计年鉴（2016）》和《中国区域经济统计年鉴（2016）》制作。

对接“一带一路”建设，上饶、鹰潭应加强与长三角、海峡西岸地区合作，改善上饶无水港和鹰潭的铁路枢纽，加强与福州港、宁波港和宁德港的一体化通关建设。

综合互联网宽带接入用户数、固话用户数和移动电话用户数而言，南昌较为发达，其次是上饶、九江、宜春和吉安。对于邮政业务和电信业务，各城市差别较大。无论是邮政业务总量和电信业务总量，还是人均邮政业务量和人均电信业务量，南昌与其他城市的差距较大。参见图 6-27、图 6-28。

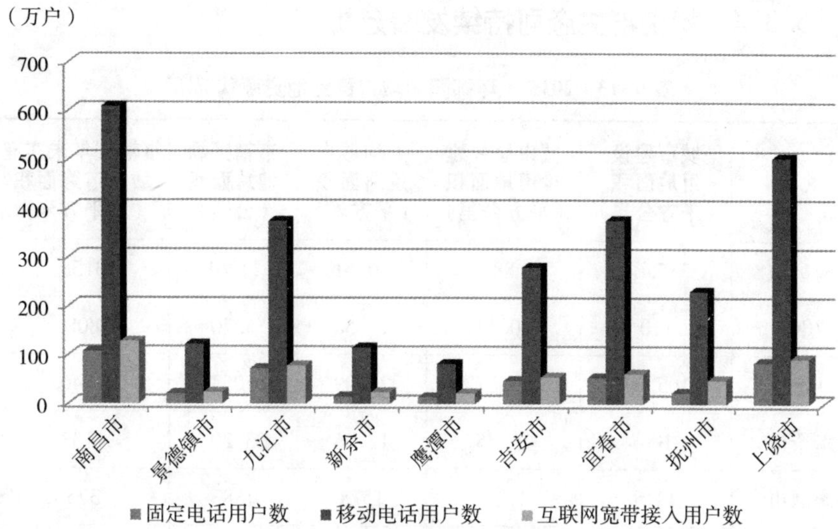

图 6-27 2015 年环鄱阳湖城市群电话和互联网用户数

资料来源：作者根据《中国城市统计年鉴（2016）》和《中国区域经济统计年鉴（2016）》制作。

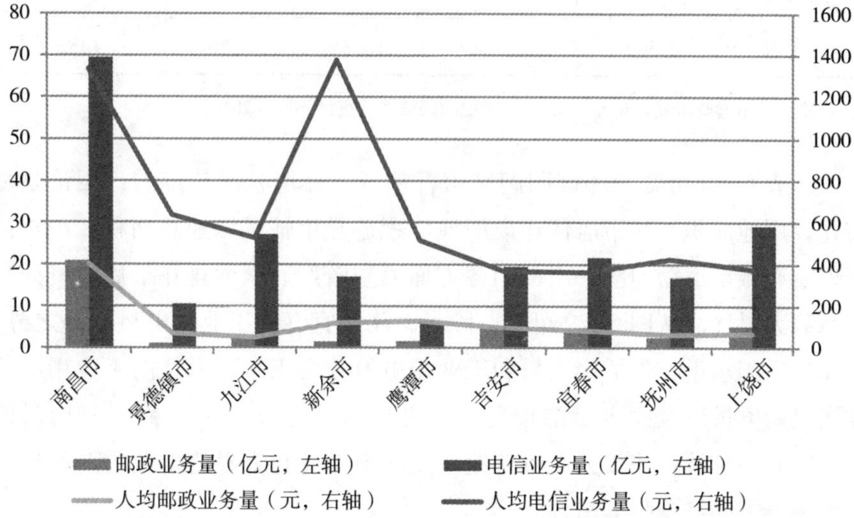

图 6-28 2015 年环鄱阳湖城市群邮政和电信业务状况

资料来源：作者根据《中国城市统计年鉴（2016）》和《中国区域经济统计年鉴（2016）》制作。

6.3.4 城市群生态可持续发展分析

表 6-13 2015 年环鄱阳湖城市群土地资源状况

城市	城市建设用地面积（平方公里）	城市居住建设用地面积（平方公里）	人均城市道路面积（平方米）	市辖区绿地总面积（公顷）	市辖区年末实有城市道路面积（万平方米）
南昌市	315.64	88	10.51	11961	3158
景德镇市	110	20.44	17.58	3270	808
九江市	105.63	33.07	23.09	5053	1546
新余市	106	25.75	12.66	3720	1133
鹰潭市	48.5	7.13	15.8	1383	375
吉安市	76	10.76	14.34	2445	834
宜春市	68	15.65	7.35	2864	833
抚州市	52	6.81	9.74	2525	1152
上饶市	213.3	29.08	10.34	3289	1433

资料来源：《中国城市统计年鉴（2016）》《中国区域经济统计年鉴（2016）》。

从表 6-13 可知，环鄱阳湖城市群从资源环境状况角度看，无论是城市建设用地面积、城市居住建设用地面积还是市辖区绿地总面积、市辖区年末实有城市道路面积，南昌的各方面表现较好。鹰潭排在最后，资源环境承载力堪忧。从图 6-29 可知，除了九江和宜春的工业用电量超高之外，居民生活用水量、生活用电量和工业用电量较为正常。南昌的工业用电量和居民用电量以及用水量都较高。从图 6-30 可知，九江、新余和南昌的工业废弃物排放量比较大。也从侧面反映出九江和宜春的工业废弃物处理不到位，需要进一步的治理。

环鄱阳湖城市群被定位为国家绿色城镇化先行示范区，生态环境力争在国内达到一流水平。围绕其周边的小型城镇，构建起生态田园带，实现产业与城市绿色联动发展。

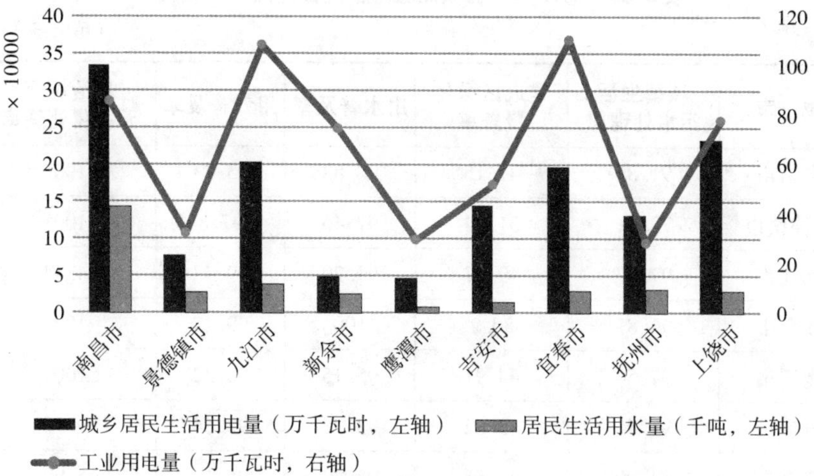

图 6-29　2015 年环鄱阳湖城市群水电资源状况

资料来源：作者根据《中国城市统计年鉴（2016）》和《中国区域经济统计年鉴（2016）》制作。

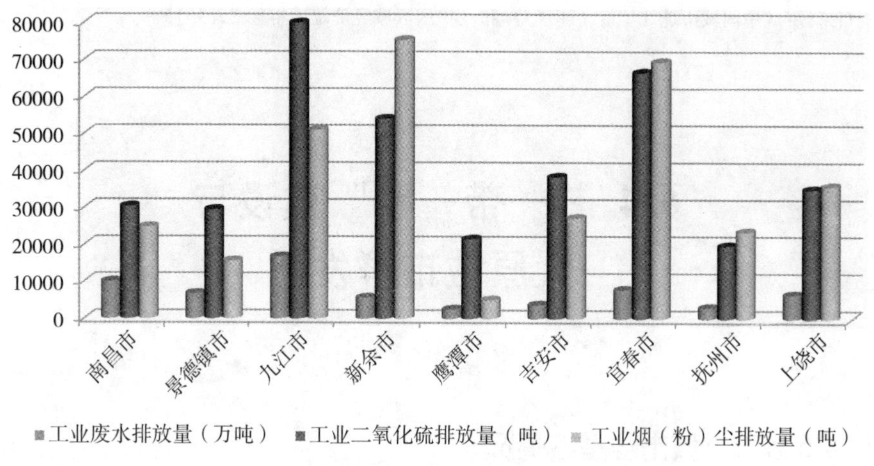

图 6-30　2015 年环鄱阳湖城市群工业环境状况

资料来源：作者根据《中国城市统计年鉴（2016）》和《中国区域经济统计年鉴（2016）》制作。

环鄱阳湖城市群的用水普及率、用气普及率差别不大；在生活垃圾无害化处理率方面，除了九江和宜春偏低，其他城市无太大差别。但是在城镇生活污水处理率和建成区绿化覆盖率方面各市差别较大。参见表 6-14。

表 6-14　2015 年环鄱阳湖城市群居民生活环境状况

（单位：%）

城　市	城镇生活污水处理率	建成区绿化覆盖率	用水普及率	用气普及率	生活垃圾无害化处理率
南昌市	91.85	41.15	98.88	93.23	100
景德镇市	72.51	51.44	97.46	97.8	100
九江市	97.67	49.97	99.29	99.47	84.44
新余市	96.81	50.2	100	99.45	100
鹰潭市	97.54	44.91	95.15	98.32	100
吉安市	91.55	45.82	93.72	97.64	99.18
宜春市	94.00	44.57	95.33	95.12	65.99
抚州市	92.50	46.56	99.75	99.45	100
上饶市	80.19	46.64	99.69	96.35	99.13

资料来源：《中国城市统计年鉴（2016）》和《中国区域经济统计年鉴（2016）》。

6.4 “一带一路”建设与太原城市群发展

6.4.1 城市群基本情况

太原城市群，以太原为中心，包括晋中、阳泉、吕梁和忻州，共 5 市。2015 年，太原城市群年末总人口 1536.6 万人，占全国总人口的 1.12%；土地面积 7.43 万平方公里，占全国国土面积的 0.77%；GDP 达到 6014.20 亿元，占当年全国 GDP 的 0.88%。

太原作为太原城市群的核心城市，在经济、社会以及生态发展方面都

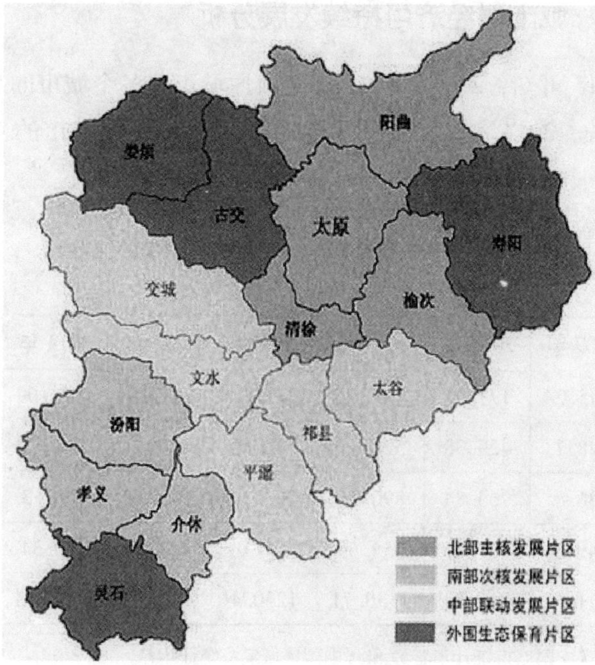

图 6-31　太原城市群城市空间分布

居于首位，说明在经济增长的同时，太原市的社会发展与生态环境较好地实现了协调；吕梁和晋中的 GDP 位于城市群中游，卫生机构医生数以及每万人拥有卫生机构医生数落后于忻州，城镇化率落后于阳泉，两个城市的经济与社会发展不协调。其中，吕梁的工业烟（粉）尘粉排放量远远高于其他城市，工业二氧化硫排放量和工业废水排放量也高居第一位，吕梁的经济发展造成了较为严重的生态环境破坏，与城市可持续发展目标的实现相距甚远；阳泉的经济发展、社会发展和资源环境均处于城市群的最低水平。

在商务部、外交部和国家发改委联合发布的《推动共建丝绸之路经济带和 21 世纪海上丝绸之路的愿景与行动》中，山西省并未被点名。但这不意味着山西将缺席“一带一路”建设，“一带一路”倡议是中国未来对外开放和经济合作的总纲领。山西只有积极主动参与“一带一路”建设，发挥优势，才能倒逼省份创新发展。

6.4.2 城市群经济可持续发展分析

从表6-15可知，2009—2013年，太原城市群各个城市的GDP均有不同程度的增长，2014—2015年除阳泉和吕梁外，其他城市的GDP仍处于增长的态势。其中太原的GDP增长处于城市群的领先地位。

表6-15 2009—2015年太原城市群GDP发展状况

（单位：亿元）

城 市	2009年	2010年	2011年	2012年	2013年	2014年	2015年
太原市	1545.24	1778.1	2080.12	2311.4	2412.9	2531.09	2735.344
阳泉市	348.7	429.38	528.11	601.9	611.8	616.62	595.7009
晋中市	636.8	763.84	890.24	986.6	1022.2	1041.3	1046.116
忻州市	349.3	437.46	554.55	620.9	654.7	680.34	681.2356
吕梁市	611.6	845.54	1130.71	1230.4	1228.6	1101.35	955.8013

资料来源：历年《中国城市统计年鉴》和《中国区域经济统计年鉴》。

表6-16 2015年太原城市群主要经济指标

城 市	地方财政一般预算收入（亿元）	货物进出口总额（万美元）	金融机构人民币贷款（亿元）	经济密度（万元/平方公里）	规模以上工业总产值（亿元）	外商直接投资实际使用额（万美元）	全社会固定资产投资（亿元）
太原市	274.24	1067737	9027.59	3914.35	2159.27	85049	2025.61
阳泉市	44.16	20489	721.33	1303.50	538.99	30500	600.67
晋中市	100.24	20650	1203.50	638.19	1089.21	37077	1312.45
忻州市	73.65	19501	714.95	270.85	698.60	4280	1119.63
吕梁市	90.68	40500	890.35	450.02	1328.52	4309	1166.40

资料来源：《中国城市统计年鉴（2016）》和《中国区域经济统计年鉴（2016）》。

在太原城市群五个城市中，太原以第三产业为主，第二产业其次；吕梁和阳泉则是第二产业占相当大的比例；其余两个城市产业结构比较相似，第二产业所占比例略大于第三产业。参见图6-32。

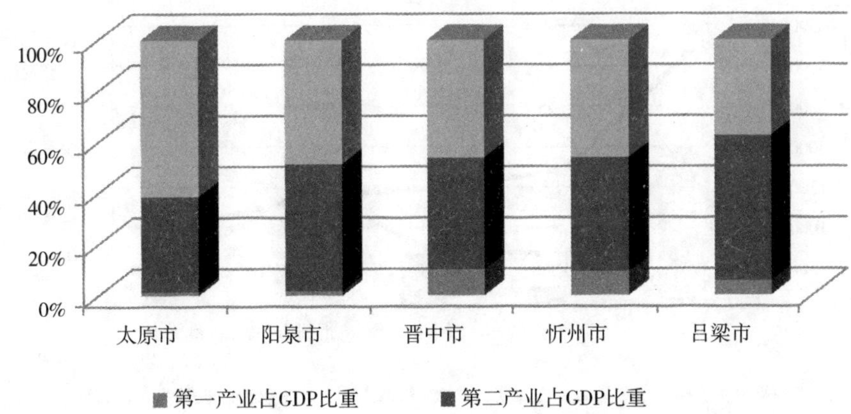

图 6-32　2015 年太原城市群产业结构

资料来源：作者根据《中国城市统计年鉴（2016）》和《中国区域经济统计年鉴（2016）》制作。

互联互通的基础设施是"一带一路"优先建设领域，铁路在新亚欧大陆桥中有非常重要的地位。在国内，山西的铁路装备制造业具有一定的比较优势，在煤炭开采、科研等行业也具有相当的实力，应主动对接"一带一路"中中亚、西亚等资源、能源富集的国家。

6.4.3　城市群社会可持续发展分析

从卫生机构床位数和医生数的总量水平上看，太原水平较高，其他四个城市总量水平不高；从每万人拥有卫生机构床位数来看，各城市间差别有所减少；但居第一位的与最后一位的城市差距仍然明显。从每万人拥有卫生机构医生数方面看，太原高居首位，其次是忻州，阳泉、晋中和吕梁水平相当。参见图 6-33。

从教育发展角度来看，太原的教育财政支出最高，略高于吕梁，晋中和忻州教育财政支出相当，阳泉最低，不到太原的 1/3。从公共图书馆的数量上看，阳泉最低，仅有 6 个，忻州和吕梁并列第一，为 14 个，太原为 12 个，晋中为 11 个。总体来看，阳泉在文化方面相比其他四个城市而言，支出最低，但是阳泉的每万人在校大学生数居于五个城市中的第二位。参见图 6-34。

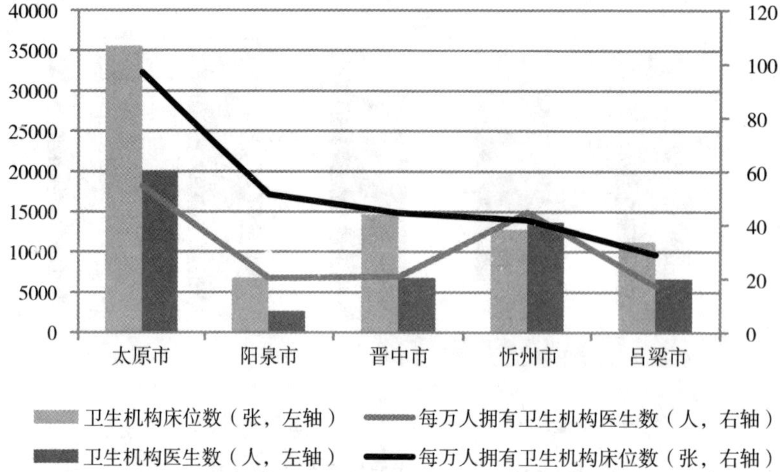

图 6-33　2015 年太原城市群医疗卫生状况

资料来源：作者根据《中国城市统计年鉴（2016）》和《中国区域经济统计年鉴（2016）》制作。

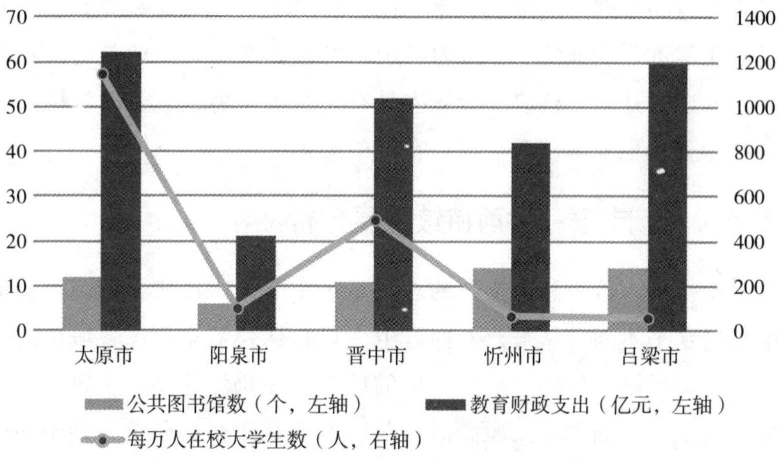

图 6-34　2015 年太原城市群教育文化状况

资料来源：作者根据《中国城市统计年鉴（2016）》和《中国区域经济统计年鉴（2016）》制作。

从图 6-35 可知，从城镇居民家庭人均可支配收入的数据看，五市的水平相差不大，忻州和吕梁略低于其他三个城市；从在岗员工平均工资水平看，五个城市层次分明，太原居第一位，晋中的在岗职工平均工资仅次于太原市，忻州最低。在城镇登记失业率方面，晋中和吕梁最低，太原和阳泉水平相当，忻州的失业率最高。

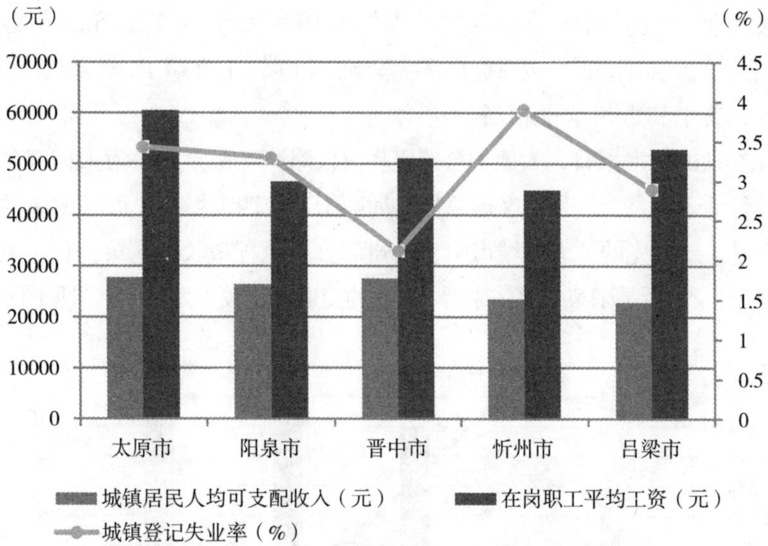

图 6-35　2015 年太原城市群城镇居民收入和就业状况

资料来源：作者根据《中国城市统计年鉴（2016）》和《中国区域经济统计年鉴（2016）》制作。

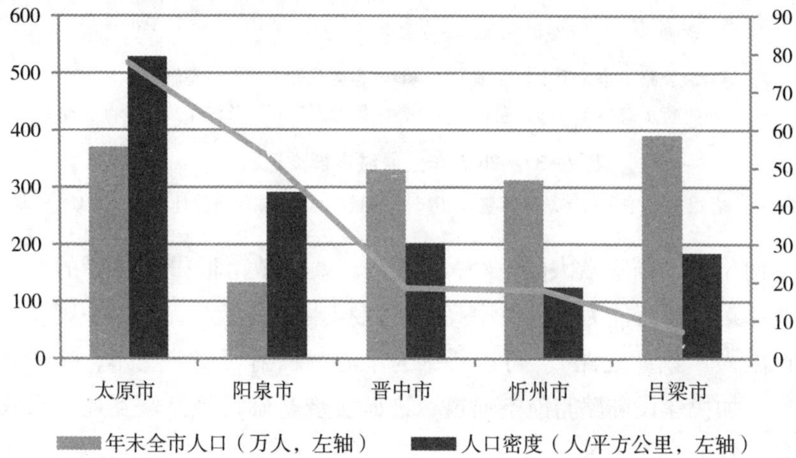

图 6-36　2015 年太原城市群人口状况和城镇化水平

资料来源：作者根据《中国城市统计年鉴（2016）》和《中国区域经济统计年鉴（2016）》制作。

从图 6-36 可知，从人口分布上进行分析，太原城市群核心城市太原市的人口密度远远领先于其他四个城市，阳泉的人口密度居第二，忻州人口密度最低。城镇化率相差较大，太原和阳泉处于领先位置，均超过了50%，其中，太原更是达到了 77.79%，吕梁的城镇化率最低，仅有7.09%，晋中和忻州水平相当。

从交通的角度来看，太原的公路里程仅仅略高于阳泉，每万人拥有公共汽车的数量低于阳泉，但是在客运总量上远高于其他四个城市，而且太原的货运总量也是遥遥领先的。五个城市中，忻州的公路里程最长，居第一位，其次是晋中、吕梁，最后是阳泉。总体来看，太原的交通还是较为发达的。参见图 6-37。

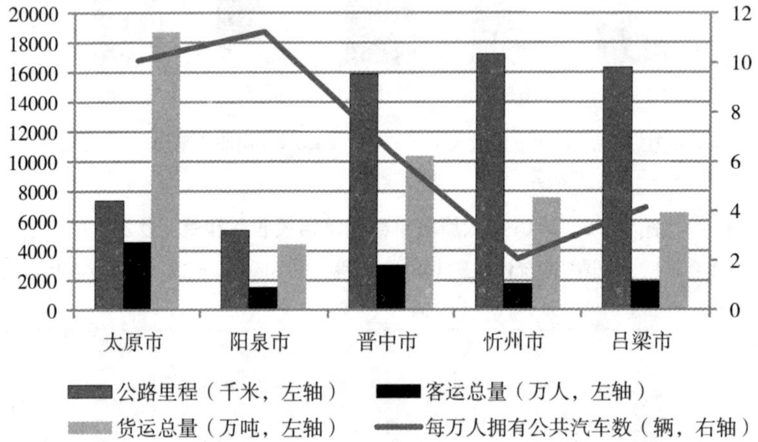

图 6-37　2015 年太原城市群交通状况

资料来源：作者根据《中国城市统计年鉴（2016)》和《中国区域经济统计年鉴（2016)》制作。

山西位于“新亚欧大陆桥经济走廊”，太原城市群得天独厚的地理区位，铁路运输通行能力大、效率高，可以担当陆路枢纽，帮助中国北方沿海地区融入“丝绸之路”。可以晋中为中心，辐射西安、兰州、呼和浩特等城市，加快建设陆路与航空通道，进而实现基础设施互联互通，高效配置信息、资金、人才等。

信息化水平的高低代表着城市发展水平的高低。从图 6-38 和图 6-39 可以看出，在太原城市群中，移动电话用户数要远远多于固定电话用户数和互联网宽带接入用户数。电信业务总量和人均电信业务总量也都远高于邮政业务数量。从五个城市间的对比可以清晰看出，核心城市太原的固话、移动电话和互联网用户数、邮政和电信业务总量均居五个城市之首。

相比而言，吕梁和晋中水平相当，其次是忻州，最后是阳泉。

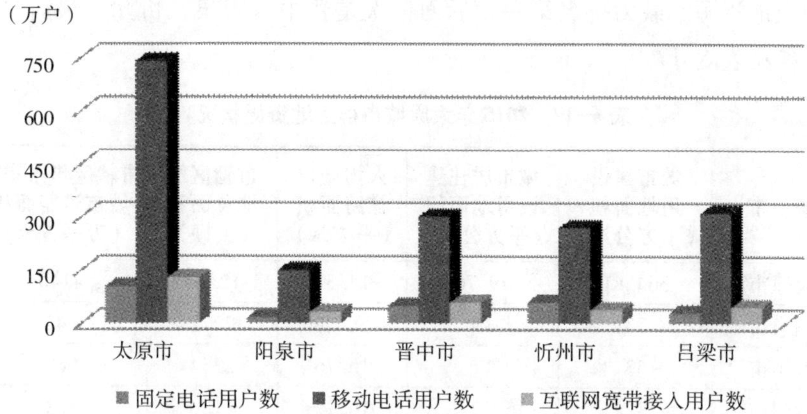

图 6-38　2015 年太原城市群电话和互联网用户数

资料来源：作者根据《中国城市统计年鉴（2016）》和《中国区域经济统计年鉴（2016）》制作。

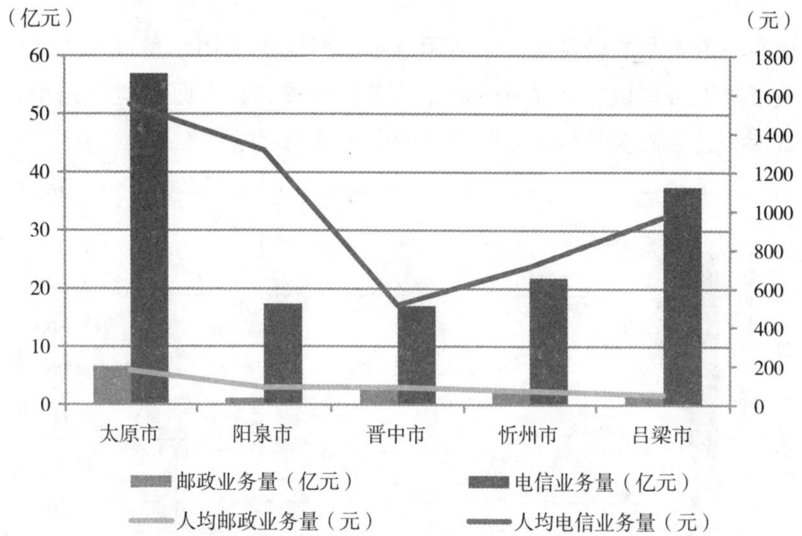

图 6-39　2015 年太原城市群邮政和电信业务状况

资料来源：作者根据《中国城市统计年鉴（2016）》和《中国区域经济统计年鉴（2016）》制作。

6.4.4　城市群生态可持续发展分析

从资源环境承载力方面来看，太原的城市建设用地面积最高，城市居住建设用地面积亦是如此，都比其他四个城市之和还要多。总体来看，太原的土地资源承载力排名第一，后面依次是晋中、阳泉、忻州，最后是吕梁。参见表 6-17。

表 6-17　2015 年太原城市群土地资源状况

城　市	城市建设用地面积（平方公里）	城市居住建设用地面积（平方公里）	人均城市道路面积（平方米）	市辖区绿地总面积（公顷）	市辖区年末实有城市道路面积（万平方米）
太原市	364.81	79.76	14.52	12264	4140
阳泉市	53	15	9.18	2272	643
晋中市	53	17	15.76	2354	965
忻州市	32	12	10.77	1180	583
吕梁市	22	7	12.27	867	344

资料来源：《中国城市统计年鉴（2016）》和《中国区域经济统计年鉴（2016）》。

核心城市太原的城乡居民生活用电量、居民生活用水量以及工业用电量在城市群里居首位。从图 6-40 可以明显地看出，太原遥遥领先于其他四个城市，之后依次是吕梁、阳泉、晋中和忻州。

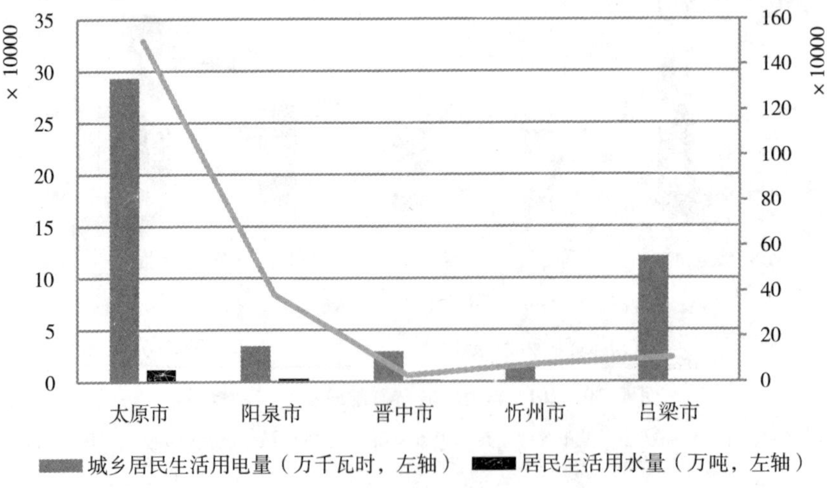

图 6-40　2015 年太原城市群水电资源状况

资料来源：作者根据《中国城市统计年鉴（2016）》和《中国区域经济统计年鉴（2016）》制作。

从工业污染排放量角度来看，阳泉的污染相对来讲最低，吕梁最高，尤其是工业二氧化碳和工业烟（粉）尘排放最为严重。参见图 6-41。

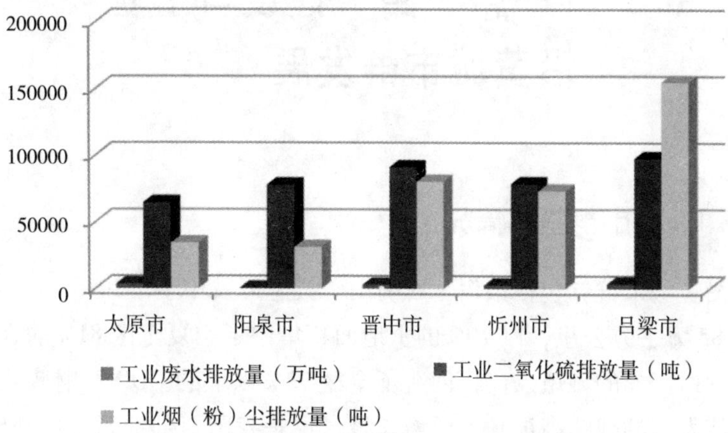

图 6-41　2015 年太原城市群工业环境状况

资料来源：作者根据《中国城市统计年鉴（2016）》和《中国区域经济统计年鉴（2016）》制作。

污染治理方面，太原和晋中对生活垃圾无害化处理率较高，忻州最差。而晋中和忻州的城镇生活污水处理率较其他城市更高。整体而言，太原城市群还需要加大对污染治理的投入，在大力发展工业经济的同时，也要关注空气质量，以及扩大城区绿化覆率。参见表 6-18。

表 6-18　2015 年太原城市群居民生活环境状况

（单位:%）

城　市	城镇生活污水处理率	建成区绿化覆盖率	生活垃圾无害化处理率
太原市	86	40. 3	100
阳泉市	87. 8	42. 39	88
晋中市	95. 2	36. 71	94
忻州市	95. 01	33. 7	48. 66
吕梁市	82. 28	38. 08	83. 78

数据来源：《中国城市统计年鉴（2016）》和《中国区域经济统计年鉴（2016）》。

6.5 “一带一路”建设与宁夏沿黄城市群发展

6.5.1 城市群基本情况

宁夏沿黄城市群，包括银川、石嘴山、吴忠以及中卫。2015 年，城市群面积 4.85 万平方公里，以 79%的土地面积集中了宁夏全区 81%的人口、80%的城镇和 83%的城镇人口，创造了全区 92%以上的 GDP 和财政收入，是宁夏经济发展的战略高地和主要增长极，也是我国西部地区经济基础较好、自然条件优越、人文历史底蕴深厚、发展潜力较大的地区。

图 6-42 宁夏沿黄城市群城市空间分布

银川作为宁夏沿黄城市群的核心城市，在经济、社会以及生态发展等方面都位居城市群首位，说明在经济增长的同时，银川的社会与生态也较好地实现了协调；城市群中其他城市的经济发展和社会发展水平相当；在生态环境方面，石嘴山和中卫的工业烟（粉）尘排放量较高，说明这两个城市的可持续发展水平较差。

宁夏位于新亚欧大陆桥，具有与中东、中亚、阿拉伯国家和伊斯兰国家交流的资源、人文优势，现在在"一带一路"的政策带动下，面向了一个全新的起点。

6.5.2　宁夏沿黄城市群经济发展分析

表 6-19　2015 年宁夏沿黄城市群主要经济指标

城　市	地方财政一般预算收入（亿元）	货物进出口总额（万美元）	金融机构人民币贷款（亿元）	规模以上工业总产值（亿元）
银川市	171.28	326700	3653.98	1862.32
石嘴山市	26.75	35700	424.59	809.19
吴忠市	31.97	8582	460.97	580.10
中卫市	21.30	25500	372.05	471.61

资料来源：《中国城市统计年鉴（2016）》和《中国区域经济统计年鉴（2016）》。

宁夏沿黄城市群 2009 年的 GDP 为 1236.65 亿元，到 2015 年增长到 2697.94 亿元，年平均增长率高达 13.88%。核心城市银川的 GDP 占宁夏沿黄城市群的 GDP 比重较大，2009 年银川占宁夏沿黄城市群的 52.1%，到 2015 年增至 55.37%。而且，银川的 GDP 增长速度仍在加快，其他三个城市的 GDP 与其差距越来越大。其他三个城市的 GDP 差别不大。而对于人均 GDP 而言，石嘴山和银川相当，吴忠和中卫相当，落后于石嘴山和银川。参见图 6-43。

从图 6-44 可知，宁夏沿黄城市群产业结构比较相似，主要以第二产业为主。其中银川和中卫的第三产业占比相对较多，分别达到了 43.81% 和 38.83%，石嘴山的第二产业比重则高达 63.92%。

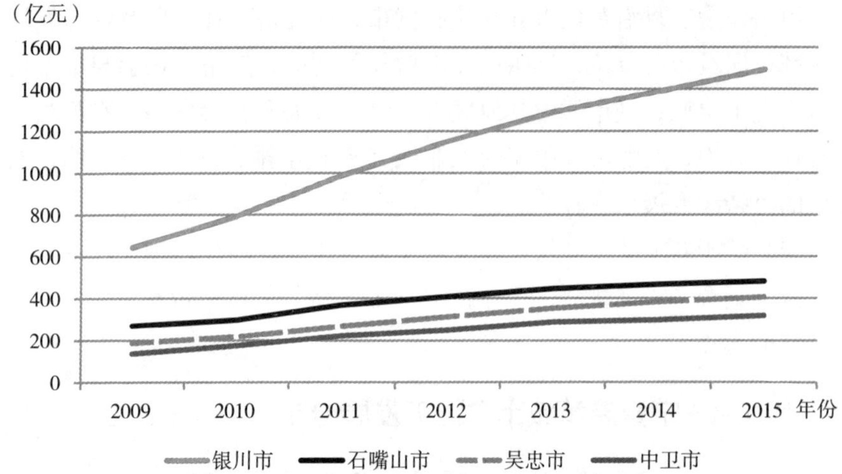

图 6-43　2009—2015 年宁夏沿黄城市群 GDP 发展状况

资料来源：历年《中国城市统计年鉴》和《中国区域经济统计年鉴》。

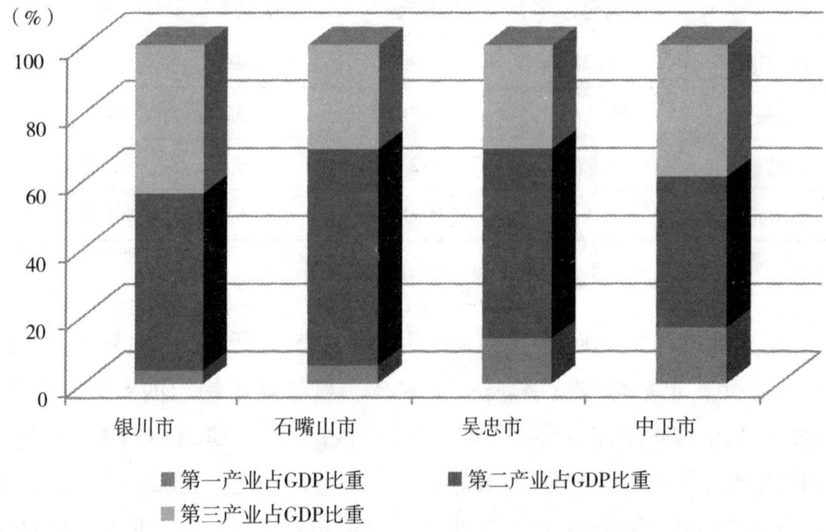

图 6-44　2015 年宁夏沿黄城市群产业结构

资料来源：作者根据《中国城市统计年鉴（2016）》和《中国区域经济统计年鉴（2016）》制作。

从对外开放的取向、布局和机制看，宁夏沿黄城市群无缝对接了中国“向西看”、阿拉伯国家“向东看”的发展战略，但整个城市群第二产业比重偏大，产业结构需要调整，加强对外开放，推动与阿拉伯国家多领域合作，积极承接中东部产业转移。

6.5.3　城市群社会可持续发展分析

医疗卫生发展水平可以反映一个地区的社会发展水平。对于卫生机构床位数和医生数而言，银川高居四市之首，其次是吴忠、石嘴山和中卫。但是对于每万人拥有卫生机构床位数和医生数而言，石嘴山要领先于吴忠。参见图 6-45。

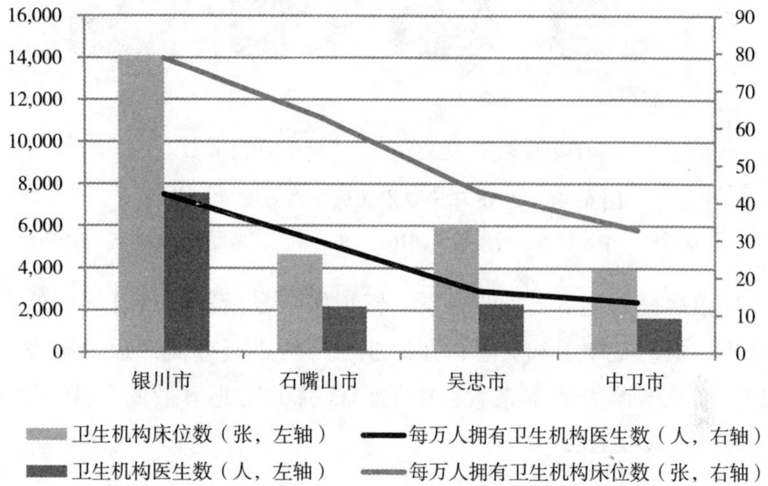

图 6-45　2015 年宁夏沿黄城市群医疗卫生状况

资料来源：作者根据《中国城市统计年鉴（2016）》和《中国区域经济统计年鉴（2016）》制作。

宁夏沿黄城市群将与“一带一路”沿线和阿拉伯国家加强医疗合作，鼓励国外医疗、健康、养老等执业人员落地开展业务，努力打造主要面向阿拉伯国家的国际健康养生港湾。

公共图书馆的个数及教育财政支出在一定程度上可以反映一个地区对教育的投入力度和重视程度。银川的教育财政支出最高，其后依次为吴忠、中卫和石嘴山。宁夏沿黄城市群公共图书馆数普遍较少，最多的是银川。参见图 6-46。宁夏沿黄城市群将积极参与“一带一路”国际文化交流，发挥其人文优势，鼓励友好往来，推动宁夏特色文化和中国文化走出去。和阿拉伯国家开展智库合作，加强经贸合作，打造国内外重要的对阿研究高端智库。

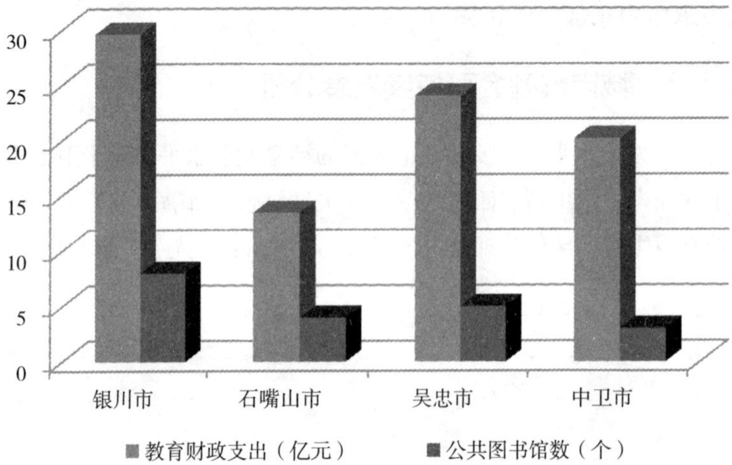

图 6-46　2015 年宁夏沿黄城市群教育文化状况

资料来源：作者根据《中国城市统计年鉴（2016）》和《中国区域经济统计年鉴（2016）》制作。

从城镇居民人均可支配收入看，银川居宁夏沿黄城市群第一位，其次是石嘴山，最后是中卫和吴忠；在岗职工平均工资方面，银川居首，其次是吴忠；而从城镇失业率来看，中卫和石嘴山失业率最低，其次是吴忠，最高是银川。参见图 6-46。

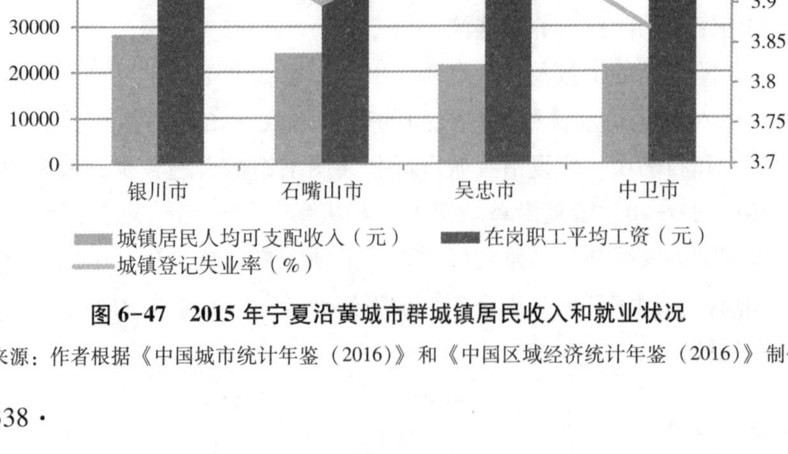

图 6-47　2015 年宁夏沿黄城市群城镇居民收入和就业状况

资料来源：作者根据《中国城市统计年鉴（2016）》和《中国区域经济统计年鉴（2016）》制作。

无论是常住人口数、人口密度还是城镇化率，核心城市银川都是排名第一，而对于人口密度，石嘴山仅次于银川，最后是吴忠和中卫，这两市水平相当。城镇化率方面，石嘴山也是仅次于银川，吴忠和中卫水平较低。参见图 6-48。

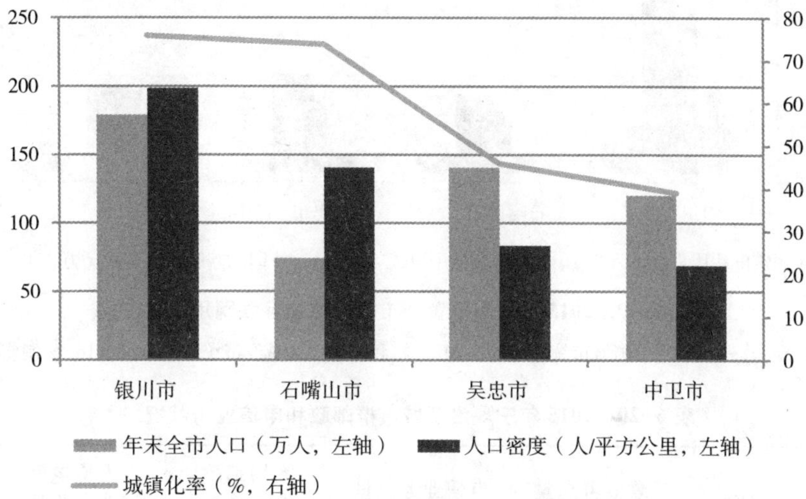

图 6-48　2015 年宁夏沿黄城市群人口状况和城镇化水平

资料来源：作者根据《中国城市统计年鉴（2016）》和《中国区域经济统计年鉴（2016）》制作。

信息化水平是反映一个城市经济和社会发展水平高低的指标。从图 6-49 和表 6-20 来看，互联网宽带接入用户数、固话用户数、移动电话用户数以及邮政业务和电信业务方面，相对于其他三个城市来讲，银川都是比较发达的。而其他三个城市都要增强对信息化的重视关注度，提高信息化水平，从而促进经济的发展，增加城市的综合竞争力。宁夏将进一步推动“互联网+”，加快银川大数据基地和中卫云基地的建设，展开与国内外大型互联网企业的合作；建设跨境电子商务中心，形成中阿网上丝绸之路，形成相互的云服务和电子认证体系。

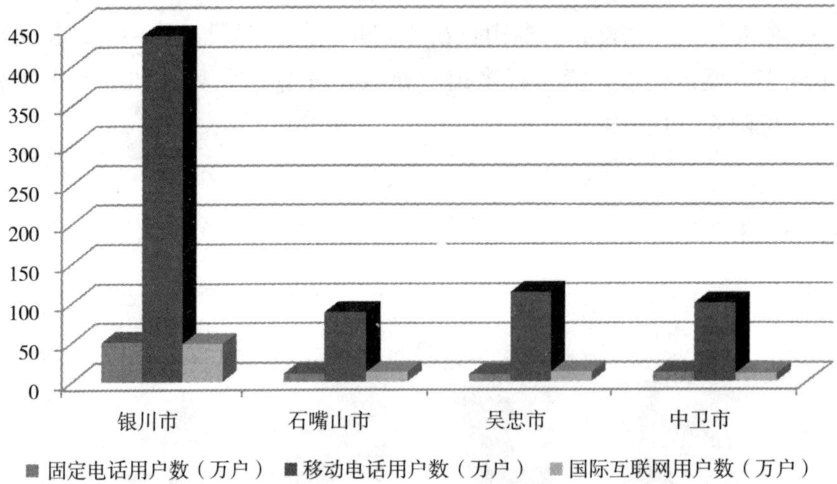

图 6-49　2015 年宁夏沿黄城市群电话和互联网用户数

资料来源：作者根据《中国城市统计年鉴（2016）》和《中国区域经济统计年鉴（2016）》制作。

表 6-20　2015 年宁夏沿黄城市群邮政和电信业务状况

城　市	邮政业务总量（亿元）	电信业务总量（亿元）	人均邮政业务总量（元）	人均电信业务总量（元）
银川市	1.35	44.74	75.07	2496.40
石嘴山市	0.5	16.37	68.82	854.22
吴忠市	0.64	27.35	45.66	1947.95
中卫市	0.30	10.15	24.81	844.56

资料来源：《中国城市统计年鉴（2016）》和《中国区域经济统计年鉴（2016）》。

6.5.4　城市群生态可持续发展分析

对于资源环境承载力，银川的市辖区绿地总面积最高，石嘴山次之；在市辖区年末实有城市道路面积、城市建设用地面积和城市居住建设面积方面，银川领先于其他三个城市，中卫排名最后，需要加大力度改善环境，提升本市的资源环境承载力。参见表 6-21。宁夏沿黄城市群重点将打通交通基础设施关键节点，银川将建立与国内主要城市的快线，优化航线布局并逐步扩展到海湾六国，逐步开通面向中东和欧洲的货运包机，建设陆上与空中丝绸之路。

表 6-21 2015 年宁夏沿黄城市群土地资源状况

城 市	城市建设用地面积（平方公里）	城市居住建设用地面积（平方公里）	人均城市道路面积（平方米）	市辖区绿地总面积（公顷）	市辖区年末实有城市道路面积（万平方米）
银川市	166.8	50.9	17.42	9023	1897
石嘴山市	103	22	36.39	5889	1582
吴忠市	48	14	12.91	2833	518
中卫市	38	11	13.37	1550	542

资料来源：《中国城市统计年鉴（2016）》和《中国区域经济统计年鉴（2016）》。

银川的城乡居民生活用水量居于首位，石嘴山、吴忠和中卫分别排在其后；而工业用电量方面，石嘴山居于首位，其次为中卫、银川和吴忠。参见图 6-50。宁夏城市群的优势之一是资源。推进建设跨境输电通道，加强能源基础设施合作，以宁夏带动中阿能源领域的交流，才能将能源优势转向经济优势。这是宁夏城市群融入“一带一路”建设的重点之一。

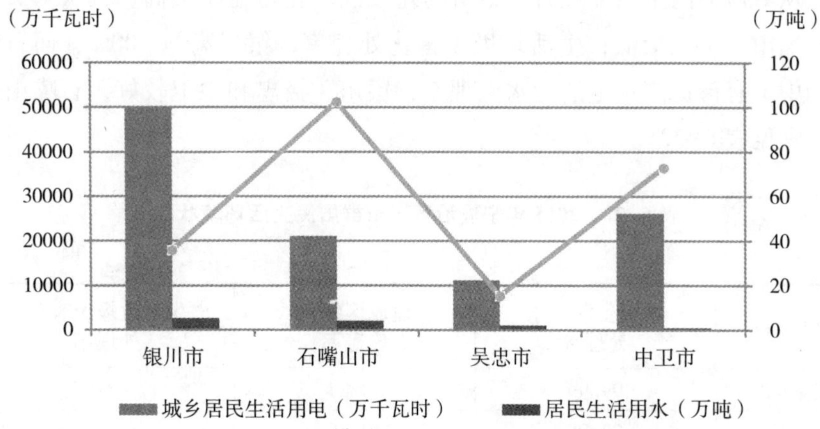

图 6-50 2015 年宁夏沿黄城市群水电资源状况

资料来源：作者根据《中国城市统计年鉴（2016）》和《中国区域经济统计年鉴（2016）》制作。

对于污染废弃物的排放，这四个城市都比较严重，银川的工业废水排放量最高，石嘴山工业二氧化硫和工业烟（粉）尘排放量最高。这些城市在发展自己经济的同时，也要关注环境的保护和环境的承载力，因而要加大对绿化的投入和污染治理。参见图 6-51。

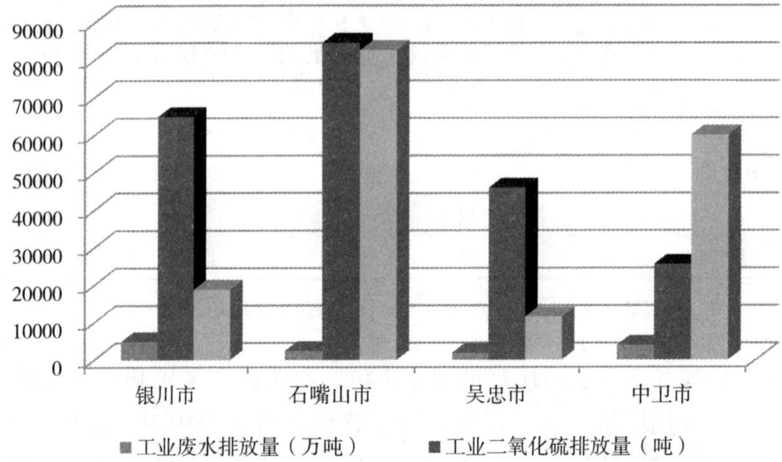

图 6-51　2015 年宁夏沿黄城市群工业环境状况

资料来源：作者根据《中国城市统计年鉴（2016）》和《中国区域经济统计年鉴（2016）》制作。

从城市群内生活环境看，银川的建成区绿化覆盖率最高，其次为吴忠和石嘴山，中卫最低；生活垃圾无害化处理率，银川高达 100%，而石嘴山和中卫有待提高；生活污水处理率，银川、吴忠和中卫较好，石嘴山最差。参见表 6-22。

表 6-22　2015 年宁夏沿黄城市群居民生活环境状况

（单位：%）

城　市	城镇生活污水处理率	建成区绿化覆盖率	生活垃圾无害化处理率
银川市	99.99	40.84	100
石嘴山市	83.08	40.56	97.26
吴忠市	94.59	22.46	100
中卫市	96.57	37.03	94.85

资料来源：《中国城市统计年鉴（2016）》和《中国区域经济统计年鉴（2016）》。

6.6 “一带一路”建设与兰州—西宁城市群发展

6.6.1　城市群基本情况

兰州—西宁城市群，包括兰州市、西宁市、白银市、临夏回族自治州、定西市，农业发达，水、能、矿等资源丰富，是甘肃、青海两省城镇经济社会发展发育较好的区域，也是西北地区重要的城镇密集地区之一。

图 6-52　兰州—西宁城市群城市空间分布

兰州和西宁是兰州—西宁城市群的两个核心城市，该城市区域位于西北地区的中心地带，起着承东启西的作用，对于甘肃、青海乃至整个西北地区社会经济发展均有重要的作用。其中，兰州在 GDP、货物进出口总额、规模以上工业总产值、卫生机构床位数和医生数、财政教育支出等方面都居城市群首位，用水普及率和建成区绿化覆盖率居第二位；西宁的 GDP 居第二位，每万人拥有卫生机构床位数和医生数和用水普及率居城市群首位。说明兰州和西宁的经济发展、社会发展与生态环境较好地实现了协调发展。

兰州—西宁城市群地处国际经济合作走廊新亚欧大陆桥，对于“一带一路”建设战略地位突出，支撑着中国—中亚、西亚经济走廊，以兰州、西宁为核心，具有稳藏固疆的战略功能。但发展底子薄、任务重，经济、民生和生态环保矛盾比较突出，如城镇职能结构单一，产业布局不合理，生态环境脆弱，资源浪费严重，交通基础设施不完善，地方保护主义严重，行政区划分割等，导致经济无序竞争，城镇发展缓慢，网络化、信息化程度不高，难以形成整体的竞争优势，阻碍了兰州—西宁城市群的经济、社会以及生态的协调发展，且难以在西部大开发中发挥应有的作用。

6.6.2 城市群经济可持续发展分析

兰州—西宁城市群 2009 年 GDP 为 1917.5 亿元，2015 年 GDP 增长到 4178.21 亿元，年均增长率高达 13.86%。兰州的 GDP 在城市群中所占比重首屈一指，2009 年比重高达 48.3%，到 2015 年仍然高达 50.15%。临夏和定西的 GDP 水平相当，也是五个城市中排名最末的。2009—2015 年五个城市的 GDP 水平一直有所增长，定西增速最快。从人均 GDP 角度看，五个城市的人均 GDP 水平相差较大，兰州居五个城市之首，其次是西宁、白银、定西和临夏。从表 6-23 可知，兰州—西宁城市群核心城市兰州和西宁的地方财政收入、货物进出口总额、金融机构人民币贷款和规模以上工业总产值均名列前茅，兰州尤为突出。

兰州—西宁城市群重点应针对东南亚和中西亚市场，沟通内地沿海，提升“一带一路”的参与度，发展外向型经济，强化经贸、文化交流和国际产能合作，打造高层次的开放平台。

表 6-23 2009—2015 年兰州—西宁城市群 GDP 发展状况

（单位：亿元）

城 市	2009 年	2010 年	2011 年	2012 年	2013 年	2014 年	2015 年
兰州市	926	1100.4	1360	1563.8	1776.3	2000.94	2095.99
西宁市	501.1	628.3	770.7	851.1	978.5	1065.78	1131.62
白银市	265.3	311.2	375.8	433.8	463.3	447.64	434.27
定西市	131.9	156	186.9	223.3	252.2	290.16	304.92
临夏回族自治州	93.2	106.4	128.8	151.9	167.3	186.05	211.41

资料来源：历年《中国城市统计年鉴》和《中国区域经济统计年鉴》。

表 6-24 2015 年兰州—西宁城市群主要经济指标

城 市	地方财政一般预算收入（亿元）	货物进出口总额（万美元）	金融机构人民币贷款（亿元）	规模以上工业总产值（亿元）
兰州市	185.1917	514820	6892.0175	2184.76
西宁市	94.786	1186438	4095.9278	1391.886
白银市	25.4908	233339	511.9192	647.2119
定西市	24.3489	4656	556.5666	152.1679
临夏回族自治州	16.59	2065	386.2886	87.27

资料来源：《中国城市统计年鉴（2016）》和《中国区域经济统计年鉴（2016）》。

从三次产业增加值及其所占 GDP 比重看，除定西外，其他四州市均以第二、三产业为主，第一产业所占较小，而定西第一产业略大于第二产业所占比重。其中，兰州、定西和临夏的第三产业比重相当，均超过了 50%，领先于其他两市。总体看来，白银、定西和临夏的第一产业所占比重较大。参见图 6-53。

兰州—西宁城市群水土资源组合条件较好，是西油东送、西气东输的骨干通道；矿产、风能、太阳能、水能等能源丰富，是重要的新能源外送基地。配合“一带一路”建设，应重点发展新能源与新材料、装备制造、生物医药、信息技术等产业。提高城镇化率，增加城际互联水平，形成分工合理且紧密有序的都市圈。

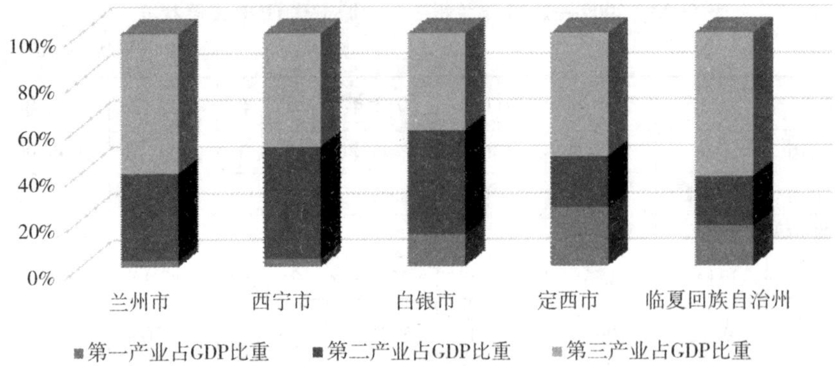

图 6-53　2015 年兰州—西宁城市群产业结构

资料来源：作者根据《中国城市统计年鉴（2016）》和《中国区域经济统计年鉴（2016）》制作。

6.6.3　城市群社会可持续发展分析

从图 6-54 可知，从卫生机构床位数和医生数以及每万人拥有卫生机构床位数和医生数来看，兰州—西宁城市群各城市水平相差很大。综合来看，兰州医疗水平最高，其次是西宁。其他三个州市，从每万人拥有卫生机构床位数来看，定西较好；而从每万人拥有卫生机构医生数来看，临夏较好。

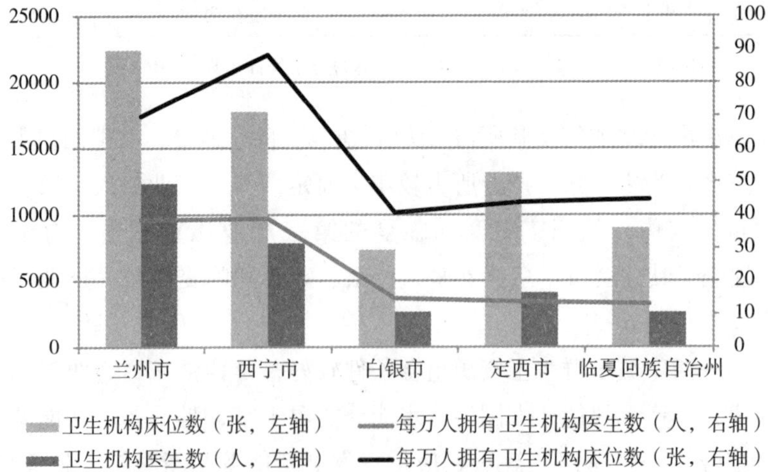

图 6-54　2015 年兰州—西宁城市群医疗卫生状况

资料来源：作者根据《中国城市统计年鉴（2016）》和《中国区域经济统计年鉴（2016）》制作。

从图 6-55 可以看出，兰州、西宁和定西的教育财政支出较多，而其他两个州市支出水平较低。而在公共图书馆数量方面，兰州、定西和临夏的数量相差不多，西宁的数量最少。白银应加大对教育文化的关注和投入力度，促进教育文化的发展。

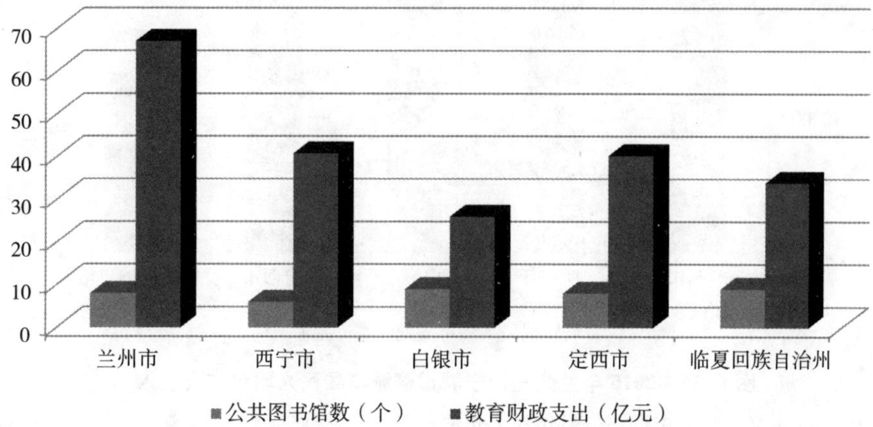

图 6-55　2015 年兰州—西宁城市群教育文化状况

资料来源：作者根据《中国城市统计年鉴（2016）》和《中国区域经济统计年鉴（2016）》制作。

从城镇居民人均可支配收入角度来看，兰州、西宁和白银收入较高，水平相近，定西次之，最后是临夏。定西和临夏应采取措施促进城镇居民的就业，减少居民失业率，促进地区经济的发展。参见图 6-56。

从城镇化水平与人口发展角度来看，兰州的常住人口和西宁的人口密度高居前列，城镇化率也较高。参见图 6-57。

兰州—西宁城市群科技水平较突出，具有生物、物理、资源环境的研发优势。应提升兰州、白银的中心功能，辐射周边城镇。推进资源枯竭型的转型发展，提高城际互联，加快同城化与一体化。

信息化水平的高低能反映出一个地区经济发展水平。兰州—西宁城市群中，兰州的信息化水平最高，其次是同为核心城市的西宁。但是这五个州市的信息化水平差别较大。除兰州外的其他四个城市应加大对信息化的重视程度，从而促进城市的经济发展。参见图 6-58、图 6-59。

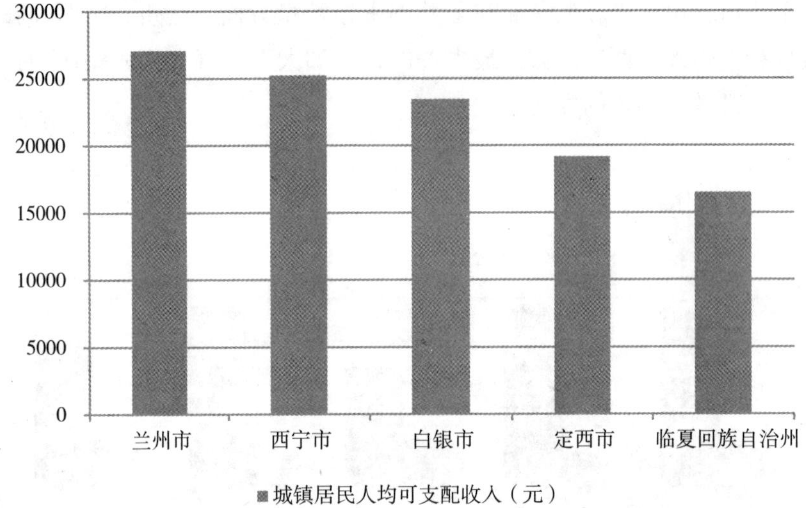

图 6-56　2015 年兰州—西宁城市群城镇居民人均可支配收入

资料来源：作者根据《中国城市统计年鉴（2016）》和《中国区域经济统计年鉴（2016）》制作。

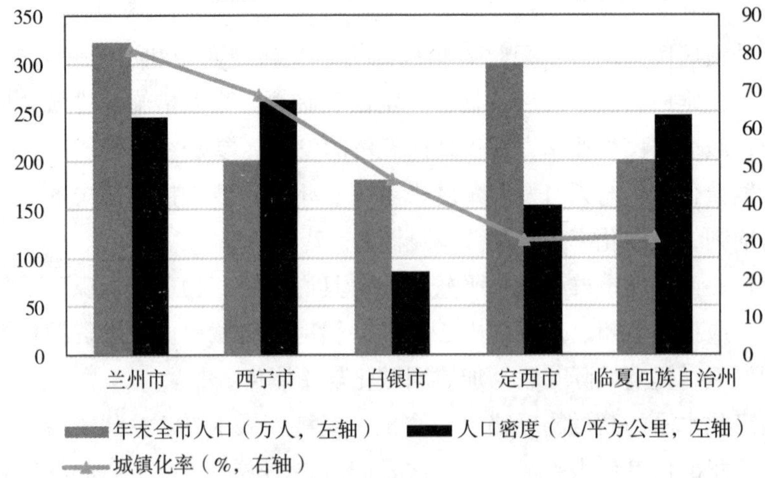

图 6-57　2015 年兰州—西宁城市群人口状况和城镇化水平

资料来源：作者根据《中国城市统计年鉴（2016）》和《中国区域经济统计年鉴（2016）》制作。

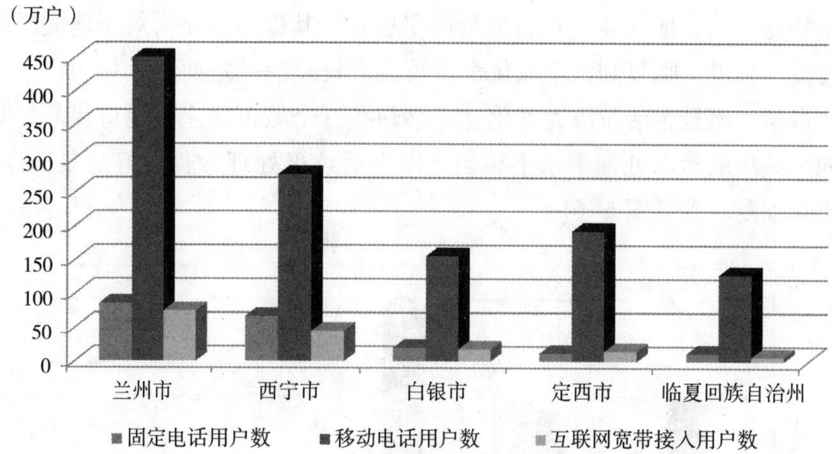

图 6-58　2015 年兰州—西宁城市群电话和互联网用户数

资料来源：作者根据《中国城市统计年鉴（2016）》和《中国区域经济统计年鉴（2016）》制作。

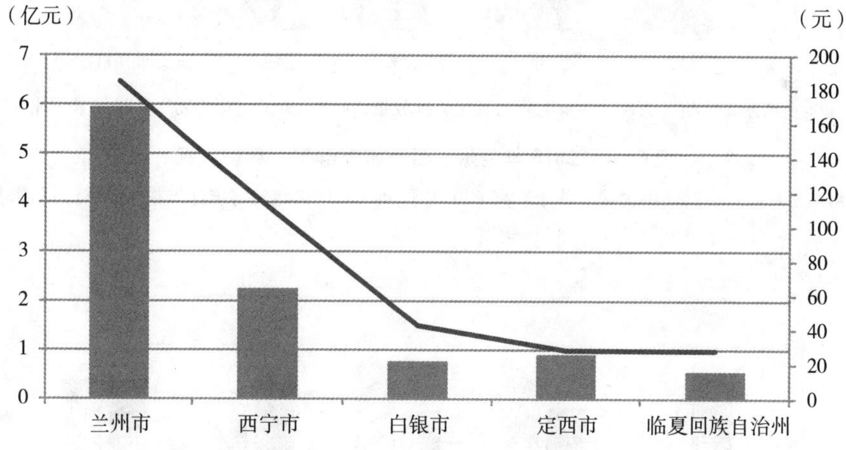

图 6-59　2015 年兰州—西宁城市群邮政业务状况

资料来源：作者根据《中国城市统计年鉴（2016）》和《中国区域经济统计年鉴（2016）》制作。

6.6.4　城市群生态可持续发展分析

由图 6-60 可知，工业废水排放量最多的是兰州，后面依次是西宁、临夏、白银。工业二氧化硫排放最多的是白银，其次是兰州和西宁，最少的是临夏。工业烟（粉）尘排放量西宁居首，其次为兰州。对于建成区绿化覆盖率来说，临夏和西宁绿化水平较高，较差的是定西。兰州的污水处理率最高，但是生活垃圾无害化处理率却在五个城市之末，亟待提高。其余四个城市的污水处理率水平相当，而生活垃圾处理做得较好的是西宁、白银和临夏。参见图 6-61。

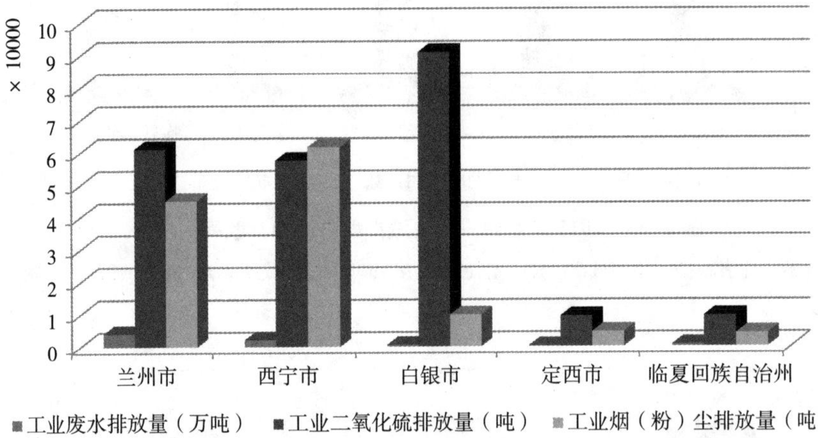

图 6-60　2015 年兰州—西宁城市群工业环境状况

资料来源：作者根据《中国城市统计年鉴（2016）》和《中国区域经济统计年鉴（2016）》制作。

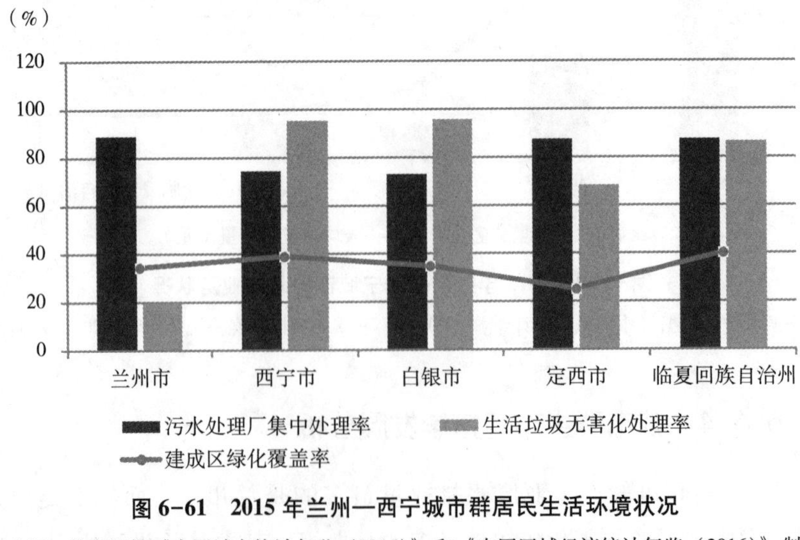

图 6-61　2015 年兰州—西宁城市群居民生活环境状况

资料来源：作者根据《中国城市统计年鉴（2016）》和《中国区域经济统计年鉴（2016）》制作。

兰州—西宁城市群最大的责任、价值和潜力都在生态，其北面是祁连余脉，中部是河湟谷地，南面是青青草原，周边是生态屏障，在“一带一路”建设背景下，城市群应坚持在保护生态的同时，将生态优势转化为经济优势。

6.7 “一带一路”建设与黔中城市群发展

6.7.1 城市群基本情况

黔中城市群，又称黔中经济区，包括贵州省贵阳市及遵义市红花岗区、汇川区、遵义县、绥阳县、仁怀市，安顺市西秀区、平坝县、普定县、镇宁县，毕节市七星关区、大方县、黔西县、金沙县、织金县，黔东南州凯里市、麻江县，黔南州都匀市、福泉市、贵定县、瓮安县、长顺县、龙里县、惠水县，共计 33 个县（市、区），区域总面积 13 万平方公里，占贵州全省面积的 75%。

图 6-62 黔中城市群城市空间分布

黔中城市群被赋予了极高的战略定位：将成为西部新的经济增长极、内陆开放型经济新高地、山地特色新型城镇化先行示范区以及绿色生态宜居城市群。

贵阳作为黔中城市群的核心城市，在经济、社会以及生态发展方面都居于前列，说明在经济增长的同时，贵阳的社会发展与资源环境也较好地实现了协调发展；遵义和毕节的经济发展水平位于城市群中游，除公共图书馆数和财政教育支出较高外，两个城市的社会可持续发展水平远低于贵阳，并且毕节的环境污染处理水平较差，工业排放量远高于其他城市，说明遵义和毕节的可持续发展目标实现还有相当长的一段距离；安顺的经济、社会和生态发展在城市群中均处于较低水平。

尽管黔中城市群没有在“一带一路”经济带内，但是其交通位置是丝绸之路的重要桥梁：规划之中的多条高铁经过，也是孟中印缅经济走廊的必经之地；沟通交汇了华东、华南、西南的区域廊道。黔中城市群需要扩大省域对外开放，努力对接“一带一路”。

6.7.2 城市群经济可持续发展分析

表 6-25 2009—2015 年黔中城市群 GDP 发展状况

（单位：亿元）

城 市	2009 年	2010 年	2011 年	2012 年	2013 年	2014 年	2015 年
贵阳市	971.9	1121.8	1383.1	1700.3	2085.4	2085.4	2891.16
遵义市	777.6	908.8	1121.5	1343.9	1584.7	1584.7	2168.34
安顺市	195.7	232.9	285.6	352.6	429.2	429.2	625.41
毕节市	500.0	600.9	737.9	877.9	1041.9	1041.9	1461.348
黔东南州	269.7	312.6	383.6	495.8	585.6	585.6	811.55
黔布州	298.0	356.7	443.6	550.3	645.5	645.5	902.91

资料来源：历年《中国城市统计年鉴》和《中国区域经济统计年鉴》。

黔中城市群 2009 年 GDP 为 3012.9 亿元，到 2015 年增长到 8860.72 亿元，年均增长率高达 19.7%，其中贵阳的 GDP 在城市群中所占的比重首屈一指。从表 6-25 中可以明显看出，2009—2015 年，贵阳的 GDP 一直处于四市两州的领先地位。就人均 GDP 而言，贵阳遥遥领先于其他五个地区，其次是遵义，剩余的其他四个地区差别不是很大。

表 6-26 2015 年黔中城市群主要经济指标

城 市	地方财政一般预算收入（亿元）	货物进出口总额（万美元）	金融机构人民币贷款（亿元）	规模以上工业总产值（亿元）
贵阳市	374.15	912200	7875.58	2581.13
遵义市	177.61	148500	1925.48	2051.76
安顺市	69.86	13534	610.27	548.24
毕节市	107.62	35000	884.46	810.12
黔东南州	103.96	6123	759.71	733.23
黔南州	100.45	36910	802.68	1136.04

资料来源：《中国城市统计年鉴（2016）》和《中国区域经济统计年鉴（2016）》。

从三次产业占 GDP 比重可知，黔中城市群以第二、三产业为主，个别地区的第一产业所占比重也不可忽视。其中核心城市贵阳的第三产业在 GDP 中所占比重最大。安顺和黔东南州的第三产业占 GDP 比重也很大。毕节和黔南州的第二、三产业占 GDP 比重旗鼓相当。参见图 6-63。

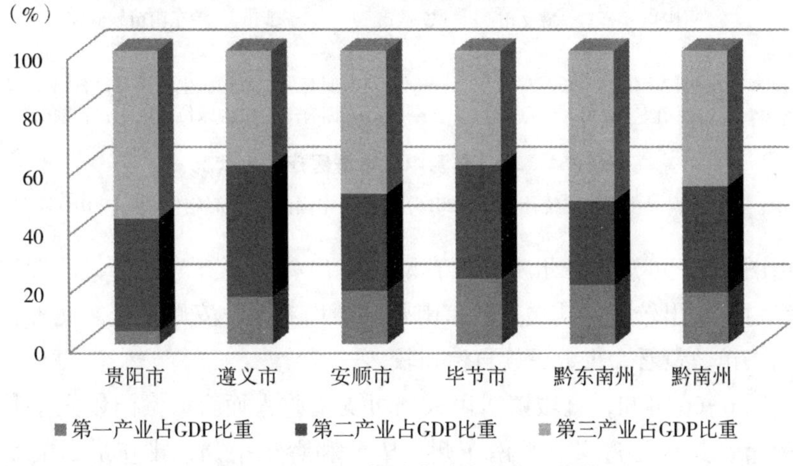

图 6-63 2015 年黔中城市群产业结构

资料来源：作者根据《中国城市统计年鉴（2016）》和《中国区域经济统计年鉴（2016）》制作。

黔中城市群要加快建设对外开放的平台，全面对接“一带一路”，深度加强与珠三角、长三角、成渝等地区的合作。大力建设快速出省通道，积极承接资金、技术和产业转移，提升产业发展质量。

6.7.3 城市群社会可持续发展分析

卫生机构床位数和医生数、每万人拥有卫生机构床位数和医生数是地区社会发展在医疗方面的具体体现。从卫生机构床位数和医生数的分布可知，贵阳和遵义的医疗条件较好，这与当地的经济发展水平和人口密度相对应。安顺卫生机构床位数和医生数仅占贵阳市的1/3。相比2014年，从每万人拥有卫生机构医生数和床位数方面看，除了贵阳和黔东南州的水平较高外，遵义也有了很大的发展。参见图6-64。

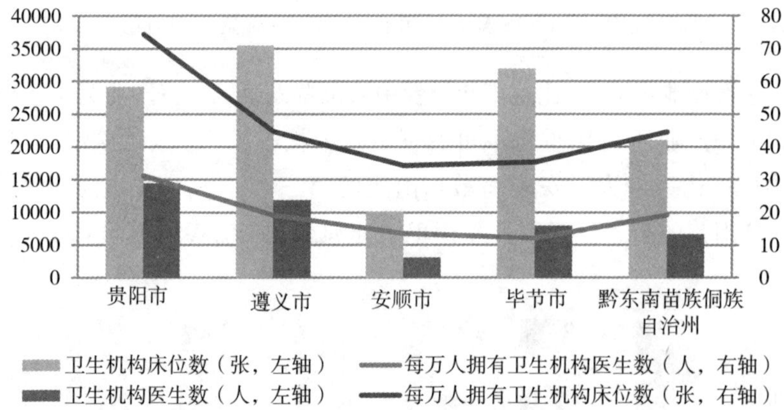

图6-64 2015年黔中城市群医疗卫生状况

资料来源：作者根据《中国城市统计年鉴（2016）》和《中国区域经济统计年鉴（2016）》制作。

由图6-65可知，各州市的教育财政支出参差不齐。毕节、遵义和贵阳教育财政支出较高，其次是黔东南州和黔南布州，安顺最低。此外，从公共图书馆数量看，少数民族自治州较多。

由图6-66可知，就城镇居民人均可支配收入而言，贵阳领先于其他五个州市，其次是遵义、黔南布州、毕节和黔东南州，排在最后的是安顺。而对于城镇登记失业率来说，遵义和安顺最低，毕节和黔东南州较高，贵阳和黔南布州居中。

由图6-67可知，作为核心城市的贵阳常住人口数低于毕节、遵义和黔东南州。而城市人口密度，贵阳排在第一位，两个少数民族自治州人口稀少，地广人稀。核心城市贵阳的城镇化率较高。

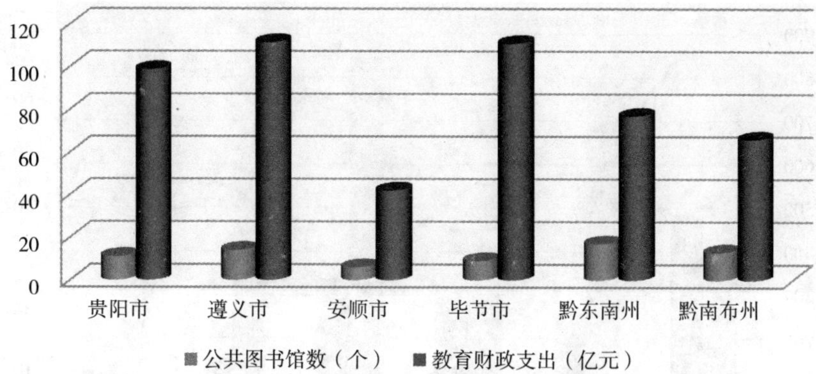

图 6-65　2015 年黔中城市群教育文化状况

资料来源：作者根据《中国城市统计年鉴（2016）》和《中国区域经济统计年鉴（2016）》制作。

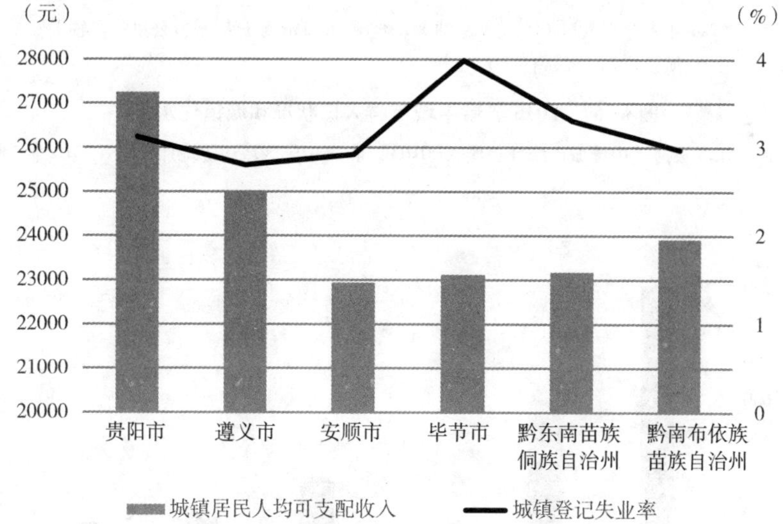

图 6-66　2015 年黔中城市群城镇居民收入和就业状况

资料来源：作者根据《中国城市统计年鉴（2016）》和《中国区域经济统计年鉴（2016）》制作。

从互联网宽带接入用户数看，贵阳的用户数较多，相比于其他五州市有着很大的优势。就固话和移动电话用户数而言，贵阳的信息化水平较高，安顺水平较低（参见图 6-68）。而对于人均电信业务量和人均邮政业务量而言，贵阳水平较高（参见图 6-69 和图 6-70）。

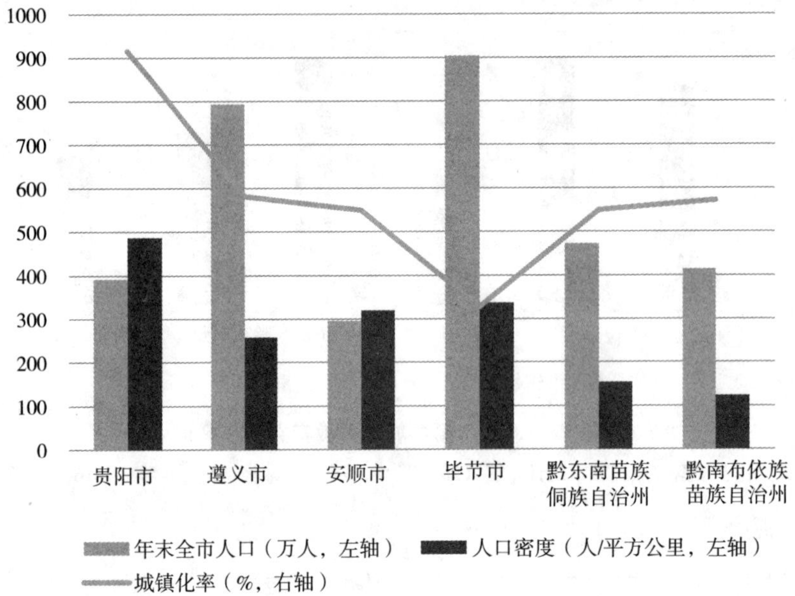

图 6-67　2015 年黔中城市群人口状况和城镇化水平

资料来源：作者根据《中国城市统计年鉴（2016）》和《中国区域经济统计年鉴（2016）》制作。

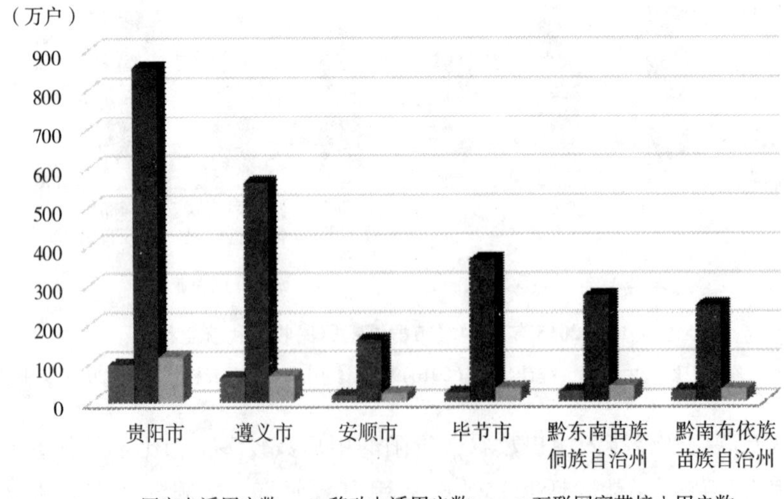

图 6-68　2015 年黔中城市群电话和互联网用户数

资料来源：作者根据《中国城市统计年鉴（2016）》和《中国区域经济统计年鉴（2016）》制作。

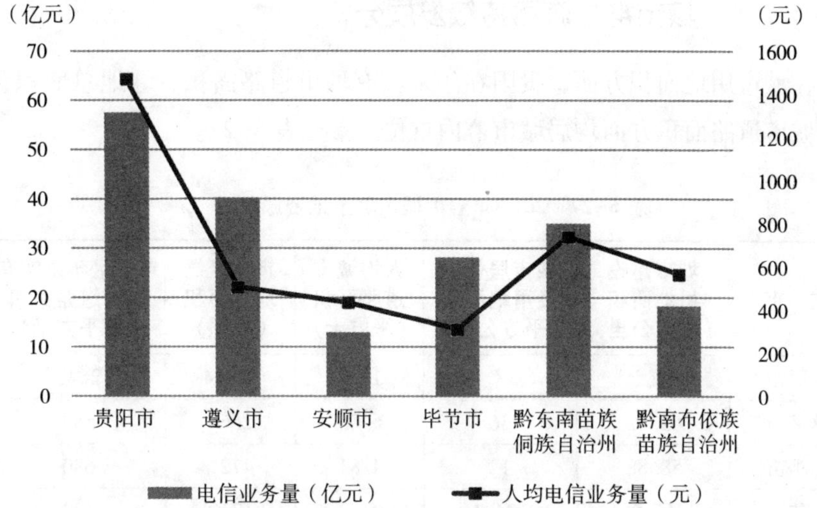

图 6-69　2015 年黔中城市群电信业务量

资料来源：作者根据《中国城市统计年鉴（2016）》和《中国区域经济统计年鉴（2016）》制作。

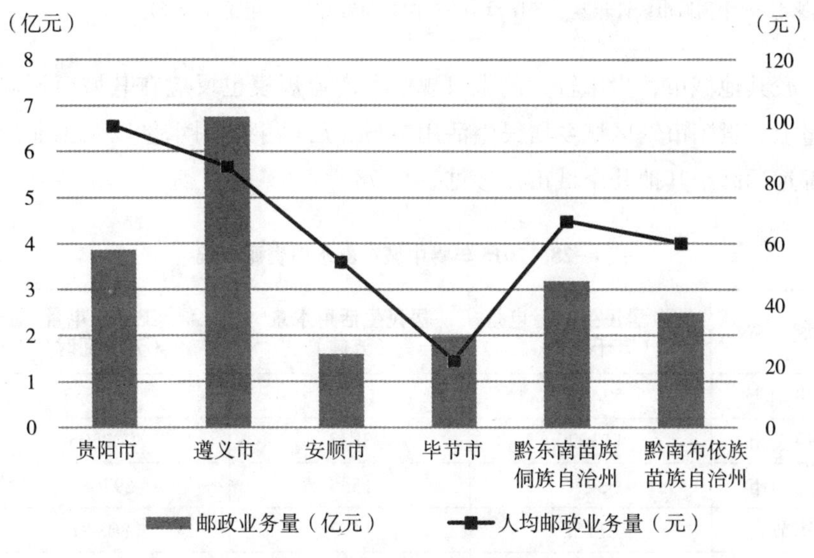

图 6-70　2015 年黔中城市群邮政业务量

资料来源：作者根据《中国城市统计年鉴（2016）》和《中国区域经济统计年鉴（2016）》制作。

6.7.4 城市群生态可持续发展分析

在城市用地面积方面，贵阳在年末实有城市道路面积、绿地总面积和人均城市道路面积方面均居城市群内首位。参见表 6-27。

表 6-27　2015 年黔中城市群土地资源状况

城　市	城市建设用地面积（平方公里）	城市居住建设用地面积（平方公里）	人均城市道路面积（平方米）	市辖区绿地总面积（公顷）	市辖区年末实有城市道路面积（万平方米）
贵阳市	/	/	11.2	11114	2645
遵义市	63.83	36	6.05	2666	552
安顺市	58.88	12	4.81	4721	630
毕节市	45.9	124.1	2.97	1310	482
黔东南州	—	—	—	—	—
黔南州	—	—	—	—	—

资料来源：《中国城市统计年鉴（2016）》和《中国区域经济统计年鉴（2016）》。

较其他城市，贵阳较大的人口规模和产业规模也反应在其城市资源使用量上。贵阳市辖区城乡居民生活用电量、居民生活用水量以及工业用电量都远远高于其他几个城市。参见表 6-28。

表 6-28　2015 年黔中城市群水电资源状况

城　市	城乡居民生活用电量（万千瓦时）	居民生活用水量（万吨）	工业用电量（万千瓦时）
贵阳市	524329	14257	1552555
遵义市	113020	3833	208505
安顺市	33476	1539	297683
毕节市	61152	1103	80840
黔东南州	—	—	—
黔南布州	—	—	—

资料来源：作者根据《中国城市统计年鉴（2016）》和《中国区域经济统计年鉴（2016）》制作。

由表6-29可知，毕节的经济规模远不如贵阳和遵义，但其工业污染排放量却很突出，工业废水排放量、工业二氧化硫排放量和工业烟（粉）尘排放量均居城市群首位。

表6-29 2015年黔中城市群工业环境状况

城 市	工业废水排放量（万吨）	工业二氧化硫排放量（吨）	工业烟（粉）尘排放量（吨）
贵阳市	2700	57192	23545
遵义市	2447	74921	11486
安顺市	1429	33221	8635
毕节市	9103	123308	17596
黔东南州	—	6.36	—
黔南布州	—	—	—

资料来源：作者根据《中国城市统计年鉴（2016）》和《中国区域经济统计年鉴（2016）》制作。

6.8 “一带一路”建设与天山北坡城市群发展

6.8.1 城市群基本情况

2011年国家发改委公布的《自治区国民经济和社会发展第十二个五年规划纲要》中将天山北坡城市群描述为东起哈密，西至伊宁，包含乌鲁木齐市、克拉玛依市、石河子市、昌吉回族自治州、伊犁哈萨克自治州、博尔塔拉蒙古自治州、塔城地区、吐鲁番地区、哈密地区。新疆在第二次中央新疆工作座谈会和“一带一路”倡议中被明确定位为“一带一路”核心区。2015年，城市群年末人口1246.22万人，占全国总人口的0.91%，土地面积 48.1 万平方公里，占全国国土面积的 5.01%，GDP 达到 7937.72 亿元，占当年全国 GDP 的 1.16%。

天山北坡城市群是“一带一路”建设的一线阵地，作为向西、向北开放的平台，连接了欧亚大陆桥，成为金融服务中心、商贸物流、交通枢纽、文化科技和医疗服务中心。

图 6-71　天山北坡城市群城市空间分布

6.8.2　城市群经济可持续发展分析

天山北坡城市群 2009 年 GDP 为 3535.02 亿元，到 2015 年增长到 7937.72 亿元，年均增长率高达 14.43%。其中，乌鲁木齐的 GDP 在天山北坡城市群中所占比重首屈一指，2009 年，乌鲁木齐的 GDP 比重在经济带中所占比重为 31%，2015 年为 33.15%。伊犁哈萨克自治州、昌吉回族自治州和克拉玛依所占比重仅次于乌鲁木齐。就人均 GDP 而言，相比其他州市，塔城地区和克拉玛依的人均 GDP 远高于其他州市，天山北坡城市群的其他州市人均 GDP 相差不大。从地方财政一般预算收入、货物进出口总额、金融机构人民币贷款、经济密度及规模以上工业总产值指标看，乌鲁木齐作为天山北坡城市群的核心城市，这些指标都远远高于其他州市。就货物进出口总额来说，缘于地理位置及口岸等优势，伊犁哈萨克自治州、博尔塔拉蒙古自治州和昌吉回族自治州的进出口总额仅次于乌鲁木齐，进出口贸易成为当地经济发展的重要驱动力。就经济密度和规模以上工业总产值来说，克拉玛依作为重要的石油城市，凭借自身的资源优势，工业总产值仅次于乌鲁木齐。参见表 6-30。

表 6-30　2009—2015 年天山北坡城市群 GDP 发展状况

（单位：亿元）

城　市	2009 年	2010 年	2011 年	2012 年	2013 年	2014 年	2015 年
乌鲁木齐市	1095. 00	1338. 50	1690. 03	2001. 74	2202. 9	2461. 47	2631. 64
克拉玛依市	480. 40	711. 35	801. 69	810. 71	853. 1	847. 67	629. 4299
吐鲁番地区	154. 58	182. 79	221. 43	243. 39	260. 9	277. 50	250. 2
哈密地区	130. 32	167. 38	220. 92	268. 25	333. 9	308. 94	450. 44
昌吉回族自治州	444. 71	557. 99	702. 94	818. 56	937. 3	1060. 00	1140. 03
博尔塔拉蒙古自治州	100. 96	131. 45	151. 32	185. 4	222. 2	265. 00	287. 23
伊犁哈萨克自治州	735. 87	885. 03	1078. 55	577. 62	681. 2	792. 24	1639. 8
塔城地区	284. 82	341. 90	419. 62	486. 23	542. 9	594. 12	593. 1633
石河子市	108. 36	135. 00	170. 60	208. 19	255. 3	380. 48	315. 7843

资料来源：《中国城市统计年鉴（2016）》和《中国区域经济统计年鉴（2016）》。

天山北坡城市群应推进改革金融创新，推进多元化的投融资并完善金融体系，加快建设成“一带一路”经济带的金融中心。同时，依托向西开放通道，完善物流基础设施，建设跨境电子口岸和进出口商品集散地，实现线上、线下的融合。

6. 8. 3　城市群社会可持续发展分析

由图 6-72 可知，相比天山北坡城市群的其他州市，乌鲁木齐和伊犁哈萨克自治州医疗条件较好，这与当地的经济发展水平较高和人口密集度较大相一致。从每万人拥有卫生机构床位数和医生数看，乌鲁木齐最高，而克拉玛依、哈密地区、昌吉回族自治州、博尔塔拉蒙古自治州等相对较少。相比乌鲁木齐和石河子，其他州市的医疗条件仍待改善。

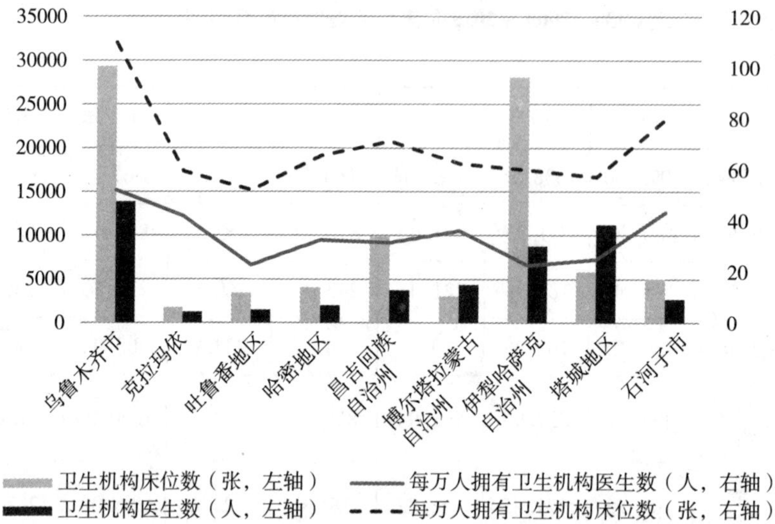

图 6-72　2015 年天山北坡城市群医疗卫生状况

资料来源：作者根据《中国城市统计年鉴（2016）》和《中国区域经济统计年鉴（2016）》制作。

从天山北坡城市群各州市的教育财政支出看，不同州市的教育财政支出并不均衡，其中乌鲁木齐、昌吉回族自治州及伊犁哈萨克自治州的教育财政支出较高，而石河子的教育财政支出相对较少。从天山北坡城市群各州市所拥有的公共图书馆数量看，相比伊犁哈萨克自治州拥有 27 个公共图书馆，石河子的公共图书馆数量仅有 1 个，这表明，当地政府对文化教育的重视程度不高。参见图 6-73。

天山北坡城市群应给“一带一路”建设提供人力保障，加大教育投入，培养创新型人才，加快培养不同层次的各类专业人才，发挥政府职能，提升教育水平，来应对国内外合作交流的需要。其次，应为“一带一路”提供技术支持，以企业需求和市场导向为核心，大力提升企业创新能力。

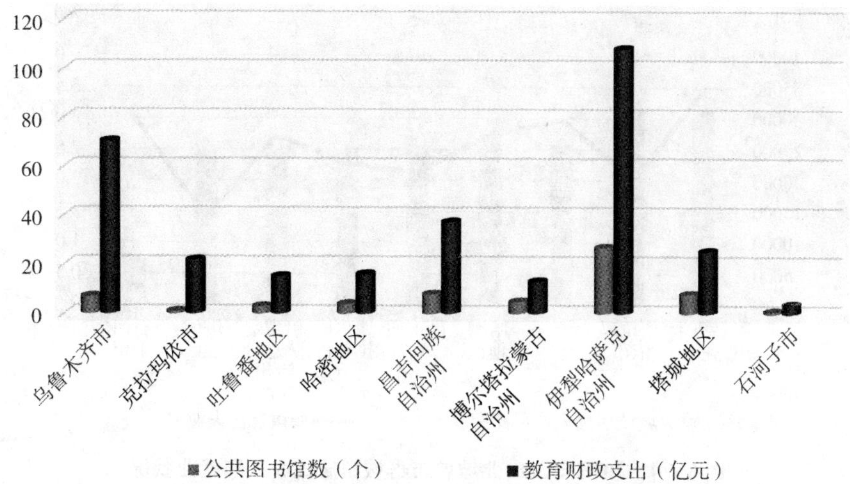

图 6-73　2015 年天山北坡城市群教育文化状况

资料来源：作者根据《中国城市统计年鉴（2016）》和《中国区域经济统计年鉴（2016）》制作。

由城镇居民人均可支配收入看，天山北坡城市群的各个州市城镇居民人均可支配收入差距不大，其中，克拉玛依相对其他州市略高。但是，对比各州市的失业率，相比失业率较低的克拉玛依和塔城地区，博尔塔拉蒙古自治州、乌鲁木齐、石河子、吐鲁番地区及伊犁哈萨克自治州失业率较高（参见图 6-74）。城镇化率可以反映地区城镇化发展水平的高低，克拉玛依的城镇化率高达 100%，乌鲁木齐为 97.64%，哈密地区为 69.4%。石河子人口密度居城市群各州市首位，其次是乌鲁木齐和克拉玛依，其他州市人口密度则偏低，差距较大的人口密度表明经济带城镇化进程发展不均衡，这与城市群自身区域经济发展不均衡及地广人稀的现状相关（参见图 6-75）。

加强与“一带一路”沿线国家的经济联系，天山北坡城市群需要规划建设基础设施，建立有序、开放、多样及协调的互联互通体系，从而提高经济增长效率。

从公路路程看，相比克拉玛依及石河子，伊犁哈萨克自治州、昌吉回族自治州及哈密地区的公路里程数较高。相比公路里程数较低的州市，

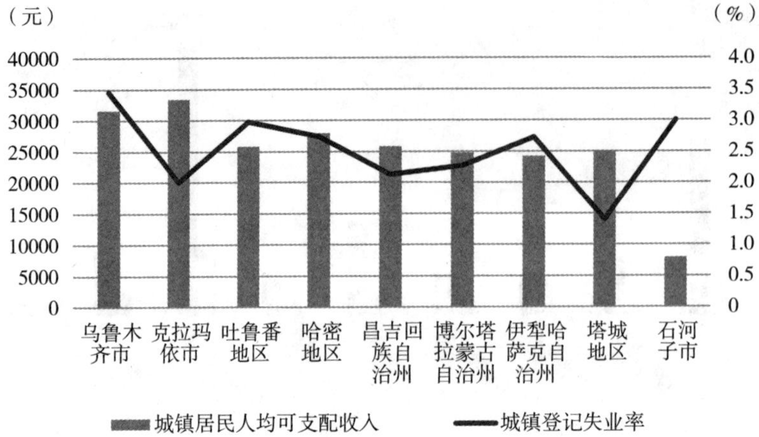

图 6-74　2015 年天山北坡城市群城镇居民收入和就业状况

资料来源：作者根据《中国城市统计年鉴（2016）》和《中国区域经济统计年鉴（2016）》制作。

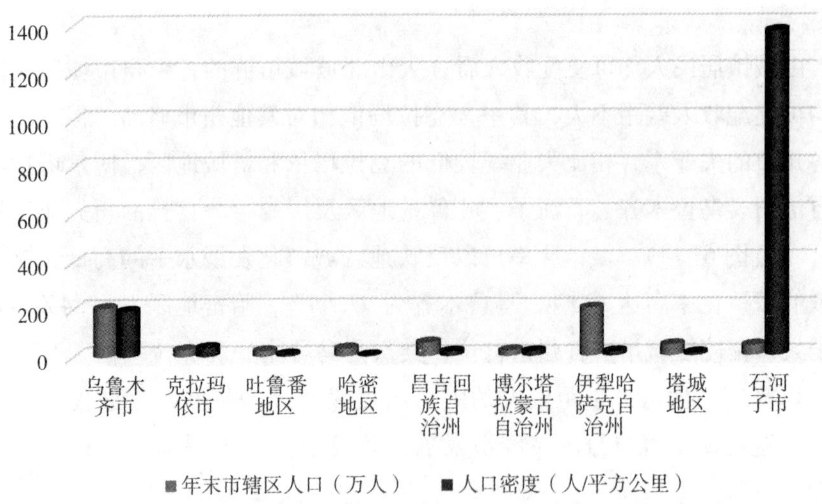

图 6-75　2015 年天山北坡城市群人口状况

资料来源：作者根据《中国城市统计年鉴（2016）》和《中国区域经济统计年鉴（2016）》制作。

以上州市的交通更加便利化，这在一定程度上将带动地区经济发展（参见图 6-76）。

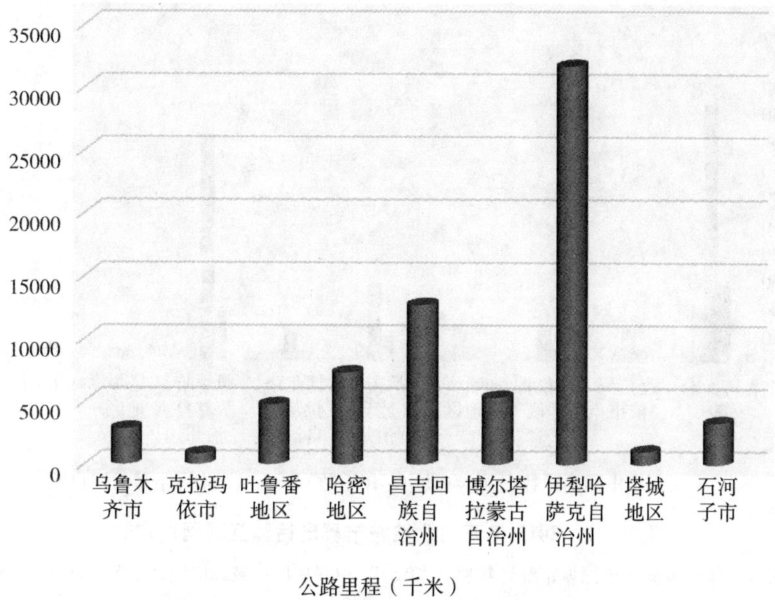

图 6-76　2015 年天山北坡城市群公路里程

资料来源：作者根据《中国城市统计年鉴（2016)》和《中国区域经济统计年鉴（2016)》制作。

为了成为“一带一路”的交通枢纽，天山北坡城市群应以乌鲁木齐为中心、以重点城市为节点形成现代综合交通枢纽网络。加快发展交通运输体系，有效衔接各种运输方式。优先关注公共交通，积极支持向西开放的三大通道建设，加快推进机场的改扩建。

互联网宽带接入用户数在一定程度上可反映地区信息化发展水平，为交易的发生提供方便，提高市场经济的运作效率。相比吐鲁番地区、博尔塔拉蒙古自治州及克拉玛依，乌鲁木齐、伊犁哈萨克自治州及昌吉回族自治州的信息化水平更高。与之相应，互联网使用较广泛的州市固定电话和移动电话的用户数也较高（参见图 6-77)。从人均邮政业务总量来看，克拉玛依最高，而人均电信业务总量则是乌鲁木齐居首（参见图 6-78 和图 6-79)。

乌鲁木齐作为新疆首府，高新技术产业的发展水平最高。为了将新疆建成“一带一路”上信息加工传输和通信交换中心，天山北坡城市群应以乌鲁木齐高新区、软件园和经济技术开发区为主体，发展信息和软件服务业。

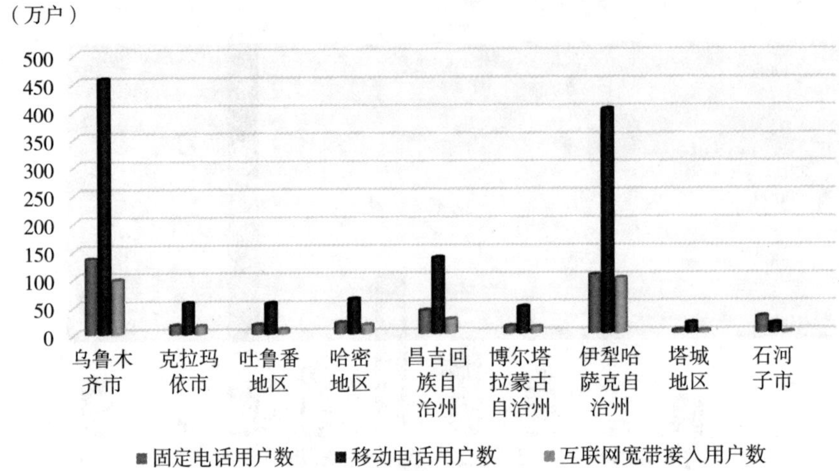

图 6-77　2015 年天山北坡城市群电话和互联网用户数

资料来源：作者根据《中国城市统计年鉴（2016）》和《中国区域经济统计年鉴（2016）》制作。

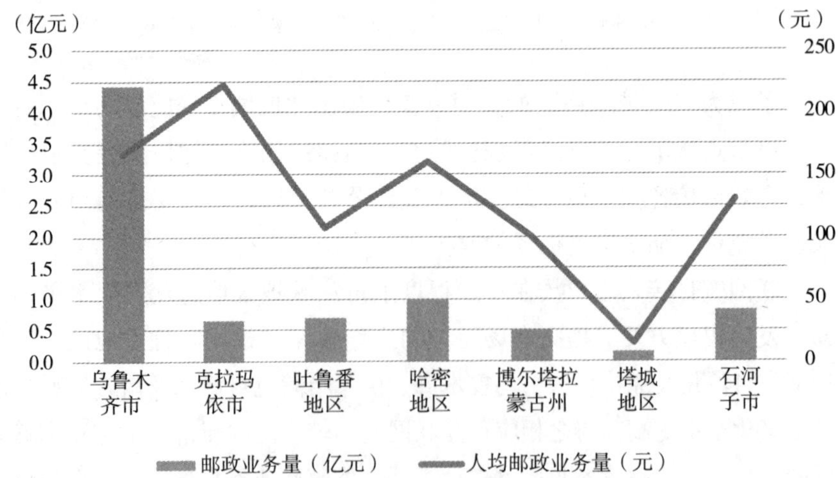

图 6-78　2015 年天山北坡城市群邮政业务量

资料来源：作者根据《中国城市统计年鉴（2016）》和《中国区域经济统计年鉴（2016）》制作。

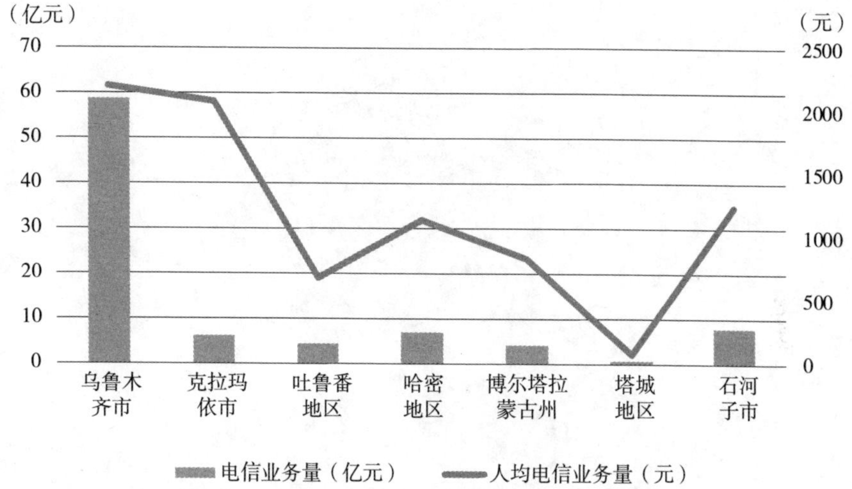

图 6-79　2015 年天山北坡城市群电信业务量

资料来源：作者根据《中国城市统计年鉴（2016）》和《中国区域经济统计年鉴（2016）》制作。

6.9 "一带一路"建设与呼包鄂榆城市群发展

6.9.1　城市群基本情况

呼包鄂榆城市群位于内蒙古和陕西省交界处，区域总面积 18 万平方公里，包括呼和浩特、包头、鄂尔多斯以及榆林。该城市群沿黄河呈条带状分布，地势平缓，土地资源相对丰富，开发强度相对较低；降水较少，本地水资源短缺，农业用水量占总用水量的 80%以上；大气环境质量总体较差，部分城市二氧化硫排放超过环境容量，中部地区尚有剩余的二氧化硫环境容量；水环境质量总体差，化学需氧量排放已经重度甚至极度超过水环境容量。

图 6-80　呼包鄂榆城市群城市空间分布

呼和浩特、鄂尔多斯以及包头在经济可持续发展、社会可持续发展以及生态可持续发展方面都比较接近，说明这三个城市的可持续发展水平差异较小；榆林的 GDP 较低，但其公共图书馆数、卫生机构床位数、移动电话用户数等方面居城市群首位，工业烟（粉）尘排放量和工业废水排放量居第一位，工业二氧化硫排放量居第二位，说明该城市的经济可持续发展和生态可持续发展与社会可持续发展水平存在较大差异，与城市可持续发展的目标实现差距较大。

"一带一路"与中蒙俄经济走廊建设为呼包鄂榆城市群的开放发展搭建了平台。城市群需要大力发挥区位优势，利用有利环境转型发展。加强对外开放，全方位推进与俄罗斯和蒙古国的切实合作，深化人文交流合作，强化基础设施互联互通，建设向西、北开放的战略支点，加快外向型经济发展。

6.9.2　城市群经济可持续发展分析

从 GDP 增长情况来看，呼包鄂榆城市群近年来经济总体发展态势良好。2009—2015 年间，经济增长幅度较大的是鄂尔多斯和榆林，增长态势显著。参见表 6-31。

表 6-31　2009—2015 年呼包鄂榆城市群 GDP 发展状况

（单位：亿元）

城　市	2009 年	2010 年	2011 年	2012 年	2013 年	2014 年	2015 年
呼和浩特	1644.0	1865.7	2177.3	2475.6	2705.4	2894.1	3090.5
包　头	2169.0	2460.8	3005.4	3209.1	3424.8	3636.3	3721.9
鄂尔多斯	2161.0	2643.2	3218.5	3656.8	3955.9	4055.5	4226.1
榆　林	1302.3	1756.7	2292.3	2669.9	2846.8	2920.6	2621.3

资料来源：历年《中国城市统计年鉴》和《中国区域经济统计年鉴》。

从 2009—2015 年呼包鄂榆城市群的人均 GDP 变化趋势看，在此期间，各城市人均收入均有所增加，其中鄂尔多斯的人均 GDP 增加较为显著。在呼包鄂榆城市群中，鄂尔多斯的人均收入始终居于榜首，其次是包头和呼和浩特，最后是榆林。

表 6-32　2015 年呼包鄂榆城市群主要经济指标

城　市	地方财政一般预算收入（亿元）	货物进出口总额（万美元）	金融机构人民币贷款（亿元）	规模以上工业总产值（亿元）	外商直接投资实际使用额（万美元）	全社会固定资产投资（亿元）	社会消费品零售总额（亿元）
呼和浩特	247.40	207000	6073.89	1667.58	44610	1618.64	1353.53
包　头	252.30	155000	2192.52	3181.21	82417	2582.91	1276.57
鄂尔多斯	445.90	70804	2700.20	4338.30	173000	2737.17	660.32
榆　林	295.59	3226	2032.89	2448.20	10650	1133.67	396.41

资料来源：《中国城市统计年鉴（2016）》和《中国区域经济统计年鉴（2016）》。

从呼包鄂榆城市群内各城市的产业发展来看，第二产业对经济增长的贡献最大，其次是第三产业，相比之下，第一产业对经济增长的贡献作用逐渐弱化。2015 年榆林的第二产业增加值居呼包鄂榆城市群之首。呼和浩特的第三产业增加值居呼包鄂榆城市群之首。从城市的产业结构分析，除呼和浩特的产业结构为“三二一”外，呼包鄂榆城市群目前仍然是以第二产业为主，产业结构呈现“二三一”结构。第二、三产业在城市群经济发展中所占比重较高，高达 96.35%，第一产业所占比重不足 4%。参见图 6-81。

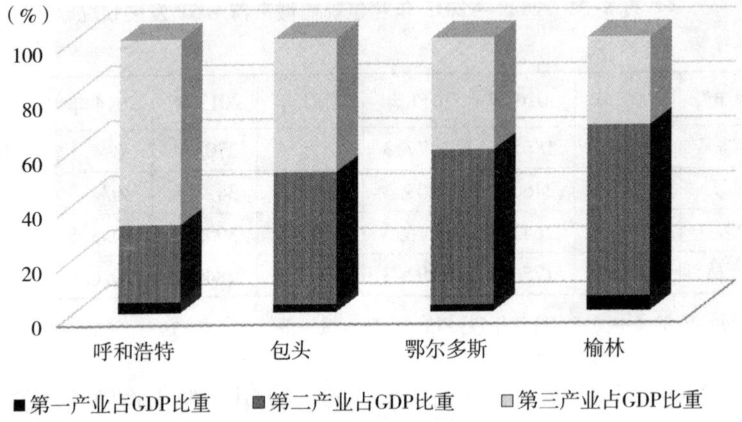

图 6-81　2015 年呼包鄂榆城市群产业结构

资料来源：作者根据《中国城市统计年鉴（2016）》和《中国区域经济统计年鉴（2016）》制作。

6.9.3　城市群社会可持续发展分析

城市群中榆林的卫生机构床位总数居首，然而每万人拥有数下降到末位。而从卫生机构医生总数来看，呼和浩特和包头要高于另两个城市，包头和鄂尔多斯数量相近。榆林虽然在卫生机构床位总数占据首位，但在其他方面都需要加以改善。参见图 6-82。

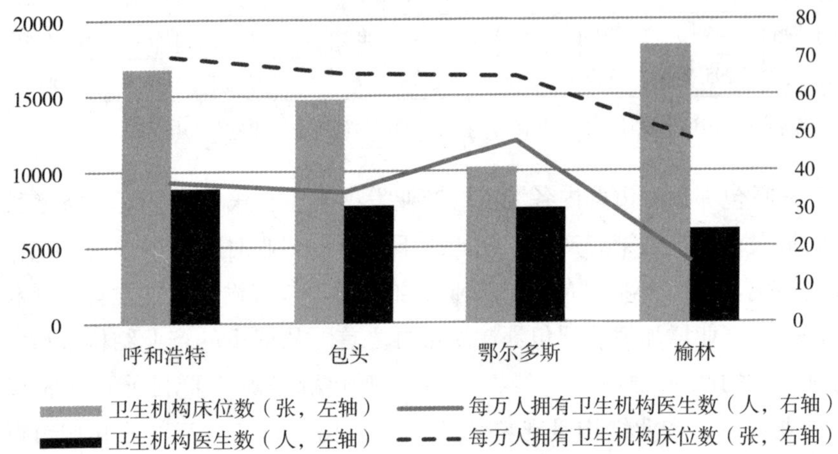

图 6-82　2015 年呼包鄂榆城市群医疗卫生状况

资料来源：作者根据《中国城市统计年鉴（2016）》和《中国区域经济统计年鉴（2016）》制作。

呼包鄂榆城市群的教育发展水平并不均衡。相比其他城市，呼和浩特每万人在校大学生数远远高于其他城市。教育财政支出方面，鄂尔多斯高于其他三个城市，包头高于榆林和呼和浩特。参见图 6-83。

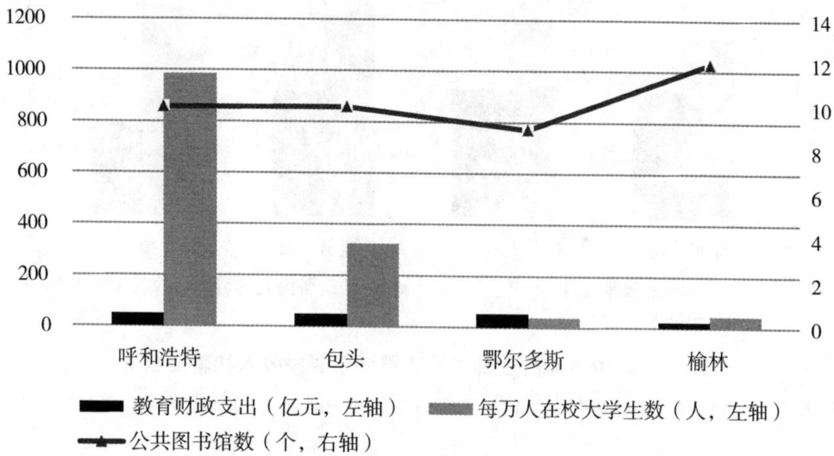

图 6-83　2015 年呼包鄂榆城市群教育文化状况

资料来源：作者根据《中国城市统计年鉴（2016）》和《中国区域经济统计年鉴（2016）》制作。

在呼包鄂榆城市群中，榆林的城镇居民人均可支配收入相比其他城市稍显落后。在岗职工平均工资方面，鄂尔多斯高于榆林，其次是包头和呼和浩特。城镇登记失业率与在岗职工平均工资水平密切相关，平均工资水平高的城市失业率较低，平均工资水平较低的城市失业率相对较高。2015 年，经济发展水平较高的鄂尔多斯失业率最低，经济水平发展相对较低的城市呼和浩特失业率相对较高。参见图 6-84。

呼包鄂榆城市群的人口分布并不均匀。四个城市中，人口密度最大的是呼和浩特，人口密度最低的是鄂尔多斯。就常住人口而言，榆林的常住人口最高，高于呼和浩特和包头，常住人口最少的城市为鄂尔多斯。呼包鄂榆城市群各个城市的城镇化率不尽相同，其中城镇化率最高的为包头，最低的为榆林。参见图 6-85。

呼包鄂榆城市群各城市的信息化水平就互联网宽带接入用户数来看相差较大。四个城市中信息化水平最高的是榆林和呼和浩特，鄂尔多斯的信息化水平最低。参见图 6-86。

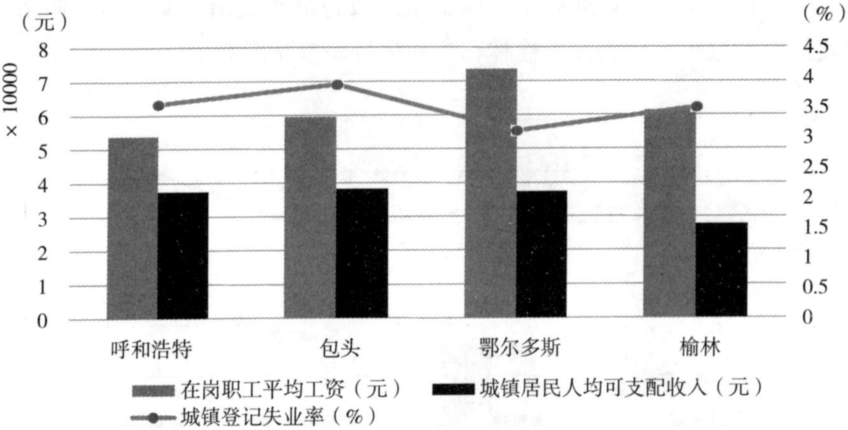

图 6-84　2015 年呼包鄂榆城市群城镇居民收入和就业状况

资料来源：作者根据《中国城市统计年鉴（2016）》和《中国区域经济统计年鉴（2016）》制作。

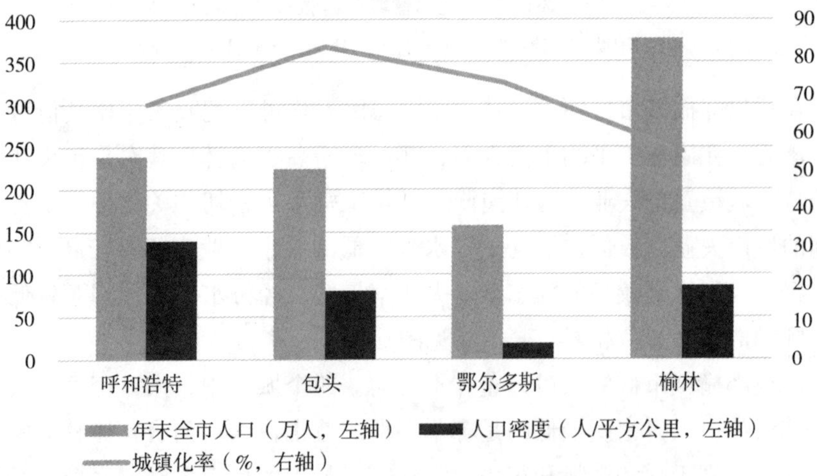

图 6-85　2015 年呼包鄂榆城市群人口状况和城镇化水平

资料来源：作者根据《中国城市统计年鉴（2016）》和《中国区域经济统计年鉴（2016）》制作。

由图 6-87 可知，呼和浩特的人均邮政业务量和人均电信业务量比其他三个城市高。对比可知，呼包鄂榆城市群的邮政和电信业务相差不大，较为均衡。

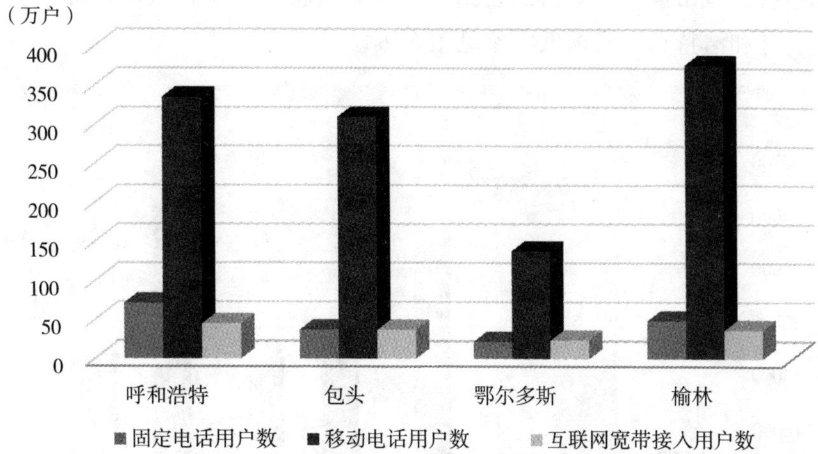

图 6-86 2015 年呼包鄂榆城市群电话和互联网用户数

资料来源：作者根据《中国城市统计年鉴（2016）》和《中国区域经济统计年鉴（2016）》制作。

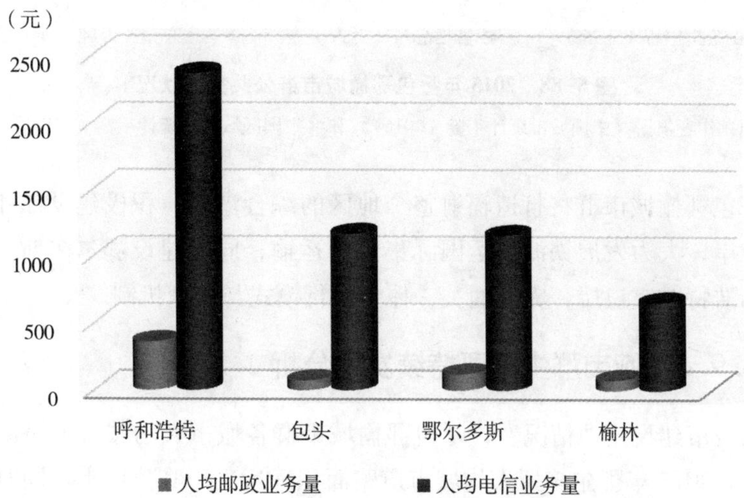

图 6-87 2015 年呼包鄂榆城市群邮政和电信业务量

资料来源：作者根据《中国城市统计年鉴（2016）》和《中国区域经济统计年鉴（2016）》制作。

从交通运输水平看，呼包鄂榆城市群中除榆林的客运总量较高，其他三个城市的客运总量相差不大。但城市群中各城市的货运总量相差悬殊，其中，货运总量最大的城市为包头，其次是鄂尔多斯，客运总量最小的为呼和浩特。城市群中各城市的公路里程数相差较大，榆林最高，鄂尔多斯次之，呼和浩特和包头偏低。参见图 6-88。

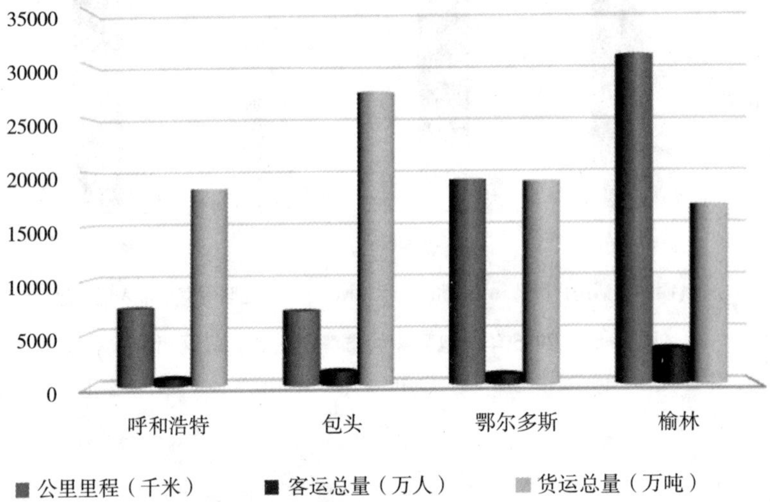

图 6-88　2015 年呼包鄂榆城市群公共交通状况

资料来源：作者根据《中国城市统计年鉴（2016）》和《中国区域经济统计年鉴（2016）》制作。

呼包鄂榆城市群将打造辐射整个地区的综合港区，积极建设呼和浩特铁路口岸，大力发展铁海联运国际集装箱运输；同时建设鄂尔多斯、榆林与呼和浩特航空口岸，完善通关一体化运行模式与管理机制。

6.9.4　城市群生态可持续发展分析

从城市建设用地情况看，呼包鄂榆城市群各城市人均城市道路面积差异明显。2015 年鄂尔多斯人均城市道路面积远远高于其他城市。同时，市辖区绿化覆盖面积这一指标各城市也相差悬殊，2015 年鄂尔多斯的市辖区绿化覆盖面积最高，而榆林面积较小。对比各项城建指标，在呼包鄂榆城市群中，城市建设发展最好的是鄂尔多斯和呼和浩特，其次为包头，城市建设水平最低的为榆林。参见表 6-33。

表 6-33　2015 年呼包鄂榆城市群土地资源状况

城　市	城市建设用地面积（平方公里）	人均城市道路面积（平方米）	市辖区绿化覆盖面积（万平方米）	市辖区年末实有城市道路面积（万平方米）
呼和浩特市	229.91	19.26	14077	2506
包头市	195.79	18.33	8009	2852
鄂尔多斯市	116.42	105.02	11577	2949
榆林市	96	17.81	2199	1015

资料来源：《中国城市统计年鉴（2016）》和《中国区域经济统计年鉴（2016）》。

从用水用电情况看，考虑到各城市产业结构不尽相同，呼和浩特的工业用电量最高，包头作为典型的工业城市，其工业用电量在呼包鄂榆城市群中也较高，而工业水平发展较为落后的鄂尔多斯工业用电量仅为包头的4.5%。包头的居民生活用水量高于呼和浩特市，鄂尔多斯和榆林最低。参见图 6-89。

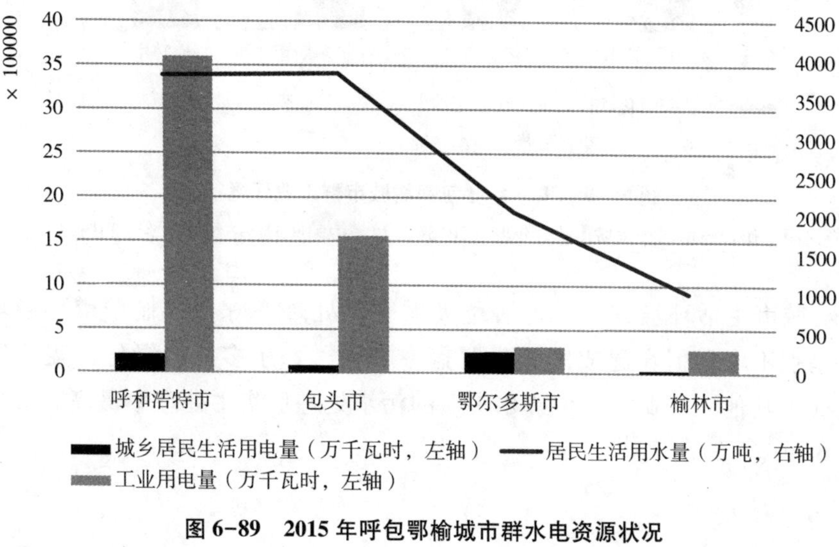

图 6-89　2015 年呼包鄂榆城市群水电资源状况

资料来源：作者根据《中国城市统计年鉴（2016）》和《中国区域经济统计年鉴（2016）》制作。

综合工业“三废”排放量水平看，榆林的工业发展给环境带来的压力最大。2015 年，榆林的工业废水量远远高于其他三个城市，工业烟（粉）尘排放量和工业二氧化硫排放量都位列第一，包头较上一年工业废水排放量有了显著的减少。由呼包鄂榆城市群各城市工业“三废”排放情况看，工业发展给当地的资源环境造成很大破坏，为了实现城市群的可持续发展，城市群在接下来的发展中需积极走新型工业化道路，采用先进工业技术，降低工业“三废”的排放，走资源消耗少，环境污染低的可持续发展道路。参见图 6-90。

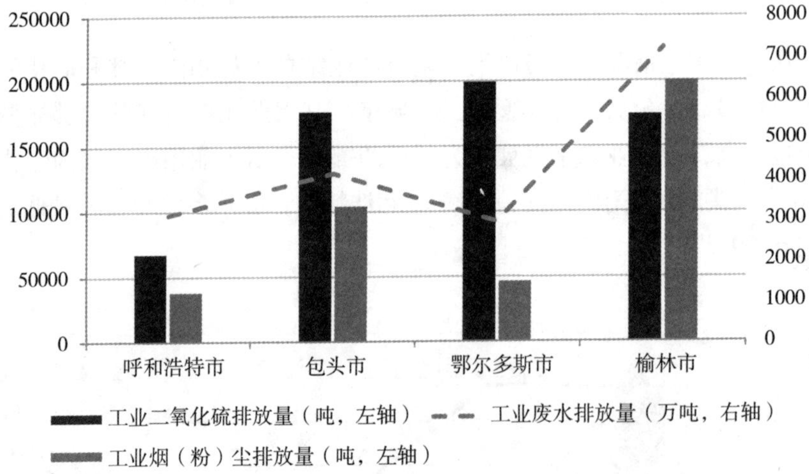

图 6-90　2015 年呼包鄂榆城市群工业环境状况

资料来源：作者根据《中国城市统计年鉴（2016）》和《中国区域经济统计年鉴（2016）》制作。

城市生活环境方面，生活垃圾无害化处理率呼包鄂榆城市群各城市差别不大，但在建成区绿化覆盖率方面，鄂尔多斯的绿化覆盖率明显低于其他三个城市，但鄂尔多斯的污水处理厂集中处理率最高。参见图 6-91。

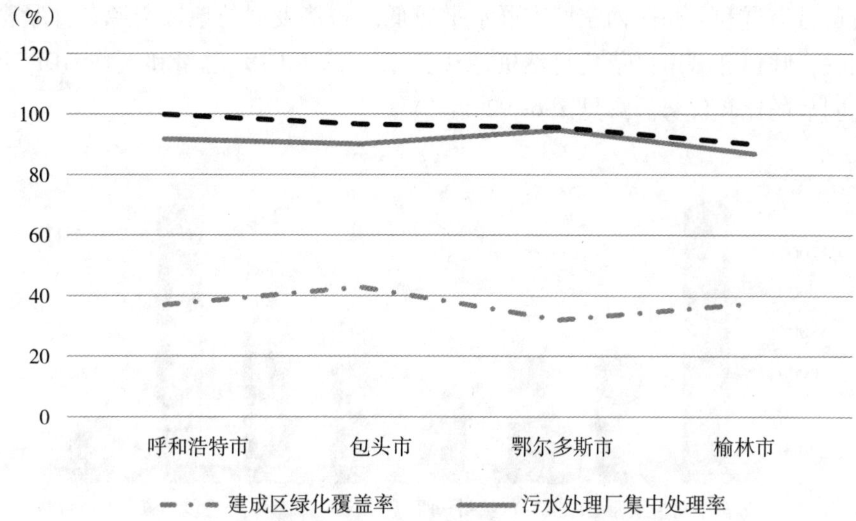

图 6-91　2015 年呼包鄂榆城市群居民生活环境状况

资料来源：作者根据《中国城市统计年鉴（2016）》和《中国区域经济统计年鉴（2016）》制作。

6.10　形成型城市群发展比较与“一带一路”建设

本章所研究的城市群覆盖了中国中西部地区主要的人口集聚地区，相对于中西部地区大部来说，具有较好的资源条件，未来有可能进一步发展为更高水平的城市群。针对这些城市群，在分别对其经济、社会以及生态可持续发展状况分析的基础上，再结合“一带一路”对其未来发展状况进行横向比较和分析。天山北坡由于缺少数据不列入比较分析。

6.10.1　形成型城市群间经济发展比较分析

随着工业化和城镇化进程的不断推进，各城市群经济都有了快速的发展。从 GDP 总量来看，环鄱阳湖城市群和呼包鄂榆城市群水平较高；宁夏沿黄城市群和兰州—西宁城市群水平较低。经济发展与地区资源条件紧密相关，呼包鄂城市群依托自然资源优势条件，在 GDP 总量和人均 GDP 上有明显的比较优势。参见图 6-92。

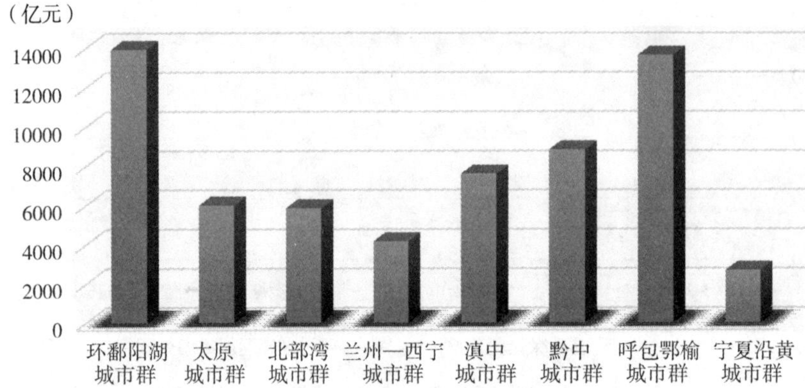

图 6-92　2015 年形成型城市群 GDP 总量水平

资料来源：作者根据《中国城市统计年鉴（2016）》和《中国区域经济统计年鉴（2016）》制作。

在地区经济发展状况中，人均 GDP 和地均 GDP 呈现一定的正相关性。除呼包鄂榆城市群外，人均 GDP 的变化幅度整体较小；除北部湾城市群外，地均 GDP 的变化幅度较小。参见图 6-93。

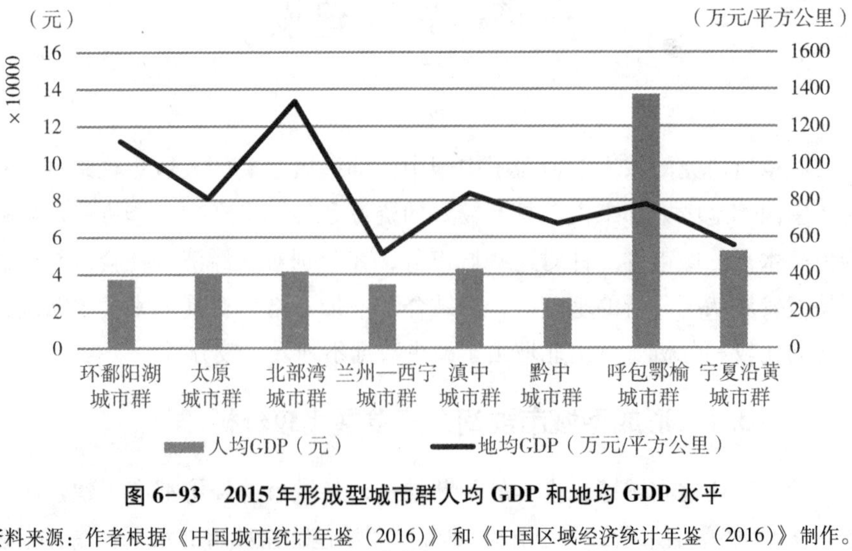

图 6-93　2015 年形成型城市群人均 GDP 和地均 GDP 水平

资料来源：作者根据《中国城市统计年鉴（2016）》和《中国区域经济统计年鉴（2016）》制作。

在规模以上工业产值、全社会固定资产投资和货物进出口总额方面，环鄱阳湖城市群和呼包鄂榆城市群居前两位；地方财政收入、外商直接投资实际使用额、社会消费品零售总额和地方财政支出方面，呼包鄂榆城市群和环鄱阳湖城市群均居前两位；而金融机构人民币贷款方面，环鄱阳湖城市群和滇中城市群分别居前两位。参见表6-34。

表6-34 2015年形成型城市群主要经济指标

城市群	规模以上工业总产值（亿元）	社会消费品零售总额（亿元）	全社会固定资产投资总额（亿元）	地方财政一般预算收入（亿元）	金融机构人民币贷款额（万元）	外商直接投资实际使用额（万美元）	货物进出口总额（万美元）
环鄱阳湖	26119.09	4900.14	13900.01	1634.90	15097.15	798855	3895417
太　原	5814.60	3075.99	6224.77	582.98	12557.72	161215	1168877
北部湾	6642.12	2424.19	5623.51	447.06	9685.26	84835	2417322
兰州—西宁	4463.30	1975.18	4400.30	346.41	12442.72	941318	941318
滇　中	6013.69	3121.10	6141.94	813.32	14670.13	214444	1525224
黔　中	7860.51	2632.52	8056.63	933.65	12858.19	1152267	1152267
呼包鄂榆	11635.29	3686.84	8072.39	1241.19	12999.50	310677	436030
宁夏沿黄	3723.22	729.60	2903.58	251.29	4911.59	396482	396482

资料来源：《中国城市统计年鉴（2016）》和《中国区域经济统计年鉴（2016）》。

各个城市群由于其资源禀赋差异和产业结构的不同，第一、二、三产业比重呈现较大的差别。十个形成型城市群中北部湾城市群、滇中城市群和黔中城市群由于气候和土地条件较好，农业发展较好，第一产业比重均大于10%；而环鄱阳湖城市群和宁夏沿黄城市群的第二产业比重均超过50%；第三产业除太原城市群和兰州—西宁城市群之外，比重普遍低于50%。参见图6-94。

6.10.2 形成型城市群间社会发展比较分析

各城市群的医疗卫生水平采用每万人拥有卫生机构医生数和每万人拥有卫生机构床位数指标衡量，每万人拥有卫生机构医生数和每万人拥有卫生机构床位数在各城市群间的变化趋势几乎一致，其中太原城市群和呼包

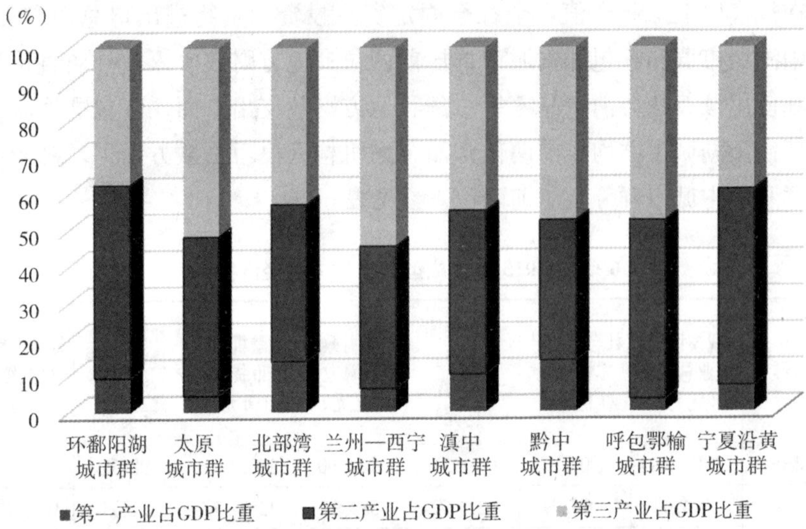

图 6-94　2015 年形成型城市群产业结构

资料来源：作者根据《中国城市统计年鉴（2016）》和《中国区域经济统计年鉴（2016）》制作。

鄂榆城市群的医疗水平相对较高，而环鄱阳湖城市群虽然经济发展水平较高，但医疗卫生水平有待提高。参见图 6-94。

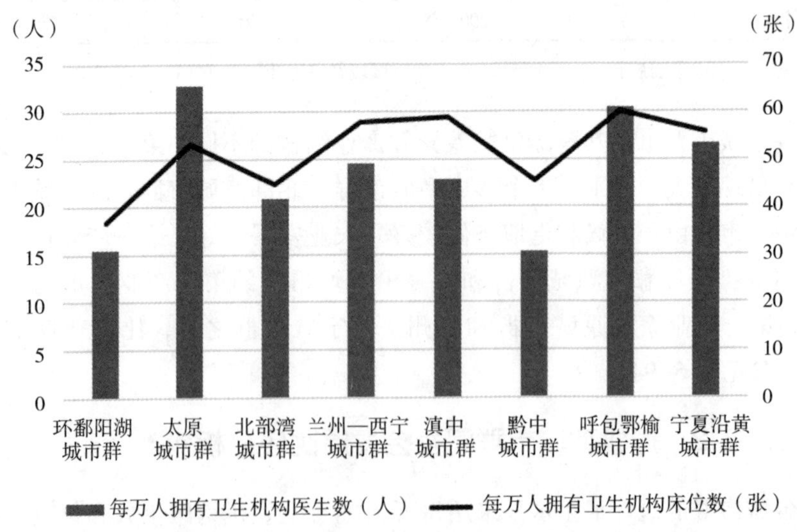

图 6-95　2015 年形成型城市群医疗卫生状况

资料来源：作者根据《中国城市统计年鉴（2016）》和《中国区域经济统计年鉴（2016）》制作。

在受教育程度的衡量中，地区差异较大，兰州—西宁城市群位于中西部，虽然经济发展水平较低，但每万人在校大学生数很高；从现有的数据看，黔中城市群的教育财政支出占 GDP 比重最高。参见图 6-96。

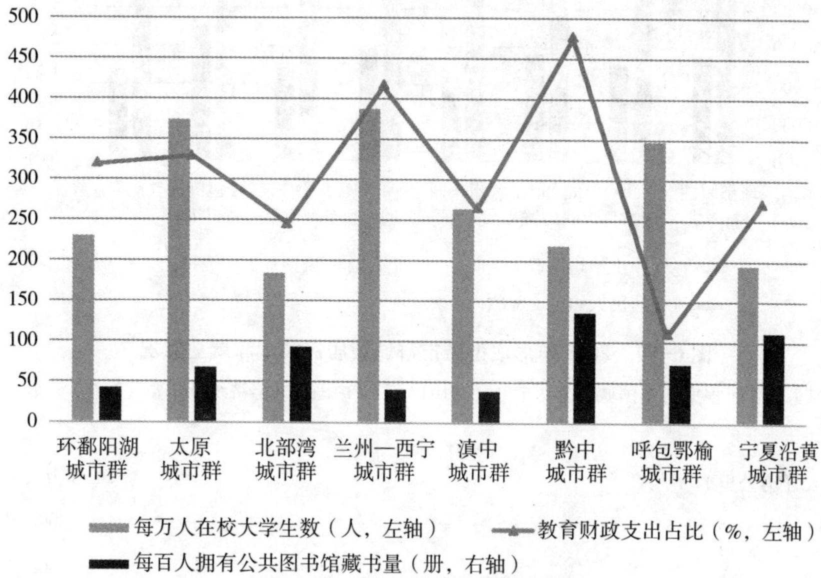

图 6-96　2015 年形成型城市群教育文化状况

资料来源：作者根据《中国城市统计年鉴（2016）》和《中国区域经济统计年鉴（2016）》制作。

就业和职工工资方面，各城市群水平较为平均。其中，呼包鄂榆城市群、宁夏沿黄城市群和黔中城市群的在岗职工平均工资最高；呼包鄂榆城市群、滇中城市群和北部湾城市群在城镇居民人均可支配收入方面居于前三位；而北部湾城市群和兰州—西宁城市群的城镇登记失业率较低。参见图 6-97。

人口是地区发展繁荣度的重要衡量指标，且是城市群是否达标的重要评判标准。在地区的人口密度方面，整体呈现人口密度的自东向西、自南向北逐减的趋势。北部湾城市群有最高的人口密度，环鄱阳湖城市群与之相差不大，位居第二；而最低的呼包鄂榆城市群和天山北坡城市群的人口密度均低于全国平均水平。参见图 6-98。

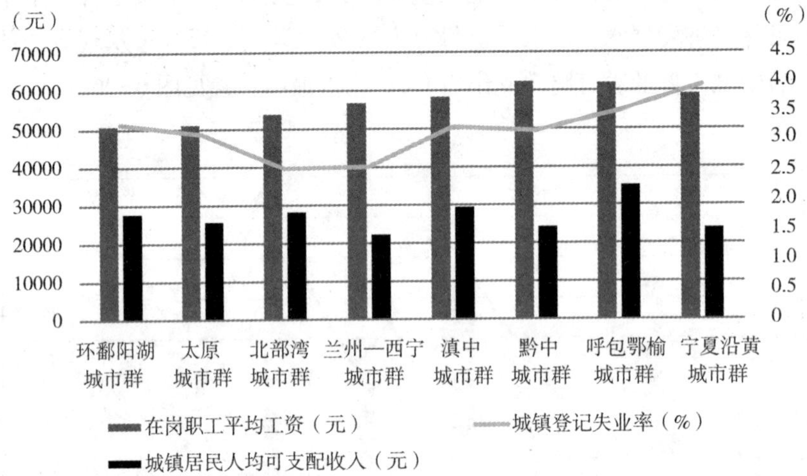

图 6-97　2015 年形成型城市群城镇居民收入和就业状况

资料来源：作者根据《中国城市统计年鉴（2016）》和《中国区域经济统计年鉴（2016）》制作。

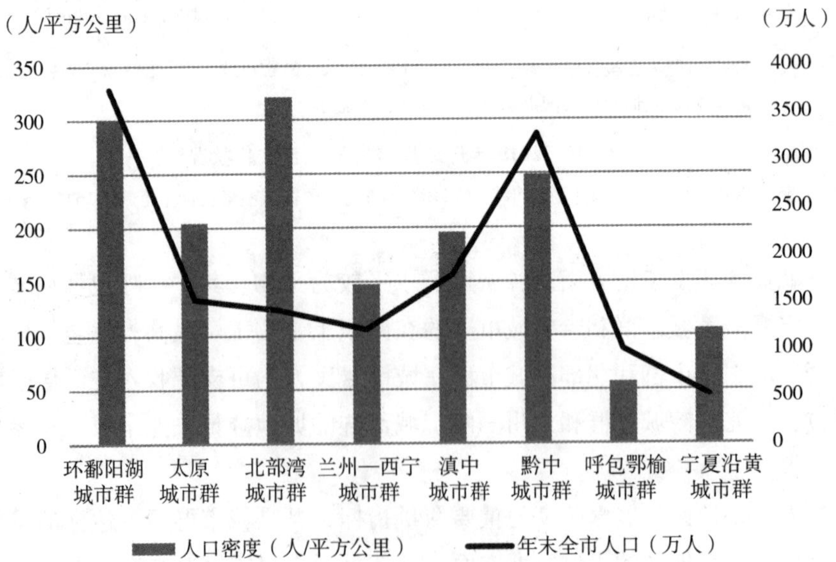

图 6-98　2015 年形成型城市群人口状况

资料来源：作者根据《中国城市统计年鉴（2016）》和《中国区域经济统计年鉴（2016）》制作。

在交通基础设施方面，各地争上机场、港口、火车站等区域性交通基础设施项目，而跨城市的区域性基础设施发展与共享，以及公共服务设施建设难以协调，难以实现合理高效的区域资源配置，同时也降低了已有设施的服务水平与经营效率。

由图6-98可知，形成型城市群在客运总量和货运总量上具有较大的差异性，环鄱阳湖城市群和呼包鄂榆城市群在货运总量水平上领先，而黔中城市群具有最高的客运量。每万人拥有公共汽车数各城市群差异并不大，大约在2—3辆左右；而人均公路里程方面，各地差距较大，以呼包鄂榆城市群、太原城市群、黔中城市群和滇中城市群居多。

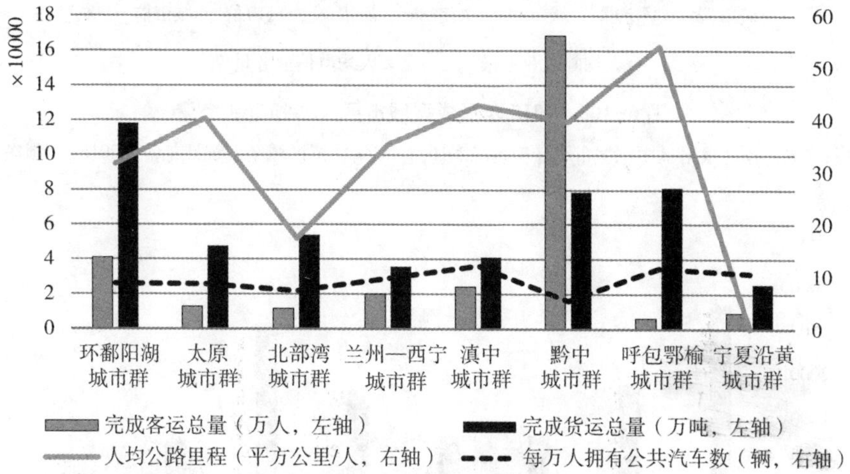

图6-99　2015年形成型城市群交通运输状况

资料来源：作者根据《中国城市统计年鉴（2016）》和《中国区域经济统计年鉴（2016）》制作。

信息化水平是体现城市群内外联系紧密程度的指标。信息化水平越高的城市群，其发展程度越高。从图6-100和图6-101可以看到，2015年各城市群的移动电话用户数均远高于固定电话用户数和互联网用户数，数量上的差异性较为显著，其中环鄱阳湖城市群和黔中城市群领先较明显，而宁夏沿黄城市群各项水平都比较低。同时，各城市群的信息化水平总体差距较小，从人均邮电业务总量和人均电信业务总量来看，两类指标表现出的各地区的优劣趋势相似，呼包鄂榆城市群、滇中城市群和宁夏沿黄城市群处于领先水平。

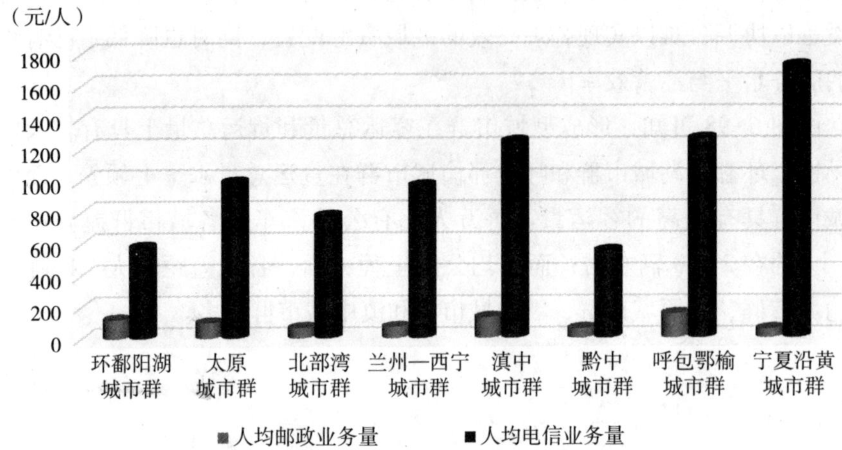

图 6-100　2015 年形成型城市群人均邮电业务量

资料来源：作者根据《中国城市统计年鉴（2016）》和《中国区域经济统计年鉴（2016）》制作。

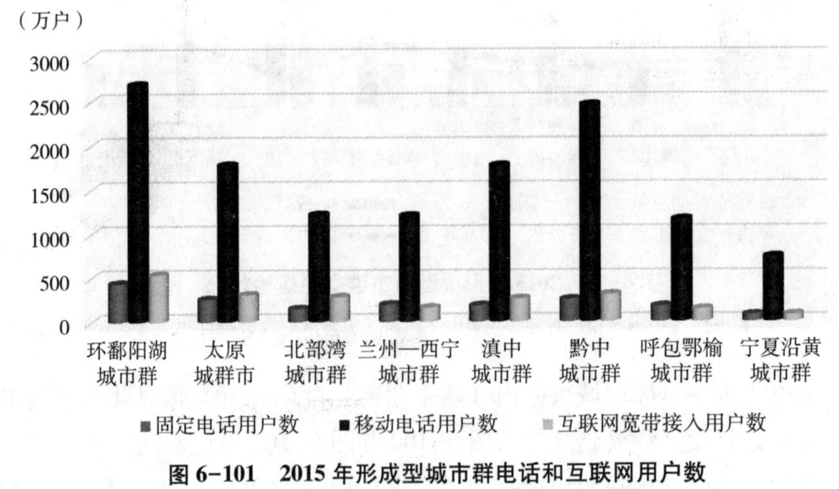

图 6-101　2015 年形成型城市群电话和互联网用户数

资料来源：作者根据《中国城市统计年鉴（2016）》和《中国区域经济统计年鉴（2016）》制作。

6.10.3　形成型城市群间生态发展比较分析

从工业“三废”的排放量看，宁夏沿黄城市群、太原城市群和兰州—西宁城市群的单位 GDP 工业二氧化硫排放量最高，宁夏沿黄城市群和太原城市群的单位 GDP 工业烟（粉）尘排放量最高，而宁夏沿黄城市群、环鄱阳湖城市群和黔中城市群的单位 GDP 工业废水排放量相对较高。总体来看，宁夏沿黄城市群的工业“三废”的排放量都过高，黔中城市群、太原城市群、环鄱阳湖城市群和北部湾城市群在某一方面的排放量过高，而兰州—西宁城市群和呼包鄂榆城市群的排放量较为平均。参见图 6-102。

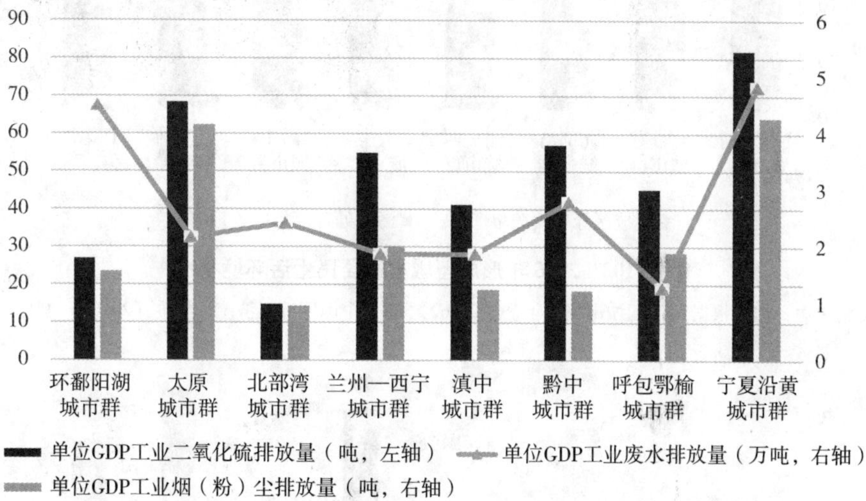

图 6-102　2015 年形成型城市群工业环境状况

资料来源：作者根据《中国城市统计年鉴（2016）》和《中国区域经济统计年鉴（2016）》制作。

由图 6-103 可知，从建成区绿化覆盖率看，各形成型城市群差别并不大，大概为 35%—55%，比 2014 年有所提升，其中环鄱阳湖城市群、黔中城市群和北部湾城市群居前三位，而兰州—西宁城市群和宁夏沿黄城市群的绿化覆盖率较低；从城镇生活污水处理率看，除北部湾城市群和兰州—西宁城市群水平较低外，其他城市群的污水处理厂集中处理率大约为 85%—90%，宁夏沿黄城市群、滇中城市群、黔中城市群和环鄱阳湖城市群分别居前列。

由图 6-104 可知，从各城市群建设用地状况看，滇中城市群、环鄱阳湖城市群和太原城市群的城市建设用地面积比重高于其他城市群，而黔中城市群城市建设面积比重最低；人均城市道路面积方面，呼包鄂榆城市群、滇中城市群和宁夏沿黄城市群较多，环鄱阳湖城市群、太原城市群和

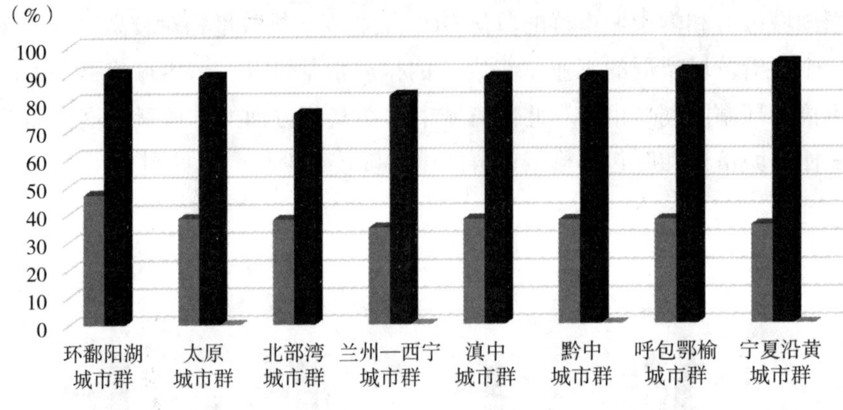

图 6-103　2015 年形成型城市群居民生活环境状况

资料来源：作者根据《中国城市统计年鉴（2016）》和《中国区域经济统计年鉴（2016）》制作。

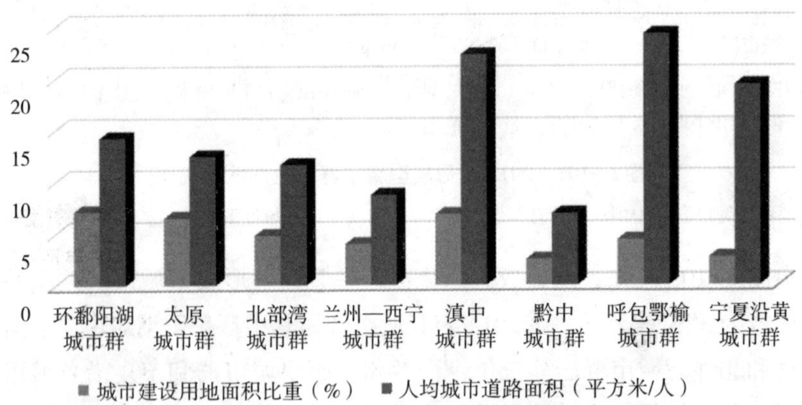

图 6-104　2015 年形成型城市群土地资源状况

资料来源：作者根据《中国城市统计年鉴（2016）》和《中国区域经济统计年鉴（2016）》制作。

北部湾城市群人均道路面积居中，而黔中城市群的人均城市道路面积最低，这与其较低的城市建设用地占比有关。

由图 6-105 可知，各形成型城市群在人均用电量、人均用水量方面表现差异比较大。呼包鄂榆城市群、环鄱阳湖城市群、黔中城市群人均用电量比较高；在人均用水量方面，北部湾城市群高于其他城市群，而环鄱阳湖城市群和呼包鄂榆城市群较低，宁夏沿黄城市群最低。

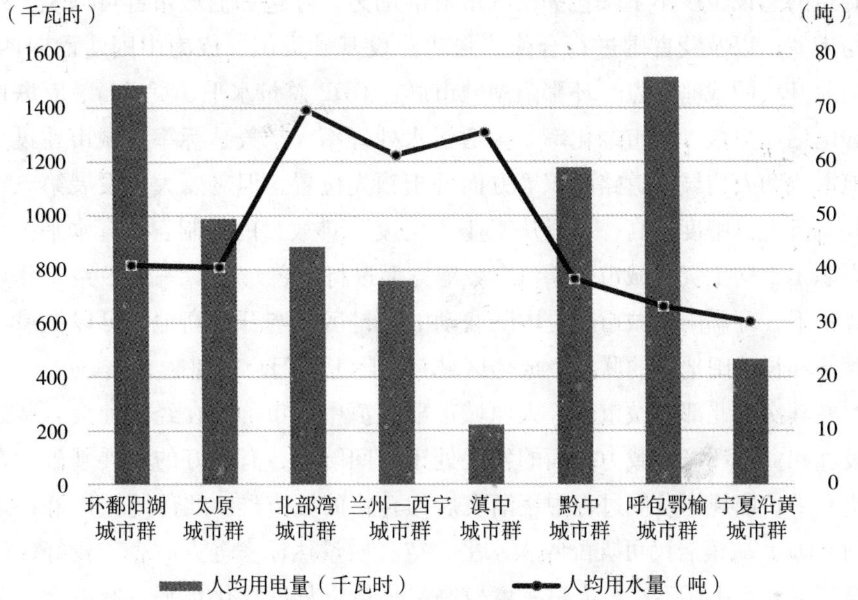

图 6-105　2015 年形成型城市群水电资源状况

资料来源：作者根据《中国城市统计年鉴（2016）》和《中国区域经济统计年鉴（2016）》制作。

6.10.4　形成型城市群可持续发展与“一带一路”建设

形成型城市群作为区域发展的集中区域，在未来城镇化发展中应是带动发展的重点地区。“一带一路”倡议对国内外城市的发展及格局都有深远的影响。“一带一路”倡议本质上是内外联动的互联互通，最终所形成的城市群应该是区域内畅通无阻的资金、信息、商品与人才流。各个城市群应为推进“一带一路”建设服务，“一带一路”建设的推进也要依托城市群的功能和辐射作用。

从分析上看，呼包鄂榆城市群和环鄱阳湖城市群最有可能发展成为更高水平的城市群。其中，呼包鄂榆城市群在 GDP 总量和人均量、在岗职工平均工资和城镇居民人均可支配收入、货运量和人均公路里程、人均邮电业务量、人均道路面积等方面居于形成型城市群的领先位置。各方面发展较好，主要可以从教育水平、公共汽车数量、“三废”排放量、空气质量等方面进行完善，使其尽早发展为更高水平的城市群。同时，中蒙俄经济廊道的建设也少不了呼包鄂榆城市群的助力。呼包鄂榆城市群可以全方位与俄罗斯以及蒙古国进行合作，强化建设基础设施，成为中国建设向西、向北开放的战略支点。环鄱阳湖城市群在 GDP 总量水平、货运量、互联网和电话用户数、城市绿化率、生活污水处理率、空气达标率、城市建设用地占比和人均城市道路面积等方面处于领先位置，但需要大力发展第三产业，且人口密度较高，可以从工业“三废”排放量的控制、教育水平、在岗职工平均工资及城市公共汽车数等方面进行完善。在“一带一路”建设背景下，环鄱阳湖城市群是内陆联动的关键区域与开放高地，可以促进中西部和长珠闽地区的联动，成为区域与国际上的门户枢纽。

其次是北部湾城市群、太原城市群和滇中城市群，在经济社会、基础设施和资源环境承载力方面的发展处于中间阶层，有较好的发展基础，有望在中长期规划发展过程中逐渐发展为合格的城市群。北部湾城市群在地均 GDP、城镇居民可支配收入水平、空气质量达标率等方面表现较好，但经济发展水平还不高，人口密度较高，还可以从信息化水平、城市交通系统、工业“三废”的排放量以及人均用水量等方面进行完善。同时，北部湾城市群应该对内加强联系珠三角城市群，对外深度参与中国与东盟的合作，积极融入“一带一路”。太原城市群在 GDP 总量、医疗卫生情况、教育水平、绿化覆盖率、邮电业务量、城市建设用地占比等方面处于领先位置，但仍可以从教育水平、客运和货运量、互联网及固话用户数、工业“三废”的排放量以及城市绿化率、生活污水处理率等方面进行完善。虽然没有被纳入“一带一路”范围，但太原城市群可以依靠铁路装备制造业、煤炭开采与科研等行业主动对接“一带一路”建设。滇中城市群在 GDP 总量、人均 GDP、在岗职工平均工资、城镇居民可支配收入、客运总量、货运总量、人均公路里程和公共汽车数量、生活污水处理率、空气质量达标率、城市建设道路面积占比等方面表现较好，此外可以从教育水平、客运和货运量、城市信息化水平、工业“三废”排放量的控制等方面进行完善。“一带一路”倡议下，滇中城市群应抓住与东南亚和南亚地区开放合作的机遇。

兰州—西宁城市群、黔中城市群、宁夏沿黄城市群则发展相对滞后，其各方面还有待进一步提高，未来仍需长期发展以成为合格的城市群。其中，黔中城市群在客运和货运量、人均公路里程、城市信息化水平、在岗职工平均工资、地均 GDP 等方面表现不错，但教育水平、人均城市道路面积等方面几乎为形成型城市群内最低水平，人口密度过高，此外，还可从从工业“三废”排放量、城市绿化率、空气达标率等方面进行完善。尽管没有在“一带一路”范围内，但黔中城市群是孟中印缅经济走廊的必经之地，更是新一阶段西部大开发的经济增长极。兰州—西宁城市群除了医疗卫生情况、教育水平处于形成型城市群内领先位置，其他各方面水平都较低，尤其是在绿地覆盖率、生活污水处理率、空气达标率和城市建设用地占比方面亟待提高。其在“一带一路”建设中战略地位突出，地处新亚欧大陆桥，支撑着中国与中亚、西亚的经济走廊。宁夏沿黄城市群除了人均 GDP、在岗职工平均工资、人均公路里程和生活污水处理率方面处于形成型城市群内领先水平，其余方面水平较低，尤其是在工业“三废”排放量、空气达标率、城市建设用地占比等方面亟待提高。宁夏也位于新亚欧大陆桥中间位置，在“一带一路”建设的带动下，具有与中东、中亚、阿拉伯国家和伊斯兰国家交流合作的潜质。

参考文献

[1] 云南统计局:《楚雄州年鉴》，中国统计出版社 2016 年版。

[2] 贵州统计局:《黔东南州年鉴》，中国统计出版社 2016 年版。

[3] 新疆统计局:《新疆统计年鉴》，中国统计出版社 2016 年版。

[4] 乌鲁木齐统计局：《乌鲁木齐统计年鉴》，中国统计出版社 2016 年版。

[5] 克拉玛依统计局:《克拉玛依年鉴》，中国统计出版社 2016 年版。

[6] 哈密地区统计局:《哈密年鉴》，中国统计出版社 2016 年版。

[7] 石河子统计局:《石河子年鉴》，中国统计出版社 2016 年版。

[8] 塔城市统计局:《塔城市年鉴》，中国统计出版社 2016 年版。

[9] 黔东南州统计局：《黔东南州 2015 年国民经济与社会发展统计公

报》，中国统计信息网，2016-04-09。

[10] 黔南州统计局：《黔南州 2015 年国民经济与社会发展统计公报》，中国统计信息网，2016-04-30。

[11] 楚雄州统计局：《楚雄州 2015 年国民经济与社会发展统计公报》，中国统计信息网，2016-03-27。

[12] 临夏州统计局：《临夏州 2015 年国民经济与社会发展统计公报》，中国统计信息网，2016-05-11。

[13] 吐鲁番地区州统计局：《吐鲁番地区 2015 年国民经济与社会发展统计公报》，中国统计信息网，2016-05-18。

[14] 哈密地区统计局：《哈密地区 2015 年国民经济与社会发展统计公报》，中国统计信息网，2016-05-11。

[15] 昌吉州统计局：《昌吉州 2015 年国民经济与社会发展统计公报》，中国统计信息网，2016-05-05。

[16] 博州统计局：《博尔塔拉蒙古自治州 2015 年国民经济与社会发展统计公报》，博州统计信息网，2016-04-09。

[17] 伊犁州统计局：《伊犁州 2015 年国民经济与社会发展统计公报》，中国统计信息网，2016-03-30。

[18] 塔城市统计局：《塔城市 2015 年国民经济与社会发展计划执行情况及 2016 年国民经济和社会发展计划的报告》，塔城市人民政府网，2016-01-30。

[19] 孙莉、吕斌、周兰兰：《中国城市承载力区域差异研究》，《城市发展研究》2009 年第 3 期。

[20] 欧阳敏、刘仁阳：《长株潭城市群城市综合承载力评价》，《湖南师范大学自然科学学报》2009 年第 3 期。

[21] 陈娟、李景保、卿雄志：《湖南“3+5”城市群城市综合承载力评价》，《鲁东大学学报（自然科学版）》2010 年第 3 期。

[22] 高太忠、杨柳、闫兰娜、肖云川：《河北省环境综合承载力研究》，《金属矿山》2010 年第 2 期。

[23] 毛汉英、余丹林：《环渤海地区区域承载力研究》，《地理学报》2001 年第 5 期。

[24] 毛汉英、余丹林：《区域承载力定量研究方法探讨》，《地球科学进展》2001 年第 8 期。

[25]《中国统计年鉴 2016》。

[26]《中国区域经济发展报告：中国城市群资源环境承载力》，人民出版社 2014 年版。

[27]《滇中城市群规划（2016—2049 年）》。

[28] 王景敏：《"一带一路"倡议下北部湾港口群竞合发展问题研究》，《经济研究参考》2017 年 47 期。

[29] 洪小龙：《加快打造北部湾城市群的对策思考》，《广西经济》2017 年第 3 期。

[30]《北部湾城市群发展规划》。

[31] 马剑平：《国家级城市群发展战略对广西北部湾经济区创新发展的思考》，《中国市场》2017 年第 13 期。

[32] 李东明：《鹿心社在省鄱阳湖生态经济区建设（昌九一体化发展）领导小组会议上强调全面对接融入国家战略推动昌九深度融合发展》，《江西省人民政府公报》2016 年 A01。

[33]《鄱阳湖生态城市群规划（2015—2030）》。

[34] 林潇：《以南昌大都市区为"核"建绿色城镇化示范区》，《南昌日报》2016 年 2 期。

[35] 曹东亚：《山西在"一带一路"建设中的使命与战略》，《市场周刊：理论研究》2015 年第 7 期。

[36] 蒋晓佳：《"一带一路"战略下山西煤炭企业转型发展探究》，《煤炭经济研究》2015 年第 7 期。

[37] 何玲：《"一带一路"：引领宁夏走向开放前沿》，《中国经济时报》2016 年 6 月 29 日。

[38] 袁惊柱：《宁夏对接"一带一路"战略的比较优势》，参见张其仔主编：《中国产业竞争力报告（2015）No.5："一带一路"战略与国际产能合作》，社会科学文献出版社 2015 年版。

[39] 佚名：《关于融入"一带一路"加快开放宁夏建设的意见》，《宁夏回族自治区人民政府公报》2015 年第 16 期。

［40］《兰州—西宁城市群发展规划》。

［41］周婉婷、焦隆：《融入“一带一路”建设　兰西城市群开启全面发展》，《人民日报》2018 年 3 月 21 日。

［42］《黔中城市群发展规划》。

［43］魏丽莉、张利敏：《丝绸之路经济带西部城市群金融发展的空间差异研究》，《石河子大学学报（哲学社会科学版）》2017 年第 4 期。

［44］许正中：《新型城镇化的主要着力点：基于城市化规律与测度——以黔中经济区为例》，《贵州省党校学报》2015 年第 6 期。

［45］杨毅、单晓刚、冯海波：《新常态下黔中城市群协调发展规划策略》，2015 中国城市规划年会。

［46］龚晓菊、申亚杰：《“一带一路”背景下天山北坡城市群的产业发展研究》，《当代经济管理》2017 年第 11 期。

［47］宋耀辉：《中国天山北坡城市群发展研究》，《区域经济评论》2017 年第 4 期。

［48］《呼包鄂榆城市群发展规划》。

［49］张斯琴、肖冰、郝戊：《呼包鄂榆城市群的城市竞争力研究》，《中国集体经济》2015 年第 1 期。

［50］张国：《内蒙古融入丝路经济带举措选择》，《开放导报》2015 年第 4 期。

［51］《全国主体功能区规划》。

［52］《江苏省十一五规划纲要》。

［53］《主体功能区规划中》。

［54］《自治区国民济和社会发展第十二个五年规划纲要》。

［55］《加快太原城市群和经济圈发展研究》（征求意见稿）。

［56］《广西北部湾经济区发展规划（2006—2020 年）》。

［57］《广西北部湾经济区城镇群规划纲要意见》。

7

“一带一路”沿线城市群

7.1 “一带一路”沿线城市群概况

2015年3月，国家发展改革委、外交部、商务部联合发布《推动共建丝绸之路经济带和21世纪海上丝绸之路的愿景与行动》（简称《“一带一路”的愿景与行动》），对中国各省份在“一带一路”建设中的定位予以明确。“一带一路”建设重点涉及18个省份，西北地区包括新疆、陕西、甘肃、宁夏、青海、内蒙古6省区，东北地区包括黑龙江、吉林、辽宁3省，西南地区包括广西、云南、西藏3省区以及上海、福建、广东、浙江、海南5省市，内陆地区则圈定了重庆。

《“一带一路”的愿景与行动》还重点提及了多个节点城市，例如西安、兰州、西宁、成都、武汉、长沙、南昌、合肥等，而沿海的节点城市更是重点。《“一带一路”的愿景与行动》强调，加强上海、天津、宁波—舟山、广州、深圳、湛江、汕头、青岛、烟台、大连、福州、厦门、泉州、海口、三亚等沿海城市港口建设，并且深入强化上海、广州等国际枢纽机场功能。内陆节点城市建设方面则强调，支持郑州、西安等内陆城市建设航空港、国际陆港，加强内陆口岸与沿海、沿边口岸通关合作，开展跨境贸易电子商务服务试点。依据《“一带一路”的愿景与行动》提及的省份和节点城市，“一带一路”沿线城市群主要包括12个，其中核心城市群2个，主要城市群10个。

7.1.1 西部城市群（核心）

按照《“一带一路”的愿景与行动》的表述，新疆被定位为“丝绸之路经济带”核心区。这一地区的城市群成为“一带一路”核心城市群，包括乌鲁木齐、喀什、伊宁等中国最西部的城市，它们承担着建设中巴经济走廊，以及发展中国与中亚国家的友好关系等重任。中国与中亚国家的经贸关系主要是指中国新疆与中亚国家的经贸关系。中巴高铁能否建成，关键取决于乌鲁木齐、喀什的经济发展状况和整个新疆地区的安全与稳定。

7.1.1.1 城市群城市体系分析

西部城市群包括乌鲁木齐、喀什、伊宁等城市，其中乌鲁木齐为规模最大的城市，由于其他城市的数据较难获得，我们将乌鲁木齐作为西部城市群的主要对象。根据《中国统计年鉴（2016）》数据，2015 年乌鲁木齐人口为 266.83 万人，呈现出西部地区地广人稀的特征。乌鲁木齐作为西部城市群的核心城市，同样面临着高端人才匮乏的问题，在“一带一路”建设中高层次、高技能的人才短缺。

7.1.1.2 城市群经济可持续发展分析

乌鲁木齐 2013 年 GDP 为 2202.9 亿元，2015 年 GDP 为 2631.64 亿元，年均增长率为 9.3%。乌鲁木齐的 GDP 在整个西部城市群中所占比重一直首屈一指。2015 年，以新疆北、中、南铁路通道建设规划为蓝本，开通重大项目建设。加快建设中巴经济走廊和连接中亚、西亚、南亚、欧洲的信息与物流通道，真正做到互联互通。在乌鲁木齐建设以农产品、机电为主的外销产品市场，促进对外贸易转型升级，加快乌鲁木齐亚欧经贸合作实验区建设。开展对外工程合作，不断扩大矿产品、原油等资源合理性进口。发展边境贸易，促进贸易市场多元化发展。值得注意的是，2015 年乌鲁木齐市第三产业比重达到 68.88%，产业结构正在以极快的速度转型升级。

表 7-1 2015 年西部城市群主要经济指标

城 市	GDP（万元）	工业总产值（万元）	外商直接投资使用额（万美元）	科学技术支出（万元）	年末金融机构人民币各项贷款余额（万元）	第二产业比重（%）	第三产业比重（%）
乌鲁木齐市	26316398	20627515	28700	88119	49574320	29.92	68.88
喀什市	/	/	/	/	/	/	/
伊宁市	/	/	/	/	/	/	/

资料来源：《中国城市统计年鉴（2016）》。

7.1.1.3 城市群社会可持续发展分析

由于西部地区地广人稀，从社会可持续发展水平来看，乌鲁木齐的医疗条件和人均教育水平在国内的城市中均处于较好的位置。2015年每万人拥有的卫生机构床位数为95.66张，在全国各大城市中名列前茅。从前几年的数据来看。乌鲁木齐市的教育水平在西部城市群中排名首位，然而当地政府对于教育的支出还远远不够，这将不利于该地区经济的长远可持续发展。2016年，乌鲁木齐市小学学龄儿童净入学率100%，小学毕业升入初中升学率100%，初中毕业升入高中阶段升学率64.1%。截至2016年年末，全市共有普通高等学校25所，全年招生5.16万人。培养高质量人才，并使人才留下来，是西部城市群目前需要解决的一个重要问题。

表7-2 2015年西部城市群社会可持续发展状况

城　市	每万人拥有卫生机构床位数（张）	人均教育支出（元）	每百人拥有公共图书馆藏书量（册）
乌鲁木齐市	95.66	2639.08	79.60
喀什市	/	/	/
伊宁市	/	/	/

资料来源：《中国城市统计年鉴（2016）》。

7.1.1.4 城市群生态可持续发展分析

西部地区土地辽阔，人口密度较小，稀少的人口限制了城市的发展。乌鲁木齐在蒙古语里意为“优美的牧场”，是中国国家园林城市、中国优秀旅游城市。水资源是地处内陆干旱区的乌鲁木齐最宝贵的资源。乌鲁木齐存在着冰川融水、地表径流和地下径流等不同形态的水资源，降水是水资源的补给来源，降水的变化直接影响水资源的变化。此外，西部城市群有着丰富的矿产资源，乌鲁木齐市北有准东油田，西有克拉玛依油田，南有塔里木油田，东有吐哈油田，且地处准噶尔储煤带的中部，市辖区内煤炭储量就达100亿吨以上，主要分布在雅玛里克山、水磨沟、芦草沟等地，约占全疆总储量的1/4。

表 7-3 2015 年西部城市群资源承载力概况

城市	土地承载力			资源及能源承载力		
	土地面积（平方公里）	人口密度（人/平方公里）	人均绿地面积（公顷/万人）	天然气家庭用量（万立方米）	工业用电量（万千瓦时）	居民生活用水量（万吨）
乌鲁木齐市	13788	193.65	103.73	37752	1072985	13820
喀什市	/	/	/	/	/	/
伊宁市	/	/	/	/	/	/

资料来源：《中国城市统计年鉴（2016）》。

西部城市群由于其工业不太发达，环境污染程度相比发达城市较低，但是仍然存在一定程度的污染，2015 年乌鲁木齐市工业废水、工业二氧化硫、工业烟（粉）尘排放量分别为 3521 万吨、58978 吨、45969 吨。污染治理方面，污水处理厂集中处理率为 84.23%，污染治理水平有待进一步提高。

表 7-4 2015 年西部城市群环境承载力概况

城市	环境污染			污染治理		
	工业废水排放量（万吨）	工业二氧化硫排放量（吨）	工业烟（粉）尘排放量（吨）	一般工业固体废物综合利用率（%）	污水处理厂集中处理率（%）	生活垃圾无害化处理率（%）
乌鲁木齐市	3521	58978	45969	90.37	84.23	95.80
喀什市	/	/	/	/	/	/
伊宁市	/	/	/	/	/	/

资料来源：《中国城市统计年鉴（2016）》。

7.1.2 海峡西岸城市群（核心）

按照《"一带一路"的愿景与行动》的表述，福建被定位为"21 世纪海上丝绸之路"核心区。海峡西岸城市群成为"一带一路"核心城市群，是以福州、泉州、厦门、温州、汕头 5 大中心城市为核心，包含福建省的福州、厦门、泉州、莆田、漳州、三明、南平、宁德、龙岩，浙江省的温州、丽水、衢州，江西省的上饶、鹰潭、抚州、赣州，广东省的汕头、潮州、揭阳、梅州，共计20个地级市所组成的国家级城市群。《全国主体功能区规划》中对海峡西岸城市群的定位为：两岸人民交流合作先行先试区域，服务周边地区发展新的对外开放综合通道，东部沿海地区先行制造业的重要基地，我国重要的自然和文化旅游中心。

7.1.2.1　城市群城市体系分析

海峡西岸城市群人口规模最大的城市为赣州，2015年人口总量达到了960万人，占到了整个海峡西岸城市群总人口的10.24%；而排在第二位的温州人口为811万人，占到了海峡西岸城市群总人口的8.64%，与赣州并没显著差别。城市首位度较低，表明了海峡西岸城市群弱核驱动的模式。而核心城市之一厦门2015年总人口仅为211万人，不完善的城市群内部等级体系阻碍了海峡西岸城市群的进一步发展。

表7-5　海峡两岸城市群内部规模等级结构（地级市）

级序	人口级别（人）	城市数量（个）	城市名称
1	>1000万	0	
2	500万—1000万	9	赣州、温州、上饶、泉州、揭阳、福州、汕头、梅州、漳州
3	200万—500万	10	抚州、宁德、莆田、南平、龙岩、三明、潮州、丽水、衢州、厦门
4	200万以下	1	鹰潭

资料来源：《中国城市统计年鉴（2016）》。

7.1.2.2　城市群经济可持续发展分析

海峡西岸城市群与台湾隔海相望，具有良好的招商引资和外向型经济发展条件，也是对台合作的窗口，属于多核驱动模式。从GDP来看，2015年整个海峡西岸城市群为36508.5亿元，其中前三名为泉州、福州和温州，分别为6137.71亿元、5618.08亿元和4618.08亿元，呈现三足鼎立的局面。工业总产值也呈现类似的地区分布特征，泉州、福州和温州的工业总产值分别为11398.12亿元、7485.00亿元和4944.23亿元。中心城市的带动力较弱，经济规模较小，缺乏强大的经济腹地支撑，制约了海峡西岸城市群的发展。

在接受外商投资方面，厦门具有最好的表现，充分展现了城市群的对外经济贸易窗口作用。2015 年厦门的外商直接投资使用额为 209373 万美元，占整个城市群的 18%。福建自贸区的设立为整个海峡西岸城市群的外向化发展提供了新的机遇。

从产业结构来看，海峡西岸城市群第二产业的比重为 46.52%，远高于第三产业的比重 38.51%，总体呈现出“二、三、一”的发展特征。除了温州和厦门外，其他城市的第三产业比重都没有达到 50%。泉州第二产业的比重最高，达到 59.95%，这与泉州发达的民营制造业紧密相关。

表 7-6　2015 年海峡西岸城市群主要经济指标

城　市	GDP（万元）	工业总产值（万元）	外商直接投资使用额（万美元）	科学技术支出（万元）	年末金融机构人民币各项贷款余额（万元）	第二产业比重（%）	第三产业比重（%）
温州市	46180766	49442299	30123	119951	91270180	43.80	53.40
衢州市	11461322	15628991	6006	67922	17221366	46.66	45.97
丽水市	11032922	17043615	21886	54488	18381597	45.67	46.05
福州市	56180844	78450045	167852	100554	108756176	43.60	48.66
厦门市	34660288	50286788	209373	185764	88762527	43.60	55.71
莆田市	16551618	26134178	37749	27503	16081951	57.35	35.69
三明市	17130478	32740802	15636	44556	13337535	51.09	34.20
泉州市	61377139	113981233	158036	123785	63525571	59.95	37.14
漳州市	27673767	45369386	108500	44655	23113647	48.53	38.06
南平市	13395148	17222409	14531	19266	14107781	43.16	35.25
龙岩市	17384535	18569089	26000	57886	15628488	52.62	35.84
宁德市	14873590	29760988	21006	13531	12060427	51.09	31.89
鹰潭市	6392614	20917543	24011	28968	5893503	59.38	32.90
赣州市	19738688	31998206	137013	83384	33559106	44.10	40.93
抚州市	11051377	15705685	39162	49486	14320084	49.70	33.84
上饶市	16508064	28554978	94111	52745	22584147	48.67	37.84
汕头市	18680251	29688010	21766	34155	28572039	51.48	43.34
梅州市	9597781	7047619	7131	40733	15652774	36.66	43.70
潮州市	9101099	13258012	2044	28884	10761856	53.21	39.73
揭阳市	18900144	48031173	3929	14482	18335653	59.60	31.52

资料来源：《中国城市统计年鉴（2016）》。

7.1.2.3 城市群社会可持续发展分析

从人均来看，厦门在医疗卫生和教育方面的条件比较领先，每万人拥有卫生机构床位数 63.37 张，人均财政教育支出 4824.77 元，每百人拥有公共图书馆藏书量 257.66 册，高于省会城市福州，表现出相对较好的社会服务能力。

表 7-7 2015 年海峡西岸城市群社会可持续发展状况

城 市	每万人拥有卫生机构床位数（张）	人均教育支出（人）	每百人拥有公共图书馆藏书量（册）
温州市	43.37	1822.94	114.96
衢州市	42.58	1652.01	57.91
丽水市	43.68	1962.08	69.97
福州市	45.62	1992.66	123.21
厦门市	63.37	4824.77	257.66
莆田市	38.25	1540.54	27.46
三明市	44.17	1749.86	175.92
泉州市	45.92	1700.27	101.13
漳州市	37.73	1246.87	90.46
南平市	49.89	1365.10	65.32
龙岩市	50.71	1778.92	58.49
宁德市	34.82	1452.09	36.99
鹰潭市	37.11	1410.91	37.17
赣州市	37.65	1224.39	37.02
抚州市	26.51	1402.62	35.63
上饶市	30.11	1194.19	26.10
汕头市	26.60	1338.99	52.72
梅州市	26.34	1257.70	38.18
潮州市	22.98	1287.32	27.75
揭阳市	20.46	982.63	14.98

资料来源：《中国城市统计年鉴（2016）》。

7.1.2.4　城市群生态可持续发展分析

海峡西岸城市群的土地面积狭小，特别是作为核心城市之一的厦门，全市土地面积仅有 1699 平方公里，人口密度达到 1241.91 人/平方公里，较紧张的土地限制了城市发展的规模效应，加剧了城市群的土地承载力。海峡西岸城市群的人均绿地面积为 10.16 公顷/万人，其中厦门最好，高达 89.33 公顷/万人，是著名的旅游城市。

海峡西岸城市群资源较为缺乏。一次能源的自给率比较低，电煤基本都是外省调入，资源承载力成为影响整个城市群发展的瓶颈，如何优化产业结构、提高管理效率和技术效能，提高能源和资源的使用效率是推动海峡西岸城市群转型升级的关键。

表 7-8　2015 年海峡西岸城市群资源承载力概况

城　市	土地承载力			资源及能源承载力		
	土地面积（平方公里）	人口密度（人/平方公里）	人均绿地面积（公顷/万人）	天然气家庭用量（万立方米）	工业用电量（万千瓦时）	居民生活用水量（万吨）
温州市	12083	671.19	9.83	173	725358	12599
衢州市	8845	289.43	10.07	1062	617113	2337
丽水市	17298	153.78	5.47	/	100333	1840
福州市	12675	534.91	16.67	5246	522896	13802
厦门市	1699	1241.91	89.33	3247	1144947	15263
莆田市	4131	832.73	9.80	510	436358	2243
三明市	22965	123.67	5.96	2305	330567	1391
泉州市	11015	655.47	12.09	554	623223	6452
漳州市	12880	389.75	5.30	455	312084	2656
南平市	26280	121.77	5.35	12	303799	1650
龙岩市	19063	162.09	7.30	268	359891	1792
宁德市	13452	259.44	3.23	198	97217	1237
鹰潭市	3560	356.74	10.87	116	25453	742
赣州市	39363	244.14	5.36	1820	210925	5192
抚州市	18799	212.25	6.32	428	70116	3207
上饶市	22791	339.61	4.25	819	90750	2814

续表

城市	土地承载力			资源及能源承载力		
	土地面积（平方公里）	人口密度（人/平方公里）	人均绿地面积（公顷/万人）	天然气家庭用量（万立方米）	工业用电量（万千瓦时）	居民生活用水量（万吨）
汕头市	2199	2501.14	18.73	271	1139207	13067
梅州市	15819	343.89	4.07	676	152625	4773
潮州市	3146	867.77	/	6	411915	/
揭阳市	5240	1339.69	5.60	2511	581780	4186

资料来源：《中国城市统计年鉴（2016）》。

海峡西岸城市群是著名的旅游地区，优质的环境是非常重要的资源。但也面临着一定的环境污染，整个城市群2015年工业废水排放量为114979万吨，工业二氧化硫排放量为586974万吨，工业烟（粉）尘排放量为546046万吨。其中，厦门的单位GDP二氧化硫和工业烟（粉）尘排放量最低。海峡西岸城市群同样也面临着一定的污染治理压力，如果不能很好地处理污染问题，将成为可持续发展道路上的最大障碍。

表7-9　2015年海峡西岸城市群环境承载力概况

城市	环境污染			污染治理		
	工业废水排放量（万吨）	工业二氧化硫排放量（吨）	工业烟（粉）尘排放量（吨）	一般工业固体废物综合利用率（%）	污水处理厂集中处理率（%）	生活垃圾无害化处理率（%）
温州市	6278	37316	16449	97.96	89.73	100.00
衢州市	12742	46792	62115	92.79	83.68	100.00
丽水市	5710	24228	14062	95.14	82.61	100.00
福州市	4439	55370	90911	95.35	88.20	97.81
厦门市	21398	17028	2414	93.10	93.62	100.00
莆田市	2644	11082	4909	87.73	85.00	98.50
三明市	9986	37567	62656	92.50	85.19	98.51
泉州市	19185	94699	65568	97.99	86.51	98.59
漳州市	21198	35538	20687	96.45	88.06	98.88

续表

城　市	环境污染			污染治理		
	工业废水排放量（万吨）	工业二氧化硫排放量（吨）	工业烟（粉）尘排放量（吨）	一般工业固体废物综合利用率（%）	污水处理厂集中处理率（%）	生活垃圾无害化处理率（%）
南平市	6219	20029	17095	50.11	86.53	97.82
龙岩市	3807	27976	29903	99.32	88.67	99.48
宁德市	1530	17678	8472	81.90	84.31	95.50
鹰潭市	2531	21564	5024	87.97	86.70	100.00
赣州市	/	/	62177	82.74	73.47	57.84
抚州市	3057	19676	23487	76.75	83.77	100.00
上饶市	6534	35021	35904	10.11	86.32	99.13
汕头市	5840	22423	4352	97.97	/	92.60
梅州市	3743	27213	14272	95.00	90.80	99.33
潮州市	2544	12868	2214	99.90	/	/
揭阳市	5594	22906	3375	99.05	44.60	58.90

资料来源：《中国城市统计年鉴（2016）》。

7.1.3 西北城市群

西北城市群是以西安—兰州—银川—西宁为中心的城市群，传承新丝绸之路经济带的历史和文化底蕴，同时又处于中国东西部结合地带，在资金流、信息流、货物流、人才流中起中转作用，东部承接京津冀城市群和长三角城市群的先进技术，同时自身的发展又会传导到乌鲁木齐、喀什、伊宁等中国最西部的城市。《全国主体功能区规划》中对该区域的功能定位是：西部地区重要的经济中心，全国重要的先进制造业和高新技术产业基地，科技教育、商贸中心和综合交通枢纽，西北地区重要的科技创新基地，全国重要的历史文化基地，是承东启西、连接南北的战略要地。

7.1.3.1 城市群城市体系分析

作为西北城市群的核心城市，西安在常住人口方面表现出较强的集聚效应。2015年人口总量为815.66万人，占到了西北城市群的53.73%，超过了另外三座城市的总和，表明了西北城市群存在一定的规模差异。

表7-10 西北城市群内部规模等级结构（地级市）

级序	人口级别（人）	城市数量（个）	城市名称
1	>1000万	0	
2	500万—1000万	1	西 安
3	200万—500万	2	西宁、兰州
4	200万以下	1	银 川

资料来源：《中国城市统计年鉴（2016）》。

7.1.3.2 城市群经济可持续发展分析

西北城市群以西安国家中心城市和区域性重要节点城市建设为载体，以沟通西北主要经济区的综合性运输通道建设为支撑，加快人口、资本、科技等发展要素集聚，加快培育发展新动能，打造全国重要的先进制造业、战略性新兴产业和现代服务业基地，辐射带动西北及周边地区发展。

从GDP来看，2015年整个西北城市群为10522.67亿元，其中西安以5801.2亿元排名第一位，占比超过50%。工业总产值也呈现类似的特征，西安作为西北城市群的核心城市，中心城市的带动力较强。在接受外商投资方面，西安更是占据了90%以上的比例，随着“丝绸之路经济带”建设的推进，通过跨国道路联通等一系列加强跨国交流便利性工程的建设，西安作为经济带上的核心城市，必将成为区域内的强大磁场，吸引带来大量的跨国资本、企业和人流，从而快速提升西安经济的外向度和提高城市的国际化水平。

从产业结构来看，西安与兰州的第三产业比重较高，均接近60%，呈现“三、二、一”的结构，两市紧盯高端优质的结构调整方向，转型发展、提质增效，产业结构经历了转变。与此相对，银川、西宁二市目前第二产业的比重仍然较大，集中在污染和资源消耗较高的传统产业方面，这样的产业结构给城市的资源和环境承载力提出了较大的挑战，二市正在努力发展第三产业，近年来与第二产业的比重差距逐渐减少。

表 7-11 2015 年西北城市群主要经济指标

城 市	GDP（万元）	工业总产值（万元）	外商直接投资使用额（万美元）	科学技术支出（万元）	年末金融机构人民币各项贷款余额（万元）	第二产业比重（%）	第三产业比重（%）
西安市	58012000	49245721	400833	254413	137140236	36.65	59.55
兰州市	20959920	21847600	13600	41362	68920175	37.34	59.98
银川市	14938590	18623219	16733	32510	36539817	52.27	43.81
西宁市	11316193	13918862	6057	19770	40959278	48.03	48.66

资料来源：《中国城市统计年鉴（2016）》。

7.1.3.3 城市群社会可持续发展分析

从人均来看，西北城市群四市有着不同的社会可持续发展表现。西宁每万人拥有卫生机构床位数为 88.23 张，在四市中居首位。而兰州人均财政教育支出为 2084.71 元，在四市中占居首位，但是每百人拥有公共图书馆藏书量仅为 32.63 册，远低于银川的水平。表明了城市间不均衡的社会服务能力，西北城市群的社会可持续发展水平依然有待进一步提高。

表 7-12 2015 年西北城市群社会可持续发展状况

城 市	每万人拥有卫生机构床位数（张）	人均教育支出（元）	每百人拥有公共图书馆藏书量（册）
西安市	62.95	1451.42	97.77
兰州市	69.61	2084.71	32.62
银川市	78.55	1652.18	229.70
西宁市	88.23	2027.78	63.81

资料来源：《中国城市统计年鉴（2016）》。

7.1.3.4 城市群生态可持续发展分析

西北城市群的人口密度较小，银川的人口密度仅有 198.34 人/平方公里，人口密度最大的西安为 808.16 人/平方公里，人口的大量流失限制了西北地区的发展。西北城市群四个城市的人均绿地面积都相对较小，绿化的不足加剧了城市群的土地承载压力。

西北城市群具有丰富的矿产资源，但由于其丰富的资源对城市群的发展造成了“资源诅咒”现象，也给资源和环境施加了巨大的压力。西安在天然气及居民生活用水量方面均具有较高水平，这是由于人口和工业规模的扩大而造成的。

表 7-13　2015 年西北城市群资源承载力概况

城　市	土地承载力			资源及能源承载力		
	土地面积（平方公里）	人口密度（人/平方公里）	人均绿地面积（公顷/万人）	天然气家庭用量（万立方米）	工业用电量（万千瓦时）	居民生活用水量（万吨）
西安市	10097	808.16	23.35	63053	777750	29138
兰州市	13086	246.06	20.47	20817	854660	10370
银川市	9025	198.34	50.34	19785	/	2586
西宁市	7660	262.40	17.47	16383	810018	7149

资料来源：《中国城市统计年鉴（2016）》。

在环境污染方面，可以看出西安的工业废水排放量最高，达到了 5204 万吨，而二氧化硫和工业烟（粉）尘排放量与其他城市相比处于较低水平。银川在污染治理方面表现良好，各项指标均处于西北城市群的领先地位，生活垃圾无害化处理率更是达到了 100%，表明在环境治理方面已取得一定成效。西北城市群其他城市的污染治理未来依然有很长的路要走。

表 7-14　2015 年西北城市群环境承载力概况

城　市	环境污染			污染治理		
	工业废水排放量（万吨）	工业二氧化硫排放量（吨）	工业烟（粉）尘排放量（吨）	一般工业固体废物综合利用率（%）	污水处理厂集中处理率（%）	生活垃圾无害化处理率（%）
西安市	5204	38691	16444	90.82	91.82	98.09
兰州市	4138	61240	45209	98.40	88.96	19.65
银川市	4874	64883	18795	98.47	93.80	100.00
西宁市	2200	57696	61783	/	74.44	95.27

资料来源：《中国城市统计年鉴（2016）》。

7.1.4 西南城市群

西南城市群以成都、重庆、贵阳、昆明、南宁为中心，是西部大开发的重要平台，是长江经济带的战略支撑，也是国家推进新型城镇化的重要示范区。这个城市群实际上是一个四边形的城市群，南北走向的两条边都会延伸到国外，一条是经昆明延伸到缅甸直到印度洋沿岸；另一条是经南宁延伸到整个中南半岛。两条边及其延伸区正好是中缅经济走廊和中国与中南半岛国家组成的泛亚经济区（中国—东盟自贸区）。因此，西南城市群同样也是以主要城市为中心的经济辐射点。

7.1.4.1 城市群城市体系分析

西南城市群人口规模较大，总人口超过 6000 万，内部规模等级基本呈金字塔形分布，直辖市重庆的人口达到了 3371.84 万人，城市首位度较高，远超过以 1228.05 万人排名第二的成都。此外，又有人口规模在 500 万—1000 万的昆明、南宁，以及人口规模在 200 万—500 万的贵阳对核心城市形成支撑。城市群的城市等级体系分布较为合理，成都、重庆两个大型城市的带动作用明显。

表 7-15 西南城市群内部规模等级结构（地级市）

级序	人口级别（人）	城市数量（个）	城市名称
1	>1000 万	2	成都、重庆
2	500 万—1000 万	2	昆明、南宁
3	200 万—500 万	1	贵　阳
4	200 万以下	0	

资料来源：《中国城市统计年鉴（2016）》。

7.1.4.2 城市群经济可持续发展分析

西南城市群是西部发展基础最好的地区，具有较高的城市群发展水平。尤其是重庆和成都作为西南城市群的核心城市，具有较高的集聚能力。2015 年，重庆的 GDP 为 15717.27 亿元，成都的 GDP 为 10801.16 亿元，分别占到了西南城市群 GDP 的 42.72%和 29.36%；在工业发展方面，重庆的工业总产值为 21400.01 万元，成都为 11235.93 万元，分别占西南城市群的 51.65%和 27.12%。重庆作为西部唯一一个直辖市，其已在电子信息、汽车、装备制造、综合化工、材料、能源和消费品制造等方面形成制造业产业集群；而成都在新中国成立初期就是全国重点建设的三个电子工业基地之一，目前成都的高新技术产业增长较快，已逐步成为中国信息技术产业中心之一。此外，西门子、甲骨文等大型跨国公司都在成都有研发中心，这些外企带来了资金、先进的技术以及通向世界的桥梁，极大地带动了西南城市群的经济发展。在两个核心城市强有力的带动下，西南城市群迅速发展，成都、贵阳、昆明市的第三产业比重均已超过 50%。

表 7-16　2015 年西南城市群主要经济指标

城 市	GDP（万元）	工业总产值（万元）	外商直接投资使用额（万美元）	科学技术支出（万元）	年末金融机构人民币各项贷款余额（万元）	第二产业比重（%）	第三产业比重（%）
成都市	108011633	112359309	752000	390170	219706426	43.73	52.81
重庆市	157172700	214000119	1076505	456689	223939285	44.98	47.70
贵阳市	28911600	25811299	92740	145535	78755785	38.34	57.17
昆明市	39680051	29806350	226146	144691	119764860	39.98	55.28
南宁市	34100859	32370606	31014	58220	82286621	39.46	49.68

资料来源：《中国城市统计年鉴（2016）》。

7.1.4.3　城市群社会可持续发展分析

从人均来看，成都和昆明的医疗条件表现良好，每万人拥有卫生机构的床位数分别为 87.81 张和 92.06 张。在教育方面，由于贵阳人口较少，所以表现出了较高的人均水平，人均教育支出及每百人拥有公共图书馆藏书量均占据西南城市群的首位，但其总量远远小于成都和重庆。

表 7-17　2015 年西南城市群社会可持续发展状况

城　市	每万人拥有卫生机构床位数（张）	人均教育支出（元）	每百人拥有公共图书馆藏书量（册）
成都市	87.81	1859.38	179.97
重庆市	48.75	1590.35	38.67
贵阳市	74.34	2518.27	185.57
昆明市	92.06	1668.77	61.58
南宁市	51.29	1247.93	89.53

资料来源：《中国城市统计年鉴（2016）》。

7.1.4.4　城市群生态可持续发展分析

西南城市群土地资源丰富，其中重庆的土地面积为 82374 平方公里，是全国面积最大的城市。从表 7-18 中可以看出，虽然重庆市具有庞大的常住人口，但是整体人口密度较低。较大的土地面积一方面缓解了人口对土地资源的压力，为城市的发展提供了最宝贵的资源；但另一方面，却也容易降低城市的资源使用效率。与其他城市相比，成都的人口密度较高，超过 1000 人/平方公里，对城市的土地承载力带来了较大的挑战。在使用天然气和水电方面，重庆与成都均有着较高的使用量，这两个城市的第二产业比重均在 40%以上，表明产业结构仍是影响城市群资源使用效率和资源承载力的重要因素。

表 7-18　2015 年西南城市群资源承载力概况

城市	土地承载力			资源及能源承载力		
	土地面积（平方公里）	人口密度（人/平方公里）	人均绿地面积（公顷/万人）	天然气家庭用量（万立方米）	工业用电量（万千瓦时）	居民生活用水量（万吨）
成都市	12121	1013.12	17.83	99127	996308	48215
重庆市	82374	409.35	16.59	131562	4940621	58128
贵阳市	8043	487.38	/	8658	/	/
昆明市	18419	301.86	28.20	16275	/	14239
南宁市	22235	332.81	52.78	6656	355221	27094

资料来源：《中国城市统计年鉴（2016）》。

随着西南城市群的不断发展，环境问题也日益严峻，大气污染十分突出，大气环境承载力不足。此外，区域内水体受到了不同程度的污染，由于大量污水直接排入江河，沱江、岷江、嘉陵江等许多河段达不到规定的水质标准。虽然西南城市群近年来在经济发展方面取得了突出的成就，在西部大开发和产业转移的浪潮下，获得了空前的发展机遇，但同时，如果不断重复东部先污染再治理的老路，西南城市群将面临着不可持续发展的严峻形势。因此，西南城市群应通过对污染源头和企业进行严格控制、大力发展第三产业等措施，实现城市经济与城市资源环境的共同繁荣。

表 7-19 2015 年西南城市群环境承载力概况

城市	环境污染			污染治理		
	工业废水排放量（万吨）	工业二氧化硫排放量（吨）	工业烟（粉）尘排放量（吨）	一般工业固体废物综合利用率（%）	污水处理厂集中处理率（%）	生活垃圾无害化处理率（%）
成都市	11454	37224	20607	96.06	/	100.00
重庆市	35524	426800	196416	84.45	93.67	98.85
贵阳市	2700	57192	23545	48.15	98.50	95.13
昆明市	3917	74017	24533	36.36	91.97	93.26
南宁市	7198	30678	26008	99.92	76.75	98.17

资料来源：《中国城市统计年鉴（2016）》。

7.1.5 东北城市群

东北城市群是以沈阳、长春、哈尔滨为中心，覆盖整个东北和内蒙古东部城市的城市群。这个城市群对内要承载中国的东北振兴计划，对外则要打通中蒙俄经济走廊，是“一带一路”倡议中最东边的经济发展走廊。包括沈阳、大连、鞍山、抚顺、本溪、丹东、营口、辽阳、盘锦、铁岭、长春、吉林、松原、延边朝鲜族自治州、哈尔滨、齐齐哈尔、大庆、牡丹江、通辽、呼伦贝尔、兴安盟共 21 个城市。其中，沈阳是东北和内蒙古东部的经济、交通以及文化和信息中心，全国重要的工业基地；而大连则是东北亚地区重要的国际航运中心、东北地区最大的港口城市和对外贸易口岸。东北城市群是东北地区对外开放的重要门户和陆海交通走廊，全国先进的装备制造业和新型原材料基地，重要的科技创新与技术研发基地，辐射带动东北地区发展的龙头。在“一带一路”倡议中，东北城市群作为中国与俄罗斯远东地区联系的窗口地区，将进一步发展地缘优势，为东北地区的发展注入新活力。

7.1.5.1 城市群城市体系分析

表 7-20 东北城市群内部规模等级结构（地级市）

级序	人口级别（人）	城市数量（个）	城市名称
1	>1000 万	0	
2	500 万—1000 万	5	沈阳、大连、长春、哈尔滨、齐齐哈尔
3	200 万—500 万	12	鞍山、抚顺、丹东、营口、铁岭、吉林、松原、大庆、牡丹江、通辽、呼伦贝尔、延边朝鲜族自治州
4	200 万以下	4	本溪、辽阳、盘锦、兴安盟

资料来源：《中国城市统计年鉴（2016）》。

从表 7-20 中可以看出，东北城市群的城市规模等级趋向于扁平化。大部分城市人口集中在 200 万—500 万之间。缺乏超过 1000 万人口的超大型城市。哈尔滨 2015 年的人口为 961.37 万人，排在第二位的是长春，2015 年的人口为 753.83 万人。核心城市哈尔滨周边城市大庆、松原等人口在 500 万以下，人口分布总体较为合理。哈尔滨、长春、大连和沈阳是东北城市群经济极化的高“极化点”，人口集聚程度较高，也承担了带动城市群经济发展的重任。

7.1.5.2 城市群经济可持续发展分析

东北城市群是典型的多核驱动城市群。事实上东北城市群包括辽中南城市群、哈长城市群以及部分内蒙古东北地区的城市。沈阳和大连为辽中南城市群的核心，而哈尔滨、长春为哈长城市群的核心。2015 年这四座核心城市的 GDP 分别占到东北城市群的 14.66%、15.59%、11.15% 和 11.60%。在工业总产值方面，沈阳是中国重要的工业基地，其工业总产值最高，2015 年为 92393377 万元，而长春、大连、哈尔滨分列第二、第三、第四名。东北城市群核心城市的带动作用明显。作为重要的省会城市，长春的外商直接投资使用额最多，2015 年为 520520 万美元。

从产业结构来看，以石油化工业为支柱产业的大庆第二产业所占比重最高，达到了 64.88%。东北城市群作为中国的重要重工业基地，大部分城市仍然以第二产业为主，能否实现产业的升级转型是该地区面临的重要问题。

表 7-21　2015 年东北城市群主要经济指标

城　市	GDP（万元）	工业总产值（万元）	外商直接投资使用额（万美元）	科学技术支出（万元）	年末金融机构人民币各项贷款余额（万元）	第二产业比重（%）	第三产业比重（%）
沈阳市	72723051	92393377	106116	234542	113438488	47.77	47.53
大连市	77316363	69984059	270302	182829	106960603	43.31	50.83
鞍山市	23369966	23914876	9575	23040	19495414	47.19	46.97
抚顺市	12164773	8602342	2606	15075	7387010	48.87	43.07
本溪市	11646927	17958602	9887	12273	8819583	51.43	42.81
丹东市	9849006	4284943	25077	14620	10262166	40.91	43.18
营口市	15137503	22231466	5096	8490	16324999	48.05	44.63
辽阳市	10285818	13993696	36477	9107	10270080	55.27	37.67
盘锦市	12565377	26022892	23246	11933	8365506	53.48	36.89
铁岭市	7409003	4535831	16617	10511	8094245	31.79	40.53
长春市	55300345	85963907	520520	89975	89351400	50.11	43.69
吉林市	23941860	31009923	104830	34798	16984912	45.42	44.03
松原市	16373003	20823379	35108	2099	8090108	44.07	38.52
延边朝鲜族自治州	/	/	/	/	/	/	/
哈尔滨市	57512119	38260082	299426	90855	84923120	32.39	55.92
齐齐哈尔市	12703250	10394028	47282	21961	14076792	31.04	44.83
大庆市	29834587	30517471	73456	5049	9338207	64.88	28.59
牡丹江市	13107000	9914295	46271	14678	7535364	35.81	47.11
通辽市	18772700	22733917	2139	19700	9236819	50.54	35.10
呼伦贝尔市	15989500	13059947	3568	39814	9207625	44.45	39.06
兴安盟	/	/	/	/	/	/	/

资料来源：《中国城市统计年鉴（2016）》。

7.1.5.3 城市群社会可持续发展分析

在医疗卫生方面，沈阳作为省会城市具有较为明显的优势，2015 年每万人拥有卫生机构床位数为 80.72 张，凸显其在社会可持续发展方面的潜力。大连的教育情况较好，人均教育支出和每百人拥有公共图书馆藏书量均居东北城市群 19 个城市的首位（除去延边朝鲜族自治州和兴安盟没有数据），这体现了大连在教育方面的可持续发展优势。

表 7-22 2015 年东北城市群社会可持续发展状况

城 市	每万人拥有卫生机构床位数（张）	人均教育支出（元）	每百人拥有公共图书馆藏书量（册）
沈阳市	80.72	1473.02	153.41
大连市	70.03	1843.21	272.20
鞍山市	58.77	864.18	78.86
抚顺市	57.08	815.33	48.20
本溪市	70.46	1278.10	89.94
丹东市	62.47	1182.37	63.41
营口市	49.79	876.67	58.85
辽阳市	70.03	1050.27	52.81
盘锦市	63.44	1478.86	50.60
铁岭市	38.14	989.23	22.60
长春市	60.74	1416.39	61.44
吉林市	57.36	1319.44	53.73
松原市	30.39	1169.64	27.81
延边朝鲜族自治州	/	/	/
哈尔滨市	75.88	1296.42	85.86
齐齐哈尔市	46.78	1123.85	32.55
大庆市	58.13	1369.09	92.57
牡丹江市	64.38	1265.82	41.15
通辽市	36.03	1682.37	32.21
呼伦贝尔市	54.34	1838.21	63.32
兴安盟	/	/	/

资料来源：《中国城市统计年鉴（2016）》。

7.1.5.4 城市群生态可持续发展分析

东北城市群幅员辽阔，土地资源丰富，为城市群的发展提供了土地资源的支持。从表 7-23 来看，东北城市群的人口密度普遍较低，人口密度最低的呼伦贝尔只有 10.25 人/平方公里。但是东北城市群的产业结构对资源及环境的承载力带来了考验。例如，本溪的工业总产值只有 17958602 万元，但是其工业用电量达到了 1048092 万千瓦时，总产值与用电量不成比例。本溪的支柱产业是冶金业，这也是造成其资源及能源压力较大的原因。作为城市群发展的重要载体，资源和环境对城市群的可持续发展具有重要的影响。因此，资源可持续发展应该作为东北城市群提高整个城市群可持续发展水平的重要任务。

表 7-23　2015 年东北城市群资源承载力概况

城　市	土地承载力			资源及能源承载力		
	土地面积（平方公里）	人口密度（人/平方公里）	人均绿地面积（公顷/万人）	天然气家庭用量（万立方米）	工业用电量（万千瓦时）	居民生活用水量（万吨）
沈阳市	12860	567.65	/	18972	1241167	21183
大连市	12574	472.40	30.96	18285	1677576	12573
鞍山市	9255	373.85	19.48	9707	1376108	3946
抚顺市	11272	191.63	/	6198	848888	2691
本溪市	8411	179.53	153.37	1662	1048092	1907
丹东市	15290	155.66	12.60	3618	/	/
营口市	5242	444.49	17.82	1588	1229937	2490
辽阳市	4788	373.85	23.30	1218	/	1900
盘锦市	4065	319.80	21.85	2345	442330	1976
铁岭市	12985	231.04	6.89	2537	/	/
长春市	20594	366.13	23.98	24026	733616	10116
吉林市	27711	153.73	17.15	4228	797786	9526
松原市	21089	131.82	7.43	2204	268416	2159
延边朝鲜族自治州	/	/	/	/	/	/
哈尔滨市	53100	180.98	14.06	12674	852681	8949
齐齐哈尔市	42469	129.27	11.10	3626	242541	2461

续表

城市	土地承载力			资源及能源承载力		
	土地面积（平方公里）	人口密度（人/平方公里）	人均绿地面积（公顷/万人）	天然气家庭用量（万立方米）	工业用电量（万千瓦时）	居民生活用水量（万吨）
大庆市	21219	129.60	81.35	8594	1789402	3565
牡丹江市	38827	67.48	19.68	1182	0	1809
通辽市	59629	53.50	7.69	683	422482	1113
呼伦贝尔市	252777	10.25	4.08	358	112532	1291
兴安盟	/	/	/	/	/	/

资料来源：《中国城市统计年鉴（2016)》。

在城市的环境承载力方面，大连的工业废水排放量远远超过东北城市群的其他城市，虽然这一数据近年来有所改善，但是仍对环境造成了较大的影响。在工业二氧化硫排放方面，鞍山表现较差，达到了 114229 吨。而本溪的工业烟（粉）尘排放量在东北城市群中排名首位。鞍山、本溪都表现出与其经济发展水平不相匹配的工业排放量，暗示其粗放式的生产模式对环境带来的巨大伤害。在污染治理方面，鞍山、本溪等城市一般工业固体废物综合利用率较低，仅为 23.45%和 16.10%，低效率的粗放生产，落后的污染治理意识，都将成为东北城市群提升城市可持续发展水平的重大阻力。

表 7-24　2015 年东北城市群环境承载力概况

城市	环境污染			污染治理		
	工业废水排放量（万吨）	工业二氧化硫排放量（吨）	工业烟（粉）尘排放量（吨）	一般工业固体废物综合利用率（%）	污水处理厂集中处理率（%）	生活垃圾无害化处理率（%）
沈阳市	7990	97839	84871	92.02	95.00	100.00
大连市	34565	95796	54112	78.45	95.00	100.00
鞍山市	5604	114229	91225	23.45	86.49	100.00
抚顺市	1792	46684	71426	60.14	85.00	100.00
本溪市	5363	52554	166611	16.10	95.12	100.00

续表

城市	环境污染			污染治理		
	工业废水排放量（万吨）	工业二氧化硫排放量（吨）	工业烟（粉）尘排放量（吨）	一般工业固体废物综合利用率（%）	污水处理厂集中处理率（%）	生活垃圾无害化处理率（%）
丹东市	3625	32721	28820	90.21	57.62	100.00
营口市	3041	46052	89121	90.49	98.20	77.78
辽阳市	6156	43606	41207	11.47	100.00	100.00
盘锦市	4038	50123	15334	95.73	100.00	100.00
铁岭市	1393	36739	39438	65.08	100.00	100.00
长春市	3769	52369	80781	96.50	90.00	100.00
吉林市	8478	63191	89241	57.90	91.84	72.86
松原市	2131	30115	28621	99.39	95.90	95.75
延边朝鲜族自治州	/	/	/	/	/	/
哈尔滨市	4809	49346	67433	99.80	90.14	91.63
齐齐哈尔市	5174	32861	58069	95.30	65.00	58.00
大庆市	3695	34170	19776	95.85	95.61	90.50
牡丹江市	1108	21546	30311	99.32	65.52	95.98
通辽市	3488	91766	41752	80.84	97.34	95.74
呼伦贝尔市	5778	81404	92456	51.45	91.05	94.45
兴安盟	/	/	/	/	/	/

资料来源：《中国城市统计年鉴（2016）》。

7.1.6 中原城市群

中原城市群以郑州为中心，包括开封、洛阳、平顶山、新乡、焦作、许昌、漯河和济源9座城市，总面积56809平方公里。中原城市群是中原文明的发源地，人口密度较大。《全国主体功能区域规划》中对中原城市群的定位为：全国重要的高新技术产业、先进制造业和现代服务业基地，能源原材料基地，综合交通枢纽和物流中心，区域性的科技创新中心，中部地区人口和经济密集区。《中原城市群总体发展规划纲要》中提出了中原城市群发展的框架结构，明确提出中原城市群九市通过在空间、功能、产业、体制、机制等方面的有机结合，将重点发展郑汴洛城市工业走廊、加快发展新—郑—漯（京广）产业发展带、发展壮大新—焦—济（南太行）产业发展带、积极培育洛—平—漯产业发展带。此外，作为“一带一路”的丝绸之路上的重点发展区域，中原城市群将着力打造“中欧班列”品牌，建设沟通境内外、连接东中西的运输通道；建设航空港、国际陆港，开展跨境贸易电子商务服务试点；优化海关特殊监管区域布局，创新加工贸易模式，深化与“一带一路”沿线国家的产业合作。

7.1.6.1 城市群城市体系分析

表 7-25 中原城市群内部规模等级结构（地级市）

级序	人口级别（人）	城市数量（个）	城市名称
1	>1000 万	0	
2	500 万—1000 万	6	郑州、洛阳、新乡、平顶山、开封、许昌
3	200 万—500 万	2	焦作、漯河
4	200 万以下	1	济源

资料来源：《中国城市统计年鉴（2016）》。

从表 7-25 中可以看出，中原城市群的城市规模等级分布趋向于“扁平化”。大部分城市人口都集中于 200 万—500 万和 500 万—1000 万的等级，缺乏人口超过 1000 万的超大型城市。中原城市群的核心城市郑州 2015 年人口为 810 万，占到了中原城市群总人口的 18%。这种扁平化的分布在一定程度上削弱了核心城市的领导力，影响了中原城市群整体的发展。

7.1.6.2 城市群经济可持续发展分析

中原城市群是典型的单核心城市群，郑州是中原城市群的核心首位城市，具有较强的经济要素整合能力。但其在 GDP、工业总产值与外商直接投资使用额方面与长三角和珠三角等城市群核心城市相比还存在较大的差距。2015 年，郑州的 GDP 为 7311.52 亿元，占中原城市群的 34.56%；工业总产值为 13653.33 亿元，占中原城市群的 31.47%。其他城市的经济实力相对较低，对中原城市群形成支撑作用。

在对外联络方面，郑州也是中原城市群当之无愧的核心城市。2015 年郑州实际利用外资额为 382661 万美元，占中原城市群的 35.86%。随着自贸区的建立，郑州将打造成内陆开放高地和交通枢纽，通过发挥“东联西进，贯通全球”的优势，建设欧亚大宗商品商贸物流中心、丝绸之路文化交流中心以及能源储运交易中心，打造“一带一路”核心战略腹地。

从产业结构来看，中原城市群第二产业所占的比重为 52.84%，相对较高，而第三产业的比重仅为 38%。中原城市群面临着产业升级转型的压力，需要采取措施来调整经济结构，聚焦产业发展重点，形成突破口。

表 7-26 2015 年中原城市群主要经济指标

城　市	GDP（万元）	工业总产值（万元）	外商直接投资使用额（万美元）	科学技术支出（万元）	年末金融机构人民币各项贷款余额（万元）	第二产业比重（%）	第三产业比重（%）
郑州市	73115210	136533271	382661	178600	126594807	49.29	48.64
开封市	16058404	27233084	60956	25394	10180592	40.94	41.38
洛阳市	34690273	67500302	255371	88889	26356827	48.86	44.32
平顶山市	17057781	25273297	40633	21980	14052642	52.19	38.02
新乡市	19750287	40895039	95072	31776	12761465	49.76	38.96
焦作市	19260785	52808372	78735	33380	9445780	59.76	33.13
许昌市	21711562	55758490	68090	27905	13570202	59.00	33.19
漯河市	9928496	27805249	85574	8975	5041791	62.92	26.34
济源市	/	/	/	/	/	/	/

资料来源：《中国城市统计年鉴（2016）》。

7.1.6.3 城市群社会可持续发展分析

中原城市群有着丰富的卫生资源。每万人拥有卫生机构床位数郑州最高，达到 90.73 张。郑州作为核心城市，在教育资源方面也比较领先，人均教育支出为 1821 元，每百人拥有公共图书馆藏书量为 78.47 册。

表 7-27　2015 年中原城市群社会可持续发展状况

城　市	每万人拥有卫生机构床位数（张）	人均教育支出（元）	每百人拥有公共图书馆藏书量（册）
郑州市	90. 73	1821. 17	78. 47
开封市	41. 82	847. 83	39. 00
洛阳市	50. 65	1176. 47	30. 43
平顶山市	47. 14	878. 60	25. 37
新乡市	46. 68	1029. 93	21. 05
焦作市	44. 50	970. 11	32. 54
许昌市	34. 00	1071. 50	22. 43
漯河市	46. 80	986. 22	17. 76
济源市	/	/	/

资料来源：《中国城市统计年鉴（2016）》。

7. 1. 6. 4　城市群生态可持续发展分析

中原城市群自古以来就是中国的人口稠密地区，总体人口密度大，例如郑州的人口密度达到了 1087. 83 人/平方公里，远超过全国的平均水平。除洛阳和济源没有数据之外，其他城市的人口密度均超过了 700 人/平方公里。人口密度大，对交通、环境、资源带来了很大的压力，也制约了城市的进一步发展。

中原地区曾是国家重点建设的老工业基地，其优势主要集中在能源、电力、金属加工、化工等传统重工业方面，对能源的消耗比较大，郑州和洛阳都是用电规模比较大的地区。如何提高能源利用效率，优化产业结构，成为促进中原城市群可持续发展的重要问题。

表 7-28　2015 年中原城市群资源承载力概况

城　市	土地承载力			资源及能源承载力		
	土地面积（平方公里）	人口密度（人/平方公里）	人均绿地面积（公顷/万人）	天然气家庭用量（万立方米）	工业用电量（万千瓦时）	居民生活用水量（万吨）
郑州市	7446	1087. 83	20. 20	34280	2468384	17381
开封市	6444	859. 71	8. 25	10095	/	3219

续表

城 市	土地承载力			资源及能源承载力		
	土地面积（平方公里）	人口密度（人/平方公里）	人均绿地面积（公顷/万人）	天然气家庭用量（万立方米）	工业用电量（万千瓦时）	居民生活用水量（万吨）
洛阳市	15236	477.82	9.57	3606	1287196	6941
平顶山市	7882	713.02	4.76	3000	/	3461
新乡市	8666	735.06	6.68	9145	356841	3541
焦作市	4071	913.78	10.39	6135	/	2708
许昌市	4997	1010.61	6.24	3330	180605	1778
漯河市	2692	995.54	10.39	4794	214787	1274
济源市	/	/	/	/	/	/

资料来源：《中国城市统计年鉴（2016）》。

中原城市群面临着严重的污染问题，单位 GDP 工业废水排放量为 3.61 万吨/亿元，单位 GDP 工业二氧化硫排放量为 24.28 吨/亿元，单位 GDP 工业烟（粉）尘排放量为 14.65 吨/亿元。平顶山的污染排放量最高，这与当地煤炭资源型产业直接相关。作为中国最重要的重工业基地之一，中原城市群的产业结构对环境承载力提出了严峻的挑战。在污染治理方面，郑州、洛阳、焦作的一般工业固体废物综合利用率仍旧较低，在污染治理方面有很大的提升空间。发展经济而忽视环境，必定会受到环境的惩罚，中原地区挥之不去的雾霾，就是对这种发展模式的反应。

表 7-29 2015 年中原城市群环境承载力概况

城 市	环境污染			污染治理		
	工业废水排放量（万吨）	工业二氧化硫排放量（吨）	工业烟（粉）尘排放量（吨）	一般工业固体废物综合利用率（%）	污水处理厂集中处理率（%）	生活垃圾无害化处理率（%）
郑州市	19394	106498	71794	77.36	96.04	100.00
开封市	7166	41152	26561	99.28	94.11	100.00
洛阳市	6844	119073	43053	61.96	93.75	92.35
平顶山市	5252	113094	100599	99.96	94.91	92.87

续表

城 市	环境污染			污染治理		
	工业废水排放量（万吨）	工业二氧化硫排放量（吨）	工业烟（粉）尘排放量（吨）	一般工业固体废物综合利用率（%）	污水处理厂集中处理率（%）	生活垃圾无害化处理率（%）
新乡市	15155	49020	22380	99.97	90.00	100.00
焦作市	13928	38881	23292	59.01	90.24	97.50
许昌市	7039	34469	18337	99.20	97.00	96.54
漯河市	1676	11565	3979	99.88	97.50	95.00
济源市	/	/	/	/	/	/

资料来源：《中国城市统计年鉴（2016）》。

7.1.7 长三角城市群

长江三角洲主要是指长江和钱塘江在入海处冲积形成的平原。狭义的长江三角洲北起通扬运河，南抵钱塘江、杭州湾，西至南京以西，东到海边，包括上海市全部、江苏省南部、浙江省的杭嘉湖平原。广义的长江三角洲地区主要包括上海市、江苏省、浙江省。2010 年，国务院正式批准《长江三角洲地区区域规划》，明确了长江三角洲地区发展的战略定位，即亚太地区重要的国际门户，全球重要的现代服务业和先进制造业中心，具有较强的国际竞争力的世界级城市群。此规划的发布标志着长三角区域经济和社会发展正式上升为国家战略。

长三角城市群是我国城镇化程度最高、城镇分布最密集、经济发展水平最高的地区。长三角核心城市群由沿江城市群和杭州湾城市群构成，其主要成员包括上海、南京、无锡、徐州、常州、苏州、南通、连云港、淮安、盐城、扬州、镇江、泰州、宿迁、杭州、宁波、温州、嘉兴、湖州、绍兴、金华、舟山、台州、衢州、丽水共 25 个城市，其中上海为长三角城市群内具有综合服务功能的城市，也是整个城市群的中心，南京和杭州为两个副中心。下文提到的长三角城市群主要是指包含上述 25 个城市的城市群。

7.1.7.1 城市群城市体系分析

作为一个城市系统，合理的城市规模分布是城市群功能分工和协同发展的基础，而长三角城市群则是中国规模等级结构最为合理的城市群。通过表 7-30 我们可以看到，长三角城市群的城市密度较大，特大城市、大城市、中小城市都有分布，中小城市数量多，大城市的数量相对中小城市较少，人口规模方面大城市占比较多。上海作为长三角的核心城市，其人口规模达到了 2442.97 万人，占到了长三角城市群总人口的 10.28%，而徐州作为长三角城市群的第二大城市，其人口规模虽然也达到了 1028.70 万人，但是与上海的人口差距还是较大。总体来说，长三角城市群城市分布较为密集，规模结构较为完善，大城市的人口规模占比较高，但与中小城市相差并不大，中小城市整体发展较为均衡，这样既可以充分发挥核心城市的带动作用，又保证了有充分多的中小城市能够作为发展腹地接受大城市的辐射，有利于城市群的协同发展。

表 7-30 长三角城市群内部规模等级结构（地级市）

级序	人口级别（人）	城市数量（个）	城市名称
1	>1000 万	2	上海、徐州
2	500 万—1000 万	12	南京、苏州、南通、连云港、淮安、盐城、泰州、宿迁、杭州、宁波、温州、台州
3	200 万—500 万	10	无锡、常州、扬州、镇江、嘉兴、湖州、绍兴、金华、衢州、丽水
4	200 万以下	1	舟　山

资料来源：《中国城市统计年鉴（2016）》。

7.1.7.2 城市群经济可持续发展分析

长三角城市群是我国经济最为发达的地区，无论是产出规模、经济效率还是增长潜力都具有较为明显的优势，但是长三角城市群内部的经济发展也存在一定的空间不平衡性，沿沪宁、沪杭和杭宁三条轴线分布的城市和地区具有更高的经济发展水平。具体从 GDP 来看，长三角城市群的 GDP 为 140098 亿元，上海、苏州、杭州分别占 17.93%、10.35% 和 7.17%；苏州的人均 GDP 在各市中居首位，达到了 217449 元/人。南京的

GDP 排名第四，为 9720.77 亿元；工业总产值为 12905.13 亿元，落后于上海、无锡、苏州、南通、宁波五市，在长三角城市群中排名第六；人均 GDP 以 148772.12 元排名第四位。

从接受外商投资方面看，上海市以 1845923 万美元的绝对优势排名第一位，表现出了上海作为经济中心在全世界的广泛认可度，是排在第二位的苏州市的 3.08 倍。从产业结构来看，长三角城市群中无锡、南通、连云港、盐城、扬州、镇江、泰州、宿迁、宁波、嘉兴、湖州、绍兴、衢州的第二产业比重均高过第三产业比重，呈现出“二、三、一”的结构模式，第二产业仍是主导产业。可见，长三角城市群的很多城市仍属于工业城市。只有上海、南京、杭州、温州、金华五个城市的第三产业比重超过 50%，可见长三角城市群第三产业的整体发展水平还不是很高，仍存在着很大的发展空间。

表 7-31　2015 年长三角城市群主要经济指标

城　市	GDP（万元）	工业总产值（万元）	外商直接投资使用额（万美元）	科学技术支出（万元）	年末金融机构人民币各项贷款余额（万元）	第二产业比重（%）	第三产业比重（%）
上海市	251234500	313226240	1845923	2718505	533872070	31.81	67.76
南京市	97207700	129051300	333459	520300	182177952	40.29	57.32
无锡市	85182600	145498700	320219	359700	93322700	49.28	49.11
徐州市	53198804	122159100	142788	191900	30699020	44.27	46.24
常州市	52731500	111016400	172065	227500	53545775	47.71	49.51
苏州市	145040700	302492500	600023	883300	192001015	48.57	49.94
南通市	61483955	135153300	231559	242700	59972430	48.43	45.80
连云港市	21606400	54331400	80108	110400	17810469	44.38	42.53
淮安市	27450900	65605000	121386	120500	18647566	42.86	45.93
盐城市	42125000	82536200	79519	289100	30454991	45.66	42.08
扬州市	40168400	91941900	84841	131900	30957674	50.09	43.89
镇江市	35024800	84038200	130516	122700	29825974	49.31	46.90
泰州市	36879000	110631400	106550	112100	32280817	49.11	44.96
宿迁市	21261900	38633200	29839	86400	16967046	48.51	39.35

续表

城　市	GDP（万元）	工业总产值（万元）	外商直接投资使用额（万美元）	科学技术支出（万元）	年末金融机构人民币各项贷款余额（万元）	第二产业比重（%）	第三产业比重（%）
杭州市	100502079	124156802	711253	701490	223952892	38.89	58.24
宁波市	80036103	138694578	423375	473092	149669245	51.20	45.24
温州市	46180766	49442299	30123	119951	75271635	43.80	53.40
嘉兴市	35178068	75693085	268427	163574	47183455	52.61	43.44
湖州市	20842666	44131008	94188	83942	25098339	49.26	44.87
绍兴市	44659653	97463846	94152	209746	59472120	50.45	45.10
金华市	34023399	47208427	27431	160920	60416183	45.53	50.32
衢州市	11461322	15628991	6006	67922	/	46.66	45.97
舟山市	10928459	16333676	7792	51012	14583839	41.14	48.70
台州市	35538533	38522436	11635	167047	54296010	44.11	49.42
丽水市	11032922	17043615	21886	54488	14918101	45.67	46.05

资料来源：《中国城市统计年鉴（2016）》。

7.1.7.3　城市群社会可持续发展分析

从医疗卫生方面来看，上海是每万人拥有卫生机构床位数最多的长三角城市，数量为 83.59 张。从教育方面来看，上海具有非常明显的优势，人均教育支出和每百人拥有公共图书馆藏书量都是最多的。长三角城市群的教育水平存在很大的差异。

表 7-32　2015 年长三角城市群社会可持续发展状况

城　市	每万人拥有卫生机构床位数（张）	人均教育支出（元）	每百人拥有公共图书馆藏书量（册）
上海市	83.59	5317.62	524.49
南京市	64.26	2726.81	250.12
无锡市	69.97	2629.65	107.85
徐州市	43.31	1481.00	30.75
常州市	59.60	2135.90	84.66

续表

城　市	每万人拥有卫生机构床位数（张）	人均教育支出（元）	每百人拥有公共图书馆藏书量（册）
苏州市	85.30	3456.62	261.72
南通市	45.70	2143.54	61.33
连云港市	32.74	1403.42	50.14
淮安市	42.44	1395.34	45.43
盐城市	43.04	1538.23	39.29
扬州市	38.74	1632.76	69.63
镇江市	45.61	2372.00	110.55
泰州市	39.96	1357.68	50.61
宿迁市	39.55	1397.97	20.75
杭州市	81.52	3088.14	274.34
宁波市	54.04	3250.68	118.04
温州市	43.37	1822.94	114.96
嘉兴市	63.37	2541.14	213.86
湖州市	50.26	2022.96	74.31
绍兴市	52.26	2110.85	86.21
金华市	53.07	2118.89	65.65
衢州市	/	1652.01	57.91
舟山市	56.49	2704.86	169.55
台州市	39.70	1650.71	63.40
丽水市	43.68	1962.08	69.97

资料来源：《中国城市统计年鉴（2016）》。

7.1.7.4　城市群生态可持续发展分析

经济和社会的可持续发展是城市群可持续发展的基础和动力，而生态环境也是城市群发展的重要支撑，经济发展虽然使得长三角城市群的生态环境面临着一定的挑战和压力。但是，长三角城市群目前环境效率具有一定优势，资源环境承载力整体较高。

长三角城市群作为中国经济最发达的城市群之一，人口密度很高，城市群中每一个城市的人口密度均远远高于全国平均水平。从土地承载力来看，上海、无锡的人口密度较大，分别为 2275.67 人/平方公里、1039.55

人/平方公里，南京市具有较高的人均绿地面积，为136.07公顷/万人。从资源及能源承载力来看，上海由于其巨大的人口基数，天然气家庭用量、工业用电量、居民生活用水量均在长三角城市群中排名首位。

表7-33 2015年长三角城市群资源承载力概况

城市	土地承载力			资源及能源承载力		
	土地面积（平方公里）	人口密度（人/平方公里）	人均绿地面积（公顷/万人）	天然气家庭用量（万立方米）	工业用电量（万千瓦时）	居民生活用水量（万吨）
上海市	6341	2275.67	88.24	137017	7870200	96428
南京市	6587	991.35	136.07	31803	3005429	39143
无锡市	4627	1039.55	38.94	16091	1981961	14990
徐州市	11765	874.63	15.29	7256	1554067	6331
常州市	4372	848.58	29.04	10447	2680826	15009
苏州市	8657	770.47	33.18	23225	4328525	24192
南通市	10549	727.08	11.60	4645	1026505	10076
连云港市	7615	697.31	41.69	5735	450259	4006
淮安市	10030	562.31	12.15	8265	683777	5211
盐城市	16931	489.04	7.79	4191	684717	5463
扬州市	6591	699.44	15.53	6544	747645	7835
镇江市	3840	708.33	30.16	4296	861712	5885
泰州市	5787	877.83	7.97	3096	569914	3907
宿迁市	8524	687.47	15.23	1726	558742	2797
杭州市	16596	436.25	45.63	20659	3452332	26162
宁波市	9816	598.00	20.23	9862	2394546	18398
温州市	12083	671.19	9.83	173	725358	12599
嘉兴市	3915	891.44	14.20	4203	820919	2666
湖州市	5820	453.61	17.53	1785	592623	3925
绍兴市	8279	535.09	16.88	10982	2074648	6434
金华市	10942	436.85	6.36	474	308270	3989
衢州市	8845	289.43	10.07	1062	/	/
舟山市	1455	666.67	139.74	1504	181161	1936
台州市	9411	634.36	9.67	589	635014	7010
丽水市	17298	153.78	5.47	/	100333	1840

资料来源：《中国城市统计年鉴（2016）》。

从环境污染和污染治理方面来看，主要包括工业废水排放量、工业二氧化硫排放量、工业烟（粉）尘排放量、一般工业固体废物综合利用率、污水处理厂集中处理率、生活垃圾无害化处理率六个方面的指标。嘉兴的单位 GDP 工业废水排放量最高，为 6.24 吨/万元；淮安市的单位 GDP 工业二氧化硫排放量最高，为 24.97 吨/亿元；衢州市的单位 GDP 工业烟（粉）尘排放量高达 54.2 吨/亿元，排名首位。污染治理方面，除杭州外的其他城市，一般工业固体废物综合利用率均达到了 90%以上；但是污水处理厂集中利用率在各个城市差距仍然较大，排名首位的杭州市为 94.28%，而泰州市仅有 64.43%；长三角城市群的生活垃圾无害化处理率均已达到较高水平。总体来看，长三角城市群的污染治理水平较高，但是还有待进一步提高。

表 7-34　2015 年长三角城市群环境承载力概况

城　市	环境污染			污染治理		
	工业废水排放量（万吨）	工业二氧化硫排放量（吨）	工业烟（粉）尘排放量（吨）	一般工业固体废物综合利用率（%）	污水处理厂集中处理率（%）	生活垃圾无害化处理率（%）
上海市	46900	104900	111400	96.15	91.00	100.00
南京市	23216	101021	84128	90.50	64.49	100.00
无锡市	21993	76092	82859	94.40	89.40	100.00
徐州市	10968	102162	60490	99.40	88.21	100.00
常州市	12977	34420	97999	98.32	90.39	100.00
苏州市	60506	150010	75406	98.11	82.55	100.00
南通市	15470	55062	31664	98.87	91.58	100.00
连云港市	7339	41579	33979	93.40	78.40	100.00
淮安市	6984	68540	17152	97.30	79.28	90.52
盐城市	16193	41338	36416	95.56	81.75	100.00
扬州市	8871	42415	13917	97.50	85.45	100.00
镇江市	9059	46329	24230	95.18	81.40	94.68
泰州市	6943	34170	13880	98.51	64.43	95.32
宿迁市	4397	21301	34902	95.51	83.65	100.00
杭州市	33807	63814	49176	88.60	94.28	100.00

续表

城 市	环境污染			污染治理		
	工业废水排放量（万吨）	工业二氧化硫排放量（吨）	工业烟（粉）尘排放量（吨）	一般工业固体废物综合利用率（%）	污水处理厂集中处理率（%）	生活垃圾无害化处理率（%）
宁波市	16098	101980	28128	94.80	79.44	100.00
温州市	6278	37316	16449	97.96	89.73	100.00
嘉兴市	21947	67924	20975	94.37	90.19	99.78
湖州市	8611	40226	28855	97.87	92.50	100.00
绍兴市	26069	59980	32588	96.90	90.57	100.00
金华市	7638	39542	39659	94.95	88.52	97.54
衢州市	12742	46792	62115	92.79	83.68	100.00
舟山市	2202	12379	3050	99.60	64.80	97.20
台州市	6251	31868	16263	97.58	90.95	100.00
丽水市	5710	24228	14062	95.14	82.61	100.00

资料来源：《中国城市统计年鉴（2016）》。

7.1.8 珠三角城市群

珠江三角洲，简称珠三角，是珠江在广东中部入海处冲击成的三角洲，由西江、北江和东江冲击成的三个小三角洲组成。1994 年，广东省委在七届三次全会上首次正式提出“珠三角”的概念。2008 年年底，国务院下发《珠江三角洲地区改革发展规划纲要》，标志着珠三角一体化上升为国家战略。珠三角最初由广州、深圳、佛山、南海、顺德等中小城市组成，后来范围调整扩大为由珠江沿岸的广州、深圳、珠海、佛山、东莞、肇庆、江门、中山、惠州 9 个城市组成的区域，这也就是通常所指的“珠三角”或“小珠三角”。“大珠三角”地区则是包括香港、澳门和广东的珠三角地区。

珠三角城市群是全球最有影响力的先进制造业基地和现代服务业基地，南方地区对外开放的门户，是中国最发达的三大城市群、三大增长极之一。本书所研究的珠三角城市群的范围包括广州、深圳、珠海、佛山、江门、肇庆、惠州、东莞、中山共 9 个城市。

7.1.8.1　城市群城市体系分析

表 7-35 是根据每个城市的年末户籍人口规模划分的珠三角城市群的内部规模等级结构，可见，珠三角城市群的城市规模比较多样化，在 9 个城市中，既有人口为 854.19 万的广州市，也有人口不足 200 万的珠海、东莞、中山等小城市。2015 年深圳市户籍人口为 354.99 万。广州和深圳作为珠三角城市群的中心城市，其城市首位度较高，无论是在城市聚集力还是人口规模上，都占有一定优势。作为珠三角城市群的领头羊，它们对珠三角地区经济和社会的发展有着较强的带动作用。

表 7-35　珠三角城市群内部规模等级结构（地级市）

级序	人口级别（人）	城市数量（个）	城市名称
1	>1000 万	0	
2	500 万—1000 万	1	广州
3	200 万—500 万	5	深圳、佛山、江门、肇庆、惠州
4	200 万以下	3	珠海、东莞、中山

资料来源：《中国城市统计年鉴（2016）》。

7.1.8.2　城市群经济可持续发展分析

珠三角城市群作为我国最为发达的三大城市群之一，其经济可持续发展能力也居于领先的水平，但是珠三角城市群内部也存在着经济发展不平衡的现象。表 7-36 从 GDP、工业总产值、外商直接投资使用额、科学技术支出、年末金融机构人民币各项贷款余额、第二产业比重、第三产业比重等方面分析了珠三角城市群的经济可持续发展情况。

从 GDP 来看，2015 年广州的 GDP 是珠三角城市群 9 个城市中最高的，深圳居于第二位，肇庆的 GDP 是珠三角城市群中最低的，且广州的 GDP 是肇庆的 9.19 倍。深圳的工业总产值是最高的，佛山居于第二位，珠海最低，深圳的工业总产值是珠海的 4.71 倍。从对外开放来看，广州和深圳作为对外开放的窗口，外商直接投资使用额名列前茅，分别为 541634 万美元和 649733 万美元。

从产业结构来看，佛山市的第二产业所占比重最高，为60.46%；广州市的第三产业所占比重最高，为67.11%，深圳次之。可见，广州和深圳作为珠三角的中心城市，其服务职能比较突出，而且对于整个珠三角地区经济和社会的发展发挥着重要的带动作用。珠三角城市群其他城市的第三产业比重主要分布在35%—50%的范围内，而且第二产业产值所占比重大多高于第三产业，是典型的工业化城市。

表7-36　2015年珠三角城市群主要经济指标

城　市	GDP（万元）	工业总产值（万元）	外商直接投资使用额（万美元）	科学技术支出（万元）	年末金融机构人民币各项贷款余额（万元）	第二产业比重（%）	第三产业比重（%）
广州市	181004136	186842162	541634	886688	272961603	31.64	67.11
深圳市	175028634	255424444	649733	2143182	324490400	41.18	58.78
珠海市	20254111	39660233	217789	286324	28603253	49.73	48.04
佛山市	80039186	195449485	237728	302739	79505348	60.46	37.83
江门市	22400243	39987586	87941	79850	22180100	48.42	43.79
肇庆市	19700100	40343694	139447	49802	12815202	50.27	35.10
惠州市	31400306	70447292	110499	197946	24643503	54.97	40.20
东莞市	62750737	127444179	531982	308338	59808985	46.57	53.10
中山市	30100326	63452777	45682	165573	27849300	54.24	43.55

资料来源：《中国城市统计年鉴（2016）》。

7.1.8.3　城市群社会可持续发展分析

珠三角城市群作为我国最为发达的城市群之一，其较高的经济发展水平为珠三角城市群的社会发展提供了良好的基础，从而使得珠三角城市群的社会可持续发展成为可能，珠三角城市群的社会可持续发展能力在所有城市群中排名第一。表7-37显示了包括医疗和教育条件在内的社会可持续发展情况。从人均值来看，东莞市每万人拥有的卫生机构床位数最多，为136.99张。深圳市的教育水平在珠三角城市群中遥遥领先，人均教育支出达到8128.45元，每百人拥有公共图书馆藏书量也排名第一位。深圳市近年来为了吸引人才大力发展教育，具有广阔的发展潜力。

表 7-37　2015 年珠三角城市群社会可持续发展状况

城　市	每万人拥有卫生机构床位数（张）	人均教育支出（元）	每百人拥有公共图书馆藏书量（册）
广州市	87.96	3360.77	252.87
深圳市	88.75	8128.45	924.57
珠海市	70.95	4702.20	292.57
佛山市	80.38	3290.80	107.76
江门市	36.88	1638.99	66.02
肇庆市	31.62	1260.06	/
惠州市	53.03	2658.81	49.49
东莞市	136.99	6714.20	520.32
中山市	83.56	4060.95	107.33

资料来源：《中国城市统计年鉴（2016）》。

7.1.8.4　城市群生态可持续发展分析

经济和社会的可持续发展是城市群可持续发展的基础和动力，而生态环境也是城市群发展的重要支撑，珠三角城市群作为所有城市群中生态可持续发展能力最高的城市群，环境效率具有一定优势，资源环境承载力整体较高。表 7-38 显示了包括土地承载力和资源及能源承载力在内的社会可持续发展情况。

珠三角地区的人口密度较大，广州、深圳、佛山三座城市的人口密度均超过 1000 人/平方公里，其中深圳的人口密度最大，达到了 1777.67 人/平方公里。发达的工业使得珠三角城市群呈现出超过其他城市群的工业用电量。

表 7-38　2015 年珠三角城市群资源承载力概况

城　市	土地承载力			资源及能源承载力		
	土地面积（平方公里）	人口密度（人/平方公里）	人均绿地面积（公顷/万人）	天然气家庭用量（万立方米）	工业用电量（万千瓦时）	居民生活用水量（万吨）
广州市	7434	1148.78	165.12	28785	3937448	105493
深圳市	1997	1777.67	275.64	34624	4771034	59459

续表

城 市	土地承载力			资源及能源承载力		
	土地面积（平方公里）	人口密度（人/平方公里）	人均绿地面积（公顷/万人）	天然气家庭用量（万立方米）	工业用电量（万千瓦时）	居民生活用水量（万吨）
珠海市	1732	646.65	/	5895	882783	11189
佛山市	3798	1024.22	/	8637	/	48125
江门市	9505	411.36	30.68	387	836381	7289
肇庆市	14891	294.14	22.29	/	/	4287
惠州市	11346	314.65	23.41	4995	1321171	10579
东莞市	2460	792.68	424.34	16400	4833053	42685
中山市	1784	891.26	26.81	2726	1611559	2730

资料来源：《中国城市统计年鉴（2016）》。

其次，从环境污染和污染治理方面来看，东莞市的工业废水和工业二氧化硫排放量都居于首位，肇庆市的工业烟（粉）尘排放量最高，为30554吨。如果计算单位GDP的排放量，则肇庆市的单位GDP工业废水和烟（粉）尘排放量都是最高的，而江门市的单位GDP工业二氧化硫排放量最高，达到了20.35吨/亿元。工业的发展给环境带来了一定的污染。在污染治理方面，肇庆市和东莞市存在很大的进步空间，有待进一步提高治理水平。

表7-39　2015年珠三角城市群环境承载力概况

城 市	环境污染			污染治理		
	工业废水排放量（万吨）	工业二氧化硫排放量（吨）	工业烟（粉）尘排放量（吨）	一般工业固体废物综合利用率（%）	污水处理厂集中处理率（%）	生活垃圾无害化处理率（%）
广州市	18608	47846	9227	95.15	92.09	95.24
深圳市	19077	4132	1079	99.86	96.63	100.00
珠海市	5934	21946	10446	94.38	/	100.00
佛山市	16336	67108	29321	84.70	96.49	100.00
江门市	14055	45590	13031	85.08	90.30	100.00

续表

城 市	环境污染			污染治理		
	工业废水排放量（万吨）	工业二氧化硫排放量（吨）	工业烟（粉）尘排放量（吨）	一般工业固体废物综合利用率（%）	污水处理厂集中处理率（%）	生活垃圾无害化处理率（%）
肇庆市	8097	30944	30554	75.00	/	/
惠州市	8595	28683	15715	95.50	96.02	100.00
东莞市	20429	84940	14412	88.65	95.00	74.87
中山市	7455	24430	12276	92.59	96.00	100.00

资料来源：《中国城市统计年鉴（2016）》。

7.1.9 京津冀城市群

京津冀地区地处环渤海地区，是我国东北、华北、西北、华东四大经济区的交汇处，是中国经济自东向西扩展、自南向北推移的重要纽带，是我国经济最发达的三大城市群之一。按照国家发改委的界定，京津冀城市群包括北京、天津和河北省的石家庄、唐山、保定、秦皇岛、廊坊、沧州、承德、张家口 10 个城市。

7.1.9.1 城市群城市体系分析

表 7-40 是根据城市户籍人口划分的京津冀城市群内部规模等级结构。总体来看，京津冀城市群人口众多，1000 万人口以上的城市达到 4 个。分别为北京、天津、石家庄、保定。这四个城市的人口占到了京津冀城市群总人口的 59%，另外还有唐山、沧州两个大型城市，人口在 500 万—1000 万之间。北京和天津市作为京津冀城市群的中心城市，具有较高的城市首位度，能够带动整个城市群的发展。

表 7-40 京津冀城市群内部规模等级结构（地级市）

级序	人口级别（人）	城市数量（个）	城市名称
1	>1000 万	4	北京、天津、石家庄、保定
2	500 万—1000 万	2	唐山、沧州

续表

级序	人口级别（人）	城市数量（个）	城市名称
3	200万—500万	4	秦皇岛、张家口、承德、廊坊
4	200万以下	0	

资料来源：《中国城市统计年鉴（2016）》。

7.1.9.2 城市群经济可持续发展分析

2015年，北京的GDP最高，占到了整个城市群的36%，人均GDP为171086万元，是排在末位的保定市的6.86倍。在引进外商直接投资方面，天津表现良好，2015年外商直接投资使用额为2113444万美元，表明了天津作为对外开放窗口对经济社会的带动作用。

根据表7-41可以看出，北京作为京津冀城市群的中心城市，其第三产业相当发达，具有较强的外向功能。2015年北京第三产业比重为79.65%，在整个城市群中占据着绝对突出的位置。而唐山、保定、承德、沧州四座城市仍然呈现“二、三、一”的产业结构。

表7-41 2015年京津冀城市群主要经济指标

城 市	GDP（万元）	工业总产值（万元）	外商直接投资使用额（万美元）	科学技术支出（万元）	年末金融机构人民币各项贷款余额（万元）	第二产业比重（%）	第三产业比重（%）
北京市	230145900	174496269	1299635	2877956	488531687	19.74	79.65
天津市	165381900	282421305	2113444	1208200	245009122	46.58	52.15
石家庄市	54405988	94104745	114013	90482	51241043	45.08	45.84
唐山市	61030601	93263153	124376	64203	47794427	55.13	35.55
秦皇岛市	12504439	14091638	86122	9195	15004102	35.59	50.20
保定市	30003400	41202379	41592	22274	25909000	50.02	38.20
张家口市	13635443	13463322	33262	11801	16797723	40.01	42.12
承德市	13587278	16958010	15959	15566	14959502	46.84	35.82
沧州市	33206328	57891827	47296	18456	21324418	49.58	40.80
廊坊市	24738649	36933003	75593	41606	33253993	44.56	47.10

资料来源：《中国城市统计年鉴（2016）》。

7.1.9.3 城市群社会可持续发展分析

京津冀作为我国最为发达的城市群之一，其社会可持续发展竞争力表现并不突出。在医疗卫生方面，北京每万人拥有卫生机构的床位数最高，而保定最低。在教育方面，北京的人均教育支出和每百人拥有公共图书馆藏书量都居于绝对优势地位，在全国也处于领先水平；但是京津冀城市群内部极不平衡，保定、沧州等城市则处于较低水平。

表 7-42 2015 年京津冀城市群社会可持续发展状况

城 市	每万人拥有卫生机构床位数（张）	人均教育支出（元）	每百人拥有公共图书馆藏书量（册）
北京市	77.79	6360.88	441.79
天津市	60.86	4941.47	165.25
石家庄市	45.43	1323.43	34.44
唐山市	49.85	1632.23	31.70
秦皇岛市	51.45	1435.05	198.29
保定市	37.68	1015.78	18.30
张家口市	42.20	1380.15	31.06
承德市	45.02	1491.77	23.90
沧州市	41.91	1336.01	18.00
廊坊市	39.19	1608.64	49.28

资料来源：《中国城市统计年鉴（2016）》。

7.1.9.4 城市群生态可持续发展分析

土地承载力方面，承德是京津冀城市群中土地面积最大的，为 39493 平方公里，张家口次之，北京和天津的土地面积不是最大的，分别为 16411 平方公里和 11917 平方公里，但是人口密度却是最高的。北京 2015 年人口密度达到 819.57 人/平方公里。资源承载力方面，天津的工业用电量最高，为 5522952 万千瓦时。

表 7-43　2015 年京津冀城市群资源承载力概况

城市	土地承载力			资源及能源承载力		
	土地面积（平方公里）	人口密度（人/平方公里）	人均绿地面积（公顷/万人）	天然气家庭用量（万立方米）	工业用电量（万千瓦时）	居民生活用水量（万吨）
北京市	16411	819.57	60.44	137199	3030638	69680
天津市	11917	861.79	27.66	36695	5522952	38202
石家庄市	13056	788.14	11.78	13395	1347414	9125
唐山市	13472	560.42	12.75	6475	4507711	6259
秦皇岛市	7802	379.39	21.33	2883	587009	2896
保定市	22185	541.81	6.68	10525	507748	5251
张家口市	36797	127.46	7.36	3500	463729	2228
承德市	39493	96.73	11.92	1763	339179	1749
沧州市	14035	551.48	2.96	1226	509854	1595
廊坊市	6382	722.34	9.72	6883	288899	1923

资料来源：《中国城市统计年鉴（2016）》。

在环境污染和治理方面，各城市表现不尽相同。秦皇岛市单位 GDP 工业废水排放量最高，为 5.81 吨/万元；张家口市的单位 GDP 工业二氧化硫排放量最高，为 45.37 吨/亿元；秦皇岛市的单位 GDP 工业烟（粉）尘排放量也是最高的，达到了 1487.36 吨/亿元，而北京市仅为 0.56 吨/亿元。河北地区的环境面临着严重的污染问题。在污染治理方面，沧州表现最好，一般工业固体废物综合利用率、污水处理厂集中处理率、生活垃圾无害化处理率均达到了 100%。

表 7-44　2015 年京津冀城市群环境承载力概况

城　市	环境污染			污染治理		
	工业废水排放量（万吨）	工业二氧化硫排放量（吨）	工业烟（粉）尘排放量（吨）	一般工业固体废物综合利用率（%）	污水处理厂集中处理率（%）	生活垃圾无害化处理率（%）
北京市	8978	22070	12987	83.33	87.90	99.80
天津市	18973	154605	73795	98.58	99.00	99.00

续表

城 市	环境污染			污染治理		
	工业废水排放量（万吨）	工业二氧化硫排放量（吨）	工业烟（粉）尘排放量（吨）	一般工业固体废物综合利用率（%）	污水处理厂集中处理率（%）	生活垃圾无害化处理率（%）
石家庄市	21964	113652	87128	98.00	95.42	95.41
唐山市	11914	214723	466902	72.50	95.00	100.00
秦皇岛市	7264	46689	1859866	68.55	96.17	100.00
保定市	10913	49850	31698	93.00	81.76	99.99
张家口市	4573	61858	35693	57.16	94.42	95.00
承德市	1373	55393	50907	24.00	91.56	89.02
沧州市	8926	32712	50879	100.00	100.00	100.00
廊坊市	4549	38390	48205	97.00	92.01	58.95

资料来源：《中国城市统计年鉴（2016）》。

7.1.10 长江中游城市群

长江中游城市群是以武汉、长沙、南昌、合肥四大城市为中心的特大城市群组合，涵盖武汉城市群、环长株潭城市群、环鄱阳湖城市群、江淮城市群，占地面积约31.7万平方公里，面积为世界之最，是长三角城市群的3倍，珠三角城市群的5倍。在“一带一路”倡议下旨在打造重庆西部开发开放重要支撑和成都、郑州、武汉、长沙、南昌、合肥等内陆开放型经济高地。

长江中游城市群包括湖北省的武汉、黄石、黄冈、鄂州、孝感、咸宁、仙桃、天门、潜江、襄阳、宜昌、荆州、荆门，湖南省的长沙、岳阳、益阳、常德、株洲、湘潭、娄底、郴州、衡阳，江西省的南昌、九江、景德镇、上饶、鹰潭、新余、宜春、萍乡、抚州、吉安，安徽省的合肥、六安、芜湖、安庆、马鞍山、池州、铜陵、黄山，是由4省40座地级市所构成的具有高度紧密经济社会联系的城市群。

2015年4月5日，《长江中游城市群发展规划》经国务院批复发布。这是《国家新型城镇化规划（2014—2020年）》出台后，国家批复的首个跨区域城市群规划。长江中游城市群正式定位为中国经济发展新增长极、中西部新型城镇化先行区、内陆开放合作示范区和“两型”社会建设引领区，旨在推动中国经济朝着健康稳定的方向发展。

7.1.10.1 城市群城市体系分析

长江中游城市群是“一带一路”中一个超大规模的城市群，2015 年总人口为 16941.57 万人，40 个城市中没有 1000 万人以上的大型城市，其中武汉市的人口最多，2015 年户籍人口为 829.27 万人，占城市群总人口的 5%，此外还有黄冈、上饶、合肥、六安等几个大型城市，人口规模都在 700 万人以上。

表 7-45 长江中游城市群内部规模等级结构（地级市）

级序	人口级别（人）	城市数量（个）	城市名称
1	>1000 万	0	
2	500 万—1000 万	18	武汉、黄冈、孝感、襄阳、荆州、长沙、岳阳、常德、郴州、衡阳、南昌、九江、上饶、宜春、吉安、合肥、六安、安庆
3	200 万—500 万	11	黄石、咸宁、宜昌、荆门、益阳、株洲、湘潭、娄底、抚州、芜湖、马鞍山、
4	200 万以下	11	鄂州、仙桃、天门、潜江、景德镇、鹰潭、新余、萍乡、池州、铜陵、黄山

资料来源：《中国城市统计年鉴（2016）》。

7.1.10.2 城市群经济可持续发展分析

武汉城市群、环长株潭城市群、环鄱阳城市群和江淮城市群共同构成了长江中游城市群，其在中国的经济可持续发展方面具有重要的战略意义。长期以来，地方经济发展不平衡已经成为制约中国经济结构升级的瓶颈，而发展长江中游城市群，实际上带有补齐区域经济短板的内涵。就长江中游城市群来看，武汉是全国著名的老工业基地和中部地区最重要的经济中心，具有相对完整成熟的产业体系。武汉 1+8 城市圈位于湖北省东部，规划区域包括武汉、黄石、鄂州、孝感、黄冈、咸宁、仙桃、潜江和天门 9 市。此外，长沙也在长江中游城市群中占有重要的地位。2015 年武汉和长沙的 GDP、工业总产值、外商直接投资使用额均在长江中游城市群中排名第一位、第二位。南昌和合肥紧随其后，是典型的多核驱动的超大型城市群，四个省会城市各自辐射周边城市发展。

从表 7-46 可以看出，长江中游城市大多以第二产业为主，属于典型的“二、三、一”结构。40 个城市中只有武汉的第三产业比重超过 50%，2015 年第三产业所占比重为 51.02%。产业转型升级是长江中游城市群面临的重要问题。

表 7-46　2015 年长江中游城市群主要经济指标

城　市	GDP（万元）	工业总产值（万元）	外商直接投资使用额（万美元）	科学技术支出（万元）	年末金融机构人民币各项贷款余额（万元）	第二产业比重（%）	第三产业比重（%）
武汉市	109056000	125792700	734303	681890	171357900	45.68	51.02
黄石市	12281000	19970400	12693	24380	9266650	55.36	35.80
黄冈市	15892400	18529200	10357	68115	9913100	38.91	37.20
鄂州市	7300100	13698088	24450	8081	3370900	57.87	30.54
孝感市	14572000	26714000	34501	77996	9152764	48.43	33.76
咸宁市	10300700	17348600	6474	30200	6289700	48.59	34.08
仙桃市	5976069	9965487	/	/	1823000	/	/
天门市	4400980	8327500	/	/	1344600	/	/
潜江市	5575660	10003600	/	/	1581800	/	/
襄阳市	33821200	58352500	72780	201511	16836027	56.86	31.25
宜昌市	33848000	55096769	35450	137161	21331900	58.69	30.37
荆州市	15905000	23629424	13295	52915	10706251	43.70	34.10
荆门市	13884600	30895970	34000	48062	7939000	52.55	32.98
长沙市	85101328	105459223	440574	241731	122681116	50.92	45.06
岳阳市	28862800	49221392	36307	36602	8944779	50.13	38.88
益阳市	13544119	20349492	22132	19574	6167748	42.11	39.33
常德市	27090169	25331575	74116	23461	10804564	45.68	41.21
株洲市	23351075	33057541	94175	76422	11625831	57.26	35.05

续表

城　市	GDP（万元）	工业总产值（万元）	外商直接投资使用额（万美元）	科学技术支出（万元）	年末金融机构人民币各项贷款余额（万元）	第二产业比重（%）	第三产业比重（%）
湘潭市	17030972	30536494	92000	26433	12560666	54.83	36.91
娄底市	12916626	16636399	34501	11117	7786661	50.33	35.02
郴州市	20120654	32351939	135413	45807	9457076	54.65	35.58
衡阳市	26015749	20509746	103603	21044	11008484	44.63	40.16
南昌市	40000140	54852003	270607	82004	73760542	54.50	41.22
九江市	19026783	48751142	163019	51819	14518954	53.32	39.28
景德镇市	7720557	10976166	17621	26071	4990812	56.68	35.91
上饶市	16508064	28554978	94111	52745	22584147	48.67	37.84
鹰潭市	6392614	20917543	24011	28968	5893503	59.38	32.90
新余市	9467964	14940900	36562	26284	6645868	55.76	38.33
宜春市	16210204	36348968	65440	82657	13185992	51.73	33.71
萍乡市	9123871	16773808	30758	38294	5392867	56.70	36.42
抚州市	11051377	15705685	39162	49486	14320084	49.70	33.84
吉安市	13285198	30143500	88322	75203	10553550	49.47	34.16
合肥市	56602700	93455945	250678	372666	96365681	52.60	42.75
六安市	10164885	15420985	38720	32549	10819621	46.08	36.17
芜湖市	24573234	58290073	230062	357319	24915660	57.19	37.92
安庆市	14174300	27231650	18253	71738	14283519	50.36	36.53
马鞍山市	13653044	25407504	194002	66451	11842000	56.66	37.52
池州市	5447404	7404254	34703	19072	4784477	46.14	40.91
铜陵市	9116000	22690067	22324	77820	7667159	61.75	33.07
黄山市	5309000	5679529	15996	36897	5663107	39.89	49.73

资料来源：《中国城市统计年鉴（2016）》。

7.1.10.3 城市群社会可持续发展分析

武汉作为省会城市、长江中游城市群的核心城市，医疗和教育条件都具有较高水平，每万人拥有卫生机构的床位数为86.55张，人均教育支出为2221.28元，每百人拥有公共图书馆藏书量为174.30册，表现出较好的社会可持续发展能力。

表 7-47　2015 年长江中游城市群社会可持续发展状况

城　市	每万人拥有卫生机构床位数（张）	人均教育支出（元）	每百人拥有公共图书馆藏书量（册）
武汉市	86.55	2221.28	174.30
黄石市	49.38	1173.44	48.92
黄冈市	39.89	1120.61	27.71
鄂州市	48.11	1257.46	37.17
孝感市	34.42	922.93	18.84
咸宁市	38.58	1099.83	30.90
仙桃市	/	/	/
天门市	/	/	/
潜江市	/	/	/
襄阳市	53.18	1350.07	31.53
宜昌市	60.29	1580.11	52.04
荆州市	38.09	698.89	18.65
荆门市	52.09	999.02	29.37
长沙市	88.08	2123.78	117.19
岳阳市	34.53	934.90	22.86
益阳市	40.22	921.02	23.50
常德市	48.27	963.78	25.77
株洲市	57.71	1054.68	37.23
湘潭市	54.00	1019.59	47.01
娄底市	43.05	819.71	21.11

续表

城　市	每万人拥有卫生机构床位数（张）	人均教育支出（元）	每百人拥有公共图书馆藏书量（册）
郴州市	46.61	1233.13	28.56
衡阳市	47.12	947.53	24.57
南昌市	53.57	1642.27	100.47
九江市	38.72	1593.37	41.79
景德镇市	42.11	1495.38	61.21
上饶市	30.11	1194.19	26.10
鹰潭市	37.11	1410.91	37.17
新余市	38.34	1602.69	54.24
宜春市	33.68	1319.07	27.47
萍乡市	48.22	1342.50	50.40
抚州市	26.51	1402.62	35.63
吉安市	37.07	1444.56	48.87
合肥市	58.68	1662.02	68.41
六安市	27.00	970.44	9.80
芜湖市	46.74	1500.85	48.55
安庆市	30.03	1010.00	29.59
马鞍山市	34.99	1417.44	51.43
池州市	37.72	1221.82	27.82
铜陵市	70.42	2103.28	101.56
黄山市	43.53	1068.61	62.98

资料来源：《中国城市统计年鉴（2016）》。

7.1.10.4 城市群生态可持续发展分析

长江中游城市群中面积最大的为吉安，全市土地面积为 25373 平方公里，其次是上饶，为 22791 平方公里。武汉的人口密度最高，达到了 967.44 人/平方公里。人均绿地面积各城市间差异显著，黄山市的人均绿地面积最高，达到了 89.81 公顷/万人。在工业用电方面，武汉市的工业用电量最高，为 2115824 万千瓦时。这与武汉的工业总产值相匹配，但同时也表明，武汉应当作为长江中游城市群提升资源及能源使用效率的重点对象。

表 7-48　2015 年长江中游城市群资源承载力概况

城市	土地承载力			资源及能源承载力		
	土地面积（平方公里）	人口密度（人/平方公里）	人均绿地面积（公顷/万人）	天然气家庭用量（万立方米）	工业用电量（万千瓦时）	居民生活用水量（万吨）
武汉市	8569	967.44	27.07	27360	2115824	/
黄石市	4583	584.77	10.13	1526	543722	4952
黄冈市	17457	426.19	1.48	4263	68851	1617
鄂州市	1594	690.09	16.14	1700	527101	2386
孝感市	8910	590.35	2.96	1200	97094	2598
咸宁市	9751	307.66	12.82	1907	71454	1600
仙桃市	2538	/	/	/	/	/
天门市	2622	/	/	/	/	/
潜江市	2004	/	/	/	/	/
襄阳市	19728	300.08	9.40	5925	374047	5999
宜昌市	21230	187.47	15.26	4548	560452	4589
荆州市	14243	451.45	4.15	3367	264551	3988
荆门市	12404	241.05	6.56	2168	387970	2393
长沙市	11816	575.49	15.56	27409	423836	35138
岳阳市	14858	379.59	8.11	4300	502872	4691
益阳市	12320	390.42	6.06	1853	134101	2631
常德市	18910	322.05	7.29	2858	129556	4062
株洲市	11272	357.52	13.16	6663	420392	9854

续表

城 市	土地承载力			资源及能源承载力		
	土地面积（平方公里）	人口密度（人/平方公里）	人均绿地面积（公顷/万人）	天然气家庭用量（万立方米）	工业用电量（万千瓦时）	居民生活用水量（万吨）
湘潭市	5008	577.08	10.46	3665	621782	4107
娄底市	8119	551.79	4.57	2212	462791	2950
郴州市	19654	268.65	5.99	890	277000	3370
衡阳市	15303	522.12	5.26	4519	504609	5533
南昌市	7402	702.51	22.99	7487	664865	14231
九江市	19798	261.14	9.78	1834	308500	3713
景德镇市	5261	317.43	19.61	2150	127121	2801
上饶市	22791	339.61	4.25	819	90750	2814
鹰潭市	3560	356.74	10.87	116	25453	742
新余市	3178	390.18	30.12	2480	693497	2399
宜春市	18669	319.78	4.80	1003	90779	2871
萍乡市	3831	516.84	10.08	3969	321194	1665
抚州市	18799	212.25	6.32	428	/	3207
吉安市	25373	208.88	4.61	1056	93396	1297
合肥市	11445	627.35	24.05	20930	624346	20951
六安市	18399	390.24	4.31	966	129620	2185
芜湖市	6026	638.90	16.70	6449	735189	6585
安庆市	15402	403.84	5.89	1310	277016	2380
马鞍山市	4049	565.57	24.97	4408	1142403	4018
池州市	8399	192.88	12.07	2056	102701	/
铜陵市	1201	616.15	73.83	2131	594152	/
黄山市	9678	152.92	89.81	164	54465	/

资料来源：《中国城市统计年鉴（2016）》。

长江中游城市群虽然在经济和社会发展方面取得了一定的成绩，但同时也产生了较为严重的环境污染问题。对于日益严峻的环境压力和越来越脆弱的环境承载力，长江中游城市群在污染治理方面的工作仍需继续加强。

表 7-49　2015 年长江中游城市群环境承载力概况

城　市	环境污染			污染治理		
	工业废水排放量（万吨）	工业二氧化硫排放量（吨）	工业烟（粉）尘排放量（吨）	一般工业固体废物综合利用率（%）	污水处理厂集中处理率（%）	生活垃圾无害化处理率（%）
武汉市	15452	75035	20811	97.96	95.00	100.00
黄石市	5313	63048	43718	92.03	91.70	100.00
黄冈市	2989	16746	16679	90.35	65.29	67.66
鄂州市	1734	38776	45389	98.16	82.05	100.00
孝感市	4540	34081	17536	66.35	85.00	100.00
咸宁市	1876	22400	18800	0.49	91.00	100.00
仙桃市	/	/	/	/	/	/
天门市	/	/	/	/	/	/
潜江市	/	/	/	/	/	/
襄阳市	8184	33617	14014	92.19	89.56	70.65
宜昌市	18130	72771	30060	26.27	91.68	93.63
荆州市	10897	39744	21238	30.90	88.53	42.28
荆门市	3568	34602	33790	94.00	84.35	83.70
长沙市	5102	15952	11641	86.20	99.80	100.00
岳阳市	11375	43084	19967	85.54	75.64	100.00
益阳市	5388	44136	31911	85.00	92.00	93.00
常德市	9799	33333	17636	95.26	92.54	100.00
株洲市	3967	36464	1347367	90.52	95.23	100.00
湘潭市	5165	38038	57173	96.10	89.82	100.00
娄底市	4806	87777	69889	96.00	61.00	99.20
郴州市	8682	36337	20865	56.80	91.80	100.00
衡阳市	6103	73232	39852	86.49	73.00	100.00
南昌市	10016	30399	24818	97.10	97.72	100.00
九江市	16784	79995	50987	60.36	88.01	84.44
景德镇市	6720	29515	15590	98.94	74.00	100.00
上饶市	6534	35021	35904	10.11	86.32	99.13

续表

城市	环境污染			污染治理		
	工业废水排放量（万吨）	工业二氧化硫排放量（吨）	工业烟（粉）尘排放量（吨）	一般工业固体废物综合利用率（%）	污水处理厂集中处理率（%）	生活垃圾无害化处理率（%）
鹰潭市	2531	21564	5024	87.97	86.70	100.00
新余市	5654	54027	75389	89.70	95.62	100.00
宜春市	7824	66593	69471	93.76	81.49	65.99
萍乡市	1549	83117	43277	97.64	83.50	98.60
抚州市	3057	19676	23487	76.75	83.77	100.00
吉安市	3733	38322	27236	95.61	86.83	99.18
合肥市	5335	40829	85036	91.65	92.12	100.00
六安市	2443	14290	33407	75.84	91.90	92.19
芜湖市	4933	38064	39513	86.44	90.79	97.48
安庆市	4470	14738	24978	96.80	88.18	90.16
马鞍山市	7695	48713	75916	86.51	92.10	98.59
池州市	1422	100457	/	93.97	93.58	92.92
铜陵市	5338	2123459	/	90.58	92.07	100.00
黄山市	737	2971	/	74.80	92.19	100.00

资料来源：《中国城市统计年鉴（2016）》。

7.1.11 山东半岛城市群

根据山东省委、省政府“促进山东半岛城市群崛起”的战略决策和有关部署，山东省建设厅与北京大学联合编制了《山东半岛城市群总体规划（2006—2020年）》。根据此规划，山东半岛城市群包括济南、青岛、淄博、东营、烟台、潍坊、威海和日照8个地级市以及22个县级市。山东半岛城市群有优越的地理位置，在对外开放、发展外向型经济以及同内陆腹地的联系中具有独特的优势，在全国范围内，山东半岛的定位是以东北亚区域国际型城市青岛为龙头，带动山东半岛城市群外向型经济功能整理发展的城市密集区域，是全球城市体系和全球产品生产服务供应链中重要的一环；在全国范围内，山东半岛城市群是黄河流域的经济中心和龙头带动区域，与京津冀城市群、辽中南城市群共同构筑引领中国经济发展的重要增长极；在环黄海范围内，山东半岛城市群是环黄海地区区域经济合作的先进制造业生产服务中心之一，作为中国最具潜力的第四增长极，山东半岛城市群具有较强的城市群可持续发展水平。

7.1.11.1 城市群城市体系分析

表 7-50 山东半岛城市群内部规模等级结构（地级市）

级序	人口级别（人）	城市数量（个）	城市名称
1	>1000 万	0	
2	500 万—1000 万	4	青岛、烟台、济南、潍坊
3	200 万—500 万	3	威海、淄博、日照
4	200 万以下	1	东营

资料来源：《中国城市统计年鉴（2016）》。

从表 7-50 中可以看出，山东半岛城市群中没有人口超过 1000 万的特大型城市，整个城市群的人口结构呈现葫芦式分布。山东半岛城市群中人口数量最多的几个城市分别为潍坊、青岛、烟台和济南，人口级别均在 500 万—1000 万之间。作为山东半岛城市群的核心城市，青岛和其他城市之间并没有形成显著的规模级别差距，首位城市的地位不十分突出，不利于中心城市的辐射和集聚，较难带动整个城市群的发展。山东半岛城市群人口规模在 200 万—500 万之间的城市包括威海、淄博、日照。东营市的人口最少，2015 年户籍人口仅为 190.62 万人。

7.1.11.2 城市群经济可持续发展分析

山东半岛城市群在中国区域经济发展中处于相对优势的地位，属于中国第四增长极。山东半岛城市群呈现出“一核两翼”的发展结构。核心城市青岛在 GDP、工业总产值、外商直接投资使用额、科学技术支出和年末金融机构人民币各项贷款余额等方面都处于绝对的领先优势。2015 年青岛的 GDP 达到了 9300.07 亿元，占整个山东半岛城市群的 23.68%，工业总产值达到 16811.83 亿元，占整个山东半岛城市群的 20.01%。但是青岛的经济实力与全国其他发达城市相比仍存在一定的差距。核心城市实力不强，带动能力不足，成为制约山东半岛城市群发展的主要问题。

除青岛和济南之外，山东半岛城市群中的主要城市的产业结构都表现为“二、三、一”结构，即第二产业较为发达。表现最突出的是东营，其第二产业所占比重超过60%。东营的核心产业是石油和天然气开采，并且发展了医药制造业、化学纤维制造业和橡胶制品业等多个产业。此外，淄博的制造业也相对比较发达，主导产业包括石油加工及炼焦业、化学原料及化学制品制造业、非金属矿物制造业、化学纤维制造业和医药制造业等，主要集中在化学及相关行业，资源产业也有一定的比例。

表 7-51　2015 年山东半岛城市群主要经济指标

城　市	GDP（万元）	工业总产值（万元）	外商直接投资使用额（万美元）	科学技术支出（万元）	年末金融机构人民币各项贷款余额（万元）	第二产业比重（%）	第三产业比重（%）
济南市	61002320	53407532	157851	114769	/	37. 82	57. 18
青岛市	93000700	168118299	669062	285793	/	43. 29	52. 79
淄博市	41302400	111355829	58790	99933	26289750	53. 96	42. 53
东营市	34506400	131890514	22194	26737	29415302	64. 64	31. 94
烟台市	64460800	152975567	191638	186406	42228857	51. 56	41. 60
潍坊市	51705000	127575940	100116	138059	45194701	48. 17	43. 02
威海市	30015700	69325617	112018	122039	17709642	47. 38	45. 38
日照市	16708000	25398800	57849	22793	19505472	48. 66	42. 92

资料来源：《中国城市统计年鉴（2016）》。

7. 1. 11. 3　城市群社会可持续发展分析

在医疗卫生方面，济南具有一定领先优势，每万人拥有卫生机构床位数为 72. 23 张，同时在公共图书馆藏书方面也具有相对较高的水平，凸显出社会可持续发展方面的优势。青岛则在教育支出方面表现出领先优势，

2015 年人均教育支出为 2989.35 元/人，在山东半岛城市群中排名第一。青岛对于教育的投入提升了其社会可持续发展的潜力。

表 7-52　2015 年山东半岛城市群社会可持续发展状况

城　市	每万人拥有卫生机构床位数（张）	人均教育支出（元）	每百人拥有公共图书馆藏书量（册）
济南市	72.23	1859.57	190.98
青岛市	57.55	2989.35	77.12
淄博市	62.01	1976.44	57.76
东营市	63.04	2593.97	112.79
烟台市	56.91	1878.00	107.58
潍坊市	49.98	1789.52	302.65
威海市	61.77	2719.43	133.48
日照市	/	/	25.10

资料来源：《中国城市统计年鉴（2016）》。

7.1.11.4　城市群生态可持续发展分析

受到经济的快速发展、城市化水平的逐步提升，以及历史遗留因素的影响，山东半岛城市群的人口密度较高，这是山东半岛城市群经济发展和生态环境改善的重要制约因素。2015 年济南的人口密度达到了 782.70 人/平方公里，大大高于全国水平。在绿化方面淄博处于领先地位，2015 年人均绿地面积为 41.50 公顷/万人。人口激增与随之而来的需求扩大势必对环境资源产生巨大影响。

在资源消耗方面，山东半岛城市群在工业用电效率方面表现较好，城市群平均亿元规模以上工业总产值用电效率在全国的城市中排名处于靠前位置，这与山东半岛城市群近年来积极优化产业结构，淘汰落后产能，引进高新技术产业的决策密不可分。但是山东半岛水资源等资源短缺也是制约山东半岛城市群未来发展的重要因素，青岛作为沿海城市，近年来水资源也严重短缺。如何提升山东半岛城市群的资源使用效率，提高资源及能源承载力是山东半岛城市群可持续发展中要关注的重点。

表 7-53 2015 年山东半岛城市群资源承载力概况

城市	土地承载力			资源及能源承载力		
	土地面积（平方公里）	人口密度（人/平方公里）	人均绿地面积（公顷/万人）	天然气家庭用量（万立方米）	工业用电量（万千瓦时）	居民生活用水量（万吨）
济南市	7998	782.70	21.98	15243	938307	12005
青岛市	11282	694.03	37.18	18631	1248507	15381
淄博市	5965	720.87	41.50	16861	1993512	6148
东营市	8243	231.71	38.65	13116	1536771	2715
烟台市	13852	471.41	17.93	6684	996256	5506
潍坊市	16143	553.80	11.24	4350	990807	2378
威海市	5797	439.88	35.35	2826	457558	2473
日照市	5359	552.34	/	5820	/	/

资料来源：《中国城市统计年鉴（2016）》。

改革开放初期，山东半岛城市群的生态环境一度恶化，经过近年来有步骤地对产业结构进行调整，引进和发展技术含量高、高附加值而低能耗、低污染的产业，整个地区的环境条件有所改善。从表 7-54 来看，在环境污染方面，潍坊、日照、淄博的单位 GDP 工业废水排放量较高，分别达到 5.3 吨/万元、4.03 吨/万元和 3.77 吨/万元。在工业二氧化硫排放方面，淄博市表现较差，单位 GDP 工业二氧化硫排放量为 38.34 吨/亿元，表明当地的产业结构以粗放型重工业为主，造成了严重的环境污染。在工业烟（粉）尘排放方面，日照单位 GDP 工业烟（粉）尘排放量最高，达到 61.83 吨/亿元。在污染治理方面，山东半岛城市群生活垃圾无害化处理率较高，除烟台外，其他城市均达到 100%。

表 7-54　2015 年山东半岛城市群环境承载力概况

城　市	环境污染			污染治理		
	工业废水排放量（万吨）	工业二氧化硫排放量（吨）	工业烟（粉）尘排放量（吨）	一般工业固体废物综合利用率（%）	污水处理厂集中处理率（%）	生活垃圾无害化处理率（%）
济南市	7415	70327	92900	99.38	95.85	100.00
青岛市	10566	64029	28767	93.76	95.86	100.00
淄博市	15556	158349	90347	95.75	96.14	100.00
东营市	7819	47860	5156	96.69	95.88	100.00
烟台市	9762	67531	30316	78.26	76.06	81.29
潍坊市	27402	106599	55380	/	96.15	100.00
威海市	2598	24663	12542	94.77	96.01	100.00
日照市	6735	42128	103306	99.05	97.58	100.00

资料来源：《中国城市统计年鉴（2016）》。

7.1.12　呼包鄂榆城市群

呼包鄂榆城市群，包括呼和浩特、包头、鄂尔多斯以及榆林 4 市，沿黄河呈条带状分布，地势平缓，地貌类型为河谷流地。该地区土地资源相对丰富，开放强度相对较低。降水较少，水资源短缺。农业用水量占总用水量的 80%以上。大气环境质量总体较差，部分城市二氧化硫排放超过环境容量。水环境质量总体差，化学需氧量排放已经重度甚至极度超过水环境容量。属温带大陆季风性气候，气温变化大。生态环境脆弱，开发不当易加剧水土流失和沙尘暴。自然灾害主要是干旱、沙尘以及风灾。

呼包鄂榆城市群位于内蒙古和陕西交界处，包括 38 个旗县区，区域总面积达 14 万平方公里。在《全国主体功能区规划》中提到，该区域位于全国“两横三纵”城市化战略布局中包昆通道纵轴的北端，并对该区域做出了功能定位：全国重要的能源、煤化工基地、农畜产品加工基地和稀土新材料产业基地，北方地区重要的冶金和装备制造业基地。确定了以呼和浩特为中心，以包头、鄂尔多斯和榆林为支撑，以主要交通干线和内蒙古沿黄产业带为轴线的空间开发格局。同时提出，增强呼和浩特的首府城市功能，建成民族特色鲜明的区域性中心城市。包头、鄂尔多斯、榆林应依托资源优势，促进特色优势产业升级，增强辐射带动能力。加快城市人口的集聚，促进呼包鄂榆区域一体化发展。

7.1.12.1 城市群城市体系分析

表 7-55 呼包鄂榆城市群城市内部规模等级结构（地级市）

级序	人口级别（人）	城市数量（个）	城市名称
1	>1000 万	0	
2	500 万—1000 万	0	
3	200 万—500 万	3	呼和浩特、包头、榆林
4	200 万以下	1	鄂尔多斯

资料来源：《中国城市统计年鉴（2016）》。

从城市体系来看，呼包鄂榆城市群没有 500 万人以上的城市。规模最大的榆林市人口规模只有 377.46 万人，而内蒙古自治区首府呼和浩特 2015 年的户籍人口仅为 238.58 万人。城市群中心城市的地位不够突出，难以带动整个城市群的发展。

7.1.12.2 城市群经济可持续发展分析

从 GDP 增长情况来看，呼包鄂榆城市群近年来经济总体发展态势良好。其中，包头、鄂尔多斯的经济发展相较呼和浩特、榆林市更好一些，两市的 GDP 和工业总产值都在城市群中分列第一、第二名。其中，鄂尔多斯的外商直接投资使用额突出，比其他城市的总额还要多，充分体现了鄂尔多斯作为对外开放的窗口在呼包鄂榆城市群中的重要地位。

从呼包鄂榆城市群各城市的产业发展来看，不同产业对于各城市的作用表现不同。相比之下，第一产业对经济增长的贡献作用逐渐弱化。2015 年呼和浩特的第三产业比重为 67.86%，与之对比明显的榆林第三产业比重只有 32.06%，榆林市的第三产业发展仍有很大空间。而包头的第二、三产业比重差距逐渐缩小，逐渐成为呼包鄂榆城市群的核心城市，带动整个城市群的发展。

表 7-56　2015 年呼包鄂榆城市群主要经济指标

城　市	GDP（万元）	工业总产值（万元）	外商直接投资使用额（万美元）	科学技术支出（万元）	年末金融机构人民币各项贷款余额（万元）	第二产业比重（%）	第三产业比重（%）
呼和浩特市	30905200	16675793	44610	25504	60738870	28.06	67.86
包头市	37219300	31812078	82417	53969	21925210	48.38	48.91
鄂尔多斯市	42261300	43383033	173000	37109	27002000	56.79	40.87
榆林市	26212900	/	/	19932	20328900	62.46	32.06

资料来源：《中国城市统计年鉴（2016）》。

7.1.11.3　城市群社会可持续发展分析

对比城市群中各城市每万人拥有卫生机构床位数可知，除榆林的医疗卫生水平较低，其余三个城市医疗卫生水平相当。呼包鄂榆城市群的教育发展水平并不均衡，相比其他城市，鄂尔多斯的人均教育支出较高，达到了 3476.96 元/人。鄂尔多斯和呼和浩特每百人拥有公共图书馆藏书量分列第一位和第二位。

表 7-57　2015 年呼包鄂榆城市群社会可持续发展状况

城　市	每万人拥有卫生机构床位数（张）	人均教育支出（元）	每百人拥有公共图书馆藏书量（册）
呼和浩特市	70.32	2065.23	151.24
包头市	65.92	2236.19	62.45
鄂尔多斯市	64.94	3476.96	148.11
榆林市	48.48	595.26	/

资料来源：《中国城市统计年鉴（2016）》。

7.1.11.4　城市群生态可持续发展分析

呼包鄂榆城市群的人口分布并不均衡。四个城市中，人口密度最大的是呼和浩特，除榆林没有数据外，人口密度最低的鄂尔多斯仅有 18.10 人/平方公里。人均绿地面积这一指标各城市也相差悬殊，2015 年鄂尔多斯的人均绿地面积最高，而榆林较低。

从用水、用电情况看，考虑到各城市的产业结构不尽相同，包头作为典型的工业城市，其工业用电量在呼包鄂榆城市群中最高，而工业水平较为落后的鄂尔多斯的工业用电量仅为包头的 3%。天然气家庭用量和居民生活用水量包头均为最高。参见表 7-58。

表 7-58　2015 年呼包鄂榆城市群资源承载力概况

城　市	土地承载力			资源及能源承载力		
	土地面积（平方公里）	人口密度（人/平方公里）	人均绿地面积（公顷/万人）	天然气家庭用量（万立方米）	工业用电量（万千瓦时）	居民生活用水量（万吨）
呼和浩特市	17186	139.07	59.00	6386	296833	3813
包头市	27768	80.67	35.78	9083	3598478	3839
鄂尔多斯市	86752	18.10	73.59	2942	106317	2060
榆林市	/	/	5.83	8112	267564	1024

资料来源：《中国城市统计年鉴（2016）》。

从工业“三废”排放情况来看，作为典型的资源城市，包头的工业发展给环境带来的压力最大。2015 年包头的工业废水排放量远远高于其他三个城市，且工业二氧化硫和工业烟（粉）尘排放量也都居于第二。由呼包鄂榆城市群各城市工业“三废”排放情况看，工业发展给当地的资源环境造成很大的压力，为了实现城市的可持续发展，呼包鄂榆城市群在接下来的发展中需积极实施新型工业化道路，采用先进工业技术、降低工业“三废”的排放，走资源较少、环境污染低的可持续发展道路。从污染治理方面来看，一般工业固体废物综合利用率各城市差别较大，排名靠后的呼和浩特仅有 33%。而污水处理厂集中处理率及生活垃圾无害化处理率各城市间差别不是很大。参见表 7-59。

表 7-59　2015 年呼包鄂榆城市群环境承载力概况

城　市	环境污染			污染治理		
	工业废水排放量（万吨）	工业二氧化硫排放量（吨）	工业烟（粉）尘排放量（吨）	一般工业固体废物综合利用率（%）	污水处理厂集中处理率（%）	生活垃圾无害化处理率（%）
呼和浩特市	3111	67279	37983	33.00	91.59	99.83
包头市	4138	176130	104177	72.11	90.09	96.56
鄂尔多斯市	2957	199358	45994	39.10	94.71	95.57
榆林市	/	/	200517	93.29	86.82	90.09

资料来源：《中国城市统计年鉴（2016）》。

7.2 “一带一路”沿线城市群功能定位

7.2.1 西部城市群功能定位

“一带一路”倡议具有明显的地域特征。得益于特殊的地理位置，新疆成为西部大开发中重要的战略安排，在“一带一路”建设中也是重要的节点城市。新疆与 8 个国家相邻，疆内有 107 条国际道路运输线路通过，有 17 个国家一类口岸，有喀什和霍尔果斯两个国家级经济技术开发区。2015 年发布的《推动共建丝绸之路经济带和 21 世纪海上丝绸之路的愿景与行动》（以下简称《愿景与行动》）中指出，要发挥新疆独特的区位优势和向西开放重要窗口作用，深化与中亚、南亚、西亚等国家交流合作，形成丝绸之路经济带上重要的交通枢纽、商贸物流和文化科教中心，打造丝绸之路经济带核心区。西部城市群依托新疆的重要战略地位，成为“一带一路”的核心城市群。

“一带一路”倡议的实施，为推动西部城市群国际贸易和国际物流的发展带来了新的机遇。西部城市群过去基本上是技术、资金、人才的受援城市，经济不发达，加上长期以来受恐怖主义的危害，所以，过去在中国整体战略上的主要功能是维护国家统一和地区安定，其他功能也有但都是次要的。然而，在“一带一路”倡议中，西部城市群重要的功能将是经济辐射中心，不仅要在中国西部地区成为经济中心，而且还要成为向中亚、南亚辐射的经济中心，因而像乌鲁木齐、喀什这样的城市，完全可以建立功能性的经济特区。西部城市群作为通向中亚的重要窗口，必须顺应发展大势，抓住机遇，推动国际贸易与国际物流的协同发展。

7.2.2 海峡西岸城市群功能定位

海峡西岸城市群地处长三角城市群、珠三角城市群、台湾地区和祖国大陆的结合部，邻近港澳，发挥着承南起北、贯通东西的桥梁纽带作用，在全国区域经济发展布局中处于重要位置，是加强两岸交流合作、推动两岸和平发展的重要前沿平台和纽带，是海峡西岸经济区的核心组成部分，是服务祖国统一大业的海岸型城市群。福建省在海峡西岸经济区中居主体地位，与台湾地区地缘相近、血缘相亲、文缘相承、商缘相连、法缘相循，具有对台交往的独特优势。福建省大力推进海峡西岸经济区建设，综合实力不断增强，为进一步加快发展奠定了坚实基础。

《愿景与行动》中指出，要利用海峡西岸开放程度高、经济实力强、辐射带动作用大的优势，支持福建建设21世纪海上丝绸之路核心区。充分发挥福建平潭开放合作区的作用，深化海峡两岸合作。推进浙江海洋经济发展示范区、福建海峡蓝色经济实验区建设，形成参与和引领国际合作竞争新优势。

随着“一带一路”倡议的实施，以及福建自贸区的建立，海峡两岸城市群获得了发展新活力。福州谋划对接中国台湾，在联通东盟、辐射内陆中发挥更加积极的作用。平潭综合试验区则着力打造“闽台合作的窗口”和“国家对外开放的窗口”，努力成为“一带一路”的桥头堡和中转枢纽；漳州谋划“海上丝绸之路”再出发，锻造蓝色经济新平台；莆田正借力妈祖文化，融入“一带一路”。海峡西岸城市群作为两岸人民交流合作先行先试区域，实施先行先试政策，加强海峡西岸经济区与台湾地区经济的全面对接，推动两岸交流合作向更广范围、更大规模、更高层次迈进。同时也是服务周边地区发展新的对外开放综合通道，以铁路、高速公路、海空港为主骨架主枢纽的海峡西岸现代化综合交通网络，使之成为服务周边地区发展、拓展两岸交流合作的综合通道。

7.2.3 西北城市群功能定位

西北城市群作为国内丝绸之路经济带的最重要区段，肩负着进一步推进西部大开发、强化西部省域之间的交流合作与经济联系、提高各区域向西开放的外向发展能力等多重战略任务。西安是世界闻名的千年古都，是历史上丝绸之路的起点，是西北地区生产要素和产业聚集程度最高的地方，是国家重要的科研和教育中心。作为西北地区最大的城市，作为国家向西开放的重要依托，西安在“一带一路”建设中具有举足轻重的地位，是西北城市群的核心。西安目前已经具备了多重优势，是全国铁路、公路网的重要节点城市，全国第四大国际航空港，也是欧洲与中亚国家客流、物流进入中国的出入口和集散地，同时具有港务区和保税区等对外开放的平台等。以西安为核心，西北城市群将重点打造装备制造、能源化工、绿色产业、现代物流、区域金融和高新技术产业，以产业辐射带动西北地区其他城市发展，以形成有效衔接与分工协作的产业链，提升西安的经济辐射能力，强化与其他节点城市的区域合作，使西北城市群成为衔接东中部，辐射带动西部的核心区，以此推动我国西北地区的经济发展。

7.2.4 西南城市群功能定位

西南城市群地处“一带一路”和长江经济带的交汇处，国家赋予该城市群新的战略定位，为西南地区的发展提供了新的机遇。西南城市群拥有两江新区、贵安新区、天府新区、滇中新区四个国家新区，通过这些内陆的国家级新区错位发展、联动发展，可以形成西部发展的几大极核，通过多核共振，可促进西部大开发的进一步深入推进。

李克强总理在 2015 年《政府工作报告》中指出“拓展区域发展的新空间”，提出“在国内、国外开放的新格局下，要把全国当作一盘棋，在区域上协调发展，实现资源的最优化配置”，而西南城市群四边形经济圈的构想与之契合。在整个西南部区域，成都、重庆、贵阳、昆明、南宁五个城市一直都担当着重要职责。在新时代背景下，五个城市未来会在“一带一路”建设和长江经济带联动发展中扮演着极为重要的角色，东中部地区加强同“一带一路”沿线国家或地区的经贸往来，必然绕不开长江，可通过长江达四川、重庆再通往新疆走向欧亚大陆，而要进入东南亚地区，则必然通过昆明再达印度洋。因此，在“一带一路”建设背景下，五市一旦形成合力，实现强强联手，将有助于推动整个西南地区经济社会发展迈上新的台阶，有助于西南地区同东中部地区及西南地区区域内的协同联动发展。不仅如此，西南城市群四边形经济圈的打造，还将会使得西南地区市场更加开放，资源配置效率更高，就业岗位更多，从而为提高城乡居民生活水平，促进西南地区经济社会繁荣、民族间团结友爱带来更大的机遇。

7.2.5 东北城市群功能定位

作为中国工业化最早、重工业程度最深的区域，东北城市群曾凭借丰富的自然资源先行一步发展。但是近年来各东北城市群支柱产业相继出现产能过剩、经济低迷，直接体现在装备制造业、煤矿、石油、钢铁等传统支柱产业的困境上，工业生产陷入萧条。如今中国经济发展的竞争愈演愈烈，东北城市群作为老工业基地的优势不复存在，急需进行产业结构的调整和升级，而“一带一路”倡议为东北城市群的崛起提供了机遇。

东北城市群地处中、俄、日、韩、蒙东北亚经济圈的中心位置，龙江丝路大通道在节约时间和降低成本方面比经阿拉山口出境的西部通道和经二连浩特出境的中部通道更有优势。在“一带一路”建设中，东北城市群的任务是建设向东北亚开放的窗口，在这样的机遇下，东北城市群可以通过多种途径建立与周边地区和国家的联系，如与俄罗斯建立陆海联运合作，通过联通俄罗斯和欧洲的经济合作来振兴欧亚地区的经济。推进国际通道建设，如推进“辽蒙欧”“辽满欧”“中俄韩”三大通道建设，为东北城市群的对外交流合作提供便利。在“一带一路”倡议引领下，通过各区域之间的合作，东北城市群可促进产业集群的发展。

7.2.6 中原城市群功能定位

中原城市群是“一带一路”城市节点的重要组成部分，是我国内部城市对外开放的重要门户。在《愿景与行动》中，将郑州等城市列入“一带一路”内陆开放型经济高地建设规划，对近年来郑州在郑州航空港、河南国际陆港、郑州跨境E贸易试点、郑州欧亚货运班列等一系列重大建设项目上的表现做出了充分肯定，并进一步提出支持郑州发挥自身优势对接“一带一路”建设，这为中原城市群提高经济外向水平、加快对外开放发展速度释放出巨大利好。

郑州是中原城市群的核心城市，是“一带一路”建设的重要枢纽城市，在对接“一带一路”建设上，郑州“内陆开放型经济高地”的定位尚需通过各方面状况的有效改善得以实现。目前郑州作为中原城市群的核心城市对周围城市及中原经济区的辐射影响力仍旧有待提高，中原城市群内部耦合度较低。中原城市群需进一步加强引导促进郑州同中原城市群其他城市间的资源配置和要素流动，发展总部经济，促进城市经济发展并优化城市经济密度。

7.2.7 长三角城市群功能定位

长三角城市群是“一带一路”与长江经济带的重要交汇地带，在国家现代化建设大局和全方位开放格局中具有举足轻重的战略地位。上海地处长江入海口，东向东海，南濒杭州湾，与江苏、浙江两省相接，共同构成以上海为龙头的中国最大的城市群。丝绸之路沿陇海线东延，即为亚欧大陆桥东段，海上丝绸之路沿海岸线北上，即是长三角区域。加上长江这一黄金水道，长三角无疑是中国“π”形经济带的聚焦地。

在上海国际航运中心的框架下，舟山着重于打造国际化、国际性的现代服务体系，将形成一个江海联运的服务集聚区，“转运”所涉及的水水中转，以及水路转航空、铁路、公路的中转，必定也要和宁波、上海，乃至长江沿岸各港口合作，将长三角作为一个整体，共同参与“一带一路”建设。此外，位于连云港的“中哈连云港物流基地”已是哈萨克斯坦在中国境内的最大物流基地，也将成为中亚五国过境运输、仓储物流、往来贸易的国际经济平台。连云港将着力构建东西双向开放的格局，在深化与上合组织和中西亚国家合作的同时，强化与东北亚经济板块互动。长三角城市群多个城市正在努力“互利共赢”，共同在“一带一路”上引进来、走出去。

7.2.8 珠三角城市群功能定位

珠三角城市群的开放度一直处于全国前列，在“一带一路”建设与实施自贸区战略背景下，粤港澳区域经济合作一体化将成为“一带一路”中一个重大突破，以服务贸易作为重要战略支点，通过服务贸易，更好地加强我国与东盟自贸区合作。2015 年随着粤港、粤澳合作框架协议（CEPA 协议）全面落实，中国将尽快实现服务贸易与区域开放有机融合，珠三角成为在国内外具备较强影响力和辐射力的区域服务市场。因此珠三角城市群成为我国推进“一带一路”建设尤其是海上丝绸之路建设的重要战略核心区。

作为连接中国内地与东盟国家之间的桥头堡，珠三角城市群一直以来具有经济区开放程度高、经济实力强、辐射带动作用大的优势，同时产业基础雄厚，产业布局合理，作为东南沿海区域中心和水路交通枢纽，区位优势显著。珠三角城市群应当借助“一带一路”建设大力发展基础设施建设的契机，立足自身区位、市场、产业、交通、文化、生态和营商环境等综合优势，加快创新驱动，积极参与和助力“一带一路”建设。进一步夯实珠三角在对接“一路”—中国内陆—“一带”的全新区域价值链中的枢纽地位。在“一带一路”的六大经济走廊规划中，中国—中南半岛经济走廊将东起珠三角经济区，沿南广高速公路、桂广高速铁路，经南宁、凭祥、河内至新加坡。这条走廊一旦打通，珠三角地区将成为贯通东盟到欧洲之间客货海铁联运的关键枢纽。

7.2.9 京津冀城市群功能定位

京津冀协同发展战略与“一带一路”倡议在客观上具有相关关系，二者同为国家顶层设计，在华北地区的大部分空间覆盖区域也是重合的。京津冀协同发展与“一带一路”倡议互为依托、互为支撑。通过构建北京—

莫斯科欧亚高速运输走廊，建设向北开放的重要窗口；同时，构建天津—莫斯科的快速运输线，将京津冀城市群与“一带一路”密切连接起来。

北京作为我国首都，是国际交往中心和全国主要的商贸流通交易中心，融入“一带一路”建设必然促进发展转型和新的对外发展。天津是我国重要的经济、金融、贸易和航运中心之一，拥有我国北方最大的港口和北方重要公路、铁路交通枢纽的优势。天津的主要贸易伙伴为东亚和东南亚地区，首先在运输和能源开放等方面具有雄厚的基础，借此天津可以在海洋发展方面与东南亚地区展开贸易合作；其次，天津正极力与东南亚地区开展跨境电商业务，另外还加强了对外金融合作和国际服务贸易，为天津带来了较大的合作效益。河北地处环渤海的中心区域，是“一带”和“一路”重要的节点。因此，河北与“一带一路”融合度非常高。并且，作为一直坚持对外开放的省份，融入“一带一路”建设无疑使河北省在更大范围内更深层次地参与国际合作。

7.2.10 长江中游城市群功能定位

长江中游城市群是古代陆上与海上丝绸之路重要的商品集散地。“路”是经济走廊，“带”则是实体经济的根基。“一带一路”建设和长江经济带发展战略的长期协同推进，最终将形成“三条 21 世纪通道”（陆、海丝路及长江黄金水道）和“两大经济支撑带”（长江经济带、丝路经济带）。在区域发展的总格局中，长江中游城市群商品生产和流通两大重要功能可以得到有效的发挥。同时，也可以积极推广区域内产业园区建设和发展经验，并以此帮助“一带一路”沿线各国和地区建立产业、工业、科技、贸易五大园区，共同探索适合各方发展的产品或项目，实现国内外资源和产能的有效配置与合理布局。

丝绸之路经济带占据国际商贸通道的独特地理优势，长江经济带拥有我国制造基地与动力源头的比较优势。长江经济带是“一带一路”建设发展的重要地带，是实现其快速、稳定和长远发展的重要依托。而长江中游城市群是长江经济带的“龙腰”，可以通过武汉、合肥等重点城市的陆空交通工具与西安相接，通过巢湖港区直接由水路入江，贯穿南北经济大动脉，打造重庆西部开发开放重要支撑和成都、郑州、武汉、长沙、南昌、合肥等内陆开放型经济高地。

7.2.11 山东半岛城市群功能定位

在《愿景与行动》中，山东在大板块中被列为“沿海和港澳地区”，虽然没有明确列入“21世纪海上丝绸之路”的支撑区域，但山东半岛事实上处在“一带一路”的交汇点上，而龙头城市青岛和烟台也被列为加强港口建设的重要城市。《愿景与行动》对“沿海和港澳地区”的要求是：以扩大开放倒逼深层次改革，创新开放型经济体制机制，加大科技创新力度，形成参与和引领国际合作竞争新优势，成为“一带一路”特别是21世纪海上丝绸之路的排头兵和生力军。

在“一带一路”建设中，山东具有自身独特的优势。山东半岛城市群是一个拥有较大经济体量、经济发展水平较为先进的经济体，且目前已经形成覆盖完整的区域经济发展战略；山东半岛城市群的发展战略板块逐渐成型，目前已经形成了“一蓝、一黄、一圈、一带”协同发展的良性格局。这四大区域经济发展战略中既有国家级发展战略，又有省级发展战略；既有优先性发展的规划，也有保护性发展的规划。战略内涵丰富、战略形式多样，区域层次分明而且做到了全覆盖。山东半岛城市群已经具备了腾飞发展之势。

另一方面，山东半岛城市群具有漫长的海岸线和港口群。近年来港口经济创新发展态势良好，以青岛、烟台和日照为龙头的山东港口群的功能和竞争力提升迅速。在国家规划的5条线路中，有4条可以从青岛港始发，使其可在“一带一路”建设中发挥更大作用。青岛等港口通过在“丝绸之路”沿线省份和城市建立无水港和核心无水港，提升这些内陆城市的通关能力，提升青岛港和这些城市的协作水平及港口的综合竞争力和辐射力，为山东半岛城市群经济的内引外联做出重要贡献。通过推进与“一带一路”沿线地区的互联互通，建设成为亚欧大陆桥东方桥头堡、黄河流域龙头城市群，山东半岛城市群将成为我国北方重要的开放门户。

7.2.12 呼包鄂榆城市群功能定位

“一带一路”包含“丝绸之路经济带”和“21世纪海上丝绸之路”。

追溯历史，与呼包鄂榆城市群联系最为紧密的就是北方草原地带的草原丝绸之路，内蒙古是草原丝绸之路的东部核心区域。在“一带一路”建设背景下，呼包鄂榆城市群具有其自身的特殊性。内蒙古地处中国北疆，横跨东北、华北、西北，毗邻黑龙江、吉林、辽宁、河北、山西、陕西、宁夏、甘肃 8 省区，与俄罗斯、蒙古国接壤，有着长达 4200 多公里的边境线，在国家向北开放中占有重要区位优势，是“一带一路”陆路通道中的重要节点。内蒙古属于国家西部大开发、东北振兴等国家战略的重要涉及地区，具有广阔的发展前景。

内蒙古定位为“国家重要的农牧业产业基地、能源输出低、向西开放的重要战略平台”，《愿景与行动》对内蒙古的定位明确指出，要发挥内蒙古联通俄蒙的区位优势，共同建设“向北开放”的重要窗口，对俄蒙开展产能合作是实现呼包鄂榆城市群“向北开放”提质增效升级的重要举措。首先，按“重点领域+龙头企业+对方重点州市市场”为思路，积极与俄蒙地方政府建立产能合作协议。其次，努力搭建对俄蒙产业合作和承载载体。早日建成国家级境外经贸合作区，继续新建或扩建在边境经贸合作区。最后，吸进外商投资，发展路桥经济，壮大口岸经济，提升外贸对呼包鄂榆城市群经济发展的拉动力和扩大对俄蒙的日用消费品工业出口。体现出其“向北开放”“南联北进西通欧洲”不可替代的价值。

7.3 “一带一路”沿线城市群的协同发展

“一带一路”是新时期党中央和国务院在国内外形势变化的前提下提出的具有深远国际、国内影响的长远重大倡议，是国际区域经济合作的新模式，也是我国实现全方位对外开放的重要措施，总体上有助于实现沿线城市群之间相对均衡的区域发展格局。

“一带一路”的核心区涵盖了我国中西部与东部的18个省、直辖市、自治区，强化了区域之间的互动性、融合性与协同性，这对于其他国家发展战略起到了很好的补充作用。“一带一路”倡议不是排他性的，而是各省份和各城市协同、合作的共建。因此，在实施国家发展战略的过程中，应以“一带一路”为导向，以点带面，实现城市群协同发展，即不同城市群相互协作完成目标，达到共同发展的双赢效果。要实现“一带一路”沿线城市群的协同发展，具体可以从以下几个方面着手：

7.3.1 分层优化城市群发展途径，实现城市群之间的互联互通

“一带一路”倡议下沿线城市群的协同发展就是要实现区域物流、商流、信息流、资本流和人流的自由流动，实现政策沟通、设施联通、贸易畅通、资金融通、民心相通。通过“一带一路”建设实现沿线城市群与各国互联互通和战略对接，获得战略合作的“乘数效应”，加快区域经济一体化和经济全球化步伐。“一带一路”建设本身具备了带动区域经济发展的能力，可以分层优化城市群经济的发展途径，例如可以优化升级海峡西岸的产业结构，提升第三产业的比重，而制造业等行业可以逐步向中原城市群转移。西部城市群的基础设施及产业基础较为落后，“一带一路”的金融创新能力有助于西部城市群在这些方面加大投入，根据每一个区域的侧重点不同，进行有效的分层优化。

从互联互通来看，一方面，“一带一路”建设可以实现要素市场一体化，促进劳动力、资本、商品、技术的自由流动，形成横贯东中西、连接南北方的对外经济走廊，有效加强城市群之间的联系，给双方的通商创造了便利条件。另一方面，“一带一路”建设所形成的与沿线国家和地区的经贸合作，将促进我国东中部地区优势产能有效转移，推动中国企业“走出去”，从而优化国内产业结构，加快转变经济发展方式，拓展我国城市群发展空间，缩小区域发展差距，保障国内经济持续稳定发展。因此在全面深化改革开放的战略背景下，“一带一路”建设既能够更好地促进我国各区域板块的协同发展，也能够使我国全面对外开放新理念落到实处。

7.3.2 注重区域规划，建立城市群有效协调机制

“一带一路”建设要注重区域规划，西部城市群、西北城市群、中原城市群等应以生态环保为基础，逐步承接长三角城市群、长江中游城市群的产业转移，而长三角城市群等发达区域规划重点应放在技术创新、人才培养等方面，全面发展高端制造业及服务业。金融创新也是城市群发展的重要手段，要充分利用“一带一路”建设牵涉到的金融机构，建立更多的开放型金融平台，支持金融创新服务，为产业链的发展提供资金支持。加强城市群的互动性、融合性与协同性，使“一带一路”建设和长三角一体化等国家发展战略协调发展。

“一带一路”建设关键是发挥城市群之间的战略协同效应，这需要城市群之间建立有效协调机制。“一带一路”建设协调机制应分级分层设置，根据城市群经济发展、所在区域相关性等情况，分别成立东中西部地区协调平台，各地区协调平台解决好区域内部存在的问题，在区域子平台基础上成立“一带一路”建设协调总平台，其关键是加强区域间“一带一路”建设沟通。

此外，为了实现经济带地区间利益格局平衡，要建立健全城市群协商与沟通机制，可为各城市群提供一个表达自身利益诉求的平台，尤其是对那些受关注度较低的弱势地区，给予其发声的机会。这一方面可借鉴长三角城市群的市长联系会议制度，定期召开各地区领导出席的会议，搭建各地区表达、反馈利益诉求的平台，并通过沟通对经济带合作过程中出现的问题协商解决办法，还可进一步将参与人员的范围扩展到学术界和企业界，从更多角度商讨区域利益格局的问题。同时建立区域共享机制，发达城市群对发展中城市群进行支持和援助，缩小区域发展不平衡，实现经济带协调发展、利益共享，由发达城市群推动经济带的基础设施互联互通，为发展中城市群提供人才培养和职业培训、技术与管理经验共享等帮助，并可尝试建立长期的对口支援关系，从而使欠发达地区更有动力参与经济带的长期合作。

7.3.3 全面打破城市群界限，形成“一带一路”开放新格局

城市群发展已经上升到国家战略层面，具有在国家层面上统筹配置资

源、协调地区利益的能力，通过顶层设计制定前瞻性、综合性的规划，有助于提高城市群一体化水平。由国家牵头，成立城市群工作领导小组，其级别高于地方政府，以此打破行政壁垒，就各地区的功能定位、城市特色、产业分工及基础设施互联互通、基本公共服务均等化等重大问题制定一揽子的规划方案，有效促进地区间要素自由流动，优化资源配置，避免产业同构，有助于各地区明确发展方向，扬长避短，实现功能互补和分工与协作。

协调是持续健康发展的内在要求，增强发展的协调性才能使中国经济发展行稳致远。城市群的空间布局可以将东中西部结合一体，协同发展，克服了各自为政的弊端，打破了先前城市群之间静态、间隔发展的局限，促使发达城市群与发展中城市群经济合作流动起来。对“一带一路”而言，其中“一带”，可谓西部大开发的延伸与升级版，对内主要带动西北城市群乃至中原城市群发展，并联动长江中游城市群发展；“一路”，则可谓长三角城市群的延伸与升级版，主要着眼于沿海港口城市乃至海峡西岸经济带发展，并联动长江中游城市群及山东半岛城市群、京津冀城市群发展，由此形成带路并举、互补推进，南、中、北三大经济带全面开放的新空间布局。

参考文献

［1］张学良：《2015 中国区域经济发展报告——中国城市群可持续发展研究》，人民出版社 2016 年版。

［2］张学良：《2014 中国区域经济发展报告——中国城市群资源环境承载力》，人民出版社 2015 年版。

［3］张学良：《2013 中国区域经济发展报告——中国城市群崛起与协调发展》，人民出版社 2014 年版。

［4］陈强：《“一带一路”战略下的新疆国际贸易与国际物流协同分析》，《金融理论与教学》2017 年第 1 期。

［5］丁禹心、张玉智：《“一带一路”战略与东北地区经济转型发展研

究》,《科技创新与生产力》2017 年第 4 期。

[6] 于立新、裘莹:《珠三角在“一带一路”战略核心区的跨境贸易融资分析》,《中国经贸导刊》2017 年第 13 期。

[7] 孙久文、孙翔宇:《培育经济带:重塑当代中国区域发展战略》,《河北学刊》2017 年第 2 期。

[8] 刘国斌、杨增:《东北地区融入“一带一路”战略路径选择》,《黑龙江社会科学》2017 年第 2 期。

[9] 郭爱君、陶银海、毛锦凰:《协同发展:我国区域经济发展战略的新趋向——兼论“一带一路”建设与我国区域经济协同发展》,《兰州大学学报(社会科学版)》2017 年第 4 期。

[10] 崔晨涛:《机遇带来挑战:郑州对接“一带一路”创新城市发展的思考》,《经济界》2017 年第 5 期。

[11] 王爽:《“一带一路”战略视角下山东开放型经济发展路径研究》,《东岳论丛》2015 年第 11 期。

[12] 丰华:《“一带一路”战略下内蒙古经济发展的机遇与挑战》,《商场现代化》2015 年第 26 期。

[13] 孙超英、张华泉、林德萍:《成渝西昆菱形经济圈一体化发展探究——基于“一带一路”战略背景》,《成都行政学院学报》2015 年第 6 期。

[14] 马小南:《“一带一路”影响下区域经济的发展新格局》,《技术经济与管理研究》2016 年第 5 期。

[15] 沈雁飞:《“一带一路”战略下的长江三角洲地区对外贸易转型及发展思路》,《商场现代化》2016 年第 15 期。

[16] 杨继瑞、罗志高:《“一带一路”建设与长江经济带战略协同的思考与对策》,《经济纵横》2017 年第 12 期。

8

“一带一路”倡议与沿线城市群发展提升路径

一带一路沿线地区横贯我国东中西三大区域，重点覆盖18个省份，包括新疆、陕西、甘肃、宁夏、青海、内蒙古等西北六省区，黑龙江、吉林、辽宁等东北三省，广西、云南、西藏等西南三省区，上海、福建、广东、浙江、海南等沿海五省市以及重庆。其中，新疆被定位为“丝绸之路经济带核心区”，福建则被定位为“21世纪海上丝绸之路核心区”。当前，我国发展进入新时代，区域经济格局发生了深刻变化，呈现出了不断分化的态势，长期以来形成了内部城市发展不协调等问题成为阻碍区域经济协调发展的重大瓶颈。“一带一路”倡议的提出，将对我国区域经济格局产生重要的影响，为中国区域经济协调化发展带来了新的契机。城市群作为区域经济发展的重要引擎，通过这一倡议，把国内各城市群有机地串联起来，使全国城市群与全球城市群有更为广泛的联系。因此，推动“一带一路”沿线城市群的发展不仅有利于优化城市空间布局，促进形成国家区域协调发展开放新格局，而且也是提升中国综合实力和国际竞争力的重要途径。

8.1 “一带一路”沿线城市群发展状况及整体特征分析

本章根据《推动共建丝绸之路经济带和21世纪海上丝绸之路的愿景与行动》与“一带一路”主要涉及18个省份，对“一带一路”沿线城市群做了如下界定：成熟型城市群2个（长三角城市群、珠三角城市群）、发展型城市群5个（辽中南城市群、哈长城市群、海峡西岸城市群、成渝城市群、关中—天水城市群）和形成型城市群7个（北部湾城市群、兰州—西宁城市群、滇中城市群、呼包鄂榆城市群、宁夏沿黄城市群、天山北坡城市群、藏中南城市群）共 14 个城市群。根据国务院最新批复的相关城市群发展规划，各城市群包括的具体城市详见表 8-1。

表 8-1 “一带一路”沿线城市群概览

类型	城市群	省份	城市	界定依据
成熟型城市群	长三角城市群	上海	上海	《长江三角洲城市群发展规划》
		江苏	南京、无锡、常州、苏州、南通、盐城、扬州、镇江、泰州	
		浙江	杭州、宁波、嘉兴、湖州、绍兴、金华、舟山、台州	
		安徽	合肥、芜湖、马鞍山、铜陵、安庆、滁州、池州、宣城	
	珠三角城市群	广东	深圳、广州、珠海、佛山、江门、肇庆、惠州、东莞、中山、汕尾、清远、云浮、河源、韶关	《珠江三角洲地区改革发展规划纲要（2008—2020 年）》
发展型城市群	辽中南城市群	辽宁	沈阳、大连、鞍山、抚顺、本溪、辽阳、丹东、营口、盘锦、铁岭	《中华人民共和国国民经济和社会发展第十三个五年规划纲要（2016—2020）》
	哈长城市群	黑龙江	哈尔滨、大庆、齐齐哈尔、绥化、牡丹江	《国务院关于哈长城市群发展规划的批复》
		吉林	长春、吉林、四平、辽源、松原、延边朝鲜族自治州	
	海峡西岸城市群	福建	福州、厦门、莆田、三明、泉州、漳州、南平、龙岩、宁德	《海峡西岸城市群协调发展规划》
		浙江	温州、丽水、衢州	
		江西	上饶、鹰潭、抚州、赣州	
		广东	汕头、潮州、揭阳、梅州	
	成渝城市群	重庆	重庆	《成渝城市群发展规划》
		四川	成都、德阳、绵阳、眉山、资阳、遂宁、乐山、雅安、自贡、泸州、内江、南充、宜宾、达州、广安	
	关中—天水城市群	陕西	西安、铜川、宝鸡、咸阳、商洛、渭南	《关中—天水经济区发展规划》《关中平原城市群发展规划》
		甘肃	天水	

续表

类型	城市群	省份	城市	界定依据
形成型城市群	北部湾城市群	广西	南宁、北海、钦州、防城港、玉林、崇左	《北部湾城市群发展规划》
		广东	湛江、茂名、阳江	
		海南	海口、儋州、东方	
	兰州—西宁城市群	甘肃	兰州、定西、白银、临夏回族自治州	《兰州—西宁城市群发展规划》
		青海	西宁、海东市、海南藏族自治州、海西蒙古族藏族自治州、海北藏族自治州	
	滇中城市群	云南	昆明、曲靖、玉溪、楚雄彝族自治州、红河哈尼族彝族自治州	《滇中城市群规划(2016—2049)》
	呼包鄂榆城市群	内蒙古	呼和浩特、包头、鄂尔多斯	《呼包鄂榆城市群发展规划》
		陕西	榆林	
	宁夏沿黄城市群	宁夏	银川、石嘴山、吴忠、中卫、青铜峡、灵武	《沿黄经济区城市带发展规划》
	天山北坡城市群	新疆	乌鲁木齐、克拉玛依、石河子、昌吉回族自治州、伊犁哈萨克自治州、博尔塔拉蒙古自治州、塔城地区、吐鲁番地区、哈密地区	《天山北坡城市群发展规划》
	藏中南城市群	西藏	拉萨、日喀则地区、那曲地区、山南地区、林芝地区	《西藏自治区国民经济和社会发展规划纲要》

资料来源：《全国主体功能区规划》及各地方政府规划。

8.1.1 “一带一路”沿线城市群发展概况

2016 年，“一带一路”沿线城市群行政面积约为 419.1 万平方公里，占全国总面积的 43.5%；常住人口 6.35 亿，占全国总人口的 46%；GDP 为 43.41 万亿元，占全国 GDP 的 58.3%。

表 8-2　2016 年“一带一路”沿线城市群基本指标

城市群	土地面积（万平方公里）	占全国比重（%）	人口（亿人）	占全国比重（%）	GDP（万亿元）	占全国比重（%）
长三角城市群	21.3	2.2	1.52	11.0	14.87	20.0
珠三角城市群	12.1	1.3	0.75	5.4	7.30	9.8
辽中南城市群	9.6	1.0	0.33	2.4	1.96	2.6
哈长城市群	32.3	3.3	0.49	3.5	2.57	3.5
海峡西岸城市群	27.1	2.8	0.86	6.2	4.59	6.2
成渝城市群	24.0	2.5	0.99	7.2	4.84	6.5
关中—天水城市群	8.9	0.9	0.29	2.1	1.37	1.8
北部湾城市群	11.5	1.2	0.40	2.9	1.70	2.3
兰州—西宁城市群	50.0	5.2	0.15	1.1	0.57	0.8
滇中城市群	12.7	1.3	0.23	1.6	0.96	1.3
呼包鄂榆城市群	17.5	1.8	0.11	0.8	1.42	1.9
宁夏沿黄城市群	5.2	0.5	0.05	0.4	0.29	0.4
天山北坡城市群	112.2	11.6	0.15	1.1	0.89	1.2
藏中南城市群	74.8	7.8	0.03	0.2	0.10	0.1

资料来源：《中国城市统计年鉴（2017）》。

（1）成熟型城市群

长江三角洲城市群，简称“长三角城市群”，是“一带一路”与长江经济带的重要交汇地带，区位优势突出，自然禀赋优良，综合经济实力强劲，是我国经济发展格局中最具活力、开放程度最高、创新能力最强、吸纳外来人口最多的核心区域之一，是当前我国最具国际竞争力和影响力的城市群。2016 年 5 月国务院批准《长江三角洲城市群发展规划》，从原来的 16 个城市扩容到包括上海、江苏、浙江和安徽省在内的 26 个城市，国土面积为 21.3 万平方公里，占全国比重约为 2.2%。2016 年，长三角城市群常住人口约为 1.52 亿人，创造地区生产总值近 15 万亿元（较 2015 年增长 1.32 万亿元），GDP 增速均为 8.5%，以仅占全国 2.2%的国土面积和 11%的人口，创造了全国 20%的经济总量。此外，长三角城市群还创造了全国 36.1%的进出口贸易总额和 51.6%的实际利用外资总额，国际综合竞争实力雄厚，在我国现代化建设大局和全方位开放格局中具有举足轻重的战略地位。

珠江三角洲城市群，简称“珠三角城市群”，是中国南方地区对外开放的门户，是我国人口集聚最多、创新能力最强、综合实力最强的三大区域之一，是具有全球影响力的先进制造业基地和现代服务业基地。2016年，珠江三角洲包括广东省内14个城市，国土面积为12.1万平方公里，常住人口为7481.5万人，创造地区生产总值7.3万亿元（较2015年增长0.6万亿元），以仅占全国1.3%的国土面积和5.4%的人口，创造了全国9.8%的经济总量，是我国乃至亚太地区最具活力的经济区域之一，经济可持续发展能力处于国内领先地位。作为我国古代海上丝绸之路的重要发祥地和改革开放先行区域，珠三角城市群将着力打造“21世纪海上丝绸之路”的桥头堡，建设世界级城市群。

（2）发展型城市群

辽中南城市群，是中国东北地区对外开放的重要门户和陆海交通走廊，是全国最大的综合性重工业基地。辽中南城市群以沈阳和大连为核心，包括辽宁省内10个城市，其中沈阳是东北和内蒙古东部的经济、文化、交通和信息中心，大连则是东北亚地区重要的国际航运中心和最大的港口城市，辽宁沿海经济带是“一带一路”构建欧亚大陆桥出海口的重要平台。2016年，辽中南城市群国土面积为9.6万平方公里，常住人口为3328万人，创造地区生产总值1.96万亿元，分别占全国比重的1%、2.4%和2.6%。辽中南城市群作为中国最具发展潜力的区域之一，其未来的发展关系到中国区域经济发展格局以及新增长极等重大问题。

哈长城市群，是我国面向东北亚地区和俄罗斯对外开放的重要门户，是全国重要的能源、装备制造基地和农产品加工基地，是东北地区发展的重要增长极。2016年，哈长城市群以哈尔滨和长春为核心，规划范围包括黑龙江省和吉林省的10个地级市和1个自治州，国土面积为32.3万平方公里，常住人口为4888.3万人，创造地区生产总值2.57万亿元，分别占全国比重的3.3%、3.5%和3.5%。哈长城市群作为“一带一路”倡议中我国与俄罗斯紧密联系的区域窗口，将进一步发挥区位地缘优势，为东北地区的发展注入新的活力。

海峡西岸城市群，临近长三角和台湾地区，是我国先进的制造业基地和重要的旅游文化中心，是“一带一路”互通互联建设的重要枢纽。2016年，海峡西岸城市群以福州、泉州、厦门、温州和汕头5大中心城市为核心，包括福建、浙江、江西和广东4个省份的20个城市，国土面积为27.1万平方公里，常住人口为8574.8万人，创造地区生产总值4.6万亿元，分别占全国比重的2.8%、6.2%和6.2%。海峡西岸城市群作为两岸人民交流与合作的先试区域，是推动两岸经济、文化交流与和平发展的重要前沿平台和纽带。

成渝城市群，位于丝绸之路经济带、中国—中南半岛经济走廊与长江经济带“Y”字型大通道的联结点上，是西部大开发的重要战略平台和沟通中亚、南亚和东南亚的重要交通走廊，同时也是国家推进新型城镇化的重要示范区。2016年，成渝城市群以成都和重庆为核心，包括重庆市和四川省的15个城市，共计16个城市，国土面积为23.9万平方公里，常住人口为9892.7万人，创造地区生产总值4.8万亿元，分别占全国比重的2.5%、7.2%和6.5%。成渝城市群是西部地区发展基础最好、发展潜力最大的城市群，在西部地区发挥着资源集聚和产业基地的作用，“一带一路”倡议的提出和落实离不开成渝城市群等重点区域的发展建设。因此，在“一带一路”长期规划中，力争把成渝城市群打造成为现代产业基地、西部地区重要经济中心和长江上游开发高地。

关中—天水城市群，位于我国内陆中心，是亚欧大陆桥的重要支点和中华文明重要的发源地，工业基础良好，文化底蕴深厚。2016年，关中—天水城市群以西安为中心，包括陕西省和甘肃省的7个城市，国土面积为8.9万平方公里，常住人口为2941.2万人，创造地区生产总值1.37万亿元，分别占全国比重的0.9%、2.1%和1.8%。“一带一路”和自贸区建设将为关中—天水城市群提供重要的发展契机，使其成为全国交通、信息大通道的重要枢纽和西部地区连通东中部地区的重要门户，全面提升城市群核心城市的辐射能力和对外开放程度。

（3）形成型城市群

北部湾城市群，位于我国沿海纵轴最南端，毗邻粤港澳，是“21世纪海上丝绸之路”与“丝绸之路经济带”交汇衔接的重要门户，是我国面向东盟和“一带一路”沿线国家打造国际产能合作和人文交流的重要平台。2016年，北部湾城市群以南宁为核心城市，以北部湾区域航运中心为依托，包括广西、广东和海南的12个城市，国土面积为11.5万平方公里，常住人口为4004.3万人，创造地区生产总值1.69万亿元，分别占全国比重的1.2%、2.9%和2.3%。基于北部湾城市群特殊的战略支点功能和门户作用，《北部湾城市群发展规划》指出要发挥地缘优势和区域特质，建设面向东盟、服务“三南”（西南、中南、华南）、宜居宜业的蓝色海湾城市群。

兰州—西宁城市群，位于我国西北内陆地区，是极具地域特色和重大战略价值的新型城市群。2016年，兰州—西宁城市群以兰州和西宁为核心城市，包括甘肃和青海的5个城市和4个自治州，国土面积约为50万平方公里，常住人口为1528.3万人，创造地区生产总值5674亿元，分别占全国比重的5.2%、1.1%和0.8%。《兰州—西宁城市群发展规划》指出，要深刻把握新时代以城市群为主体、大中小城市协同发展的城市发展规律，推进城市群重大产业布局重塑，加强沿线城市产业分工协作，提升在“一带一路”中的区域地位。

滇中城市群，位于我国西南地区，是我国面向南亚、东南亚的辐射中心和对外开放的重要门户。2016年，滇中城市群主要包括云南省内3个城市和2个自治州，是云南省经济最发达的地区，国土面积为12.7万平方公里，常住人口为2255.6万人，创造地区生产总值9571亿元，分别占全国比重的1.3%、1.6%和1.3%。随着国家“一带一路”倡议的实施和推进，加快了滇中地区的融合与发展，进一步凸显出滇中城市群独特的资源优势、开放优势和区位优势。因此，加快建设滇中城市群使之成为具有国际一流水平的现代化国际性城市群，发挥面向南亚、东南亚辐射中心的作用，对于云南实现跨越式发展具有重大意义。

呼包鄂榆城市群，位于内蒙古中西部地区，是内蒙古地区最具活力的城市经济圈，是国家能源矿产资源富集区和内蒙古自治区经济发展核心区域。2016年，呼包鄂榆城市群以呼包鄂为中心，主要包括内蒙古和陕西省的4个城市，国土面积为17.5万平方公里，常住人口为1135.9万人，创造地区生产总值14.23万亿元，分别占全国比重的1.8%、0.8%和1.9%。为了更好地融入“一带一路”倡议，加快地区经济发展，呼包鄂榆城市群

《协同发展规划纲要》明确指出，呼和浩特要建设新兴的世界乳业中心，包头要建设世界级稀土产业中心、鄂尔多斯要建设国家清洁能源输出基地，牢抓“一带一路”建设契机。

宁夏沿黄城市群，位于我国“两横三纵”城市化战略格局中包昆通道纵轴的北部，是“丝绸之路经济带”的重要战略支点和内陆开放型经济试验区平台，是全国重要的能源化工、新材料基地，清真食品及穆斯林用品和特色农产品加工基地，区域性商贸物流中心。2016 年，宁夏沿黄城市群包括宁夏 4 个城市，国土面积约为 5.2 万平方公里，常住人口为 549.8 万人，创造地区生产总值 2913 亿元，分别占全国比重的 0.5%、0.4% 和 0.4%。宁夏沿黄城市群作为一个正在发展中的新型城市群，如何抓住“一带一路”的发展契机来促进区域协调发展，对于宁夏整个社会经济的发展和民族团结都具有十分重要的意义。

天山北坡城市群，位于“丝绸之路经济带”的核心区域新疆，是“一带一路”建设的重要节点，是连接欧亚大陆桥的重要战略通道和交通枢纽。2016 年，天山北坡城市群国土面积 112.2 万平方公里，常住人口 1494.8 万人，创造地区生产总值 8873 亿元，分别占全国比重的 11.6%、1.1% 和 1.2%。随着“一带一路”倡议政策优势的凸显，将有效促进天山北坡城市群资源和要素的自由有序流动，推动新疆对外开放结构的优化升级，有效促进新疆及沿线地区经济的快速发展。

藏中南城市群，是国家西部大开发战略和《全国主体功能区规划》中规定的重点开发地区。藏中南城市群以拉萨为中心，国土面积 74.8 万平方公里，常住人口 252.5 万人，创造地区生产总值 965 亿元，分别占全国比重的 7.8%、0.2% 和 0.1%。藏中南城市群具有良好的资源和区位条件，如何抓住“一带一路”倡议契机制定适合藏中南城市群的特殊发展政策对于我国国防安全和民族团结有着重要的战略意义。

8.1.2 “一带一路”沿线城市群发展特征

(1)“一带一路”沿线城市群是沿线省份的主要空间载体

“一带一路”沿线城市群以占沿线省份 51% 的土地面积和 75.2% 的人口，创造了沿线省份 86.6% 的 GDP。其中，“一带一路”沿线城市群的人均 GDP 是沿线省份的 1.2 倍，人口密度和经济密度分布是沿线省份的 1.5 倍和 1.7 倍。

表 8-3 2016 年“一带一路”沿线城市群基本指标占比

	“一带一路”沿线城市群	“一带一路”沿线省份	全国	“一带一路”城市群	
				占沿线省份比重（%）	占全国比重（%）
国土面积（万平方公里）	419.1	821.87	963.4	51.0	43.5
人口（亿人）	6.35	8.44	13.8	75.2	46.0
GDP（万亿元）	43.41	50.15	74.41	86.6	58.3
人均 GDP（元/人）	68364	59438	53922	115.0	126.8
人口密度（人/平方公里）	152	103	144	147.6	105.6
经济密度（万元/平方公里）	1036	610	772	169.8	134.2

资料来源：根据《中国城市统计年鉴（2017）》和相关省份 2017 年统计年鉴计算整理。

从相关的省份来看，除了海峡西岸城市群、北部湾城市群和呼包鄂榆城市群，“一带一路”沿线城市群集中了沿线省份绝大部分的人口数量和经济产出，是沿线省份的主要经济载体。

表 8-4 2016 年“一带一路”沿线城市群基本指标占所在省份比重

（单位:%）

城市群	所在省份	国土面积	人口	GDP
长三角城市群	上海、江苏、浙江、安徽	59.6	70.4	85.4
珠三角城市群	广东	67.2	71.7	91.8
辽中南城市群	辽宁	65.5	76.1	89.0
哈长城市群	黑龙江、吉林	50.1	74.3	85.2
海峡西岸城市群	福建、浙江、江西、广东	47.1	35.9	26.6
成渝城市群	重庆、四川	42.1	90.5	96.3

续表

城市群	所在省份	国土面积	人口	GDP
关中—天水城市群	陕西、甘肃	14.6	46.8	51.9
北部湾城市群	广西、广东、海南	27.0	25.2	16.7
兰州—西宁城市群	甘肃、青海	44.5	49.0	58.3
滇中城市群	云南	33.2	49.1	64.4
呼包鄂榆城市群	内蒙古、陕西	12.9	18.3	37.7
宁夏沿黄城市群	宁夏	84.7	87.3	92.5
天山北坡城市群	新疆	67.4	68.5	92.9
藏中南城市群	西藏	62.2	84.1	83.9

资料来源：根据《中国城市统计年鉴（2017）》和相关省市 2017 年统计年鉴计算整理。

（2）“一带一路”沿线城市群发展差异较大

根据表 8-5，“一带一路”沿线三类城市群发展水平差异较大，大致呈阶梯式发展态势。成熟型城市群以占全国 3.5%的土地面积和 16.4%的人口，创造了全国近 30%的 GDP。成熟型城市群的人均 GDP 是发展型城市群和形成型城市群的近 2 倍，人口密度和经济密度分别高达 679 人/平方公里和 6635 万元/平方公里，更是远远高于其他两类城市群。“一带一路”沿线发展型城市群的土地面积和人口约占全国的 10.6%和 21.5%，创造 GDP 约占全国的 20.6%，人口密度和经济密度分别为 291 人/平方公里和 1506 万元/平方公里。形成型城市群土地面积和人口分别约占全国的 29.5%和 8.1%，创造 GDP 约占全国的 8%左右，人口密度和经济密度分别为 40 人/平方公里和 209 万元/平方公里。从以上数据可以看出，发展型城市群具有发展成为成熟型城市群的潜力，而形成型城市群由于其“地广人稀”的地域特点，以及本身经济发展基础薄弱等原因，造成了该地区整体实力较为落后，因此对于形成型城市群来说，如何提高自身经济发展实力，加快培育形成真正意义上的城市群，是该地区当前亟待解决的问题。

表 8-5 2016 年“一带一路”沿线三类城市群基本指标比较

	成熟型城市群	占比（%）		发展型城市群	占比（%）		形成型城市群	占比（%）	
		沿线	全国		沿线	全国		沿线	全国
国土面积（万平方公里）	33.4	8.0	3.5	101.8	24.3	10.6	283.8	67.7	29.5
人口（亿人）	2.27	35.7	16.4	2.96	46.7	21.5	1.12	17.7	8.1
GDP（万亿元）	22.16	51.1	29.8	15.33	35.3	20.6	5.92	13.6	8.0
人均 GDP（元）	97835	143.1	181.4	51734	75.7	95.9	52771	77.2	97.9
人口密度（人/平方公里）	679	243.8	473.1	291	104.5	202.8	40	14.4	27.9
经济密度（万元/平方公里）	6635	640.6	859.0	1506	145.4	195.0	209	20.2	27.1

资料来源：根据《中国城市统计年鉴（2017）》和相关省份 2017 年统计年鉴计算整理。

从表 8-6 来看，“一带一路”沿线城市群的发展程度总体上呈现自东向西阶梯递减的形势。综合来看，长三角城市群发展程度最好，其次是珠三角城市群，城市群内部各城市紧密相连，无论是人口密度、人均 GDP 还是经济密度，都形成了真正意义上的城市群，因此长三角城市群和珠三角城市群是“一带一路”沿线地区中经济最为发达、发展水平最高的成熟型城市群。与成熟型城市群相比，辽中南城市群、哈长城市群、海峡西岸城市群、成渝城市群和关中—天水城市群的人口密度、人均 GDP 和经济密度都远低于长三角城市群和珠三角城市群，城市群要素集聚程度和经济发展水平还远未达到成熟型城市群水平，因此，在“一带一路”沿线城市群中属于发展型城市群，这些城市群具有发展为更高水平城市群的潜力。作为“一带一路”沿线地区最具发展潜力的城市群，发展型城市群如何借助“一带一路”发展契机加快经济步伐，不断提高经济实力和城市集聚化水平，对于缩小区域经济发展差异和打造中国经济新增长极具有重要的意义。兰州—西宁城市群、滇中城市群、宁夏沿黄城市群、天山北坡城市群和藏中南城市群无论从人口密度、人均 GDP 或是经济密度来看都还算不上真正意义上的城市群，将其作为城市群看待和规划，主要是希望借助“一带一路”倡议的提出，能够强化这些地区城市间的合作与分工，促进区域协调发展，因此将其统称为“一带一路”沿线形成型城市群。

从数据上看，2016 年呼包鄂榆城市群人均 GDP 最高，为 125291

元/人，但经济密度却仅为 814 万元/公里。这是因为呼包鄂渝城市群凭借着良好的区位优势、互补的资源优势，呼包鄂三个城市的 GDP 就达到了 1 万多亿元，再加上该城市群具有地广人稀、区域间发展不平衡的特点，所以也就造成了该城市群人均 GDP 高但经济密度却相对低的现象。另外，北部湾城市群虽然属于形成型城市群，但是从人口密度、人均 GDP 和经济密度上看都接近发展型城市群，发展势头良好，再加上得天独厚的海湾区位优势，未来一个新型城市群将蓄势腾飞。

表 8-6　2016 年“一带一路”沿线城市群发展程度比较

城市群	人口密度（人/平方公里）	人均 GDP（元）	地均 GDP（万元/平方公里）
长三角城市群	712	97994	6976
珠三角城市群	620	97511	6044
辽中南城市群	345	58915	2034
哈长城市群	151	52548	796
海峡西岸城市群	317	53574	1697
成渝城市群	413	48884	2019
关中—天水城市群	330	46479	1536
北部湾城市群	348	42413	1478
兰州—西宁城市群	31	37126	114
滇中城市群	177	42431	753
呼包鄂榆城市群	65	125291	814
宁夏沿黄城市群	105	52983	558
天山北坡城市群	13	59359	79
藏中南城市群	3	38229	13

资料来源：《中国城市统计年鉴（2017）》。

“一带一路”沿线城市群发展程度的巨大差异表明，不可能存在所有城市群优化发展的统一路径，各城市群应根据自身的发展水平、比较优势和发展条件，寻找符合自身实际的、各具特色的发展提升路径。

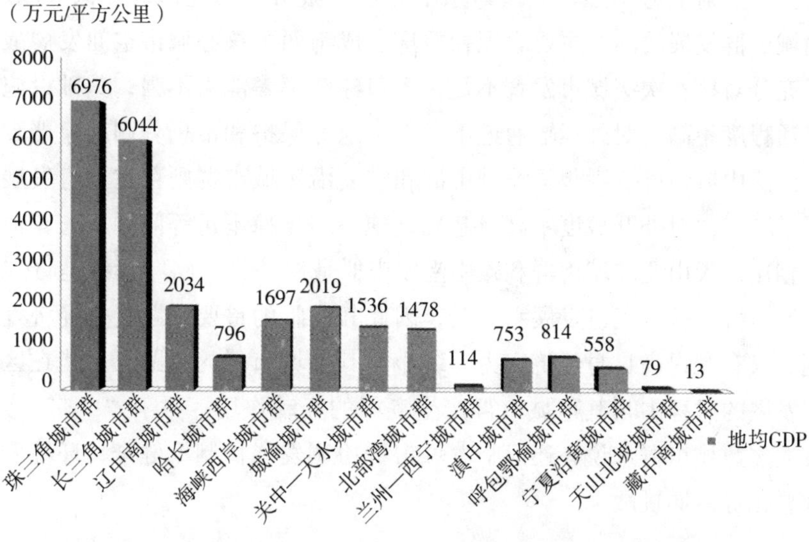

图 8-1 2016 年“一带一路”沿线城市群经济密度示意图

（3）“一带一路”沿线城市群发展面临诸多问题和严峻挑战

尽管“一带一路”沿线城市群战略地位显要，发展潜力巨大，但由于城市群之间的经济联系、发展程度和空间梯度结构存在明显差异，使得城市群协调一体化发展面临着诸多问题和严峻挑战。其中，长三角城市群虽然是“一带一路”沿线城市群乃至中国城市群的领头羊，但是与纽约、东京、伦敦等全球性大城市相比，上海的国际竞争力和国际化程度还不够，全球性城市功能相对较弱，中心城区人口压力大；城市群包容性不足，外来人口市民化滞后；城市建设无序蔓延，空间利用效率不高。珠三角城市群虽然在外向型经济和开放型经济上取得卓越成效，但城市群内部之间的竞争与合作问题却影响着整体实力的提升和城市群的协调发展，主要表现在中心城市过度极化、扩散辐射效应不够；城市间产业结构互补性不强，协调度较低。辽中南城市群得益于丰厚的矿产资源，工业化和城市化水平相对较高，但其发展也受到了资源环境恶化和经济结构不合理等问题的影响。哈长城市群面临最大的问题就是人口流失，导致各行业劳动力供应不足和社会需求的降低，最终引起整个城市群经济的收缩，发展相对缓慢。海峡西岸城市群、关中—天水城市群和北部湾城市群面临着城市规模小、中心城市辐射能力不强、城镇体系不完善、城市间产业协调度低等问题。成渝城市群发展的问题主要表现在重庆、成都两个核心城市空间发展战略缺乏充分对接；次级城市发育不足，人口经济集聚能力不强；基础设施互联互通程度不高，对外运输通道不完善；地方保护和市场分割现象严重等问题。滇中城市群、呼包鄂榆城市群和宁夏沿黄城市群则存在自身发展动力不足、对内对外开放度不高、基础设施网络支撑不足等问题。与其他城市群相比，天山北坡城市群和藏中南城市群是"一带一路"沿线地区欠发达的城市群，整体经济发展水平低，因此其面临的首要问题就是经济发展问题，只有先提高自身经济实力，缩小与其他城市群的差距，才能在区域协调发展的过程中与其他城市群产生良好的互动作用。对于"一带一路"沿线大多数城市群来说，还面临着城市群协调发展机制不健全、环境质量趋于恶化等共同挑战。

8.2 "一带一路"倡议下沿线城市群发展的总体思路

8.2.1 "一带一路"沿线城市群与"一带一路"倡议的对接

城市群作为未来承载国内外投资与开发的重点区域，在"一带一路"建设中具有极为重要的战略作用。2016 年 4 月 23 日，国家发展改革委、外交部、商务部公布的《推动共建丝绸之路经济带和 21 世纪海上丝绸之路的愿景与行动》指出："一带一路"倡议的主要目标是促进沿线区域范围内经济要素有序流动、资源高效配置和市场深度融合，推动沿线各国实现经济政策协调，在经济社会各个领域开展区域合作，构建开放、包容、均衡、普惠的区域经济合作架构。特别值得强调的是，"一带一路"建设项目的实施将推动沿线各国发展战略的对接与耦合，实现沿线区域经济社会的交流互鉴、互利共赢、融合相通，最终实现共同发展。其中，当然包括区域空间发展规划的落实与合作。“一带一路”沿线城市群的发展目标与“一带一路”倡议的愿景与行动在许多方面是相容相通的。“一带一路”倡议提出开放合作、和谐包容、市场运作、互利共赢的共建原则。“一带一路”倡议中的对接，是经济发展具有契合点的国家或国际组织，以“五通”为重点，以政策协调为主要手段，所进行的自愿经济合作。“一带一路”沿线城市群在制定对接策略的过程中，需找到自身的发展战略与“一带一路”沿线国家发展战略的契合点，找到共同利益。

（一）成熟型城市群与“一带一路”倡议的对接

积极促进成熟型城市群融入“一带一路”建设，以体制机制为纲领，推进成熟型城市群与“一带一路”的互动共进；以基础设施平台为载体，夯实对接的经济基础。长三角城市群和珠三角城市群在主动对接“一带一路”过程中，应大力发展国际航运中心、物流中心、贸易中心、现代金融服务体系，构建枢纽型网络城市格局，提升城市品质和国际竞争力。

长三角城市群作为亚太地区重要国际门户，区位优势突出，它处于东亚地理中心和西太平洋的东亚航线要冲，是“一带一路”与长江经济带的重要交汇地带，在国家现代化建设大局和全方位开放格局中具有举足轻重的战略地位。交通条件便利，经济腹地广阔，拥有现代化江海港口群和机场群，高速公路网比较健全，公铁交通干线密度全国领先，立体综合交通网络基本形成。国家“一带一路”和长江经济带战略的实施，为长三角城市群充分发挥区位优势和开放优势，更高层次更高水平参与国际合作和竞争带来了新空间。长三角城市群坚持创新、协调、绿色、开放、共享的新发展理念，着力加强供给侧结构性改革，加快培育新的发展动能，以上海建设全球城市为引领，以共建全球科技创新集群为支撑，以共守生态安全为前提，以健全包容共享的体制机制为保障，构建网络化、开放型、一体化发展格局，持续在制度创新、科技进步、产业升级、城乡统筹、全方位开放、绿色发展等方面走在全国前列，联手打造具有全球影响力的世界级城市群，加快形成国际竞争新优势，更好服务于“一带一路”建设，提高开放型经济发展水平，打造在亚太乃至全球有重要影响力的国际金融服务体系、国际商务服务体系、国际物流网络体系，在更高层次参与国际合作和竞争。

珠三角城市群积极建设"一带一路"战略枢纽和经贸合作中心。第一，推动自贸试验区成为湾区经济前沿平台。高质量推动中国（广东）自由贸易试验区广州南沙新区片区、深圳前海蛇口片区、珠海横琴新区片区开发，打造中国开展跨境经济合作的投资平台。突出高端定位、总部优先、业态先进、要素集聚，引进一批国际知名的现代服务业企业。构建保税物流信息管理平台，推动保税政策与监管模式创新，力争建成世界级自由贸易区、全国保税制造业升级引领区、深港保税服务业合作试验区和保税政策与监管创新先行区。第二，构筑联通内外、便捷高效的海陆空综合大通道。大力拓展海运航线，建设港口联盟，与"一带一路"沿线国家开展航运、物流、生产、贸易等全方位合作。以广州、深圳、珠海港等大港口为枢纽，大力发展航运总部经济，吸引21世纪海上丝绸之路相关国家的国际航运总部集聚和国际组织落户。加强广州国际航空门户建设，构建与"一带一路"沿线国家主要城市"4小时航空交通圈"。依托南广高铁、贵广高铁打造泛亚铁路大通道。第三，加强商贸文化交流。充分依托广东地缘优势，支持举办面向亚非拉国家市场的商品交易会等商贸文化活动。加强人才联合培养，支持青少年交流活动。建立体育沟通协调机制，加强体育赛事合作及民间体育交流。积极推动旅游信息交流共享机制建设，大力发展滨海旅游。

（二）发展型城市群与"一带一路"倡议的对接

"一带一路"沿线发展型城市群的经济发展已达到一定的规模，有一定数量的特大城市，中心城市具有一定的集聚水平，城市间已具有良好的交通基础设施联系，但城市相互作用强度仍然较弱，具有成为成熟型城市群的发展潜力。"一带一路"倡议的提出为发展型城市群提供了前所未有的发展契机，因此，发展型城市群需积极对接与融入"一带一路"建设。

成渝城市群是引领西部开发开放的国家级城市群，立足西南，辐射西北，面向欧亚，应高水平建设现代产业体系，高品质建设人居环境，高层次扩大对内对外开放，强化对"一带一路"建设、长江经济带发展、西部大开发等国家战略的支撑作用。成渝城市群应积极主动融入"一带一路"建设，构建丝绸之路经济带重要战略支点、21世纪海上丝绸之路产业腹地。加强与欧盟国家在高新技术、高端装备、研发设计、新能源、新材料等领域的合作。推动建立与中东欧国家在物流运输、文化旅游、食品农产品进出口等方面的合作新机制，积极探索开展跨境贸易本币结算等金融合作。深化与俄罗斯伏尔加河沿岸联邦区经贸合作机制，鼓励优势企业转移部分产能，支持企业在俄建立海外仓。扩大与东盟区域和大湄公河次区域合作交流。鼓励企业参与孟中印缅经济走廊、中巴经济走廊、南宁—新加坡经济走廊建设。鼓励发展面向沿线国家的电子商务，探索在“一带一路”沿线交通枢纽和节点共建一批经贸合作园区。

关中—天水城市群深度参与“一带一路”建设，主动融入全球经济体系，强化国际产能合作和国内产业对接，持续拓展开放合作广度和深度，构建全方位开放合作新格局。首先，构建立体开放通道。依托航线联通、铁路贯通、公路畅通的综合交通网络，强化向西向北开放合作，打造新亚欧大陆桥和中蒙俄经济走廊衔接互动的重要平台。以陆桥通道为主轴，建设东西双向国际贸易大通道。密切与京津冀、长三角地区的综合交通联系，完善东向出海大通道。畅通连接成渝、珠三角、北部湾等城市群交通物流网络，形成南向国际贸易大通道。其次，建设人文交流高地。深化产学研结合、人才培养、科技成果转化等领域的国际交流合作，与中亚国家在能源化工、现代农业等领域联合开展技术攻关。发挥丝绸之路大学联盟的带头作用，加强教育国际合作交流，推进面向丝绸之路沿线国家的教育培训基地建设，发挥传统文化资源优势，搭建国际文化交流平台。制定外籍高层次人才认定标准，共建开放包容的国际性创新创业基地。与新疆、甘肃、宁夏等省区以及丝绸之路经济带沿线国家和地区联合打造丝绸之路经济带国际精品旅游线路。支持在西安设立外国领事机构，推动地区对外交往和各领域合作。最后，深化经济交流合作。加强与沿线国家在航空航天、农业、电子信息、装备制造、服务外包、卫生检疫等领域的合作。引导有实力的大型企业集团走出去跨国经营，在有条件的国家（地区）布局境外经贸合作区。支持杨凌农业高新技术产业示范区与中亚国家联合建设旱作农业技术研发中心、技术推广示范基地和合作园区，开展“一带一路”现代农业国际合作，拓展跨境金融合作领域，支持中欧班列（西安）健康发展，完善“两干多支两节点”国际铁路物流网络。

哈长市群作为北方开放重要门户，应加强“中蒙俄经济走廊”陆海丝绸之路经济带建设，加快长吉图开发开放先导区建设，大力实施“走出去”战略，构建外向型现代产业体系，深入推进国际产能和装备制造合作，积极参与国际分工合作，打造“一带一路”我国北方对外开放合作的重要门户。首先，畅通对外开放大通道。积极参与“一带一路”建设，推动沿边开发开放。依托绥芬河—满洲里、珲春—乌兰浩特沿线公路、铁路基础，重点加强哈大齐牡、长吉图对外开放陆路大通道，打造东北亚物流交通枢纽。培育哈尔滨、长春面向俄远东地区、日韩朝地区的区域航空枢纽。其次，打造对外交流合作平台。按照国务院统一部署，加快推广自由贸易试验区可复制改革试点经验，提升对外开放服务功能。加强沿边重点开发开放试验区、边境经济合作区、综合保税区、互市贸易区等园区建设，加快推进中俄、中德、中韩、中新等产业合作园区建设，提升哈尔滨、绥芬河、长春兴隆等综合保税区发展水平，支持具备条件的地区按规定申请设立综合保税区。

（三）形成型城市群与“一带一路”倡议的对接

“一带一路”沿线形成型城市群发展相对于成熟型城市群和发展型城市群，其总体发育程度、规模大小、经济发展水平和经济集聚效应等方面还存在一定的差距。但是在“一带一路”倡议实施下，该类型城市群基本处在对外开放的前沿窗口，将迎来大量的经济、科技和文化方面的合作交流机会与经济发展的契机，因此，需要良好地对接和融入“一带一路”建设，才能够享受到“一带一路”倡议所带来的发展红利效应。

呼包鄂榆城市群深度融入“一带一路”建设，充分发挥区位优势，加大对外开放力度，全方位推进与蒙古国、俄罗斯的务实合作，加快推进中蒙俄经济走廊建设，强化基础设施互联互通，深化人文交流合作，加快外向型经济发展，建设向北向西开放战略支点。首先，积极参与“一带一路”建设。充分发挥包（头）兰（州）—临（河）哈（密）、包（头）茂（名）、包（头）满（洲里）、集（宁）二（连浩特）等交通干线和二连浩特、满都拉口岸的作用，推进能源、装备、服务、商品进出口，做大做强一批骨干外经贸企业，扶持发展一大批中小外经贸企业。建设电子商务平台，发展面向蒙、俄、中亚及欧洲的电子商务。其次，打造对外开放合作平台。积极推进呼和浩特铁路口岸建设，推进鄂尔多斯综合保税区建设，支持呼和浩特出口加工区在条件成熟时整合优化为综合保税区。支持有条件的地区建设面向蒙俄的经济合作区、进出口商品加工区和旅游经济合作区。积极推进内陆港和配套物流园区建设，大力发展铁海联运国际集装箱运输，打造辐射、服务整个区域的综合性港区。加强呼和浩特、鄂尔多斯航空口岸建设，支持榆林创建航空口岸，支持符合条件的地区建设海关特殊监管区域，完善通关全流程一体化管理机制和运行模式。推进国家级经济技术开发区转型升级创新发展。最后，构建外向型经济体系。积极拓展物流和供应链功能，推动机械制造、电子信息、食品、纺织、水果、蔬菜等出口加工产业基地化、链条化发展。强化区域装备制造业配套协作。以榆林为主体，建设丝绸之路金属镁生产供应中心。提升进口资源落地加工能力，以煤炭为重点打造国家重要的能源进出口通道、战略资源精深加工和储备基地。引导企业联合开展与蒙俄经贸合作，加强与发达国家和地区交流合作。

北部湾城市群主动融入“一带一路”建设和全球经济体系，扩大与国内发达地区密切合作，加快形成海陆双向开放合作新格局，建设“一带一路”开放通道和平台。首先，拓展海上开放通道。以北部湾区域性航运中心为依托，面向东盟及21世纪海上丝绸之路沿线国家，建设海上开放通道。推进通往粤港澳地区的铁路、高速公路、西江干支流航道建设，打造对接粤港澳、通达太平洋的出海新通道。其次，建设陆路开放通道。依托泛亚铁路，加快形成城市群南向开放通道，助力中国—中南半岛国际经济走廊建设，实现与东盟国家经贸合作、文化交流、人员往来更加密切。打通北上贵阳、重庆、成都等重点城市交通线路，建设衔接丝绸之路经济带的北向新通道。最后，提升开放平台功能。以主要港口、民航机场、铁路枢纽为基础，以重点开发开放试验区、边境经济合作区和国家一类口岸为支撑，以保税港区、综合保税区、出口加工区等为载体，构建对外开放平台体系。拓展“两国双园”模式，高标准建设中马钦州产业园，打造国际产能合作旗舰项目。加快建设东兴、凭祥沿边重点开发开放试验区，提升沿边开放水平。继续办好中国—东盟博览会、中国海洋经济博览会、海南国际海洋旅游博览会，提升泛北部湾经济合作论坛国际影响力，建设多元开放的服务平台。

兰州—西宁城市群深度融入“一带一路”建设。首先，共建对外开放大通道。充分发挥沟通西南西北交通枢纽优势，打造兰州—西宁全国性综合开放门户。依托重大交通干线和能源运输管线，强化大能力运输通道建设，构建经新疆向西向北的新亚欧大陆桥通道，经川渝滇黔桂至东盟的南向出海陆路新通道。鼓励开辟兰州、西宁直飞“一带一路”沿线国家的国际航班和货运航线。其次，深化经贸合作交流。扩大向西开放，重点与中亚、中东及东欧国家开展能矿资源、高端装备制造、绿色食品加工及农业综合开发等领域的合作。积极探索向北开放，加强与相关国家在农牧业、矿产资源等领域的合作。努力拓展向南开放，积极融入中巴、孟中印缅等经济走廊，着力推进经贸合作。深化向东开放，重点促进与东亚国家及我国港澳台地区在农业、旅游、环保、文体、生物资源开发等相关领域的合作交流。联合举办丝绸之路经济带沿线国家经贸合作圆桌会议。再者，促进文化合作交流。加快甘肃华夏文明传承创新区建设，打造青海丝绸之路历史文化旅游区，建设对外展示中华文化的窗口。扩大丝路花雨、丝路花儿等艺术节影响力，建立丝绸之路非物质文化遗产交流展示项目库，有序举办以共建“一带一路”倡议为主题、具有鲜明地域特色的国际艺术节、博览会和综合性论坛。深化高校联合办学、青少年交流互访，开展高原医学、生态环境保护修复、可再生能源发展和应对气候变化等方面的交流合作。

宁夏沿黄城市群积极对接“一带一路”建设。在扩大国内开放、加强东西合作、西西合作的同时，积极参与国际产业的分工合作，充分利用两种资源、两个市场，努力形成大开放促进大发展的新优势。特别要充分利用作为中国穆斯林聚居区的特殊优势，把面向阿拉伯国家、伊斯兰世界开放作为国际化开放战略的重点，首先面向油气丰富的阿拉伯国家，面向印尼、巴基斯坦、孟加拉、尼日利亚、伊朗、土耳其、马来西亚等人口大国，大力开展多种形式经贸合作，发展多层次宽领域的文化交流，在我国实施向西开放战略中，使宁夏沿黄城市群起到桥梁纽带、突破口、桥头堡、主阵地的作用，推进“一带一路”的建设。

天山北坡城市群同样积极对接“一带一路”倡议，由此向西经阿拉山口口岸到达哈萨克斯坦首都阿斯塔纳、经精伊霍铁路霍尔果斯口岸到达哈萨克斯坦乌拉尔河的里海入口阿特劳，再经东欧与发达的欧洲经济圈相连，是我国“东联西出、西来东去”最重要的战略要冲。随着我国西向开放战略实施的逐步深入，互联互通工程的快速推进，天山北坡城市群已形成地下（油气管道、通信光缆等）、地上（公路、铁路等）、空中（飞机航线、电网等）通往中亚的“三维立体化”国际通道，在“丝绸之路经济带”建设中具有得天独厚的区位优势。天山北坡城市群积极建设丝绸之路经济带核心区与桥头堡。《推动共建丝绸之路经济带和21世纪海上丝绸之路的愿景与行动》中提出发挥新疆独特的区位优势和向西开放的重要窗口作用，深化与中亚、南亚、西亚等国家的交流合作，形成丝绸之路经济带上重要的交通枢纽、商贸物流和文化科教中心，打造丝绸之路经济带的核心区。天山北坡城市群是新疆经济发展的核心区，科学技术实力最强，产业基础最为雄厚，且有承接东部产业转移的经济基础，城市群在机械制造、新能源、有色金属冶炼等行业具有明显优势。此外，新疆是中国向西开放的桥头堡，天山北坡城市群是新疆“东联西出”产业合作的首选区域，也是丝绸之路经济带国内段重要的产品出口加工基地和商贸物流基地，对外发挥着桥头堡作用。

8.2.2 “一带一路”沿线城市群发展的主要思路

“一带一路”倡议的提出，对沿线城市群的形成和发展提供了全新的发展思路和成长环境。“一带一路”倡议包括了以陆上为主的“丝绸之路经济带”和以海上为主的“21世纪海上丝绸之路”。其中，“丝绸之路经济带”是从北部地区（中国—俄罗斯—欧洲）、中部地区（中国—中亚—西亚—欧洲）和南部地区（中国—南亚—西亚）三个方向将整个中国与亚洲和欧洲大陆连接起来，“21世纪海上丝绸之路”主要是从西部方向（南海—印度洋）和南部方向（南海—南太平洋）进行海陆建设。

对于“一带一路”沿线城市群来说，“一带一路”倡议的提出无疑为其提供了特殊的优势地缘条件，有力促进了沿线城市群成为连接外部地区的中心枢纽，吸引更多的外部资源向沿线城市群中心地区转移，从而创造出更多新的发展优势，迎来“一带一路”沿线城市群全面发展的黄金时期。而各个城市群同时要结合自身的比较优势，有针对性地提出本地区在参与和推进“一带一路”建设中的区域定位。

（一）提升“一带一路”沿线成熟型城市群的国际竞争力

长三角城市群建设必须坚持世界标准，带头发展新经济，创造联动发展新模式，建设面向全球、辐射亚太、引领全国的世界级城市群，使长三角城市群成为最具活力的资源配置中心、具有全球影响的科技创新高地和全球重要的现代服务业和先进制造业中心。应加快在以下发展定位上实现突破：第一，最具经济活力的资源配置中心。围绕上海国际经济、金融、贸易、航运中心建设以及中国（上海）自由贸易试验区建设，加快制度创新和先行先试，成为资源配置效率高、辐射带动能力强、国际化市场化法制化制度体系完善的资源配置中心。第二，具有全球影响力的科技创新高地。瞄准世界科技前沿领域和顶级水平，建立健全符合科技进步规律的体制机制和政策法规，最大程度激发创新主体、创业人才的动力、活力和能力，成为全球创新网络的重要枢纽，以及国际性重大科学发展、原创技术发明和高新科技产业培育的重要策源地。第三，全球重要的现代服务业和先进制造业中心。加快推进产业跨界融合，重点发展高附加值产业、高增值环节和总部经济，加快培育以技术、品牌、质量、服务为核心的竞争新优势，打造若干规模和水平居国际前列的先进制造产业集群，形成服务经济主导、智能制造支撑的现代产业体系。第四，亚太地区重要国际门户。服务国家“一带一路”倡议，提高开放型经济发展水平，打造在亚太乃至全球有重要影响力的国际金融服务体系、国际商务服务体系、国际物流网络体系，在更高层次参与国际合作和竞争。第五，全国新一轮改革开放排头兵。加快推进简政放权、放管结合、优化服务改革，统筹综合配套改革试点和开放平台建设，复制推广自由贸易试验区、自主创新示范区等成熟改革经验，在政府职能转变、要素市场一体化建设、公共服务和社会事业合作、体制机制创新等方面先行先试。在提升利用外资质量和水平、扩大服务业对外开放、集聚国际化人才、探索建立自由贸易港区等方面率先突破，加快探索形成可复制可推广的新经验新模式，形成引领经济发展新常态的体制机制和发展方式。

珠三角城市群在未来要通过全面强化广州、深圳的生产、集散、管理、服务和创新等综合服务功能，提升广州国家中心城市和深圳国际化城市的区域辐射和带动作用，进一步优化区域城镇—产业空间结构；同时通过建设适宜创业、创新和居住的城市综合环境，提升中心城市的综合竞争力，引领珠三角向亚太地区最具活力和国际竞争力城市群迈进。首先，广州加快建设广东宜居城乡的“首善之区”和服务全国、面向世界的国际大都市。以世界先进城市为标杆，强化广州国家中心城市、综合性门户城市和区域文化教育中心的地位，建设成为广东宜居城乡的“首善之区”，建成面向世界、服务全国的国际大都市。打造综合性门户城市、南方经济中心。加快建设国际航运中心、国际交往中心、亚洲物流中心以及交通枢纽、信息枢纽“三个中心，两个枢纽”；继续巩固华南科技创新中心与国内先进制造业基地的重要地位，率先建立现代产业体系；继续发挥国际商贸会展中心作用，努力成为区域性现代服务业中心、金融中心乃至现代国际城市。凸现城市特色和个性，塑造世界文化名城的鲜明形象。继续强化国家历史文化名城和区域文化教育中心的作用，弘扬历史文化，提升城市的包容性和多元化，加强产学研合作、区域合作基地的建设，保护历史文化名城风貌，建成传统文化与现代文明交相辉映、具有高度包容性、多元化的世界文化名城；充分保护和合理利用自然地理条件，保持地区生态环境的平衡；探索低碳发展道路。进一步增强带动辐射能力。完善区域性管理和服务职能，带动珠三角区域一体化。积极推动广州与珠三角其他城市的产业协作，逐步形成总部在广州、企业在珠三角，决策中心在广州、运作基地在珠三角的区域产业格局；依托广州作为区域文化教育中心的地位，向珠三角、广东全省乃至更大的区域输出更多的文化、科技、教育等优质服务，带动区域综合实力进一步提升；强化综合性门户功能，加强新白云国际机场、南沙港和广州南站等区域性交通枢纽与珠三角其他城市和产业地区的交通联系，带动空间结构的优化。其次，深圳打造创新型综合经济特区，建设国际化城市。加强制度创新与科技自主创新，实现城市的可持续发展、居民生活的改善、社会文化的繁荣与城市地位的提升，强化全国经济中心和国家创新型城市的地位，建设中国特色社会主义示范城市和国际化城市。走新型发展道路，继续当好深化改革开放、落实科学发展观、构建和谐社会的先锋。加快发展高端服务业，发展循环经济和绿色产业，提高土地利用效益；建设经济发达、社会和谐、资源节约、环境友好、生态宜居、具有中国特色的国际城市；加强城市公共安全，促进城市人口的适度稳定，加强社会公共服务，保障基本居住条件，优先发展公共交通，保障社会民生；保护生态绿地资源，合理利用海洋岸线资源，高效利用能源和水资源，节约集约利用土地资源，保护并建设优良的生态环境。积极推进低碳城市试点，探索经济以低碳产业为主导、市民以低碳生活为行为特征、社会以低碳社会为建设蓝图，体现中国特色、时代特点、深圳特征的低碳发展道路。强化面向珠三角的国际化创新服务，充分发挥自主创新和区域协作优势，积极建设深港创新圈，加强深港双方在生产研发、创新和知识产权管理、保护和使用等方面的交流，积极推动高新技术产业和高端服务业的合作发展。同时利用深圳的技术创新和制度创新优势，将技术创新服务向珠三角其他城市和地区延伸，完善区域创新体系，加快形成上下游功能互补的区域产业链，形成具有较强创新能力和国际化水平的区域产业集群。

此外，要加强成熟型城市群经济圈的腹地整合。腹地整合是一个国家城市群发展过程中的重要阶段，在城市群经济圈腹地整合的过程中，区域经济格局、人口空间分布将呈现出新的景象。纽约能成为当今国际化大都市与其不断开拓沿河和内陆腹地市场分不开，纽约对经济腹地的整合改变了大西洋沿岸城市“群雄并立”的局面。鹿特丹能成为“欧洲门户”也是因为它把欧洲内陆和沿运河经济区变成自己的经济腹地密切相关。世界重要的城市群都需要广阔的经济腹地，因此长三角和珠三角城市群要想发展成为世界一流的城市群，整合广阔的腹地空间势在必行。

（二）加快提升“一带一路”沿线发展型城市群

成渝城市群总体定位为引领西部开发开放的国家级城市群，建成全国重要的现代产业基地、西部创新驱动先导区、内陆开放型经济战略高地和统筹城乡发展示范区。在空间格局上，成渝城市群重在发挥重庆和成都的双核带动功能，重点建设成渝发展主轴、沿长江和成德绵乐城市带，促进川南、南遂广、达万城镇密集区加快发展，构建“一轴两带、双核三区”空间发展格局。第一，依托成渝北线、中线和南线综合运输通道，积极推进重庆两江新区和四川天府新区建设，加快推动核心城市功能沿轴带疏解，辐射带动周边沿线城市发展，打造支撑成渝城市群发展的“脊梁”。第二，依托长江黄金水道及沿江高速公路、铁路，充分发挥重庆的辐射带动作用，促进泸州、宜宾、江津、长寿、涪陵、丰都、忠县、万州等节点城市发展，培育形成沿江生态型城市带。第三，依托成绵乐城际客运专线、宝成—成昆铁路和成绵、成乐、成雅高速公路等构成的综合运输通道，强化绵阳、德阳、乐山、眉山等城市的节点支撑作用，围绕电子信息、装备制造、航空航天、科技服务、商贸物流等产业，打造创新驱动的特色产业集聚带。第四，强化重庆大都市区西部开发开放战略支撑和长江经济带西部中心枢纽载体功能，充分发挥长江上游地区经济中心、金融中心、商贸物流中心、科技创新中心、航运中心的作用，联动沿江城市带和四川毗邻城市发展，构筑具有国际影响力的现代化大都市区。第五，增强成都西部地区重要的经济中心、科技中心、文创中心、对外交往中心和综合交通枢纽功能，加快与德阳、资阳、眉山等周边城市的同城化进程，共同打造带动四川、辐射西南、具有国际影响力的现代化都市圈。第六，培育川南城镇密集区，促进自贡—内江联合发展、泸州—宜宾沿江协调发展，建设成为成渝城市群南向开放、辐射滇黔的重要门户；培育南遂广城镇密集区，加强与重庆协作配套发展，建设成为成渝城市群跨区域协同发展示范区；培育达万城镇密集区，加快达万综合通道建设，促进万开云一体化融合发展，建设成为成渝城市群向东开放的走廊。

哈长城市群正处于转型发展的重要阶段，必须紧紧抓住重大战略机遇，妥善应对风险挑战，通过创新激发发展活力，深化改革提升发展动力，实现转型跨越发展。一是打造东北老工业基地振兴发展重要增长极。着力推进结构性改革，加快转变发展方式，改造提升传统产业，建设国家新型装备制造业基地、粮食生产基地、食品医药产业的绿色安全示范区，加快形成以创新为引领和支撑的经济体系和发展模式，带动东北地区经济转型发展。二是打造北方开放重要门户。加强“中蒙俄经济走廊”陆海丝绸之路经济带建设，加快长吉图开发开放先导区建设，大力实施“走出去”战略，构建外向型现代产业体系，深入推进国际产能和装备制造合作，积极参与国际分工合作，打造“一带一路”我国北方对外开放合作的重要门户。三是成为老工业基地体制机制创新先行区。着力先行先试、改革创新，破解制约经济社会发展的体制机制障碍，营造有利于全面实施创新驱动战略、大力推进“双创”的政策环境和制度环境，形成促进创新的体制构架，为带动区域协同发展提供示范模式。四是打造绿色生态城市群。尊重自然格局，合理布局城镇各类空间，保护自然景观，传承历史文化，保持特色风貌，促进大中小城市和小城镇协调发展，建设国际知名的生态和冰雪文化旅游目的地，推动形成人与自然和谐发展新格局。

呼包鄂榆城市群要充分发挥比较优势，彰显区域和民族特色，建设面向蒙俄、服务全国、开放包容、城市协同、城乡融合、绿色发展的中西部地区重要城市群。第一，全国高端能源化工基地。以保障国家能源安全为目标，坚持高端、清洁、环保、安全的发展方向，延伸产业链，提升附加值，推动协同发展，实施创新驱动，加快转型升级，建成高端能源化工基地。第二，向北向西开放战略支点。充分发挥区位优势，加大对外开放力度，全方位推进与蒙古国、俄罗斯的务实合作，加快推进中蒙俄经济走廊建设，强化基础设施互联互通，深化人文交流合作，加快外向型经济发展，建设向北向西开放战略支点。第三，西北地区生态文明合作共建区。尊重自然、顺应自然、保护自然，科学有力实施荒漠化防治、水土流失治理等工程，加强水资源和林草资源保护，重点在生态保护修复、资源开发补偿、区域生态补偿、生态经济发展等体制机制方面积极探索、先行先试，保障黄河中游生态安全，建成西北地区生态空间共建共享、生态环境共治共管、人与自然和谐共生的宜居城市群。第四，民族地区城乡融合发展先行区。实施乡村振兴战略，推进农业农村现代化，全面加强新农村、新牧区建设，提升人居环境水平，充分发挥区域中心城市的承载能力和辐射作用，加快产城融合和多元文化交融，探索民族地区城乡融合发展新路子，实现民族团结和边疆稳定。

海峡西岸经济区是我国沿海经济带的重要组成部分，在全国区域经济发展布局中处于重要位置。要优化整合内部空间格局，联动周边省区，推进两岸合作交流，逐步形成两岸一体化发展的国际性城市群——“海峡城市群”，构筑我国区域经济发展的重要“增长区域”。第一，增强自主创新能力，加速产业转型升级。集聚整合创新力量，优化配置科技资源，加快海峡西岸经济区区域创新体系建设。鼓励资源节约型产业的发展，努力形成高产出、低消耗、少排放、可循环的可持续发展经济体系。坚持加快发展和提升水平并举，落实产业调整振兴规划及实施方案。重点发展壮大电子信息、装备制造、石油化工等主导产业，加快高新技术产业和现代服务业发展，增强福州、厦门、泉州等中心城市产业发展的国际化水平和综合竞争力。第二，优化区域格局，统筹城乡发展。优化产业布局，促进经济社会和环境资源协调发展。进一步优化城市化模式，引导人口和要素向发展基础较好、环境资源承载能力较强的东部沿海区域集聚，推进新型工业化和城市化，进一步提高人口和经济集聚程度。在西北部贯彻以保护为主、开发为辅的原则，最大限度地保护山川秀美的生态环境，引导产业集中化和特色化发展，形成城市和中心城镇带动周边农村地区发展的格局。加大对欠发达地区扶持力度，巩固和完善对口帮扶和挂钩帮扶工作机制，实现区域整体联动、优势互补。逐步建立城乡统一的要素市场，推动城乡劳动力、技术、资金、土地等生产要素的合理流动和流转；健全城乡基础设施共同发展机制、城乡公共服务均等供给制度、城乡衔接的社会保障制度，促进基础设施向农村延伸、公共服务向农村拓展、社会保障向农村覆盖。加快社会主义新农村建设，实现以城带乡统筹发展，加快形成城乡经济社会一体化发展新格局。第三，打造中心高地，提升总体竞争力。整合优势发展资源，强化中心城市与周边地区的分工协作，增强承载能力，打造具有强大辐射带动能力和综合服务能力的中心高地，带动提升海峡西岸城市群的整体竞争力。闽东北区域重点要完善福州作为省会中心城市的功能，建设平潭综合实验区，联动周边城市，强化综合服务能力；闽西南区域应推动厦门、泉州、漳州城市合作，发挥组合优势，共同形成参与国际合作与竞争的高地。第四，加快设施和通道建设，拓展内陆腹地。强化基础设施建设，推进城市群空间合理布局和优化。建立完善的机场布局体系和港口布局体系，带动城市群和湾区的发展；强化对外交通通道的建设，优先建设具有重大战略意义的区域干线，拓展区域腹地。积极推动跨省区域合作。加快推进跨省铁路、高速公路、港口等重大基础设施建设，加强与长三角、珠三角的经济联系和合作，强化与粤东北和浙南地区的产业对接，发挥对江西的辐射带动作用，形成区域协同发展的局面。第五，深化闽台合作，实现多领域对接。顺应台湾产业转移和两岸合作交流趋势，充分利用两岸产业发展的互补条件，把握国家赋予的对台先行先试政策，按照建立两岸人民交流合作先行区的要求，深化闽台在经贸、航运、旅游、邮政、文化、教育、人才等方面的合作与交流；加强文化遗产保护，挖掘闽南文化、客家文化、妈祖文化等两岸共同文化内涵，增进两岸同胞文化认同。加快平潭开放开发，促进两岸交流合作向更广范围、更大规模、更高层次迈进。完善两岸直接“三通”基础条件，提升海峡两岸城市群与台湾地区的对接能力。第六，完善公共服务体系，建设宜居城市。加快文化、教育、科技、卫生、体育等事业发展，构筑与人民群众需求增长相适应的公共服务体系，提升城市群综合竞争软实力和城市化质量；建设居住生活环境良好、社会公共服务体系完善的宜居城市，营造吸引和培养人才的优良环境。

关中—天水城市群应围绕建设具有国际影响力的国家级城市群、内陆改革开放新高地，加快在以下发展定位上实现突破：第一，向西开放的战略支点。立足古丝绸之路起点，发挥区位交通连接东西、经济发展承东启西、文化交流东西互鉴的独特优势，依托中国（陕西）自由贸易试验区等高层次开放平台，畅通向西开放、向东合作通道，强化交通商贸、科技教育、文化旅游和国际产能合作，构建全方位开放格局。第二，引领西北地区发展的重要增长极。以西安国家中心城市和区域性重要节点城市建设为载体，以沟通西北主要经济区的综合性运输通道建设为支撑，加快人口、资本、科技等发展要素集聚，加快培育发展新动能，打造全国重要的先进制造业、战略性新兴产业和现代服务业基地，辐射带动西北及周边地区发展。第三，深化经济交流合作。加强与沿线国家在航空航天、农业、电子信息、装备制造、服务外包、卫生检疫等领域的合作。引导有实力的大型企业集团走出去跨国经营，在有条件的国家（地区）布局境外经贸合作区。支持杨凌农业高新技术产业示范区与中亚国家联合建设旱作农业技术研发中心、技术推广示范基地和合作园区，开展“一带一路”现代农业国际合作。拓展跨境金融合作领域。支持中欧班列（西安）健康发展，完善“两干多支两节点”国际铁路物流网络。第四，建设人文交流高地。深化产学研结合、人才培养、科技成果转化等领域的国际交流合作，与中亚国家在能源化工、现代农业等领域联合开展技术攻关。发挥丝绸之路大学联盟的带头作用，加强教育国际合作交流，推进面向丝绸之路沿线国家的教育培训基地建设，发挥传统文化资源优势，搭建国际文化交流平台。制定外籍高层次人才认定标准，共建开放包容的国际性创新创业基地。与新疆、甘肃、宁夏等省、自治区以及丝绸之路经济带沿线国家和地区联合打造丝绸之路经济带国际精品旅游线路。支持在西安设立外国领事机构，推动地区对外交往和各领域合作。

辽中南城市群处于东北亚地区中心位置，海陆兼备，腹地广阔，是联系东北经济区和环渤海经济区的枢纽。第一，应积极推动资源型城市转型发展。大力培育接续替代产业，对于资源储量大的资源型城市，要在条件允许的范围内发展主体资源深加工，延长产业链，大力发展接续性产业。石油工业城市重点开发石油化学工业等下游产业；煤炭工业城市建设基于清洁能源、清洁生产和循环经济技术的能源、原材料工业综合体。在搞好接续产业发展的同时，也需要未雨绸缪，尽早谋划替代产业发展。对于资源已经枯竭或接近枯竭的城市，要在及时总结转型试点经验的基础上，积极培育既适应市场需求和产业发展方向，又符合本地发展实际的替代产业。第二，进一步完善城市功能。扭转资源型城市“重生产，轻生活；重硬件，轻软件”的倾向，以提高城市社会服务功能为前提，结合棚户区改造，调整城市空间结构，进一步完善城市功能。重点要以增强经济实力为基础，以提高效率为保证，以全面创新为动力，通过在技术、体制和文化等不同层面的改革创新，打破对现有生产力发展的束缚，提升资源型城市的发展水平。重点是从产业结构、区域功能、空间结构和环境风貌等方面着手，通过产业重组、环境重整、形象重塑，完善区域性中心城市功能。第三，促进产城融合发展。构建产城融合发展新格局。按照产业集聚、资源节约、生态环保的原则，积极推动区域产业分工和协同发展，引导企业向园区、园区向城镇集中，带动农村转移人口向城镇转移。借鉴国内其他地区发展“飞地经济”的经验，鼓励和支持沈阳、大连等城市与城市群内其他城市以“合作共建”“净托管”等方式开展合作，共建“飞地园区”，增强城市发展的产业支撑。支持大连金普新区、沈阳浑南新区等新区从城市功能、产业结构、空间布局、基础设施和环境风貌等方面着手，完善城市功能。鼓励新区、新城率先开展服务业综合改革试点，在市场准入、管理体制和税制改革等方面先行先试。

长江中游城市群总体定位为中西部新型城镇化先行区、内陆开放合作示范区和“两型”社会示范区，应充分发挥中心城市辐射带动作用，推动三大城市组团优势互补、互动合作，形成多中心、网络化发展格局。第一，强化武汉、长沙、南昌的中心城市地位，合理控制人口规模和城镇建设用地面积，进一步增强要素集聚、科技创新和服务功能，提升现代化、国际化水平，完善合作工作推进制度和利益协调机制，引领带动武汉城市圈、环长株潭城市群、环鄱阳湖城市群协调互动发展。第二，充分发挥武汉科教优势和产业优势，强化辐射引领作用，全面加快武汉城市圈一体化建设。推进武汉与鄂州、孝感、咸宁、黄冈、黄石等同城化发展，加强与汉江生态经济带和鄂西生态文化旅游圈联动发展，把武汉城市圈建设成为全国重要的综合交通运输枢纽、先进制造业和高技术产业基地、中部地区现代服务业中心。第三，促进长沙产业高端化发展，强化科技教育、文化创意、商贸物流等功能，打造中部地区重要的先进制造业基地、综合交通枢纽和现代服务业中心；推动长沙与株洲、湘潭一体化发展，辐射带动衡阳、岳阳、常德、益阳、娄底等城市发展，把环长株潭城市群建设成为全国“两型”社会建设示范区和现代化生态型城市群。第四，优化南昌要素集聚、科技创新、文化引领和综合交通功能，辐射带动周边地区发展；加快（南）昌九（江）一体化、（南）昌抚（州）一体化发展，推进鄱阳湖生态经济区建设，把环鄱阳湖城市群建设成为大湖流域生态人居环境建设示范区和低碳经济创新发展示范区。

（三）积极培育“一带一路”沿线形成型城市群发展

滇中城市群作为中国面向西南开放的重要门户，总体定位是打造面向西南开放重要桥头堡的核心区、建成特色资源深加工基地和文化旅游基地，区域性国际综合枢纽和生态宜居的山水城市群。在空间布局上，促进形成“一主四副，轴向对接，点阵联动”的空间格局。“一主四副”是指以昆明为中心 1 小时通勤圈内城镇为支撑构建昆明都市区，形成滇中城市群发展的核心，分别构建曲靖城镇组团、玉溪城镇组团、楚雄城镇组团、蒙自城镇组团形成滇中城市群次核心，总体形成核心引领互为支撑的空间格局。“轴向对接”是指对接国家及云南省新型城镇化战略，依托交通运输网络培育形成连接珠三角—滇中—南亚的“中国—南亚”发展轴和连接长三角—滇中—东南亚的“中国—东南亚”发展轴。“点阵联动”是指依托公路、轨道、航空三位一体交通网络，在山水格局中有序强化滇中城市群各级城镇点阵联动发展，促进综合交通建设、特色产业发展、生态环境保护等一体化进程。

兰州—西宁城市群战略定位是着眼国家安全，立足西北内陆，面向中亚西亚，建设具有重大战略价值和鲜明地域特色的新型城市群。将依托三江源、祁连山等生态安全屏障，强化城市群内外生态联动，共同维护区域生态安全，成为维护国家生态安全的战略支撑；合理布局建设一批特色鲜明、集聚能力较强的城镇，进一步发挥维护国土安全和生态安全的重要作用，成为优化国土开发格局的重要平台；重点面向中西亚和东南亚广阔市场，强化国际产能合作和经贸文化交流，打造高层次开放平台，成为促进我国向西开放的重要支点；发挥产业基础较强和资源禀赋优势，为西北地区现代化建设提供更强的支撑作用，成为支撑西北地区发展的重要增长极；加快建设沟通川渝滇黔桂的综合性通道，积极推进铁路国际班列物流平台建设，强化兰州、西宁的综合枢纽功能，打造沟通西北西南、连接欧亚大陆的重要枢纽。国务院批复的《兰州—西宁城市群发展规划》，要求兰州—西宁城市群着力优化城镇空间布局，着力加强生态建设和环境保护，着力补齐基础设施和公共服务短板，着力推进产业优化升级和功能配套，着力融入“一带一路”建设。

北部湾城市群的总体定位是发挥地缘优势，挖掘区域特质，建设面向东盟、服务“三南”（西南、中南、华南）、宜居宜业的蓝色海湾城市群。围绕总体定位，应加快在以下发展方向上实现突破：第一，面向东盟国际大通道的重要枢纽。充分发挥与东盟国家海陆相连优势，强化中国—中南半岛陆上国际大通道建设，完善以北部湾港口群为起点的海上运输大通道，构建中国—东盟国际信息通道，打造与东盟国家便捷联系的国际大通道枢纽。第二，“三南”开放发展新的战略支点。充分发挥作为“三南”地区重要出海口的作用，畅通与成渝、黔中、滇中、长江中游等城市群间的快速多向连接，推动内陆省份全面深化与东盟的交流合作。加强与粤港澳大湾区、珠江—西江经济带联动发展，优化区域合作机制，加快形成东中西部地区协调互动、优势互补的发展新格局。第三，21 世纪海上丝绸之路与丝绸之路经济带有机衔接的重要门户。依托独特区位优势，贯通我国西部地区与中南半岛的南北陆路新通道，强化北部湾港口群国内国外交通连接作用，推动 21 世纪海上丝绸之路与丝绸之路经济带的交汇对接、衔接互动。面向"一带一路"沿线国家，加快打造国际产能合作先行基地、重要服务平台、人文交流纽带。第四，全国重要绿色产业基地。按照存量绿色化改造、增量高端化发展的要求，以提供绿色农海产品、高附加值制成品、生态旅游产品为重点，淘汰转移一批不符合城市群总体定位的产业，加快建设一批特色农业基地、循环产业示范区、现代服务业集聚区，实现临港工业绿色智能发展，构建适应湾区环境要求的产业体系。第五，陆海统筹发展示范区。统筹推进陆域基础设施建设、产业和城镇布局、人口分布等与自然岸线利用、海洋环境保护，统筹入海河流治理与近岸海域保护，统筹近海开发与远海资源利用，促进陆域经济和海洋经济良性互动发展，建设南海开发利用服务保障基地，探索陆海协调、人海和谐的发展新模式。

宁夏沿黄经济区位于全国"两横三纵"城市化战略格局中包昆通道纵轴的北部，包括宁夏回族自治区以银川为中心的黄河沿岸部分地区。它是全国重要的能源化工、新材料基地，清真食品及穆斯林用品和特色农产品加工基地，区域性商贸物流中心。第一，特色化、高端化、集群化的产业结构优化提升战略。狠抓经济发展方式由粗放低效向集约高效转变，由能源重化工为主向三次产业协调发展、向高效提升转变。大力发展特色优势农业、特色优势工业、特色优势服务业，产业链条向中下游深加工、精加工、高附加值产品延伸。高度重视建设成组配套的先进产业集群和循环经济产业园区，形成参与全国、全球战略性分工协作的现代产业体系。以人才开发、科技开发、体制机制创新为支撑，积极完善区域调控政策，推进生产力要素的合理配置，统筹规划产业布局的分工协作，重点建设宁东能源化工基地、银川经济技术开发区、灵武羊绒高新技术产业园等六大园区，做精做特永宁生物制药、吴忠穆斯林园区等若干特色园区，构建一带三区多园的石嘴山—银川—青铜峡—太阳山新材料产业带，打造引领西北、面向全国以专、精、优、高、新为特色的现代农业示范区。第二，资源节约、环境友好的可持续发展战略。建设全国节水型社会省级试验区——建立最严格的水资源管理制度，优化水资源配置，充分利用黄河水，合理开发地下水，积极扩大中水利用。推广节能减排的循环经济、低碳经济——采用先进技术，严格节能减排管理，淘汰落后产能，关闭小煤矿、小电厂、小水泥厂、小造纸厂、小化工厂等落后企业，推进煤基多联产技术、煤气化燃气蒸汽联合循环发电技术，建设多种类型的绿色、低碳循环经济产业园区。加强生态的保护、修复和建设——以强化自然保护区、湿地保护区能力建设为主体，坚持扩大封山育林、人工造林，坚持天然草地封育保护和人工草地建设。积极适应气候变化，强化防灾减灾机制——在降低能源消耗强度、减少碳排强度的同时，加强适应气候变化能力建设和防灾减灾体系建设，防治干旱、大风、沙尘暴、暴雨、霜冻、冰雹等自然灾害对人类活动的严重危害，预防和应对山洪、水土流失等次生自然灾害。第三，以面向伊斯兰世界开放为重点的国际化大开放战略。在扩大国内开放、加强东西合作、西西合作的同时，积极参与国际产业的分工合作，充分利用两种资源、两个市场，努力形成大开放促进大发展的新优势。特别要充分利用作为中国穆斯林聚居区的特殊优势，把面向阿拉伯国家、伊斯兰世界开放作为国际化开放战略的重点，首先面向油气丰富的阿拉伯国家，面向印尼、巴基斯坦、孟加拉、尼日利亚、伊朗、土耳其、马来西亚等人口大国，大力开展多种形式的经贸合作，发展多层次宽领域的文化交流，在我国实施向西开放战略中，使宁夏沿黄城市群带起到桥梁纽带、突破口、桥头堡、主阵地的作用，推进“一带一路”的建设。

天山北坡城市群地处欧亚腹心地段，向东经兰新线、陇海线与我国东部发达地区以及韩国、日本等东亚经济圈相连，向西经阿拉山口口岸到达哈萨克斯坦首都阿斯塔纳、经精伊霍铁路霍尔果斯口岸到达哈萨克斯坦乌拉尔河的里海入口阿特劳，再经东欧与发达的欧洲经济圈相连，是我国“东联西出、西来东去”最重要的战略要冲。随着我国西向开放战略实施的逐步深入，互联互通工程的快速推进，天山北坡城市群已形成地下（油气管道、通信光缆等）、地上（公路、铁路等）、空中（飞机航线、电网等）通往中亚的“三维立体化”国际通道，在“丝绸之路经济带”建设中具有得天独厚的区位优势。目前天山北坡城市群功能定位是形成一个集商贸、物流、加工、金融、旅游于一身、与“丝绸之路经济带”发展相适应的国际性城市走廊。必须充分发挥产业的互补性，以比较优势为基础，加强城市间的合理分工与合作，提高城市群的综合竞争力，促进城市群功能升级。第一，从国家战略高度，把天山北坡城市群作为“丝绸之路经济带”核心战略节点，进一步改善城市群发展的支撑条件。从国家战略出发，进一步加强天山北坡城市群东、西方向的互联互通，充分发挥阿拉山口口岸、霍尔果斯口岸的桥头堡作用，不断提高“丝绸之路经济带”运营能力，进一步扩大对外开发开放，特别要加强与中亚、东欧、欧洲的经贸合作，加快区域经济一体化进程，推动“丝绸之路经济带”的形成与发展，为促进天山北坡城市群的发展创造有利条件。第二，依托两个市场、充分发挥比较优势、加强分工与合作，努力提高天山北坡城市群综合竞争力。天山北坡城市群应当以西部大开发、对口援疆、“丝绸之路经济带”建设为动力，加强东、西双向开放，利用国内外两个市场、两种资源，发挥比较优势，大力调整经济结构和地区布局，积极参与国内外分工与合作，推动外向型经济发展，力争形成一批有较强国际竞争力的产品、产业和企业。通过兴办以资源开发和加工制造为主导产业的出口加工区、边境合作区等，增强和完善城镇组群的综合功能，提升城市群的综合竞争力。

8.3 “一带一路”沿线城市群发展的提升路径与政策建议

“一带一路”倡议不仅是中国对外开放的重大举措，也是中国区域内部不断深化合作和开放发展的重要举措。“一带一路”沿线城市群由于受到自身区位条件、资源禀赋、社会环境等因素的不同，经济发展水平具有较大的差距。因此，推进“一带一路”沿线城市群的发展建设要对高水平城市群、中等水平城市群和低水平城市群进行有效区分，而不是“一概而论”。

8.3.1 成熟型城市群继续发挥“一带一路”建设领头羊作用

长三角城市群和珠三角城市群是“一带一路”沿线城市群里发展势头最好、影响力最大以及综合实力最强的城市群。

(1) 以城市群的协调发展促进产业升级，提升“一带一路”沿线地区的国际竞争力

长三角城市群和珠三角城市群这两个成熟型城市群的协调发展有利于产业结构不断向高级化和合理化方向转变，可以促进产业升级，辐射带动周边区域和中西部地区发展，提高“一带一路”所涉城市的国际竞争力。优化成熟型城市群空间布局，实现高水平城市群协同联动发展推进成熟型城市群经济社会生态协调发展。另外，此类型的城市群在城市改革、政府职能转变、体制机制创新等方面先行，能为“一带一路”建设的推进提供改革经验，提高“一带一路”倡议的落实效率。在当前国际经济增长乏力、市场增长空间有限和国内生产要素成本上升的双重压力下，以出口导向为主的部分沿海地区进入产业升级和转型的关键时期，需要国家在区域发展总体战略中给予特别关注。尤其是以长三角、珠三角等城市群及其所直接影响的经济区域来构建应对全球竞争的国家竞争力，应成为今后一个较长时期内国家区域发展战略的重要组成部分。

(2) 促进城市群之间与内部的分工与协作，在“一带一路”沿线形成有效的产业关联

城市群内部应着重培育产业化程度高的产业，以便周边地区主要为其生产提供下游产业，延长产业链条，同时避免产业的同构化，城市之间既分工又合作，发挥产业关联的最大作用，成为城市群发展核心驱动力；城市群之间的分工和协作要注重中央和地方政府在其中的协调作用。具体而言，首先要鼓励企业以市场为导向，打破地域、行业和所有制的界限，通过股权交易、联合重组和战略联盟等方式，发展具有核心竞争力的大型企业集团，提升长三角和珠三角等城市群在其支柱产业上的国际竞争力。其次，要促进产业集群发展，提升城市群的产业紧凑度与环境竞争力，依托自身的产业化基地，形成先进制造、电子信息和生产性服务业等优势产业，提升城市群的产业辐射能力和产业集聚的规模效益。再次，充分发挥

城市群内部的科技教育资源密集的优势，建立和完善产学研企合作平台，在承接沿海和国际先进产业梯度转移过程中进行产业优化升级，加强产业链分工合作，提升城市群产业一体化水平，使得“一带一路”沿线的城市实现产业上的有效关联，共同推进“一带一路”的建设。

(3) 借助“一带一路”倡议，推进城市群的网络化发展

欧洲西北部城市化进程历经上百年，西欧各国在这一过程中有效地处理了地区之间、城市之间乃至国家之间的利益关系，并逐步建立了良好的区域协作制度体系。各城市共同构成了关联紧密的“多心多核”城市群体系，呈现出有序的网络化。从欧洲西北部城市群发展的经验来看，网络化成熟的城市群具有强大的虹吸效应和辐射能力。因此，我国要推动长三角、珠三角等成熟型城市群在现有基础上更为有效地集聚全球要素，使其成为全球城市群经济发展雁阵式结构中的领头雁；同时，围绕“一带一路”倡议，结合中央城镇化工作会议再次强调的“两横三纵”战略布局，尽快完善中国城市群的科学布局，尤其要逐步推动中西部和东北有条件的地区发展形成若干城市群，完善雁阵式结构，提高中国城市群辐射周边国家与地区的能力。与西欧国家相比，中国区域经济发展不平衡。因此，要利用高铁与现代信息技术，打破西部内陆孤立发展的困境，进一步缩小城市及城市群间的实际距离与虚拟距离，加速我国内部各经济板块间、城市群间和城市间人口、物质、资金与技术的流动，加强相互间的时空联系。

各城市群应根据自身的特点，选择极核式、多核式或多点分布式模式，向网络化发展，形成良好的整体效应。现有1000万以上人口的城市更加适合选择极核式网络模式，要通过合理的空间规划，有效疏解人口与产业，形成以超大城市为核心的城市群，而像长三角和珠三角这样的成熟型城市群，多点分布网络业已形成，要进一步加强城市间联系，保证城市群稳健发展。

8.3.2 发展型城市群借助“一带一路”沿线发展契机拓展创新空间

“一带一路”沿线发展型城市群包括辽中南城市群、哈长城市群、海峡西岸城市群、成渝城市群和关中—天水城市群。这些城市群的经济发展已达到一定的规模，有一定数量的特大城市，中心城市具有一定的集聚水

平，城市间已具有良好的交通基础设施联系，但城市相互作用强度仍然较弱，具有成为成熟型城市群的发展潜力。作为“一带一路”沿线城市群最具发展潜力的区域，如何借助“一带一路”倡议发展契机拓展开城市群开放新空间，对于中国区域经济发展格局和形成中国经济新增长极等关键问题具有重要的研究意义。

（1）建立城市群政策协调发展机制，促进产业群和城市群的协同发展

城市群的产业分工、城际合作、城乡联动发展的格局正在形成过程中，应根据辽中南城市群、哈长城市群、海峡西岸城市群、成渝城市群和关中—天水城市群等发展型城市群现有的发展状况，大力推进城市网络体系的高级化建设，这是实现产业群与城市群协同发展的关键，着重发展现代服务业产业集群、高新技术产业集群和先进制造业等产业集群。另外，充分发挥市场配置资源的决定性作用，有序清除市场壁垒，营造一个开放、有序、无障碍的要素和产品市场；同时政府要从产业扶持政策转变为产业链扶持政策，建立以产业链为基础的科技创新平台，形成具有较强创新能力的科技创新网络，努力消除城市群产业链的制度壁垒，整合城市群各类产业资源，加强城市群区域创新体系要素间的互动，以产业结构高度化、产业发展集群化、城市网络高级化、城乡发展一体化，推进发展型城市群在空间形态上形成产业发展与城市发展协同化、城市经济发展群体化、城乡空间发展生态化的新格局。

（2）积极建立“‘一带一路’友好城市群”，促进沿线国内外城市间的交流

借用城市外交的优势和特点，在作用于不同区域范围的主要核心城市周围，聚集不同类型、规模、特点的城市，形成与核心城市保持较密切联系的城市群。这种结构不仅可以增强核心城市的影响力，同时也将增强核心城市对外围区域的辐射作用。因此，要充分利用“一带一路”的战略资源与机会，实现新兴市场国家的优势互补、合作共赢，不断地探讨建立“‘一带一路’友好城市群”，真正实现充分整合资源，优势互补，抱团取暖，互助共赢。经济上规划设立中亚产业园、中欧产业园，加强与“一带一路”沿线的中亚国家、欧洲国家的经济合作，大力引进优势资源、优势项目、优势企业，加强沿线高新技术、先进制造业的引进，同时积极实践

"走出去"战略，鼓励国内优秀企业到"一带一路"沿线国家和地区进行投资建厂。

(3) 加强科教研发实力，重视区域人才交流

建立城市群间的区域人才开发合作机制。建立政府引导、市场运作、社会参与的基本运作机制，充分调动各方的积极性。产、学、研相结合，加快向东部沿海地区的学习步伐，加强与西部、东部地区的区域经济合作、信息产业共享等交流合作。特别是要加强与新丝绸之路经济带上重要城市的交流与合作，大力开展"一带一路"相关产业的政策、技术研究，投入人力、物力进行多重支持，建立相关的科研机构进行专项研究，协调各类机构的交流与协作。将技术优势与人才优势升级组合，为"一带一路"倡议的顺利实施贡献力量。

加强创新型人才队伍建设，为"一带一路"建设提供人力资源。加大对教育的投入，提高各类教育的质量和办学水平，提升教育服务业水平。推动城市群高校开展联合办学、学生访学、学科共建等多种形式的校与校之间的合作交流。加快培养经济管理、外贸、物流、旅游、高新技术等各类不同层次专业人才，加强非通用语种人才培养，以应对国内合作与国际交流的需要。设立城市重点产业人才培训专项经费，通过区内外培训和企业在岗培训等多种方式，培训一批产业技能人才。

8.3.3 形成型城市群携手牢抓"一带一路"重点发展机遇提升综合实力

"一带一路"沿线形成型城市群包括北部湾城市群、兰州—西宁城市群、滇中城市群、呼包鄂榆城市群、宁夏沿黄城市群、天山北坡城市群和藏中南城市群，这些城市群发展相对滞后，主要是因为地理和区域位置上的劣势。但是在"一带一路"倡议实施背景下，此类城市群基本处在对外开放的窗口，将迎来大量的经济、科技和文化方面的合作交流的机遇，如何借助"一带一路"的平台，把握住经济发展的契机，决定着各个城市群未来发展的命运。

(1) 优化外开放的战略布局，找准推进"一带一路"建设的着力点

城市群之间应构建统一的对外开放新体制，完善对外开放政策体系，

健全对外开放的合作机制，全面提升内陆开放和沿边开放水平。一是推动交通、通信、能源通道等基础设施互联互通；二是促进经济贸易转型升级，在能源资源领域合作的基础上，促进农业、机械制造业、战略性新兴产业、现代服务业等领域合作，共同规划建设一批绿色环保、智能高效的产业园区，积极推进丝绸之路经济带、中孟印缅经济走廊、中巴经济走廊建设，全面加强国际区域合作；三是与各国共同把握新一轮科技革命和产业变革的机遇，加强科技创新合作与人文交流。

（2）建立城市群协同发展的多极协商机制

城市群协同发展涉及国家整体发展利益，以及城市群内各地方政府、各利益相关者的自身利益，具有跨行政区域的特点。构建基于准市场的多级协商机制，将各地方政府、企业、居民链接起来，通过相互间的充分沟通、协商，实现多赢、共生，对于城市群的协同发展具有重要的现实意义。由于城市群建设涉及资源、环境、经济、社会多个领域，突出的是跨区域的生态补偿问题包含中央、地方、企业、居民多个行为主体，涵盖城际、城乡多个地域空间，影响城市群近期和长期利益，应通过各个利益相关者平等协商、兼顾公平、效率，达成协商的较优解。多级协商机制包括纵向的、横向的协商机制。第一，纵向协商机制是一种从地方到中央、从下而上逐级整合、协商机制。即通过各县区、各市、省之间的协商委员会谈判，达成一致意见后，报请上级协商委员会，未达成共识的协商报请各级别的仲裁机构做出，由仲裁机构综合各方利益做出裁决，最后由综合管理机构做出决策。这种科层型协商机制，有利于各地方政府、公众平等地参与协商决策，以形成稳定的利益协调机制。第二，横向协商机制是指同一行政级别的政府之间进行协商的机制。若达成协议，可在本行政级别内部即各区县之间按协议中的方式执行；若未达成协议，则由本级别的仲裁机构做出裁决，并报请上级协商委员会，上级协商委员会继续在本级别内进行协商。如通过府际的协商就生态补偿达成协议，各城市之间就可直接进行生态补偿资金划拨，从而减少纵向协调机制的交易费用。

（3）优化产业投融资环境，为“一带一路”建设提供保障

通过直接资本市场和间接市场两种手段融资，设立专项政府基金，使之保证城市群的产业一体化发展。积极引导中小企业开展资本运作。加强

银企对接和银、政、企合作，构建新型银企、银政良性合作关系，扩大对工业企业的信贷规模。加大金融对外开放力度，加强区域金融合作，积极引进互联网金融、要素市场交易中心、各类金融机构等项目入驻，促进本地区的商业、贸易以及金融产业的大发展，特别在煤炭、石油等生产要素交易中心建设方面要形成特色并力争在全国范围具备一定竞争力。建立产权交易、期货交易市场等多层次的金融市场，做好金融与重要产业、重点项目、重大基础设施的对接。

（4）城市历史品牌化，提升城市文化形象

从城市知名度提升的角度来看，"一带一路"是传承历史的经济发展大战略，其发展的土壤性文化必离不开城市这个载体。这是由于城市是文明生产、贮存、传播的主要载体。因此，"一带一路"倡议的实施也将对具有历史积淀的城市进行品牌的打造和输出。在这个过程中，基于城市文化资源打造面向国内外的文旅地产也将是地方政府以及企业的重大机遇。

参考文献

[1] 本书编写组：《"一带一路"简明知识读本》，新华出版社 2015 年版。

[2] 黄志勇、邝中、谭春枝：《"一带一路"与中国沿边开放新视野》，广西人民出版社 2016 年版。

[3] 刘乃全：《空间集聚论》，上海财经大学出版社 2012 年版。

[4] 刘乃全、东童童：《我国城市群的协调发展：问题及政策选择》，《中州学刊》2013 年第 7 期。

[5] 杨继瑞、罗志高：《"一带一路"建设与长江经济带战略协同的思考与对策》，《经济纵横》2017 年第 12 期。

[6] 张学良：《中国城市群发展与若干研究方向》，《区域经济评论》2017 年第 5 期。

[7] 周欢、马乃毅：《"一带一路"建设中我国西北地区城市群协调发展研究》，《科技管理研究》2016 年第 6 期。

第三部分　数据分析

9

中国城市群数据分析

9.1 2015年中国城市群基本情况

9.1.1 城市群范围

2011年12月，国务院印发《全国主体功能区规划》（以下简称《规划》），《规划》基于不同区域的资源环境承载能力、现有开发强度和未来发展潜力将我国国土空间分为优化开发区域、重点开发区域、限制开发区域和禁止开发区域。优化开发区域是经济比较发达、人口比较密集、开发强度较高、资源环境问题更加突出，从而应该优化进行工业化、城镇化开发的城市化地区。重点开发区域是有一定经济基础、资源环境承载能力较强、发展潜力较大、集聚人口和经济的条件较好，从而应该重点进行工业化、城镇化开发的城市化地区。限制开发区域包括农产品主产区和重点生态功能区。禁止开发区域是依法设立的各级各类自然文化资源保护区域，以及其他禁止进行工业化、城镇化开发、需要特殊保护的重点生态功能区。

《规划》将优化开发区域和重点开发区域落实到24个城市群，分别为京津冀、辽中南、山东半岛、长三角、珠三角、太原、呼包鄂榆、哈长、东陇海、江淮、海峡西岸、中原、武汉、环长株潭、环鄱阳湖、北部湾、成渝、黔中、滇中、关中—天水、兰州—西宁、宁夏沿黄、天山北坡、藏中南等城市群。按照地理位置，优化开发区所含城市群分布在我国东部沿海地区，故又称东部城市群；重点开发区包括的城市群多分布于相对落后的中西部地区，故又称为中西部城市群。表9-1为各城市群的划分，各城市群包含的城市均依据已有规划文件得到。

表 9-1　中国主要城市群及其空间范围

序号	城市群	空间范围
优化开发区域	京津冀城市群	包括两个直辖市北京、天津以及河北省的石家庄、秦皇岛、唐山、廊坊、保定、沧州、张家口、承德共10个城市
	长三角城市群	包括一个直辖市上海以及江苏省的南京、无锡、常州、苏州、南通、扬州、镇江、泰州和浙江省的杭州、宁波、嘉兴、湖州、绍兴、舟山、台州共16个城市
	珠三角城市群	包括广东省的深圳、广州、珠海、佛山、江门、肇庆、惠州、东莞、中山共9个城市
	辽中南城市群	包括辽宁省的沈阳、大连、鞍山、抚顺、本溪、辽阳、丹东、营口、盘锦、铁岭共10个城市
	山东半岛城市群	包括山东省的济南、青岛、烟台、淄博、威海、潍坊、东营、日照共8个城市
重点开发区域	哈长城市群	包括黑龙江省哈尔滨、大庆、齐齐哈尔、牡丹江及吉林省的长春、吉林、松原、延边朝鲜族自治州共8个市州
	东陇海城市群	包括江苏省的徐州、连云港和山东省的日照共3个城市
	江淮城市群	包括安徽省的合肥、芜湖、马鞍山、铜陵、安庆、滁州、池州、六安、宣城共9个城市
	海峡西岸城市群	包括福建省的福州、厦门、莆田、三明、泉州、漳州、南平、龙岩、宁德共9个城市
	中原城市群	包括河南省的郑州、济源、开封、洛阳、平顶山、新乡、焦作、许昌、漯河共9个城市
	武汉城市群	包括湖北省的武汉、黄石、鄂州、黄冈、孝感、咸宁、仙桃、天门、潜江共9个城市
	环长株潭城市群	包括湖南省的长沙、株洲、湘潭、岳阳、衡阳、常德、益阳、娄底共8个城市
	环鄱阳湖城市群	包括江西省的南昌、景德镇、鹰潭、九江、新余、抚州、宜春、上饶、吉安共9个城市
	成渝城市群	包括1个直辖市重庆以及四川省的成都、德阳、绵阳、眉山、资阳、遂宁、乐山、雅安、自贡、泸州、内江、南充、宜宾、达州、广安共16个城市
	关中—天水城市群	包括陕西省的西安、铜川、宝鸡、咸阳、商洛、渭南和甘肃省的天水共7个城市

续表

序号	城市群	空间范围
重点开发区域	太原城市群	包括山西省的太原、晋中、阳泉、吕梁、忻州共5个城市
	北部湾城市群	包括广西的南宁、北海、钦州、防城港共4个城市
	兰州—西宁城市群	包括甘肃省的兰州、白银、定西、临夏回族自治州和青海省的西宁共5个市州
	滇中城市群	包括云南省的昆明、曲靖、玉溪和楚雄共4个市州
	黔中城市群	包括贵州省的贵阳、遵义、安顺、毕节、黔东南州、黔南州共6个市州
	呼包鄂榆城市群	包括内蒙古的呼和浩特、包头、鄂尔多斯和陕西省的榆林共4个城市
	宁夏沿黄城市群	包括宁夏的银川、石嘴山、吴忠和中卫共4个城市
	天山北坡城市群	包括新疆的乌鲁木齐、克拉玛依、石河子、昌吉回族自治州、伊犁哈萨克自治州、博尔塔拉蒙古自治州、塔城地区、吐鲁番地区、哈密地区共9个市州地区
	藏中南城市群	包括西藏的拉萨、日喀则地区、那曲地区、山南地区、林芝地区

资料来源：《全国主体功能区规划》及各地方政府规划。

9.1.2　城市群在中国经济中的重要作用

随着经济发展，城市群逐渐成为区域竞争的主角。城市群集中了区域的优势资源，带动了区域整体发展。由于数据获得的原因，在计算2015年我国城市群合计指标时，排除了天山北坡城市群、藏中南城市群和东陇海城市群。2015年我国城市群总面积占全国城市总面积的47.26%，集中了59.22%的人口，创造了83.60%的GDP，城市群的经济密度大于全国平均水平。全国69.49%的固定资产投资在城市群地区，城市群的工业总产值占全国的79.01%，货物进出口总额占全国的94.32%。此外，城市群地区吸引了79.94%的外商直接投资。

表 9-2　2015 年中国城市群在中国经济发展中的重要地位

	土地面积（万平方公里）	年末人口（万人）	GDP（亿元）	全社会固定资产投资（亿元）	规模以上工业总产值（亿元）	货物进出口总额（亿美元）	外商直接投资实际使用额（亿美元）
21 个城市群合计	226.67	81411.56	573104.26	390505.57	876922.82	37286.33	2415.94
占全国比重（%）	47.26	59.22	83.60	69.49	79.01	94.32	79.94

资料来源：《中国城市统计年鉴（2016）》及 2016 年各省统计年鉴。

9.1.3　城市群功能定位

《规划》依据各城市群的自然条件和经济基础，分别为各城市群进行了功能定位。可以看到，城市群的确定与功能定位与其位置和交通条件有关，东部城市群濒临太平洋，水陆空运输体系发达，《规划》要求东部城市群既要联系内陆，又要扩大对外交流；中西部城市群多分布在重要的交通枢纽附近，或者是与我国北、西、南方邻国相邻的地区。根据资源的富集程度，太原城市群、呼包鄂榆城市群、哈长城市群、天山北坡地区等被定位为全国重要的能源基地。近些年来我国高新产业发展迅速，一些城市群坚持培育高新产业，形成了发展优势。《规划》将山东半岛、冀中南、哈长、江淮、中原、长江中游、成渝、关中—天水等城市群定位为全国高新技术产业基地。依托强大的人力优势与良好的科研基础，东部城市群均被定位为全国重要的科技创新与技术研发基地。

表 9-3　中国城市群的功能定位

城市群	功能定位
京津冀城市群	“三北”地区的重要枢纽和出海通道，全国科技创新与技术研发基地，全国现代服务业、先进制造业、高新技术产业和战略性新兴产业基地，我国北方的经济中心
辽中南城市群	东北地区对外开放的重要门户和陆海交通走廊，全国先进装备制造业和新型原材料基地，重要的科技创新与技术研发基地，辐射带动东北地区发展的龙头
山东半岛城市群	黄河中下游地区对外开放的重要门户和陆海交通走廊，全国重要的先进制造业、高新技术产业基地，全国重要的蓝色经济区

续表

城市群	功能定位
长三角城市群	长江流域对外开放的门户，我国参与经济全球化的主体区域，有全球影响力的先进制造业基地和现代服务业基地，世界级大城市群，全国科技创新与技术研发基地，全国经济发展的重要引擎，辐射带动长江流域发展的龙头，我国人口集聚最多、创新能力最强、综合实力最强的三大区域之一
珠三角城市群	通过粤港澳的经济融合和经济一体化发展，共同构建有全球影响力的先进制造业基地和现代服务业基地，南方地区对外开放的门户，我国参与经济全球化的主体区域，全国科技创新与技术研发基地，全国经济发展的重要引擎，辐射带动华南、中南和西南地区发展的龙头，我国人口集聚最多、创新能力最强、综合实力最强的三大区域之一
冀中南城市群	重要的新能源、装备制造业和高新技术产业基地，区域性物流、旅游、商贸流通、科教文化和金融服务中心
太原城市群	资源型经济转型示范区，全国重要的能源、原材料、煤化工、装备制造业和文化旅游业基地
呼包鄂榆城市群	全国重要的能源、煤化工基地，农畜产品加工基地和稀土新材料产业基地，北方地区重要的冶金和装备制造业基地
哈长城市群	我国面向东北亚地区和俄罗斯对外开放的重要门户，全国重要的能源、装备制造基地，区域性的原材料、石化、生物、高新技术产业和农产品加工基地，带动东北地区发展的重要增长极
东陇海城市群	新亚欧大陆桥东方桥头堡，我国东部地区重要的经济增长极
江淮城市群	承接产业转移的示范区，全国重要的科研教育基地，能源原材料、先进制造业和科技创新基地，区域性的高新技术产业基地
海峡西岸城市群	两岸人民交流合作先行先试区域，服务周边地区发展新的对外开放综合通道，东部沿海地区先进制造业的重要基地，我国重要的自然和文化旅游中心
中原城市群	全国重要的高新技术产业、先进制造业和现代服务业基地，能源原材料基地，综合交通枢纽和物流中心，区域性的科技创新中心，中部地区人口和经济密集区
武汉城市群	全国资源节约型和环境友好型社会建设示范区，全国重要综合交通枢纽，科技教育以及汽车、钢铁基地，区域性的信息产业、新材料、科技创新基地和物流中心

续表

城市群	功能定位
环长株潭城市群	全国资源节约型和环境友好型社会建设的示范区，全国重要的综合交通枢纽以及交通运输设备、工程机械、节能环保装备制造、文化旅游和商贸物流基地，区域性的有色金属和生物医药、新材料、新能源、电子信息等战略性新兴产业基地
环鄱阳湖城市群	全国大湖流域综合开发示范区，长江中下游水生态安全保障区，国际生态经济合作重要平台，区域性的优质农产品、生态旅游、光电、新能源、生物、航空和铜产业基地
北部湾城市群	我国面向东盟国家对外开放的重要门户，中国—东盟自由贸易区的前沿地带和桥头堡，区域性的物流基地、商贸基地、加工制造基地和信息交流中心
成渝城市群	全国统筹城乡发展的示范区，全国重要的高新技术产业、先进制造业和现代服务业基地，科技教育、商贸物流、金融中心和综合交通枢纽，西南地区科技创新基地，西部地区重要的人口和经济密集区
黔中城市群	全国重要的能源原材料基地、以航天航空为重点的装备制造基地、烟草工业基地、绿色食品基地和旅游目的地，区域性商贸物流中心
滇中城市群	我国连接东南亚、南亚国家的陆路交通枢纽，面向东南亚、南亚对外开放的重要门户，全国重要的烟草、旅游、文化、能源和商贸物流基地，以化工、冶金、生物为重点的区域性资源精深加工基地
藏中南城市群	全国重要的农林畜产品生产加工、藏药产业、旅游、文化和矿产资源基地，水电后备基地
关中—天水城市群	西部地区重要的经济中心，全国重要的先进制造业和高新技术产业基地，科技教育、商贸中心和综合交通枢纽，西北地区重要的科技创新基地，全国重要的历史文化基地
兰州—西宁城市群	全国重要的循环经济示范区，新能源和水电、盐化工、石化、有色金属和特色农产品加工产业基地，西北交通枢纽和商贸物流中心，区域性的新材料和生物医药产业基地
宁夏沿黄城市群	全国重要的能源化工、新材料基地，清真食品及穆斯林用品和特色农产品加工基地，区域性商贸物流中心
天山北坡城市群	我国面向中亚、西亚地区对外开放的陆路交通枢纽和重要门户，全国重要的能源基地，我国进口资源的国际大通道，西北地区重要的国际商贸中心、物流中心和对外合作加工基地，石油天然气化工、煤电、煤化工、机电工业及纺织工业基地

资料来源：《全国主体功能区规划》。

9.2 2015年中国城市群比较分析

9.2.1 经济总量比较分析

选取GDP、工业总产值、固定资产投资总额、社会消费品零售总额、地方财政一般预算收入、外商直接投资实际使用额作为经济总量的衡量指标（见表9-4）。

（1）GDP方面，长三角城市群占据绝对优势，GDP超过14万亿元；京津冀城市群、珠三角城市群列第二梯队，GDP超过6万亿元；成渝城市群和山东半岛城市群紧随其后；海峡西岸城市群、辽中南城市群、环长株潭城市群、中原城市群、哈长城市群GDP在2万亿元以上。武汉城市群、江淮城市群、呼包鄂榆城市群、鄱阳湖城市群、关中城市群GDP在1万亿元至2万亿元之间；兰州—西宁城市群、宁夏沿黄城市群生产规模较小，GDP不足5000亿元。

（2）工业总产值方面，长三角城市群工业总产值（245063.36亿元）约为排在第二位的珠三角城市群（101905.19亿元）的2.4倍；京津冀城市群和山东半岛城市群的工业总产值均在8万亿元以上；成渝城市群、海峡西岸城市群和中原城市群的工业总产值均超过了4万亿元。工业总产值低于1万亿元的六个城市群分别为宁夏沿黄城市群、兰州—西宁城市群、黔中城市群、北部湾城市群、滇中城市群和太原城市群。

（3）固定资产投资总额方面，长三角城市群最高（71098亿元），其次为京津冀城市群（38209亿元），再次为成渝城市群（32175亿元）；辽中南城市群和山东半岛城市群也都超过2万亿元，固定资产投资最少的五个城市群分别是宁夏沿黄城市群、兰州—西宁城市群、北部湾城市群、滇中城市群和太原城市群。

（4）社会消费品零售总额方面，长三角城市群最高，达到55907.98

亿元；京津冀城市群和珠三角城市群分别为 25593.75 亿元和 22633.05 亿元；成渝城市群、山东半岛城市群、辽中南城市群和海峡西岸城市群都超过 1 万亿元。社会消费品零售总额最低的五个城市群分别为宁夏沿黄城市群、兰州—西宁城市群、北部湾城市群、滇中城市群和黔中城市群，均低于 3000 亿元。

表 9-4　2015 年中国城市群经济总量

城市群	GDP（亿元）	规模以上工业总产值（亿元）	全社会固定资产投资总额（亿元）	社会消费品零售总额（亿元）	地方财政一般预算收入（亿元）	外商直接投资实际使用额（亿美元）
京津冀	63863.99	82482.57	42825.03	25593.75	9173.21	395.13
辽中南	25246.78	28392.21	15959.86	11046.29	1826.19	50.50
山东半岛	39270.13	84004.81	29005.71	16674.22	3557.21	136.95
长三角	140098.01	245063.36	78873.65	55907.98	17321.16	597.51
珠三角	62267.78	101905.19	19524.57	22633.05	6391.66	256.24
哈　长	20877.22	22688.31	15248.73	9910.98	1244.19	112.69
江　淮	15650.31	29315.18	17204.40	5778.11	1692.80	97.42
海峡西岸	25922.74	41251.49	17520.27	10505.93	2258.72	75.87
中　原	21157.28	43380.71	19399.40	8883.92	1922.25	106.71
武　汉	18535.49	25034.96	14909.40	8025.63	2184.04	82.28
环长株潭	23391.28	30110.19	18460.12	9013.86	1957.87	89.74
环鄱阳湖	13966.29	26119.09	13900.01	4900.14	1634.90	79.89
成　渝	43927.83	56453.38	36021.44	18817.02	4374.55	196.21
关中—天水	12713.96	14431.15	13773.05	5037.35	984.56	41.62
太　原	6014.20	5814.60	6224.77	3075.99	582.98	16.12
北部湾	5867.32	7741.30	5623.51	2424.19	447.06	8.48
兰州—西宁	3966.80	4376.03	4101.59	1899.11	329.82	1.97
滇　中	6862.79	6064.34	5371.38	2698.50	745.13	24.03
黔　中	7146.26	5991.24	6378.54	2157.86	729.24	13.84
呼包鄂榆	13659.87	12579.51	7276.58	3679.99	1241.19	31.07
宁夏沿黄	2697.94	3723.22	2903.58	729.60	251.29	1.67

资料来源：《中国城市统计年鉴（2016）》。

（5）地方财政收入方面，长三角城市群最高（17321.16 亿元），京津冀城市群为 9173.21 亿元，排名其后的是珠三角城市群（6391.66 亿元）；成渝城市群、山东半岛城市群、海峡西岸城市群和武汉城市群都超过 2000 亿元。宁夏沿黄城市群、兰州—西宁城市群和北部湾城市群的地方财政收入不足 500 亿元。

（6）外商直接投资实际使用额方面，长三角城市群达到 597.51 亿美元，京津冀城市群、珠三角城市群和成渝城市群均超过 150 亿美元。外商直接投资实际使用额最低的五个城市群分别为兰州—西宁城市群、宁夏沿黄城市群、黔中城市群、北部湾城市群和太原城市群。

9.2.2　经济发展水平比较分析

表 9-5　2015 年中国城市群经济发展水平

城市群	人均 GDP（元）	地均 GDP（万元/平方公里）	非农产业比重（%）	第三产业与第二产业产值比（%）
京津冀	58233.50	4885.56	90.06	126.88
辽中南	66306.40	2924.59	90.22	95.08
山东半岛	94305.75	5682.62	94.11	94.42
长三角	82370.16	8159.39	94.07	106.98
珠三角	95703.67	22056.14	96.11	104.64
哈　长	61309.57	1228.61	86.63	109.18
江　淮	46640.67	2649.58	89.58	71.41
海峡西岸	65475.67	4761.00	89.27	80.13
中　原	46907.50	4183.64	90.84	70.90
武　汉	53254.33	4081.61	86.21	77.43
环长株潭	54016.13	2619.33	88.44	79.72
环鄱阳湖	45390.56	1772.07	89.60	68.54
成　渝	37316.50	2018.89	85.70	60.57
关中—天水	38131.00	1738.08	88.25	84.10
太　原	36867.80	1419.83	94.37	107.12

续表

城市群	人均 GDP（元）	地均 GDP（万元/平方公里）	非农产业比重（%）	第三产业与第二产业产值比（%）
北部湾	50461.50	1561.80	84.34	84.17
兰州—西宁	35641.50	910.75	88.80	149.48
滇　中	46504.33	1151.74	88.63	85.13
黔　中	36855.25	1317.35	84.78	120.96
呼包鄂榆	130890.53	1146.40	96.35	116.53
宁夏沿黄	47248.50	781.99	90.18	68.40

资料来源：《中国城市统计年鉴（2016）》。

在表 9-5 中，我们选取了人均 GDP、地均 GDP、非农产业比重和第三产业与第二产业产值比来表示经济发展水平。从人均 GDP 来分析，呼包鄂榆城市群因其资源丰富，人均 GDP 超过 13 万元；珠三角城市群排名第二，达到 9.5 万元；山东半岛城市群紧随其后，为 9.4 万元；之后的长三角城市群、京津冀城市群、辽中南城市群、海峡西岸城市群和哈长城市群人均 GDP 超过 5.5 万元；接下来是环长株潭城市群（54016 元）、武汉城市群（53254 元）和北部湾城市群（50461 元）。成渝城市群、太原城市群、关中—天水城市群、黔中城市群和兰州—西宁城市群五个城市群的人均 GDP 低于 4 万元。

从地均 GDP 来分析，排在第一的珠三角城市群为 22056.14 万元/平方公里，排在第二的长三角城市群为 8159.39 万元/平方公里，排在第三的山东半岛城市群为 5682.62 万元/平方公里；京津冀城市群、海峡西岸城市群、中原城市群和武汉城市群都超过 4000 万元/平方公里。地均 GDP 不及 1000 万元/平方公里的城市群仅有宁夏沿黄城市群和兰州—西宁城市群。

产业结构能够较好地反映一个地区在经济发展中所处的阶段。非农产业比重中，呼包鄂榆城市群和珠三角城市群非农产业比重均达 96%以上，和人均 GDP 显示的排名一致；太原城市群非农产业比重有 94.37%，但是人均 GDP 却比较低；山东半岛城市群和长三角城市群非农产业比重也超过 94%；非农比重最低的三个城市群为成渝城市群、黔中城市群和北部湾城市群。在第三产业和第二产业产值比方面，兰州—西宁城市群高达149%，京津冀城市群紧随其后达到126%，比值高于120%的城市群还有黔中城市群，长三角城市群、珠三角城市群、哈长城市群、呼包鄂榆城市群和太原城市群的比值均超过100%，成渝城市群、环鄱阳湖城市群和宁夏沿黄城市群比值低于70%，说明这三个城市群服务业相对于工业来说不够发达。

9.2.3 工业化进程比较分析

选取了工业总产值和所有制指标来表示工业化进程（见表9-6）。工业总产值最高的是长三角城市群，为24.5万亿元，其中内资占75.27%、外资占9.37%、港澳台资占15.36%。珠三角城市群工业总产值排第二位，超过10万亿元，与长三角城市群相比，珠三角城市群的内资比重低24.43个百分点、外资高出15.49个百分点、港澳台资高出8.94个百分点。

内资比重最高的五个城市群为兰州—西宁城市群、宁夏沿黄城市群、黔中城市群、滇中城市群和关中—天水城市群，这些城市群多位于西部地区。外资占比最高的五个城市群为珠三角城市群、长三角城市群、山东半岛城市群、京津冀城市群、海峡西岸城市群和北部湾城市群，这些城市群多位于东部沿海地区。港澳台资占比最高的五个城市群为珠三角城市群、海峡西岸城市群、长三角城市群和北部湾城市群，这些城市群与港澳台的距离相对其他城市群较接近。

表9-6 2015年中国城市群工业化进程

城市群	工业总产值（万元）	所有制结构		
		内资企业比重（%）	港澳台商投资企业比重（%）	外商投资企业比重（%）
京津冀	824825651	82.38	5.37	12.25
辽中南	283922084	83.79	5.50	10.70
山东半岛	840048098	81.61	3.18	15.21
长三角	2450633603	75.27	9.37	15.36
珠三角	1019051852	50.84	24.86	24.30
哈　长	226883085	90.56	2.55	6.90
江　淮	293151809	88.11	5.47	6.42

续表

城市群	工业总产值（万元）	所有制结构		
		内资企业比重（%）	港澳台商投资企业比重（%）	外商投资企业比重（%）
海峡西岸	412514918	72.55	15.97	11.48
中　原	436901204	91.76	4.96	3.27
武　汉	222052988	86.67	5.49	7.84
环长株潭	301101862	92.60	4.07	3.33
环鄱阳湖	261190885	87.80	6.87	5.33
成　渝	564533808	92.92	3.14	4.02
关中—天水	144311498	93.72	2.46	4.67
太　原	58146008	90.52	6.50	3.06
北部湾	77412972	77.60	10.60	11.80
兰州—西宁	43760260	97.14	0.79	2.20
滇　中	60643418	95.33	2.21	2.46
黔　中	59912431	95.75	2.97	1.28
呼包鄂榆	123084304	89.50	3.17	7.34
宁夏沿黄	37232208	95.41	3.38	2.30

资料来源：《中国城市统计年鉴（2016）》。

在表 9-7 中，我们选取规模以上工业企业数、期末从业人员人数、利润总额、本年应交增值税来反映工业经济效益。可以看到，长三角城市群有将近 10 万个规模以上工业企业，是位列第二名的珠三角城市群的三倍，排在第三的是京津冀城市群（20228 个），规模以上工业企业数超过 1 万的有山东半岛城市群、成渝城市群、海峡西岸城市群、辽中南城市群、江淮城市群、中原城市群和环长株潭城市群。期末从业人员数与规模以上工业企业数呈现相似的分布。从利润总额和本年应交增值税两个指标考察工业企业经济效益，第一梯队的长三角城市群远远超过其他城市群，第二梯队是珠三角城市群、京津冀城市群和山东半岛城市群。总体来说，各个指标均由东部沿海向西递减，以长三角城市群为最高；珠三角城市群、京津冀城市群和山东半岛城市群工业经济效益也较好；西部城市群各指标值都较低，也说明发展潜力很大。

表 9-7 2015 年中国城市群工业经济效益

城市群	规模以上工业企业数（个）	期末从业人员人数（万人）	利润总额（万元）	本年应交增值税（万元）
京津冀	20228	339.79	57532542	21170989
辽中南	10523	154.29	9077922	6650993
山东半岛	20067	279.96	50844604	15324749
长三角	98673	1148.41	161616652	73795107
珠三角	31771	850.42	62249770	20193637
哈 长	5657	117.35	12940479	7146156
江 淮	12377	108.46	16885516	7315818
海峡西岸	17240	238.08	23598236	10372044
中 原	11692	231.41	29542874	9509293
武 汉	7496	131.13	9021738	6430572
环长株潭	10034	107.14	15799391	10088192
环鄱阳湖	7820	118.52	18807027	8245829
成 渝	18621	439.58	32418650	16765771
关中—天水	3622	103.42	7145017	3851370
太 原	1948	75.48	-793138	2069132
北部湾	1582	21.01	4184108	2120937
兰州—西宁	933	25.81	-385159	1251531
滇 中	1881	45.71	2093472	1898141
黔 中	2104	36.54	6053088	2259189
呼包鄂榆	1326	27.43	53068949	4065005
宁夏沿黄	1201	17.76	1279190	521166

资料来源：《中国城市统计年鉴（2016）》。

9.2.4 城镇化进程比较分析

选取年末全市人口、年末市辖区人口、城镇单位从业人员和人均固定资产投资来反映城镇化进程（见表 9-8）。很明显，长三角城市群、成渝城市群、京津冀城市群容纳了最多的人口，三者相加共容纳了 3.26 亿人，中原城市群、环长株潭城市群、山东半岛城市群也各承载了 4000 万以上的人口。

从三次产业从业人员来看，作为我国发展程度最高的三个城市群，长三角城市群和珠三角城市群均是第二产业就业人数最多，分别为 1960.40 万人和 943.55 万人，第三产业就业人数分别达到 1410.08 万人和 588.03 万人，长三角城市群从事第一产业的人员只有 13.20 万人；京津冀城市群从事第三产业的人员最多（1047.32 万人），第二产业就业人数只有第三产业就业人数的一半，说明京津冀城市群服务业相当发达，这可能和北京的首都职能相关。第一产业单位从业人员数最高的是成渝城市群、辽中南城市群和哈长城市群，分别为 39.12 万人、20.66 万人和 20.05 万人。

借助西部大开发与东北振兴契机，2015 年呼包鄂榆城市群的人均固定资产投资接近 10 万元，山东半岛城市群以 7.9 万元紧随其后，其次是珠三角城市群，为 6.2 万元，长三角城市群、宁夏沿黄城市群、江淮城市群、海峡西岸城市群、武汉城市群和京津冀城市群的人均固定资产投资也超过 5 万元。

表 9-8　2015 年中国城市群城镇化进程比较

城市群	年末全市人口（万人）	年末市辖区人口（万人）	城镇单位从业人员数（万人）				人均固定资产投资（元）
			总数	第一产业	第二产业	第三产业	
京津冀	7666.43	3790.25	1559.12	8.24	503.56	1047.32	51319.09
辽中南	3121.63	1585.32	509.98	20.66	235.19	254.14	43880.21
山东半岛	4118.15	1741.07	693.85	0.60	382.68	310.58	79478.67
长三角	14008.23	6643.96	3383.68	13.20	1960.40	1410.08	60015.78
珠三角	3222.3	2458.4	1532.73	10.95	943.55	588.03	62983.39
哈　长	3518.78	1581.85	471.69	20.05	181.35	243.29	41161.14
江　淮	3633.05	991.15	421.55	5.13	185.88	230.54	58839.09
海峡西岸	3708.2	1064.65	659.39	4.52	409.86	245.01	59051.20
中　原	4455.63	1112.05	588.07	0.49	326.76	248.22	44813.64
武　汉	2768.28	893.62	468.98	3.44	231.62	194.42	54106.41
环长株潭	4260.42	1031.62	420.01	1.33	195.77	222.90	43548.05
环鄱阳湖	3708.17	908.35	390.69	4.10	212.46	174.14	41475.48

续表

城市群	年末全市人口（万人）	年末市辖区人口（万人）	城镇单位从业人员数（万人）				人均固定资产投资（元）
			总数	第一产业	第二产业	第三产业	
成　渝	10996.16	4612.29	1935.32	39.12	816.47	1079.73	25889.80
关中—天水	2983.85	1186.36	395.22	1.95	166.51	226.76	41036.74
太　原	1527.08	509.39	228.74	0.67	104.85	123.22	41244.70
北部湾	1404.88	559.64	142.31	3.29	57.73	81.29	43714.53
兰州—西宁	1004.14	426.03	134.78	0.55	57.78	76.46	40939.55
滇　中	1435.83	398.65	225.88	0.75	93.65	112.68	36737.70
黔　中	2363.28	611.95	242.15	0.46	80.05	116.04	31790.92
呼包鄂榆	995.71	499.63	156.02	0.87	43.26	70.89	98702.55
宁夏沿黄	511.36	237.94	104.06	1.78	27.81	74.46	52831.04

资料来源：《中国城市统计年鉴（2016）》。

9.2.5 人民生活水平比较分析

我们选取城镇居民可支配收入、农村居民人均纯收入、城镇居民和农村居民人均住房面积来衡量人民生活水平（见表9-9）。

从城镇居民人均可支配收入来看，长三角城市群和珠三角城市群无疑排在第一梯队，而山东半岛城市群、海峡西岸城市群、京津冀城市群和呼包鄂榆城市群也超过3万元；排在末位的是兰州—西宁城市群，城镇居民人均可支配收入仅为22286元。

城镇居民人均可支配收入与农村居民人均纯收入差距很大，珠三角城市群和长三角城市群这一差距超过1.8万元；山东半岛城市群和辽中南城市群这一差距超过1.5万元；超过1万元的城市群还有京津冀城市群、海峡西岸城市群、江淮城市群、环长株潭城市群、环鄱阳湖城市群、武汉城市群、成渝城市群、呼包鄂榆城市群、中原城市群和哈长城市群。

环长株潭城市群、海峡西岸城市群、北部湾城市群和滇中城市群的城镇人均住房建筑面积超过40平方米，京津冀城市群、太原城市群、兰州—

西宁城市群和辽中南城市群的城镇人均住房建筑面积不足 30 平方米，京津冀城市群城镇人均住房建筑面积如此低可能是由于居高不下的房价。

表 9-9 2015 年中国城市群居民生活水平比较

城市群	城镇居民人均可支配收入（元）	城镇人均住房建筑面积（平方米）	农村居民人均纯收入（元）	农村人均住房面积（平方米）
京津冀	31251	29.82	11800.04	33.07
辽中南	29174	28.03	15132.54	28.46
山东半岛	35288	33.10	15543.08	38.32
长三角	39274	39.50	18024.61	55.52
珠三角	36379	33.85	19410.44	34.94
哈　长	28824	31.06	11594.66	26.10
江　淮	28002	32.83	11016.94	36.99
海峡西岸	31110	40.28	13147.93	49.65
中　原	26155	35.99	10159.52	37.39
武　汉	25845	39.79	10686.54	45.32
环长株潭	27977	46.95	13148.38	57.01
环鄱阳湖	27768	39.22	10546.92	48.79
成　渝	26454	35.73	10012.24	39.30
关中—天水	26777	34.62	8985.28	42.11
太　原	25604	28.74	9299.14	27.99
北部湾	28137	45.03	9109.80	30.60
兰州—西宁	22286	28.64	6489.06	26.64
滇　中	24957	40.75	8796.48	36.80
黔　中	24230	37.81	7362.13	33.50
呼包鄂榆	35164	34.04	12246.92	34.89
宁夏沿黄	24512	31.93	8876.00	30.89

资料来源：《中国城市统计年鉴（2016）》及 2016 年各省统计年鉴。

9.2.6 财政金融比较分析

表 9-10 提供了 2015 年我国城市群金融和财政主要指标的数据。人均储蓄额能够表明该地区人民的富裕程度，可以看到，珠三角城市群的人均储蓄额高达 132798 元，居各城市群之首，其次是京津冀城市群、长三角城市群，均超过 7 万元。人均储蓄额在 4 万元以上的城市群还有辽中南城市群、太原城市群、呼包鄂榆城市群、山东半岛城市群、关中—天水城市群、兰州—西宁城市群和宁夏沿黄城市群。人均储蓄额最低的为黔中城市群，人均储蓄额刚超过 2 万元。

表 9-10 2015 年中国城市群地区财政金融比较

城市群	金融机构人民币存款（亿元）	居民储蓄存款（亿元）	人均储蓄额（元）	金融机构人民币贷款（亿元）	财政预算收入（亿元）	财政预算收入占 GDP 比重（%）	财政预算支出（亿元）	教育支出（亿元）	科学技术支出（亿元）
京津冀	187594	55184	71981	95983	9173	14.36	12689	2086	436
辽中南	41116	19777	63356	30942	1826	7.23	3179	400	52
山东半岛	50664	21901	53183	38480	3557	9.06	4301	878	100
长三角	299027	98093	70025	206324	17321	12.36	20703	3388	837
珠三角	140899	42791	132798	85286	6392	10.26	8420	1166	442
哈 长	28150	13801	39222	23030	1244	5.96	2967	453	26
江 淮	24052	10642	29292	19170	1693	10.82	2871	462	114
海峡西岸	35537	13691	36920	31879	2259	8.71	3448	675	62
中 原	30478	14060	31555	21800	1922	9.09	3108	512	42
武 汉	26461	10532	38044	23765	2184	11.78	2534	395	89
环长株潭	27340	12659	29713	19158	1958	8.37	3312	485	46
环鄱阳湖	20589	9905	26710	15097	1635	11.71	2953	534	48
成 渝	81595	25588	23270	47808	4375	9.96	8741	1404	116
关中—天水	26263	12124	40631	15736	985	7.74	2312	414	34

续表

城市群	金融机构人民币存款（亿元）	居民储蓄存款（亿元）	人均储蓄额（元）	金融机构人民币贷款（亿元）	财政预算收入（亿元）	财政预算收入占GDP比重（%）	财政预算支出（亿元）	教育支出（亿元）	科学技术支出（亿元）
太　原	17241	8038	52637	12558	583	9.69	1278	237	17
北部湾	10333	4002	28487	8864	447	7.62	979	173	9
兰州—西宁	12681	4575	45560	8892	330	8.31	953	174	8
滇　中	15035	5067	35290	11420	745	10.86	1202	216	20
黔　中	14186	4774	20201	9063	729	10.20	1580	364	23
呼包鄂榆	10775	4408	44273	12999	1241	9.09	1332	154	12
宁夏沿黄	4459	2165	42347	3919	251	9.31	665	87	6

资料来源：《中国城市统计年鉴（2016）》。

财政方面，2015 年各城市群的预算赤字之和达到 2.8 万亿元。预算赤字最高的成渝城市群超过 4000 亿元，其次的京津冀城市群、长三角城市群的预算赤字也达到 3000 亿元以上。财政预算收入占 GDP 比重最高的城市群为京津冀城市群，达到 14.36%，另外长三角城市群、环鄱阳湖城市群、黔中城市群、滇中城市群、武汉城市群和江淮城市群都超过 10%。各城市群的教育支出均高于科学技术支出，其中教育支出排名靠前的有长三角城市群、京津冀城市群、成渝城市群和珠三角城市群，都超过 1000 亿元。而科学技术支出排名靠前的有京津冀城市群、长三角城市群和珠三角城市群，都超过 400 亿元。

9.2.7　城市建设比较分析

我们采用市辖区人口密度、人均城市道路面积、城市建成区面积占市区面积比重、人均生活用水量、人均生活用电量、每万人拥有公共汽车数、每万人拥有绿地面积、建成区绿化覆盖率、生活垃圾无害化处理率来表示城市建设水平（见表 9-11）。

市辖区人口密度最高的是中原城市群，达到 2423 人/平方公里；其次是武汉城市群（1595 人/平方公里），辽中南城市群、京津冀城市群、珠三角城市群、环鄱阳湖城市群和环长株潭城市群的人口密度均超过 1000 人/平方公里。人口密度最低的是宁夏沿黄城市群，人口密度仅为 271 人/平方公里。

人均城市道路面积方面，最高的为呼包鄂榆城市群（39 平方米），珠三角城市群和山东半岛城市群也较高，超过 20 平方米。人均城市道路面积较低的多为我国中南部的城市群，比如黔中城市群、成渝等城市群。城市建成区面积占市区面积比重最高的为中原城市群（23.2%），远高于京津冀城市群、长三角城市群、珠三角城市群等用地更为紧张的城市群，反映出该地区用地较为粗放。

在城市交通方面，每万人拥有公共汽车数最高的地区为珠三角城市群（23 辆），其次为成渝城市群（19 辆）、中原城市群（17 辆）和京津冀城市群（14 辆）；关中—天水城市群、北部湾城市群和环鄱阳湖城市群每万人拥有公共汽车数偏低。

人均生活用电量方面，珠三角最高为 2266 千瓦时，紧随其后的是哈长城市群（2045 千瓦时），高于 1000 千瓦时的城市群还有海峡西岸城市群和呼包鄂榆城市群。人均生活用水量也是珠三角城市群最多，随后为环长株潭城市群、武汉城市群和兰州—西宁城市群。

城市绿化方面，珠三角城市群、北部湾城市群和呼包鄂榆城市群人均绿地面积超过 100 公顷/万人，较差的是兰州—西宁城市群、成渝城市群、关中—天水城市群和黔中城市群，均不到 30 公顷/万人。环鄱阳湖城市群、京津冀城市群、辽中南城市群、山东半岛城市群、长三角城市群、江淮城市群和海峡西岸城市群等的建成区绿化覆盖率较高，均超过 40%，较差的是黔中城市群，建成区绿化覆盖率仅为 33%，这些城市群建设步伐较快，而忽视了环境质量的改善。城市生活垃圾无害化处理率反映出对环境的重视，可以看到做得较好的是长三角城市群、山东半岛城市群、环长株潭城市群、辽中南城市群、海峡西岸城市群和宁夏沿黄城市群等，而太原城市群、兰州—西宁城市群等城市群生活垃圾无害化处理率较低。

表 9-11 2015 年中国城市群基础设施比较

城市群	市辖区人口密度（人/平方公里）	人均城市道路面积（平方米）	城市建成区面积占城市面积比重（%）	每万人拥有公共汽车数（辆）	人均生活用电量（千瓦时）	人均生活用水量（吨）	人均绿地面积（公顷/万人）	建成区绿化覆盖率（%）	生活垃圾无害化处理率（%）
京津冀	1346	14	11.24	14	827	36	56	43	94
辽中南	1241	12	12.43	11	675	28	49	43	98
山东半岛	749	20	8.82	10	752	28	63	42	98
长三角	982	15	7.62	9	940	43	59	42	99
珠三角	896	27	17.96	23	2266	129	118	40	96
哈 长	477	14	5.76	8	2045	30	64	37	86
江 淮	893	17	7.24	9	557	40	58	43	96
海峡西岸	779	12	6.91	10	1485	43	48	43	98
中 原	2423	11	23.22	17	756	30	39	39	97
武 汉	1595	15	13.87	9	702	51	34	35	95
环长株潭	1094	14	9.76	12	872	58	39	44	99
环鄱阳湖	1160	15	7.23	6	607	40	51	47	94
成 渝	822	8	5.13	19	523	27	26	37	94
关中—天水	749	9	4.03	5	521	23	22	34	91
太 原	783	11	7.33	7	508	27	33	38	83
北部湾	407	11	3.17	6	824	39	149	39	95
兰州—西宁	873	9	4.26	13	686	51	29	34	75
滇 中	545	18	7.00	10	725	39	38	39	97
黔 中	646	6	5.53	7	990	32	29	33	89
呼包鄂榆	336	39	4.13	10	1067	36	157	37	96
宁夏沿黄	271	14	2.68	10	354	28	88	41	98

资料来源：《中国城市统计年鉴（2016）》。

9.2.8 交通运输设施比较分析

交通运输设施的建设是基础设施的重要方面，我们用铁路、公路、水运、民航等方式运送的客运量和货运量来表示。可以看到，珠三角城市群、成渝城市群和长三角城市群是我国客运量最大的区域，2015 年三地加总运送旅客超过 136 亿人次。货运方面，公路运输仍然是主要运输方式，货运量最大的城市群为长三角城市群、珠三角城市群、京津冀城市群、江淮城市群和成渝城市群等。

表 9–12 2015 年中国城市群交通设施比较

城市群	客运总量（万人）	铁路旅客运量（万人）	公路客运量（万人）	水运客运量（万人）	民用航空客运量（万人）	货运总量（万吨）	铁路货物运量（万吨）	公路货运量（万吨）	水运货运量（万吨）	民用航空货邮运量（万吨）
京津冀	171014	21520	98046	5	9045	261834	21249	186917	12776	169
辽中南	76808	10767	52399	447	1355	164505	14593	138414	13243	14
山东半岛	170936	4559	26637	1570	2760	159851	13864	113012	9576	30
长三角	399223	42207	230074	6612	14378	475376	13135	269537	201039	254
珠三角	528049	19475	125908	1865	11172	215550	6309	182731	62209	195
哈长	45140	11035	32234	163	1215	57899	6561	45852	805	10
江淮	163613	5026	63408	569	406	211915	1587	121556	69890	3
海峡西岸	77068	5613	42661	1947	3672	88016	2997	89735	29385	47
中原	104837	7377	57425	36	534	147886	8563	96226	462	10
武汉	68343	17091	39878	163	1164	73330	11894	54101	18910	11
环长株潭	140571	6532	82403	127	889	156428	8598	117112	21448	6
环鄱阳湖	66445	5915	40722	200	893	110893	3424	109721	8139	6
成渝	440578	11907	313671	3519	4389	250072	7481	480486	22014	41
关中—天水	88463	3821	55915	15	3303	89979	935	94737	76	21
太原	17420	4386	8317	6	898	61357	24523	43179	1	5
北部湾	16781	1645	10853	267	603	74982	9044	46256	7622	5
兰州—西宁	22365	1686	9697	46	1013	31564	2776	28819	14	6
滇中	28025	2364	16897	138	3752	48787	3820	38180	51	36
黔中	103875	2479	167608	552	1480	45178	2145	72937	795	9
呼包鄂榆	16515	2266	2070	0	994	130367	59198	64587	0	5
宁夏沿黄	14188	432	9023	100	265	34122	519	25621	40	1

资料来源：《中国城市统计年鉴（2016）》。

9.2.9 信息化水平比较分析

随着信息技术的飞速发展，世界变得越来越小，信息化水平成为决定国家、地区、企业竞争力的决定因素之一。表 9-13 中，我们选取邮政业务收入、电信业务收入、固定电话年末用户数、移动电话年末用户数和互联网宽带接入用户数表示信息化水平。

反映信息化水平的五个指标分布惊人地相似，长三角城市群、珠三角城市群和京津冀城市群是第一梯队，五个指标均排名前三，远远超出第二梯队，表明这些地区信息交流极其频繁；成渝城市群、山东半岛城市群、海峡西岸城市群、中原城市群和辽中南城市群为第二梯队；滇中城市群、太原城市群、呼包鄂榆城市群、黔中城市群、北部湾城市群、兰州—西宁城市群和宁夏沿黄城市群信息化水平较低。

表 9-13 2015 年中国城市群信息化水平比较

城市群	邮政业务收入	电信业务收入	固定电话年末用户数	移动电话年末用户数	互联网宽带接入用户数
京津冀	2045381	15439208	1857	10166	2439
辽中南	650764	3078031	823	3658	624
山东半岛	972589	10818004	776	5629	1836
长三角	7176818	21203898	4221	19405	3996
珠三角	7209948	10745019	2332	12465	2234
哈　长	470065	2931924	627	3864	540
江　淮	314800	2432042	487	2676	428
海峡西岸	1358857	5496433	886	4331	1060
中　原	927035	4668801	562	4153	697
武　汉	747700	2283932	483	2912	602
环长株潭	532013	3645467	532	3466	531
环鄱阳湖	454485	2179827	438	2423	448
成　渝	1648864	8986195	1722	8847	1444
关中—天水	466473	2430899	545	3787	537
太　原	149086	1504820	257	1778	320

续表

城市群	邮政业务收入	电信业务收入	固定电话年末用户数	移动电话年末用户数	互联网宽带接入用户数
北部湾	92932	1094134	148	1266	248
兰州—西宁	70206	1167755	166	1157	143
滇　中	229035	2031032	171	1681	199
黔　中	141859	1387318	208	1889	449
呼包鄂榆	121491	1008750	130	1476	150
宁夏沿黄	27975	886096	80	666	76

资料来源：《中国城市统计年鉴（2016）》。

9.2.10　科教文卫事业比较分析

科教文卫事业是基础的公共服务，最能够体现一个地区现代化程度和软实力，我们选取了普通中学师生比、生均财政教育支出、每百人拥有公共图书馆藏书量、影院和剧场个数、每万人拥有卫生机构医生数和每万人拥有卫生机构床位数来表示科教文卫事业的发展情况。

在教育事业方面，京津冀城市群、长三角城市群、呼包鄂榆城市群、珠三角城市群、山东半岛城市群、辽中南城市群、海峡西岸城市群、哈长城市群、江淮城市群和关中—天水城市群的生均财政教育支出均超过 1 万元。在普通中学师生比方面，北部湾城市群、黔中城市群、滇中城市群、环鄱阳湖城市群和宁夏沿黄城市群均超过 15，而比较发达的京津冀城市群、长三角城市群和珠三角城市群排名反而不高，这可能是由于发达地区学生人数较多。

在文化事业方面，长三角城市群、珠三角城市群和山东半岛城市群排名靠前。每百人拥有公共图书馆藏书量珠三角最多为 263 册，紧随其后的为山东半岛城市群和长三角城市群，海峡西岸城市群、京津冀城市群和宁夏沿黄城市群的每百人拥有公共图书馆藏书量也都超过 100 册。长三角城市群拥有的影院和剧场个数最多为 708 个，京津冀城市群拥有 414 个，其他城市群均没有超过 200 个。

在卫生事业方面，大部分东部城市群每万人拥有卫生机构医生数在 25

人以上，而黔中城市群、环鄱阳湖城市群和成渝城市群最低。兰州—西宁城市群、珠三角城市群、滇中城市群、辽中南城市群和山东半岛城市群等城市群人均卫生机构床位数较高，环鄱阳湖、海峡西岸、江淮、北部湾等城市群则比较低。

从科教文卫事业的比较中我们发现人均公共设施配置没有明显的东强西弱的划分，一方面原因是单纯从数据上看不到科教文卫配套设施的质量，另一方面大量的人口东南飞也稀释了东部地区的公共服务。

表 9-14　2015 年中国城市群科教文卫事业比较

城市群	普通中学师生比	生均财政教育支出（元）	每百人拥有公共图书馆藏书量（册）	影剧院、剧场个数（个）	每万人拥有卫生机构医生数（人）	每万人拥有卫生机构床位数（张）
京津冀	12.55	2253351.85	101	414	29	49
辽中南	11.08	12261.78	89	122	24	62
山东半岛	11.89	14557.17	126	192	30	58
长三角	11.94	16351.26	121	708	28	53
珠三角	14.47	14152.40	263	190	45	74
哈　长	10.98	11224.74	56	167	35	56
江　淮	13.19	10871.81	43	143	19	42
海峡西岸	12.19	12467.85	104	131	21	46
中　原	14.31	6916.88	33	66	21	50
武　汉	10.80	9944.21	56	170	22	49
环长株潭	12.24	8694.58	40	114	22	52
环鄱阳湖	15.06	9391.07	48	150	17	37
成　渝	13.78	9027.52	36	137	16	50
关中—天水	12.51	12835.98	56	147	26	53
太　原	12.17	9767.17	66	66	31	53

续表

城市群	普通中学师生比	生均财政教育支出（元）	每百人拥有公共图书馆藏书量（册）	影剧院、剧场个数（个）	每万人拥有卫生机构医生数（人）	每万人拥有卫生机构床位数（张）
北部湾	18.08	7314.07	63	35	18	43
兰州—西宁	12.62	9368.56	38	46	37	82
滇　中	16.10	8945.78	48	68	27	64
黔　中	17.44	8201.71	60	50	17	47
呼包鄂榆	11.19	20218.39	99	59	31	53
宁夏沿黄	15.20	9588.75	107	33	25	54

资料来源：《中国城市统计年鉴（2016）》。

9.2.11 环境污染程度比较分析

在表 9-15 中，我们选取单位 GDP 工业废水排放量、单位 GDP 工业二氧化硫排放量、单位 GDP 工业烟（粉）尘排放量、一般工业固体废物综合利用率、污水处理厂集中处理率和生活垃圾无害化处理率来表示环境污染情况。

可以看到，宁夏沿黄城市群和兰州—西宁城市群的单位 GDP 工业废水排放量最多，超过了 5 万吨/亿元。单位 GDP 工业二氧化硫排放量和单位 GDP 工业烟（粉）尘排放量最多的三个城市群是宁夏沿黄城市群、太原城市群和兰州—西宁城市群。

从工业固体废物综合利用率来看，中原城市群、环鄱阳湖城市群、辽中南城市群、黔中城市群、太原城市群、呼包鄂榆城市群、滇中城市群、武汉城市群和京津冀城市群的一般工业固体废物综合利用率不足 80%，这提醒了我们在开发落后地区的同时一定要注重环境保护和污染治理；而长三角城市群、山东半岛城市群、珠三角城市群、哈长城市群、环长株潭城市群、北部湾城市群和成渝城市群一般工业固体废物综合利用率均超过 90%。

污水处理厂集中处理率滇中岛城市群接近95%，中原城市群、京津冀城市群和山东半岛城市群紧随其后。北部湾城市群的污水处理厂集中处理率不到80%，排名倒数第二和第三的是兰州—西宁城市群和长三角城市群。在生活垃圾无害化处理率方面，长三角城市群、珠三角城市群、山东半岛城市群、辽中南城市群、中原城市群、北部湾城市群、环长株潭城市群、宁夏沿黄城市群、海峡西岸城市群、滇中城市群和呼包鄂榆城市群都超过95%，但是兰州—西宁城市群生活垃圾无害化处理率相较于其他城市群尤为低，只有74%。

表 9-15　2015 年中国城市群环境污染程度比较

城市群	单位 GDP 工业废水排放量（万吨/亿元）	单位 GDP 工业二氧化硫排放量（吨/亿元）	单位 GDP 工业烟（粉）尘排放量（吨/亿元）	一般工业固体废物综合利用率（%）	污水处理厂集中处理率（%）	生活垃圾无害化处理率（%）
京津冀	2.59	23.18	25.59	79.21	93.32	93.72
辽中南	3.08	35.37	45.31	62.31	91.24	97.78
山东半岛	2.51	16.89	15.39	94.13	93.69	97.66
长三角	3.27	13.58	10.20	95.97	83.97	99.00
珠三角	2.88	9.88	4.68	90.10	92.30	96.44
哈　长	1.79	16.66	22.36	92.01	84.86	86.39
江　淮	3.43	19.90	28.34	89.85	91.74	96.29
海峡西岸	3.67	12.73	12.25	88.27	87.34	98.34
中　原	4.01	26.67	16.70	87.08	94.19	96.78
武　汉	2.64	28.90	23.67	74.22	85.01	94.61
环长株潭	3.13	18.78	11.54	90.14	84.88	99.03
环鄱阳湖	4.92	31.96	27.45	78.92	86.72	94.30
成　渝	4.33	29.50	16.53	94.07	84.04	94.40
关中—天水	3.60	49.90	20.14	85.55	91.95	91.31

续表

城市群	单位 GDP 工业废水排放量（万吨/亿元）	单位 GDP 工业二氧化硫排放量（吨/亿元）	单位 GDP 工业烟（粉）尘排放量（吨/亿元）	一般工业固体废物综合利用率（%）	污水处理厂集中处理率（%）	生活垃圾无害化处理率（%）
太　原	2.47	92.06	82.31	62.96	90.12	82.89
北部湾	3.29	21.56	22.29	99.14	75.87	95.40
兰州—西宁	5.01	97.98	88.30	87.09	81.48	74.53
滇　中	3.36	74.02	31.46	55.99	94.99	97.09
黔　中	3.48	68.33	15.07	68.74	92.53	89.21
呼包鄂榆	0.94	38.75	12.80	57.76	91.62	95.74
宁夏沿黄	5.78	124.51	75.48	80.99	94.77	98.03

资料来源：《中国城市统计年鉴（2016）》。

9.3 中国各城市群基本统计要素的省域比重分析

《全国主体功能区规划》中的城市群覆盖了我国22个省、5个自治区和4个直辖市。接下来介绍一下各城市群在人口、经济、城镇化和产业结构等方面对它所属的省、自治区或直辖市发挥的作用。

表9-16中，从土地面积来看，各城市群占所在省份的比重由14.8%到100%不等，其中兰州—西宁城市群面积仅为甘肃省和青海省的14.8%，而海峡西岸城市群为福建省全部地区。年末全市人口方面，中西部城市群的人口占所在省份的比重较土地面积比重大得多，人口集聚更为显著，特别是关中—天水城市群、兰州—西宁城市群、武汉城市群等；相反的，东部城市群如京津冀城市群、山东半岛城市群人口占所在省份比重反而低于土地

面积比重。其原因在于西部地区土地广袤，而适宜居住的、基础设施较完善的地区则较为集中。在经济发展方面，除太原城市群、关中—天水城市群外，其他各城市群的GDP占所在省份的比重均高于人口和土地的比重。

在城镇化水平方面，可以看到东部城市群的城镇化率高于中西部城市群，珠三角城市群的城镇化率超过80%，辽中南城市群、长三角城市群和呼包鄂榆城市群的城镇化率均超过60%。仍有一半城市群的城镇化率不到50%，特别是黔中城市群的城镇化率低于40%。除了关中—天水城市群，其他城市群的城镇化率都高于所在省份的城镇化率。

表9-16　2015年各城市群土地面积、人口、GDP、城镇化水平占所在省、自治区或直辖市的比重

城市群	土地面积(%)	年末全市人口(%)	GDP(%)	人均GDP(%)	地均GDP(%)	城镇化水平	
						城镇化率	与所在省份相比
京津冀	84.50%	77.32%	92.08%	117.91%	107.89%	59.95%	106.60%
辽中南	65.68%	73.67%	88.06%	118.51%	132.92%	67.87%	109.20%
山东半岛	46.98%	42.16%	62.33%	147.28%	132.18%	57.77%	116.22%
长三角	100.00%	100.00%	101.43%	100.00%	100.00%	65.00%	100.00%
珠三角	30.58%	35.99%	85.52%	219.05%	257.81%	82.72%	125.01%
哈　长	41.83%	57.56%	71.63%	124.75%	171.65%	55.92%	102.24%
江　淮	64.76%	52.34%	71.12%	133.34%	107.76%	48.83%	113.60%
海峡西岸	100.00%	100.00%	99.78%	100.00%	100.00%	57.09%	100.00%
中　原	34.80%	40.57%	57.18%	141.69%	165.19%	45.73%	118.72%
武　汉	33.57%	51.95%	62.73%	113.45%	175.53%	55.95%	112.58%
环长株潭	49.47%	61.45%	80.93%	127.23%	158.06%	48.12%	111.12%
环鄱阳湖	70.99%	76.59%	83.51%	108.12%	111.70%	44.43%	101.56%
成　渝	86.93%	93.19%	95.97%	102.53%	109.91%	45.35%	104.02%
关中—天水	43.18%	76.18%	51.24%	90.34%	159.37%	45.35%	99.24%
太　原	47.36%	43.12%	47.11%	108.53%	98.82%	53.14%	110.59%
北部湾	18.43%	25.48%	34.92%	134.78%	186.35%	46.34%	115.81%
兰州—西宁	14.81%	42.23%	43.08%	140.29%	400.03%	48.69%	135.49%
滇　中	33.01%	49.08%	50.39%	149.51%	222.27%	48.99%	141.09%

续表

城市群	土地面积(%)	年末全市人口(%)	GDP(%)	人均 GDP(%)	地均 GDP(%)	城镇化水平	
						城镇化率	与所在省份相比
黔　中	72.85%	75.47%	68.04%	103.96%	107.70%	39.14%	115.88%
呼包鄂榆	26.34%	45.48%	76.61%	163.92%	283.08%	63.24%	113.88%
宁夏沿黄	78.82%	77.82%	92.66%	119.07%	117.56%	54.06%	112.72%

注：城镇化率基于第六次人口普查数据计算而得。
资料来源：《中国城市统计年鉴（2016）》。

9.4 2015 年中国城市群发育水平

前面三节简单描述了城市群的基本情况，本节用更加合理的综合指标来刻画城市群的发育水平，各指标的名称及计算方法见表 9-17。

表 9-17　城市群发育程度衡量指标

符号	指标名称	计算方法
CFD1	城市群经济发展总体水平指数	该城市群人均 GDP 占所有城市群人均 GDP 比例与该城市群经济密度占所有城市群经济密度比例之积的平方根
CFD2	城市群交通运输条件指数	该城市群人均货运量占所有城市群人均货运量比例与该城市群人均客运量占所有城市群人均客运量比例之积的平方根
CFD3	城市群邮电通讯指数	每 10 万人的邮电局拥有量、每万人电话机拥有量、邮电业务总量、电信业务总量占所有城市群的比例之积的四次方根
CFD4	城市群内部建成区面积指数	该城市群建成区面积占城市群总面积的比例
CFD5	城市群内部商品流通量指数	该城市群人均批发零售贸易业商品销售额占所有城市群的比例与社会消费品总额所占比例之积的平方根
CFD6	城市群的产业熵指数	第一、第二、第三产业的区位熵之积的立方根

资料来源：方创林、姚士谋等：《2010 中国城市群发展报告》，科学出版社 2011 年版。

（1）城市群经济发展总体水平指数。珠三角城市群在经济发展总体水平上远远高出其他城市群，排在第二梯队的是长三角城市群、山东半岛城市群、京津冀城市群、海峡西岸城市群和武汉城市群。其次是中原城市群、辽中南城市群、环长株潭城市群和呼包鄂榆城市群。江淮、环鄱阳湖城市群、北部湾城市群、哈长城市群和成渝等城市群排在下一梯队，排在末位的两个城市群是宁夏沿黄城市群和兰州—西宁城市群。

（2）城市群交通运输条件指数。排在第一梯队的是珠三角城市群，排在第二梯队的是江淮城市群、宁夏沿黄城市群、山东半岛城市群和呼包鄂榆城市群，排在第三梯队的有辽中南城市群、长三角城市群和环长株潭城市群。本指数排在后五位的城市群为哈长城市群、海峡西岸城市群、环鄱阳湖城市群、北部湾城市群和太原城市群。

（3）城市群邮电通讯指数。珠三角城市群在这一方面表现最佳，长三角城市群、海峡西岸城市群、京津冀城市群和山东半岛城市群紧随其后，呼包鄂榆城市群、辽中南城市群和武汉城市群排在第三梯队。表现最差的是环鄱阳湖城市群和黔中城市群。

（4）城市群内部建成区面积指数。中原城市群的建成区面积指数最高，珠三角城市群次之，武汉城市群、辽中南城市群和京津冀城市群为第三梯队，兰州—西宁城市群、呼包鄂榆城市群、关中—天水城市群、北部湾城市群和宁夏沿黄城市群得分较低。

（5）城市群内部商品流通量指数。这个指标反映了城市群的商品供需规模。排在最前面的是长三角城市群、京津冀城市群和珠三角城市群，排在第二梯队的是辽中南城市群、山东半岛城市群、海峡西岸城市群和呼包鄂榆城市群。黔中城市群和环鄱阳湖城市群本指数得分最低。

（6）城市群的产业熵指数。一般来说，三次产业比重差异越大，本指数得分也就越小。可以看到滇中城市群、兰州—西宁城市群、黔中城市群、太原城市群、环长株潭城市群、中原城市群、山东半岛城市群、长三角城市群和珠三角城市群的产业熵指数低于 0.8，这些城市群的第一产业比重比较低，而第二、三产业比重则较高。哈长城市群、辽中南城市群、成渝城市群和北部湾城市群本指数较高，表明第一产业的比重相对较高，三次产业分布较为均衡。

表 9-18 2015 年中国城市群发育水平比较

城市群	CFD 1	CFD 2	CFD 3	CFD 4	CFD 5	CFD 6
京津冀	1.151	0.748	1.120	11.251	1.615	0.801
辽中南	0.950	0.976	0.934	12.442	1.060	1.582
山东半岛	1.579	1.088	1.076	8.829	1.089	0.457
长三角	1.769	0.843	1.352	7.628	1.700	0.726
珠三角	3.134	2.839	3.707	17.978	2.920	0.440
哈 长	0.592	0.394	0.707	5.766	0.580	1.655
江 淮	0.758	1.390	0.563	7.247	0.400	1.057
海峡西岸	1.204	0.602	1.136	6.917	0.914	0.890
中 原	0.956	0.758	0.652	23.243	0.444	0.600
武 汉	1.006	0.693	0.830	13.884	0.851	0.967
环长株潭	0.811	0.944	0.574	9.770	0.437	0.662
环鄱阳湖	0.612	0.628	0.487	7.237	0.253	1.078
成 渝	0.592	0.818	0.569	5.135	0.437	1.348
关中—天水	0.555	0.811	0.759	4.034	0.502	0.820
太 原	0.494	0.580	0.744	7.337	0.741	0.699
北部湾	0.606	0.685	0.553	3.173	0.560	1.331
兰州—西宁	0.389	0.717	0.610	4.264	0.649	0.767
滇 中	0.499	0.698	0.738	7.007	0.688	0.771
黔 中	0.475	0.786	0.473	5.536	0.258	0.709
呼包鄂榆	0.836	1.264	0.846	4.134	0.965	0.932
宁夏沿黄	0.415	1.167	0.615	2.683	0.447	1.186

资料来源:《中国城市统计年鉴（2016）》。

图表索引

第一章

第二章

第三章

第四章

第五章

第六章

第七章

第八章

第九章

责任编辑：陈　登

图书在版编目(CIP)数据

2017 中国区域经济发展报告:“一带一路”建设与中国城市群发展/张学良，胡彬 主编. —北京:人民出版社,2018.11

ISBN 978 - 7 - 01 - 019859 - 0

Ⅰ.①2… Ⅱ.①张… ②胡… Ⅲ.①区域经济发展-研究报告-中国-2017 ②“一带一路”-区域经济合作-经济发展-研究报告 ③城市群-区域经济发展-研究报告-中国 Ⅳ.①F127②F299.27

中国版本图书馆 CIP 数据核字(2018)第 225452 号

2017 中国区域经济发展报告

2017 ZHONGGUO QUYU JINGJI FAZHAN BAOGAO

——“一带一路”建设与中国城市群发展

张学良　胡彬　主编

人民出版社 出版发行

(100706　北京市东城区隆福寺街 99 号)

天津文林印务有限公司印刷　新华书店经销

2018 年 11 月第 1 版　2018 年 11 月北京第 1 次印刷

开本:710 毫米×1000 毫米 1/16　印张:35.5

字数:545 千字

ISBN 978 - 7 - 01 - 019859 - 0　定价:98.00 元

邮购地址 100706　北京市东城区隆福寺街 99 号

人民东方图书销售中心　电话 (010)65250042　65289539